트루 리버럴리즘

일러두기
· 인명과 지명은 국립국어원 외래어 표기법을 기준으로 표기했습니다.
· 각주는 옮긴이가 독자의 이해를 돕기 위해 덧붙인 글입니다.

TRUE LIBERALISM

트루 리버럴리즘

자유주의가 더 정의롭고 더 번영하는 세상을 만드는 이유

디드러 낸슨 매클로스키

홍지수 옮김

7분의언덕

PART 1   인도적인 자유주의자가 되어야 한다 · 23

WHY LIBERALISM WORKS

자유주의가 답이다

자유주의Liberalism*는 2세기 전에 등장한 이론이다. 인간은 노예로 살아서는 안 된다는 이론이며, 아내는 남편의 노예로, 시민은 국가의 노예로 살아서는 안 된다는 이론이다. 노예는 거절할 수 없다. 사고파는 100퍼센트 노예일 수도 있고 14퍼센트 과세되는 14퍼센트 노예일 수도 있다. 예컨대, 일주일 중 월요일에만 국가의 노예가 되어 거절하지 못하고, 만약 거절하면 매를 맞거나 감금된다면, 그는 부분적으로 노예다. 자유주의 체제에서는 모든 이들이 평등하게 사고팔고, 투표하고, 저항하고, 이동하고, 위험을 무릅쓴다. 그 누구도 노예가 아니다.

1700년대 이전에는 그런 평등이 정신 나간 생각으로 여겨졌다. 유럽의

---

* 모든 이들에게 동등한 권리를 허용해야 하며 긴급사태에 제한적으로 정부의 물리적 강제력을 허용할 경우를 제외하고는 정부가 물리적 강제력을 동원해 강요하지 못하도록 해야 한다는 정치 이론을 말한다.

봉건주의나 한국의 양반제도나 기독교 성서나 공자의 사회사상이 지배하던 전통적인 농경사회에서는 누구에게나 주인이 있었다. 가족으로 비유하면 부모 앞에서는 모두가 아이였고 왕은 우리 모두의 아버지였다. "싫다, 안 한다"라는 말은 용납되지 않았다. 100퍼센트 불평등했다.

이제 한국은 자유민주주의 국가로서 자유진영의 훌륭한 나라들과 어깨를 나란히 하고 있다. 한국인 대부분은 자유롭고, 국가에 의존하는 어린아이가 아니라 성인으로 대우를 받는다. 그리고 한국인은 부유하다. 나는 이 책에서 자유가 부로 이어진다는 사실을 증명할 것이다. 자유를 더 많이 누릴수록 보통 사람들은 더 부유해진다. 자유 덕분에 19세기에 영국과 미국이, 20세기 말에는 홍콩과 아일랜드 그리고 한국이 부유해졌다.

그러나 당신이 익히 들은 바와는 달리, 부는 자본의 축적이나 국가가 추진하는 정책에서 비롯되지 않는다. 부는 기업가 정신을 발휘하도록 하는 자유주의에서 비롯된다. 작게는 근로자가 용감하게 새 일자리를 구해 이직하고 자영업을 하는 여성이 미용실을 여는 행동, 크게는 전자제품과 자동차를 제조해 세계 시장에 판매하는 삼성, LG, 현대 같은 기업의 행동에서 비롯된다. 새로 미용실을 열거나 평면 TV를 만드는 것과 같은 개인의 행동을 통해 공공자산인 고속도로와 사유재산인 마천루에 가치가 부여된다.

최근 자유주의는 좌우를 막론하고 국가주의 포퓰리스트, 사회주의자, 파시스트, 베네수엘라의 마두로와 미국의 트럼프로부터 공격을 받았다. 그들은 인간의 노예 성향을 높이려고 한다.

일각에서는 한강의 기적이 (일시적인) 폭정과 강한 국가주의 성향 때문에 가능했다고 주장한다. 국가주의자들은 "자유주의자 당신들은 순진하다. 국가 주도로 부자가 된 한국을 보라. 박정희와 전두환과 군부 만세!"라고 할지 모르겠다. 물론 국가주의자들은 북한의 100퍼센트 국가주의의 처참한 실패나, 1978년 이전 중국 마오주의자들의 폭정이 초래한 재앙이나, 1991년 이전 인도의 규제주의자들이 행한 폭정은 언급하지 않는다. 지나치면 안 되지만, 약간의 폭정은 바람직하다고 그들은 말한다. 예컨대 서울이나 워싱턴의 관료들이 기업가들에게 이래라저래라 지시를 내리면서 국가가 투자를 결정하는 '산업정책'이나, 나머지 국민이 손해를 보더라도 특정한 이익집단을 '보호'하는 정책이 바람직하다고 여긴다.

그러나 나라를 부유하게 만드는 주인공은 자유로운 성인임을 이 책에서 증명하려 한다. 한국에서 교육열이 높은 점도 보탬이 된다. 그러나 자유가 없으면 교육은 더 나은 노예를 양산할 뿐이다. 경제체제에서 모험을 감행하는 데는 공학 박사학위가 필요없다. 소련의 교육은 탁월했고, 많은 북한 학생들도 배웠지만, 그들은 강제 노동 수용소와 5개년 계획이라는 악몽을 실현하는 데 부역하고 말았다.

러시아 소설가 바실리 그로스먼 Vasily Grossman 은 공산주의자일 때는 스탈린을 비롯한 여러 정권에서 승승장구 했지만, 나중에 자유주의자가 된 뒤 감옥에 수감되는 대가를 치렀다. 그의 마지막 소설 《영원한 흐름 Forever Flowing》은 스탈린주의의 참상을 담은 역작으로, 책에서 주인공은 강제 노동 수용소에서 30년을 보내고 돌아온 뒤 다음과 같이 말한다.

나는 자유란 표현의 자유, 언론의 자유, 양심의 자유라고 생각했다. 그러나 자유는 모든 이의 삶 전체다. 바로 이런 삶이다. 뿌리고 싶은 씨앗을 뿌리고, 신발이나 외투를 만들고, 수확한 곡물을 빻아 빵을 굽고 이를 팔고 싶은 이에게 팔고, 남의 지시를 받지 않고 본인이 원하는 대로 살고 원하는 대로 일할 권리를 누려야 한다. 우리나라에는 자유가 없다. 책을 집필하는 이에게도, 씨를 뿌리는 이에게도 자유는 없다.

100퍼센트 노예는 50퍼센트 노예보다 경제적으로 훨씬 어렵고, 50퍼센트 노예는 완전히 자유로운 사람보다 경제적으로 훨씬 어렵다. 1987년 이전 한국이 부분적으로 독재체제였을 때, 국가는 4.19혁명에 가담한 학생들을 가두기도 하고 경제에 개입하기도 했다. 당시 한국인들은 기껏해야 50퍼센트 자유로웠다. 예컨대 대통령을 모욕할 자유가 없었다. 싱가포르 국민은 부유하지만, 여전히 대통령을 모욕할 자유가 없다. 오늘날 한국 신문은 만평에서 대통령을 조롱할 수 있다. 한국 대통령과 미국 대통령 모두.

그러나 1987년 이전에 한국 경제가 제대로 작동한 이유는 정책이 아니라 사람들이었다. 이유는 두 가지였다. 독재자가 고속도로나 서울의 지하철을 건설하라고 지시할 수 있었다 — 두 가지 다 상당히 성공한 정책으로 드러났다. 그러나 자신의 능력에 대한 자부심을 지닌 개인들이 주도하지 않았다면, 이러한 사회기간시설은 부실하게 지어졌을 것이다. 공포에 질린 노예가 아니라, 자유를 누리는 인간이 지닌 자부심 덕분에 튼튼한 고속도로나 성능 좋은 TV가 만들어진다. 자유로운 인간은 먹을 게 충분하다.

쿠바나 짐바브웨처럼 국민이 100퍼센트 노예인 나라는 물론, 규제가 극심했던 인도의 50퍼센트 독재나, 대체로 자유로운 나라인 미국의 30퍼센트 독재도 어리석기는 마찬가지다. 어리석을수록 삶은 더 예속된다. 고속철도와 일대일로一帶一路는 최근 중국이 추진하는 어리석은 사업들이다. 이런 어리석은 프로젝트는 공산당의 소수정예만 부자로 만들 뿐이다. 이따금 국가가 추진하는 프로젝트가 성공하기도 하지만, 이는 시장에서 경쟁을 통해 치열하게 검증된 결과가 아니라 우연의 산물이다. 민주주의 체제에서조차 국가는 경쟁이라는 제약을 받지 않는다. SNK나 한진해운이나 한국GM 같이 실수를 한 사기업은 파산하지만, 국가는 실수를 하면 세율을 올리고 규제를 강화하고 어리석게 보호장벽을 쌓는다. 예컨대 비교적 자유로운 인도나 미국 정부도 군 예산을 방만하게 집행하고도 멀쩡할 수 있다. 국방력이 필수인 한국과는 다르다.

한국과 북한은 자유주의와 폭정의 살아 있는 실험으로 간주된다. 동서독과 마찬가지로 한국은 이 책에서 주장하듯이 자유주의가 제대로 작동한다는 증거다. 인공위성에서 찍은 한반도 사진을 보라. 한국은 빛의 섬이다. 그러나 북한은 해안선만 빛의 테두리다.

현재의 한국은 광개토대왕 때보다 훨씬 국력이 강하다. 그러나 그 힘은 정복으로 얻은 게 아니다. 트럼프 대통령처럼 상업에 군사적 비유를 적용하는 화법은 말장난이지 경제학이 아니다. 일본 군국주의자와 1930년대에 일본과 맞섰던 미국인조차도, 일본이 경제적으로 성공하려면 정복을 통해 제국을 구축해야 한다고 생각했다. 이는 제로섬 사고방식이다. 한국과 말레이시아와 필리핀과 진주만을 빼앗아야, 일본이 이긴다는 사고방식이다. 그러나 일본은 무기를 내려놓은 후에 현재의 풍요를 달성했다. 1930년대에는 슬라브 민족을 노예로 삼아야 번영한다고 생각한, 비자유주의적 정권의 독일도 무기를 내려놓은 후 상업적인 자유주의의 승리를 누렸다. 풍요로웠다는 대영제국에서 영국의 국가소득은 오히려 줄었다. 한국, 일본, 독일, 영국은 전투함대나 전쟁터가 아니라 사무실에서, 공장에서, 시장에서 모험을 감행함으로써 풍요로워졌다.

전성기의 백제는 무역 국가였고 이제 한국은 이를 능가하고 있다. 한국은 국가주도성장과 수출주도성장의 사례로 간주된다. 그러나 케인즈식 정책이 아니라 국민의 뛰어난 창의력 덕분에 수출이 가능했고, 소득이 창출되었다. 한국의 수출주도성장 사례는 세계 다른 지역에서 국가주의를 옹호하는 데 이용된다. "한국이 독재체제하에서 이룩한 성과를 보라." 1960년대에 이러한 개념은 사회주의와 케인즈학파의 사고와 잘 맞아떨어졌다. 당시 나 같은 젊은 경제학자들은 하버드를 졸업하면, 워싱턴에 가서 경제를 '미세조정'할 수 있다고 믿었다. 그러나 우리는 하지 못했다. 한국의 정책 기획자들도 역시 불가능하다.

　물질적으로도 정신적으로도 인간이 창의성을 마음껏 발휘하게 되면 풍요로워진다. 계속 그 방법을 고수하자.

디드러 낸슨 매클로스키

근대 자유주의로 돌아가자

이 책의 마지막 장을 덮을 무렵, 당신이 예전의 자유주의를 새삼 지지하도록 설득됐기를 바란다. 여기서 자유주의라는 용어는 현재 미국에서 통상적으로 말하는 '리버럴'을 뜻하지 않는다. 리버럴은 끔찍할 정도로 반자유적이고, 정부의 계획과 규제와 물리적 강제력이 점점 커지는, 변호사들이 주도하는 정치이다. 여기서 자유주의는 경제학자가 주도하는 '자유로운 기획', 미국이 아닌 나머지 지역에서 일컫는 '자유주의'를 뜻한다. 1776년 애덤 스미스Adam Smith가 말했듯이, (사회적) 평등, (경제적) 자유 그리고 (법적) 정의를 토대로 빈곤층에게 실질적인 도움을 주는, 적절한 정도로 절제된 정부를 뜻하는 자유주의다.[1] 진정한 근대 자유주의 말이다.[2]

이런 말 하면 참 창의력도 없고 시대에 뒤떨어진다고 하겠지만, 이미 18세기에 배태된 자유주의가 여전히 바람직하다는 게 내 주장이다. 1776년 이후에 수없이 망설이고 잘못된 길에 들기도 하면서 시행착오를 거쳐 서서히 실행된 개념 말이다. 2005년 무렵 나는 근대 세계에 나타난 특성들이 그보다 앞선 비자유주의 체제들보다 훨씬 바람직하다는 점을 자유주의적 수사 rhetoric로 설명할 수 있다는 사실을 깨닫기 시작했다. 근대 세계는 경제가 풍요롭고, 예술과 과학이 눈부시게 발전했으며, 배려와 관용과 포용이 넘치고, 사해동포주의가 팽배했던 시기이자, 특히 고대와 근대의 폭압적인 위계질서로부터 많은 사람이 대거 해방된 시기였다.

진보와 보수와 포퓰리스트들은 자유주의와 그 수사가 이른바 수많은 해악도 야기했다고 반박한다. 모든 게 금전과 시장으로 귀결되고, 공동체와 신이 상실되고, 유색인종과 비기독교인들이 대거 이주하면서 재앙이 초래되었다는 주장이다. 그러나 그들은 틀렸다.[3]

필리핀에서 러시아연방까지 그리고 헝가리부터 미국에 이르기까지, 자유주의는 공포심을 조장하는 무자비한 포퓰리스트로부터 공격을 받았다. 또한 바람직한 사회를 만드는 데 자유주의가 타당하다는 담론은 온건하든 온건하지 않든, 진보와 보수진영에게 지난 한 세기 반이라는 긴 세월 동안 꾸준히 부정되었다. 이제 목소리를 낼 때가 되었다.

하늘이 무너진다는 공포심에 사람들은 늘 동요한다. 이 책은 그런 암울한 전망을 퇴치하는 낙관적인 견해를 담은 책이다. 선한 의도를 지닌 학자나 저자들은 순진하게, 또는 자랑스럽게 비관론을 펼친다. 그러나 사악한 의도를 품은 폭군들은 이를 이용해 대중을 마음대로 조종한다. 먼저, 사람들을 공포에 몰아넣는다. 테러리스트가 몰려온다고. 심지어 심성이 선한 내 친구들 — 점진적인 사회주의자와 온건한 보수주의자 — 도 경제나 환경이나 국가의 장점에 대해 비관론을 쏟아낸다. 9/11 테러 이후나, 트럼프가 집권한 이후의 미국 정치나, 훨씬 더 시간을 거슬러 올라가서 영국의 고든폭동 Gordon Riots 때 영국 정치나 프랑스혁명 시대를 보라. 테러리즘은 총기나 폭탄이나 기요틴보다 훨씬 잘 먹혀든다.

　이 책을 쓴 목적은 당신이 '인도적인 진정한 자유주의'를 수긍하도록 만드는 일이다. 어쩌면 당신은 이미 그런 의식을 품고 있을지도 모르겠다. 근대 자유주의 말이다. 교도소-산업 복합체로 사람들을 밀어넣거나, 머리를 땋아주고 생계를 잇는 일을 법으로 금지하거나, 드론 공격으로 무고한 피해를 야기하거나, 미국 남쪽 국경을 불법으로 넘어오려 한 엄마와 젖먹이를 떼어놓기를 바라는 사람이 있을까? 나는 없다고 본다. 누군가가 말했듯이, 다른 사람들이 너에게 하기를 바라는 대로 너도 다른 사람에게 하라.

　나는 여기서 자유주의가 표방하는 옛 규율을 한 가지 더 좇으려 한다. 1983년 아멜리 로티Amélie Rorty가 주장한, 지성에 호소하는 황금률이다. 즉, 당신 자신이 제기하는 의문과 반박에 진심으로 귀를 기울여보라는 뜻이다.⁴ 따라서 이 책은 언론인을 비롯해 진심으로 회의적인 이들과의 인터뷰 내용을 아우른다. 이들은 때로 선의에서 비롯된, 자유로운 사회에 대한 비자유주의적인 반론을 제기하곤 한다.

　독자층에 따라 다양한 방식으로 쓴 에세이들은 근본적인 논점이 같으므로, 읽다보면 똑같은 내용이 되풀이된다는 뒷맛을 남기는데, 이 점이 지나치게 당신에게 거슬리지 않기를 바란다. 되풀이해서 나는 끊임없이 내 주장을 제기했다. 당신이 정말로 꼭 알아야 할 게 뭔지 보여주기 위해서이다. 자본주의는 그간 대단히 매도를 당했지만, 경제사에서의 과학적 합의에 따르면, 1800년 이후로 최빈곤층의 실질소득을 증가시켰다. 그것도 10퍼센트나 100퍼센트 정도가 아니라 무려 3,000퍼센트 이상이나. 우선 식비가 줄었다. 거주 공간은 넓어졌다. 문해율도 증가했다. 항생제가 등장했고 비행기가 발명되었다. 피임약이 발명되고 대학 교육도 받게 되었다.

　실질소득이 무려 30배가 증가했다. 즉, 30에서 본래의 처참한 기본값

1을 빼서 나온 29를 기본값 1로 나누고, 여기에 100을 곱해 백분율로 표시하면 기본값의 2,900퍼센트로 증가했으니 거의 3,000퍼센트나 마찬가지다. 나는 끊임없이 이 얘기를 반복하면서 내 뛰어난 산수실력을 과시해 당신을 감탄하게 만들려 한다. 당신이 직접 피부로 느낄 때까지. 이는 근대 세계가 이룩한 가장 위대한 업적인데도 불구하고, 흔히 간과되는 사실이다. 실제로 설문조사를 해보면, 대부분 사람들은 빈곤층의 실제 구매력이 예전에 비해 100퍼센트, 기껏해야 200퍼센트 증가해 두 배나 세 배 정도 늘었다고 생각한다. 상당히 빗나간 답변이다.[5] 증가분은 훨씬 크다.

이 사실을 우리가 납득한다면 정치가 완전히 바뀌게 된다. 예컨대, 여기서 내가 근대의 인도적인 진정한 자유주의는 바람직하며 풍요를 가져온다는 사실의 증거로 제시하는, 실질소득이 3,000에서 1만 퍼센트 증가한 현상을 뜻하는 대풍요Great Enrichment는 어느 모로 보나 핵심적인 요소다.

물론 대풍요를 달성했다고 해서 빈곤층을 돕기 위해서 해야 할 일이 더 이상 없다는 뜻은 아니다. 빈곤층에게 해악을 끼치는 끔찍한 결과를 초래하지만, 정치적으로 인기가 있다는 이유로 전 세계 도처에서 실시되는 정책들을 종식해야 한다. 수많은 정치 이론이 그렇듯이, 빈곤층을 돕는 데 가장 큰 공을 세운 '자본주의'를 공격하는 행태는 사악하다. 대풍요는 여러 체제를 조금씩 차용한 방식(가치 있는 공공 프로젝트를 추진하기 위해 사회주의를 가미하고, 빈곤층을 위해 기독교 자선단체를 운영하고, 법률회사와 회계법인처럼 노동자가 소유한 조합 설립을 권장하는 등)을 무시해야 한다는 의미는 아니다. 다만, 자본주의라는 '체제' 자체를 완전히 버리는 방식은 빈곤층에게 재앙을 불러온다는 뜻이다. 1917년 러시아혁명 이후 소련, 1999년 차베스의 볼리바르혁명 이후 베네수엘라 그리고 그사이 수없이 반복된 사례들이 증명하듯이 말이다.

이 책에서 제시한 수많은 실제적인 주장을 뒷받침하기 위해서 쓴 세 권 짜리 경제사 책과는 달리, 이 책은 시대순으로 쓰이지 않았다. 이 책의 내용은 논점을 일관성 있게 펼치는 데 도움 되는 순서로 배치되었다. 차례를 천천히 읽으면 책의 뼈대를 알아차릴 수 있다. PART3는 오늘날 가장 많이 대두되는 비자유주의적 우려, 이른바 불평등이 증가하고 있다는 주장에 대해 구체적으로 파고든다. 구체적으로 파고드는 게 가능하며, 그 결과 자유주의에 호의적인 결론이 도출된다는 사실을 보여주기 위해서다. PART4는 그 밖의 여러 가지 비자유주의적인 우려사항을 다룬다.

이 책에서 가장 흥미진진하고 극적인 부분은 지난 수십 년에 걸쳐 내가 잡지와 신문에 기고한 각종 에세이에 제시된 명백한 자유주의적 개념들이, 나의 아둔한 경제학자적 사고에 스며들어가는 광경을 지켜보는 일이다. 그 과정은 50대 초반부터 시작된 나의 혼란스러운 삶, 성을 전환하고 진보적인 기독교도가 되고, 18세기 계몽시대로부터 깨달음을 얻어 국부의 본질과 원인을 설명하는 작업에 착수한 시기에 일어났다.

긴 도입부인 PART1 에서 〈미국의 새로운 자유주의 선언문〉이라는 다소 짧은 내용으로 회람된 부분을 제외하고, 에세이 대부분은 여기저기 요청받아서 발표한 자료들이다. 글들에 통일성을 부여하기 위해 수정 보완했지만, 다양한 청중을 상대로 했기 때문에 글의 논조가 통일성이 없다. 자유로운 사회의 토대를 옹호하는 내용으로 분량에 신경 쓰지 않은 학술적인 글도 몇 편 포함되었다. 부르주아 시대의 역사학, 경제학, 문학에 관한 3부작의 제1부인 《부르주아 덕목: 중상시대의 윤리 The Bourgeois Virtues: Ethics for an Age of Commerce》(2006)도 그 중 하나다.

나는 〈월스트리트저널〉, 〈뉴욕타임스〉, 〈파이낸셜타임스〉에 상당히 기고했지만, 이 책에 수록된 기고문은 잡지 〈이성 Reason〉에 실린 글이 대부분이다. 〈이성〉은 미국에서 진정한 자유주의를 표방하는 언론이기 때문이다. 이 잡지를 구독하기를 적극 권한다. 이성적이고 깨어 있는 사람이 된다.

다시 말해서 이 책의 각 챕터는 정치철학, 동성애자 인권, 경제사, 경제 정책, 토마 피케티Thomas Piketty에 대해 나름의 주장을 담고 있다. 각 챕터의 제목은 그 챕터의 내용을 한 문장으로 요약한다. 권말의 주석과 참고문헌은 인용된 구절의 출처와 사실과 개념을 뒷받침하는 증거를 제시한다. 참고문헌 없이 주장을 제시하는 경우, 책의 다른 부분에서 참고문헌이 제시되었거나, 근거를 제시할 필요가 없을 정도로 그 주장이 자명하거나, 현재의 경제적 역사적 지식에 비추어 볼 때 명백하기 때문이라고 생각하면 된다. 이 책은 학술적인 책은 아니지만, 실제적인 사실과 일관성 있는 개념을 토대로, 진실을 전달할 때 준수해야 할 엄격한 기준에 부합하려고 애썼다. 글쎄, 제대로 되었는지는 당신이 직접 판단하기 바란다.

혹여 이 책에 오류가 있다면 내게 자문한 이들 탓이다. 그 칠칠치 못한 자들이 내가 실수하지 않도록 미연에 방지했어야 하는데 말이다. 허나 그건 농담이고. 제이슨 브리그먼 교수의 탁월한 조언에 진심으로 감사드린다. 예일대학교 출판부의 편집자들, 계약부서의 세스 디칙과 제작부서의 캐런 올슨, 웨스트체스터 출판서비스의 편집자 켈리 블루스와 브라이언 오스트랜더는 내게 많은 조언을 해 주었고, 그들의 조언을 나는 대부분 수용했다. 따라서 그들이 제시한 훌륭한 아이디어들이 내 것인 양 생색내게 되었다. 내가 아끼는 〈이성〉의 편집자 케서린 맨구워드도 이 책에 실린 많은 에세이와 관련해 자문 역할을 했다. 대부분은 본래 출간된 형태에서 다소 수정되었지만 말이다. 자유주의 경제학자인 내 친구 도널드 부드로의 블로그 〈카페 하이에크 Cafe Hayek〉는 진정한 자유주의적 사고에 대한 많은 화두를 제공했고, 나는 그것을 뻔뻔하게 훔쳐왔다. 부르주아 시대에 관한 3부작에서는, 내가 과학적 사실을 서서히 제대로 파악하고 진정한 근대 자유주의를 깨닫게 되기까지 의존한 수많은 이들에게 더욱 세세하게 감사의 뜻을 표했다.

바라건대, 새로운 사실과 아이디어에 진지하게 귀를 기울이거나, 기존 아이디어를 되새겨봄으로써, 당신이 가진 정치관을 재고하기를 당부한다. 마음을 열어두는 게 대체로 바람직하다. 경제학자이자 진정한 자유주의자인 브라이언 캐플란은 다음과 같은 질문을 던진다. "자동차 어디가 고장난지에 대한 의견 차이로 척진 적이 있는가?" 없을 것이다. 하지만 낙태나 최저임금이나 보호무역 등과 같은 정치적 문제를 두고 갑론을박하다가는 쉽게 적을 만들게 된다. 캐플란은 다음과 같이 말을 잇는다. "자동차 수리 같은 실제적인 문제에서도, 강한 견해를 형성하기 전에 증거를 확보하고, 증거의 양과 질을 자신의 확신과 견주어 보고, 비판에 대해 열린 태도를 유지하는 게 통상적인 절차다. (좌익 또는 우익 또는 자유주의 등 어떤 입장을 취할지와 같은) 정치적인 문제에서, 우리는 이러한 절차적 안전장치를 무시하기 일쑤다."[6]

나는 당신이 20대에 습득한 이후로, 심각하게 의문을 제기한 적 없는 정치적 성향이 진보든, 보수든, 중도든, 당신의 정치적 견해를 조금이라도 의심해 보길 바란다. 통상적인 견해는 하나같이 당신의 선한 이웃에 대해 정부가 독점적으로 강제력을 행사해야 한다고 주장하는데, 그렇게 하면 정부는 결국 당신에게도 강제력을 행사하게 된다는 사실을 깨닫기 바란다. 18세기 에세이스트이자 만담가인 새뮤얼 존슨이 즐겨 쓴 유용한 표현을 인용하자면, 통상적인 견해는 단지 '유행어cant'에 불과하다. 유행어란 그 말이 담고 있는 윤리적인 주장은 제대로 살펴보지 않고, 무심코 내뱉는 말을 뜻하는데, 보통 그런 표현은 틀렸거나 바람직하지 않은 경우가 많다. 존슨은 이런 충고를 하리라고 본다. "여보게, 머리에서 유행어를 지워 버리게 나!" 바람직한 충고다.

나는 당신이 근대 자유주의적 수사, 감언sweet talk, 평화로운 교환, 타자에 대한 관용을 받아들이면 바람직한 결과가 나타난다는 사실을 수용하기 바란다. 자본주의나 계몽주의가 문제라든가, 자유를 지나치게 허용한다든가, 다른 사람들을 증오하는 게 신난다는 확신을 조금 누그러뜨렸으면 한다. 또한 정부에서 현명한 부모 역할을 하려는 이들이 우리 모두의 삶을 개선하기 위해, 선의를 가지고 전쟁, 사회주의, 착취, 보호주의, 보조금, 규제, 권고, 금지 같은 정부 정책을 시행한다는 확신을 조금 누그러뜨렸으면 한다.

마음을 열고 포용하는 태도를 가지면 당신이 인도적인 진정한 자유주의 쪽으로 기울게 되리라고 믿는다. 그렇게 되면 노예와 아이들에게나 적용되는 강제력이 아니라 자유로운 성인들 사이의 감언을 통해 결속되는 사회에 발을 들여놓게 된다.

**TRUE
LIBERALISM**

PART

1

인도적인 자유주의자가
되어야 한다

You Should Become a Humane
True Liberal

근대 자유주의자는 애덤 스미스가
말한 기회의 평등을 앞세웠다

여기서 나는 '자유지상주의libertarianism'*라는 개념의 근대적이고 인도적
인 형태를 수용하자고 주장한다. 이는 우익이나, 반동이나, 검은돈에서 파
생된 섬뜩한 개념이 아니다. 관용적이고 낙관적이며 상호존중적인 중도적
위치에 서자는 뜻이다. 이야말로 진정한 자유주의자 즉 반국가주의자로서,
다른 사람들을 마음대로 휘두르고 싶은 충동에 맞서는 입장이다. "내 것은
건드리지 말라"든가 "서로에게 인정머리 없이 굴자"는 게 아니다. "난 정부
소속인데 당신을 도우려 한다. 필요하다면 팔을 비틀어서라도"라는 태도
도 아니다. "당신의 존엄성을 존중하고, 당신의 말에 진지하게 귀 기울이고,
당신이 원한다면 당신이 원하는 방식으로 기꺼이 돕겠다"는 태도다. 이 개
념을 파악한 사람들은 대부분 이 개념을 좋아한다. 한번 해 봐라.

---

* 현재 미국에서는 '자유주의'를 자유지상주의로 일컫는다. 1세기 전 사회민주주의자들이 '자유주의
자(liberal)'라는 용어를 자기들 것으로 만들어버렸기 때문이다.

자유지상주의 개념은 윤리에 의존하고 윤리를 토대로 번성한다. 윤리에는 세 가지 차원이 있다. 자신에게 바람직한 차원, 타인에게 바람직한 차원 그리고 삶의 초월적인 목적에 바람직한 차원이다.[1] 자신에게 바람직한 차원은 첼로 연주를 배우거나 자신의 중심을 잡는 기도를 연습하는 등, 자기 수양에 의한 분별력이다. 삶의 초월적인 목적에 바람직한 차원은 "그래서 어쩌라고?"라는 의문에 대한 해답을 추구하는 믿음, 희망, 사랑이다. 가족, 과학, 예술, 축구클럽, 신은 인간이 추구하는 해답을 제시한다.

중간 차원은 타인에게 바람직한 것에 대한 배려와 관심이다. 기원전 1세기 말, 유대인 현인인 바빌론의 힐렐은 이를 소극적으로 다음과 같이 표현했다. "남이 당신에게 하지 않기를 바라는 일은 당신도 남에게 하지 말라." 이는 남성적인 자유주의, 정의의 복음, 이른바 비폭력주의다. 1950년대에 '자유지상주의자'라는 용어가 (당시의) 우익 자유주의로 재설정된 이후로 자유지상주의자들이 표방한 경구다. 매트 키브Matt Kibbe가 2014년에 출간한 베스트셀러 제목《남을 해하지 말고 남의 것을 빼앗지 말라: 자유지상주의자의 선언문 Don't Hurt People and Don't Take Their Stuff: A Libertarian Manifesto》에서 그 의미를 잘 포착했다.[2]

반면, 기원후 1세기 초 유대인 현인 나자렛의 예수는 이를 적극적으로 다음과 같이 표현했다. "네 이웃이 네게 하기를 바라는 대로 너도 네 이웃에게 할지어다." 이는 여성적인 자유주의, 사랑의 복음으로, 상대방을 지나치지 말고 그 이상을 해야 할 윤리적 책임을 우리에게 지운다. 선한 사마리아인이 되라. 남을 친절하게 대하라.

다른 이들을 대할 때, 인도적인 자유지상주의는 위의 두 가지 황금률에 유념한다. 하나는 남의 일에 간섭하는 강압적인 이들의 행태를, 다른 하나는 영혼을 파괴하는 비정한 이기주의를 바로잡아 준다. 이 두 가지 황금률을 합치면 근대 자유주의 윤리관이 된다. 황금률 Golden Rule을 비틀어서 "황금을 지닌 자가 지배한다 Those who have the gold, rule"라고 한 반동적인 형태의 규율은 필요없다. 플로리다주립대학 소속 미식축구 선수가 경기 전날 말한 다음과 같은 주장을 따를 필요도 없다. "나는 성경 말씀을 따른다. '남이 너에게 할 만한 짓을 남이 너에게 하기 전에 선수를 쳐라.'" 두 가지 다 비폭력적이지도 바람직하지도 않다.

두 가지 황금률은 모두 대단히 평등주의적이다. 아브라함 계열의 종교에 따르면, 당신은 당신이 대우받고자 하는 대로 모든 사람을 똑같이 대우해야 한다. 유일신을 섬기고 그의 날을 성스러이 여겨야 하지만, 십계명 중 나머지는 진실을 말하라 혹은 간음하지 말라 등과 같이 다른 사람들이 자기를 대우하기 바라는 대로 자기도 다른 사람들을 대우하라는, 인간 관계에 대한 내용이다. 이와는 대조적으로, 힌두교나 유교에서는 브라만 계급이나 황제를 우월한 존재로 여긴다. 불가촉천민이나 농부나 여성이나 손아래인 아들은 동등한 인간으로서 호혜적인 대우를 기대하지 않는다.

18세기 말 유럽에서 부르주아 사회가 등장하고 나서야 비로소 초기 기독교 급진주의자 성 바오로나 이슬람으로 개종한 미국 흑인 맬컴 X 말고도 누구든 아브라함 계열의 종교에서 표방하는, 다른 이들을 동등하게 대하라는 평등주의적인 이론을 사회 전반에서 실천할 수 있게 되었다. 토머스 페인 Thomas Paine이나 애덤 스미스가 등장하기 전까지는 공작부인은 여전히 공작부인이었고 술탄은 여전히 술탄이었으며, 헤롯왕은 여전히 범접할 수 없는 왕이었다.

세계 대부분 지역에서 '자유지상주의'라는 용어는 그냥 '자유주의'를 뜻한다. 2017년에 선출된 프랑스 대통령 에마뉘엘 마크롱이, 신자유주의에서 '신neo'을 빼고, 규제를 완화하고, '비자유주의적 민주주의'에 맞서는, 중립적인 의미로 쓴 경우처럼 말이다.[3] 내가 여기서 말하는 자유주의라는 용어는 바로 이러한 의미에서의 자유주다. 그러나 근대적인 의미에서 진정한 황금률을 준수하는 것으로 이해하면 '자유지상주의자'나 '자유주의자'로 족하다. 자유주의를 표방하는 비영리단체 아틀라스 네트워크 Atlas Network의 성인 반열에 오른 톰 팔머 Tom Palmer가 다음과 같이 제대로 짚었다. "당신이 자유지상주의자처럼 행동할 확률은 거의 100퍼센트다. 다른 사람의 행동이 당신 마음에 들지 않는다고 해서 그 사람을 때리지 않는다. 남의 물건을 빼앗지도 않는다. 상대방을 거짓말로 속여서 상대방의 물건을 당신에게 넘기도록 하지도 않는다. 일부러 길을 잘못 안내해 다리 난간에서 자동차가 떨어지게 만들지도 않는다. …… 당신은 문명화된 인간이다. 축하한다. 당신은 자유지상주의의 기본원칙들을 체득했다."[4] 게다가 진정한 자유주의도 체득했다.

미국 경제학자 대니얼 클라인 Daniel Klein은 이 300년 된 전통을 '자유주의 1.0'이라 일컫는다. 황금률의 소극적인 유형인 바빌론 힐렐의 가르침과 키브와 팔머의 비폭력주의를 말한다.[5] C. S. 루이스 C.S.Lewis가 믿음을 위한 최소한의 계명에 대해 쓴 책《순전한 기독교 Mere Christianity》(1912)를 본떠 대니얼은 이를 '순전한 자유주의'라 부른다.

나는 조금 더 나아가서 나자렛 예수의 가르침 연장선상에서 자유주의 2.0을 주장한다. 어쩌면 1.5가 더 적합한지도 모르겠다. 런던에 있는 애덤스미스 연구소의 이몬 버틀러 Eamonn Butler가 탁월한 내용의 소책자 두 권을 발간했다.《고전적 자유주의: 입문서 Classical Liberalism: A Primer》(2015)와《자본주의 개론 An Introduction to Capitalism》(2018)이다. 이몬이 '고전적'이라는 표현을 빼고, 오해의 소지가 있는 단어 '자본주의'를 쓰지 않았다면 더 좋을 뻔했다는 생각이 든다. 워싱턴에 있는, 자유주의 성향의 케이토연구소 Cato

Institute 의 데이비드 보어즈 David Boaz 는 명료한 지침서 《자유주의로의 초대 Libertarianism: A Primer》(1997)를 출간했는데, 2015년에 이를 《자유지상주의 사고 The Libertarian Mind》로 제목을 바꿔서 발간했다. 데이비드가 제목을 《근대 자유주의적 사고 The Modern Liberal Mind》라고 했으면 더 좋았을 것이다.

영국 사람들은 이를 '오렌지북 자유주의 Orange-Book Liberalism'라고 일컫는다. 미국인들을 위해서 그 내용을 요약하자면, 인도적인 자유주의 2.0은 무역정책과 사회적 담론에서 트럼프가 등장하기 이전의 성숙함, 사회 정책에 있어서 오바마 퇴임 후의 관용, 연방예산 적자에서 클린턴 이후의 책임성, 인권에서 린든 B. 존슨 이후의 민주적인 성향, 외교 정책에서 맥킨리 McKinley 이전의 불간섭주의, 경제 정책에서 링컨 이전 혹은 잭슨 이전의 불간섭주의를 뜻한다. 이 모두가 필수적이다. 경제학자 아놀드 클링 Arnold Kling 은 좌익진영의 정체성 정치 Identity Politics 와 우익진영의 트럼프주의를 지적하면서 이제 미국에서 진정한 자유주의자라면 사회적인 권리에서는 전통적으로 민주당 성향이고, 경제적 권리에서는 전통적으로 공화당 성향인 것만으로는 충분치 않다고 말한다.[6]

1776년 애덤 스미스는 '평등, 자유, 정의로 구성된 자유주의적인 체제'를 권했다.[7] 세 가지 가운데 첫 번째 항목은 사회적 지위의 동등함을 희망한다는 뜻이다. 배타적인 컨트리클럽의 태도나 일부 남성들의 자부심이나 스미스 책을 제대로 읽지도 않고 지레 짐작하는 좌익들의 편견과는 달리, 스미스는 평등주의자였다. 가난하다고 열등하지 않으며 정직함이 가장 중요한 자질이다.[8]

스미스가 자유주의적 체제에서 희망한 두 번째 항목, 동등한 자유는 당신이 다른 사람과 마찬가지로 동등하게 누리는 경제적 권리, 식료품점을 열거나 특정한 직업에 종사할 권리다. 특히 직업에 종사할 권리를 뜻한다.

스미스는 타인에게 해를 끼치지 않고, 혹은 타인에게 도움되는 방향으로 자신의 역량을 발휘할 때, 제약하거나 허락을 요구하는 제도에 분노했다. 예컨대, 오리건주에서는 숙련된 엔지니어라도 정부가 인가한 엔지니어가 아니면, 교통신호등이 바뀌는 타이밍 같은 공학적인 사안에 대해서 공개적으로 언급하지 못하도록 하고 이를 어길 경우 벌금을 물게 하는 규정이 있다. 스미스가 이를 보았다면 아마 경악을 금치 못했을 것이다.⁹

자유주의자 스미스가 희망한 세 번째 항목, 정의란 또다른 평등이다. 정부 권력과 사법 권력 앞에서 다른 이들이 이 권력을 당신에게 행사할 때, 당신은 다른 사람 못지않은 동등한 지위를 누린다는 의미이다. 스미스는 철학자들이 일컫는 '교환적 정의commutative justice' — 물건을 취득하고 그 물건과 인신을 보호하는 절차상의 정의 — 에 관심을 표했다. 이는 물건을 취득한 후 그 물건과 인신을 배분하는 방법을 일컫는 '분배적 정의distributive justice'와 대조된다('분배'라는 단어 자체가 비자유주의적인 뜻을 내포한다. 분배는 교환이나 자발적인 동의가 아니라 강요에 의해서 달성되는 것으로 여겨지기 때문이다. 거래가 아니라 징수다). 스미스가 말하는 교환적 정의를 클라인과 보어즈를 비롯한 자유주의자들은 다음과 같이 일목요연하게 정의한다. "다른 사람의 소유물이나 인신을 동의 없이 혹은 거절할 권리를 부여하지 않고 맘대로 하지 않는 정당한 절차이다."¹⁰ 우리 모두 법적으로 동등하게 제약을 받아야 한다는 뜻이다.

자유주의를 관통하는 주제는 평등이다. 각자 지닌 동등한 자연권이나 공리주의의 자기모순적인 숙고의 결과 또는 계약주의로 구현된 평등한 교환의 유추에서 비롯되었든가, 가톨릭 보수주의나 좌익적인 공동체주의에서 뜻하는 평등이든가, 아니면 사회의 생존을 위한 평등의 결과에서 비롯되었든가, 아니면 내가 생각하기에 최선의 형태인 18세기 스코틀랜드에서 탄생한 사회사상의 전형적인 특성인 온건한 '분석적 평등주의analytical egalitarianism'에서 비롯되었든 상관없이 말이다. 분석적 평등주의는 2008년 경제학자이자 역사학자인 샌드라 퍼트Sandra Peart와 데이비드 레비David Levy 가 수많은 사례를 살펴보고 지은 명칭이다.[11] 프리드리히 하이에크Friedrich Hayek가 1960년에 출간한 자유주의 명저《자유헌정론The Constitution of Liberty》의 결함은 그가 경제적 생산성이나 공동체 생존과 같은 자유의 결과론적이유에 의존한 점이다. 하버드대학교의 경제학자이자 케이토연구소 소속인 제프리 마이론Jeffrey Myron이 가장 적확하게 표현했듯이 '결과론적' 자유주의다. 산출된 결과의 측면에서 볼 때 자유는 예속보다 훨씬 높은 효용을 달성한다. 예컨대, 마약과의 전쟁은 콜롬비아나 멕시코 소득은 물론 미국 소득에도 영향을 미쳤다. 문제는 그러한 공리주의적인 해석은 폭군들이 종종 주장하는 바와 같이 최악의 폭정도 정당화할 수 있다. 자유로운 인간의 삶은, 우리가 성인이 되어서 누리거나 다른 이들에게 부여하는, 자연적이고 평등하고 분석적으로 겸허한 존엄을 통해 정당화하는 편이 훨씬 바람직하다. 보상과는 상관없이 말이다.[12] 그러한 평등은 허클베리 핀이 뗏목을 타고 가다 짐에 대해 서서히 깨닫게 된 점, 즉 짐을 위해서 지옥불도 기꺼이 감내하리라는 깨달음을 의미한다.

따라서 나는 이상하게도 유독 미국에서만 '좌익 성향의 국가주의자'라는 뜻으로 사용되는 '자유주의자'라는 용어를 되찾으려 한다. 최근 미국의 '자유주의자(리버럴)'는 자유주의자의 첫 글자만 봐도 경기를 일으키게 되었고 이제 자신을 '진보progressive'라고 일컫는다. 그들이 '진보'라는 단어를 쓰게 냐 두자. 그러면 진정한 의미에서 근대적인 자유주의자인 우리가 자유주의자라는 단어를 쓸 수 있으니 말이다.

Chapter

2

자유주의는 큰 시련을 겪었다

18세기에 싹튼 자유주의 개념은 연령, 성별, 민족, 지위고하에 상관없이 모든 사람이 동등한 권리를 누려야 한다는 뜻이었다. 그러한 평등 개념은 대부분 사람들에게 충격적이었다. 예컨대, 젠더Gender는 건국의 형제*와 동시대 사람들은 생각해내기 어려운 개념이었다. 농경시대 초기, 그에 걸맞는 위계질서가 존재하는 상황에서, 게다가 상주하는 불한당들이 활개를 치던 때에는, 자유주의적 평등이란 사실 허황되고 위험한 발상으로 간주되었다. 정의란 공작을 공작으로 대우하고, 농사꾼은 농사꾼으로 대우한다는 뜻이었다. 각자 위치에 상응하는 정도로 존중한다는 뜻이었을 뿐, 분명히 평등은 아니었다. 공작에게는 머리를 조아렸다. 농사꾼은 먼저 도발하지

---

*　저자는 통상적으로 쓰이는 건국의 아버지(Founding Fathers)라는 표현 대신 건국의 형제(Founding Brothers)라는 표현을 쓰고 있다.

않는 한, 죽이지 않았다.

1381년 롤라드 Lollard* 사제 존 볼John Ball이 "아담은 농사를 짓고 이브는 천을 짜던 시대에 누가 귀족이었나?"라는 질문을 던졌다는 이유로 능지처참을 당했다. 1685년 제임스 2세 통치하에서 교수형을 당한 영국의 평등주의자 리처드 럼볼드Richard Rumbold는, 그를 조롱하려고 지켜보던 군중에게 흥미진진하게도 다음과 같이 선언했다. "신이 다른 사람보다 우월하게 창조한 이도 없고, 자기 등에 안장을 얹은 채로 이 세상에 태어나는 이도 없으며, 남의 등에 올라타고 장화와 박차로 남의 옆구리를 차도록 태어난 이도 없다."[1] 1685년 당시에 이러한 평등주의적 관점은 광기로 치부되었다. 퀘이커Quaker 교도들 같은 일부 괴짜들은 예외였다. 퀘이커교도들은 고개를 숙이거나 무릎과 상체를 굽히거나 모자를 벗고 인사하는 대신 악수를 했고, 심지어 여성도 성령에게 경배하는 모임에서 증언할 수 있었는데 이는 외부인들이 보기에 가장 터무니없는 관행이었다.

럼볼드 이후 한 세기 정도 지나 북서부 유럽에서는, 신이 다른 사람보다 우월하게 창조한 이는 없다는 인식이 널리 퍼지기 시작했다. 적어도 앞서가는 급진주의자들과 소수의 구휘그Old Whig**파 사이에서는 팽배했다. 애덤 스미스와 18세기의 존 로크John Locke와 볼테르Voltaire에서부터 토머스 페인과 메리 울스턴크래프트Mary Wollstonecraft에 이르기까지, 가장 급진적인 동지들은 새롭고 자발적인 평등주의를 옹호했다. 그들은 한마디로 자유주의자였다.

그들은 자신의 주장을 힘이 아니라, 설득으로 관철하는 이들이었다. 그

---

* 14세기 중엽에 시작된, 프로테스탄티즘 이전의 기독교 종교운동이다. 로마 가톨릭교회를 비판하다가 옥스퍼드대학에서 퇴출당한 로마 가톨릭 신학자 존 위클리프(John Wycliffe)가 주도했다.

** 영국 휘그당의 에드먼드 버크(Edmund Burke)가 1791년에 배포한 정치책자(pamphlet) 〈신휘그가 구휘그에게 드리는 호소문(An Appeal from the New to the Old Whigs)〉에서 사용한 용어이다. 버크는 이 책자에서 프랑스혁명에 반대하는 입장이 휘그가 추구하는 원칙을 위배하기는커녕 오히려 완벽하게 일치한다고 주장한다. 구휘그는 프랑스혁명에 찬성한 파를 뜻한다.

들은 총이 아니라 감언을 선호했다. 18세기는 정말 파란만장한 시대였고, 자유주의는 당시에 막 싹트기 시작했다. 새로 등장한 자유주의자들은 '총'이라는 단어만 들리면 수사를 들고 나왔다. 심지어 외교정책에서도 그들은 대화를 강조했다. 오늘날 그다지 대중적인 인기를 누리지 못하는 건국의 형제 제임스 윌슨James Wilson은 1791년 다음과 같이 말했다. "보편적이지는 않을지 모르지만 정당한 인식이다. 국가들은 서로 사랑해야 한다."[2] 외교정책에서 강경한 현실주의자들, 폭탄과 총을 휘두르는 자들은 자유주의자가 아니다.

그러한 자유주의가 포용적이고 민주적이고 다변적이고 설득력 있는 인간 최상의 표상이라는 점과 1776년 이후 이론적으로 미국인이 추구하는 최상의 이상적 모습임을, 당신이 납득하는 게 내 희망이다. 자유주의적 이상이 매우 점진적으로 실현된 곳은 일부 있지만, 완벽하게 실현된 곳은 어디에도 없다. 자유주의는 늘 저항에 부딪혔고, 저항은 종종 폭력적이었다. 혁명적인 사회주의자나 혁명적인 신정주의자는, 자유주의를 전복하고 지상에 천국을 건설하려 한다. 동조하지 않는 이들을 협박하다가 여의치 않으면 가두거나 살해하고, 당의 소수 정예나 혁명수비군에게 통치를 위임한다. 일개 깡패에 불과한 푸틴Putin이나 오르반Orbán이나 무가베Mugabe 같은 이들은 자유주의자들을 주적으로 삼는다. 이민배척주의를 표방하는 원론적인 파시스트들은 경제적 기회를 찾아 이주하는 이민이나 지치고 굶주리고 그들의 땅에서 천대받는 이들의 이주에 반대하는 비자유적인 행태를 보인다. 그리고 미국의 남쪽 나무들은 예속을 거들며 해괴한 열매를 맺는다.*

---

* 아벨 미로폴(Abel Meeropol)이 1937년에 발표한 시 〈Strange Fruit〉의 한 구절로, 빌리 홀리데이가 노래로 불렀다. 미국의 인종차별주의, 특히 미국 남부에서 자행된 흑인들에 대한 린치에 저항하는 내용이다. 나무의 열매는 린치를 당한 희생자들을 뜻한다.

대조적으로 미국 흑인 시인 랭스턴 휴즈Langston Hughes는 1935년에 다음과 같이 읊었다. "오, 미국을 다시 미국 되도록 하라/아직 실현되지는 않았으나/실현되어야 한다. 이 땅에 사는 모든 이가 자유로운 날이."³ 자유롭게 이주하고, 발명하고, 설득하고, 돈을 지불하고, 명령하는 주인이 없는 땅이다. 자유주의적 민주주의는 불완전하고 부분적으로 실현되었지만, 결국 전 세계로 확산되어 꽃피면서 자발적인 동의나 계약 없이 타인에게 예속되어 휘둘리는 사람들이 점점 줄어들었다.

가다 서다를 반복하면서, 자유주의는 이상적이나마 온전히 자유로운 사람들로만 구성된 사회를 표방하는 이론을 뜻하게 되었다. 자유주의Liberalism는 라틴어의 리베르liber에서 유래했는데, 노예를 소유한 고대인들은 이를 '사회적 법적으로 자유인의 지위를 지닌 상태(노예의 반대)'로 이해했다. 그리고 리베르타스libertas는 자유인, 자유의 공민적인 지위로 이해했다.⁴ 노예가 한 사람도 없고 모든 이의 지위가 동등한 상태, 이래라저래라 명령하는 이가 없는 상태, 감언과 설득과 수사가 있는 상태, 자발적이며 최소한의 폭력이 있는 상태, 인도적이고 관용적인 상태. 인종차별도 제국주의도 불필요한 과세도 없는 상태, 남성이 여성 위에 군림하지 않는 상태, 영화 출연을 미끼로 성상납을 강요하지 않는 상태, 어린이 학대가 없는 상태, 다른 사람의 소유물이나 인신을 자기 마음대로 하지 않는 상태다.

독일 사회학자 막스 베버Max Weber는 1919년 다음과 같이 말했다. 정부는 "물리적 제약, 무력, 폭력, 강요를 합법적이며 독점적으로 사용한다고 정당하게 주장할 수 있다."⁵ 자유주의는 그러한 독점권을 신중하게 사용하라고 권한다. 자유주의는 당신 나름의 목표를 추구할 때 최대한의 자유를 허용하라고 권장한다. 그 과정에서 당신이 당신 자신이나 정부의 물리적 강제력을 동원해, 다른 사람들이 추구하는 목표를 방해하지만 않는다면 말이다. 이는 자유로운 남성과 여성에게 알맞은 고결한 인식이다.

그러나 안타깝게도, 19세기 말 프랑스와 독일 심지어 자유주의의 원류인 영미권과 네덜란드에서도, 예술가와 언론인과 교수 등 식자층clerisy이 그 찬란하고 생산적인 자유주의와 자유주의를 확산시킨 부르주아에게 저주를 퍼붓기 시작했다('clerisy'라는 단어를 나는 종종 쓸 작정인데, 독일어에서 비롯된 이 단어는 새뮤얼 테일러 콜리지Samuel Taylor Coleridge와 내가 인텔리겐치아, 언론인, 목사, 교수, 소설가 그리고 그 밖에 글을 끄적거려서 먹고사는 부류들을 지칭할 때 사용한다). 1867년 구스타브 플로베르Gustave Flaubert는 조르주 상드George Sand에게 다음과 같은 편지를 보냈다. "경구: 부르주아 남성에 대한 증오가 미덕의 출발점이다."[6]

거의 같은 시기 중남미에서는, 프랑스 철학자이자 사회학자인 콩트Comte 사상을 가미한 '실증주의자'들이 보수주의적으로 해석한 자유주의를 혼합한 합리주의적 사회공학을 밀어붙이고 있었다.[7] 1800년 이후로 누려온 대풍요는 진행 속도가 너무 느리다고, 반자유주의자들은 불평했다. 대풍요를 돈밖에 모르는 천박한 우리 조상들이 추구한 목표로 여겼다. 후손인 우리가 머릿속으로 그린 합리적인 유형의 풍요가 아니었다. 더러운 돈으로 이룩한 풍요였다. 합법적으로 강제력을 동원하는 정부의 독점권을 이용해 빈곤층의 삶을 개선하거나 아니면 나라를 영광되게 하자. 피터의 역량을 빼앗아 폴에게 주든가, 폴을 위해서 탱크와 제트기를 구매하자. 아니면 그 반대로 하든가.

1942년 오스트리아계 미국인 경제학자 조지프 슘페터Joseph Schumpeter가 《자본주의, 사회주의 그리고 민주주의Capitalism, Socialism, and Democracy》를 저술할 무렵, 식자층 대부분은 사회주의가 널리 확산되리라 기대했다. 기업을 존중하는 문명을 옹호한 열혈 자유주의자 슘페터조차 그랬다. 식자층 대부분은 오래전부터 그런 때가 오기를 기다려왔다. 1919년 막 탄생한 소련을 방문하고 돌아온 미국 언론인 링컨 스테픈스Lincoln Steffens는 다음과 같이 말했다. "나는 미래를 목격했다. 제대로 작동하는 미래를."[8]

1910년 무렵 영국의 사회적 자유주의자 New Liberal*와 미국의 새로운 진보주의자들은, 자유주의를 점진적 사회주의라는 정반대 뜻으로 새롭게 정의했다. 자신들은 아주 선한 의도를 갖고 있다고 다짐하면서 말이다. 나는 '사회주의'란 정부 강제력을 동원해 약간 강제적인 재분배에서부터, 대대적인 강제력이 동원되는 중앙계획에 이르기까지의(자유주의에서 보장하는 최소한의 강제력을 넘어서는), 사회적 목적을 추구하려는 것으로 매우 폭넓게 정의한다(제1차 세계대전 후 들어선 (구소련) 소비에트와 독일 남부 바이에른 지역, 나아가 독일, 이탈리아 북부, 러시아, 헝가리, 불가리아 등 다양한 지역에서 일어난 봉기는 속성으로 달성하려는 사회주의, 즉 공산주의, 파시즘, 국가사회주의였다).

정부의 역할이 없다는 뜻이 아님을 이해하기 바란다. 다만 지난 세기에 우리는, 정부 역할을 점점 더 확대하는 게 바람직하다는 사고에 점점 빠져들었다는 뜻이다. 정부 지출이 차지하는 몫이 한 자릿수에서 두 자릿수로 대폭 증가하는 경제체제, 정치인들이 앞다퉈 이 두 자릿수를 점점 더 늘리려고 하는 정치체를 뭐라고 부르는가? 나는 이러한 체제를 두 자릿수 사회주의(보다시피 100퍼센트는 아니다)라고 부르고, 그 범위를 대폭 줄여야 한다고 주장하고 싶다. 점진적이고 부분적인 사회주의는 1933년 프랭클린 D. 루스벨트가 시작해 1945년 클레멘트 애틀리Clement Attlee가 이어받았는데,

---

* 19세기 말에서 20세기 초에 등장한 좌파 자유주의다. 영국에서 'New Librealism(신자유주의)'으로 시작되었는데, 현대에 등장한 'Neoliberalism(신자유주의)'와 용어상 혼동을 초래하므로, 여기서는 '사회적 자유주의'로 부르기로 하겠다. 사회적 자유주의는 작은 국가를 지향하는 고전적 자유주의와 달리, 정부가 적절하게 개입하여 공정한 경쟁을 보장하고, 만민의 평등한 삶의 기회를 증진시켜야 한다는 이념이다.

점진적으로 법의 강제력을 동원하고 이를 정부가 독점한 강제력으로 뒷받침하고, 수전노의 재산을 서서히 몰수하면서 노동자의 처지를 끌어올리도록 되어 있었다. 기업가들은 새로운 투입재들이 등장하면 이를 세상에 알리고 그 투입재를 구매하는 이들이 아니라, 뒤에서 몰래 산더미 같은 금은보화를 챙기는 이들로 간주되었다. 그 금은보화는 노동자의 작업환경을 영구히 개선함으로써 노동자에게 영구히 혜택을 제공할 수 있는 재원이었다. 일일 여덟 시간 노동, 유급휴가, 의료보험, 임금과 작업여건 개선은, 경제적 생산성이 아니라 그 금은보화를 차지하기 위한 투쟁을 통해 결정된다고 점진적인 사회주의자들은 주장한다.

미국의 뉴딜정책과 영국의 제4조항 사회주의Clause IV Socialism*는, 강경좌익과 강경우익 사회주의자들이 서둘러 추진한 유혈폭동을 권장하지 않았다. 그러나 결과는 크게 다르지 않았다. 이 두 가지 정책을 실행하기 위해 쓰인 수단도 크게 다르지 않았다. 보상 없이 자본을 몰수하거나 과세하는 등 이에 상응하는 정책을 실행했다. 볼셰비키 혁명이 일어나고 2년 후에 영국 법학자 앨버트 벤 다이시Albert Venn Dicey는 다음과 같이 못마땅하다는 투의 글을 썼다. "폭력이 수반되지 않고 국가의 재정적 필요를 충족시키기 위해서 과세라는 기만적인 눈속임으로 목적을 달성하는 혁명이라고 해서 훨씬 더 존중받아야 할 이유는 없다."9

좌익진영의 친구들(잭Jack, 아르요Arjo, 낸시Nancy, 잘 들어라)은 1900년경의 유럽 사회민주주의, 1910년경 미국의 진보주의, 1960년경 정부의 역할을 이용해 빈곤층과 사회적 약자의 선택권을 확대하려 한 미국의 교만한 자유

---

* 영국 노동당이 추구하는 목적과 가치를 담은 당헌으로서 1918년에 채택되었다. 산업의 공동소유를 요구하는 내용이다.

주의High Liberalism*, 버니 샌더스Bernie Sanders의 사회민주주의 그리고 2019년 영국의 노동당 당수 제레미 코빈Jeremy Corbyn의 강경노선 사회주의에 독재적인 그림자가 드리워져 있다는 사실을 곱씹어보는 게 좋을 것이다. 우익진영의 친구들 또한 자신들이 표방하는 보수주의나 공화당의 이념, 특히 트럼프가 공화당을 접수하면서 보이는 가장 극단적인 형태의 보수주의에 대해 심사숙고해야 한다.

그저 생각이라도 해 보라는 말이다.

---

* 교만한 자유주의(High Liberalism)는 사회민주주의자들을 경멸조로 일컫는 용어이다. 사민주의자들은 '자유주의자'라는 용어를 정반대의 의미로 만들어 버렸다. 즉 정부에 소속된 사람이라면 누구든 다른 모든 이들에게 이래라저래라 할 수 있다는 정치 이론이다. 특히 경제부문에서 말이다. 미국에서 1930년대 이후로 자칭 '자유주의자(libral)'라는 이들에게도 적용된다.

근대 자유주의자는 보수주의자도
국가주의자도 아니다

근대 자유주의자들은 정부의 강제력이라는 1차원적인 좌우 스펙트럼 위 그 어디에도 위치하지 않는다. 이 스펙트럼은 제국주의 전쟁을 벌이는 폭력적이고 강압적인 우익 보수주의 정책에서부터 계급투쟁을 조장하는 억압적인 미국의 좌익 '리버럴' 정책에 이르기까지 펼쳐져 있다. 스펙트럼에서 관건은 대대적인 정부 강제력이 적용되는 방향의 차이일 뿐, 우익도 좌익도 강제력의 규모에 대해 의문을 제기하지 않는다. 바람은 왼쪽으로 분다고 스웨덴의 사회주의자 총리 올로프 팔메Olof Palme가 말했다고 전해진다. 그러니 돛을 올리라고. 이 스펙트럼의 어디에 위치하든, 정부는 경찰력을 동원해 강제력을 행사한다.

오늘날 그러한 정책은 국민의 삶에 깊숙이 침투했다. 그러한 정권하에서 통치 받으면 지배되고 지시 받고 과세 당하고 징집 당하고 재분배 당한다. 또한 심문 당하고 체포되고 강요받고 구타 당하고 감시감독 받고 수색 당하고 심판 받고 넌지시 협박 당하고, 금지되고 허가받아야 하고 규제되고 몰수되고 선전선동 당하고 휘둘리고 가스로 처형 당하고 전기총에 감전되고 총살 당한다. 물론 이따금 혜택도 받는다. 하지만 억압과 부패의 대가는 누가 치러야 하는가?

반면, 진정한 자유주의자는 2차원에 위치한다. 정책과 무관한 삼각형의 꼭짓점에 위치한다. 즉, 자유주의자 1.0 혹은 2.0인 우리는 보수주의자도 아니고 사회주의자도 아니다. 자유주의 경제학자이자 정치철학자 하이에크는 〈내가 보수주의자가 아닌 이유 Why I Am Not a Conservative〉에서 보수주의자와 사회주의자는 대부분의 변호사와 군인과 관료와 더불어, "질서는 권위를 지닌 주체의 지속적인 감시의 결과"라고 믿는다고 주장했다.[1] 한마디로 그들은 국가주의를 옹호한다. 예전에는 법을 우리 공동체 내에서 바람직하거나 바람직하지 않은 관습을 밝혀내는 것으로 인식했지만, 이제는 입법을 통해 법을 크게 늘려 국가주의에 대한 믿음을 구현한다.[2] 대대적인 정부의 강제력이라는 전통적인 스펙트럼의 양쪽 끝뿐만 아니라 중간 지점에 위치한 이들 또한 "조정이라는 자발적인 힘을 믿지 않는다"라고 하이에크는 덧붙였다.

전통적으로 우익이나 좌익으로 분류되는 많은 저자와 정치인은 이 꼭짓점에 자리 잡은 진정한 자유주의자 대열에 합류한다. 미국 우익쪽에는 데이비드 브룩스 David Brooks, 조지 윌 George Will, 앤드루 설리번 Andrew Sullivan 그리고 조나 골드버그 Jonah Goldberg가 있다. 요즘 미국 좌익쪽에서는 진정한 자유주의자를 찾기가 힘들다. 특히 식자층에서는 더욱 힘들다. 그렇지만 코미디언이자 정치평론가인 빌 마 Bill Maher와 민주당 프리덤 코커스 Democratic Freedom Caucus 그리고 코리 부커 Cory Booker 상원의원 같은 몇몇 정치인들은 꼽을 수 있겠다. 이들의 공통점은 오지랖 넓게 간섭하거나 강제적인 정부에 대해 우려한다는 것이다.

근대 자유주의 성향의 경제학자 도널드 부드로Donald Boudreaux는 다음과 같이 말한다. "많은 사람들이 이렇게 믿는다. 우리 인간은 권위 있는 주체로부터 지시받지 않고 그냥 버려지면, 무력하고 보잘 것 없는 존재로서 아무것도 성취하지 못하거나, 그저 서로 강탈하고 강간하고 죽이는 야만인에 불과하다. 그러므로 권위 있는 주체가 우리를 제약하고 우리가 지닌 에너지를 보다 생산적인 곳에 쓰도록 이끌어야 한다."³ 바로 이 때문에 좌우를 막론하고 국가주의자들은 대대적인 강제력이 필요하다고 생각한다. 야만인과 얼간이들을 강제로 조직화하려면 말이다.

오래전에는 그런 주장이 그럴듯하게 들렸다. 그런 주장을 하는 이들은 예컨대, 인도네시아인들을 한두 세기 더 네덜란드 통치하에 두는 게, 피부색 검은 이들이 쓸모 있는 사회 구성원이 되도록 돕는 길이라며 노예제도를 정당화했다. 아일랜드인들이 글을 읽을 줄 모르고 이탈리아인들이 미신에 현혹되어 있을 때는, 국가가 주인 행세를 하는 게 그럴듯하게 들렸을지 모른다. 그러나 아일랜드인과 아일랜드계 미국인이 세계에서 학업성취도가 가장 높은 축에 속하고, 이탈리아인이 (최근에 야릇한 투표 행태를 보였지만) 야만적이고 미신을 잘 믿는 사람과는 거리가 먼 시대에 이런 이론은 설득력이 훨씬 떨어진다.

다시 말해서 근대 자유주의는 인적 자본의 수준이 높은 오늘날의 세계에 매우 적합하다. 아둔한 농부는 귀족이 이끌어야 한다는 우익적인 옛날 모델이나, 아둔한 프로렐타리아는 당이 이끌어야 한다는 좌익의 옛날 모델은 오늘날의 세계에 적합하지 않다. 사람들을 그냥 내버려두고 자율적으로 알아서 하도록 할 시기가 있다면, 사람들이 자유롭고 자율적으로 행동할 태세를 충분히 갖춘 지금이야말로 적당한 시기다. 과거를 귀족이나 국가가 필요한 시대였다고 한다면, 지금은 자유주의가 필요한 시대다.

보수주의자 또는 반동주의자는 아무리 오래된 사회적 관습이라도, 무너져가는 종교적 믿음이나 동성애자의 결혼과 같이 일상적으로 일어나는 성가신 변화에 맞서기에는 그 관습이 너무나도 취약하다고 믿는다. 반대편 끝의 진보 또는 사회주의자는 법을 제정해 폐습을 바꾸지 않는 한, 아무런 변화도 일어나지 않는다고 믿는다. 그들은 법이 장차 어떤 결과를 초래할지 알고 있다고 자신한다. 아니, 빈곤층의 임금은 최저임금제를 통과시키면 바로 인상되지 않는가 말이다. 시간당 15달러로. 그러지 말고 20달러로 해라. 100달러는 안 될 게 뭐야?

반면 하이에크에 따르면, "진정한 자유주의자는 변화에 어떻게 적용할지 몰라도 변화를 받아들인다."[4] 1960년에 인터넷이 등장하리라고 아무도 예상하지 못했다. 1900년에는 2차선 도로에서 시속 100킬로미터로 달리는 자동차들이 2, 3미터 간격을 두고 안전하게 반대방향으로 휙휙 지나가리라고 아무도 예상하지 못했다. 1800년에는 (1인당 소득이 3,000퍼센트 증가하는) 대풍요가 도래하리라고 거의 아무도 예견하지 못했다. 1700년에는 거의 아무도 자유주의의 도래를 예견하지 못했다. 그러나 동물이나 예술이나 언어나 과학의 진화와 마찬가지로 필요한 적응은 일어난다. 보이는 손이 강제하거나 통치하지 않아도 말이다.

그런 적응은 정부가 아니라 사람들이 해냈다. 노벨상을 수상한 경제학자 버논 스미스Vernon Smith는 이 점을 다음과 같이 표현했다. "초창기의 입법가들law-giver은 법을 만들지 않았다. 그들은 사회적 전통과 비공식적인 규율을 조사하고, 그러한 전통과 규율에 신이나 자연법으로서의 권위를 부여했을 뿐이다. 관습법 변호사 에드워드 코크 경Sir Edward Coke은 17세기 사회 규범이 법으로서 왕보다 높은 권위를 점한다고 주장했다. 광물 채굴권은 광산 협회 회원들이 총으로 규정하고 제정하고 보호했으며, 이러한 규정들은 훗날 공공 채광법의 일부가 되었다."[5] 도널드 부드로는 스미스가 한 말에 대해 언급하면서 다음과 같이 기록했다. "사회질서는 설계되어야 한다는 주장만큼 사악한 낭설은 없다. …… 그리고 이러한 낭설 중에서 법(인간들 간의 상호작용을 관장하는 규정들)은 오로지 국가만 만들 수 있다는 주장이 가장 사악하다."[6]

보수주의자는 지금으로부터 몇 십 년 전까지만 해도 이러한 자생적인 진화를 존중했지만, 최근의 진화나 미래의 진화에 대해서는 분노하고 두려워한다. 동성애자가 입양한다니, 역겹다. 반면 사회민주주의자는 현재까지의 진화를 대부분 부정하고, 사람들에게 소유물이나 자유를 포기하게 만들면 더 나은 미래를 설계할 수 있다고 자신한다. 그게 사람들의 안녕에 이롭다고 하면서 말이다. 예컨대 산업 정책 말이다. 이와 대조적으로 진정한 자유주의자는 오래된 진화 현상들 가운데 일부를 존중하고(예컨대, 부인을 남편에게 예속시키는 기혼여성의 법적 지위 부분은 제외하고 영국 관습법을 존중한다) 그리고 헌법을 준수하며 윤리적으로 절제력 있는 성인들이 해방되어, 자발적으로 일으키는 미래의 진화에 대해 낙관적으로 확신하며, 그러한 변화는 무엇이든지 기꺼이 수용할 태세가 되어 있다.

진정한 자유주의자 그리고 공화당과 민주당의 소수 자유주의자, 영국 보수당원과 노동당원은 가능한 한 어느 누구도 총을 들고 군림하거나, 자기 의지를 강제로 관철시키려고 사람들에게 강요하지 말아야 한다고 내심 믿고 있다. 이는 윤리적인 신념이다. 근대 자유주의자는 남성이 여성 위에 군림하고, 주인이 노예 위에 군림하고, 정치인이 시민 위에 군림하는 위계질서를 혐오한다. 미국의 위대한 자유주의 철학자 데이비드 슈미츠David Schmidtz는 개개인이 "아니라고 말할 권리"는 필수적이고, "자유로운 주체들

간의 협력을 지탱하는 중추"라고 주장한다.[7] 1853년 허먼 멜빌의 소설《필경사 바틀비》에서 바틀비는 자기 고용주인 변호사의 지시에 대해 "안 하는 편이 좋겠다 I would prefer not to"라고 저항한다.[8] 노예가 아닌 자유로운 인간으로서, 그는 자신의 행동이 자신에게 바람직하든 그렇지 않든 상관없이 고용주의 지시를 거절한다. 그는 성인이었고, 그는 자신의 선택을 존중받아야 했다. 보상 없이 일하라는 지시를 받는다면 말이다.

19세기 영국의 자유주의자 허버트 스펜서 Herbert Spencer는 1891년 좌익들이 자유주의적 개념을 공격했을 때(우익이 오랫동안 공격했을 때와 마찬가지로), 계약이나 동의나 자유의지의 유일한 대안은 우월적 지위로 이래라저래라 강요하는 방법뿐이라면서 다음과 같이 지적했다. "계약이라는 체제가 없어지면 지위라는 체계가 반드시 채택된다. 자발적인 협력이 없어지면 강제적인 협력으로 대체된다. 노동은 어떤 식으로든 조직화되어야 한다. 그리고 자유로운 경쟁하에서 합의에 의해 해결하지 않는다면, 권위 있는 주체가 강제해야 한다."[9] 미국 언론인이자 사전편찬자이자 자유주의자 1.0인 H. L. 멘켄 H. L. Mencken은 1922년 다음과 같이 말했다. "아리스토텔레스에서 허버트 스펜서에 이르기까지, 모든 사유하는 인간에게 이상적인 정부는 개인을 그냥 내버려두는 정부다. 즉 가까스로 그 존재 여부를 인식할 정도로 눈에 띄지 않는 정부다."[10]

자유주의자인 법률이론가 리처드 엡스틴 Richard Epstein은 "법체계의 핵심적인 기능은 네 단어로 깔끔하게 요약된다. 강요는 안 되고 교환은 된다."[11] 보어즈는《자유지상주의 사고》서두에서, "어찌 보면, 지금까지 정치철학은 두 갈래뿐이었다: 자유와 권력"이라고 지적했다.[12]

부드로는 "요즘 바람직한 권력 주체가 민주주의적인 다수의 형태를 띠는 '국민'이어야 한다고 믿는 경향이 있다"고 지적한다.[13] 철학자 제이슨 브레넌Jason Brennan 과 경제학자 브라이언 캐플란Bryan Caplan은, 버크와 홉스와 플라톤 등 수많은 이들과 마찬가지로, 민중에게 통치를 맡기면 끔찍한 결정을 내리는 경우가 허다하다고 지적한다.[14] 그렇다면 다수가 결정을 내리는 범위를 적정 수준으로 제한하고, 이를 헌법과 선례구속의 원칙stare decisis으로 제약하고, 특히 자유주의적 이념과 자유주의적 윤리로 제약해야 한다. 가능한 한 강제적인 정책은 최소한으로 해야 한다. 권력이 아니라 자유가 우선이어야 한다.

자유주의자 경제학자 클라인Klein은 애덤 스미스가 소극적 감정과 적극적 감정을 구분했다는 사실을 주목한다.[15] 감정은 소극적이고, 열정은 적극적이다. 감정은 직관적이고 때로는 윤리적으로 그로써 족할 때도 있다. 아이가 우물에 빠지려고 한다면 누구든지, 심지어 고릴라라도, 달려가서 빠지지 않게 막는다.[16] 그러나 그러한 소극적인 감정(이를 정통 경제학자들은 '효용의 극대화'라는 이상한 표현으로 일컫는다)만으로는 인간이 인간답기에 충분치 않다. 풀도 빛과 영양분을 찾아 효용을 극대화한다, 직관적이며 소극적으로. 비둘기도 마찬가지다. 반면 인간의 행동은, 오스트리아 경제학파의 용어를 빌리자면, 제약과 효용기능에 단순히 반응을 보이는 데 그치지 않고, 적극적이며 창의적이다. 자유롭고 창의적이며 (일부 사람들의 생각과 같이) 신이 부여한, 가타부타 말할 수 있는 자유의지를 행사한다.

애덤 스미스는 1759년 일어난 중국인 대량학살을 생각했을 때, 자신의 새끼손가락을 잃는 경우보다 직접적이고 직관적이며 효용을 극대화하는 종류의 감정적 고통을 덜 느낀다고 지적했다. 그러나 그런 경우 소극적인 감정은 '너무나도 야비하고 이기적'이라서 우리 자신에 대한 윤리적 평가를 충족시키지 못한다. 스미스는 자기 나름의 평등주의적이고 자유주의적인 방식으로, '실제로 보잘것없는 우리 자신과 그릇된 자기애'에 대해 주의를 환기한다.[17] 사실이다. 사실을 냉철하게 마주하고 이성적으로 사고하면 보잘것없는 우리 자신은 고통스러움을 느낀다. 그러나 이는 소극적인 반응과 충동과 효용 극대화를 초월하는 인간의 삶에서 반드시 필요하다. 자신의 새끼손가락보다 수많은 중국인들을 더 소중히 여기는 판단을 내리는 고결하고 관용적인 길을 택하려면 적극적인 열정이 필요하다. 이는 정의에 대한 열정이다. 이를 실행하려면 인간의 행동이 수반되어야 한다. 예컨대, 사실 앞에서 겸허한 자세를 유지하는 과학자처럼 말이다.

그런데 잠깐, 클라인은 정부의 강제성이라는 스펙트럼에 반하는 다음과 같은 자유주의적 결론을 도출한다. "사회적인 문제들을 정부의 손에 맡겨 해결하려면 우리는 소극적인 처지에 처하게 된다. 진정한 자유주의는 바로 이 점을 이해한다." 스미스와 클라인과 나는 우리가 강제성이라는 이 스펙트럼에서 완전히 탈피해 자유로운 성인에게 걸맞게, 고결하고 관용적이고 사색적이며, 강제성으로부터 자유로운 자유주의적 꼭짓점에 자리 잡아야 한다고 믿는다. 우리는 자연철학 못지않게 인간 윤리에서도 과학자가 되어야 한다. 우리는 사소한 이익에 매몰돼 대대적인 정부의 강력력에 무분별하게 순응하기를 열렬히 거부해야 한다. 우리를 오로지 수동적인 이기심만으로 동기가 유발되는 감정적인 돼지로 만들려는 정부, 우리를 진실 추구는 뒷전이고 입신양명이나 하려고 꿀꿀거리는 사이비 과학자로 만들려는 정부, 오물 같은 사료를 우리에게 배터지게 먹이려는 농부 같은 정부를 거부해야 한다.

자유주의 철학자 존 토마시John Tomasi와 브레넌은 자칭 '신고전 자유주의자neoclassical liberal'로서, 철학자 매트 줄린스키Matt Zwolinski와 '다정多情이 병 bleeding heart'인 자유지상주의자들이 만든 웹사이트에 적극적으로 기고한다.[18] '다정이 병'이라는 표현은 공감능력이 지나친 좌익에 대해 보수주의자들이 빈정거릴 때 쓰는 표현이기도 하고, 십자가에 못 박힌 구세주와 그의 상처를 보고 기독교도들이 느끼는 긍휼을 뜻하기도 한다. 그들은 근대 자유주의자들은 마음이 따뜻해야 한다고 말한다. 생명이 유한한 인간에 대해 따뜻한 마음을 지녀야 한다고 말한다.

다시 말하면 인도적 근대 자유주의자 2.0은 할 수 있는 한 서로 돕고 보호해야 한다고 믿는다. 정신 나간 사회진화론자의 주장처럼, 좌익들은 자유주의자가 빈곤층을 낙오되도록 내버려둔다고 확신한다. 그러나 근대 자유주의자는 빈곤층이 풍요를 누리게 되기를 바란다. 진심이다(그리고 근대 자유주의자들은 좌익과 우익 정책 모두 빈곤층을 풍요롭게 만들지 못한다는 증거를 엄청나게 축적했다).

자유주의자들도 공감한다. 다른 사람들을 자신처럼 대하라고 말한다. 홍수 피해를 입은 사람들을 돕자고 한다. 교회 지하실에서 가난한 이들에게 먹을 것을 베풀자고 한다. 시카고 서쪽 우범지대에 사는 청년들에게 마약거래 말고 수익을 창출하는 일자리를 얻게 하자고 한다. 이는 점진적인 사회주의자와 온건한 보수주의자가 내세우는 정책으로는 실현되지 않는다. 그리고 자유주의자들은 빈곤층과 탄압받는 이들을 미국이나 영국이나 독일에서 받아들이자고 말한다. 가능하다면 강제력을 동원해서라도 르완다에서 자행되는 학살을 막자고 한다. 1994년 클린턴 대통령은 그렇게 하지 않았지만 말이다. 명예로운 군인의 서약에 따라서 필요하다면 강제력을 동원해서라도, 스레브레니차Srebrenica의 무슬림 성인 남성들을 보호하자고 한다. 1995년 네덜란드 여단은 그렇게 하지 않았지만 말이다.

즉, 인도적 자유주의자는 빈곤층을 배격하지 않는다. 좌익은 제대로 살펴보지도 않고 툭하면 우리가 빈곤층을 백안시한다고 비난하지만 말이다

(좌익은 "우리가 왜 코크연구소Koch Institute나 몽펠르랭 협회Mont Pelerin Society 같은 사악한 집단의 말을 귀담아들어야 하지?"라고 말한다. 따라서 낸시 매클린Nancy MacLean과 필 미로스키Phil Mirowski는 이 두 조직이 정부가 기업에 제공하는 시혜와 미 제국주의와 교정체제와 약물규제법에 강력하게 반대한다는 사실을 깨닫지 못한다). 인도적인 자유주의자는 야박하지도 않고 인정머리가 없지도 않다. 그리고 캐나다가 침략하거나 러시아가 사이버공격을 감행하면 기꺼이 항복하겠다는, 철저한 평화주의자도 아니다.

그러나 빈곤층을 효과적으로 돕고 국가안보를 효과적으로 보장하는 등 바람직한 일을 달성하려면, 정부가 나라 안팎에서 무분별하게 강제력을 동원해서는 안 된다고 믿는다. 좌익적인 목적이든 우익적인 목적이든, 그 목적을 달성하기 위한 첫 번째 선택지가 다른 사람들에게 대한 강제력이어서는 안 된다. 그러면 빈곤층을 영원히 어린애 취급하게 되고, 알지도 못하는 세계를 무작정 순찰하게 될 위험이 있다. 사람들은 시장에서 검증된 개선책이나, 평화로운 자유무역협정이나, 자기 보호를 위한 합의나, 예의 바른 대화나, 영적인 자선활동이나 기부처럼, 성인들 간의 자발적인 합의에 의존해야 한다. 그리고 다수결의 존중은 소수의 인권 존중으로써 제약해야 한다. 무엇보다도 우리 모두가 다른 사람의 거절할 자유를 존중함으로써 그 사람을 존중해야 한다.

Chapter

4

자유주의자는 민주주의자이고
시장은 민주적이다

진정한 근대 자유주의는 민주주의적이고 포용적이며, 결국은 아브라함 계열의 종교에서 추구하는 평등주의를 사회적 경제적으로 실현한다. 19세기 중엽 존 스튜어트 밀John Stuart Mill과 알렉시 드 토크빌Alexis de Tocqueville은 철저한 정치적 민주주의의 존재를 전제하고 이에 대해 우려했던 최초의 자유주의자들이다. 그보다 훨씬 훗날인 1920년대에 경영이론의 개척자이자 누이 좋고 매부 좋은 '상호이익win-win'이라는 표현을 만든 메리 파커 폴레트Mary Parker Follet는 민주주의를 단순히 다수결 ― 그리고 표결 후에 승리자가 패배자를 어느 정도 맘대로 휘두르는 체제 ― 이 아니라 누이 좋고 매부 좋은 해결책을 찾아내는 진정한 자유주의적 체제로 규정했다.[1]

자유주의적 민주주의는 집단적인 의사결정을 통해 바람직하지 않은 선택을 하는 결과를 낳는 경우가 허다하다. 그게 인생이다. 이에 대해 제이슨 브레넌은 박식하고 대학을 졸업한 사람들에게만 투표권을 주자는 해괴한 제안을 해결책으로 내놓고, 하이에크도 선거연령을 제한하자는 해괴한 제안을 내놓았다. 그러한 비민주주의적인 정책들의 결과가 더 낫지는 않을 것이다. 두 사람 모두 옹호하는 자유주의의 핵심적인 신념인, 모든 사람이 동등하게 인간의 존엄성을 누릴 권리를 앗아갈 뿐이다. 그들이 내놓은 제안은 그들이 옹호하는 진정한 자유주의를 훼손하고, 똑똑한 사람들이나 나이 든 사람들만 제대로 된 판단을 할 수 있다는 공리주의적인 환상에 의탁하고 있다.

자유주의자 스티븐 데이비스Stephen Davies는 똑똑한 사람들은 자기가 다 안다고 생각하지만, 사실 군중의 지혜나 보이지 않는 손의 지혜가 훨씬 더 나은 결과를 낳는다는 점을 설득력 있게 주장한다.[2] 똑똑하고 나이 들고 박식한 이들이 미국을 이라크와 베트남과의 전쟁에 몰아넣고, 진주만 공격 후에 일본계 미국인들을 수용소에 감금하고, 가난한 이들에게 불임시술을 하고, 노예제도를 정당화하지 않았는가. 핵심은 어떤 정부든, 정도의 차이는 있을지언정, 국민을 속박하기 마련이라는 점이다. 즉, 정부는 사람들에게 강제로 이래라저래라 한다. 그게 정부가 하는 일이다. 똑똑한 사람들에게 통치를 맡기는 게 늘 바람직한 생각은 아니다. 당신의 자율성을 존중하는 사람들에게 맡기는 게 훨씬 낫다. 사업자가 당신에게 자기가 만든 신발이나 봉함밀랍을 사도록 설득하면 윈윈하게 된다. 정부 개입은 줄이고 자발적인 거래를 권장하자.

상호이익이라는 민간 영역의 규율은 공공 영역에도 유용하다. 제 몫을 제대로 하지 않는 업체는 폐쇄하도록 권장하고, 공동체가 치르는 비용보다 더 많은 수익을 내는 업체는 개점을 권장한다. 1930년대 이후로 사회주의 이론에서 수용했듯이, 전지적인 중앙계획기구도 마찬가지로 비효율적인 업체를 폐쇄하는 결정을 내릴 것이다. 루드비히 폰 미제스Ludwig von Mises는

1920년에 최초로 그러한 주장을 한 후, 오랜 세월 동안 중앙계획 사회주의 이론가들과 치열하게 갑론을박했다. 결국 양측이 이론적으로는 합의에 도달했다. 그들은 이상적인 사회주의는 이상적인 상업주의를 모방한다는 결론을 내렸다. 폴란드의 사회주의 경제학자이자 공산주의 관료 오스카르 랑게Oskar Lange는 미제스가 논점을 명확히 짚었다며 "미제스 교수의 동상을 사회주의 국가의 중앙계획국 대전당에 정중히 모셔야 한다"라고 말했다.[3] 즉 계획국도 공동체의 경제적 여건을 개선하겠다는 똑같은 목표를 추구한다. 다만 사회주의 체제에서는 자발적인 인간 간의 상호작용에 의해 오르내리는 가격에 사람들이 대처하도록 내버려두지 않고 중앙계획국이 말 그대로 사람들에게 이래라저래라 명령하므로 비용이 더 발생한다. 중앙계획국도 공동체의 경제적 여건을 개선하는 목표를 추구하지만, 강제적 방법을 통해 달성하려 한다는 점에서 그 기법이 다를 뿐이다[4](이들이 한 이론적인 토론에서는, 생산 후 분배는 우리가 원하는 대로 잉여가치나 이익을 일괄적으로 이전시켜서 조정할 수 있다고 전제했다. 정부 소득이든 민간기업의 소득이든 상관없이 말이다. 말도 안 되는 전제지만 양측 모두 이론적으로는 이러한 전제를 깔았다. 생산의 문제를 분배의 문제로부터 분리하려고 했다).

다시 말해서 수요와 공급이 관장하는 자유경제 체제에서 가격은 사회주의 이상향의 전지전능한 중앙계획국이 권하는, 바로 그 바람직한 재분배라는 목적을 달성할 수 있다. 사회주의의 강제수용소와 정부의 무력을 동원하지 않고도 말이다. 영국 히드로공항의 제2터미널에 있는 '완벽주의자 카페'에서 아침식사로 판매하는 블루베리를 곁들인 오트밀 죽은 5.50파운드다. 이 가격은 여행객에게 신호를 보낸다. 여행객이 5.50파운드에 상당하는 다른 재화와 서비스를 구매하는 대신 이 죽을 사먹는다면, 여행객은 지불 가격보다 큰 효용을 얻는다는 뜻이다. 따라서 여행객은 경제학자들이

'소비자잉여consumer's surplus'라고 일컫는 이득을 얻는다(정통 마르크스주의자의 주장과는 정반대로 생산자만 이득을 보는 게 결코 아니다. 그들은 1870년대 경제학의 혜택을 누리지 못했다). 가격을 통한 할당이 이상향을 실현하지는 않는다. 그러나 자유주의자는 시장에서 흥정을 통해 정해지는 가격이 중앙계획국이 협박과 강요로 명령하는 체제보다, 모두에게 소비자잉여를 누리게 하는 훨씬 나은 체제라는 사실을 인정한다. 중앙계획국은 그 쌀쌀한 아침 히드로공항에서 여행객이 얼마를 지불할 의향이 있는지 알 도리가 없다.

이렇게 심사숙고해 보면 우리는 포퓰리스트와 선량한 수많은 좌익의 불평처럼 헝가리 농부나 웨스트버지니아주의 광부들이 '신자유주의neoliberalism' 때문에 손해를 본다는 것은 오해라는 현실적인 결론을 내리게 된다. 농부와 광부들이 손해를 보기는 한다. 그러나 우리 모두가 원하는 대로 경제적 여건이 개선되는 방향으로 나아간다. 문제는 신자유주의가 아니라 진보다. 가격 체계가 주도하든 공산당 중앙위원이 추진하든 상관없이 말이다. 불평이 제기되는 이유는 변화 때문이다. 그런데 그게 바람직한 변화다. 헝가리에서 농사를 짓거나 웨스트버지니아에서 광산을 하는 게 더 이상 바람직하지 않다면, 중단해야 한다. 여건이 개선되길 바란다면 어떤 정치체제를―자본주의든 사회주의든―표방하든 상관없이 말이다. 손해 보는 농부나 광부를 넉넉하게 돕고 싶을지는 모르겠다. 진보하는 사회에서는 그러한 변화가 너무나도 팽배해서, 진보로 인해 타격을 받는 사람들을 일일이 신경 쓰고 넉넉하게 도와주고 싶어도 그런 충동이 비현실적이라고 치자. 타격을 받는 이들이 너무 많다고 치자. 그리고 세상에 온전히 홀로 존재하는 외딴 섬 같은 사람은 아무도 없고, 거대한 대륙을 구성하는 하나의 조각이라고 치자. 그러나 수익이 안 나는 일자리를 유지하도록 하면 앞으로 나아가는 데 방해가 된다. 수익은 총체적인 가치를 알려주는 신호다.

가격이라는 자유로운 체제는 비애가 넘치는 이 세상에서 우리가 목적을 달성하는 최선의 방식이다. 가격은 동굴에서 살던 때부터 현재까지 인간이 구축한 그 어떤 공동체에서도, 자발적으로 생성된 가장 단순한 사회적 협력 수단이다. 언어와 마찬가지로 강제하거나 설계할 필요가 없는 체제이며, 이를 대신할 간단한 대안이 존재하지 않는다. 17세기부터 불편하고 혼란스러운 자연어를 대체할 인공어가 끊임없이 제시되었지만, 이 또한 중앙계획과 똑같은 공상적 이상주의에 불과하다. 프랜시스 베이컨Francis Bacon이 언어와 과학 모두, 중앙에서 계획해야 한다고 주장한 게 놀랄 일이 아니다. 언어와 마찬가지로 강요되지 않은 가격에는 설득하고 유혹하고 제안하는 숨은 기능이 있으며, 중앙계획국과 경찰을 동원해 조정하거나 밀어붙이거나 위협하거나 무력을 행사하는 이가 아무도 없다. 애덤 스미스의 말마따나, "1실링을 지불하는 행위는, 그 의미가 매우 단순해 보이지만, 사실 누군가를 상대로 이렇게 하면 그에게 이득이 된다고 설득하는 행위다."[5] 구매자도 이득을 보고, 판매자도 이득을 본다. 상호이익이 된다. 최선의 민주주의다.

존 토마시는 자신의(그리고 나의) 시각을 미국에서 이상한 뜻으로 통용되는 '리버럴'과 구분하기 위해, 진정한 의미의 자유주의 또는 고전주의적인 자유주의 또는 근대 자유주의와 근대 민주주의의 동맹을, '보통 사람의 자유주의liberalism of the common man'라고 일컫는다.[6] 자기들이 생각하는 산출량, 가격, 소득의 특정한 유형에 당신을 억지로 끼워 맞추려고 하는, 대학물 먹은 좌우 식자층이 권고하는 가짜 '자유주의'가 아니다. 우리의 주인이 운영하는 정부나 교회에 복종하며 예속 상태에 안주하는, 좌익 또는 우익의 비자유주의가 아니다. 우리의 주인은 우리가 거부하도록 내버려두지 않는다.

"꿇어! 개처럼 말 잘 들어!"라고 지시한다.

토마시가 제시한 보통 사람의 자유주의는 시인인 월트 휘트먼Walt Whitman을 떠올리게 한다. 그는 오래전 민주주의적이고 자유주의적인 인간에 대해 다음과 같이 찬양했다. "나는 모든 색채를 띠고 모든 계급에 속하며, 모든 지위를 누리고 모든 종교를 믿는다./나는 농부이자, 기계공이자, 예술가이자, 신사이자, 항해사이자, 퀘이커교도다./나는 수감자이자, 정부情夫이자, 난폭한 사람이자, 변호사이자, 의사이자, 사제다./나는 나 자신의 다양성보다 나은 그 어떤 것도 거부한다. ……/나는 폭넓고, 내 안에는 여러 개의 내가 존재한다."[7] 그러한 보통 사람들은 19세기와 특히 20세기에 조심스러운 실험을 통해서 등장했는데, 실제로 다면성을 내포하고 있다. 그들은 부유한 특수이익집단에 봉사하고, 이민을 제한하고, 인종차별을 강요하고, 버릇없이 받기만 하는 신귀족과 대학졸업생에게 일자리를 제공하는 데만 골몰하는 정부로부터 도움 받을 필요가 없는 이들이었다.

다시 말해서, 정부가 그냥 내버려두면 평범한 네덜란드인과 영국인과 미국인과 수많은 다른 나라 사람들 그리고 스위스인과 아일랜드인과 멕시코인은, 실제로 스스로를 통제하면서 경제적이고 영적인 진전을 이룰 다양한 역량이 있음을 입증했다. 그들은 이제 맥스웰가에서 옷을 파는 노점을 운영한다. 그들은 자신의 임대주택 창문 밖으로 아이들이 야구하는 모습을 지켜본다. 그들은 철도공사에서 더 나은 일자리를 얻어 이주하였다. 그들은 공장 작업장에서 벗어나 월풀의 최고경영자 자리에 올랐다.[8] 그들은 자동차 앞유리 위를 오락가락하며 닦는 와이퍼를 발명했다.[9] 그들은 푸드트럭을 운영했다.[10] 그들은 이탈리아에서 이주해 독일인을 제치고, 최초로 자기유지 핵연쇄반응을 일으키는 데 성공했다.

예술, 과학, 음악, 언론에서 감독받지 않을 자유와 마찬가지로, 경제 부문에서도 누구로부터도 감독받지 않는 근대의 자유는 놀라운 성과를 낳았다. 낡은 위계질서는 후퇴하기 시작했다. 때때로 낡은 위계질서는 전문가와 정당 지도부의 새로운 위계질서로 대체되었다. 그러나 대체로 평범한 사람들이 자유롭게 되면서 모험을 감행하고 자신의 비범함을 입증했다. 1790년대에 하이든은 수십 년 동안 에스테르하지Esterházy 귀족 가문에 예속되었던 처지에서 벗어나, 두 차례 런던을 방문해 장기간 머물면서 그곳에서 점점 확산되던 부르주아 계층에게 음악을 팔았고, 시장에서 검증된 혁신적인 음악을 제공함으로써 부를 일구었다. 그도 만족했고 그의 음악에 대가를 지불하는 청중도 만족했다. 수레바퀴를 만드는 사람과 요리사 사이에서 태어난 하이든의 내면에는 다양한 자아가 자리 잡고 있었다.

보수주의자와 진보주의자, 영국의 보수당과 노동당 모두 평범한 사람들의 역량을 쉽게 과소평가한다. 좌우를 막론하고 그들은 정부 권력을 이용해 사람들을 재단하고 그들에게 넌지시 압력을 넣고 싶어 한다. 이렇게 재단하고 압력을 넣는 이들이 비자유주의적 성향을 지닌 경제학자라면, 그들은 수요와 공급이 작동하는 평범한 경제와 상식이라는 평범한 심리가 끔찍한 불완전성에 압도당하면 공익의 생성을 심각하게 방해한다고 믿는다. 그리고 이러한 공익은 한낱 소비자나 기업가보다 자신들이 훨씬 정확하게 파악한다고 생각한다.[11] 다시 말해서, 보수주의자와 진보주의자 모두, 보통 사람들을 야만인이나 멍청이, 버릇없거나 어리석은 아이로 간주하고 엄하게 다스려야 한다고 생각한다.

우리 자유주의자들은 그렇게 생각하지 않는다.

Chapter

5

자유주의자는 강요라면 질색한다

자유주의란 다른 사람이 가하는 물리적 강제력으로부터의 자유, 특히 주인이나 정부 또는 주인 행세를 하면서 통치하려 드는 불한당으로부터의 자유를 뜻한다. 위대한 자유주의자 로버트 힉스Robert Higgs가 말하기를, 자유주의자는 "남의 자유에 강압적으로 간섭하려는 이들에게 절대로 도덕적으로 우월한 입지를 내주어서는 안 된다. 무고한 사람들에 대해 강제력을 행사하려는 사람들은 강제력이 필요하다고 입증할 의무가 있다."[1]

하지만, 인정한다. 정부가 강제력을 행사해야 할 경우가 있기는 하다. 모든 법이 악법은 아니다. 모든 세금이 나쁘지는 않다. 이해한다. 하지만 그럴 경우조차도 우리는 정확히 어느 정도나 법이 필요한지, 얼마나 과세해야 하는지, 어느 정도의 강제력을 동원해야 하는지 의문을 제기할 수 있다. 오늘날 큰 정부는 정부가 세운 목적을 실행하기 위해, 국민총생산의 3분의 1에서 절반 정도를 걷어가고, 지나치게 강제력에 의존한다. 예를 들면 국민에게 과세하고, 외국인에게 폭탄을 투하하고, 대마초 흡연자를 교도소에 가두고, 사람들이 선호하는 일자리와 대기업 주주를 보호하고, 민영 프로젝트 추진에 쓰일 명당 부지를 압류하고, 최악의 세법을 집행하기 위해 새벽에 가정과 사무실에 들이닥친다. 전근대적인 작은 정부도 이러한 강제력에 의존한다.

어떤 정부든 독점적 강제력을 행사하려는 경향이 있다. 강제력은 성과를 올릴 수 있는 가장 직접적인 방법이기 때문이다. 강제력을 동원하면 소모적인 대화를 할 필요가 없다. 경제학자 요람 바젤Yoram Barzel은 심지어 법치를 준수하는 정부조차 "폭력을 휘두르는 집행자"라고 일컫는다.[2] 청정한 대기에 대한 소유권을 설정함으로써 환경을 오염시키는 사람에게 대가를 치르게 하고, 나머지는 계약과 배상법에 따라 법정에서 해결하도록 한다. 물론 환경오염에 대해 자유롭게 토론하면서 사람들을 설득하고, 개인과 기업이 환경보호에 대한 책임의식을 갖도록 권장하기보다, 사람들이 환경을 오염시키지 못하게 강제로 금지하는 편이 훨씬 쉽다. 사람들을 이성적으로 설득하기보다 경찰이 연행하고 벌금을 부과하고 교도소에 가두는 편이 훨씬 쉽다. 애덤 스미스 시대에 정책을 뜻하는 단어로 '경찰'이 통용되었다.[3] 그렇다. 정책policy을 뜻할 때 경찰police이라는 단어를 썼다. 강제력은 변호사와 입법가와 폭군과 일부 경제학자들이 지닌 충동이었다.

반면, 자유주의적 성향의 경제학자가 지적하듯이, (보통 가격이 책정되지 않는) 예술과 과학과 아이디어의 시장과 마찬가지로 상품시장도 설득과 감언에 의존한다. 노동으로 벌어들이는 소득 가운데 족히 4분의 1은 직업상 설득과 감언으로 벌어들이는 소득이고, 민간부문의 국민소득은 모두 금전의 형태로 표현된 제안, 감언보다 훨씬 더 설득력 있는 형태의 제안으로 벌어들이는 소득이다.[4]

노예제도가 없는 사회에서 상사는 대체로 부하직원들을 설득해 업무를 진행해야 하고, 시장에 적용되는 규율도 거의 쓰지 못하며, 물리적 강제력은 법적으로도 금지된다. "존, 자네가 오늘 드릴 프레스 좀 맡아주겠어? 해리가 병가를 냈다네." "네, 사장님." 아니면 적당한 거리를 두면서 금전적 보상을 제시한다. "자, 여기 3달러요." "감사합니다. 손님, 디카프 캐러멜 마키아토 그란데입니다." 아니면 "커다란 화폭에 물감을 떨어뜨려 그림을 그릴 테니 마음에 드는지 한번 보시죠." "우아! 잭슨 폴락 후기 작품 같네요! 기꺼이 32,645,000달러를 내고 사겠소."[5] 아니면 "자유는 자유주의 이론이다." "아, 알아들었어요." 감언이다. 이래라저래라 하지 않는다. 상호이익이다. 총합이 양수다. 누이 좋고 매부 좋다.

달리 말하면, 자유주의자는 민주주의의 다수결에 따라 행사되는 강제력이라도 강제력의 불가피한 독점을 진심으로 못마땅하게 여긴다. 정부가 추구하는 목적을 위해 극히 제한적으로 강제력이 필요함을 인정하지만, 예술이나 시장이나 과학이나 언론의 비정부적이고 자발적인 질서 — 교역, 발명, 설득 — 를 열렬히 옹호한다. 자유주의자는 봉건질서 혹은 관료주의적 질서 혹은 군산복합체적 질서가 요구하는, 불가피하게 폭력적이고 경찰력이 대대적으로 동원되는 정책은 질색이다.

예컨대, 1950년대와 1960년대에 무능하거나 살인마적인 정권에 대한 해외원조에 홀로 반대하는 목소리를 낸, 헝가리 태생의 영국 경제학자 P.T. 바우어P.T. Bauer는 말했다. "인간에 대해 인간이 행사하는 권력을 증가시킬 가능성이 있는 정책이나 조치, 즉 타인에 대한 집단이나 개인의 지배력을 증가시키는 정책이나 조치는 삼가야 한다."[6] 그는 인간의 폭력적인 개입으로부터의 자유로 정의되는 자유를 강조했다.

큰 정부가 초래하는 비자유적 질서는 위계질서 꼭대기에 자리 잡은 우리의 주인들이 의회 회기마다 통과시키는 수천 가지 법안과 관료집단이 해마다 발표하는 수많은 하위규정들로써 정당화된다. 이러한 사안들을 깊이 파고든 경제학자이자 자유주의자 베로니크 드 뤼지Veronique de Rugy는 다음과 같이 말한다. "연방조직에 고용된 비선출직 관료 수천 명이 얼마나 막강한 권력을 휘두르는지 알게 되면 미국인들은 경악을 금치 못할 것이다." [7] 하이에크의 말처럼, 인도적 자유주의자는, "자기 머릿속으로 생각해낸 합리적인 형태의 질서를 세상에 강제하려는 우익과 좌익 정당들에 맞서는, 자유로운 성장과 자발적인 진화를 선호하는 당, 생명의 당 당원이다." [8]

우리 자유주의자들은 가감 없는 자유주의 본류 1.0이든, 인도주의가 가미된 2.0이든, 그 뜻을 상당히 오해받는 단어인 '수사修辭 rhetoric'에 주로 의존하는 사회를 열망한다. 로마의 수사학자 퀸틸리아누스Marcus Fabius Quintilianus는 카토 Marcus Porcius Cato의 말을 인용해 수사학에 통달한 사람을 '언변이 뛰어난 선한 사람'이라고 정의했다. [9] 깊이 들어가면 자유주의는 바로 그러한 수사학의 문제이고, (아리스토텔레스가 말했듯이) 각 사안마다 (비폭력적으로) 설득할 수단을 찾아내는 일이자, '감언甘言 sweet talk'에 참여하는 방법이다. [10] 라틴어 수아데오Suadeo, 즉 '나는 설득한다'는 영어의 '달콤하다 sweet'와 어원이 같은 인도유럽어에서 비롯되었다. 윤리, 선함, 황금률은 감언을 구성한다.

수사학 기법은 2,000년 동안 서구 교육의 토대가 되었고 동반구와 남반구 대부분 지역에도 이에 상응하는 형태가 존재한다. 그러나 17세기에 거칠고 현실적이며 논리적인 지식인을 자칭하는 베이컨, 데카르트, 홉스, 스피노자는 이를 백안시하였다. 유클리드에게 매료된 그들은 한낱 인간의 기교 넘치는 언변으로부터 독립된 진실을 식별할 수 있다고 확신했다. [11] 그 이후로 수사학은 오명에 시달려왔다. 마치 언변이 뛰어난 선한 사람들 말고 진실에 다가가는 다른 길이 있기라도 하듯이 말이다. 실제로는, 19세기 근대 수학에서의 숙련된 논변skillful talks은 여러 종류의 기하학을 만들었으며, 오래된 유클리드 기하학과 진리의 유일성The Unity of Truth이라는 개념을 급격히 약화시켰다. 괴델Gödel은 거기에서 한 발 더 나아갔다. 우리는 다시 인류의 자유로운 대화로 되돌아갔고, 결국 우리는 늘 그러할 것이다. 아르키메데스 점Punctum Archimedes*이란 존재하지 않는다.

수사학은 사실 기원전 5세기 초 시칠리아 변호사들이 사용한 이후로, 자유로운 사회에 적합하게 변형된 관행이다. 우리가 다른 사람들의 행동을 바꿀 방법은 폭력을 수반한 협박과 정감 있는 감언 두 가지뿐이다. 감언이 보통 훨씬 바람직하다. 알 카포네나 스탈린을 대상으로 할 때는 권할 만한 방법이 아니지만, 유대교 지도자 힐렐과 예수를 따르라는 가르침을 받으면서 성장했고, 교양을 갖추었으며, 선하고 초월적인 목적을 지닌 자유로운 성인들에게는 감언이 훨씬 바람직한 설득 방법이다. 예컨대, 수사적인 감언이 바로 지금 내가 당신을 위해서 하고 있는 행동이다. 당신을 대상으로 하는 행동이 아니라 당신을 위해서 하는 행동이라는 점을 인식하기 바란다. 강요가 아니라 선물이다(당신이 이 책을 읽는 행위가 바로 나의 그러한 선의를 받아들인다는 뜻이다. 감사하다).

애덤 스미스가 처음 얻은 유급 일자리는 열네 살짜리 스코틀랜드 소년들에게 수사학을 가르치는 일이었는데, 그는 "모든 사람은 평생 다른 사람에

---

* 관찰자가 관찰 대상을 총체적으로 관망하고 객관적으로 인식할 수 있는 가상의 지점. 관찰자가 연구 대상으로부터 스스로를 분리시켜 그 연구 대상과 다른 사물들과의 관계를 살펴볼 수 있으면서도 그들로부터 독립적인 위치를 유지하는 지점을 가리킨다.

게 수사로써 설득하는 연습을 한다"라는 믿음을 간직하고 있었다.[12] 자유로운 사회는 수사를 통한 설득이 관행이다. 스미스가 지적했듯이, 공정한 관중이 지켜보는 가운데 절제된 표현으로 자신의 양심을 표현하고, 자기 가슴 속에 있는 자아와 궁극적으로는 신을 윤리적 열정으로 감동시키는 게 수사이다. 수사의 대안은 섬기는 주인을 돕기 위해 물리적 강제력을 동원하는 방법이다. 미국 독립전쟁의 애국자들은 기꺼이 반독립파Loyalists[13]의 몸에 뜨거운 타르를 바르고 깃털을 묻힐 의향이 있었다.*

우리가 건국의 아버지라고 일컫는 애국 지도자들은 농경사회의 위계질서 상층부에서 자신 같은 남성들이 계속 통치하고, 노예 위에 군림하는 주인처럼 자신들은 계속 품격 있는 신사의 지위를 유지하리라고 생각했다.[14] 18세기에 사회를 통치한 남성들은 툭하면 자기들이 부리는 노예, 자기 부인, 자기 자녀, 견습공, 하인, 군인, 선원을 구타했다. 그러다가 1776년 이후 자유주의적 진화가 일어나면서 손찌검은 점점 줄어들었지만, 손버릇이 나빠져서 #미투 운동에 이르게 되었다.[15]

---

* 중세 유럽과 근대 초기 북미 식민지 지역에서 시행된 형벌이다. 죄인의 몸에 뜨거운 타르를 바르고 깃털을 묻히는 방식인데 비공식적으로 보복하는 데 주로 이용되었다.

Chapter

6

1776년부터 현재까지 자유주의는
바람직한 결과를 낳았다

인도적 자유주의―좌우를 막론하고 반자유주의적인 헤겔에게서 영감을 얻은 독재자들을 끊임없이 곤란하게 만든 자유주의―는 지난 2세기 동안 놀라울 정도로 잘 작동해왔다.[1]

일단, 자유로운 사람들이 점점 늘어났다. 오늘날 그 자체만으로도 대단히 바람직하다고 여기는 결과다. 인도적인 진정한 자유주의자라면 가장 열렬히 환영해야 할 일이다. 노예부터 시작해 하층민, 영국 비국교도non-Conformist, 여성, 가톨릭교도, 유대인, 아일랜드인, 노동조합원, 식민지 주민, 흑인, 이민자, 사회주의자, 평화주의자, 다시 여성, 동성애자, 장애인이 차례로 자유로워졌다. 그리고 1776년 이후로 우리 대부분의 조상인 빈곤층 가운데, 남이 도모하는 일에 물리적 강제력을 동원해 간섭하지 않으면서 자신이 원하는 일을 도모하는 사람들이 꾸준히 늘어났다. 누군가의 말마따나, 18세기에 왕은 권리를 누렸고 여성은 아무 권리도 없었다. 이제 이 상황은 역전되었다.

불평등한 위계질서에 기반을 둔 오래된 정의는 18세기에 새로 등장한, 동등한 지위에 기반을 둔 정의라는 이론으로 점점 대체되었다. 이러한 변화는 1970년대에 하버드대학교 철학자 두 사람의 책이 출간되면서 철학적으로 성숙했다. 존 롤스 John Rawls는 《정의론 A theory of Justice》(1971)에서 정의는 공정함 즉 결과의 평등이라고 선언했다. 정부가 강제로 친구들이나 낯선 이들에게 피자를 똑같이 나누도록 하는 조치 말이다. 로버트 노직 Robert Nozick은 《무정부, 정부 그리고 이상향 Anarchy, State, and Utopia》(1974)에서 정의는 평등한 자유라고 반박했다. 정부의 강압적인 감시감독 없이, 친구들끼리 바람직하다고 생각하는 방식으로 피자를 나누고 나서, 한두 조각은 추가로 맥주 한 병과 교환하고 낯선 사람에게도 판매하도록 허용하는 일이라고 했다.

두 사람 모두 위계질서에 맞선 18세기의 정의이론을 계승한 자유주의자였다. 그러나 롤스는 루소 Jean Jacques Rouseau와 엘베시위스 Claude Adrien Helvétius로 대표되는 프랑스 국가주의 전통을 계승했고, 그의 주장은 최악의 경우 핀랸츠키 역 Finlyandsky Station*과 레닌이 통치하는 러시아로 이어진다. 노직은 데이비드 흄과 애덤 스미스로 대표되는 스코틀랜드 자유행위자 전통의 계승자로서, 기껏해야 미국 중서부 농장이나 소설가 윌라 캐더 Willa Cather가 묘사한 네브래스카주 대평원을 개척하는 삶으로 이어진다.

그리고 놀랍게도 뜻하지 않게, 아주 바람직한 결과인 자유주의가 19세기에 등장했고 이 덕분에 최초로 보통 사람들이 대거 자기 삶을 스스로 개

---

* 핀랸츠키 역은 헬싱키와 비보르크를 비롯해 북부 지역의 종착지까지 이어지는, 상트페테르부르크에 있는 철도역이다. 러시아 10월혁명에 앞서 1917년 4월 16일 블라디미르 레닌(Vladimir Lenin)이 스위스 망명을 마치고 러시아로 돌아올 때 도착한 역으로 유명하다.

척하게 되었으며, 그들의 경제적 여건이 폭발적으로 개선되었다. 현대인, 특히 자유주의자는 왕과 신을 섬기는 행위를 격상시키는 데 맞서, 대풍요를 높이 평가한다. 보통 사람들은 근대 소설에 등장하는 기계로 수확하는 농부로, 우리 모두에게 선사할 여러 가지 재능이 있었다.

자유주의는 얼마나 대대적이었을까, 얼마나 대단했을까? 그리고 얼마나 다양했을까? 자유주의는 최빈곤층이 이용하는 재화와 용역을 족히 3,000퍼센트 증가시켰다(당신이 오늘날 세계에 대한 대단한 사실을 납득할 때까지, 나는 이를 계속 되뇔 예정이다). 경제사학자들은 자유주의 덕분에 삶의 여건이 3,000퍼센트 개선되었다(그 원인에 대해서는 갑론을박이 있으나 대략적인 결과 수치에 대해서는 과학적으로 이론이 없다)고 말한다. 자유주의 체제가 아니었다면, 발명가이자 출판업자이자 미국 건국의 아버지 벤저민 프랭클린, 영국의 토목공학자 이점바드 킹덤 브루넬, 세르비아계 미국인 발명가이자 전기공학자 니콜라 테슬라, 특허심사관이자 물리학자 앨버트 아인슈타인, 패션디자이너 코코 샤넬, 소설가 윌라 캐더 같은 이들의 목소리는 묻히고, 혁신도 일으키지 못한 채 이름 없는 이의 삶을 살다 저세상으로 갔을지 모른다.

자유주의 덕분에 평범한 노동자가 자유롭게 새로운 일자리를 구했고, 평범한 상점 주인이 자유롭게 자기 가게를 열었다. 자유는 우리에게 증기기관, 철도, 대학, 철강, 하수도, 판유리, 선물 시장, 문해의 보편화, 수돗물, 과학, 강화 콘크리트, 비밀투표, 자전거, 자동차, 표현의 자유, 판지상자, 비행기, 세탁기, 냉방기기, 항생제, 피임약, 컨테이너 화물수송, 자유무역, 컴퓨터, 클라우드 컴퓨팅 등을 선사했다. 그리고 빠릿빠릿한 근로자와 자유로운 상점 주인들이 이익을 창출하거나 재미를 위해서 소규모 프로젝트를 추진한 덕분에 우리는 다양한 서비스를 공짜로 누리게 되었다. 이따금 뜻하지 않게 소규모 프로젝트가 큰 프로젝트로 변신하기도 했다. 예컨대, 텍사스주 오스틴에서 존 매케이가 개점한 호울푸즈 식료품점은 미국과 영국에 479개 매장을 거느리게 되었고, 아칸소주 벤튼빌에서 짐 월튼이 개점한 월마트는 전 세계에 11,718개의 매장을 운영하는 기업이 되었다. 자유주의는 예술이나, 과학이나, 신이나, 야구에서 인간으로 하여금 비범한 역량을 발휘할 여건을 조성했다.[2]

대풍요는 물질적으로도 문화적으로도, 1인당 소득이 겨우 두 배 증가하는 데 그친 산업혁명(1760~1860)을 훌쩍 능가했다. 산업혁명처럼 소득이 두 배가 된 혁명은 역사적으로 드물지만 선례가 없지는 않다. 예컨대 콰트로첸토라고 일컫는 이탈리아 문예부흥 초기인 15세기에 이탈리아 북부에서 산업화가 폭발했을 때도 그러했다.[3] 가장 빈곤한 계층이 사용가능한 재화와 용역까지 극적으로 증가했다. 5세기 그리스의 찬란한 상업시대와 상업이 활발했던 중국 송나라 시대처럼, 겨우 두 배, 즉 겨우 100퍼센트 증가한 수치가 이례적이고 일시적인 현상이었던 때도 그러했다.

앞서 일어난 산업혁명 사례에서는, 1인당 실질소득이 오늘날로 치면 하루 2달러에서 3달러에 상응하는 수준으로 결국 회귀했다. 기원전 8,000년부터 기원전 2,000년 사이, 전 세계 아홉 개 지역에서 식물을 경작하고 동물을 가축으로 길들였을 당시에도, 1인당 소득은 상승한 뒤 다시 회귀했다. 물론 보다 규모가 큰 인구를 지탱하게 되면서 메소포타미아에서부터 (역사적 문화적으로 중미지역을 뜻하는) 메소아메리카에 이르기까지, 도시에서의 삶과 문해의 토대가 마련되는 바람직한 효과를 낳긴 했지만 말이다. 그러나 인구는 기하급수적으로 늘고 식량은 산술급수적으로 늘어난다는 맬서스 이론과 비슷한 이유인지는 모르겠으나, 농경경제사회에서 1인당 실질소득은 항상 하루 2달러에서 3달러로 되돌아갔다.

그러나 자유주의가 등장한 1800년에도, 산업혁명이 마무리된 1860년에도 그렇지 않았고 지금도 그렇지 않으며 앞으로도 그렇게 되지 않는다. 이 얼마나 신바람 나는 일인가.

하루에 2달러나 3달러로 살아간다고 생각해 보라. 여전히 많은 사람들이 그렇게 산다. 그런 사람들의 수는 1973년 이후로 급격히 줄었지만 말이다.[4] 1960년대 이후 인도는 농작물 품종을 개량한 녹색혁명으로 곡물 수출국이 되었다. 1978년 자유화된 이후 중국은 도시근대화를 이루었다. 그리고 방금 말했듯이, 1800년 혹은 1973년 혹은 최근 어느 해를 보더라도, 인간이 처한 여건이 과거로 퇴보한 기미는 전혀 보이지 않는다. 1800년 이후로 미국에서는 40여 차례의 경기침체가 있었지만, 국민 1인당 실질소득은 매번 2~3년 만에 신속하게 바로 전의 최고치를 경신했다.[5] 단 한 번의 예외도 없이 쭉쭉 올라갔다.

강제력을 독점적으로 행사하는 비자유주의적 정부나 무법자들이나, 강제력을 행사하는 과두체제하에서 신음하며 아직도 하루 2달러를 버는 사람들을 포함하더라도, 지난 2세기 동안 세계의 1인당 실질소득은 10배 증가했다. 홍콩, 한국, 핀란드, 보츠와나같이 자유주의가 준 기회를 십분 활용한 나라에서는 30배 증가했다. 이러한 물질적 문화적 풍요는 이제 전 세계로 확산될 조짐을 보이고 있다.[6] 할렐루야.

게다가 이러한 풍요는 평등을 대대적으로 확산시켰다. 대풍요는 평등을 희생하는 대가로 부를 추구했다는, 사라지지 않고 끈질기게 이어지는 낭설이 존재한다. 정말로 불평등한 사회는 영주와 기사가 통치했던 사회이고, 최근에는 폭력 깡패단이 집권한 나라들이다. 예컨대 푸틴이 집권한 러시아

연방, 나집 라작이 통치했던 말레이시아 같은 나라이다. 시장체제가 사실상 평등을 촉진한다. 새로운 도전자의 진입을 허용하면서 혁신에서 비롯되는 초과이윤이 잠식되고, 가장 빈곤한 계층이 수돗물과 전깃불을 사용하면서 혁신의 혜택을 누리게 된다. 전화에서 컴퓨터에 이르기까지 현대에 일어난 모든 기술변화는 '디지털 격차'라는 공포를 불러일으켰다. 그러나 이익이 발생하리라는 냄새를 맡고 귀신같이 시장에 진입하는 도전자들 덕분에 그런 격차는 결코 지속되지 않았다. 결국 막판에는 빈곤층이 스마트폰을 저렴한 가격으로 손에 넣게 된다. 매번 그랬다.

1800년 이후로 가장 빈곤한 계층이 상업의 활성화로 여건이 개선되면서 가장 큰 수혜자가 되었다. 그리고 그 이념적 토대는 자유주의 혹은 (오해의 소지가 있는 '자본주의' 말고) '혁신주의innovism'였다. 부유층은 다이아몬드 팔찌를 살 여력이 생겼다. 좋다, 인정한다. 한편 빈곤층은 최초로 배불리 먹게 되었다. 오늘날 일본과 미국 같은 곳에서는 가장 빈곤한 계층이, 물가상승률을 감안해도, 2세기 전 상위 10퍼센트보다도 많이 번다.

부드로는 현재 미국의 평균적인 빈곤층 여성이 예전의 존 D. 록펠러보다 부자라는 설득력 있는 주장을 한다.[7] 그 여성은 이제 항생제를 구매하고 집에 에어컨을 설치하고, 쓰레기 같은 TV 채널 500개를 즐길 수 있는데, 이 모두가 불쌍한 록펠러가 살던 시절에는 없었다. 마찬가지로 제인 오스틴은 현재 로스앤젤레스 동부 지역에 사는 평균적인 주민보다 물질적으로 훨씬 검소하게 살았고 안전한 의료서비스의 혜택을 덜 누렸다. 우리의 제인은 마흔 한 살에 질병으로 세상을 떠났다. 애디슨병인지, 호지킨병인지, 결핵인지 확실치 않지만, 아마도 요즘 같으면 쉽게 치유되거나 적어도 관리가 가능했을지 모른다. 적절한 의식주, 교육, 보건, 오락 그리고 대부분의 중요한 재화와 용역을 안락하게 누리게 된 평등한 여건은 1800년 이후로 꾸준히 최고치를 거듭해 경신했고 그러한 현상은 지금도 계속되고 있다. 대풍요를 만끽하고 있는 독일과 일본과 싱가포르 같은 나라에서는, 1800년에 하루 3달러였던 평균 실질소득이 하루 100달러로 (그와 더불어 실질소득 중앙값median과 최빈층의 안락함도) 증가했다.[8]

　1942년 슘페터가 말했듯이, "엘리자베스 여왕은 비단양말을 신었다. 자본주의자(혹은 혁신가)의 업적은 여왕에게 비단양말을 더 많이 바치는 게 아니라, 그 양말을 만드는 데 드는 노력을 꾸준히 낮추는 대가로 여공들도 비단양말을 사 신게 하는 일이다. …… 자본주의 과정은 우연이 아니라 구조 자체의 장점 덕분에, 대중의 생활수준을 지속적으로 향상시킨다."[9] 이제 미국 대중의 생활수준은 1940년대 초보다 4배 높다. 당시에 미국의 1인당 실질소득은 평균적으로 오늘날 브라질의 1인당 실질소득에 상응했다. 이제 미국의 보통 사람들은 세탁기를 사용하고, 항우울제를 처방받고, 저렴한 비용으로 비행기 여행을 다니고, 자녀 한 명마다 독방을 쓰고, 많은 수가 고등교육을 받는다. 1940년대 초에는 그렇지 않았다. 1840년대 초에 언감생심이었다.

　최근 중국과 인도에서는 새로운 경제적 자유주의 덕분에, 빈곤층의 삶이 극적으로 풍요로워졌다. 그럼에도 중국과 인도의 평균 생활수준은 유럽 평균에 비해 여전히 매우 빈곤하다. 그러나 한두 세대만 기다려 보라. 21세기가 끝날 무렵이면 — 보수주의자와 사회주의자가 사람들에게 이래라저래라 하는 비자유주의적 체제를 포기한다면 더 빨리 — 지구상의 모든 이가 미국이나 핀란드처럼 부유해진다. 박물관과 연주회장은 발 디딜 틈 없이 붐비고, 대학은 만개하고, 풍요로운 삶의 기회가 가장 가난한 이들에게도 열리게 된다. 근대 자유주의는 우리 모두를 풍요롭게 한다.

Chapter

7

1848년 이후 자유주의는 약화되었다

이미 말한 바와 같이, 여기서 '자유주의'라는 단어는 미국에서 쓰이는 리버럴과 의미가 다르다. 그리고 자유나 풍요와는 모순되는 가상의 '사회계약'하에서, 정부가 국민의 삶에 간섭할 권한을 점점 더 확대하는 체제이자, 국민을 끊임없이 엉뚱한 일자리에 매달리게 만드는 체제인 사회민주주의 social democracy 혹은 그보다 대담한 민주사회주의democratic socialism의 의미도 아니다.[1] 사회민주주의자 가운데(사실 대부분이 내 친한 친구들이다) 프랑스어에서 파생된 '자유liberty'와 특히 그에 상응하는 앵글로색슨 동의어 '자유 freedom'를 혼동하는 이들이 많다(사실 나는 좌우, 중도를 막론하고 두루 많은 친구들이 있다. 나는 그들을 아끼고 그들의 견해를 존중한다. 그들이 잘못 알고 있는 경우가 태반이지만. 나는 그들이 진정한 자유주의를 깨닫도록 도울 만반의 태세를 갖추고 있다. 언제든 환영한다).

자유liberty/freedom의 고전적 정의는 다른 인간의 물리적 간섭으로부터 해방되거나 자유로운 상태를 말한다. 앞서 말한 바와 같이 노예가 아닌 상태를 뜻한다. 물리적 강제력의 협박에 휘둘리지 않는다는 뜻이다. 푸드트럭으로 사업하거나 버밍햄으로 이주하도록 허용된다는 뜻이다. 1970년대 미국의 계관시인 로버트 헤이든이 말했듯이, 자유의 실행은 우리가 '불가능에서 벗어나 가능으로 향하는' 여정이었다.[2] 1859년 존 스튜어트 밀이 말했듯이, 예속 상태를 벗어날 때의 쟁점은 개인을 상대로 사회가 합법적으로 행사하는 권력의 속성과 한계이다. 수익이 나지 않는 광산을 유지하기 위해 정부에게 납세자의 세금으로 보조금을 달라고 요구하는 노동조합의 권력 혹은 초기 그리스도교 공동체 지도자 실바누스를 채찍해 고분고분하게 만들기 위해 노예주가 행사하는 사회적 권력 말이다.[3]

한 세기 동안 자유주의 개념은 꾸준히 발전해 훨씬 완성된 면모를 갖추었다. 그러나 1880년대에 T. H. 그린T. H. Green이 새로운 사회적 자유주의를 제시하고, 그 후 레너드 홉하우스Leonard Hobhouse가 자유로운 영국에서 서서히 사회민주주의로 선회하기 시작했으며, 1848년 이후 대륙의 사회주의자들이 예견한 대로 1890년 이후 미국에서 진보주의자들이 등장했다. 광산 소유주나 노동자 같은 개인을 상대로 사회가 행사하는 권력의 속성과 한계가 대대적으로 확장되었다. 자본과 노동 간의 투쟁에서도 빈곤층은 강요당할 운명이라고 주장하며 정부는 강제력 확장을 정당화했고, 훗날 존 케네스 갤브레이스John Kenneth Galbraith가 '대항력*countervailing power'이라고 일컬은 힘을 요구하게 되었다.

1919년 무렵 영국에서는 법학자 앨버트 벤 다이시가 "20세기 초에 비롯된 견해의 본류는 맹렬하게 집산주의collectivism로 흐르게 되었다"라고 보

---

* 두 개의 강력한 집단 사이에서 서로를 견제하는 힘의 작용 과정. 갤브레이스는 이러한 힘겨루기를 통해서 경제체제에서 특정 집단의 독점을 막고, 성장과 안정 간의 균형을 형성할 수 있다고 주장했다.

왔다.⁴ 애덤 스미스에서부터 프랑스 경제학자 클로드-프레데릭 바스티아 Claude-Frédéric Bastiat에 이르기까지 주장한, 자유로운 사람들이 상호 합의에 도달하는 사회라는 자유주의적 미래상은 마르크스에서부터 마오쩌둥에 이르기까지의 서로 다른 계급들이 갈등에 매몰되어 헤어나지 못하는 사회라는 사회주의적 미래상으로 대체되었다. 경제학자들은 생산성을 토대로 한 임금이론을 개발하고 있었지만, 정치인들은 권력을 기반으로 한 이론을 개발하고 있었다.

왜 비자유주의로 선회했을까? 1919년에 다이시가 그 이유를 제시했지만 그 뿌리는 이전으로 거슬러 올라간다. 어쩌면 봉건제도와 노예제도의 몰락, 대영제국과 러시아와 미국 그리고 마침내 브라질에서 일어난 자유주의의 대성공 덕분이었는지도 모른다. 비유하자면 식자층이 개인의 합의와 계약이 부재한 노예라는 상태보다 훨씬 나은 인간의 여건으로 눈을 돌리면서 이룬 개가 말이다. 빈곤 사례는 모조리 노예제도로 재규정되어 '임금노예'라는 표현까지 나왔다. 임금노예도 실제 노예처럼 취급하자. 강제적인 법을 통과시켜서.

어쩌면 물리학과 생물학처럼 자연 현상을 측정해 현상을 지배하는 법칙을 발견해내고, 그 법칙을 비슷한 현상에 적용해 설명하는 학문 체제에서 영감을 받아, 과학을 사회에 적용하려고 했는지도 모르겠다. 사람들을 휘두름으로써 말이다. 어쩌면 영국과 프로이센과 스위스에서 대중투표massive voting가 도입된 1867년 이후에 그리고 그보다 앞서 프랑스에서 대중투표제가 도입되고 아메리카 대륙에서 포퓰리스트가 대통령에 당선되면서, 민주주의의 새로운 면모를 본 사회적 자유주의자들이 마침내 일반의지General will*의 시대가 도래했다는 확신을 품게 되었는지도 모른다. 그들은 우리가 투표로써 선출한 정부가 어떻게 폭군일 수 있냐고 말했다.

1850년 프랑스에서 국민투표에 대한 정치적 논리가 그러했고, 이를 바탕으로 나폴레옹 3세가 황제에 등극했으며 이는 최근 러시아와 터키에서도 재현되었다. 스위스에서는 수세기 동안 한층 온건한 형태인 란츠게마인데Landsgemeinde**로 실행되었는데, 이는 뉴잉글랜드 지역의 타운미팅과 유사한 직접 민주주의다. 이는 1819년 프랑스 자유주의자 벵자맹 콩스탕Benjamin Constant이 '낡은' 자유라고 일컬은, (오로지) 자유로운 남성 시민만이 누리는, 광장에서 정치를 논하는 폴리스polis에 참여할 자유를 떠올리게 한다. 비록 그 당시 폴리스는 자유로운 남성 시민이라 해도, 개인의 합의와 계약을 강제징집과 세금과 형벌로써 번복할 수 있었지만 말이다.[5] 절이 싫으면 중이 떠나라는 식이었다.

어쩌면 새로이 성공을 거둔 민족주의와 제국주의 때문에, 자유주의자들은 다른 사람들에게 강제력을 행사하는 분위기에 편승했을지도 모른다. 그게 다른 사람들에게 바람직하다고 여겼을지도 모른다. 엘리트 계층은 이미 식민지에서 정부를 이용해 법을 제정하지 않고도, 미천한 이들에게 간섭하고 있었으니 이를 본국에까지 확대 적용하지 못할 게 뭔가? 영국의 초기 프로테스탄트 선교사들은 산업화된 대도시에서 다닐 교회가 없는 이들을 대상으로 포교했다. 그리고 상류층과 중상류층은 이미 오래전부터 19세기판 부르주아인 최상류층 귀부인 자선사업가를 본받거나 조지 버나드 쇼의 희곡《바바라 소령》의 주인공인 구세군 소령을 본받아, 빈곤층에게 도움의 손

---

* 사회 구성원 모두가 공유하는 의지를 의미하며, 프랑스 철학자 루소가 1762년 출간한《사회계약론》에서 제시한 개념이다.
** 가장 오래된 형태의 직접 민주주의 중 하나이다.

길을 내미는 데 익숙해져 있었다.

어쩌면 개신교는, 최근 난관에 직면하면서 세속적인 목표로 방향을 재설정했는지도 모른다. 노예제도에 반대하는 운동이 그러한 방향의 재설정이었다. "내 눈으로 주님이 오시는 영광을 목격해왔다."* 19세기 말 미국 진보주의자들 가운데는 우드로 윌슨Woodrow Wilson 같은 개신교 목사의 자녀들이 놀라울 정도로 높은 비율을 차지했다.[6] 마찬가지로, 영국의 T. H. 그린과 레너드 홉하우스도 성공회 목사의 아들이다. 적어도 미국에서는, 신학에서 후천년주의post-millennialism**가 미국 개신교도들에게 지상에 천국을 건설하는 사명을 부여했다[7](가톨릭교도와 유대교도와 유럽의 개신교도들은 훨씬 현실적이었다).

어쩌면 값싼 종이와 증기윤전기가 발명되면서 대량 배포와 이에 따른 광고수익이 가능한 독자적인 신문들이 등장한 결과, 국가주의에 대한 요구가 증폭되었는지도 모른다. 고전적 자유주의자 허버트 스펜서는 일찍이 1853년 근대 신문 기사가 취하는 두 가지 주요 형식을 지목했는데, 이는 오늘날에도 여전히 활발히 사용되고 있다. "일간지를 펴들면 어느 정부 모 부서의 부패와 태만과 부실관리를 폭로하는 지도자에 대한 기사가 눈에 띌 것이다. 시선을 그 밑의 난으로 돌리면 국가 감독의 범위를 확장하자는 제안을 담은 기사를 보게 될 것이다."[8]

기아와 난민을 다루는 TV프로그램을 보며, 신문에 실린 사진을 통해 전

---

* 1862년 노예폐지론자로서, 남북전쟁에서 북군을 지지한 줄리아 워드 하우(Julia Ward Howe)가 부른 〈공화국 전투찬가(The Battle Hymn of the Republic)〉의 한 구절이다.
** 미국 개신교도들 사이에 확산된 신학적 이론으로서, 인간이 1000년 동안 선행을 하면 예수가 재림해 인간의 역사는 종말에 이르게 된다는 이론이다. 따라서 이 세상을 완벽하게 만들어야 할 명분이 생긴다. 이와는 대조적으로 전천년주의(Pre-millennialism)는 예수 그리스도가 죄악으로 가득한 이 세상에 와서 1000년 동안 군림하고 나서 역사의 종말이 도래한다는 이론이다. 따라서 지금 이 세상을 완벽하게 만들어야 한다고 주장하지 않는다.

쟁의 참상을 접하면서, 인정 많은 사람들은 지구상의 나머지 절반이 어떤 삶을 사는지 생생히 목격하게 되었다. 20세기 초 루이스 하인이 찍은, 예컨 대 노스캐롤라이나주 휘트널 방직공장에서 기계를 작동시키는 어린 소녀 를 담은 유명한 사진을 비롯해 수천 장의 사진은 자유로운 계약이라는 전 제에 의구심을 불어넣었다.

혹은 어쩌면 미천한 노동에서 해방되어 옥스퍼드와 예일대학에 진학한 사회적 자유주의 후손들은 천박하게 재산을 모은 자기 아버지에 맞서 반항 했는지도 모른다. 헨리 제임스의 1903년 소설 《대사들》에는, 유럽에 머물 던 미국인들이 미국 코네티컷주에서 어떤 천한 일을 해서 자신들의 여가생 활을 재정적으로 뒷받침했는지 결코 드러나지 않는다. 독자는 추측만 할 뿐 이다. 사실 19세기 말 자칭 자유주의자들이 비자유주의적으로 돌아서게 된 원인은 불분명하다. 어쨌든 그렇게 그들은 선회했다.

그 결과 1900년 무렵 심지어 자유주의적인 영미권Anglosphere에서도, 좌 익은 그 어떤 제약으로부터 해방되는 '자유'를 추가했다. 예컨대, 중력의 법 칙 또는 결핍이나 의도치 않은 결과로부터의 해방, 특히 사회적 회계법칙 ―자유주의자든 사회주의자든 기업이 수익이 나지 않으면 폐쇄하는 게 모 두를 위하는 길이라는 법칙― 으로부터의 해방을 추가했다. 노예제도를 폐 지하고 나니, 그 다음 수순으로 이러한 추가적인 '자유'는 그럴듯해 보였다.

사회적 자유주의자들은 과학적 확신을 근거로, 구태의연하고 성가신 법 들을 폐지하고 그 자리를 정부계획과 보호와 강제라는 새로운 법으로 채워 넣음으로써, 세상을 새롭게 만들 수 있다고 믿었다. 슈퍼맨처럼 하늘을 날 수 있다면 새처럼 자유로우리라고 생각했다. 그러니 한번 해 보자. 3대째 지체부자유자에게 불임시술을 하거나, 한 해에 영국 동성애자 1,000명을 교도소에 가두어 인종을 개량하면, 기형으로부터 자유로워질지 모른다. 한

번 해 보자. 1941년 연설에서 루스벨트가 언급한 네 가지 자유* 가운데 세 번째 자유로부터 혜택을 누린다면 다른 사람들의 소유물을 빼앗아서 상당 히 부자가 될지 모른다.[9] 그러니 한번 시도해 보자. '자유'는 적절하게 부유 하거나 순수하거나 막강한 상태와 같으며, 이러한 열망은 정부가 손쉽게 정의롭게 달성할 수 있다고 사회적 자유주의자들은 주장했다. 그러니 해 보자.

교만한 자유주의하에서 내가 당신과 자발적인 거래를 하는 데 필요한 평 등과 개인의 자유는, 나 자신이나 내가 선호하는 집단에게 '적극적인' 자유 를 제공하기 위해서, 정부가 독점한 강제력을 동원해 내가 당신의 물건을 몰수할 새롭게 사회화된 '자유'로 확장되었다. 나는 결핍으로부터 자유로 워야 한다. 내가 당신에게 재화를 제공하든 말든 상관없이. 1934년 루이지 애나주 상원의원 휴이 롱Huey Long은 "누구나 왕이다"라고 말했고, 그는 폭 군 존 왕과 존 왕의 적 로빈 후드 두 인물이 사용한 방법을 모두 동원했다. 이는 한쪽이 이득을 보면 다른 한쪽은 손해를 보는 제로섬 이론하에서 봉 건 질서와 훗날 사회주의나 파시스트 혹은 복지국가 질서의 특징을 띠었 다. 휴이는 다음과 같이 말했다. "거대한 부의 규모를 줄여서 모든 사람들에 게 부를 골고루 나누어 줄 필요가 있다."[10] 휴이를 지지할 유권자에게 금전 을 제공하기 위해, 교역과 혁신으로 애써 모은 합법적인 소득의 규모를 강 제로 축소시키면 만사형통이다.

교만한 자유주의하에서는, 봉건 위계질서나 정실 자본주의crony capitalism 나 파시스트 국가주의나 보수반동이나 그 밖의 비자유주의적인 그 어떤 체

---

* 프랭클린 D. 루스벨트 대통령이 1941년 1월 6일 연두 교서에서 제시한 네 가지의 자유는 언론과
  의사 표현의 자유(Freedom of speech and expression), 신앙의 자유(Freedom of worship), 결핍으
  로부터의 자유(Freedom from want), 공포로부터의 자유(Freedom from fear)다.

제에서와 마찬가지로, 정부가 독점하는 강제력을 통해서 내게 혹은 내 수탁자에게 이득이 되는 방향으로 당신 행동을 규제할 자유가 내게 있다. 예컨대, 경찰력을 동원해서 당신이 내가 종사하는 직종에 진입하지 못하게 강제로 막는다. 당신이 진입하면 내 고객들은 이득을 보지만, 나는 그걸 막을 수 있으니 천만다행이다. 예컨대, 나는 이민세관국의 강제력을 동원해서, 후안 발데스가 우리나라에 와서 나와 평화롭게 교환활동을 하는 걸 막는다. 후안이 우리나라에 오면 우리나라 사람들에게는 도움이 되겠지만, 나는 사람들이 그를 좋아하는 게 마땅치 않다. 그리고 나는 정부의 도움을 받아서 법과 규제를 통해 그를 저지할 수 있다. '우리'는 수입품에 관세를 부과해서 당신이 원하는 것을 구매하지 못하게 막을 자유가 있다. '우리'는 외국 의사들이 미국에서 자유롭게 의료행위를 하지 못하게 하거나, 개업의를 하려는 사람이 그 누구든 개업하지 못하게 막을 자유가 있다. '우리'는 왕과 나라를 위해서 먼저 전쟁을 일으키거나, 모든 전쟁을 종식시킬 전쟁을 일으킬 자유가 있다. 그리고 그러한 목적을 달성하기 위해, 당신들 재화로 전쟁 비용을 마련하고 당신들 인신을 징집할 수 있다. 사회화된 '우리'는 할 수 있다.

오늘날 '자유주의'는 영미권 일부 지역에서 위와 같이 잘못 정의되고 있다. 보어즈는 '자유주의자'를 도용한 행태에 대해 슘페터가 말한 촌철살인을 인용한다. "의도했는지는 모르나, 민영기업 체제의 적들은, 자유주의라는 꼬리표를 마음대로 자유롭게 차용하는 게 현명하다고 생각했다. '자유주의'에 바치는 최고의 찬사로서 말이다."[11] 이러한 차용은 '한낱' 수사가 아니다. 이는 우리가 서로 대화하는 방식이 한낱 사소한 문제가 아님을 보여준다. 역사학자 케빈 슐츠는 전혀 어울리지 않는 두 인물, 보수주의자 윌리엄 버클리와 급진주의자 노먼 메일러 두 사람을 묶어 《버클리와 메일러: 60년대를 풍미한 파란만장한 친분Buckley and Mailer: The Difficult Friendship That Shaped the Sixties》(2015)이라는 전기를 썼다. 슐츠는 이 두 사람이 1950년대와 60년대 교만한 자유주의에 어떻게 맞섰는지를 기록했다. 그러나 교만한 자유주의 기득권층은 보수주의 기득권층의 상당한 승인을 얻어 정책에서 승리를 거두었다. 그들은 윤리를 가르치는 학교로서의 가정의 역할, 노후대책을 스스로 마련하는 정책, 노조의 실업보험 보증, 해외 사태에 개입할 때 신중한 태도 등, 자유로운 국민이 지지할 기존의 어른스러운 정책들을 축출했다. 버클리와 메일러는, 각자 나름의 화려한 언변과 글로써 자유를 사랑하는 사회에서 시민의 담론을 이끌어가려 애썼다. 그러나 그들은 실패했다.

마침내 좌/우 논쟁은 우리가 날마다 듣는 좌/우의 사실로부터 자유로운 교조주의적 주장에 자리를 내주었고, 성숙하고 인정 많은 사람도 여기서 벗어나지 못했다. 좌익은 금융인 같은 부유층을 두려워하고 경멸한다. 우익은 히스패닉 이민자 같은 빈곤층을 두려워하고 경멸한다. 그리고 중도는 양쪽에서 만들어내는 황당한 이야기를 믿는다. 특히 정부가 전능하고 민간 부문의 자유로운 선택은 매우 결함이 많다는 주장을 철석같이 믿는다.

우리가 귀가 따갑도록 듣는, 경제학자 조지프 스티글리츠Joseph Stiglitz 같은 착한 좌익들이 하는 말은 다음과 같이 정리된다. "부작용은 무엇이든 미국이나 영국 정부가 경찰력을 동원해 개입해서 막아야 한다." 그리고 폴 울포위츠Paul Wolfowitz 같은 그다지 착하지 않은 우익이 하는 말은 다음과 같이 정리된다. "세계에서 악당이 있는 곳이라면 어디든지 미국 정부는 달려가서 영국 정부의 도움을 받아 그곳에 폭탄을 투하해야 한다." 뛰어난 사업가이자 뉴욕시 3선 시장을 지낸 마이클 블룸버그Michael Bloomberg에게 마리화나 합법화에 대해 어떻게 생각하는지 누군가가 묻자, 그는 마리화나는 다른 마약으로 넘어가는 관문 역할을 한다는 사실무근의 경직된 대답을 내놓았다.[12] 사우스캐롤라이나 출신의 뛰어난 노장 상원의원 린지 그레이엄 Lindsey Graham에게 미국이 해외에 지나치게 개입하지 않느냐고 누군가가 반박하자, 그는 우리가 시리아에서 그들과 싸우지 않으면 우리 앞마당인 찰스턴에서 그들과 싸우는 사태를 맞게 된다는 사실무근의 대답을 했다.[13]

로이드 조지Lloyd George와 우드로 윌슨 같은 19세기 말과 20세기 초 점진적인 사회주의자, 교만한 자유주의자나 진보적인 자유주의자 그리고 그들의 적이라고 간주되는 에드먼드 버크Edmund Burke류의 보수주의자인 영국 총리 보리스 존슨Boris Johnson과 린지 그레이엄 같은 이들은 나름대로 윤리적인 우위를 점했다. 1900년경부터 사회적 자유주의자와 진보주의자는 오래전에 보수주의자들과 힘을 합쳐 다음과 같이 말했다.

"정부의 강제력이 미치는 범위를 확대하려는 우리의 동기는 순수하며 부모의 심정에서 우러나왔다. 물리적 강제력을 동원하는 우리의 정책은 비참하고 어리석고 제멋대로인 빈곤층, 여성, 소수자 그리고 자기 자신을 돌보지 못하거나 점잖게 처신하지 못하는 이들을 돕기 위해 마련되었다. 민간인의 사업을 시장에 맡겨놓는 정책은, 나라 안팎으로 강제력을 동원하자는 우리의 온정적인 제안과 달리 위험천만하다. 당신들 이른바 자유주의자 2.0은 우리의 눈부신 정책들을 비판한다. 하지만 우리 진보주의자들은 당신들이 빈곤층과 여성과 소수자 그리고 사실상 모든 평범한 시민들을 증오하며, 오직 부유층만 좋아하고 코크 같은 보수 진영의 거물급 대기업 소유주한테 돈을 받는 부패한 인간이라고 결론 내릴 수밖에 없다. 마찬가지로 우리 보수주의자들은 당신들이 우리 왕과 나라, 희망과 영광의 땅, 용감한 이들의 고향이자 자유로운 이들의 땅을 사랑하는 마음이 부족하다고 결론 내린다. 우리 진보주의자와 보수주의자들은 한 목소리로 이렇게 외친다. 우리는 당신과 같은 사악한 인간들 말에 귀를 기울이지 않겠다."

인도적인 진정한 자유주의의 본질은 작은 정부, 그 영향력의 범위가 적정수준을 벗어나지 않는 정직하고 효과적인 정부, 빈곤층에게 도움을 주는 정부다. 그리고 비폭력적인 일을 자발적으로 도모하는 사람들은 대체로 간섭하지 않는 정부다. 그러나 불리한 여건에 놓인 사람들은 못 본 척하지 않고 경멸하거나 마음대로 재단하지 않고 넌지시 위협하면서 군림하지 않는 정부다. 그리고 고결한 척하면서 돕지 않거나, 아무나 회원으로 받지 않는 컨트리클럽 회원처럼 "나는 여기 회원이지만 너는 회원 자격이 없어"라는 태도로 빈정거리지 않는 정부다. 인도적 자유주의는 교만한 자유주의자들의 믿음과는 달리, 원자화되고 자기만 아는 이기적 태도를 지니지 않았다. 또한 (자칭) 자유지상주의자들이 잘못 알고 이따금 거칠게 말하듯이 다정이 병인양 하지도 않는다. 진정한 인도적인 자유주의는 그와 정반대로, 모든 이의 존엄성을 똑같이 존중하는 경제체제이자 정치체이자 사회다.

'사회적 자유주의'는
비자유주의적이었다

사회적 자유주의자/국가주의자/진보주의자는 아주 독특한 경제 이론을 신봉했다. 그들은 무엇보다도 경제는 관리하기 쉬우므로 아무런 사업경력도 없는 현인들이 의도적인 행위를 함으로써 상당히 쉽게 마술을 부릴 수 있다고 믿었다. 그리고 그 믿음은 오늘날까지도 계속된다. 그들은 우리가 해야 할 일과 그 일을 하는 방법에 대한 지식이 사람들 사이에 분산되어 있고, 규제받지 않는 시장을 통해서만 이러한 지식을 습득할 수 있다는 점을 믿지 않는다. 그들은 산업노조 결성을 촉진하는 와그너 법이나 저렴한 주거시설을 제공하는 임대료 상한제를 시행하고 기업가 마인드를 지닌 정부가 기발한 아이디어를 개발한다는 구상을 통해, 정부가 계획하고 강제하면 사람들이 더 나은 주거시설을 얻고 하루 여덟 시간 근무하게 된다고 믿는다.[1]

위스콘신대학교의 존 R. 커먼스John R. Commons는 그러한 국가주의를 주장하는 미국의 현인이었다. 아일랜드 시인 미할 오월은 2018년에 발표한 서

사시에서 커먼스가 주장하는 국가주의를 장황하게 묘사했다. 놀라운 점은, 믿거나 말거나, 이 시의 두 번째 콰르텟에서 경제학과 그 지적인 역사에 대해 정확히 읊고 있다는 사실이다. 오웰은 커먼스 교수에 대해 다음과 같이 말한다. "경험론자여, 그대는 가혹한 자들과 황금시대를 노동법으로 숙청하고 피해자들에게 보상했으며 가격통제 정책을 실행했다. 지나치게 자유로운 무역에 족쇄를 채우고 보호주의의 부상을 지켜 보았다."[2]

국가주의자는, 특히 노동법 변호사거나 커먼스의 영향을 받은 노동사학자의 경우, 생산자와 소비자 모두 이득을 얻는 상업에서 민간인들끼리의 합의를 통해, 노동자 계층이 점점 부유해지고 한계생산이 증가하면서 중앙난방 시설이 없는 주택이나 휴식 없이 하루 12시간 노동하는 근로 조건에서 벗어나는 결과는 개선과 아무 관련이 없다고 말한다. 진정한 자유주의자들이 어떻게 풍요로워지는지 설명하면 국가주의자는 코웃음을 치며 꾸짖는다. "바보 같은 소리. 우리 사회적 자유주의자와 대륙 사회주의자들은 19세기에 (사회적 자유주의의 공식적인 믿음에서 선호하는 단어인) 의도성을 정의로운 사회 구현에 필수적이라고 생각하게 되었다. 정치에서는 투쟁이 필요하지만 법을 통하면 쉽게 달성할 수 있다. 노동 현장에서 노동쟁의 같은 의도적인 투쟁과 의회에서의 의도적인 표결을 달성한 후에, 정의롭고 풍요로운 사회가 마침내 도래했다. 당신들이 말하는 보이지 않는 손 같은 건 작동하지 않았다."

국가주의자는 또 이렇게 말한다. "창의적인 교역과 혁신으로는 정의롭고 풍요로운 사회에 도달하지 않았고 우리의 여건도 개선되지 않았다." 순수한 마음과 강제적인 규제만이 필요하다고 주장한다. 1950년대에 더욱 적극적으로 개입하는 정부를 정당화하는 데 매진한 젊은 뉴딜정책 옹호자들은 앤드루 잭슨Andrew Jackson과 헨리 클레이Henry Clay*와 그 찬란했던 강요된 '내륙 교통망 개선internal improvement' 시대와 같은 사례를 들며 과거로 시선을 돌렸다.[3] 그들의 제자들은 지금도 여전히 과거에 시선이 머물러 있다.[4] 그리하여 새로운 자유를 쟁취했다고 그들은 얘기한다.

그러나 우리에게는 이미 그러한 '자유' — 즉, 적절한 수준의 안락함, 상당한 부, 상당한 힘, 비상한 신체 능력, 중앙난방, 세금에서 비롯되는 보조금 — 를 묘사하는 단어가 존재한다는 철학적인 문제도 있다. 이 모든 바람직한 현상들을 뜻하는 데 경제학자 아마르티아 센Amartya Sen과 마사 누스바움Martha Nussbaum처럼 '역량'이라는 어휘를 사용하면 이슈를 혼란스럽게 만든다.[5] 역량은 바람직하다. 우리는 지구상의 모든 사람이 역량을 갖추도록 애써야 한다. 그리고 통상 그러했듯이, 오로지 자유로운 경제체제를 통해서만 보통 사람들의 삶을 풍요롭게 만들 수 있다.

이제 막 탄생한 경제학이 왕의 영광에서 백성의 번영으로 시선을 돌리게 되면서 애덤 스미스는 "구성원 대부분이 가난하고 비참한 사회는 절대로 번성할 수도 행복할 수도 없다"고 선언했다.[6] 그게 바로 인도적인 자유주의의 인도적인 부분이고, 이는 더 높은 1인당 실질소득과 더 많은 사람들, 특히 빈곤층을 풍요롭게 만든다는 목표로 표현된다. 그러나 그렇게 바람직한 것들은 그 자체가 '자유'는 아니다. 하늘 아래 존재하는 모든 바람직한 것들을 그 한 단어에 구겨 넣기를 바라지 않는 한 말이다.[7]

다시 말해서, 애덤 스미스와 내가 진정으로 강조하건대, 발전은 자유의 결과이며, 자연스러운 자유가 낳은 명백하고 단순한 계획의 결과다. 그러나 발전은 자유와 같지 않다. 원인은 결과와 같지 않다. 적당히 부유해지는

---

* 1812년 미국이 영국과 전쟁을 치른 후, 영국이 주도하는 자유무역 체제로부터 독립하기 위해 보호무역과 '내륙 교통망 개선'을 하는 등 국가 주도 정책을 펼쳐야 한다고 주장한 미국 정치인이다.

정도까지 발전하는 게 바람직하다는 점을 부인하는 사람은 없다. 1937년 극작가 베아트리스 카우프먼이 친구에게 다음과 같이 조언했다. "나는 가난한 적도 있었고 부자인 적도 있었어. 그런데 부자인 편이 훨씬 나아!"[8] 당근. 그래도 '다른 사람들이 가하는 물리적인 제약으로부터의 자유'를 뜻하는 별도의 단어는 필요하다. 정치적 용어로 제약은 '폭정'tyranny (그리스어로 주인을 뜻하는 티라노스tyrannos에서 비롯되었다)이며, 그 상대어는 '자유'다. 우리는 폭정과 그 결과로 야기되는 빈곤을 예의 주시해야 한다. 그리고 금전과 빈곤 외에도 폭정의 결과로 야기되는 비자유, 인간 번영을 막는 온갖 비자유를 예의 주시해야 한다. 폭정은 인간의 영혼에 독이다. 1776년(미국독립)이나 1789년(프랑스혁명)과 마찬가지로, 지금도 우리는 왕, 남편, 노예주, 추장, 마을 장로, 관료, 경찰의 폭압을 예의 주시할 필요가 있다. 감시하고 주의해야 한다.

내 친구인 사회민주주의자들은 스톡홀름과 보스턴에는 더 이상 그런 폭압의 문제가 없다고 믿는 듯하다. 황제와 가정폭력범을 제거했고, 우리를 강제하는 시장은 우리가 선출했고('옛날식'의 자유가 다시 등장한다), 시장을 지지하는 선량한 이들과 다른 사람들을 돕기 위해서 강제로 과세할 뿐이다. 그 지지자들이 나머지 우리를 위해 이로운 일을 하든 말든 상관없이 우리는 능력껏 세금을 내야 한다. 일반의지가 통치한다. 루소가 제시한, 자유를 유지하면서도 정부에 재산권을 규제할 권력을 부여하는 해괴한 해결책이 일반의지다.[9] 이렇게 '자유'라는 단어를 얼버무려 버린다. 그러면 나는 내 친구들에게 점잖게 상기시킨다. 러시아연방에는 새 차르가 등극했고, 터키에서는 새 술탄이 집권했다고. 그것도 투표를 통해 국민의 일반의지가 그들에게 왕관을 씌워 주었다고. 스톡홀름과 보스턴은 아름다운 도시지만, 가정폭력이 더 이상 존재하지 않는다거나 세제가 백익무해하다거나, 정치인들이 폭압적인 성향으로부터 완전히 자유로워졌다는 믿음은 망상이다.

다시 말하면, 사회민주주의자들 사이에서 '자유'는 단순히, '금전적인 예산의 제약을 그러한 제약을 받는 당사자로부터 멀리 떨어뜨려 놓는 행위' 즉 풍족함을 뜻한다. 우리는 그런 역량을 갖추어야 한다고 나는 말한다. 물론 단기적으로는 폴이 피터로부터 돈을 몰수하면, 아니면 휴이 롱이나 아마르티아 센을 시켜서 그리하게 하면 폴의 예산 제약은 쉽게 완화된다. 그러나 장기적으로 생각해 보자. 자유에 힘입어 시장에서 검증된 아이디어로 여건이 개선되는 시기를 거친 후, 인간은 크고 작은 강제적인 제약으로부터 자유로워졌다. 그리고 금전적인 제약과 타인의 이득은 자신의 손해가 되는 제로섬 여건에서 벗어나, 사회 전체를 풍요롭게 만들었다.

그러한 긍정적인 총합을 사회적 자유주의자나 구보수주의자들은 결코 믿지 않는다. 장기적으로 볼 때, 우리는 모두 죽는다고 그들은 읊조린다. 살아 있는 동안이라도, 어떤 유인책이나 기회비용 없이 소득이 기적의 음식 만나처럼 하늘에서 쏟아져 내리고, 이를 필요에 따라 분배하든가, 아니면 옛날처럼 주님의 성전에 헌납하든가 해야 한다고 생각한다.

게르만/앵글로색슨계 단어 '자유freedom'나 라틴/프랑스계 단어 '자유liberty'를 시장에 적대적인 사회민주주의자와 민주사회주의자들로부터 구출하거나, 평등에 적대적인 보수주의자와 반동주의자들로부터 구출하는 일을 그저 '한낱' 용어의 정의 문제로 치부하거나, 궤변으로 치부하면 안 된다. 노예제도를 모면하려면 노예제도에 반하는 상태를 묘사하는 단어가 필요하다. 루소-그린-센-누스바움이 정치체가 인식한 일반의지가 바로 자유라고 과감하게 외치기 전까지만 해도, 우리는 모두 그리 생각했다.

'자유'가 루소-그린-센-누스바움의 공리주의적인 정의대로 '소득'을 뜻하는 의미로 바뀌면, 정부가 그 어떤 강제력을 동원해도 결국 바람직하다고 여기게 된다. 그로 인한 이득이 고통보다 크다면 말이다. 그리고 사회 민주주의자나 사회주의자는, 이른바 고통도 (사회) 정의구현을 위해서는 그 의미가 축소되어야 하며, 평범한 성인들이 갈구하는 자율이라는 존엄성 은 성가시고 의미없는 욕망이라고 폄하했다. 미국에서는 캐스 선스타인 Cass Sunstein*과 리처드 세일러Richard Thaler**와 로버트 프랭크Robert Frank 같은 자칭 넛지론자Nudger들이 행동경제학을 이용해 사람들에게서 자율성을 박 탈하고 사람들에게 은근하게 개입해서 그들이 느끼는 효용의 강도와 범위 를 확장하고 싶어 하는데 그게 사람들에게 바람직하다고 생각한다. 사람들 을 깨우치고 가르쳐서 스스로 선택하게 하지 않고 말이다. 자유는 개나 주라 는 말이다.

1881년 T. H. 그린은 '제대로 파악한' 자유에 대해 논했다. 톰 팔머가 지 적한 대로, 인간이 가하는 제약으로부터의 자유에서 그 어떤 제약으로부터 도 자유로운 상태로 자유의 개념이 바뀐, 19세기식 자유 말이다.[10] 있는 그 대로의 자아가 아니라, 플라톤이 말한대로, 진정으로 고결한 가상의 자아 가 원할 만한 그런 자유를 뜻한다고 식자층은 생각했다. T. H. 그린은 다음 과 같이 말을 잇는다. 한낱 "(인간이 가하는) 강제의 제약으로부터의 자유가 아니다. …… 행할 가치가 있는 것은 무엇이든 행하는 적극적인 힘이나 역 량을 뜻한다." 식자층이 이끄는 대로.[11]

2018년 영국의 좌익은 마르크스 출생 200주년을 기념하면서, 영국 지 방정부는 더 많은 공영주택을 건설해서 저렴한 임대료로 특정 계층에게 우

---

* 오바마 행정부에서 정보 및 규제 사무국장을 지낸 헌법, 행정법, 환경법, 법률 및 행동 경제학 분야 의 미국 법학자다.
** 제한적 합리성(Bounded Rationality)에 기반한 행동경제학(Behavioral Economics)을 체계화시켜 학문적으로 확립했다. 행동경제학을 체계화해서 학문적으로 확립한 공로를 인정받아 2017년에 노 벨경제학상을 수상했다.

선적으로 임대해야 한다고 말했다. 영국 노동자 계층이 내 집을 장만하겠다는 소망은, 평등주의에 반하는 어리석고 자본주의적인 발상으로 일고의 가치도 없다는 뜻이다. 영국 노동자 계층은 그저 시키는 대로 얌전히 임차인으로 살아야 하고, 그런 삶이 바로 그들이 바라는 삶이어야 한다.

그러한 선언을 통해, 선한 의도에서 한 말이든 아니든, 사회민주주의는 책임과 자기계발과 복잡하게 헝클어진 사회안전망이 없는 자유로운 사회에서, 정부의 강제력이 미치는 범위가 점점 확대되고 식자층이 강제로 경제를 주물러 고분고분한 노예들로 구성된 경제체제로 만드는 경제공학을 받아들이는 쪽으로 한 발 한 발 전진하게 된다. 그들이 그런 음모를 꾸민다는 뜻이 아니라, 투표권이 확대되고 자유보다는 안전에 대한 욕망이 앞서면 당연히 그런 결과가 나온다는 뜻임을 이해해야 한다. 우리는 자유로운 인간이 아니라 안락한 노예와 아이와 애완동물로 전락하게 된다. 뉴햄프셔주는 자동차 번호표지판에 "자유가 아니면 죽음을Live Free or Die"이라는 공식 문구를 넣는다. 1974년 자유롭게 살기를 열망한 한 운전자가 종교적 정치적 이유를 들어, 그 문구가 마음에 들지 않는다며 자동차 번호표지판의 그 문구 부분을 테이프로 가렸다. 그는 체포되었고 15일을 복역했다.[12] 그렇게 애완동물이 되어간다.

간단히 말해서 사회적 자유주의자 혹은 교만한 자유주의자 혹은 진보적 자유주의자인 사람은, 위계질서를 중시하는 보수주의자와 더불어, 고분고분하지 않은 빈곤층을 성가셔 하면서 사람들에게 간섭하는 체제를 옹호한다. 예컨대, 그들은 미국에서 금주법을 관철시키더니 그 다음에는 마약규제법을 관철시켰다(T. H. 그린은 예상대로 알코올 도수 높은 음료 금지에 찬성했다). 20세기에 실행된, 진보주의적 체제는 그 단짝인 반동적인 체제와 혼합되어, 자발적으로 이루어지는 합의를 묵살하고 상당히 강제적인 비자유주의적 수사를 동원했으며 측은하거나 성가신 빈곤층에 대한 경멸과 제로섬 경제학을 가미했고, 자신의 선택을 책임지는 성인들 간에 상호이득을 실현할 방법은 찾지 않았다.

작고한 자유주의 경제학자 를랜드 예거Leland Yeager는 다음과 같이 주장했다. "경제 정책에 원칙적으로 접근하기 위해 정책 입안자가 할 일은 사회 후생을 최대화하기 위해 정부의 강제력을 사용하지 않고, 생산과 가격과 소득에 있어서 특정한 유형을 달성하려 하지 않는 일이다. 대신 제도와 규정의 틀을 마련해서 그 안에서 사람들이 효과적으로 서로 협력하고 자기 나름대로 다양한 목적을 추구하도록 해야 한다."[13] 다양성을 존중하라는 뜻이다. 나는 뜨개질을 좋아하고 당신은 모형 기차를 조립하는 게 취미다. 둘 다 원하는 것을 즐기도록 내버려두자.

경험적으로 말하자면 자유는 대체로 상호이득이 되는 결과를 낳는다. 1800년 이후로 사람들이 노예상태에서 벗어남으로써, 장기적으로 어떤 결과를 낳았는지 보라. 반면 폭정은 흔히 제로섬이나 총합이 마이너스가 되는 결과를 낳는다. 이는 순수이성의 문제가 아니라 역사에 기록되어 있다.[14] 극소수 예외적인 경우를 제외하고, 진정한 자유주의의 역사가 증명해왔다. 이와 대조적인 진정한 사회주의의 역사가 증명해왔듯이 말이다. 예컨대 동독과 서독, 북한과 남한, 최근에 베네수엘라와 콜롬비아의 사례가 보여주듯이 말이다.

예산 제약과 금전적인 부의 문제를 넘어 인간을 강제하지 않는 상태로 해석되는 자유가 보장될 때, 문화와 자기계발에서 인간이 활짝 꽃피는 결과를 낳았다. 극단적인 경우 인간의 얼굴을 장화발로 영원토록 짓이기면 위대한 예술품이 탄생할지도 도른다. 그러나 역사적 사실에 비추어 볼 때, 경제 외의 분야에서도 폭넓은 번영을 낳은 체제는 자유주의다. 사회주의나 반동주의는 그렇지 않다. 이탈리아의 파시스트 문학이나 러시아의 사회주의적 현실주의 그림을 보라. 이래도 우기겠는가. 자유로운 사회는 고도로 창의적이고 상당히 고결하다. 사회주의나 반동주의 혹은 규제가 심하거나 장화발로 짓이기는 극단적인 사회는 그저 따분한 정도에서부터 매우 혹독한 상태에 이르기까지 답답하고 억압적이다.[15]

예컨대, 1945년 이후 홍콩 식민지는 계획자들의 강제력으로부터 상당히 자유로워졌다. 경제체제는 대체로 불간섭주의Laissez-faire였다(영국 국왕의 식민지로서 정치적인 권리 즉 고대에서 말하는 자유는 전혀 누리지 못했지만, 영국의 관습법이 통용되었고 근대적인 개인의 자유라는 이점을 누렸다). 중국 본토에서 홍콩으로 이민자가 대거 건너왔지만, 2세대 만에 소말리아 수준의 빈곤한 상태에서 1인당 소득이 미국에 조금 못 미치는 수준까지 발전했다. 반면, 경제적인 사안에서 경찰이나 중앙계획국이 명령하는 대로, 인간을 정부의 고객이나 애완동물이나 노예로 만들고 발언권을 주지 않는 기존의 실험은 개인이 처분할 수 있는 예산 수준을 0에 수렴시켰다. 마오쩌둥의 중국이나 마두로의 베네수엘라 혹은 보수주의적인 향수에 젖은 폐쇄된 경제공동체 마을처럼 말이다.[16] 5세기 그리스나 15세기 이탈리아나 1950년대 미국처럼 예술이 만개한 시대는 상업을 토대로 한 사회였고, 이러한 사회는 교역하고 혁신하고 생각하고 말하는 자유를 낳았으며, 점점 더 많은 사람들에게 삶을 활짝 꽃피울 다른 모든 자유를 부여하는 결과를 낳았다.

Chapter

9

새로 등장한 비자유주의는
아주 거대한 정부를 낳았다

경제사학자 로버트 힉스에 따르면, 1913년에 지역, 주, 연방 등 미국의 각 급 정부가 소비한 총지출은 GDP의 7.5퍼센트 정도였다.[1] 따라서 당시에는 충격적인 수준으로 부패한 수많은 정부들—예컨대, 시카고나 보스턴 행정부—을 폭넓은 경제 차원에서 크게 문제시하지 않았다. 그러나 1996년 무렵 미국의 각 급 정부 총지출은 GDP의 32퍼센트로 증가했고, 정부는 경제 이외의 나머지 부문까지 점점 더 규제를 확대했다. 힉스는 이를 정부의 '범위'가 확대되었다고 규정했다. 부유한 나라들 대부분은 미국보다 정부 범위가 더 넓다. 미국에서 정부의 범위는 1970년대와 1980년대 항공업처럼 규제 완화로 인해 확대가 주춤해졌고, 영국에서는 마거릿 대처가 진정한 의미의 자유주의를 잠깐 시도하면서, 스웨덴은 1990년대 경제 위기를 겪으면서 정부 범위의 확대 추세가 주춤해졌다. 그러나 그 이후 정부 규제는 대중의 압력을 이기지 못해 다시 증가했다. 대중의 압력은 시카고 시민들이 시카고시의 공식 문구라고 조롱하듯 말하는, '내 몫은 어디에?Ubi meus'에 잘 나타난다. 각 급 정부는 하나같이 규제를 점점 늘려갔다. 예컨대, 영국의 대처는 초중고교 교육을 중앙정부 관할로 만들었다.

큰 정부가 만연하게 된 까닭은 시장과 경쟁은 본래 매우 불완전하다는 믿음 때문이기도 하다. 경제학자들은 시장의 불완전함에 대해서 놀라울 정도로 증거 수집을 게을리했다. 경제학자 대부분이 이를 확고하게 믿으면서 말이다.[2] 시장이 불완전하다는 믿음은 20세기 경제학에서 확고해졌다. 이른바 중요한 사안에서의 불완전성을 상쇄하기 위해 집행하는 '정책들'의 범위를 확대하면서 말이다(다시 말하지만 그러한 중요성은 증거자료가 없는 경우가 허다했다). 경제적 현상이 이와 무관한 또 다른 경제적 현상에 영향을 미치는 흘러넘치기spillover 효과라든가 단일공급자가 재화와 용역의 생산할 때 최대의 효율을 보이는 자연독점natural monopoly을 인위적으로 만들어내는 정책이 실행되었다. 연방정부 차원에서는 환경보호청EPA, 식품의약청FDA, 연방교역위원회FTC, 연방통신위원회FCC, 유연목적회사FPC* 같은 개념들이 제도화되었다.

시장이 불완전하다고 믿는 이들은, 정부가 이러한 불완전성에 대응할 역량이 있다고 믿는 이들과 손잡았다. 물론 그런 정부에, 시장이 상당히 불완전하다고 믿는 바로 그런 경제학자들이 포진하면, 결함이 없는 정부로 여겨진다(그런데 자유주의자가 지적하듯이 시장의 불완전성 대부분은 정부가 야기한다). 사회적 자유주의에는 '손쉬운 개혁'이라는 전제가 깔려 있다. 경제학자들, 예컨대 반자유주의자들이 영입되고 변호사와 정치인들도 영입된다.

---

* 유연목적회사(Flexible Purpose Corporation)는 2012년 미국의 캘리포니아주가 도입한 새로운 사회적 기업 조직형태로서, 회사 정관에 영리적 목적 이외에 사회적 목적의 사업영역을 명시하도록 규정하고 주주에 대해 경영진이 져야 하는 법적 책임을 유연하게 만들었다.

그들은 흠잡을 데 없이 현명하고 부패할 리가 없는 이들로 인식된다.

예컨대, 프랑스에서는 그 결과, 정부의 지출 비중이 GDP의 55퍼센트에 달한다. 프랑스의 독점과 규제는 마크롱이 집권할 때까지 꾸준히 확산되었다. 이 고결한 나라에서 가장 최근에 노벨경제학상(2016)을 수상한 장 티롤 Jean Tirole은 프랑스인들은 "아마도 그 어떤 나라 국민들보다 시장과 경쟁을 불신하는 국민"이고, 그만큼 그 어떤 나라 국민보다 국가를 신뢰한다고 비꼬듯이 말했다.[3] 파리에서는 중세시대부터 빵에 들어가는 재료의 비율이 엄격하게 규제되었고 파리 임대료는 제1차 세계대전 이후로 동결되었다.

1999년 프랑스에서는 또 다른 프랑스 경제학자 때문에 난리법석이 났었다. 그가 자유주의 경제학자 제임스 뷰캐넌 James Buchanan(1986년 노벨상 수상자)이 개척한 공공선택 public choice 학파의 상식적인 이론을 언급했기 때문이었다. 공공선택이론이란 정치인과 경제 관료와 법률 분야의 관료들은 이따금 공공선과의 상관관계가 불완전한, 자기 자신의 이익을 염두에 두는 경우가 있을지 모른다는 것으로, 그가 단지 그럴지도 모른다고만 했는데 말이다.

제프리 브레넌과 제임스 뷰캐넌이 말했듯이, "사실상 관련된 모든 사례에서 정부는—더 정확히 말하면 정부가 추진하는 절차에 관여하는 개인은—강제할 힘을 가진 게 사실이다. 그들은 사실상 재량권을 행사하는데, 그들이 추구하는 목적이 무엇이든, 그 목적을 위해 자신의 권력을 남용하리라고 전제하는 게 경험적으로 타당하고 분석적으로 필요하다."[4] 그들이 추구하는 목적은 공공이익에 부합하는 결과에 도달할지도 모른다. 하지만 의도는 그렇지 않을지도 모른다. 공공선택론 경제학자에 따르면, 정치인과 경제 및 법률 관료들은 공공선을 위해서 무엇을 해야 할지 감도 잡지 못한다. 프랑스 식자층은 프랑스 경제학자가 그러한 영미권의 자유주의적 개념을 언급하기만 했는데도 정신나간 소리라며 펄펄 뛰었다.

정부가 간섭하는 범위가 확대되는 이유는 경제학자들이 자신을 경제공학 전문가로 포장하면서 내놓는 계획이 급증했기 때문이지만, 이는 논외로 한다고 해도, 대중적인 지지가 있었기 때문이다. 이는 다수의 폭정으로, 고대 그리스 이후로 민주주의가 등장할 때마다 끈질기게 출몰하는 망령이다. 2018년 헝가리나 터키에서 치뤄진 선거에서 승자 쪽에 투표한 다수는 "정부가 우리 같은 선량한 사람들을 돕는 정책을 입안하게 놔두라. 그리고 제발 그다지 선량하지 않은 다른 사람들 — 예컨대 유색인종이나 쿠르드족이나 유대인 또는 북아프리카와 중동에서 독일로 향하는 이민자들 혹은 멕시코에서 미국 텍사스주로 향하는 이민자들, 다수의 신도들 사이에 섞여 사는 세속적 성향의 비신도들, 상대적으로 빈곤한 도심 지역에 사는 사람들, 의사와 변호사와 목화 재배 농민들이 선호하는 독점산업에 새로 진입하는 경쟁자들 — 은 엄격하게 규제하자"라고 부르짖는다. "이 모든 게 교외와 농촌지역에 다수가 거주하는 우리의 안전과 부를 지킬 것이다. 우리는 분하고 두렵다."

헝가리의 오르반 – 미국의 트럼프류의 포퓰리스트 정치인들은, 이처럼 이민자와 유대인과 무슬림에 대해 거짓으로 경각심을 불러일으켰다. 사람들은 정부에 다음과 같이 요구한다. 흑인들이 거래하는 마약에 대한 전쟁을 선포하고 히스패닉이나 시리아 이민자들에 대한 전쟁을 선포해서 "중무장한 거대한 정부가 우리를 안전하게 지켜야 한다. 우리도 규제해라. 우리가 어린애처럼 겁이 많다는 점을 인정한다. 식당이 우리를 식중독으로 독살하지 않게 해 달라. 가짜뉴스를 살포하는 언론과 사악한 사법부 엘리트 계층에게 의존하지 말고 말이다." 그들은 불법행위나 사기로부터 우리를 완벽하게 보호하지 못한다. "다 제쳐두고 우선, 언론인과 판사들을 국가의 적에 상당하게 취급해야 한다. 대신 권력층이 선호하는 경찰력을 행사할 권한을 부여받은 감시관을 임명하라." 감시관이 한 해에 한 번 식당에 들이 닥쳐서 뇌물을 내놓으라고 손을 벌리고, 그러면 식중독을 일으킨 식당들은 더 이상 처벌을 받지 않고 면제된다. "간단히 말해서, 자유롭고 풍요로운 삶이 아니라 안전하고 가난한 삶을 살자." 자율적인 삶이 아니라 의존적인 삶, 성인이 아니라 아이처럼 살자는 말이다. 대다수가 노예로 살아도 개의치 않는다. 그러나 우리 자유주의자들은 그들에게 자유로워지라고 촉구한다.

좌우, 미국의 민주당과 공화당, 영국의 노동당과 보수당 모두 엄청나게 거대한 정부를 원한다. 자유로운 선택은 묵살하고 소수는 무시한 채, 대다수 의견을 바싹 좇는다. 우리 같은 진정한 (근대) 자유주의자들은 그들 모두에게 맞서, 다수가 행사하는 폭정에 반대한다. 애덤 스미스, 메리 울스턴크래프트, 헨리 데이비드 소로우, 클로드 - 프레데릭 바스티아, 존 스튜어트 밀 그리고 그들의 후손들이여 만세, 만세, 만만세.

반면, 당신이 좌익이든 우익이든, 미국의 민주당원이든 공화당원이든, 영국의 붉은 노동당이든 파란 보수당이든, 당신은 정부를 선량한 국민이 원하는 숭고한 공공 정책을 실행하는 도구로 본다. 정부는 후버댐을 건설하고 국립공원 관리체제를 만들고 국립교도소를 운영한다. 당신은 아마 베버가 정의한 정부의 의미, 정부는 강제력을 독점한다는 정의에 이의를 제기하겠지. 1857년 톨스토이가 정의한 정부, "착취하는 데 그치지 않고 무엇보다도 국민을 타락시키도록 설계된 음모"라는 정의에 틀림없이 반대하겠지.[5] 그리고 당신은 최근에 등장한 정부의 정의에도 격렬하게 반대하겠지. 무정부 자본주의anarcho-capitalism* 경제학자인 머리 로스바드Murray

---

* 국가를 주체적 개인에 대한 구조적 대립 세력으로 간주하고 이를 거부하며 무정부적 불간섭 자본주의를 추구한다. 무정부 자본주의는 비자발적으로 징수하는 세금으로 정부가 독점적으로 운영하는 서비스를 자유로운 사기업 경쟁 체제로 대체해야 한다고 주장하고, 따라서 법, 법치, 치안 등은 오직 자유시장 체제를 통해서만 제공되어야 한다고 믿는다.

Rothbard 가 말한 정부에 대한 정의, "사회에서 영향력이 미치는 범위가 가장 넓은 범죄 집단"이라는 정의 말이다.[6] 머리는 정부란 강도단이고 우리는 그들의 손아귀에 있다고 말하곤 했다. 미국의 영화배우 윌 로저스Will Rogers는 우리는 정부가 뭐든 해결해 주길 바라는데, 우리가 바라는 그런 정부를 얻지 못하는 게 다행이라고 말하곤 했다. 특히 당신이 그나마 견딜 수 있을 만큼 정직한 정부하에서 사는, 세계적으로 소수에 해당하는 사람들, 예컨대 스웨덴의 예테보리 시민이거나 미네소타주 세인트폴의 시민이라면 이러한 냉소적인 시각에 반대하겠지. 정부의 근간이 '강제력'이니 '부패'니 '범죄'적이니 하는 주장들이 지나치다고 구시렁거리겠지.

유감스럽게도 그렇지 않다. 일반적으로 봐서 말이다. 위와 같은 정부에 대한 냉소적인 견해를 반박할 사람은 인류 역사상 거의 없었을 것이다. 그런데 루소와 헤겔의 정신을 이어받은 낙관적인 국가주의 – 사회주의가 등장하면서 바뀌었다. 이는 정부는 대체로 선하고 국민 다수가 공통적으로 지닌 일반의지를 구현하며, 일반의지는 국민 개개인의 의지라고 주장하는 이념이다. 이 이념은 세계적인 기업과 자발적인 교환을 권장하는 제도를 사악한 행위자라고 주장하고, 국민 다수가 찬성하는 짐 크로 법* 같은 인종차별법과 동성애자 박해에 반대하는 소수도 성가시고 위험천만한 사악한 행위자로 간주한다. 이러한 낙관적인 국가주의 – 사회주의는 19세기 말에 급부상했다. 1853년 허버트 스펜서는 다음과 같이 말했다. "어느 쪽이 더 건강할까? 대리자들이 제 기능을 못하면, 공중이 즉시 이들에 대한 위임을 철회함으로써 대가를 치르는 공동체일까, 아니면 대리자들이 회의, 서명운동, 투표, 의회 표결, 내각위원회, 복잡한 행정문서를 통해서만 대가를 치르

---

* 1876년부터 1965년까지 미국에서 시행된 인종분리정책이다.

는 공동체일까? 즉각적이고 필연적으로 잘못을 바로잡는 체제보다 잘못을 바로잡으려면 수많은 간접적인 절차를 거쳐야 하는 체제에서, 인간이 훨씬 바람직하게 행동하리라는 생각은 어처구니없을 만큼 이상적인 희망이 아닐까? 그런데도 대부분 정치가들은 무의식적으로 이러한 희망을 품는다."[7]

마찬가지로, 사회주의자는, 민주사회주의자든 그냥 사회주의자든, 문제는 그러한 정부가 아니라 (공중으로부터 날마다 거래를 끊겠다고 위협받는) 민간부문과 이익을 창출하는 재산이라고 뼛속 깊이 확신한다. '비영리' 기업이 칭송을 받는 이유는, 사람들이 이익을 창출하는 행위는 본질적으로 부패와 타락을 야기할 소지가 있다고 생각하기 때문이다. 그러나 영리를 추구하지 않는 조직이라도 부패하고 타락한다. 아일랜드인 가톨릭신부가 아동을 성적으로 유린하고 비영리단체 옥스팜Oxfam 직원이 성접대를 받은 사실이 보여주듯이 말이다. 사회주의자가 표트르 크로포트킨Peter Kropotkin 공작같이 인정 넘치는 무정부주의자가 아니라면, 그러한 사악한 이익추구 집단과 재산가에 맞서 잘못을 바로잡을 가장 뻔한 수단으로 정부에 도움을 요청한다. 프롤레타리아 독재체제를 도입하자. 거절할 선택권을 뿌리 뽑고, 모든 사람을 다른 사람의 의지에 복종하는 노예로 만들 '급진주의적 시장'을 구축해 공리주의적인 낙원을 건설하자.[8] 정부나 다른 사람들이 내 삶에 무엇이 이득인지 나보다 더 잘 알고, 내 재산을 어떻게 잘 활용할지 더 잘 안다.

1848년 이후 자치정부가 봇물을 이루던 1859년, 존 스튜어트 밀은 많은 사람들이 통치자의 권력은 "행사하기 편리하도록, 한 사람에게 집중된 국가의 권력일 뿐"이라고 믿게 되었다고 지적했다.[9] 많은 사람들이 우리에게는 이미, 일반의지에 해당하는, 국민에 의한 국민을 위한 국민의 완벽한 정부가 있다고 말했다. 그러나 밀은 국가가 그런 식으로 작동한다고 믿지 않았다. 아직은 믿을 만하지 않다고 여겼다. 링컨도 믿지 않았다. 거절할 권리를 유지하는 편이 낫다.

정부가 자신의 (선한) 의지를 실현한다는 당신의 믿음을 시험하기 위해, 특히 정부의 강제력 집중에 대한 당신의 불신을 시험하기 위해서, 4월 15일까지 납입하는 미국 소득세를 미납하고, 그 소득세만큼을 정부예산 중에 효과적이고 윤리적이라고 판단되는 곳에 자발적으로 기부할 것을 제안하고 싶다. 당신의 정치성향이 전통적인 정치 스펙트럼 상에서 좌우 어느 쪽으로 기울든 상관없이, 정부예산 중에서 당신이 절대로 기부하고 싶지 않은 부패한 항목이 많이 발견될 것이다. 예컨대, 제 구실을 못하는 신형 전투기, 진가를 발휘하는 기업 보조금 등 말이다.

그런 다음 체포하러 오면 저항해 보라. 체포되어 구금되면 탈옥을 시도해 보라. 탈옥했다 다시 체포되면 저항해 보라. 석방되고 나면 자발적인 교환을 토대로 하는 상업이나 설득이, 강제적인 정부 정책이나 경찰력보다 훨씬 바람직하다는 사실을 깨닫게 된다. 삼성 스마트폰 대신 아이폰을 사려고 해 보라. 아무 일도 일어나지 않는다. 매클로스키의 주장에 동조하지 않는다고 해 보라. 역시 아무 문제도 없다. 강제력을 독점한 주체에 저항한 경험과는 극명하게 차이 난다는 사실을 깨닫게 될 것이다. 스웨덴의 예테보리나 미네소타주의 세인트폴에서조차 말이다.

Chapter

10

정직하고 유능한 정부는 거의 없다

경제학자들은 아주 집요하게 정책에 대해 공리주의적인 조언을 하는데, 이러한 조언은 흔히 자유를 경시한다. 무의식적으로 그런다. 자기들이 우리에게 이래라저래라 하고 우리를 시키는 대로 하도록 만들기 위해, 독점적 강제력을 동원할 권리와 의무가 자기들에게 있다고 넘겨짚는다. 그들 말대로 하면 효용이 극대화된다고 한다. 사회학이나 인류학이나 정치학 등 다른 사회과학 분야의 학자들과는 극명하게 대조된다. 당연히 정책은 의도했든 하지 않았든 효과를 낳는데, 어쨌든 정책은 실행되어야 한다. 저항이 있으면, 경찰이 합법적으로 행사하는 물리적 강제력을 동원해서라도 실행해야 한다. 경제학자들이 내놓은 조언 가운데 이전의 정책을 폐기하라는 조언을 제외한 모든 조언은, 사람들에게 간섭하거나 사람들을 속이는 정책이다.

예컨대 세금은, 우리가 투표로 찬성했다고 해도, 자발적이지 않다. 창피를 당하지 않거나 처벌을 받지 않을 방법이 있다면 면제되고 싶은 게, 합리적인 사고를 하는 사람의 인지상정이다. 문제는 세금을 내지 않는 사람들이 세금 쓸 곳을 투표로 결정한다는 것이다. 바스티아가 말했듯이, 세금은 모든 사람에게 자기는 남이 낸 돈으로 살 수 있다는 인상을 준다.

다른 법들도 자발적이지 않다. 예방접종에 찬성하고, 민간부문이든 공공부문이든 무력과 사기에 반대하는 등, 우리가 합의하는 법 대부분은 바람직하다. 사악한 민간인이나 정치인은 훔치고도 처벌을 면할 수 있다면 아마 그렇게 할 것이다. 나쁜 사람이니까. 그러니 그를 저지하기 위해서는 경찰력을 동원하는 게 낫다. 여기에는 이견이 없다. 우리가 강제력의 독점이 합법적이라는 데 동의하고 그 권위를 받아들인다면, 그러한 독점은 표면적으로 악이 아니다. 상점 주인과 건설회사와 레몬 재배 농사꾼 주변을 맴돌면서 마피아가 공갈 협박하거나, 서로 경쟁관계인 여러 마피아 집단들이 물리적 강제력을 행사하는, 만인에 대한 만인의 투쟁 상태를 선호할 사람은 없을 것이다.

물론 수많은 마피아, 도둑, 살인자, 사기꾼, 강간범, 갈취범, 무도덕한 정치인, 그밖에 무력을 행사하고 사기를 일삼는 민간인이든 공인이든 이 모든 자를 상대할 경찰이 필요하다. 자유주의의 창시자라고 할 영국인 존 로크는 1689년 다음과 같이 말했다. "스스로 노력하지 않고 다른 사람에게 해코지하면서 그 사람이 노력해 거둔 결실을 빼앗으려는 이들이 있을 정도로 인류의 악행이 만연해 있다."[1]

그리고 우리는 이를테면, 끔찍한 캐나다인이나 혐오스러운 프랑스인의 침략을 저지하거나, 러시아나 북한이 쏘아 올릴 미사일을 저지할 군대가 필요하다. 그리고 국내 선거에 영향을 미치거나 공원에서 사람을 독살하려는 어설픈 음모를 분쇄할 연방수사국FBI이나 영국의 MI5가 필요하다. 매우 자유롭고 잘 운영되는 국가들에서 그러하듯이, 지킴이가 사명감을 잃지 않고 지키는 임무를 다하는 경우, 경찰과 군인과 검찰과 판사와 교도관은 숭고한 일을 한다. 토를 달 이유가 없다. 그들은 인류의 사악함과 날마다 싸운다. 그들이 우리를 보호하기 위해서 위험을 무릅쓰고 맡은 바 임무를 다하니 감사할 따름이다. 당신의 봉사에 감사한다. 봉사하고 보호하라. 미 해병대 표어처럼 "항상 충성semper fidelis." 지킴이들 만만세.

그런데 바로 그 지킴이들은 누가 감시하나? 우리가 한다. 우리는 그들을 면밀히 감시해야 한다. 회합과 서명운동과 투표와 의회 표결과 내각위원회 그리고 행정절차 문서를 통해서다. 자유롭고 잘 운영되는 국가에서도 그렇다. 어쨌든 지킴이들은 무장하고 있다.

전 세계적으로 사악한 지킴이들은 많다. 그들은 언론인을 살해하고 사지를 절단하고 현 정부가 투표에서 지지율 95퍼센트를 얻도록 선거를 조작한다. '자유롭고 잘 운영되는 국가'이며 지킴이들이 적절하게 감시받고, 독점적 강제력이 비교적 정의롭고 합리적으로 행사되는 나라들은 인류 경험에 비추어볼 때 극히 드물다. 1800년 전에는 어느 지역에서든 손에 꼽을 정도였다. 오늘날은, 2016년 국제투명성기구가 부패인식지수cpi를 토대로 세계 176개국의 서열을 매겼는데, 최상위에 오른 덴마크와 뉴질랜드에서부터 최하위의 짐바브웨와 북한에 이르기까지 천차만별이다.

백번 양보해서 CPI 상위 30위 안에 드는 나라들이 비교적 정직하다고 치자. 즉, 납세자들의 돈을 추가로 퍼붓든 어쨌든 정치인과 지킴이들이 어느 정도 신뢰할 만한 가치가 있다고 치자.[2] 2016년 포르투갈은 30개국 가운데 29위로 가까스로 턱걸이했다. 반면 여러 모로 자유로운 나라지만 무질서한 이탈리아는 176개국 가운데 매우 부패한 루마니아 바로 아래인 60위에 그쳤고, 매우 자유롭지 않은 쿠바는 매우 부패한 동시에 매우 자유롭지 않은 사우디아라비아 바로 위의 순위를 차지했다. 이탈리아에는 정직한 판사와 검사와 경찰이 많이 있지만, 현명한 이탈리아인이라면 그 누구도 현 정부에 더 많은 권력을 부여하길 원하지 않는다.

자유로운 스페인(41위)의 총리는 마드리드부터 자기 고향인 작은 도시까지, 어마어마하게 비용이 많이 드는 고속열차를 깔기로 했다.[3] 덴마크나 뉴질랜드에서는 그런 일이 일어나지 않겠지만, 미국 일부 주에서도 비슷한 부패행위들이 발생한다. 예컨대, 내가 사는 일리노이주에서는 밀실거래를 통해 시카고에 세 번째 공항을 건설했다. 내가 자란 매사추세츠주의 보스턴에서는 부정부패로 점철된 대대적 토목공사 '빅딕Big Dig'을 실시해 고속도로를 없애고, 정치인들의 부유한 친구들만 더 부유하게 만들었다. 미국은 18위에 올랐다. 그러나 미국 내의 주와 도시들 가운데 일부는 이보다 순위가 훨씬 낮을지 모른다. 그런 지역에서 정치인과 지킴이들은 정직하지도 유능하지도 않다. 예컨대, 시카고 시정부는 경찰이 흑인을 고문하고 살해한 사건을 은폐했다.[4]

그렇다면 한번 묻자. 2016년에 세계 인구의 몇 퍼센트나 비교적 바람직한 정부의 통치를 받았을까? 일본(20위)이나 프랑스(23위)처럼 포르투갈보다 나은 기준을 적용한다면 말이다. 오늘날 정직하고 유능한 정부의 통치를 받는 이들의 비중은 얼마나 될까? 답은 10퍼센트다. 2016년 세계 인구의 족히 90퍼센트가, 포르투갈보다 두드러지게 나쁜, 타락하고 무능하고 무엇보다도 비자유적인 정부하에서 고통을 겪었다는 뜻이다.

그러나 근대 자유주의자들과는 달리, 좌익과 우익은 그러한 정부들에게 더 많은 자금과 더 많은 물리적 강제력을 쥐어준다. 예컨대, 미국과 영국 정부는 상당한 국민의 지지를 등에 업고, 법을 준수하며 열심히 일하는 이민자들을 추방하려고 한다. 이민자들이 원주민들로부터 일자리를 빼앗아간다는 과학적으로 파산한 경제논리나, 이민자 자녀들은 절대로 완전한 미국인이나 영국인이 되지 않는다는 과학적으로 파산한 사회학적 논리이자 비윤리적인 논리를 들어서 말이다. 이탈리아인들은 ― 그들의 주인이 사악하고 무능했던 오랜 역사를 돌이켜 볼 때, 무정부주의자가 아니라면 적어도 자유주의자는 되어야 하거늘 ― 지난 번보다 세금을 더 많이 쓰고 더욱 뻔뻔하고 대담하게 공금을 착복하고, 더욱 극성스럽게 국민들을 마음대로 휘두르는 정부를 툭하면 다시 선출한다. 그리하여 2018년 이탈리아에는 신파시스트 포퓰리스트 정권이 들어섰다.

나의 국가주의자 친구들은 20세기의 순진함을 여전히 버리지 못하고, 정부는 정의롭고 효율적으로 시장을 '규제'할 역량을 가졌다는 망상에 사로잡혀 있다. 예컨대, 최근 이탈리아에서는 피자 요리사들에게 정부가 허가증을 발급하고, 경찰이 이를 집행하도록 하자는 제안이 나왔다. 말 그대로 밀가루 반죽을 다루는 그들의 현란한 손놀림에 이 나라의 복지가 달려 있다. 오늘날 새로운 산업이 등장하거나 새롭게 파산하는 기업이 발생할 때마다 언론인은 다음과 같이 묻는다. 해당 산업과 그 산업의 진입에 대한 정부 규제는 어디 있는가? 우리 부모인 정부는 뭘 했나? 복잡한 오늘날 경제는 복잡한 규제가 필요하며, 복잡한 규제가 가능하고 당연하다는 고정관념이 존재한다. 저 위에 군림하면서 우리를 사악한 행위자들로부터 보호할 정부 말이다.

2018년 6월 인도적인 진정한 자유주의자 데이비드 브룩스가 그런 정서에 대한 해답을 다음과 같이 내놓았다. "국가주의적 사회공학 프로젝트는 끔찍한 고통을 초래한다. 왜냐하면 국가주의자는 눈앞에 보이는 인간보다 추상적인 규율이 훨씬 중요하다고 생각하기 때문이다. 사실상 미국의 난민법과 인신보호법habeas corpus과 인간의 존엄성을 뻔뻔스럽게 위반하면서 말이다. 피와 살이 있는 인간이 희생되더라도 추상적인 법률을 준수해야 한다. 트럼프의 이민정책이 바로 이런 일을 저지르고 있다. 가족이 뿔뿔이 흩어지고, 어린이들은 맹목적으로 규정을 따르는 정부 관리들이 건설한 울타리에 가로막혀 홀로 남겨져 운다."[5] 제대로 짚었어, 데이비드.

규제 담당자여, 자신을 단속하라. 1990년대 초 부패와의 전쟁인 마니 풀리테Mani Pulite(이탈리아어로 '깨끗한 손'이라는 뜻)가 한창일 때 용감하게 마피아에 맞섰던, 은퇴한 이탈리아 판사는 2018년 4월 브라질 포르투알레그리에서 열린 자유주의 모임에 참석해 4천 명의 청중 앞에서 아무리 무능한 이탈리아 정부라고 해도, 우선 민간 독점체제를 규제하는 시급한 과업에 착수해야 한다고 강조했다.[6] 피자 요리사들 말이다.

그런데 세계 인구의 90퍼센트 이상이 이탈리아 정부 같은 정부하에서 살고 있다. 정부가 독점적으로 행사하는 합법적인 강제력을 부당하고 어설프게 실행하는 정부 말이다. 경제학자들이 깨달은 바와 같이 정부는 택시, 전기, 방송, (한때) 전화처럼 심각할 정도로 억압적인 이 모든 민간 독점체제의 근원이다.[7] 독점시장으로의 진입을 막으면 고객들은 선택의 여지가 없다. 정부는 독점기업들에게 뒷돈을 받고 진입을 통제한다. 흠, 그러한 독점을 허가하고 지원하면서 '규제 당국'으로 나선 정부는 그동안 자신의 부패는 규제하지 않았다. 감시자여, 너 자신을 감시하라. 이탈리아 판사가 정부 규제 당국자들이 — 그것도 다름 아닌 이탈리아에서 — 그들 스스로 만들어낸 민간 독점기업들로부터 우리를 보호할 역량을 지니고 있다고 보는 게 해괴하다. 제임스 매디슨James Maddison이 《연방주의자 The Federalist》에서 언급했듯이, "인간이 인간을 관리하는 정부의 틀을 짤 때 가장 큰 어려움은 다음과 같다. 우선 정부가 피통치자를 통제할 역량을 갖도록 만들어야 한다. 그 다음 정부가 스스로를 통제하도록 만들어야 한다."[8]

위의 판사가 발언한 바로 그 포르투알레그리 회의에서, 브라질에서 정치철학을 가르치는 한 근대 자유주의자 이탈리아인 교수는 다음과 같이 지적했다. 최소한의 정부와 광범위한 민간부문이 존재하는 사회는 공공부문의 부패가 없다. 타락할 가능성이 있는, 경찰력을 행사하는 규제 당국이 없기 때문이다(여기서 나는 시장이 다른 모든 사안에서 대체로 바람직한지 여부는 제쳐두고 오직 부패만을 얘기하고 있다). 독점적 강제력이 미치는 범위가 협소하면 그 강제력을 사적인 이익으로 전환할 수 있는 범위(이게 바로 공공부문의 부패를 뜻한다)도 협소하다는 뜻이라고, 이탈리아인 교수는 지적했다. 반대로 최소한의 민간부문과 거대한 정부가 존재하는 사회는, 물리력을 이용해 정부가 선호하는 집단에게로 구매력을 이전시키는 부패가 만연한다. 왜냐하면 그러한 체제하에서는 그 정의상 모든 재화와 용역이 할당되기 때문이다. 그 이론에 따르면 북한이 바로 그런 나라다(그런 북한에서조차 암시장이 존재하고 최근에는 그 암시장이 확대되었다. 이로 인해 무분별한 강제력에 중독된 정부가 재화와 용역을 재할당하는 역량이 약화되고 있다[9]).

내 말의 요지는 암시장이든 정상적인 시장이든 거래하는 양측이 합의해야 거래가 성사된다는 뜻이다. 내가 이미 인정한 바와 같이, 시장은 우리를 이상향에 데려다주지는 못할지 모른다(그 문제는 일단 제쳐두자고 말했다). 하지만 적어도 시장이 관장하는 활동 영역에서는 재원을 한 사람에게서 빼앗아 다른 사람에게 이전하는 독점적 강제력이 쓸모없다. 시장 활동은 상호합의를 통해 이루어지기 때문이다.

우익은 이를 옹호한다. 그러나 좌익은 상호합의에 의한 거래가 폭력적이고, 고용관계는 주인 – 노예 관계라고 비난한다. 그렇지 않다. 선택지가 아무리 비참해도 출구전략이 있다. 목소리가 클 필요도 없고 의리에 기댈 필요도 없다.[10] 가난한 사람이라 해도, 벌이가 시원찮은 일자리를 버리고 조금이라도 나은 일자리를 얻을 수 있다. 그러나 정부가 독점적인 주인 행세를 하면서 일자리를 배정해 주는, 노예들로 구성된 강제 노동 수용소에서는 그렇게 할 수 없다. 징집된 이들이 무단결근하면 정부는 그들에게 체벌을 가한다. 반면 소작인이 북부 지방으로 이주한다고 해도, 지주가 그 사람을 도망간 노예처럼 도로 끌고 갈 수 없다. 시장은 비폭력적이며, 물리적인 강제력으로부터 자유로울 수 있는 장치다.

독점기업이라도 소비자는 거절할 수 있다. 예컨대 예전의 전화 서비스처럼 정부가 지원하는 독점 사업에 대해, 대단히 불편할지 모르지만 구매를 거부할 수는 있다. 전화를 놓지 않고, 공중전화를 쓰면 된다. 독점화된 택시는 타지 않고 걸어가면 된다. 납세나 징병제도처럼 거부하면 교도소에 가거나 목숨의 위협을 받는 제안은 말 그대로 거부할 수 없고, 독점적인 강제력이 동원되는데, 이는 마피아나 정부가 행사하는 강제력이다.

뷰캐넌은 이를 다음과 같이 설명했다. "시장 원리를 토대로 조직된 경제체제에서는, 특정 집단을 위해 행동하는 조직(아니면 적어도 어떤 대상을 '대신해서 행동하는' 조직)이 정치적인 논리에 따라 경제적인 의사결정을 하는 횟수가 최소화된다."[11] 우리가 자발적으로 거래하면 정부와 경찰에 직접 결정해달라고 할 필요가 없다. 뷰캐넌은 다음과 같이 말을 이었다. "실제로 시장 원리를 토대로 조직화된 경제체제에서는 정치관료의 규모와 중요성이 최소화된다고 볼 수 있다." 시장은 개인이나 당의 이익을 위해 부당하게 자기 지위를 이용하는 관리의 수를 최소화한다. 그리고 강제력으로 위협하며 비자발적인 거래를 종용하는 자들을 제어한다. 강제력이 미치는 범위가 넓은 체제를 '법의 팔이 길다 long arm of the law'라고 말한다. 법의 강제력이 미치는 범위가 넓다는 뜻이다.

인도 시장이 '불완전'하다는 데 의문의 여지가 없다. (2016년 CPI에서 이탈리아보다 낮은 79위를 차지한) 인도 정부가 실제로는 그 이상으로 부패했다는 데 모두가 동의한다. 인도의 주류 시장을 규제하는 당국은 2006년부터 2012년까지, 인도에서 위스키를 팔도록 해 주는 대가로 짐빔에게 거액의 뇌물을 받았다.[12] 1991년 이후로 인도는 그 이전의 사회주의 정부(1948~1991년)에서보다 훨씬 더, 시장의 판단에 맡기는 범위가 넓어졌는데도 말이다.[13] 시장에 맡기는 정책을 도입하면서 가난한 인도인들은 허가증을 발급하는 당국의 긴 팔에서 벗어났다.

다시 말해서, 베버가 말하는 합법적인 독점적 폭력이 야만인을 심판하거나 멍청이를 은근히 협박하기 위해 설계된 광범위한 정책들에 적용되면 위험하다. 잘 운영되는, 규모가 작은 소수 국가에도 합법적인 독점적 폭력에는 위험이 존재한다. 잘 운영되지 않는, 인구 규모가 큰 나라들에서는 더더욱 그러하다.

1830년 영국의 역사학자 토머스 배빙턴 매콜리Thomas Babington Macaulay는 영국의 계관시인 로버트 사우디Robert Southey가 제안한 원시적 사회주의proto-socialism를 맹렬히 비판했다. 사우디는 다음과 같이 제안했다. "소수 자본가들의 손에 부가 집중되면서 비롯되는 재앙은 그 부를 단 하나의 거대한 자본가 손에 집중시키면 해결된다. 꿍꿍이속이 없고 다른 자본가들보다 훨씬 더 그 부를 선용할, 모든 것을 관장하는 국가의 손에 말이다."[14] 1917년 레닌은 좌익이 꿈꾸는, 공산주의로 전환된 미래상을 다음과 같이 그렸다. "이러한 통제는 보편적이고, 일반적이고 대중화될 것이다. 그리고 누구나 그러한 통제에서 벗어나지 못할 것이다. 달리 갈 곳이 없기 때문이다. 사회 전체가 단일한 부서이자 단일한 공장이 되고 사람들은 동등한 노동을 하고 동등한 급여를 받게 된다."[15] 사우디도 레닌도 이해하지 못한 점은 애덤 스미스가 제시한 매우 새롭고 창의적인 가르침 가운데 하나였다. 애덤 스미스는 프랑스 자유주의자 소집단으로부터 아이디어를 빌려왔다는 비난을 종종 받아왔는데, 어느 정도는 일리가 있다. 스미스는 모든 것을 관장하는 국가나 단일한 노예주에게 사람들을 예속시키지 않고 대안을 마련하면 노동자의 처지가 개선된다고 가르쳤다. 탈출이 가능하면 시위대열에 합류해 자기 주장을 하거나 당에 충성할 필요가 없다. 박차고 나가면 된다.

좌우를 막론하고 양쪽 진영 모두가 쓰는 수사에서 '자유'라는 바로 그 단어는 중세의 강압적인 의미로 역전되었다. 단수가 아니라 복수의 자유다. '런던의 자유'같이 이러저러한 개인이나 집단이 누리는 특권을 뜻하는 자유는, 런던 정부가 너그럽게 허락하지 않으면 그 어떤 이도 마음대로 누리지 못하는 자유이다. 경제사학자 존 월리스John Wallis는 19세기에 일부 자유주의 국가들이 특정한 집단에게만 적용되는 속인법personal law을 보편적으로 적용되는 일반법general law으로 전환했다고 지적한다. 예컨대, 이런 나라들은 사례별로 특별 입법을 통해서 공유지를 사유화하거나 기업들을 통합하던 방식을 일괄사유화법*(영국에서 1801년과 특히 1836년)이나 일괄통합법**(미국에서는 일찍이 1795년 노스캐롤라이나에서 통과되었다)으로 전환했다.[16] 정부가 정책으로 오하이오주에 있는 타이어회사를 불평등하게 보호하거나, 백인이 거주하는 교외 지역에서 마약 단속을 완화하거나, 사립학교를 불법화해서 더 나은 교육의 기회를 차단하는 사례들은 보편적인 자유가 아니라 특정 대상을 보호한다.

---

* 일괄사유화법(General Enclosure Act)은 누구나 이용하는 개방된 공유지에 울타리를 치고 잘게 쪼개진 농지를 보다 넓은 경작지로 통합하여 공유지를 사유지로 만든 영국 법을 일컫는다.
** 일괄통합법(General Incorporation law)은 의회의 공식적인 승인 없이도 법인을 설립할 수 있게 한 법. 또는 철도(railroad) 같은 특정한 형태의 법인이 의회의 공식적인 승인 없이도 공중이 사용하는 사업을 추진하기 위해 사유지에 보상하고 토지소유권을 취득하도록 한 법을 일컫는다.

이는 자기 자신이 누리려는 모든 기회와 권리를 다른 모든 인간에게도 부여해야 한다는, 토머스 페인이 주장한 기존의 '자유 liberties'에 대한 핵심적인 비판과 모순된다고 흔히 간주된다.[17] 누가 주장했든 다시 황금률이 등장한다. 페인의 주장은 소극적 자유 즉 거절할 권리에는 작동하지만, 이른바 적극적 자유 즉 특정한 타인에게 이득을 주기 위해 또 다른 타인에게서 빼앗을 권리에는 작동하지 않는다. 누구든 하나같이 그런 적극적인 자유를 주장하면, 그저 빼앗고, 빼앗고, 빼앗기만 해서 모두가 빈곤해진다. 짐바브웨같이 착취 성향이 강한 정부나, 만인에 대한 만인(혹은 통치자들)의 투쟁 상태인 그 어떤 체제라도 마찬가지다.

교만한 자유주의라고 불리는 점진적 사회주의가 국가주의라는 점진적인 파시즘의 부추김에 힘입어, 결국 달성한 목표가 있다. 정부가 강제로 세금을 징수해 지출하는 비용이 국민소득national income에서 차지하는 비율이 놀라울 정도로 높아진 것이다. 나는 이 사실을 끊임없이 지적해왔다. 그 비율은 과거의 가장 끔찍한 폭정하에서보다도 높은 경우가 흔하다.

또한 내가 지적한 바와 같이, 점진적인 사회주의는 다른 사람의 소유물을 규제하는 중세 기준의 '자유'를 달성했고, 그 결과 전문가들이 점점 더 많은 사람에게 강요하고, 임금협상에 점점 더 정부가 개입하고, 우생학에 근거해 사회적으로 바람직하지 않은 이들에게 불임시술을 하고, 우호적인 집단을 경제적으로 훨씬 더 보호하고, 어떤 직종에 대해 허가를 내주고 위반하면 경찰력을 동원해 처벌하게 되었다. 그리고 전자기술을 이용해 주민들을 감시하는 수위를 점점 높이고, 노동의 이동성을 점점 더 어렵게 만들고, 말을 안 듣는 빈곤층을 점점 더 은근히 협박하고, 생산수단을 점점 더 국유화하고, 야간을 틈타 점점 더 많은 군대가 서로 충돌한다. 큰 정부는 실제로 끔찍할 정도로 불평등했고, 1970년대에 영국에서 경제성장이 침체되는 결과를 낳거나, 1945년 이후로 미국이 세계를 어설프게 감시하는 결과를 낳았다. 점진적인 사회주의자들의 모토는 다음과 같다. "나는 정부에서 나왔다. 나는 당신을 도우려고 왔다. 다른 누군가의 소유물로 …… 어쩌면 당신 소유물까지도 가져다 쓸 수 있다." 아니면 "이 사람한테는 과세하지 말라./나한테 과세하지 말라./저 사람한테 과세해라./저기 나무 뒤에 서 있는 사람 말이다." 점진적인 파시스트의 모토도 거의 똑같다. 둘 다 국가주의니까.

당이 인식하는 일반의지가 으뜸이라는 루소와 레닌과 무솔리니의 제안에 현혹되지 않는 사람이라면 누구든지, 아니면 그린과 홉하우스와 두 명의 루스벨트 대통령이 주장한 그보다 온건한 형태의 일반의지에 현혹되지 않는 사람이라면 누구든지, 강제력 있는 권력에는 위험이 도사리고 있다는 사실을 인정한다. 위대한 리버럴(미국식 정의에 따른 자유주의자) 라이오넬 트릴링Lionel Trilling은 1948년 다음과 같이 기록했다. "더할 나위 없이 관대한 소망에 도사린 위험을 인식해야 한다. 왜냐하면, 우리가 다른 이들의 이익을 현명한 자신이 대신 추구해야 한다고 여기면, 더 나아가 우리는 그들을 동정해야 할 대상으로 만들게 되고, 다음에는 우리의 지혜를 따라야 할 대상, 궁극적으로 우리가 강제해야 할 대상으로 여기게 된다."[18] 어머니라면 누구든 그러한 위험을 잘 알고 있다. 어머니가 자신의 자녀를 진정으로 사랑한다면, 그러한 위험에 빠지지 않으려고 저항한다.

디드러는 서서히 근대 자유주의자가 되었다

진보주의자와 보수주의자는 인심 좋게도 '자유지상주의자libertarian'라는 단어를 건드리지 않았고, 이 단어의 의미는 1960년대 재정립되면서 국가주의 시대에 대항해 애덤 스미스, 존 스튜어트 밀, 알렉시 드 토크빌, 액튼 경Lord Acton과 매콜리의 철학에 충실한 순수 자유주의자를 뜻하게 되었다. 프리드리히 하이에크(1899~1992)와 밀턴 프리드먼(1912~2006)과 제임스 뷰캐넌(1919~2013) 같은 경제학자들은 성인이 된 이후 평생 동안, 철학자 로버트 노직(1938~2002)은 중년 초기부터 그리고 경제사학자 디드러 낸슨 매클로스키(1942~)는 철이 든 이후부터 순수한 자유주의자였다. 저명한 정치학자였던 디드러의 부친(1915~1969)은 뉴딜정책 시대에 민주당 지지자였다가 점점 오른쪽으로 이동했다. 디드러는 1960년대에 부친이 경멸조로 '자유지상주의자'라는 단어를 썼던 기억이 생생하다. 이 단어 때문에 오랫동안 디드러는 인도적인 자유주의에 대해 진지하게 고민하지 않았다.

그러나 결국 디드러는 진지하게 고민하게 되었다. 20세기 유럽의 좌익 진영 식자층 수만 명과, 여기서 파생되어 사회주의에서 자유주의 1.0이나 2.0으로 옮겨간 이들의 사연과 마찬가지다. 소수이긴 하나 일부는 보수주의자가 되기도 했다. 정반대 방향으로 간 사람은 극소수다(이에 대한 도덕적 판단은 당신에게 맡기겠다). 예전에 농담조로 열여섯 살 무렵에 사회주의자가 아닌 사람은 심장이 없는 사람이라는 말을 했다. 스물여섯 살 무렵에도 여전히 사회주의자인 사람은 뇌가 없다. 나는 턱걸이했다.

중상류층 청소년 대부분이 그러하듯이, 나도 열여섯이나 열일곱 살쯤 공평한 분배가 정의라는 사회주의 미래상, 노동가를 열창한 조안 바에즈식 사회주의에 매료되었다. 나는 꿈속에서 조 힐Joe Hill*을 만났다. 나는 빈곤층과 사회적 약자들을 돕고 싶었다. 지금도 여전히 이는 나의 유일한 정치적 목적이다. 다른 모든 근대 자유주의자들이 그러하듯이 말이다(다만, 우리는 우월감에서 그들을 동정하고, 미덕이 넘치는 사람인 체하는 데서 그치지 않고 실제로 돕고 싶다). 그래서 나는 경제학을 전공하고 전형적인 케인즈학파Keynesian가 되었다. 나는 다른 이들을 동정의 대상으로 삼고, 그 다음에는 내가 새로이 습득한 지혜를 실천할 대상으로 삼고, 궁극적으로 내 신념을 강요할 대상으로 삼고 있었다.

대학 시절(1961~1964) 룸메이트 세 명 가운데 뛰어난 전기공학자인 친구가 있었는데, 그는 훗날 버펄로에 있는 뉴욕주립대학에서 생리학을 가르치는 교수가 되었다. 데이비드라는 그 친구는 2차 미분방정식을 풀다가 쉬는 틈틈이 자유주의자 루드비히 미제스의 저서 《인간 행동Human Action》(1949)을 읽곤 했다. 그는 회전의자에 앉아 몸을 뒤로 한껏 젖히고, 발을 책

---

* 조 힐(1879~1915)은 스웨덴계 미국인 노동운동가, 작사 작곡가이다.

상에 올려놓은 채 필터 없는 프랑스산 골루아즈 담배 연기를 뿜어댔다. 배경 소음으로는 단파 라디오를 틀어놓았는데, 쿠바에서 카스트로가 하는 연설이 나지막하게 흘러나왔다. 그의 무릎 위에는 예일대학교 출판부에서 발간한 미제스의 낡은 책이 자리 잡고 있었다.

또 다른 룸메이트 데릭과 나는 둘 다 좌익 성향의 민주당 지지자였다. 그호시절 하버드대학교 경제학과에서 폴 새뮤얼슨이 쓴 케인즈학과 성향의 교과서로 공부하던 우리는, 정설을 벗어난 '보수주의적' 경제학 책을 자발적으로 읽는 공학도 친구를 멸시했다. 데릭과 나는 케인즈, 새뮤얼슨, 스티글리츠류의, 동정심에서 우러나온 강제적 경제 정책을 선호했다. 그런데 쉬는 틈틈이 미제스 책을 읽은 친구 데이비드는, 케인즈와 점진적인 사회주의 과목들을 수백 시간 수강한 우리 둘보다 자유로운 사회의 경제학에 대해 더 많은 지식을 습득했다.

몇 년 후인 1964년 여전히 하버드에서 대학원생활을 시작할 무렵, 나는 워싱턴에 있는 또 다른 자칭 엘리트 경제학자들, 즉 사회공학자로서 경제를 '미세조정'하려는 성향의 학자 대열에 합류할 예정이었다. 당시에 UCLA, 워싱턴대학교, 버지니아대학교, 무엇보다도 시카고대학교 등과 같이 손에 꼽을 소수의 경제학과 대학원만이 아이비리그의 점진적인 사회주의와 공리주의적 이론에 의문을 제기했는데, 현재까지도 아이비리그는 경제학계를 철저히 장악하고 있다.[1] 그런데 하버드에서 박사과정 1, 2년 차에 접어들면서 나는 경제학의 핵심이 무엇인지 서서히 깨닫게 되었다. 미제스의 《인간 행동》과 자유주의 1.0을 통해서 말이다. 경제학의 핵심은 (역시 애덤 스미스가 말한 바와 같이) 좌우를 막론하고 공리주의적 사회공학자가 주장하는 "체스판의 서로 다른 말들을 손쉽게 이리저리 옮기듯이 거대한 사회의 서로 다른 구성원들을 마음대로 이리저리 움직일 수 있다"라는 전제를 부정하는 것이었다.[2] 1960년대 중후반 사회공학을 여실히 보여준 사례인 미국의 베트남 침공은 계획대로 되지 않는 듯했다. 1968년 무렵 나는 대학에서 첫 일자리를 얻었다. 공교롭게도 당시 아이비리그의 경제학에 대항하는 시카고대학이었다.

시카고 경제학은 하버드에서 '보수주의'로 악명이 높았다(좌익진영의 우리는 자유주의자 1.0이나 2.0을 보수주의자와 구분하지 않았다. 좌익은 지금도 구분하지 않는다. 여보게, 친구들. 정치이론을 조금이라도 진지하게 받아들이게나). 대학 졸업반이던 1963년 가을, 여전히 어렴풋이 케인즈학파 좌익이던 나는 규모가 크고 명성이 자자한 시카고대학원 경제학 과정에 응모할 생각이 없었다. 당시에 시카고대 경제학과는 세계에서 가장 창의적이라는 명성을 20년째 이어가고 있었다. 내가 경제학과 학부에서 쓴 에세이 대부분은 시카고학파에 대한 공감이라고는 눈곱만큼도 없고, 나의 은사이신 하버드대 미시경제학자 에드워드 체임벌린Edward Chamberlain이 제시한 독점적 경쟁이론을 곡해한 명청한 학파라고 시카고학파를 깔보는 내용이었다.

그런데 내가 그렇게 경멸하던 시카고대학교 경제학과에서 12년을 보내고 종신교수가 된 뒤 나는 대학원장이 되었다. 1982년에 내가 집필한 시카고학파 미시경제학 교과서에는 독점적 경쟁은 자기모순적임을 증명하는 내용이 포함되어 있다. 1980년에 시카고대 경제학과가 내 진가를 제대로 인정하지 않는다고 결론을 내린 후, 짐을 싸서 아이오와대학교로 옮긴 다음에 쓴 것이었다. 네덜란드인들 말마따나, "인생이라는 연주회에서 연주할 곡 목록을 미리 받는 이는 아무도 없다." 사람 일은 아무도 모른다.

1960년대 말과 1970년대 초 무렵 서른 남짓한 나이에, 나는 뼛속까지 시카고학파인 경제학자가 되었고, 수요공급 분석에서는 지금도 시카고학파다. 덴마크나 일본이나 미국 같은 시장경제 체제에서 보통 사람들이 자유롭게 번성하게 된 이유를 설명하는 지침으로서 수요공급 이론은, 폴 크루그먼Paul Krugman이나 로버트 라이시Robert Reich의 주장과는 달리, 실증적인 추정으로서 과학적으로 번복된 적이 한 번도 없다.[3]

내가 최초로 쓴 묵직한 경제사 논문의 제목은 〈빅토리아 시대의 영국은 실패했나Did Victorian Britain Fail〉(1970)였는데, 케인즈학파의 수요경제학의 장기적인 효과를 부정하는 '공급 경제학'에 관한 내용이었다. 크루그먼이 이 논문을 한번 봤음 좋겠다. 몇 년 후 발표한 또 다른 논문 〈예전의 빈민 구제법에 대한 새로운 고찰New Perspectives on the Old Poor Law〉(1973)은, 임금협상에 개입하면 발생하는 왜곡 효과와 빈곤층의 생활수준을 끌어올리기 위해 세금으로 현금 보조금을 지급하면 발생하는 효과를 구별하는 내용이었다. 라이시가 이 논문을 봤으면 좋겠다.

사회적 자유주의가 등장한 이후 임금협상에 개입해 수없이 부작용을 낳은 정책에 맞서는 정책으로서, 현금 보조금이 시행되었다. 이를 경제학자들이 1950년대 이후로 '음의 소득세negative income tax'*라고 일컬었는데, 요즘은 '근로장려세제earned income tax credit'**라고 한다. 2016년 인도 정부가 복잡하고 부패가 만연해 남용되는 수백 가지 보조금 정책을 폐지하고, 한 달에 9달러씩 보조금을 주기로 한 정책이 바로 그런 정책이다.[4] 음의 소득세는, 멕시코 정부의 사회 지원 제도나 브라질 정부의 사회 복지 제도처럼, 중남미 지역에서 널리 채택되어 상당히 바람직한 결과를 낳았다.[5] 이는 '기독교적인' 자유주의 1.0으로서 빈곤층에게 훨씬 이로운 선택지다.

---

* 소득이 특정 수준 이하인 사람은 정부에 세금을 내지 않고 반대로 정부로부터 보조금을 지급 받는 세제를 말한다.

** 사회보험이나 국민 기초생활 보장제도의 혜택을 받지 못하는 저소득 근로자에게 정부가 생계 보조비 등을 지원하는 세제를 말한다.

Chapter

12

자유주의를 반박하는 주장은 설득력이 약하다

근대 자유주의에 대한 흔한 반론은, 내가 1960년대에 서서히 깨닫게 된 바와 같이, 놀라울 정도로 근거가 약하다. 예컨대, 점진적인 사회주의자들은 큰 정부의 과세와 지출과 규제는 무해하다며, 그 이유는 '우리'가 선출한 정부이고 어쨌거나 '공공서비스로 돌려주기 때문'이라고 주장하는데, 이는 사실이 아니다. 근대 자유주의자는 점진적인 사회주의자들에게 점잖게 묻는다. "2016년 연방정부가 신설한 규제가 담긴 81,640쪽짜리 문서를 샅샅이 읽어보고 찬성했나? 아니면 국세청 과세항목이 담긴 7만 쪽짜리 문서를 샅샅이 읽어보고 찬성했나? 당신이 사는 지역구 의원이나 백악관이 그러한 문서에 어떤 내용이 담겼는지 대충이라도 알았을까? 그리고 변호사와 로비스트들이 그런 규제와 세제를 '설계'함으로써 얻을 수 있다고 주장하는 결과와는 정반대의 결과를 낳는다는 사실을 그들은 제대로 파악했을까?

설계는 의상이나 가구나 자동차를 제작할 때는 바람직하다. 그런 상업적인 설계는 그 가격에 구매할 정도로 가치가 있는지, 사람들이 자발적으로 돈을 지불하는지를 살펴보는 건전한 실험을 거쳐야 한다. 그러나 정부가 설계하는 경우, 조목조목 가치를 따져볼 기회가 없다. 사람들은 2년마다 정책들을 한 덩어리로 뭉뚱그려서 일괄적으로 투표한다. 회합과 회의, 서명운동, 투표, 의회표결, 내각위원회, 행정문서 같은 잡다한 꼼수들을 기억하라. 허버트 스펜서는 이러한 과잉입법Over-Legislation에 대해 경고했다. 당신은 정부가 국립공원 입장료를 일괄적으로 책정하고, 지역학교 설립 허가를 내주고, 부패가 만연한 도로건설 사업을 펼치고, 공격적인 외교 정책을 추진하는 세트메뉴를 바라는가? 아니면 사안별로 취사선택해서 저렴한 가격에 양질의 일품요리를 주문하겠는가?

불간섭 경제체제에 대한, 심지어 자유주의 이론에서도 제기되는 근거가 약한 또 다른 주장은, 정부는 윤리적인 철인哲人 군주로 구성되므로 그들은 양심적으로 정부를 운영하고, 우리가 낸 세금을 현명하고 적절하게 소비한다는 주장이다. 우리가 창출한 재화와 용역에서 민주주의적인 방식으로 감언이설로 뽑아낸 세금을 말이다.

2015년 미국식약청 청장 마거릿 햄버그Margaret Hamburg가 퇴임할 당시, 국립공영라디오는 그녀가 미국 경제의 족히 5분의 1을 규제한 인물이라고 소개했다.[1] 이 통계치는 놀랍지만 정확하다.[2] 햄버그 씨는 원더우먼이었나? 흠잡을 데 없이 윤리적이고 더할 나위 없이 현명한 철인哲人 여왕이었나? 그럴 가능성은 거의 없어 보인다. 이리하여 베를린에서는 효과가 있는 초기암 치료법이, 텍사스주 휴스턴에 사는 당신에게는 도움이 되지 못할지 모른다. 그 치료법은 아직 미국식약청의 승인을 기다리고 있을지 모르기 때문이다. 약품이나 절차나 의료기기가 '효과'가 있다는 승인이 나려면, 통계적으로만 의미가 있는, 무의미한 수차례의 실험 지침을 따라 이중맹검이라는 '황금률'로 입증되어야 한다. 이는 효과를 측정하는 게 아니라 그저 안전성을 시험하라는 식약청의 지침을 한참 넘어선 승인기준이다. 게다가 효과라는 것도 식약청의 승인이 나기 전에, 해당 약품이나 기기를 써본 의사들이 새롭게 발견한 사항에 따라 임상과정에서 계속 수정 보완된다.[3] 그 과정에서 로게인의 운명이 달라졌다. 본래 로게인은 식약청이 엄격하게 관리했던 심장병 치료제(성분명; 미녹시딜)였는데, 지금은 남성탈모 치료제로서 처방전 없이 구입할 수 있다. 처방전 없이 구입이 가능하게 된 이유는, 이 약품을 저렴한 가격에 손쉽게 구매하도록 해달라는 중년 남성들의 요구를 식약청의 반대에도 불구하고 정치인들이 받아들였기 때문이다. 그러나 여성을 위한 암 치료약은 그렇게 되지 못했다.

정부가 철인 왕과 철인 여왕의 손에 있다는 생각은 표면적으로는 순진한 생각처럼 보이는데, 이게 바로 뷰캐넌이 제시한 공공선택 경제학이 질색하는 주장이다. 이러한 순진한 생각은 1798년 외국인규제와 국가보안법Alien and Sedition Acts에서부터 오늘날 트럼프주의에 이르기까지, 미국 헌법이 위기에 처했던 시기에 여실히 드러난다. 통치자는 현명하든 현명하지 않든, 다른 사람의 돈을 지출하거나 남의 인생에 영향을 미칠 결정을 할 때, 신중하겠다는 동기가 약하다. 통치자는 드문드문 실시되는 선거와 거대한 현대 정부가 부여하는 권력과 특권에 둘러싸인 채 고립되어 있다. 힉스가 2018년 10월 28일 페이스북에서 다음과 같이 말했듯이 말이다. "사람들이 역풍을 맞을 염려 없이 마음대로 거짓말한다고 상상해 보라. 그러면, 첫째 아무도 자기가 속한 집단의 구성원이 대체로 진실을 말하리라고 기대하지 않고, 둘째 아무도 거짓말한 사람에게 책임을 묻지 못한다. 누구 얘긴지 짐작이 가겠지? 바로 전형적인 정치인들과 정부 관료들이다."

존 로크는 다음과 같이 일갈했다. "천국에 이르는 유일한 좁은 길은 고위

행정관료보다 민간인이 훨씬 잘 안다. 따라서 나는 행정관료를 길라잡이로 삼을 수 없다. 그 사람은 나 못지않게 천국 가는 길을 모르고, 또 그는 나의 구원에 대해 나만큼 걱정하지 않을 게 분명하기 때문이다."[4] 그런데 마거릿 햄버그 식약청장은 당신 돈으로 당신에게 강제로 이래라저래라 하는 정책을 추진하면서 자부심을 느끼고, 미국 경제의 5분의 1에 해당하는 결정을 내리고 폭압적으로 집행할 권력을 행사하는 데 긍지를 느낀다. 권력은 부패하는 경향이 있다.

1948년 트릴링은 다음과 같이 기록했다. "자유주의자이자 진보주의자인(혹은 버크주의자이자 보수주의자인) 우리가, 빈곤층은 어느 모로 보나 우리와 동등한 인간이지만 우리와는 다르다"고 생각하는 데 위험이 도사리고 있다.[5] 여기서 '우리'는 통치자, 뉴욕의 컬럼비아대학교 졸업자, 더블린의 트리니티칼리지 졸업자, 파리의 정치대학 졸업자를 뜻한다. 2016년 이후 엘리트 계층의 그러한 오만한 태도를 파악한 유권자들은 트럼프를 당선시켜 설욕했고, 영국에서 브라질에 이르기까지 전 세계적으로 포퓰리스트들이 득세했다. 교만한 자유주의자들과 보수주의자들은 빈곤층과 나머지 사람들 모두 자기 앞가림을 못하는 무능한 사람이라고 여긴다. 따라서 식자층이—보어즈가 워싱턴 D.C.에 모여 있는 '궁정宮廷 지식인'이라고 부르는 무리와 브뤼셀에 자리 잡은 오지랖 넓은 유럽연합 관료 무리—빈곤층과 미천한 시민들을 잘 이끌어야 한다고 생각한다. 식자층은 워싱턴이나 브뤼셀, 일리노이주 스프링필드, 혹은 시카고 시청 같은 눈부신 궁정에서 뽐내고 활개 치며,[6] 서로에게 이렇게 말한다. "빈곤층과 한낱 시민들이 처량한 가정이나 시장에서 하는 것보다 우리가 훨씬 잘 할 수 있어."

자유주의가 탄생한 1776년 페인이 말했듯이, "정부는 최선의 상태에서도 필요악이다. 최악의 상태에서는 견딜 수 없는 악이다."[7] 강제력은 적당한 수준으로 유지하는 게 좋다. 1849년 무렵, 자유주의 1.0이 처음으로 성숙기에 다다랐을 때, 헨리 데이비드 소로는 다음과 같이 선언했다. "나는 '최소한의 정부가 최선의 정부'라는 경구를 기꺼이 받아들인다. 나는 그러한 경구가 더 신속하고 체계적으로 실현되는 광경을 목격하고 싶다."[8] 같은 해 이탈리아 토리노에서 자유주의자 경제학자 프란체스코 페라라 Francesco Ferrara가 다음과 같이 기록했다. "세금은 부패한 정부가 국민에게 해를 끼치면서 행할 만한 모든 짓을 뒷받침하는 자금줄이다. 세금으로 첩보 행위를 지원하고 파벌을 부추기고 신문에 실릴 내용을 지시한다."[9] 1792년 유사 자유주의였던 영국에서도 정부는 은밀히 신문사의 절반 이상을 소유했다.[10] 최근 부드로가 말한 바와 같이, "정치에 돈이 끼어들지 못하게 하는 유일한 방법은 정치가 돈에 관여하지 못하도록 하는 방법이다."[11] 작은 정부를 뜻한다. 내가 모는 소형 스마트 자동차의 범퍼에 붙인 스티커에는 이런 글귀가 있다. "정경분리 Separation of Economy and Government."

우리 근대 자유주의자들은 야박하다는 비난을 받는다. 빈곤층을 외면하고 부유층이 더 쉽게 돈을 벌기를 바란다고 말이다. 그렇지 않다. 근대 자유주의자가 실제로 어떻게 하는지 보라. 근대 자유주의자들에 대한 좌익의 비난은 황당한 심리적 분석을 토대로 한다. 좌익들은 자유주의라는 학파에 속한 정치사상가들이 모두 다음과 같이 생각한다고 거짓주장을 한다. 자유주의자는 빈곤층을 가장 염두에 두기는 하나, 부유층이 초과이윤으로 더 부유해졌으면 좋겠다고 내심 바란다고 말이다. 그런데 도대체 누가 그런 결과를 바라겠는가? 세계 최고 갑부인 릴리안 베탕쿠르가 요트를 몇 척 더 장만했으면 좋겠다고 할 이유가 뭐겠는가? 기업으로부터 구린 돈을 받으려고? 자유주의자 억만장자로부터 연구비를 지원받으려고? 헌법을 준수

하는 자유주의자 교수와 연줄이 닿으면 이득이 되어서? 몽펠르랭 협회*에
가입하는 특권을 누리기 위해서? 이 모두가 빈익빈부익부를 달성하기 위
해서라고?

위에서 말한 주장처럼 인간의 심리가 작동한다면, 정부가 공교육기관에
소속된 교사들에게 주는 봉급이나, 인정 많은 점진적인 사회주의자 조지
소로스가 지원하는 연구비나, 강경좌익 나오미 클라인Naomi Klein이나 제인
메이어Jane Mayer나 낸시 매클린과의 동맹 관계에서 비롯되는 이득을 생각해
보라. 그런 심리이론으로 해석하면 이 모든 관계도 역시 부정부패의 온상
이다.

하지만 단연코 아니다. 다른 사람의 주장에 대해 유치한 마르크스주의
아류 이론에 근거해 음모론을 늘어놓지 말고, 상대방의 주장을 진지하게
귀담아듣고 그들의 논리와 이를 뒷받침하는 증거를 잘 살펴보라. 듀크대학
교의 역사학자 낸시 매클린은 이를 완강하게 거부한다. 그녀는 좌익진영에
서 찬사를 받은 자신의 저서에 대한 비판에는 반박하지 않고, 자유주의 경
제학자 제임스 뷰캐넌을 맹렬히 공격했다. 그녀는 보수성향의 거부 코크의
돈을 받은 자나 코크의 돈을 받은 대학에 몸담은 자와도 말을 섞지 않겠다
고 선언했다. 그녀가 재직하는 학교도 코크로부터 기부금을 받았다. 어쩌
면 자신의 책 내용이 무지하다는 사실을 스스로 인정하기 싫어서인지도 모
르겠다.

특정 부류의 보수주의자나 여성적인 자유주의자에 비해 남성적인 자유
주의자는, 사회적 약자들에 대해서 동정심이 부족한 성향을 보이는 경우가
있다는 사실은 인정한다. 이는 보다 폭넓게 자기 이익을 추구하는 성향의

---

* 경제학자, 기업가, 고전적 자유주의를 옹호하는 이들이 결성한 국제조직으로서 자유시장 경제 정
  책과 열린 사회의 가치를 옹호한다.

일환이다. 〈시카고트리뷴Chicago Tribune〉의 근대 자유주의자 칼럼니스트 스티브 채프먼Steve Chapman은 다음과 같이 지적한다. "자유지상주의자들에 대해서, 흔히 그들이 자기 권리에만 이기적으로 집착하고, 그런 권리를 행사할 경우 다른 사람들에게 어떤 해를 끼치는지는 안중에도 없다고 비판한다." 홍역 예방접종을 하지 않은 아이들이 면역력이 약한 아이들에게 병을 전염시키는 경우가 바로 그렇다.[12] 자기밖에 모르는 이러한 사례는 컨트리클럽에서도 나타난다. 측은한 빈곤층을 대하는 좌익진영의 건방진 태도에서도 나타난다. 그 어떤 사례도 사려 깊거나 숭고하지 못하다.

그러나 우리 형제들 가운데 불우한 이에 대한 무관심은 결코 근대 자유주의에 내재된 특징이 아니다. 정반대. 애덤 스미스 박사는 남몰래 매우 헌신적으로 자선활동을 했지만 떠벌리고 다니지 않았다. 독실한 침례교도인 존 D. 록펠러는 클리블랜드에 자리 잡은 초기부터 소득의 상당 부분을 자선단체에 기부했다. 앤드루 카네기는 전 재산을 기부하라는 유언을 남겼다. 타인에 대한 이타적인 관심의 결여는 결코 인도적인 자유주의나 기독교적 자유지상주의나 신고전주의적 자유지상주의나 인정 많은 근대 자유주의 2.0의 모습이 아니다.

보수주의자나 공동체주의자나 그린Green 같은 부류나 가톨릭협회 교사 대부분은 자유주의가 사회 구성원 간의 결속력을 약화시켜 사회를 후퇴시킨다고 믿는다. 패트릭 드닌의 《왜 자유주의는 실패했는가》(2018)가 최근에 나온 한 사례지만, 이 장르는 마이클 샌델의 《돈으로 살 수 없는 것들》(2012)에서부터 현금으로 엮인 고용주와 피고용인 사이의 관계에 대한 마르크스의 일갈이나 경제학을 암울한 미래를 보여주는 과학이라고 한 칼라일Carlyle의 주장과 같이, 좌우 양 진영에서 지루할 정도로 오랜 역사를 자랑한다.[13] 드닌은 자유주의가 "사회적 결속력을 약화시키고"(대영제국에서 노예제도 같은 결속력 말이다), "비인간적인 상호거래의 논리를 끊임없이 내세우고"(신앙심 깊은 이스라엘인들과 이집트인들이 목재를 거래한 사례는 예외다), "따라서 인간은 그 속성상 관계가 중요하지 않은, 개별적이고 자율적인 피조물이라고 주장"(예컨대, 1700년 이후로 부르주아 성향의 자유주의적 영국 소설에 등장하는 비관계적인 인간관계의 탐구)한다고 했다.[14]

여기서 아인 랜드Ayn Rand가 나쁜 영향을 미쳤다. 그녀가 보이는 남성 특유의 이기적인 주장과 자유주의로 포장한 비자유주의적 소설 그리고 대학 신입생들에게 인기 있는 소설에 등장하는 남성적이고 무모하고 자기도취적인 영웅으로써 말이다. 2016년 대선에서 공화당 후보 지명 경선에 출마한 상원의원 랜드 폴Rand Paul이 여성에게 얻은 표는 남성에게 얻은 표에 비하면 너무나도 적었다. 그러나 흑인과 히스패닉 가구에 대한 마약전쟁을 저지하고 이역만리에 참전한 애팔래치아 시골 출신 청년들의 시신이 더 이상 쌓이지 않도록 하자는 정책은, 사회주의를 표방하는 버니 샌더스가 내놓은 제안을 포함해서 그 어떤 후보의 제안보다도 가족친화적이었다. 자선 부문에서 의무적인 홍역 예방접종에 대한 견해는 잘못이지만, 폴 박사는 안과의사로서 가난한 나라에서 시력을 구제하는 수술을 시행함으로써 자선활동에도 기여한다. 샌더스 상원의원이나 그의 점진적 사회주의자 동지인 토마 피케티는 뭘 했는지 궁금하다. 나는 근대 자유주의를 위해서 오해의 소지가 있는 이름 '랜드'를 버리고, 이를테면, 애덤으로 개명하기를 폴 상원의원에게 촉구한다.

Chapter

13

우리는 자유주의자가 될 수 있고
되어야만 한다

지금도 늦지 않았다. 정부 규모와 권력을 조금이라도 줄이고, 사람들이 자유롭게 시도하도록 내버려두는 게 현실적이다. 정부 규모와 권력의 축소는 페인이나 소로나 페라라가 추구하는 이상향과 상관없이 부분적으로는 달성 가능하다. 우리는 제프리 마이론이 일컫는 '자유지상주의 나라'까지 갈 필요는 없다. 1890년대 미국에서 핑커튼 사설탐정소가 노조원들을 살해한 사건은 제외하고, 여성에게 투표권을 부여한 상태가 바로 자유지상주의 나라다. 1790년대식 자유지상주의에 노예제도는 없애고 여성에게 투표권을 준 체제 ─ 대규모 군대도 없고, 식약청이나 연방통신위원회도 없고, 주정부와 지역정부가 대대적으로 경제에 개입하지 않는 체제이다. 제프리와 내가 그런 세상을 꿈꾸는 건 사실이다. 우리는 당신이 마음을 좀 진정시키고 그런 이상향은 오늘날 민주주의에서 도달하지 못할 거라는 의구심에서 벗어나길 바란다. 그럼에도 우리가 경제를 더욱 풍요롭고 사회를 더욱 정의롭게 만들 방법이 무엇인지 생각해 보라.

예컨대, 불간섭 체제에 반대하는, 근거가 약한 또 다른 주장에 대해 살펴보자. 정부 강제력에 집착하는 (우리) 친구들은 경제가 복잡할수록 통치자들이 더 관심을 갖고 규제해야 한다는 잘못된 생각을 하고 있다. 법률가들은 경제가 이런 식으로 작동한다고 본다. 법학교수 에릭 포즈너Eric Posner는 연방거래위원회와 식약청 같은 기구에 엄청난 권력을 부여해야 한다고 부르짖는 인물인데, 그는 "오늘날 경제가 제대로 작동하려면 세밀한 규제가 필요하다"고 주장한다.[1] 오히려 그 반대인데 말이다. 마찬가지로 부드로의 한 지인은 "시장에 맡겨두라"라는 조언이 단순하고 천진난만하다고 불만을 토로했다. 부드로는 이렇게 답했다. "오히려 정반대다. 시장에 맡기면 창의적인 생각을 하는 많은 사람들이 기꺼이 자신의 재능과 노력을 발휘해서 문제를 해결하려고 노력하고, 시장은 그러한 노력을 평가하고 감시하는 가장 효과적이고 믿을 만한 실험(시장 경쟁)을 한다. 정말로 단순하고 천진난만한 주장은 '정부에게 맡겨두자'는 말이다."[2] 더할 나위 없이 윤리적인 철인 군주에게 맡겨두자. 마거릿 햄버그가 미국 경제의 5분의 1을 좌지우지하게 내버려두자.

복잡한 경제는 정부 규모의 인력이 지력을 모아 세세히 관리하기에는 턱도 없이 복잡하다. 한 사람의 지력은 자기 삶이나 자기 가정, 아니면 자기가 운영하는 대기업을 제대로 꾸려나갈 정도는 된다. 하지만 성인이라면 누구든지 아무리 작은 조직이라도 세세하게 계획을 세워 꾸려 나가기 힘들고, 늘 끊임없이 예상치 못한 일이 발생한다는 사실쯤은 알고 있다. 계획대로 되지 않는다. 하물며 3억 3천만 명에 달하는 개개인들이 날마다 수조 가지의 계획을 변경하는 미국 경제를 의사당에서 일일이 관장한다니 소용없는 짓이다. 해외에서 국가를 재건한다는 망상은 말할 필요도 없다. '제대로 작동하기'는커녕 정반대의 결과를 낳는다. 왜냐하면, 애덤 스미스가 지적했듯이, "인간 사회라는 거대한 체스판에서는 각각의 말이 자기 나름의 원칙대로 움직이기 때문이다."[3] 움직이는 법칙들은 독특하다. 사람들은 신중함, 절제, 용기, 정의, 믿음, 희망, 사랑과 함께 이에 상응하는 악덕과 사악함으로 동기유발 되는데, 각 동기유발 요인의 중요성은 사람마다 제각각이다. 그러한 행동의 원칙에 따라, 당신과 나는 뜨개질을 하거나 모형철도를 조립하는 등 수없이 다양한 계획을 추구한다. 이와 같이 자유로운 계획은 사람들을 자유롭고 동등하게 간주하는 사회에 적합하다. 컬럼비아대학교/트리니티칼리지/파리 정치대학 학력을 소지한 식자층과도 동등하다.

그렇다면 강제력을 제어하려면 어떻게 해야 할까? 현실적인 제안들은 무수히 많다. 비자유주의 정책들이 무수히 많기 때문이다. 18세기 자유주의자들이 뒤집어엎은 봉건주의 시대에도 그러했듯이 말이다. 맞다, 아이디어는 아이디어로 퇴치해야 한다. 경제학자 웨인 레이튼Wayne Leighton과 에드워드 로페즈Edward López가 지적했듯이, 기득권을 다룬 이론들 대부분에서 일단 주어진 기득권은 박탈이 불가능하다고 한다(격식을 차린 공식 의례에서 수도사 복장을 처음으로 하게 된 수도사들을 '제의를 갖춘vested'이라고 하는데 이 단어는 기득권이라는 의미로 쓰인다).[4]

공공선택이론의 공동창시자 고든 털록Gordon Tullock은 1975년에 다음과 같이 지적했다. 특정 집단에 편파적으로 시혜를 베풀면─예컨대 택시사업 진입을 제한하거나, 정부 소유지에서 방목하는 비용을 낮추거나, 주택담보 대출을 세금에서 공제하거나, 미국에서 남북전쟁 전에 노예 자본을 정부가 보호한 사례와 같이, 독점적 강제력으로 수백 가지의 특혜를 제공하는 경우─이러한 특혜와 결부된 자산의 가치가 올라간다.[5] 택시운행 허가증을 중고로 매입하는 사람, 서부의 방목장, 민간주택, 미국의 노예들은 초과이윤supernormal profit을 올리지 못한다. 노예는 '저렴한 노동력의 원천'이라고 흔히 알려져 있는데 그렇지 않다. 남부 노예주들은 노예의 미래 생산성이 반영된 가격에 노예를 구매했고 결국은 초과이윤을 전혀 거두지 못했다.

그런데 특혜와 기득권 보호 하나하나가 자본과 노동이 향하는 방향을 인위적으로 바꾼다. 주택 담보 대출에 과도하게 투자하게 하고, 택시사업 진입을 제약하려는 부정부패에 과도하게 투자하게 하고, 노예제도를 유지하려고 전쟁에 과도하게 투자하게 만든다. 물론 대출이자를 소득에서 공제하는 제도를 폐지하거나, 우버와 리프트가 택시운행자들과 자유롭게 경쟁하도록 하자고 제안하면 정치적 역풍이 거세게 일어난다. 노예제도를 폐지하려고 해서 내전이 일어나지 않았는가. 엉뚱한 데 투자함으로써 발생하는 사회적 손실은 보호정책이 지속되는 한 계속된다. 대출이자 공제만으로도 한 해에 GDP의 1퍼센트가 낭비된다.[6] 그러한 과잉투자나 저투자 사례는 적은 수로도 경제 전체의 침체를 불러온다.

택시운행 허가증을 구매하거나 대출로 주택을 구매한 무고한 사람들이 자본 손실을 보는 정책은 부당해 보인다. 공리주의적인 관점에서 보면 효율적이라고 해도 말이다. 노예주들은 노예를 매입한 사람들이 자본을 손실하는 게 부당하다고 말했다(그런데 그들은 보상할 테니 노예를 해방시키자는 제안도 수용하지 않으려 했다). 정당하든 부당하든 규제가 철폐되는 경우는 거의 없다고 털록은 말한다. 정치적 역풍이 불면 일시적 이득의 덫transitional gains trap*이 조성된다. 꼼짝달싹 못하게 된다. 더글러스 노스Douglas North, 존

---

* 고든 털록은 《일시적 이득의 덫》에서 정부 규제나 정부 지출이 야기하는 비극에 대해 논한다. 정부가 특정 집단에게는 이득을 주지만 공중에게는 손해를 끼치는 비효율적인 정책을 실행하면 초기에는 특정집단이 이득을 얻지만 시간이 흐르면 더 이상 이득을 얻지 못한다. 그러나 그 집단은 여전히 그 정책의 폐지를 결사적으로 반대한다. 정책을 폐지하면 손해를 보기 때문이다. 털록은 이러한 정책은 폐지가 매우 어려우므로 애초에 그런 덫에 걸리지 않아야 한다고 주장한다.

월리스, 배리 웨인개스트Barry Weingast가 제안한 정치역사 이론도* 똑같은 구조를 지니고 있다.[7] 사회는 기득권들이 평형을 이룬 상태에서 어떻게 벗어날까? 허심탄회한 논쟁과 자유주의 이념이 아니라 기득권이 정치가 작동하는 유일한 방식이라면 말이다. 〈딜버트〉 만평에서 딜버트 상사가 "역사는 반복된다"라고 말한다. 딜버트는 무심코 묻는다. "그럼 새로운 사건은 어떻게 일어나죠?"[8] 1800년까지만 해도 자유주의와 경제성장은 초과이윤을 추구하는 엘리트 계층의 기득권을 보호하는 과정에서 번번이 반대에 부딪히고 억눌리고 묵살되었다. 그러다가 새로운 사건이 일어났다.

그러나 보호주의 정책들도 이따금 바뀌기는 한다. 때로는 놀라울 정도로 신속하게. 그러한 변화를 통해 우리는 역사가 덫에 걸리지 않는다는 희망을 품어본다. 조지 오웰의 《1984》 끝부분을 다시 인용하면, 우리는 정부의 장화발에 얼굴을 짓밟히는 미래를 맞을 운명은 아니다. 레이튼과 로페즈는 1970년대에 카터 대통령에서 시작되어 레이건 대통령에서도 계속된, 미국 경제의 주요 부문들의 규제완화를 예로 든다. 털록이 아주 장기적인 경우 말고는 그런 변화가 불가능한 이유를 보여주는 논문을 발표한 지 2년 후인 1977년에는 "완전히 규제된 산업은 GNP의 17퍼센트를 차지했다. 그러나 1988년 무렵 그 비율은 6.6퍼센트로 하락했다."[9] 레이튼과 로페즈는 무덤덤하게 이렇게 말한다. "규제 완화에 놀란 이들이 있다. 특히 공공선택 이론가들이 놀랐다." 수도사도 이따금 제의祭衣를 벗어던지고 아내를 맞이한다.

---

* 이 세 학자는 2009년 발간한 《폭력과 사회질서: 인류역사를 해석하는 개념적 틀(Violence and Social Orders: A Conceptual Framework for Interpreting Recorded Human History)》이라는 공저에서 다음과 같이 주장한다. 어떤 사회든 폭력의 가능성을 염두에 두지만 폭력에 대처하는 방법은 제각각이다. 대부분의 사회는 경제를 정치적으로 조작해 특권 이익을 만듦으로써 폭력을 제약한다. 이러한 특권이 생기면 막강한 개인들이 폭력을 사용할 여지를 제약하지만, 경제적 정치적 발전을 저해한다. 이와는 대조적으로 현대 사회는 경제적 정치적 기구에 누구나 접근할 수 있도록 개방해 정치적 경제적 경쟁을 촉진한다. 이러한 사회는 정치적으로도 경제적으로도 훨씬 발전한다.

루터가 그랬다. 그의 부인은 전직 수녀였다.

사회의 기득권들이 평형을 이룬 상태에서는 변화가 일어나지 못한다는 이론에서 달갑지 않은 주장이 있다. 인간의 발언, 아이디어, 수사, 행위 그리고 이념을, 역사를 바꾸는 동력으로 간주하지 않는 유물론적인 주장이다. 1775년에 그 평형상태는 중상주의였다. 1875년 무렵 자유주의 이념이 부상한 후, 중상주의와 봉건적 규제는 퇴보했다. 어쨌든 적어도 영국과 새로 정착민들이 자리 잡은 나라들과 프랑스 일부에서는 그랬다. 1975년 무렵 중상주의와 봉건적인 규제 이념이 기득권을 동반하고 슬금슬금 복귀했다. 지금 또다시 바람직하든 그렇지 않든 그런 현상이 일어나고 있다. 그런 변화는 왜 일어날까?

노스, 월리스, 웨인개스트는 철두철미한 유물론자로 보이고 싶지만, 자유로운 '접근이 개방된 사회'로 가는 '바람직한 과도기'를 설명하려다가 필연적으로 수사의 변화를 거론하고 만다. 그들은 2009년에 출간한 책의 매우 중요한 두 쪽에서 '사고의 전환,' '새로운 깨달음', '권리의 언어' 그리고 '개방된 접근의 고수'에 대해 논한다.[10] 한마디로 이념에 대해 논하고 있다. 공공선택론자 뷰캐넌은 이념이 얼마나 중요한지 다음과 같이 지적한 적이 있다. "전쟁에서부터 무역, 사랑 …… 우리가 살아가면서 나라 안팎으로 서로 지켜야 할 규칙에 대한 합의는, 과학적 탐구와 이해를 토대로 한다. 그러나 근본적으로 관건은 과학적 발견을 기술적으로 응용하는 문제가 아니다. 그런 문제를 기술적인 문제로 취급하는 어리석은 태도가 관건이다."[11] 변하는 것은 바로 이념이다.

즉, 노스, 월리스, 웨인개스트는 '정치적 경제적 조직에 대한 개방형 접근'이라는 자유주의의 부상에 대해 과학적 탐구와 이해를 토대로 유물론적으로 해석하는 듯이 보이지만, 실상 그들은 영국, 프랑스, 미국이 한동안 개방형 접근으로 기운 이유를 이념적으로 설명한다.[12] 기술적인 문제가 아니다. 인간의 생각은 바람직하거나 바람직하지 않은 물질적인 이해득실 못지않게, 감언이설이나 무자비한 말 때문에 바뀐다. 1800년경 실제로 일어난 변화는 이념적, 윤리적, 수사적으로 자유주의 쪽으로 기우는 변화였고, 이러한 변화는 1970년대 카터 행정부에서 민간 항공우주 위원회 의장 알프레드 칸Alfred Kahn이 다시 일으켰다. 그는 경제학적 원리를 근거로 민간항공산업에 대한 규제 완화를 시행했지만, 그 이면에는 자유주의라는 이념이 뒷받침하고 있었다. 그리고 나서 레이건 행정부에서 수많은 자유주의자 관료들이 규제를 철폐했다.

자유주의 이념은 사람들에게 강제력을 행사해야 한다는 이념에 맞서 이따금 이겼다. 그러니 다시 이길 수 있다. 일리노이주의 부패한 주정부 내의 7천 개 부서를 철폐하라. 수많은 자유주의자 억만장자들이 자신의 이익에 반해 주장하듯이, 연방정부, 주정부, 지방정부 차원에서 기업에게 특혜를 주는 대규모 정책들을 없애라. 미국 해운산업을 보호하는 사악한 존스 법*이 바로 그러한 사례다. 수출입은행은 또 다른 사례다. 힉스는 수출입은행이란 "정치적으로 소외되고 힘도 없는 이들로부터 정치적으로 연줄이 탄탄하고 힘도 있는 이들에게 부를 이전시키려는 계략이며, 그러한 계략을 온갖 엉터리 경제논리를 동원해 성역화하려는 시도"[13]라고 말했다.

자유주의로 나아가려면 농업지원 정책은 폐지하라. 농업지원 정책은 일리노이주 왓세카에 사는 내 종조부 올리버 같은 고소득자 농부들이 농지는 돌보지 않고 정부를 구워삶는 데 몰두하게 만든다. 도로와 교량과 노상주차장 같은 공공자산을 매각하라. 후자의 경우, 민간 기업에서 훨씬 합리적

---

* 미국 국내 항구들을 오가는 화물은 미국의 시민이나 영주권자가 건조하고 소유하고 운영하는 선박으로만 운송해야 한다고 규정하는 법으로, 1920년대에 제정되었다.

인 가격을 책정할 수 있다. 미 제국을 해체하라. 이민자를 받아들여라. 마약과의 전쟁을 포기하라. 알짜배기 땅은 개발업자에게 넘겨라. 그리고 민간 자산 몰수를 중지하고 경찰 당국의 병력 수송 장갑차를 없애라. 가톨릭의 가르침인 '보조적'* 개념을 도입하라. 지역적인 차원에서 가장 잘 수행할 수 있는, 쓰레기 수거나 소방 업무같이 기존의 필수 기능만 유지하라. 그리고 쓰레기 수거와 소방 업무 등은 수익을 창출하는 기업들에게 아웃소싱하라. 그러면 언론의 감시와 더불어 정부를 감시하듯, 아웃소싱 업체를 철저히 감시해 투명하게 하면 된다.

초중고등교육 특히 유치원에서 초등교육 ─ 사회적으로 바람직하나 빈곤층에게는 부담스러운 과정 ─까지 지원하려면, 바우처로 지원하여 사립학교에 다닐 수 있게 하라. 1990년대 이후 스웨덴과 2008년 이후로 루이지애나주의 올리언스 교구에서 빈곤층 가정을 대상으로 했듯이 말이다. 그러한 보편적인 교육 지원을 달성하고 지구온난화에 맞서기 위한 탄소세를 부과하고 생존을 위한 전쟁에서 방어적인 군비를 마련하는 것처럼, 숭고하나 민간부문에서 재정을 확보하기 어려운 용처를 엄선해서 우리 모두에게 과세하든가 규제하라. 서로 남에게 미루지 말고.

그러나 남의 사생활을 뒤적이는 소득세와 규제는 폐지하고, 로버트 홀 Robert Hall과 아서 레퍼Arthur Laffer 같은 경제학자들이 오래전부터 제안한 대로, 한 쪽짜리 서식書式만으로 소비세를 납부하는 제도로 대체하라. 또한 자영업자들에게 부과하는 부가가치세 서식을 간소화하고, 지금처럼 꼬치꼬치 캐묻는 방식을 없애거나 대폭 줄여라. 법인세는 완전히 철폐하라. 이는 이중과세이며, 경제학자들이 수십 년 동안 성실하게 탐구했지만, 결국 누

---

* 보조(Subsidiarity)란 정치적 의사 결정은 중앙 권력이 아니라 지역 차원에서 이루어져야 하고, 중앙 권력은 지방 조직이 효과적으로 할 수 없는 기능만을 수행한다는 원칙이다.

가 그 세금을 내는지 합의하지 못했다(1970년대에 유행했던 자동차 범퍼 스티커에 적힌 "사람에게 과세 말고 기업에 과세하라"는 문구는 말이 안 된다).

긴급 상황에 처한 빈곤층과 장애인에게는 당신과 내가 낸 적정한 수준의 세금에서 충당해 현금을 지원하라. 그리고 그들이 그 돈으로 술을 마시든 자녀 옷을 장만하든 따지지 말라. 현금을 지원하고 나면 어떻게 쓰든 내버려두라. 사람들에게 이래라저래라 하지 말라.

물론 정부의 '역할'은 있다. 내 진보주의자 친구들과 보수주의자 친구들이 위의 제안들에 대해 분기탱천해서 반박할 때, 끊임없이 하는 뻔한 말처럼 말이다. 자동차 제조업자이자 1950년대 전형적인 공화당 지지자인 조지 롬니George Romney는, 1964년에 자유주의자 1.0이자 보수주의자인 배리 골드워터Barry Goldwater의 주장에 반박하면서 "시장은 저절로 굴러가지 않는다. 정부가 일정 부분 해야 할 역할이 분명히 있다"라고 했다.[14] 물론 정부가 '일정 부분' 할 역할이 있는 것은 맞다. 그러나 롬니의 주장과는 달리 시장은 실제로 저절로 굴러간다. 정부가 행동을 취하든 않든, 사람들은 시장이 상호이득이 된다고 생각하기 때문이다. 두 가지 극단적인 사례를 들어보겠다. 교도소와 전쟁포로 수용소에서는 정부가 개입해 강제하지 않아도 거래가 이루어진다. 계약이라는 개념이 없던 시대에도 오스트레일리아 원주민들이 수백 킬로 떨어진 곳에서 솜씨 좋은 이들이 만든 부메랑을 구매했듯이 시장은 저절로 굴러갔다.[15]

열다섯 살쯤 됐을 때 아주 잠시 나는 내가 철저한 '무정부주의자'라고 생각했다('폭탄을 투하하는 허무주의자'가 아니라 그리스어로 '통치자가 없는'이라는 뜻의 아나코스anarchos 의미에서 말이다). 그러나 정부는 생존을 위한 전쟁에서 반드시 해야 할 역할이 있다. 캐나다가 침략할 경우 이들을 일거에 퇴치하는 데 집중하는 일 말이다. 이 경우에는 한동안 정부의 과도한 강제력이 정당화된다. 그러나 전쟁에서 승리한 후에는 정부의 역할 확대에 따른 강제력이 없어지기를 바란다. 실제로 힉스가 보여주었듯이 지나친 바람이 아니다.[16]

정부를 유지하는 데 전적으로 찬성한다. 다만 작은 정부를 유지하자. 같은 미국인들이 행사하는 무력과 사기로부터 우리를 보호할 정부 말이다. 물론 시장에서 서로 경쟁하는 평판 높은 공급자로부터 조달할 수 있는 사적인 해결책이, 정부의 법원이나 경찰이나 수사관에 의한 궁극적인 지원보다 훨씬 더 큰 규모의 경제를 만들어내고 더 나은 결과를 낳겠지만 말이다. 영국 형법 재판소는 재산을 양도하거나 경비원을 두어 사저를 보호할 때, 사적인 해결책보다 궁극적이지 않다. 18세기 런던에서는 어느 부자가 도시를 걸어서 가로질러 가려고 무장한 경비원을 고용했다.

법학자 톰 W. 벨Tom W. Bell은 대부분의 나라에는 정부 밑에 민간의 규율이 적용되는 하부 체제가 존재하며, 정부의 공법公法이 관장하지 않고 인간의 사적인 관계를 규율하는 사법私法 private law이 적용되는 영역이 급속히 확대되고 있다[17]고 말했다. 우리를 보호해 달라고 기도해야 한다. 특히 정부 자체로부터. 위법한 신체 구속에 대한 인신의 자유를 보장한 인신보호법을 툭하면 무시하고, 투표권을 빼앗고, 인권운동 지도자들을 감시하고, 침실과 욕실에서 지켜야 할 규범을 만들어 강제하고, 고분고분하지 않은 시민을 구타하는 버릇이 있는 정부로부터.

Chapter

14

이를테면 보호를 중단하라

정부는 보호한다고 주장한다. 예컨대, 진주만 공격을 받은 후 일본계 미국인들을 한 곳에 몰아넣으면서 가두는 게 아니라 보호하기 위해서라고 했다. 얌전히 굴면 말이다. 그러나 정부는 경제적 '보호'에는 손대지 말아야 한다. 중국인과 멕시코인이 저렴한 가격에 아주 긴 넥타이와 아주 우수한 자동차부품을 팔아먹으려고 우리에게 못된 수작을 부린다며, 이들로부터 우리를 보호해 주겠다고 트럼프 대통령이 주장하듯이 말이다.

사실 '보호'도 아니다. 특혜다. 마피아가 이 단어를 사용하는 방식과 마찬가지로, 정부의 보호는 부유층에게 특혜를 주는 방식으로 변질되는 경우가 흔하다. 저렴한 재화와 용역을 빈곤층에게 제공하는 기업에게 세금을 부과한다. 동등한 자유를 누릴 권리를 침해한다. 누구든 물리적 강제력의 위협 없이, 미국 소비자들에게 가성비 높은 거래를 제시하고 경쟁할 자유를 박탈당하는 셈이다.

마피아가 추구하는 목적이 바로 그러한 과세다. 거절하지 못할 제안을 하고 보호해 주겠다며 소득을 갈취한다. 시카고 시위원회가 하는 짓도 똑같다. 선거기부금 명목으로 뇌물을 받고, 금전적 여유가 없는 사람들이 즐겨 찾는 이케아나 월마트 매장이 관할 시에 개점하지 못하게 조례를 만든다. 엘리트 계층은 여건 개선이라는 미명하에 독점적 강제력을 행사하면서, 참신한 아이디어로 무장한 사람들이 경쟁에 뛰어들어 소비자의 자발적 구매를 유도하는 길을 막으며 갈취하고 특혜를 주고 지대를 추구한다. 극단적인 경우 이런 행위는 경제성장을 멈추게 한다. 1800년 이전에 처참할 정도로 빈곤했던 1000년 동안 그랬고, 접근이 개방된 자유주의가 등장하기 이전까지 그랬다.

당신은 음악이나 과학이나 요리에서 새로운 아이디어가 나오지 못하게 정부가 보호하기 바라는가? 아니라고 본다. 당신은 양념이든 혁신적인 의술이든 늘 미국산을 사겠는가? 아닐 것이다. 당신이 이란이나 북한처럼 사악한 반미국가들에 대한 금수 조치가 바람직하다고 믿는다고 치자. 그렇다면 당신은 무엇 때문에 미국 정부가 미국인에게 수입금지 조치를 내리기 바라는가. 관세를 부과해 '보호'한다는 게 바로 그런 조치다. 관세는 보호가 아니다. 관세는 갈취이고 특혜다. 관세는 정부가 막강한 영향력이 있는 특정 부류 국민에게 특혜를 주기 위해서, 일부 국민에게 부과하는 세금이다.[1]

당신이 강제로 관세를 부과해 일부 미국인에게 특혜를 주면서 오직 미국산 제품만 구매하게 하고, 위반하면 구속하는 게 바람직하다고 생각한다면, 사람들에게 일리노이주나, 시카고나, 시카고 남부 프린터스로우 지역 물건만 사게 하면 더 바람직하지 않겠는가? 그러면 당신이 사는 동네는 더 부자가 되지 않겠는가. 차라리 당신에게 필요한 물건은 모두 직접 만들어 쓰면 진정한 자급자족을 달성하고 일자리도 여러 개 얻지 않겠는가? 당신이 먹을 밀을 직접 재배하라. 아코디언도 직접 만들라. 당신 나름의 경제이론을 개발하라. 잘한다.

우익이든 좌익이든 어느 쪽이든, 국가주의자 친구들은 페이스북을 통해 러시아가 선거에 개입한 사례와 관련해 짜증스럽게 다음과 같이 묻는다. "페이스북이 공익을 위해서 자체적으로 규제할 수 있어? 못 하잖아." 그들은 공익을 위해 행동한 기업은 지금까지 하나도 없었다고 생각한다. 수익을 창출하면 죄를 지었다는 신호다. 따라서 미국 정부나 영국 정부는 전문가와 경찰력을 동원한다. 미국에서 월풀의 세탁기 판매가 저조해? 알았어, 정부를 설득해서 LG나 삼성과 같이 경쟁력 있는 외국기업으로부터 보호할 관세 장벽을 설치하자.

비자유주의적 시대에서는 대부분 사람들이 그러한 일자리 보호에 찬성한다. 그들은 보호 조치가 피터에게서 빼앗아서 폴에게 준 다음, 다시 폴에게서 빼앗아 피터에게 주는 조치라는 사실을 깨닫지 못한다. 세탁기에 부과하는 관세는 천여 명의 미국인을 경쟁에서 보호할지는 모르지만, 그렇게 하면 개선하고자 하는 동기가 제거되고 투자 패턴이 왜곡된다. 그리고 가격 상승과 품질 저하로 수십만 명의 다른 미국인들이 직접적인 손해를 보고, 국가의 순소득이 상당히 줄어든다. 이런 시도를 할 때마다 매번 그런 결과를 낳았다. 1946년부터 현재까지 포퓰리즘 정책을 추진하고 있는 아르헨티나에 물어봐라. 아니면 2018년에 트럼프가 한 실험이 바로 그렇다.

세인트루이스 연방준비은행의 경제학자 막시밀리아노 드보킨Maximiliano Dvorkin에 따르면, 2000년부터 2007년 사이에 미국은 중국과의 경쟁에서 80만 개의 일자리를 잃었다(비디오 대여점이 사라지고 수많은 다른 일자리들이 이전하거나 쓸모없게 되는 현상과 같이, 우리 모두 동의하는 바람직한 기술적 변화 때문에 사라진 일자리에 비하면 이 숫자는 조족지혈이다. 같은 7년 기간 동안 그런 일자리는 80만이 아니라 수백만 개에 달했다). 그러나 드보킨에 따르면, 중국과의 무역을 통해 새로운 일자리가 비슷한 숫자만큼 생겼고, 따라서 일자리에 미치는 순영향은 0이었다(이른바 기술적 실업*이라는 보다 폭넓은 규모에서 따져 봐도 마찬가지다). 또한 중국과의 교역을 통한 이전과 경쟁의 결과로 가격이 하락하면서 "미국 소비자들은 평생 한 해에 추가로 평균 260달러를 벌었다."[2] 현재의 화폐가치로 환산하면 중국과의 자유무역을 통해 소비자 한 사람당 약 5,000달러를 받은 셈이다. 상당히 바람직하다.

그런데 당신은 다국적기업의 감언이설에 홀려 운동화를 사는 게 두려워서, 무력으로 뒷받침되는 사회주의적 독점체제 또는 정부가 제조하거나 규제하는 신발 외에는 사지 못하는 체제에 찬성하는가? 그런 규제 많은 체제가 기업으로부터 받는 검은돈보다 덜 부패하리라고 기대하는가?

당신이 틀렸을지 모른다고 생각해 보라. 한때 공산주의가 지배했던 세계의 3분의 1이나, 베네수엘라의 최근 역사나, 군대가 경제를 주무른 근대 이집트의 처참한 역사를 보라. 이탈리아인 자유주의자이자 반파시스트인 베네데토 크로체Benedetto Croce는 1928년에 다음과 같이 말했다. "윤리적 자유주의는 경제적 절차를 독재적으로 규제하는 체제를 끔찍이 혐오한다. 좌익진영의 사회주의든 우익진영의 파시즘이든 마찬가지다. 인간이 지닌 창의력을 비하하는 체제이기 때문이다."[3] 미국 우정국의 독점을 보호하기 위해서, 12월에 트렌치코트를 입은 조사관들이 돌아다니며 아이들이 이웃집 우편함에 우표를 붙이지 않은 크리스마스카드를 넣는 걸 못하게 막았다. 일리노이주를 비롯한 수많은 주에서 공식적으로 그러하듯이, 켄터키에서도 요즘 이삿짐센터(장정 두 명과 트럭 한 대)를 열려면 기존 이삿짐센터들의

---

*   기술 발전으로 인간의 노동을 기계가 대체하면서 발생하는, 구조적 실업의 한 형태이다.

허가를 받도록 법으로 규정했다.⁴ 조지 월은 이삿짐센터 규제법(병원의 MRI 기계, 자동차대리점 등도 마찬가지로 규제를 받는다)이 요구하는 '허가증의 필요성'에 대해 맹공을 퍼부은 후, "능력이나 관할권의 한계를 인정하지 않고 점점 더 그 간섭 범위를 확대하는 행정국가 — 오늘날의 정부 — 는 필연적으로 기득권을 옹호하고, 결과적으로 부를 상층부로 이전시키는 기제가 된다"⁵라고 했다. 잘 했어, 조지.

그뿐만이 아니다. 1917년, 1922년, 1933년에 비롯된 공산주의, 파시즘 그리고 국가사회주의 정권은 모두 민족주의가 가미된 사회주의로서, 계획이라는 합리성과 국가의 영광을 추구한다는 명목으로 1억 명 이상을 살해했다. 급행이든 완행이든 사회주의자는 권하고 싶지 않다.⁶ 증거를 보라.

앞서 지적한 바와 같이, 듣기에 달콤하지만 죄스러울 만큼 순진한 이론이 바로 점진적인 사회주의는 현명한 체제이고 철인 왕과 철인 여왕은 윤리적이라는 주장이다. 이 이론은 하버드나 예일 혹은 프린스턴대학에서 탄생한 탁상공론으로서, 통계적으로 뒷받침되는 증거도 없지만 정치유세 때마다 등장한다. 그러나 경제적 보호와 특혜 정책을 실행하면 도움이 필요한 사람들을 돕기는커녕 오히려 해롭게 한다. 그런 정책은 늘 보호받는 소수에게 특혜를 준다. 보호받는 소수는 눈에 잘 띄며, 그들에게 주어지는 특혜는 눈에 띄지 않는 수많은 이들에게 해를 끼친다. 특정 일자리를 보호하면 다른 이들이 손해를 보게 된다. 해마다 미국에서 사라지는 일자리는 14퍼센트에 달한다. 빈곤층을 풍요롭게 만드는 역동적인 경제에서 으레 그러하듯이 말이다.⁷

2000년에는 약 10만 명이 비디오대여점에서 근무했다. 지금은 옛 시절의 향수를 잊지 못하는 극소수만이 비디오대여점에 종사한다. 1940년대 말에는 AT&T 통신사 하나에만 수십만 명의 전화교환원이 근무했다.

1950년대에 엘리베이터를 작동시키던 수천 명은 승객들이 직접 버튼을 누르게 되면서 일자리를 잃었고, 이제 대부분의 호텔 엘리베이터에서는 TV 쇼까지 보여준다. 타자수들도 사무실에서 사라졌다. 이제 변호사나 비서가 컴퓨터로 직접 문서를 작성한다.

전 세계적으로 가장 많은 사례는 농업에서 나타난다. 1810년에는 미국인의 80퍼센트가 농장에서 살거나 일을 했다. 이제 그 비율은 1퍼센트에 불과하고 그마저도 하락하고 있다.[8] 그러나 농업이 주요 산업인 주를 대표하는 상원의원들은 보호정책을 요구한다. 옥수수로 휘발유를 만드는 법이나, 설탕 수입을 규제해 설탕값을 브라질 현지가격의 두 배로 올리는 정책이 바로 그런 보호정책이다. 특혜를 받는 소수 집단은 그런 의원에게 두둑한 정치자금을 기부하거나, 금전적 보상을 하지는 않더라도 어쨌든 선거 때 지지한다. 그렇게 우리는 일어나지도 않을 캐나다 침공에 대비해 온갖 지역구에서 제조한 부품으로 만든 탱크와 전투기를 쓸데없이 사들이고 현역 의원들은 선거에서 표를 챙긴다.

예컨대, 관세 보호는 미국의 철강 제조사들의 수익과 종사자의 임금을 끌어올리지만, 동시에 보이지 않는 미국의 많은 철강 소비자들에게 손해를 끼친다. 당연하다. 2018년에 자동차에서 못에 이르기까지 수천 개의 철강 제품을 생산하는 수많은 제조업자가 혜택을 보았다. 수입품에 관세를 부과하면 국내 생산자는 이익을 보고 국내 소비자는 손해를 본다. 관세는 그런 결과가 나오도록 설계된 정책이다. 그런데 사실상 수출금지를 자초하는 정책이 되었다. 관세로 보호하는 상품은 경쟁력을 잃게 되기 때문이다(우리와 합의한 가격에 우리에게 석유와 자동차 부품을 팔기로 한 외국업체들이 입는 피해는 논외로 하자. 하지만 언제부터 외국인이라고 전혀 신경 쓰지 않는 게 윤리적인 행위로 여겨졌나? 그리고 캐나다인이나 멕시코인에게 해를 끼치는 게, 미국인에게 바람직하다는 유치한 국수주의적 발상은 또 뭔가?).

이미 얘기했고 당신이 이해할 때까지 계속 얘기하겠지만, 눈에 띄지 않고 보호받지 못하는 미국인들 다수가 입는 피해는, 보호라는 특혜를 누리는 눈에 띄는 미국인 소수가 얻는 이득보다 경제적으로 몇 배는 크다. 2017년 미국 정부는 멕시코산 설탕의 수입을 규제하기로 멕시코 설탕 생산업자들과 합의했다. 이 합의를 통해 오래전부터 보호해온 미국산 설탕 가격이 그대로 유지되었다.[9] 그러한 규제를 통해 고가를 유지함으로써 미국 설탕 제조업계에서 구제받은 일자리는, 설탕가공 업체들에서 사라진 일자리에 비하면 조족지혈이다.

오래전부터 시카고에 있는 사탕 제조업체들은 폐업하거나 멕시코로 공장을 이전했다. 사탕수수를 재배하는 플로리다주와 루이지애나주를 대표하는 상원의원 네 명은 사탕수수 재배 문제에 지대한 관심을 보인다. 텍사스주, 하와이주 그리고 (설탕의 제조 원료인 사탕무를 생산하는) 노스다코타주를 대표하는 상원의원 여섯 명도 이 문제에 대해 강력한 견해를 표한다. 이상하지 않은가?

1980년대 초에 미국 정부가 일본산 자동차에 대해 쿼타quota를 부과했을 당시, 미국 자동차 소비자들이 해마다 지불하는 추가 비용은, 보호받은 디트로이트 자동차산업에서 해마다 지불되는 임금 총합의 열 배에 달했다.[10] 순수혜자는 전미 자동차노조 소속 노조원들이다. 이들은 관세의 보호를 받는 미국 3대 자동차업체(GM, 포드, 크라이슬러)로부터 자동차를 구매하는 미국인들에게서 독점수익을 뽑아내는 데 이골이 났다. 또 다른 수혜자들은 미국 시장의 절반을 차지하는 3대 업체의 주주들 그리고 분명히 드러나지는 않지만, 멀리 일본에 있는 토요타 자동차회사다. 토요타는 미국으로의 공급을 제한하고 이에 따라 고품질 토요타자동차의 미국 판매가격을 세계

판매가격보다 높이면서 독점수익을 한층 더 올릴 수 있다. 관세를 부과하면 관세로 벌어들이는 돈이 미국 재무부의 국고로 들어가지만, 쿼타의 경우는 미국으로 수출하는 물량이 제한되므로 수출품의 가격 상승으로 이어져 수출하는 기업이 이득을 얻게 된다. 기발한 생각이다.

마찬가지로, 1974~2004년에 시행된 다자간 섬유협정Multi Fiber Agreement은, 가난한 국가들이 상대적으로 부유한 국가에 섬유와 의복을 수출하지 못하게 막으려는 시도였다. 경제학자 더글러스 어윈Douglas Irwin은 다음과 같이 지적한다. 미국에서는 "(섬유와 의복 제조업계에서) 구제된 일자리 하나당 (한 해에) 미국 소비자가 치르는 비용, 즉 소비자의 총손실액을 구제된 일자리의 수로 나눈 값은 10만 달러 이상이었고, 해당 산업에 종사하는 근로자 연평균 소득이 만 이천 달러였다."[11] 즉 8.3대 1의 비율이었다.

좌익진영에서 여전히 성역으로 여기는, 전 세계적으로 만연한 더 심각한 보호정책은 장년과 고숙련 기술자들의 일자리를 보호하는 정책이다. 이 정책은 청년층과 저숙련 구직자들에게 피해를 준다. 그리스와 남아공 그리고 미국의 빈민층 거주 지역에서는, 점진적 사회주의 정권이 시행한 일자리 보호 정책 때문에 실업 상태인 청년의 수가 위험 수위에 달했다.[12] 학업을 마친 25세 이하 프랑스 청년의 4분의 1이 실업 상태이고, 나머지는 주로 월 단위 계약직에 고용되어 있다. 장년층의 정규직은 철저히 보호받기 때문이다.[13] 그런 체제하에서 고용주들은 애초에 직원을 고용하지 않으려 한다. 손버릇이 나쁘거나 고객에게 무례한 직원을 해고하기가 하늘의 별따기처럼 어렵고, 해고 절차를 밟는 일도 비생산적이기 때문이다. 프랑스에서는 가장 성실하고 생산성 높은 근로자조차도, 탐탁지 않은 일자리에 집요하게 매달린다. 그만둔다고 해도 마음에 드는 일자리를 구하기가 어렵기 때문이다. 보호가 야기하는 실업률은 그리스에서 더 높다. 남아공의 경우는 끔찍할 정도다.

　미국에서 일자리 보호 정책 때문에 빈민가가 양산되었고 이러한 지역들은, 보수주의자들이 보기에는, 무장한 경찰들이 순찰해야 한다. 시카고남부와 서부 지역은 산업활동의 중심지로서 청년들을 낮은 초임에 고용해왔는데, 이제 이런 청년들이 하는 일 없이 도로 모퉁이에서 어슬렁거리면서 깡패 조직에 합류하고, 자기 구역 내에서 마약을 독점적으로 공급하는 일에 가담하고 있다. 시카고에서 정부가 임금협상에 개입해 최저임금을 강제하고, 경제활동 구역 지정에 개입하고, 과세와 허가제와 규제를 통해 사업 소득에 개입하고, 마약과의 전쟁을 통해 소비활동에 개입함으로써, 그러한 지역들을 경제활동의 황무지로 만든다. 공장도 없고 식료품점도 없는, 강압적이지 않은 방법으로는 소득을 올릴 수단이 없는 곳으로 말이다. 이런 지역의 공통점은? 현명하고 청렴한 공직자 나리들의 고압적인 '개입'이다. 중국의 선전처럼 시카고 남부 지역과 서부 지역이 경제특구로 지정되면 어떤 일이 벌어질까? 한때 어촌이었다가 이제 거대한 도시로 탈바꿈한 선전처럼 이 두 지역은 크게 번성하리라.

Chapter

15

국가주의는 이제 그만 고집하라

구덩이에 빠졌을 때는 발버둥 쳐서 구덩이가 더 깊이 파이게 하지 않는 게 상책이라는 속담이 있다. 안 그래도 안 좋은 상황을 더 악화시키지 말라는 뜻이다.

지금 인도적 자유주의에 대해 논하고 있다. 위기에 처한 사람들이나 경제적, 신체적, 정신적으로 불리한 여건에 놓인 사람들에게, 자유시장에서 소비할 수 있도록 금전의 형태로 도움을 주는 일은 정부가 응당 해야 할 역할이다. 그러나 그보다는 강요 없이 사람들이 자발적으로 돕는 게 훨씬 바람직하고 효과적이다. 올리언스 교구에 사는 빈곤층에게 바우처를 줘서 자녀를 사립학교에 보낼 수 있게 하라. 시카고 극빈층에게 현금을 지원해 민간 소유 주택을 임차하도록 하라. 2019년 2월 혹한기 동안 시카고의 무주택자들을 위해 호텔 방 100개를 임차하라. 당신 저서 《21세기 자본》의 인세를 자선단체에 기부하라.

하지만 제발 부탁하건대, 학교나 주택이나 불평등에 관한 책은 정부가 직접 공급하지 말라. 정부가 생산수단을 소유하는 명실상부한 사회주의는, 국방 외에는 그 무엇을 생산하든 바람직한 생산방식이 아니다(실제로는 국방에서도 부패와 비효율이 발생하는 경우가 허다하다. 총기를 이용해 자국민을 예속시키는 이집트나 벨라루스 같은 많은 나라들이 그러하듯이 말이다). 정부가 공급자가 되면 빈곤층은 정부의 노예로 전락하거나, 정부와 가까운 관계인 공립학교 교원노조와 공공주택 당국 관료들의 노예로 전락한다. 민간부문에서 공급하면 선택지가 다양해지고, 대안을 찾을 기회가 더 많아지며, 공급이 수요에 훨씬 민감하게 반응하게 된다.

자유주의자 1.0 경제학자 벤저민 A. 로게Benjamin A. Rogge는 다음과 같이 지적했다. "자유시장은 중앙 집중된 하나의 기회 대신 분산된 다양한 대안을 개인에게 제공함으로써, 개인의 고결함을 보호한다."[1] 미국인들이 사회주의 국가라고 여기는 스웨덴에서는 2009년 정부가 독점적으로 약국을 소유하고 경영하던 체제를 포기했는데, 그 이유는 그 체제에서 약국이 끔찍하게 오만하고 비효율적이었기 때문이다.

사람들이 스스로 경제를 성장시키도록 내버려두라. 1800년부터 현재에 이르기까지 놀라운 성과를 거두었듯이 말이다. 자유주의의 혜택을 누리게 된 대중이 스스로 자신이 처한 여건을 개선하고, 스스로 새로운 사업을 벌이고 새 일자리를 찾아 이동했듯이 말이다. 1800년 이후로 1인당 실질임금이 족히 3,000퍼센트 인상된 놀라운 대풍요는 강제력을 독점한 정치인과 조직 결성 주도자와 관료와 불한당들이 행하는 과세와 은근한 조종과 자의적인 판단과 보호와 규제와 보조금 지급과 금지와 노조 결성과 징집과 예속 때문에 일어난 현상이 아니다. 그런 온갖 행태에도 불구하고 점점 자유로워진 사람들이 일으킨 현상이다. 대풍요라는 현상이 일어나는 데 정부가 드물지만 긍정적으로 기여한 바는, 자유주의적인 법을 통과시켜서 사람들을 자유롭게 한 점이다. 1866년과 1964년에 통과된 인권법처럼 말이다. 부드로 말마따나, "당신으로 하여금 (민간부문에서 자발적으로) 가톨릭교도를 차별하지 못하도록 할 정도로 막강한 국가는, 당신으로 하여금 강제로 (공공부문에서 비자발적으로) 유대인을 차별하게 만들 정도로 막강하다."[2]

풍요와 풍요를 가능케 한 해방은 정부가 주도한 게 아니다. 정부는 대체로 실패한 1812~1814년 전쟁과 매우 성공적이었던 1941~1945년 태평양전쟁 등과 같이 몇몇 사례에서 외부의 침공으로부터 방어하는 정도의 역할을 하는 데 그쳤다. 그러나 이상하게도 1848년 이후로 경제학자들은 '시장의 불완전성'과 함께 이러저러한 정부 친화적인 주장을 함으로써, 학계에서 과학적인 명성을 쌓았다. 경제학자들은 100여 가지의 시장 불완전성을 찾아냈다. 자연독점이 존재하고, 자연독점에 따른 파급효과가 발생하며, 소비자는 무지하다는 주장을 폈다. 또한 그들은 바로 자기들 같은 경제학자들의 조언을 받는 철인군주 같은 뛰어난 정부가, 자기들이 상상해낸 시장의 불완전성에 대해 간단한 해결책을 제시할 수 있다고 끊임없이 주장해왔다. 반독점법을 통해서, 식약청의 규제를 통해서, 산업정책을 통해서, 정부가 철도와 전력회사를 몰수해 직접 경영함으로써.

그러나 경제학자들은 자유주의적인 수단을 통해 1인당 소득이 3,000퍼센트 오르는 과정에서, 시장의 불완전성이 경제에 해를 끼쳤다는 주장을 뒷받침하는 과학적 증거는 하나도 제시하지 않았다.[3] 경제학자들이 끔찍할 정도로 불완전한 시장으로부터 "아무도 편들어 주지 않는 외롭고 불운한 국가의 처지"를 한탄하고 있었지만, 바로 그 시기에 왜곡되고 불완전한 시장은 가장 빈곤한 계층에게 몇천 퍼센트의 풍요를 안겨주고 있었다. 이디시어의 관용구처럼 "그런 불완전함은 기꺼이 받아들여야 한다."

예컨대, 정부가 승자를 선정해 육성하는 산업정책은 민간 투자자들이 간과하는 충격적인 불완전성을 교정하도록 '설계'되는데, 이러한 불완전성은 일부 경제학 교수들의 눈에 너무나도 명백히 보인다. 그러나 그런 불완전성의 규모가 어느 정도인지, 산업정책이 실제로 효과를 내는지, 누구도 측정할 생각을 하지 않는다. 카터 정부에서 백악관 경제자문위원회 의장을 역임한 찰스 슐츠Charles Schultze는 다음과 같이 주장했다. "현실은 산업정책을 옹호하는 이들이 제시하는 네 가지 전제조건과 아귀가 맞아떨어지지 않는다. 미국은 탈산업화 하지 않는다. 일본의 산업이 성공한 이유는 산업정책 덕분이 아니다. 정부는 '승승장구'하는 산업구조를 설계할 역량이 없다. 마지막으로 산업정책을 옹호하는 이들이 원하는 본질적으로 효율성에 기초한 방식으로, 미국 정치체제에서 개별적인 기업과 지역들 가운데 승자를 선별해 내기란 불가능하다."[4]

따라서, 산업정책은 공공선에 기여하는 경우가 거의 없고, 워싱턴 정가에서 활동할 로비스트들을 고용할 여력이 있는 기업가에게 이득이 되는 경우가 대부분이다. 엄밀히 상식적으로 생각해 보자. 승자를 판별하는 정책이 왜 우리 대부분에게 도움이 되겠는가? 막 하버드를 졸업한 두뇌 명석하고 철저하게 윤리적이며 놀라운 경제모델 지식으로 무장한 정부 고위관료가, 시장 가격에 제대로 대응하지 못하면 파산하는 무지렁이 시장 상인들보다 시장 사정을 더 잘 안다고 간주할 이유가 뭔가? 풍력발전이 더 바람직하다는 증거를 제시하지 않고 풍력발전이 순익이 난다고 넘겨짚으며, 풍력발전에 추가로 보조금을 지급하는 게 왜 바람직한가? 날아가는 철새들이 풍력발전기에 빨려 들어가 대거 몰살하는데 말이다. 근대 자유주의 경제학자 돈 라부아Don Lavoie는 1985년에 정부 계획과 산업정책을 면밀히 살펴본 뒤 다음과 같은 결론을 내렸다. "단일한 주체가 경제를 원하는 방향으로 이

끌려고 하는 시도는 시력장애인이 시력이 멀쩡한 사람에게 길을 안내하는 셈이다."[5]

오만하게 산업정책을 계획하려는 시도는 예전부터 있었다. 유럽 전역에 확산된 중상주의가 그 사례다. 애덤 스미스가 그토록 혐오한 '상업체제'다. 스웨덴에서는 자유주의 체제로 전환하기 전인 1810~1812년에 징집된 군인들이 예타Göta 운하를 건설했다.[6] 최악의 프로젝트로서 엄청난 비용이 투입되었고, 그 결과 스웨덴의 순소득이 감소했으며, 결국 운하는 오락용 뱃놀이에 주로 이용되고 말았다. 미국 정부가 19세기부터 지원한 '내륙 교통망 개선 프로젝트'도 대부분 몹쓸 아이디어였다. 1830년대부터 펜실베이니아주와 인디애나주에 건설되기 시작한 운하들은 완공 직후 철도가 등장하면서 대부분 민간부문에서 운영하기에도 수익이 나지 않게 되었고, 그중 가장 긴 운하는 1832~1853년에 엄청난 비용을 들여 건설한 와바시앤드이리Wabash and Erie 운하다.[7] 게다가 연방정부 토지개발 자금이 집중적으로 투입되어 건설된 대륙횡단 철도는 건설 과정에서 소수 부유층에게 특혜를 주면서 부정부패가 만연했다.[8] 미국 역사 초창기에 별다른 소득원이 없는 연방정부가 부과한 관세는 금세 정치적 거래 대상이 되었다.[9] 오바마 정부는 5억 3천 3백만 달러에 달하는 '융자'를, 미국의 태양광 패널 제조 업체인 솔린드라Solyndra에 지원했는데, 얼마 지나지 않아 중국업체들이 더 싼 가격에 태양광 패널을 판매하게 되었다. 그러더니 트럼프 정부는 나머지 업체들을 보호하는 정책을 도입했다.[10] 거대한 정당 둘 다 하는 짓이 똑같다. 인도적인 진정한 자유주의 정당이라면 그렇게 하지 않을 텐데.

Chapter

16

폭정에서 비롯되는 빈곤이 진짜 문제다

경제학자 마크 페리Mark Perry는 2018년 9월 다음과 같이 지적했다. "오늘 발표된 인구조사 자료를 보면 중산층 소득이 지속적으로 증가했고 소득 불평등이 증가한다는 증거는 거의 없다."[1] 설사 그런 증거가 있다고 해도 여건이 긍정적으로 개선되었다면, 불평등은 전혀 걱정할 일이 아니다. 수익에 세금을 부과하면 가격 신호를 보내는 역할을 못하게 된다. 효율성을 파괴하고 무엇보다도 개선을 가로막는다. 그러한 과세를 반대하는 이유는, 점진적 사회주의자들이 상업적으로 증명된 혁신에서 비롯된 수익에 대해 경멸할 때 주장하듯이, 노력을 권장하는 유인책을 훼손하기 때문이 아니다. 투자처를 판단하는 데 방해가 되기 때문이다. 시장경제에서 가격과 수익 신호는 중앙정부의 계획이 야기하는 비효율성보다 훨씬 비용이 적게 드는 것으로 증명되었다.[2]

그리고 현명한 방식으로 여건이 개선되면서 일어나는 불평등은 모방하는 기업들이 진입하면서 몇 년 안에 해소된다. 한편 우리는 개선된 여건을 영구적으로 누리게 된다. 헨리 포드의 조립 라인이나 스티브 잡스의 스마트폰을 모방하는 기업들은 치열하게 끊임없이 품질을 개선함으로써, 모두에게 더 낮은 가격으로 더 질 좋은 제품을 누리게 해 준다. 따라서 시장에서 검증된 혁신은 평등해진다. 이와 같은 신규 진입의 결과는 현실이다. 정부가 독점적인 강제력으로 지원하는 독점기업이 신규 진입을 차단하지 않게 되면서 ― 1800년까지는 툭하면 진입을 차단했다 ― 세계의 경제 역사는 늘 그랬다. 그런데 최근에 등장한 교만한 자유주의하에서 다시 점점 신규 진입을 차단하는 경향이 높아지고 있다. 2018년 노벨경제학상을 수상한 윌리엄 노드하우스William Nordhaus는, 제2차 세계대전 이후로 미국의 발명가들은 그들의 혁신이 창출한 사회적 가치의 2퍼센트밖에 취하지 못했다고 주장한다.[3] 당신의 컴퓨터를 생각해 보라. 아니면 월마트도 좋다. 월마트 초창기에 바코드와 대량구매에 통달하면서 창출한 사회적 이득의 2퍼센트로, 샘 월튼과 버드 월튼은 자녀들에게 엄청난 부를 남겼다. 그러나 나머지 98퍼센트는 우리가 챙겼다.

한 세기 전, 지역의 부는 지역의 금융업과 지역의 백화점을 토대로 구축되었다. 미국의 은행들은 (영국이나 캐나다와 달리) 은행 지점의 개점을 금지하는 주 차원의 규제에 의해 20세기 막판까지 보호되었다. 반면 비교적 규제에서 자유로운 백화점들은 즉시 타 업체들이 모방했고, 지속적으로 개선되었다. 어쨌든 초창기부터 지역 백화점의 수익은 급격히 사람들이 어디서든 쇼핑할 수 있게 되면서 급속히 잠식되었다. 그랜드래피즈Grand Rapids나 80번 고속도로 옆에 즐비한 할인판매점에 가 보라. 시어스로벅Sears Roebuck과 몽고메리워드Montgomery Ward는 저렴한 가격에 우편으로 주문을 받고 완성된 철도망을 통해 배송을 하는 새로운 주문 방식으로, 높은 가격의 일반

소매점 및 지역 백화점들과 경쟁했다. 시어스로부터 집 한 채를 구매하면, 열차로 당신이 사는 마을까지 배달되었고 지역 일꾼들이 집을 조립했다. 아마존은 한 세기가 지난 지금 똑같은 방식으로, UPS 같은 정부 독점에 도 전장을 내미는 우편물 배달 서비스를 제공하고 있다.

미국 모든 철강회사들의 국내 판매량에서 US스틸이 차지하는 비율은, 1901년 창립된 바로 그 날 3분의 2로 최고치에 도달했다. 그 이후로 베들레헴 철강을 비롯한 다른 기업들이 시장에 진입하면서, 그 비율은 지속적으로 감소했다.[4] 다우존스 산업평균지수에서 30개 기업을 보라. 30개사 가운데 1970년대 이전에 설립된 기업은 5개사뿐이다. 나머지 25개사는 비자와 버라이즌과 코카콜라 같은 '산업체'로 대체되었다. 1896년부터 다우지수에 포함되었던 제너럴일렉트릭은 2018년에 제약업체인 월그린부츠로 대체되었다. '산업'은 부침을 겪는다.

인간도 세대교체가 이루어진다. 카네기 성을 지닌 사람의 이름을 몇 명이나 들어봤나? 앤드루 카네기는 자기 딸과 그 딸의 네 자녀와 네 자녀의 자녀들 그리고 스코틀랜드에 사는 자신의 사촌들을 4세대 이상 거부로 만들어 주었을지 모른다. 그러나 그 자신은 그렇지 않았다. 그는 매사추세츠 주 웨이크필드에 도서관을 건립했는데, 나는 15세 때 그 도서관에서 좌익 성향의 고전에 푹 빠져 살았다. 가문이 확대되면서 부가 어떻게 나누어지는지를 보려면 위키피디아에 접속해 '밴더빌트 가Vanderbilt Family'를 검색해보라. 당시 미국 최고 부자였던 코넬리우스는 자녀가 열세 명이었다. 그의 고손녀 글로리아 밴더빌트는 사람들이 기꺼이 구매하고 싶어 하는 재화와 용역을 제공하는 기존의 방식으로 부를 축적해야 했다. 그녀의 아들인 CNN 앵커 앤더슨 쿠퍼Anderson Cooper도 마찬가지다.

그러나 정부가 특정 집단을 보호하면서 야기되는 불평등에 대해서는 정말로 우려해야 한다. 국민 대부분에게 피해를 주더라도, 자신을 보호할 힘이 있는 큰 정부를 이용하려는 이들은 널렸다. 우리 같은 인도적 자유주의자들은 그러한 지대 추구 행위가 야기하는 불평등, 즉 예컨대 거대 석유회사들이 정부의 힘을 이용해 특혜를 누리고 초과이윤을 창출하는 방식이 사회악이라는 데 대해 점진적인 사회주의자들과 의견이 같다. 그러나 우리 근대 자유주의자들은, 점진적 사회주의자들이 바로 그 정부가 더 막강한 강제력을 갖고 갈취하는 체제를 옹호할 때 경악한다. 고양이에게 생선을 맡기는 격이라고 우리는 외친다. 고양이는 물론 점진적 사회주의자들이 선하고 정직하다고 말하는 관료다.

미국 의료협회같이 정부가 보호하는 조합들과 배관공들에게 특혜를 주는 건축 규정을 정부가 규제하는 정책은 부유층을 보호하고, 부유층은 그 대가로 조합을 보호하고, 그와 관련된 규제를 관장하는 정치인들에게 정치자금을 기부한다. 멋지지 않은가? 고대시대 이래로 정치권력은 항상 부정부패와 직결되었다. 로마공화국 말기에 정치 후보들은 흔히 표를 매수했고, 로마 부자들은 투표권을 행사해 더 많은 권력을 확보했다.[5] 정치인과 기업가와 억만장자들이 특별히 보호받기 위해 의회를 매수하고 자기 정당에 유리하게 선거구를 변경하는 관행은 새로울 게 없다. 마크 트웨인 말마따나, "미국 고유의 자생적인 범죄자 집단이 의회라는 점은 사실과 수치로써 증명될 가능성이 높다."[6] 감시를 게을리 하지 않는 게 좋다.

인류가 직면한 가장 큰 난관은 테러리즘도 불평등도, 범죄도, 인구 증가도, 기후 변화도, 생산성 둔화도, 기분전환용 마약 사용도, 가족의 가치 붕괴도 아니다. 좌우를 막론하고 제기되는 그 어떤 새로운 비관론도 관련 없다. 그들은 다음으로 닥칠 난관에 대해 절박함이 묻어나는 논평을 쓰고 공포심을 조장하는 책을 저술하다가, 한층 더 강화된 정부의 강제력을 정당화할

'난관'을 새로 발견하면 그리고 관심을 옮긴다. 그들은 우리가 모종의 조치를 취해야 한다고 말한다. 정부를 동원해서 조치를 취하자면서 '우리'를 강조한다.

혈거시대와 폭정과 농경시대 이후로 가장 큰 난관은 항상 빈곤이었고, 보통 사람들이 속박에서 벗어나 스스로 자구책을 마련하도록 허용하지 않는 정부의 강제력이 빈곤의 원인이자 결과였다. '자유주의자'라는 단어의 사용은 언어의 유희일지 모르지만, 그렇다고 해서 하찮게 여겨서는 안 된다.[7] 사람들이 그러한 자유를 누릴 수 있는지 여부에 따라 결과가 달라진다. 현재 중국과 인도가 그러하듯이, 17세기 네덜란드 공화국에서 자유주의 개척자들이 당대 기준에 따라 그리했듯이, 자유주의적 경제성장을 통해 빈곤을 퇴치한다면 실제로 안락한 삶을 어느 정도 골고루 누리게 된다. 공학자들을 가르쳐 홍수를 제어하고(최근 지구온난화로 인한 해수면 상승 효과로부터 지구를 보호하고), 우리 모두가 교육을 받아 풍요로운 삶을 누리게 된다. 폭정을 퇴치하고 이를 자유주의 2.0으로 대체하면, 노예와 여성과 장애인들이 한층 높은 수준의 자유를 누리고 대풍요의 결실을 더 많이 수확하게 된다. 점점 더 많은 사람들이 자유로워져서 시장에서 검증된 방식으로 여건을 개선할 방법을 추구하거나 지역 오페라단을 재정적으로 지원하게 된다. 당신은 문화를 풍요롭게 하고 테러리즘을 종식시키고 잔존하는 폭군들을 패망시키고 우리 모두에게 부를 안겨주게 된다.

그걸 내가 어떻게 아느냐고? 유럽 북서부에서 17세기부터 점진적으로 시작되어 1800년 이후로 가속화된 현상이기 때문이다. 최근에 일부 국가들은 포퓰리스트 폭정으로 퇴행했지만, 세계 대부분 지역에서는 급속히 나타나는 현상이다. 중국에서 자유로운 지역들은 주민들이 풍요로워지고 (동시에 시진핑이 특혜를 베푸는, 자유롭지 않은 지역에서는 주민들이 빈곤해진다) 곧 모든 지역이 풍요로워질 수 있다. 세계 1인당 실질소득은 물가 상승율과 구매력 평가Purchasing Power Parity로 교정하면, 1990년부터 2016년까지 해마다 약 2퍼센트 상승했다. 그러한 속도로 계속 상승하면, 1인당 소득은 36년마다 두 배가 된다. 그리고 실질소득을 측정하는 데 있어서 훨씬 나은 지표인, 재화와 용역의 질이 향상된 점을 감안하면 전 세계의 1인당 소득은 더 빠른 속도로 두 배에 도달하게 된다. 2퍼센트 상승률로 쳐도, 3세대 만에 재화와 용역의 질 향상을 고려하지 않은 전통적인 방식으로 측정한 실질소득은 네 배가 되고, 지구상의 가장 처참한 빈곤층은 빈곤에서 벗어나게 된다.

반면 다양한 종류의 구태의연한 군주체제나 점진적이든 급진적이든 사회주의를 고수하면서, 특정 집단, 특히 부유층이나 당이나 인척관계인 이들이나 폭군 존이나 로빈 후드에게 특혜를 주어 보호하고, 여건을 개선할 기회를 말살하는 정책들을 계속하면 ―최악의 형태는 군이 통치하는 사회주의나 부족주의적 폭정이고, 그나마 가장 폐해가 덜한 형태는 암 치료 신약 개발을 저해하는 숨 막히는 규제들―폭정과 빈곤이 일상화되고 인간의 영혼이 파괴된다. 폭정과 빈곤에 맞서 근대 자유주의가 추구하는 바는, 지금까지 늘 그랬듯이, 인간의 잠재력이 활짝 꽃피는 상태에 도달하는 것이다. 사람들에게 자유를 누리게 하라. 보통 사람들이 자기 나름의 방식을 추구하도록 허하라. 사람들에게 이래라저래라 하지 마라.

우리 근대 자유주의자들이 주장하는 많은 사항을 수용하기 어렵다고 당신이 생각할 거란 걸 안다. 진보주의자 친구들은 수만 가지 정책과 프로그램과 규제가 필요하고, 그렇지 않으면 하늘이 무너진다고 노래를 부른다. 그리고 보수주의자 친구들은 전 세계 빈민촌에(특히 수에즈 운하 동쪽과 서쪽) 800개 미군 기지를 건설하면서 엄청난 비용을 들여 그곳을 점령하고

152

무기로 통치해야 한다고 귀가 따갑게 얘기한다. 사람들을 자유롭게 풀어 주고 자유경제 체제에서 번성하게 하라는 정반대 제안이 충격적으로 보일 지 모르겠다. 그러면 당신은 이렇게 말할 것이다. 우익의 광기가 날뛰며 부 자만 더 부자가 된다. 우익진영의 거부 찰스 코크가 원하는 대로. 아니면 좌 익의 광기가 날뛰며 혼란으로 이어진다. 좌익 성향의 거부 조지 소로스가 바라는 대로.

좌익진영은 자유주의 때문에 독점이 활개 치게 되었다고 말한다(아니다. 비자유주의가 독점을 키웠다. 택시회사와 전력회사들이 규제 당국을 매수하고 원하 는 바를 얻어냈기 때문이다. 사실 독점은 1800년 이후로 이동의 자유와 자유무역, 철도와 전화와 인터넷 덕분에 급격하게 줄어들었다[8]). 우익진영은 자유주의가 테러리즘을 증가시켰다고 한다(아니다. 비자유주의가 테러리즘을 증식시켰다. 사실 서구에서 테러리즘은 지난 몇 십 년 동안 급격히 줄어들었다[9]). 인도적인 진 정한 자유주의에 대해 사실을 근거로 반박할 방법이 생각나지 않으면, 자 기 말이 맞다고 우기면서, 자유주의는 비현실적이고 구태의연하고 19세기 적이고, 시체를 두고 살아 있다고 설득하는 셈이라고 빈정거린다(그렇지 않 다. 오늘날 정부 대부분이 채택한 비자유주의적 국가사회주의가 비현실적이고 구태 의연하고, 오래전에 숨이 끊어진 시체를 되살리려고 애쓰는 체제다).

그런데 친애하는 나의 친구들, 제발 당신이 지닌 정치적 이념에 진지하 게 귀 기울이고 곰곰이 생각해 보라. 머릿속에서 유행어를 말끔히 걷어내 라. 라부아는 다음과 같이 지적했다. "어떤 이론을 반박하려면 우선 그 이 론을 통해서 세계를 보려고 애써야 한다."[10] 한번 시도해 보라.

우리는 새로운 난관에 파멸된 운명이 아니다. 하지만 제1차 세계대전이 발발한 1914년, 러시아 공산주의 혁명이 일어난 1917년 그리고 히틀러가 집권한 1933년처럼 자승자박하는 상황은 모면해야 한다. 그런데 그럴 가

능성이 상당하다. 이미 과거에 그런 적이 있기 때문이다. 전통주의와 민족
주의와 사회주의와 전통적 국가사회주의를 통해서 말이다. 그러나 이 정치
적 총탄을 피한다면, 우리는 향후 50년 아니 100년에 걸쳐 인도적인 진정
한 자유주의를 통해서 풍요를 누리고, 비참한 삶을 사는 이들을 영원히 해
방시키고, 예술과 과학과 기술과 엔터테인먼트가 지금까지와는 비교도 안
될 정도로 꽃피는 문화적 만개滿開를 달성하게 된다.

　자유주의적 미래로 향하자. 가능하다면 말이다.

Chapter

17

인도적인 자유주의는 윤리적이다

잡지 〈이성〉의 웹 사이트 Reason.com 요청으로 2016년에 쓴 글이다.
윌리엄 루거와 제이슨 소런스의 에세이 〈자유방임주의Libertinism가 아니라
'미덕 있는 자유지상주의'를 옹호함〉에 대한 평이다.

　'미덕 있는 자유지상주의virtue libertarianism'는 정치경제학자 윌리엄 루거
William Ruger와 제이슨 소런스Jason Sorens가 제시한 바람직한 용어이자 바람
직한 아이디어다. 나는 이를 '미덕 있는 자유주의virtue liberalism'라고 부르고
싶다. 수십 년 전부터 내가 점차 기울게 된 사상이다. 예컨대, 부르주아 시
대 3부작(2006, 2010, 2016) 가운데 1부《부르주아 덕목》(2006)이 그렇다.
이는 어떤 윤리적인 반추도 허용하지 않는 단호한 시카고학파의 자유지상
주의 1.0과 그저 공리주의에 집착하는 하버드학파의 사회공학 1.0과 다르
다. 미덕 있는 자유지상주의는 이 두 학파에 모두 반대하는, 애덤 스미스와
내가 주창하는 인도적인 자유주의 2.0이다.

　과거에 순혈 시카고학파 1.0 경제학자였던 나는 수요와 공급 등 실제로

일어나는 경제현상을 있는 그대로 설명하는 실증경제학positive economics*을 이해하고 존중하고 여전히 사용한다. 여기에 추가로 덧붙일 약간의 여지는 남겨놓지만 말이다. 하버드대학교에서 학사와 박사학위를 받은 나도 공급 사슬과 생산함수와 더불어 비용편익분석cost/benefit analysis 방법을 존중한다. 그러나 인도적 자유주의자로서 경제학이 반드시 직면하는 윤리적 문제를 심각하게 고민한다. 일부 철학자들은 이러한 입장을 '인정 넘치는 자유지 상주의'라고 일컫는다. 나는 이를 '모성애적' 혹은 '기독교적'(아니면 유대교 적 아니면 힌두교적 아니면 이슬람적 아니면 불교적) 자유주의라고 일컫는다. 아 니면 '자매애적인 진정한 자유주의' 아니면 이 책에서 마침내 도달한 결론 인 인도적인 진정한 근대 자유주의라고 부른다. 애덤 스미스가 주장한 "모 든 남성(그리고 여성도 포함시키자, 애덤)이 자유롭게 세운 계획에 따라 자기 나름의 방식대로 자신의 이익을 추구하도록 내버려두자"라는 논리를 따르 는 입장이다.

애덤 스미스와 존 스튜어트 밀이 그랬듯이, 빈곤층에 대한 책임을 인정 한다는 점(즉, 자매애적이고 인도적인 측면)은 인도적이지만, 빈곤층을 정부의 노예로 만들고 중산층을 통치자로 만드는 방법(즉, 형제 또는 엄한 아버지 같 은 애정)은 그러한 책임을 다하는 바람직한 방식이 아니다. 얼마 전 바베이 도스에서 열린 자칭 자유지상주의자 수백 명이 참석한 한 회의에서, 나는 처음 만난 한 남자에게 "우리는 당연히 빈곤층을 도와야 한다"라고, 우리 모두가 인정한 성스러운 의무를 표명했다. 그러자 그는 곧바로 다음과 같 이 쏘아붙였다(마치 복부를 한 대 얻어맞은 듯이 말이다). "그들도 나를 돕는다 는 조건하에서." 모르겠다, 어떻게 도우라는 건지. 자기 집 화장실 청소를

---

* 경제적 현상들을 있는 그대로 서술하고 설명하는 경제학 지류. 이와는 달리 경제란 어떻게 되어야 하는가라는 당위를 연구하는 경제학 지류는 규범 경제학이다.

해달라는 건가 아니면 교정시설에 수감하라는 건가. 바베이도스에서 만난 그 남성이 생각하는 자유지상주의는 형제애적이고 부성애적이다. 스티브 채프먼이 자유지상주의에는 "자신이 누릴 권리에 대한 이기적인 집착"이 내포되어 있다고 경고한 사실을 기억하라.

그러나 어머니 또는 손윗자매 같은 애정, 또는 내가 주장하듯이 '인도적인' 자유지상주의가 있다. 아이들에게 가정과 대학과 직장에서 서로 이득을 주고받는 사이든 아니든, 윤리적인 사람이 되라고 가르치는 그런 자유지상주의 말이다. 자매애적이고 인도적인 우리 같은 자유주의자들은, 빈곤층을 빈곤에서 벗어나게 하는 역량은 우리가 단연 최고라는 사실을 깨달았다. 마약과의 전쟁으로 그들을 궁지에 몰아넣지 않고("정신 차려, 이 유색인종 자식아, 아니면 교도소행이야."), 빈곤층을 복지부서에 예속시키지도 않고, 그들에게 정부에서 만든 일 같지 않은 일자리를 주어서 정치인들의 고객으로 만들지도 않고, 그들이 정부가 발행하는 허가증을 받아야 남의 머리를 땋아주는 일을 할 수 있게 만들지도 않는다.

결국 현재 미국인과 유럽인 대부분을 비롯한 수많은 사람이 빈곤에서 벗어나 놀랄 만큼 풍요를 누리는 까닭은, 재분배나 규제나 노조나 다른 강제적인 조치 때문이 아니라, 자유롭게 일자리를 선택하거나 그만둘 수 있는 사람들로 구성된 역동적인 경제 덕분이다. 1800년 이후 고전적 자유주의는 가난한 이들을 더욱 가난하게 만드는 어리석은 감독 체제로부터, 유럽과 유럽에서 파생된 지역과 유럽을 모방한 지역들을 자유롭게 만들었다. 예컨대, 미국 흑인들은 제1차 세계대전 이후부터 KKK단이 지배하던 남부에서 농작물 수확하던 일을 팽개치고 시카고와 뉴욕 등 북쪽으로 대거 이주했다. 결과적으로, 강요에 맞서 봉기를 일으킨 전 세계 수백만의 가장 빈곤한 사람들이 열심히 일해서 대풍요의 결실을 누리게 되었다.

오늘날 풍요로운 경제체제에서도 운이 나쁠 가능성은 여전히 있다. 예컨대, 어마어마한 피해를 야기한 허리케인 카트리나처럼 말이다. 물론 육군 공병대가 건설한 어설픈 제방 때문이기도 하니, 딱히 운이 나빴다고 보기는 어렵지만 말이다. 그런 경우에는 당신과 내가 세금을 내서 도와야 한다. 기꺼이. 그러나 허리케인 카트리나 때 이재민들을 가장 많이 도운 이들은 월마트나 홈디포 같은 민간기업이었다는 점을 주목하라.[1] 뉴올리언스 경찰청부터 연방재난관리청FEMA까지 애는 썼지만, 이러한 정부 공공기관들은 참담하게 실패했다. 뉴올리언스 경찰청은 경찰관들에게 특별훈장을 수여했는데, 위기사태 때 경찰로서 지켜야 할 사항들을 크게 위반하지 않고 도시 안에만 있으면 받는 훈장이었다.[2]

미국 같은 경제체제에서, 즉 역사적으로 세계 어디보다 비교적 빈곤한 사람들조차 재화와 용역에 쉽게 접근할 정도로 경이로운 수준에 도달한 경제체제에서, 빈곤층이 겪는 상대적인 비참함은 주로 잘못된 정부 정책에서 비롯된다. 즉, 마약과의 전쟁을 통해 흑인과 멕시코인(둘 다 앵글로계 백인보다 마약을 덜 소비한다) 극빈층을 교도소에 대량 수감하면서 그들의 삶을 파탄에 빠뜨리거나, 임대료 상한제와 건축규정을 통해 극빈층이 집을 마련하기 어렵게 만드는 정책을 말한다. 노숙자 문제는 정부의 주택시장 개입이 일정 부분 기여한다.[3]

자연 정의natural justice*에 어긋난다는 이유 말고도 정책으로 사람들을 예속시켜서는 안되는 이유가 있다. 너무 장기간 복지에 의존하고 예속되면,

---

* 영미법에서 편견을 금하는 법(the rule against bias)과 공정하게 자신의 입장을 개진할 피청취권(the right to a fair hearing)을 뜻하는 전문용어. 편견을 금하는 법은 사법 체계에 대한 공중의 신뢰를 유지할 필요가 그 근거이고, 공정한 피청취권은 특정 사건에서 개인이 자신의 입장을 개진할 권리에 영향을 미치는 결정 때문에 처벌받아서는 안 된다는 요건을 뜻한다. 자연 정의라는 용어는 일반적인 개념으로서 그 뜻은 유지되고 있지만, '공정하게 행동할 의무(duty to act fairly)'라는 표현으로 대체되고 확장되었다.

잘못된 선택을 하게 되고 말 그대로 도덕성이 무너지기 때문이다. 영국 보수주의 철학자 로저 스크루턴Roger Scruton은 다음과 같이 말한다. "상명하달식 정부는 무책임한 개인을 양산하고, 정부가 시민 사회를 장악하면 시민이 스스로 행동하기를 거부하는 행태가 만연하게 된다."[4] 늘 그랬다. 우리를 수동적으로 살도록 유인하기 때문이다. 로마의 부유한 통치 계층이 로마의 빈곤층과 (천도한 후) 콘스탄티노플의 빈곤층에게 빵과 서커스Bread and Circus*를 제공한 이유다.

1800년경 유럽 북서부에서는 빈곤층을 예속하는 위계질서가 약간 느슨해지자, 창의력이 폭발했다. 정부 정책은 국민이 성숙하고 책임 있는 성인으로 살도록 해야 한다. 그러려면 그들을 내버려두어야 한다. 다른 사람들을 대상으로 무력을 행사하거나 사기 치거나 해치지 않는 한 말이다. 그러나 돕기도 해야 한다. 돕는 시늉만 하지 말고, 진짜로 도와야 한다.

이러한 인도적 자유주의는 아마도 미국인 대부분이 원하는 바일 것이다. 선거 당일이라도 말이다. 하지만 그다지 솔깃한 제안은 아니다. 진보주의자 식자층은 경제와 고용 문제에 개입하고 싶어 하고, 보수주의자 식자층은 남의 침실과 다른 나라 일에 간섭하고 싶어 한다. 나는 그들이 "빈곤층을 돕는다"(비군사적 정부 지출 대부분은, 구매든 재분배든, 중산층과 그들이 추구하는 프로젝트에 돌아간다)라는 미몽에 빠져 있든가, 아니면 "나라를 지킨다"(군사비 지출 대부분은 멀리 있는 기지들과 또 다른 중산층 집단과 그들이 추구하는 프로젝트에 돌아간다)라는 미몽에 빠져 있든가, 아니면 그저 혼란에 빠져 있을 뿐이라고 생각한다. 그러나 진보주의자와 보수주의자들이 곰곰이 잘 생각해 보면, 금방 참회하면서 (무력을 행사하지 않고 사기를 치지 않는) 자유로

---

* 통치 계층이 임시방편으로 대중의 불만을 무마하기 위해 먹을 것과 오락을 제공함으로써 불만으로부터 관심을 돌리는 방법이다.

운 성인들의 삶에 간섭하지 않으리라고 나는 확신한다. 분명히 인도적 자유주의는 자유시장과 자유로운 정체성이 결합한 체제다. 성숙한 어른스러운 방식이고 위에서 사람들을 짓누르지 않는 방식이다.

근대 자유주의자는 당신이 전문직 자격증 없이 헤어살롱을 개점하고, 사업허가증 없이 옷 수선 가게를 열기를 바란다. 오늘날 미국에서는 1,000여 개 직종이 이러저러한 공공기관의 허가증을 발급받아야 한다. 즉, 이러한 직종들은 독점화되어서, 새로운 경쟁자들이 진입해 당신에게 더 싸고 더 질 좋은 재화와 용역을 제공하지 못하게 막고 있다. 질 낮은 재화와 용역의 등장을 효과적으로 막으려면, 시장에서 경쟁을 통해, 피해보상법을 통해, 언론의 자유를 이용해 폭로함으로써, 성숙한 시민의 방식으로 달성하는 게 최선이다.

규제는 정부가 특정한 배관공과 의사들에게 특혜를 주는 방식이다. 규제는 보통 '안전'을 구실로 정당화된다. 실제로 규제는 사회적 약자를 보호하지 못하며, 이미 허가증을 보유한 사람들 말고는 그 누구도 보호하지 못한다. 그들은 늘 독점한다. 그들은 늘 최빈곤층이 지불할 가격을 인상한다. 긴 특허권 유효기간과 그보다 더 긴 저작권 유효기간 그리고 짐 크로 법을 보라. 규제는 최근 들어 더욱 강화되었고, 중세의 장인 길드 관행 수준으로 퇴행하고 있다. 1920년대에는 인구의 약 5퍼센트가 허가증이 필요한 일을 했다. 이제는 거의 3분의 1에 달한다. 짐 크로 법은 흑인 이발사들이 백인 고객의 이발을 하지 못하게 금지했다.

1790년에 저작권 유효기간은 저자가 살아 있는 동안은 28년, 사후에는 14년이었다. 1998년 미키마우스 보호법이 통과된 후, 단일 저자의 저작권은 사후 70년까지로, 복수 저자의 저작권은 발효된 날짜로부터 120년까지로 연장되었다. 지적재산권은 기회비용이 없으므로, 경제적 효율성 차원에서 가격은 0으로 책정되어야 한다. 즉, 당신이 《햄릿》을 읽는다고 해서 다른 사람이 그걸 읽을 기회가 줄어들지 않는다. 그 희곡 가격이 0으로 책정되어도 저자는 이미 세상을 떠났기 때문에 보상이 없다는 이유로 더 이상 희곡을 쓰지 않겠다고 할 사람은 없다는 뜻이다. 당신이 약품 특허권이나 미키마우스 저작권을 이용한다고 해서, 내가 이용할 기회가 줄어들지 않는다. 사후 70년이나 저작권 설정 120년까지 살면서 더 이상 훌륭한 업적을 남기지 않겠다고 의기소침할 사람이 없기 때문이다.

일반적인 재산에 대해서는 기간에 상관없이 배타적인 소유권이 설정된다. 한 사람이 그것을 사용하면 다른 사람은 사용하지 못한다. 따라서 일반적인 재산은, 다른 사람이 부여하는 가치에 상응하는 가격이 책정되어야 한다. 근대 자유주의 경제학자 대부분이 지적재산권 보호에 대해 정부가 후원하는 사기이며, 그러한 '재산권'의 확대를 통해 부유해진 변호사들을 포함해서 이미 부유한 이들을 더 부유하게 하는 사기라고 주장하는 이유가 바로 그 때문이다. 창피한 줄 알라!

우리 근대 자유주의자들은 남에게 해를 끼치지 않는 한 자신의 침실에서 원하는 대로 하고 누구든 원하는 사람과 결혼하고, 자신이 선택한 젠더의 화장실에 들어가도록 허용되기를 바란다. 1880년대부터 1980년대까지 한 세기 동안 북유럽과 북유럽에서 파생된 미국 같은 나라에서는 지역이든 중앙이든 각급 정부가 경찰력을 행사해 성인 간 합의하에 침실에서 이루어지는 관계에 개입했다. 영화 〈이미테이션 게임〉*을 보라.[5] 반면 프랑스와 이탈리아와 중남미에서는 동성애가 불법이었던 적이 없다. 라틴계 민족은

---

* 제2차 세계대전 당시 독일의 암호 이니그마(enigma)를 해독해 연합군의 전승에 큰 기여를 한 앨런 튜링(Alan Turing)의 일생을 다룬 영화. 1952년 그는 동성애 행위로 화학적 거세라는 처벌을 받았고 1954년 자살로 생을 마감했다.

감성 지수가 높다.

인도적 자유주의는 몰락한 공화당원과 억눌린 민주당원들을 규합해 새로운 정당의 토대가 될 수 있다. 진보주의자들로부터 '자유주의자liberal'라는 단어를 찾아와서, 이 당을 자유민주당Liberal Democratic Party이라고 칭하자. 정신이 제대로 박힌 까칠한 볼티모어 언론인 H.L.멩켄은 1926년 다음과 같이 말했다. "민주주의에서 가장 필요한 것은, 민주주의에 내재된 이론적인 선을 민주주의를 실천하는 과정에서 끼어드는 사악함과 구분하고, 그 선함을 제대로 작동하는 체제에 반영하려고 노력하는 정당이다. 무엇보다도 절실히 필요한 것은 자유당이다."[6]

그런 정당이 있다면 노동자 계층을 예속화한 정책에서 국민을 해방시킬 수 있을지 모른다. 19세기 말 보수주의자가 기획하고 후에 영국의 사회적 자유주의자와 (점진적 개혁을 통한 민주사회주의를 표방한) 페이비언주의자가 채택하고, 미국의 진보주의자들도 채택했으며, 뒤이어 뉴딜정책을 추진한 민주당과 사회주의 원칙 제4조항을 당헌에 넣은 영국 노동당이 채택한, 국민을 예속화하는 이 체제로부터 말이다. 이러한 국민 예속 체제는 이제 전 세계적으로 복지국가들에서 구현되고 있다.

복지국가를 최초로 창설한, 프로이센과 독일제국을 이끈 보수주의자 비스마르크 백작은 1889년 연설에서 이렇게 말했다. "우리나라에 있는 70만 명의 소액 연금수령자(당시 독일제국에서 60세를 초과한 빈곤한 남성 인구의 거의 전체에 해당했다)는 국가로부터 연금을 수령하게 되면, 대단한 이득이라고 생각한다. 특히 연금수령자들이 격변이 일어나도 별로 잃을 게 없는 계층에 속한다면 말이다." 예컨대, 군주에 대항하는 격변이나, 사회민주주의를 옹호하는 격변이나, 독일이 주도하는 유럽 평화를 꿈꾸는 비스마르크의 구상에 맞서는 격변 말이다.[7]

그와 같이 국가에 의존하는 처지에서 벗어나는 게 쉽지는 않다. 대중투표로 인해 복지국가가 필연적으로 부상했기 때문이다. 복지국가는 1867년 프로이센이 (비스마르크의 주도로) 도입했고, 같은 해 영국에서 (또 다른 보수주의자 디즈레일리가) 도입했으며 1848년 프랑스가, 수십 년 먼저 미국에서 1828년 포퓰리스트 앤드루 잭슨이 당선하면서 도입했다. 그 결과 민주주의를 실행하는 과정에서 사악함이 끼어들게 되었다. 교만한 자유주의자인 미국 언론인 월터 리프먼Walter Lippman이 1914년 일갈한 말은 내 관점에서 정확한 평가였다. 누구나 누려야 할 최소한의 생활수준을 조성하는 게 민주국가가 실천해야 할 가장 기본적인 의무다."[8] 그런데 어떻게 '조성'한단 말일까? 세계 빈곤층이 빈곤에서 벗어나는 데 놀라운 효과를 발휘한 인도적 자유주의를 통해서일까, 아니면 사실상 실패를 되풀이한 규제 중심의 사회주의를 통해서일까?

사회주의, 규제, 과세, 허가제, 강요, 군림하는 체제는 잘 모르는 민주주의 유권자들을 상대로 포퓰리스트 화법으로 설득하기 쉽다. 그런 강제적인 체제는 상대를 설득시켜 합의하는 체제보다 신속하게 바라는 결과를 얻는다. 강요는 경제학자가 제안하는 통치체제가 아니라 변호사가 제안하는 통치체제다. 이러이러한 사항을 요구하는 법을 당장 통과시키라. 그러면 간단히 해결된다. 간단하다. 신생국인 미국 남동부에 사는, 유럽에서 이주한 농부들에게 혜택을 주는 정책을 실행하고, 그 지역에서 체로키족, 촉토족 등을 무력으로 축출하고, 아메리카 원주민을 보호하는 뒤치다꺼리는 대법원에게 맡겨라.

멩켄은 냉소적으로 다음과 같이 말했다. "민주주의는 보통 사람들이 자기가 원하는 게 뭔지 알고 있고, 그것을 어떻게 해서든 얻을 만한 응당한 자격이 그들에게 있다는 이론이다."[9] 아니면 프랑스 자유주의자 프레데릭 바스티아가 혼란스러웠던 1848년에 말한 다음을 참조하라. "정부는 모두가 다른 사람 덕으로 살려고 아등바등하는 거대한 허구다." 베네수엘라나 아르헨티나나 대혁명 당시의 프랑스처럼 말이다.[10]

1930년대 이후로, 사람들은 불상사가 생기면 정부의 탓으로 여기게 되었다. 정부가 확실히 통제하지 않아서 그런 일이 일어났다는 뜻이다. "도대체 이런 불상사가 일어나는 동안 우리가 사랑하는 부모인 정부는 뭘 하고 있었지?" 식약청은 업튼 싱클레어Upton Sinclair가 쓴 저서 《정글》(1906)에서 비롯되었다. 이 책에서 싱클레어는 오염된 고기를 생산하는 비위생적인 도축장의 실태를 폭로하고 있다.[11] 약물 중독이 만연한 실태를 감시한다. 마약단속국DEA이 더 많은 금지사항을 담은 더 많은 제안을 내놓고 더 막강한 강제력을 동원한다(이번에는 그렇게 하지 않을지 모르겠다. 이번 사례는 중독자들이 백인이고 대부분이 중산층이니까. 바로 우리들 말이다).

미덕 있는 자유지상주의? 인도적인 자유주의? 그렇다. 번창하는 사회와 그러한 사회의 경제적 부문에도 윤리가 필요하다. 2000년대에 부르주아 시대 3부작을 집필하면서 내가 터득한 깨달음이다. 나는 내가 천착해 온 경제학과 시카고학파의 미시경제학에 반하는 깨달음을 서서히 얻었다. 현금 유인책은 바람직하지만 그것만으로는 부족하다. 이른바 신제도주의neo-institutionalism 경제학은 영국 페이비언주의자나 미국 진보주의자가 내세우는 유인책에 광분하는 정책의 재판再版으로서, 성인을 아이 취급한다. 행동경제학과 이와 연관해 정부의 '은근한 개입nudging'을 주장하는 정치도 마찬가지다.[12] 나와 친한, 코넬대학교의 경제학자 로버트 프랭크는 은근히 조종하는 정책은 "가부장적 자유지상주의"라며 나를 달래려 한다. 밥Bob, 제발 그러지 마시오.

번창하는 사회의 윤리적 기반은, 루거와 소런스가 주장하듯이 간섭하는 정부가 마련하지 못한다. 동독민주공화국의 정부나 아일랜드의 가톨릭교회처럼 정부와 유사한 기구들은 윤리를 가르치려고 시도했지만, 윤리적으로도 실제로도 실패했다. 밝은 미래를 누리기 위한 진보주의적 강제력이나, 영광스러운 과거를 기리기 위한 보수주의적 강제력은 1789년 이후로 말 그대로 수십 억 명의 생명을 파괴했다. 혁명에의 충성과 왕과 국가에 대한 충성은 끔찍한 결과를 낳았다.

미국이나 영국이나 아파르트헤이트가 종식된 이후의 남아공처럼 명목상으로라도 자유로운 사회조차, 윤리적 판단을 정부에 맡겨 놓으면 타락하는 경향이 있다. 정부에 윤리적 판단을 맡기는 체제는 윤리를 제쳐놓는 셈이나 마찬가지다. 윤리는 자발적으로 받아들이는 경향이지, 정부가 강제로 집행하는 규율이 아니기 때문이다. 윤리에서 자유의지는 정교분리를 뒷받침하는 원칙으로 손꼽힌다.

그러나 사람들은 '윤리'라고 하면 '설교'를 떠올린다. 무신론자들처럼 말이다. 그 이유는 윤리이론에 대한 사람들의 인식 수준이 유치하기 때문이다. 경제학 강의에서 '실증적/규범적' 이론이나 볼티모어 교구에서 수녀들이 강제로 주입하는 교리문답을 떠올린다(그런데, 리처드 도킨스Richard Dawkins 같은 새로운 무신론자 부류도 신학에 대해 유치한 개념을 지니고 있다. 그들의 적수인 만만한 기독교 근본주의자 제리 팔웰Jerry Falwell이나 마찬가지다). 나는 내 동료 경제학자들에게 윤리이론과 윤리 실천에 대해 그저 진지하고 성숙한 자세를 보이라고만 요청하고 싶다(그리고 신학에 대해서도 마찬가지다. 근대 자유주의자인 내 친구가 그랬다. 자기가 리처드 도킨스와 얘기를 나누어 보니, 그는 토마스 아퀴나스Thomas Aquinas가 의미한 형태의 '자연법natural law'*이 무엇인지 전혀 모르더

---

* 실정법이 아니라 천리(天理)를 뜻한다.

라고 말이다. 갈구기에 만만한 제리 팔웰이 곁에 있는데, 아퀴나스의 책을 읽을 필요가 있겠나?).

성숙한 인간의 윤리 체계에서는 칸트도 벤담도 로크도 만족스러운 길잡이가 아니다. 고대부터 세계적으로 상식처럼 받아들여진 '미덕 윤리' 이론이라야 제대로 작동한다. 애덤 스미스가 설파한 윤리, 몇 가지 기초적인 미덕과 이러한 기초적인 미덕 각각에 상응하는 악덕을 생각해보고 자유를 다룬 저서들을 읽어보는 윤리론을 뜻한다(정말이다. 도킨스 교수가 보이는 관행과는 달리, 실제로 그런 책들을 읽어야 한다. 성가시겠지만). 기초적인 미덕이란 애덤 스미스가 말한 네 가지 미덕, 즉 신중, 절제, 정의, 자혜 그리고 고전시대에 미덕으로 간주한 용기와 기독교에서 뜻하는 사랑의 절반(절반은 초월적인 대상인 신에 대한 사랑, 나머지 절반은 속세, 일상, 인간에 대한 사랑)을 포함한다.

성 토마스 아퀴나스의 미덕 그리고 크리스토퍼 피터슨Christopher Peterson과 마틴 셀리그먼Martin Seligman이 편집한 긍정심리학의 방대한 연구서《품성의 장점과 미덕: 편람과 분류Character Strengths and Virtues: A Handbook and Classification》(2004)에서 말하는 으뜸 되는 미덕은 일곱 가지다. 서구에서 7덕목The Elemental Seven은 용기, 신중, 절제, 정의 등 고전적인 속세의 덕목 네 가지에, 믿음, 희망, 사랑 등 그리스도교적 덕목 세 가지를 추가한다 — 즉, 미래를 계획하는 데 필요한 덕목과 과거의 정체성을 보여주는 덕목과 야구, 미국, 과학, 신처럼 시간에 초월적인 특성을 부여하는 덕목들이다.

서구의 덕목들은 유교에서부터 인도의 마하바라타와 아메리카 원주민들의 코요테 전설에 이르기까지 모든 윤리적 전통에서 등장하는 덕목과 상응한다. 그런 덕목들은 엄밀히 말해서 '기본적인' 덕목들이다. 아퀴나스가 철저하게 파헤치고 주장했듯이, 다른 모든 덕목은 바로 이 덕목들에서 비롯된다. 분자가 물질의 원소에서 비롯되듯이 말이다. 이를테면, 정직은 정의롭고 용기 있으며 약간의 절제를 가미한 덕목을 말한다.

이야기는 윤리의 왕국 문을 열어젖히고 경제가 제대로 기능하게 만든다. 경쟁기업연구소Competitive Enterprise Institute의 프레드 스미스Fred Smith가 현명하게도 록 뮤지션과 같은 예술가들에게 촉구했듯이, (자매애적이고 인도적인 진정한) 자유민주당은 우리 모두를 풍요롭게 하는 계층을 존중하도록 장려해야 한다. 이념은 중요하다. 폴란드가 낳은 위대한 자유주의 경제학자 레셰크 발셰로비치Leszek Balcerowicz는 2017년 다음과 같이 말했다. "우리는 그 구성원들에게 심리적인 혜택을 누리게 하는 이념적 압력 집단들의 영향력에 더 세심한 주의를 기울여야 한다. …… 오늘날 경제적 자유에 대한 공격은 많은 지지를 받고 정당성을 누리고 있다. 사회과학은 물론, 주류 경제학도 국가주의를 지향하기 때문이다." [13] 즉 기업가들을 존중해야 한다는 뜻이다.

다시 말하면, 인도적인 자유주의의 지배적인 이론은, 경제학자 바트 윌슨Bart Wilson과 노벨경제학 수상자 버논 스미스 말마따나, '인도적인 경제학humanomics'이 되어야 한다. 유인책 중심의 경제학에 휴먼스토리를 가미하고, 두 가지를 모두 세련되게 추구하는 그런 이론 말이다.[14] 인도적인 경제학은 과학을 포기하지 않는다. 인도적인 경제학 이론은 1800년부터 오늘날에 이르기까지 우리가 어떻게 풍요로워졌고, 어떻게 하면 곧 전 세계가 풍요로워질 수 있는지에 대해 과학적으로 가장 탁월하게 설명하고, 우리에게 선해야 할 이유를 제시한다.

TRUE
LIBERALISM

인도적인 자유주의는 사람들을
풍요롭게 한다

Humane Liberalism
Enriches People

Chapter

18

자유와 존엄이 오늘의 세계를 설명한다

경애하는 톰 팔머는 자유주의 저자들의 글을 편집하여 팸플릿을 만들었다.
다음은 이 팸플릿의 글을 인용한 짤막한 풍자글이다. 톰은 자유주의를 세계에 전파하는
열정적인 전도사이며, 그의 저서 《자유 실현하기Realizing Freedom》(2009)는
자유주의 운동가의 필독서다.

사람들이 시장과 혁신을 존중하는 변화가 일어나면서 산업혁명이 일어났다. 그리고 그 결과 그보다 더 중요한 대풍요를 누리게 되었고 그 덕분에 근대 세계가 탄생했다. 반면 기존의 상식은 인간의 태도나 자유주의 사상에서 발붙일 곳이 없어졌다. 기존의 유물론적 이론은 산업혁명(여기서 그들의 생각이 멈춘다)이 물질적인 이유에서 비롯되었고, 투자나 절도에서 비롯되었으며, 높은 저축률과 제국주의에서 비롯되었다고 주장한다. 그렇다. "유럽은 제국을 지배했기 때문에 부유하다", "미국은 노예 착취를 토대로 건국되었다", "중국은 해외무역 덕분에 부유해지고 있다"라는 주장이다.

하지만 1800년부터 지금까지 일어난 대풍요는 사람들이 생각하는 방식이 바뀌면서 촉발되었다면 어쩔 텐가? 특히 서로에 대한 시각에 변화가 일어나면서 촉발되었다면 말이다. 그리고 증기기관과 컴퓨터는 혁신가들을 존중하는 태도에서 비롯되었다면 어쩔 텐가? 한 장 한 장 쌓아올린 벽돌담

이나 차곡차곡 쌓인 흑인 노예의 시신에서 비롯된 게 아니라면 말이다.

경제학자와 역사학자들은 1800년 무렵 서구인들 사이에서 상업과 혁신에 대한 사고방식이 변화했다는 사실을 인식하기 시작했다. 지금은 중국인과 인도인 사이에서 그러한 변화가 일어나고 있다. 사람들은 새로운 개념이 기존의 개념을 대체하는 '창조적 파괴'를 받아들이기 시작했다. 음악과 마찬가지다. 새로운 밴드가 록뮤직 장르에서 새로운 시도를 했는데 많은 사람들이 새로운 시도를 채택하면 기존 방식을 대체하게 된다. 기존 음악이 새 음악보다 열등하다고 생각되면 이는 창의력에 의해 '파괴된다.' 마찬가지로, 전깃불은 케로신 등유 램프를 '파괴'했고, 컴퓨터는 타자기를 '파괴'했다. 살기가 더 좋아졌다.

이게 올바른 역사다. 네덜란드인(1600년경)이나 영국인(1700년경)이 사고방식을 바꾸기 전까지 명예를 얻는 길은 두 가지뿐이었다. 성을 지키는 군인이 되거나 교회를 지키는 사제가 되는 길뿐이었다. 그저 아이디어를 내서 물건을 팔아 생계를 유지하거나 혁신하는 사람들은 경멸을 당했다. 전 세계적으로 그러했지만 특히 유럽에서 이런 사람들은 죄 많은 사기꾼 취급을 받았다. 1200년대에 교도관은 자비를 베풀어달라는 한 부자의 호소를 일언지하에 거절하면서 다음과 같이 말했다. "이보시오, 아르노 테세르 나리, 나리는 그렇게 부화방탕浮華放蕩하게 살아왔잖소! …… 그러니 죄가 없을 리가 있소?"[1]

1800년 전 세계 1인당 하루 평균소득은 오늘날의 화폐가치로 환산하면, 1달러에서 5달러였다. 하루 평균 3달러였다고 하자, 2달러일 때도 있었고. 오늘날 리우데자네이루나 아테네나 요하네스버그에서 하루에 2달러나 3달러로 산다고 상상해 보라(지금도 그렇게 사는 사람들이 있지만 대부분의 도시에서 그런 사람은 극소수이고, 오늘날 세계 인구의 절반은 도시에 산다). 스타벅스 카푸치노 한 잔 값의 4분의 3이다. 과거에도 현재에도 끔찍한 현실이다.

그러더니 변화가 일어났다. 네덜란드에서 먼저 일어났고 뒤이어 영국에서 일어났다. 1517년부터 1789년 사이에 유럽에서는 종교개혁과 혁명이 일어나, 사제와 귀족 말고 보통 사람들도 목소리를 내게 되었다. 북서부 유럽인들과 먼 훗날 많은 다른 이들은, 벤저민 프랭클린과 앤드루 카네기와 니콜라 테슬라와 빌 게이츠 같은 부르주아 기업가를 우러러보게 되었다. 중산층에 대한 인식이 긍정적으로 바뀌었고 선행을 하도록 허락되고 부유해지기 시작했다. 사람들은 '혁신주의' ― 오해의 소지가 있는 '자본주의'보다 훨씬 바람직한 단어 ― 로써 1700년 무렵부터 현재까지 일어난 현상들을 설명하기 시작했다. 사람들은 오늘날 영국과 스웨덴과 홍콩같이 부유한 지역의 특징인 부르주아딜Bourgeois Deal(뉴딜에서 파생된 용어-옮긴이)이라는 표현을 쓰기 시작했다. "혁신해서 단기간에 돈을 산더미같이 벌게 해 주면 장기적으로 당신도 부유하게 해 주겠다"가 부르주아딜이다.

바로 그런 현상이 일어났다. 1700년대에 벤저민 프랭클린의 피뢰침과 제임스 와트의 증기기관으로 시작되어 1800년대에 혁신의 광풍이 불었고, 1900년대와 2000년대 서구진영에서 그 광풍은 더욱 거세졌으며, 수세기 동안 뒤쳐져 있던 중국과 이슬람은 놀라울 정도로 혁신하기 시작했다.

중산층이 ― 그리고 중산층에 합류한 노동자들과 그렇지 않은 노동자들도 ― 인류 역사상 최초로 존엄과 자유를 누리게 되면서 다음과 같은 혁신이 일어났다. 증기기관, 자동방직기, 조립라인, 교향악단, 철도, 기업, 노예제 폐지, 증기인쇄기, 저렴한 종이, 문해文解의 확산, 근대 신문, 저렴한 철강, 저렴한 판유리, 근대 대학, 하수구, 깨끗한 물, 철근 콘크리트, 여성운동, 전깃불, 엘리베이터, 자동차, 석유, 옐로스톤 국립공원에서의 휴가, 플라스틱, 한 해에 영어로 된 책 33만 권 출간, 잡종 옥수수, 페니실린, 비행기, 깨끗한 도시 공기, 인권, 심장절개수술, 컴퓨터가 가능해졌다. 그 결과 역사상 유일하게 보통 사람들, 특히 아주 가난한 사람들의 삶이 예전보다 훨씬 나아졌다. 부르주아딜 덕분이었다. 미국에서 가장 가난한 5퍼센트는 현재 에어컨과 자동차가 있는데, 이는 남아시아에서 가장 잘사는 5퍼센트의 생활수준과 맞먹는다. 남아시아인들의 생활수준도 개선되고 있지만 말이다.

우리는 세계 총인구의 40퍼센트가 거주하는 중국과 인도에서도 똑같은 변화를 목격하고 있다. 우리 시대에 가장 큰 경제적 사건은 2007~2009년의 대침체였다. 불쾌한 사건이었지만 이제는 지나갔다. 1978년에 중국이, 뒤이어 1991년에 인도가 경제체제에 자유주의 개념을 도입하고 창조적 파괴를 받아들이게 된 사건은 대단한 사건이다. 그러나 이 사건은 끝나려면 멀었다. 중국인과 인도인이 누리는 재화와 용역은 한 세대마다 네 배로 증가하고 있다.

부르주아의 자유와 존엄을 오래전에 채택한 수많은 지역에 거주하는 사람들은, 하루 평균 100달러 이상 벌고 소비한다. 과거에 우리의 하루벌이였던, 현재 화폐가치로 따진 3달러에 비하면 장족의 발전이다. 그리고 이 수치는 전깃불에서 항생제와 다양한 경제이론에 이르기까지, 수많은 것들의 품질이 급격히 개선된 사실은 감안하지 않았다. 일본과 노르웨이와 이탈리아의 젊은이들은, 박하게 잡아도(즉, 품질 개선을 모두 반영하지 않고도), 6세대 전 조상들에 비해서 물질적인 여건이 30배 정도 개선되었다. 근대 세계에서 일어난 다른 모든 도약들—민주주의, 여성 해방, 기대수명 연장, 교육기회 증가, 영적인 성장, 예술의 만개—은 대풍요 덕분에 가능했다.

대풍요는 전례 없는 너무나도 대단한 사건이었기 때문에 무역이나 착취나 투자나 제국주의 같은 틀에 박힌 원인으로는 설명이 불가능하다. 경제학 정설은 틀에 박힌 원인으로 설명하기에는 적합하다. 그러나 그러한 틀에 박힌 원인은 모두 과거 중국과 오스만 제국과 로마와 남아시아에서 이미 대규모로 일어난 현상을 설명하는 데 적용되었다. 노예제도는 중동에서 흔했고, 무역은 인도에서 대규모로 행해졌으며, 중국의 운하와 로마의 도로에 투입된 자본은 어마어마했다. 그러나 대풍요는 일어나지 않았다.

따라서 대풍요는 틀에 박힌 이론으로는 설명되지 않는다. 근대 세계를 경제적 물질주의에 의존해 설명하는 방식은, 좌익의 역사적 유물론이든 우익의 정설적인 경제학 이론이든, 잘못이다.

인간의 존엄과 자유라는 개념은 발명과 투자를 한 기업가와 국가에 수익을 안겨주었다. 경제사학자 조엘 모커Joel Mokyr 말마따나, "어느 시대에 일어난 경제적 변화든 그 변화는 경제학자 대부분의 생각보다 사람들이 무엇을 믿는지에 달려 있다."[2] 우리를 풍요롭게 만든 주인공은 아이디어, 즉 '수사'였고, 그 덕에 우리는 부와 자유를 누리게 되었다.

Chapter

19

중국의 푸둥은 경제적 자유주의의 상징이다

2017년 잡지 〈이성〉에 기고한 칼럼.

2017년 처음으로 '붉은' 중국의 상하이를 여행했던 이야기를 한 다음, 친애하는 국가주의자 친구들이 주장하는 한심한 오류들을 바로잡을 프로젝트를 제안하려 한다. 잘 들으시오, 엘리자베스 워런Elizabeth Warren 상원의원과 스티글리츠 교수.

'상하이'의 한자는 '바다 가까이 있다'는 뜻이다. 그러나 본래 이 도시는 거대한 양쯔강의 지류인 황푸강에 자리 잡고 있다. 내륙으로 16킬로미터 들어가 있고, 거대한 원양 선박이 배를 댈 선착장이 없다. 상관없다. 중국 동부 해안의 중간쯤에 위치한 상하이는 1800년대 이래로 중국에서 가장 개방된 지역이다. 서구 정부들이 유럽인이 거주하고 교역하도록 중국법이 적용되지 않는 치외법권 지역을 설치한다는 양보를 받아내어 강제로 개방한 도시다.

푸단대학교 맞은편에 있는 현대식 호텔에 투숙한 나는, 도착한 다음날 저녁 학생들의 안내로 우버 서비스를 이용해 최신형 자동차들로 북적거리는 현대적인 고속도로를 타고 번드Bund('펀드fund'와 운율이 맞다)로 갔다. 번드는 강변을 따라 펼쳐진 산책로인데, 페르시아어에서 온 이름이다. 한 세기 전 유럽인들이 은행, 무역회사, 보험회사 등이 입주할 건물 50여 채를 건설한 지역으로, 공산주의 이전의 중국에 등장한 자본주의의 심장부이다. 1920년대에 유행한 예술사조인 보자르나 아르데코 스타일의 우아한 건물에는 밤이 되면 조명이 밝혀진다. 예전 공산당 관련 상품이나 포스터를 주로 파는 가게에서 나중에 인쇄물 복제판을 하나 샀는데, 1920년대의 번드 모습이 담겨 있었다. 포스터 전면에 보이는 강에는 잡동사니가 가득하고 그 뒤에 보이는 거리에는 인력거가 오간다.

번드에 도착해 차에서 내리자마자 나를 압도한 광경은 강 건너편 푸둥지구였다. 30년 전 푸둥은 농지였고 집단농장으로 제대로 개간되지도 않은 상태였다. 그런데 지역 공산당 간부들이 농지를 갈아엎고 물을 끌어오고 하수구와 도로를 건설하기로 했다. 1980년대와 특히 1990년대에는 민간 주도하에 상업적으로 입증된 개혁 정책이 실시되었다. 바로 혁신주의였다. 그 덕분에 중국인의 실질소득은 16배 증가했다. 내가 아는 유명한 홍콩 교수는 그 당시 어렵지 않게 관료들을 설득해, 정부가 푸둥에 재정을 지원하거나 번드를 설립하지 않도록 했다. 그는 관료들을 설득해 개발업자들에게 민간 자본을 유치해 무엇이든 원하는 대로 건설하고 수익을 내게 하고 이를 99년 동안 임대해 주라고 했다. 물론 약간의 뒷돈을 받고 말이다. 당시에 중국 공산당 관료들은 밀턴 프리드먼 책을 읽고 있었다. 정말이다.

그 결과 번드에 있는 우아한 유럽 건물들이 무색할 정도로 거대한 현대식 고층빌딩 수백 채가 들어서서 마천루의 장관을 이루게 되었다. 마천루는 강을 따라 수킬로미터 길이로 펼쳐지고, 보통 80층 높이에 휘황찬란한 광고판과 기업 로고들로 장식되어 있다. 마치 뉴욕 타임스 스퀘어나 런던의 피카딜리 광장처럼 아름답다. 규모는 훨씬 크지만 말이다. 나는 푸둥을 보고 입이 떡 벌어져서 미국에서 속어로 '시골뜨기rube'가 무슨 뜻인지 학생들에게 설명해야 했다. 뭐든지 새 것인 캔자스시티를 보고 놀란 시골뜨기처럼 입이 떡 벌어졌다는 말이다. 상하이에서 나는 그 시골뜨기 같았다. 그 대학 동료 교수가 1981년 대학에 입학했을 때 그 도시에는 현대식 고층건물이 셰라톤호텔과 힐튼호텔 두 채밖에 없었다. 지금은 2,000채에 달한다. 거대한 아파트 단지, 사무용 건물, 수십 채의 호텔이 있고, 이 가운데 서구 진영과 관계가 있거나 투자를 받은 건물은 거의 없다. 해외 투자가 이 건물들을 재정적으로 뒷받침한 게 아니다. 처음부터 끝까지 중국인들이 주도한 프로젝트였고 민간 투자자들이 수익을 내고 있었다.

프랑스 파리와 약간 비슷해 보이는 이른바 프랑스 조계*를 제외하면, 푸둥과 나머지 상하이 지역은 수려하지 않다. 건축 수준은 높지만 말이다. 하지만 전체적으로 매우 인상적이고 의미로 가득하다.

어떤 의미가 있을까? 이런 의미다. 정부가 어느 정도만 제대로 역할을 하고 나머지는 사람들이 알아서 하게 내버려두면, 사람들은 수익을 내고 나라를 풍요롭게 한다. 2세대라는 짧은 기간 동안 이룬 것을 보라. 상하이 특히 번드 지역은 1920년대 경제 근대화의 옛 중심지였지만, 당시 보통 중국인들은 유럽인들을 대상으로 인력거를 끌었다. 30년이 지난 지금 상하이, 특히 푸둥은 새로운 중심지가 되었고 2세대 만에 보통 중국인들은 유럽인들 못지않게 풍요를 누리게 되었다.

---

* 조계(租界)는 청나라(이후의 중화민국) 내에서 외국인이 거주하면서 행정자치권이나 치외법권을 누린 조차지를 말한다. 프랑스 조계(租界, French Concession)는 1849년부터 1943년까지 설치되었다. 상하이 프랑스 조계는 프랑스 비시 정권이 1943년 난징에 있던 일본의 괴뢰정부에게 조계 지역을 넘기는 조약을 체결하면서 사라졌다.

그럼 우리 좌익진영의 친구들은 이렇게 반박할 것이다. "하지만 골고루 부자가 되지는 않았다. 부유한 개발업자들은 사악하다." 하지만 존 롤스식으로 말하면, 가난한 사람들의 삶조차도, 특히 가난한 사람들의 삶이 놀라울 정도로 풍요로워졌다. 중국 내륙에 비해 상하이 임금은 두 배이고 인류 역사상 가장 대규모 인구 이동을 촉발해 2억 명이 자발적으로 이주했다. 로버트 노직식으로 보면, 동부 해안 지역에 있는 공장에서 일하고 저녁에 전기 스쿠터를 타고 돌아다니게 되었다.

내 친구인 홍콩인 교수는 불간섭체제의 장점을 가르치는데, 그는 한밤중에 건설 중인 마천루 높은 곳에서 용접공들이 튀기는 불꽃을 보면서, 가족의 삶을 개선하려고 애쓰는 이주자들이 얼마나 용감한지 깨닫게 되었다고 말한다. 기주에서 온 남성은 자신과 가족이 잘살려고 밤새도록 일한다. 그는 노예가 아니었다. 임금을 받고 일했다. 임금을 올린 주인공은 정부 추진 사업이 아니라 민간이 소유한 건물이었다. 정부가 강제한 계획이 아니라 중국에서 자유로운 경제활동이 가능한 지역에서, 마오쩌둥식의 체제하에서는 1인당 1달러였던 하루벌이가 30달러로 급증했다.

사실 소득 불평등에 대해 투덜거리는 온건한 좌익이나, 소득 증가는 정부가 자유를 허락한 덕분이 아니라 공산당의 폭정 덕택이라고 주장하는 이들은 솔직하지 못하다. 지난 30년 동안 민간부문에서 실질임금은 한 해에 7~12퍼센트 상승했다. 이러한 실질임금 상승은 윤리적으로 볼 때 사치품을 누리는 부유층에 대한 질투를 무색하게 할 만한 소득이다. 1848년 이후 유럽 사회주의가 추진한 평등주의적인 정책은 결국 불평등을 낳았고, 이는 1917년 이후 세계 공산주의라는 재앙으로 이어졌다. 1949년 후 마오쩌둥 체제가 국가사회주의 실험을 도입한 이래로 오늘날에 이르기까지 이 실험은 세계 도처에서 계속되고 있다. 복지국가라는 중도적인 길은 서서히 붕괴되고 있다. 우리를 풍요롭게 만든 것은 자유이다. 강제력을 독점한 정부가 억지로 밀어붙인 은근한 위협도, 찬란한 산업정책도, 철저한 보호정책도 우리를 풍요롭게 만들지 못했다. 이는 중국 정부가 엄청난 자금을 쏟아 부었지만 수익을 내지 못한 거창한 프로젝트들이 증명해 준다.

오하이오주립대학의 존 멀러John Mueller는 1999년《자본주의, 민주주의 그리고 랄프의 근사한 식료품점Capitalism, Democracy, and Ralph's Pretty Good Grocery》이라는 훌륭한 책을 저술했다. 제목에 내포된 농담을 놓치기가 쉽다. 그리잘 알려지지 않은 라디오 쇼, 게리슨 케일러가 진행하는 〈초원의 집 벗〉에서 따왔다. 케일러의 상상 속 마을, 미네소타주의 레이크 워비곤에 있는 랄프의 근사한 식료품점 광고 문구 '랄프네 가게에 없으면 아마 필요하지 않은 물건일지 모른다'는 우스꽝스럽게 겸손한 스칸디나비아 스타일이다.

멀러는 상업적으로 입증된 혁신과 실제 선거는, 유럽과 유럽에서 파생된 지역들과 이제 인도와 중국에서(선거는 없더라도 상업적으로 입증된 혁신으로 여건이 개선된 지역에서) 불완전하게나마 행해지고 있는데 그만하면 상당히 우수하다고 주장한다. 상업적으로 입증된 혁신은 자유주의적 혁신주의 이념으로 뒷받침되면 보기보다 훨씬 바람직하고, 민주주의는 보기보다 훨씬 혼란스럽다. 그러나 두 가지 경우 모두 대체로 내버려두는 게 훨씬 바람직하다고 멀러는 말한다. 예컨대, 미국에서 제대로 작동하는 의회와 평등한 소득분배를 완벽히 실현하는 데 실패한다고 해도, 정치체나 경제체제가 낳는 성과에는 크게 영향을 미치지 않는다. 레이크 워비곤에는 그만하면 충분하다는 뜻이다. 자동차 뒷좌석에 앉아서 훈수를 두는 워런 상원의원이나 스티글리츠 교수는 워비곤 호수 건너편에 있는, 변호사와 경제이론가들이 운영하는 '흠잡을 데 없는 가게'에서 구매하라고 하는데, 과학적으로 입증된 진실을 깨닫지 못하면 나라에 얼마나 심각한 해를 끼치는지 생각해 보지도 않고 머릿속으로 정치체나 경제체제의 실패를 상상하는 이런 전문가들은 우리를 의미 없는 결과로 이끈다.

워런과 스티글리츠와 인정 넘치는 국가주의자들은 상하이를 가리키면서 정부가 해냈다고 말할지 모른다. 그리고 아마 이렇게 말할 것이다. "개간지와 하수구 시설과 도로 좀 봐라." 그들은 공급사슬 오류Supply Chain Fallacy를 저지르고 있다. 예컨대, 역사학자 스벤 베커트Sven Beckert처럼 노예제도가 목화 재배와 자본주의에 필요했다는 잘못된 주장을 하거나, 경제학자 마리아나 마추카토Mariana Mazzucato처럼 과학자가 대학원생일 때 국가과학재단 연구기금을 받았다면 그 이후의 업적들은 모두 정부 덕분에 이룬 셈이라는 주장처럼 잘못된 주장이다.[1] 걸출한 변호사이자 교수이자 정치인이 수년 전 위와 같은 주장에 대해 일갈했듯이, "당신들이 건설한 게 아니다." 이는 법적인 사고방식이지, 경제적인 사고방식이 아니다.

경제학자는 푸둥 정부가 하수구 시설이나 도로를 건설하지 않았더라면, 푸둥의 민간 개발업자들이 정부 도움 없이 이를 건설했으리라고 지적한다. 때로는 정부보다 훨씬 근사하게 말이다. 내 친구인 시카고의 한 건축가는 인도에서 그런 프로젝트를 진행한 적이 있는데, 민간업자들이 도로와 하수구를 자체 건설하는 일은 지방 정부가 부패하거나 무능한 지역에서 일어난다고 한다. 그러나 인도 빈곤층의 1인당 실질소득은, 1991년 이후로 중국만큼 빠르게 성장했고 최근에는 더 가파르게 성장하고 있다.

상하이는 한때 가장 많이 개입하는 정부가 통치했고, 따라서 좌익진영의 친구들이 꿈꾸는 멋진 설계를 통해 시장의 불완전성을 바로잡을 역량을 갖추고 있었다. 그러나 마오주의 정부가 낳은 결과는 푸둥에서 민간 개발업자들이 낳은 결과 근처에도 가지 못했다. 계획이 그렇게 바람직하다면, 1978년 이전의 공산주의 치하는 낙원이었어야 한다. 하지만 공산당이 경제적 자유주의를 채택하고 사업가들을 살해해 성장을 막는 짓을 그만두자, 가장 빈곤한 계층의 실질소득이 7~10년마다 2배로 뛰었다. 1991년 이후부터 인도도 똑같은 길을 밟았다. 간디의 사회주의와 평등주의에 지배되면서 가난한 사람들이 방치된 채 44년 동안 처참한 삶을 이어간 끝에, 인도는 실질소득이 두 배가 되기까지 10년이 아니라 70년이 걸렸다.

1978년 상업적으로 입증된 경제개선 정책을 잠정적으로 허용한 후, 중국정부가 시도한 정책이 모두 바람직하지는 않았다. 생각해 보라. 시장의 검증 없이 정부는 수익이 나지 않는 정책들을 실행하는데, 이는 소득을 증가시키기는커녕 감소시킨다. 놀랍다. 중국 정부는 주로 정치인들이나 생색내게 만드는, 기간시설에 대한 정부 투자로 산업정책이 범하는 실수와 똑같은 실수를 범한다.

예컨대, 내가 타본 적이 있는 중국의 고속철도 체계는 생색나는 정부 프로젝트인데, 이 거대한 나라 전체에 철도망이 뻗어 있고, 모든 기차는 지상 15미터 높이의 구름다리 위를 달린다. 아찔하다. 대단하다. 이게 바람직한 생각이었을까? 경제적 성공에도 불구하고, 중국의 1인당 소득은 여전히 미국 1인당 소득의 5분의 1이나 4분의 1밖에 안 되는 데 말이다. 그런데 중국은 나머지 세계 전체를 다 합한 것보다 더 많은, 시속 320킬로미터로 달리는 고속열차 차량을 보유하고 있다. 정부가 그런 철도사업을 재정적으로 지원하고 가난한 중국 전역에 깔린 고속철도 운영에 엄청난 보조금을 지원하는 것은 당연히 우려할 만하다.[2] 프랑스 고속철도 테제베TGV처럼, 고속철도는 부유한 사람들이 주로 이용하므로 대대적으로 지원되는 보조금의 혜택은 부유층이 누린다. 그러나 그러한 기간시설은 나머지 국민들의 소득을 끌어내린다.

중국이 예전보다 잘살게 된 까닭은 거창한 기간시설 덕분도 아니고, 엉망으로 운영되는 공기업 덕분도 아니며, 시진핑 정부하에서 민간기업을 매입하느라 분주한 공기업들 덕분은 더더욱 아니다. 상업적으로 입증된 경제 개선 조치들을 실행하는 대대적인 실험을 민간인 손에 맡겼기 때문이다. 1978년 이후로 비교적 행실이 얌전해진 공산당이 적어도 민간 경제 사안에서 그런 개선이 가능하도록 했기 때문이다.

국가주의자 친구들을 위한 제안을 하나 하겠다(찰스 코크 같은 진정한 자유주의자 억만장자들이 제안을 실행할 비용을 좀 대주겠는가?). 여행 경비를 모두 부담하고 가장 입심이 좋은 이들을 하나하나 상하이의 번드로 초청하자. 스티글리츠, 라이시, 버니 샌더스 순으로. 그리고 국가주의자 관광객들에게 강 건너 푸둥의 야경을 보여주자. 어떻게 그렇게 변모했는지 그들에게 설명하자. 그들이 불평등과 공급사슬 오류를 들먹이면 참을성 있게 살살 달래고 설득해 마음을 돌리자. 불간섭 정책들이 중국 푸둥을 어떻게 변모시켰는지 보고도 놀라지 않는다면 그들은 매우 설득하기 어려운 이들이다. 그들은 자기 눈을 믿지 않을 것이다.

의심하는 사람들은 그냥 내버려두자. 다만, 그들의 고집스러움을 널리 알리자. 사람들에게 사진을 보여주며 말하자. "여기 스티글리츠 교수가 푸둥을 뚫어지게 바라보면서 정보 불균형의 사례라고 주장하고 있다." "워런 상원의원이 번드에 서서 해마다 81,640쪽짜리 연방공보에 수록되는 새로운 규제들이 할 수 있는 일을 보고 놀라움을 금치 못하고 있다."

하지만 여행 경비를 지원받은 국가주의자 관광객들이 그 자리에 서게 되면, 대부분 인도적이고 근대적인 진정한 자유주의 진영으로 넘어올 거라 장담한다.

시장에서 검증된 혁신적인 아이디어가
빈곤층을 구제한다

영국의 대중 역사지 〈현재의 역사Current History〉(2013년 11월)에
게재된 짧은 에세이다.

　우선 '자본주의'라는 말은 쓰지 말자. 이 단어는 역사와 경제사에서 이제
퇴출해야 한다. 빈곤층이 그들 조상보다 10배, 100배는 더 잘사는 현재 세
계가, 자본의 축적에서 비롯되었다고 잘못 생각하게 만들기 때문이다.

　(중국이 발명한) 용광로나 (3,000년 동안 중국에서 사용한) 마취나 (유럽이 발
명한) 안경이나 (완전히 서구의 발상인) 컴퓨터라는 아이디어는 쉽게 투자를
확보했다. 투자가 아니라 아이디어가 경제적 변화를 주도한다. 기계식 시
계나 마찬가지다. 재산권 보호, 평화로운 사회 그리고 투자와 같은 톱니바
퀴도 필요했지만, 동기를 부여한 원동력은 시장에서 검증된 개선 아이디어
로, 시계를 움직이는 용수철과 같았다. 중세 유럽에서처럼 낟알의 4분의
1을 파종용으로 저장하는 사회는 투자할 저축이 풍부했다. 그러나 자유로
운 사람들로부터 흘러나오는 아이디어가 없었기 때문에 대풍요는 일어나
지 않았다. 저축이 아니라 아이디어가 대풍요를 야기했다. 제국이 아니라

자유주의가 대풍요를 낳았다.

　마르크스는 자신이 비판했던, 고전적 경제학자들이 집착한 투자이론에 대해 다음과 같이 외쳤다. "축적하라, 축적하라! 모세와 선지자들이다." 그렇지 않다. 마르크스 주장은 틀렸다. 애덤 스미스부터 현재에 이르기까지, 경제학자 대부분과 그들의 저서를 읽는 독자들도 틀렸다. 이를테면, 사회학의 창시자 막스 베버는 실수를 저질렀다. 그는 벤저민 프랭클린을 예로 들면서 근면과 높은 저축률이 프로테스탄트 윤리에서 비롯되었다고 생각했다. 베버는 에이브러햄 링컨이 받아야 할 액수보다 3페니를 더 받았다는 사실을 깨닫고 이를 돌려주려 10킬로미터를 걸어갔다는 이야기를 제대로 이해하지 못했다(벤저민 프랭클린이 겉으로는 구두쇠를 찬양하는 척하면서 사실은 조롱하는 글을 썼는데, 베버는 프랭클린이 정말로 구두쇠를 찬양하는 것으로 받아들였다).

　프랭클린의 비범한 재능은 근면이 아니었다. 여기서 근면은 씨 뿌리는 농부가 날마다 해야 할 일을 하는 것이다. 프랭클린의 재능은 혁신이었다. 그는 빠른 속도로 발명에 발명을 거듭했고, 발명품에 대한 특허권을 요구하지 않아 존경을 받았다. 스토브, 이중초점렌즈, 배터리, 가로등, 우편물 분류함, 피뢰침, 유연한 카테터, 유리 하모니카, 멕시코만 지도, 전기 이론 등을 그가 발명했다.

　오늘날 우리를 풍요롭게 만든 주인공은 축적된 자본도 아니고 착취도 아니다. 프랭클린과 같은 이들의 혁신이다. 정치적 자유를 누리고 사회에서 새로운 발명을 격려하는 분위기가 조성되면서, 이를 이용한 혁신주의 덕분에 우리는 부자가 되었다. 1848년 이전의 한 세기 반 동안 토크빌이 "정신

Chapter 20, 'Commercially tested betterment saves the poor': Reprinted with permission from Current History (112, November 2013). © 2019, Current History, Inc.

의 습관 habits of the mind"이라 일컬은 것에서 대전환이 일어났다. 좀 더 정확히 말하자면 '말의 습관'이 바뀌었다. 사람들, 특히 미국인들은 오래전에 시장 혁신과 부르주아의 덕목들에 대해 빈정거리는 태도를 버렸다. 토크빌이 주목한 바와 같이, 미국인들은 성베드로 대성당이나 베르사유 궁전 같은 전통적인 영예의 전당이나 브라이텐펠트 Breitenfeld 전투*의 처참한 현장에서 멀리 떨어져 있었다. 즉 과거에 사제와 귀족들이 자신의 신앙심이나 용기를 입증했던 유럽과는 멀리 떨어져 있었다.

그런데 잠깐. '부르주아 덕목'이라고? 그렇다. 1848년까지만 해도 자유주의자들은 이 표현을 들어도 경기를 일으키지 않았다. 이탈리아판 《전쟁과 평화》라고 할, 알레산드로 만초니의 《약혼자》(1827년에 초판이 나왔고 1842년에 재판이 나왔다)의 12장에서는 곡물 시장에 개입하면, 특히 기근일 때 개입하면, 어떤 처참한 결과를 초래하는지 설명하고 있다. 간섭하지 마라. 간섭하지 마라. 경제학개론 강의에 《약혼자》의 12장은 아주 유용하다.

1848년 이후 서구의 예술가와 지식인 등 식자층은 오래전부터 사회 대부분의 특징을 규정해온, 상업적으로 검증된 혁신과 공급을 증오하는 태도로 되돌아갔다. 예컨대 유교는, 적어도 이론적으로는, 상인을 서열상 농부보다 아래, 야간에 분뇨 치우는 사람보다 조금 높게 취급한다. 그리고 당신은 나자렛의 예수가 부자가 천국에 가기란 낙타가 바늘귀를 통과하는 것만큼 어렵다고 한 말을 기억하리라 본다. 상업을 혐오하는 정서는 오늘날까지도 사회 일부에서 지속되고 있다. 플로베르 Flaubert는 "나는 생각이 천한 이는 누구든 부르주아라고 일컫는다"라고 했다.[1] 1935년 네덜란드의 자유

---

* 1631년 프로테스탄트 진영을 지휘하는 스웨덴 왕 구스타브 2세 아돌프가 브라이텐펠트 평원에서 로마 가톨릭 진영을 지휘하는 틸리 백작 요한 체르클라에스를 격파해 30년전쟁 중 최초로 프로테스탄트 진영에 승리를 안겨준 전투이다.

주의자 역사학자 요한 하위징아Johan Huizinga는 반상업적 발언이 예술가와 지식인 식자층 그리고 주류사상을 좇는 이들 사이에 보편화되었다면서 다음과 같이 지적했다. "19세기에 부르주아는 가장 경멸적인 용어가 되었다. 특히 사회주의자들과 예술가들 사이에서, 그리고 뒤이어 파시스트들에게도."[2]

부르주아(프랑스어에서 아주 평범한 단어일 뿐이고, 한동안 영어에서는 도시 중산층 남성을 일컬었던 단어)는 자신의 아이디어를 시장에 내놓고 민주적으로 평가 받을 의향이 있고, 파리에 곡물과 철을 공급하는 혁신가들이었다. 한편 식자층은, 특히 1848년 이후로, "더 나아질 방법이 없을까?"라고 부르짖었다. 없다, 그처럼 모순되는 구조를 상상하는 한 말이다. 서로 다른 다양한 재능을 지닌 사람들이 참여하는 혁신적인 시장이되, 소득을 똑같이 나누는 구조를 바란다면 말이다. 민족주의, 사회주의, 제국주의, 인종차별주의가 만연했던 19세기에 식자층은 그런 모순된 생각을 했다. 20세기에 그러한 이론들은 사회주의와 민족주의를 지금까지 여전히 활개치게 했고, 민족주의－사회주의－인종차별주의적 제국주의를 낳았고, 대학살이라는 대가를 치렀다. 20세기 말, 식자층은 공격할 표적을 사악한 소비 지상주의와 환경 훼손으로 전환했다. 어이쿠, 조심하라. 21세기에는 전례 없는 어떤 결과를 낳을지 모른다.

소설 《보바리 부인》에서 영화 〈월스트리트〉에 이르기까지, 부르주아를 향한 증오에 탐닉하는 태도가 유행이 되었다. 그런데 공교롭게도 그런 증오 정서가 퍼지기 시작하자마자, 상업적으로 검증된 혁신과 공급이 유럽 북서부 지역에서 놀라운 결실을 맺기 시작했다. 자유로운 혁신이 제대로 작동했다. 그 후 일본과 보츠와나 같은 지역에서도 보통 사람들이 대풍요를 누렸고, 1800년의 비참한 삶을 극복하고 실질임금이 수천 퍼센트 폭등했다. 유감스럽게도 19세기 서구진영에서는, 소득 증가에 가속도가 붙기도 전에 사회주의 이론이 등장해 이를 퇴치하지 못했다. 미국은 예외였다. 독일 역사학자 베르너 좀바르트Werner Sombart는 1906년 다음과 같은 유명한 질문을 던지고 스스로 답했다. "미국에는 왜 사회주의가 없을까? 사회주의 이상향은 하나같이 로스트비프와 애플파이를 만드는 데 아무 쓸모가 없었기 때문이다."[3] 로스트비프와 애플파이는 곧 보편화되었고, 작고한 스웨덴의 보건학 교수 한스 로슬링이 자세히 증명했듯이, 이제는 가장 가난한 사람들에게까지 확산되고 있다.

그러나 사회주의 이상향의 생명은 끈질기게 이어진다. 불가능하다는 증거가 버젓이 있는데도 불구하고 계속 시도된다. 미국 젊은이들은 상원의원 버니 샌더스나 하원의원 알렉산드리아 오카시오코르테스 같은 이들에게 현혹되어 "사회주의를 해 보자"라고 외친다. 1917년과 1933년과 1949년에 이미 처참하게 실패한 역사적 사례들이 있는데도 말이다. 점진적인 사회주의도 생각대로 잘 작동하지 않았다. 노조가 요구하는 재분배나 규제, 몰수한 자들의 것을 몰수하는 방법 등 그 밖에 좌익이 다양한 공약들을 시도했지만 말이다.

우익이 채택한 비스마르크식 전술, 사회주의자들을 선수 치기 위해 도입한 복지국가 체제는 빈곤층의 삶을 개선하는 데 바람직한 길이 아니었다. 일일 8시간 노동에 10시간어치 임금을 지급하라는 법안을 의회가 통과시키면, 그 법의 혜택을 받는 근로자 계층의 소득이 25퍼센트 인상된다니 어처구니가 없다. 의회가 법안만 통과시키면 부자가 된다니. 기발한 아이디어처럼 들리는가. 1회성 효과밖에 없다고 하더라도, 그림의 떡이라고 해도, 기발한 아이디어처럼 들리는가. 1회에 한해 25퍼센트 소득이 올라도, 자기보다 생산성이 떨어지는 근로자들은 일자리를 잃게 된다. 이는 좌익이 최저임금을 더 올려야 한다고 촉구할 때 간과하는 비참한 결과다. 1800년부터 현재에 이르기까지 누려온 대풍요의 결과와는 비교도 되지 않을 만큼의 소득이다. 1900년에 경제 생산성은 아주 낮았고, 1800년에는 더 낮았다. 대부분의 사람들이 생활수준을 개선하려면 생산성이 훨씬 높아지는 길밖에 없었다. 점점 더 인상되는 임금을 감당할 외부의 산타클로스나 요정은 없다.

그런데 실제로 그런 일이 일어났다. 급격한 창조적 파괴로 아이디어가 쏟아졌다. 철도는 도보와 역마차를 창조적으로 파괴했고, 전기는 등잔불을, 세탁기는 손빨래를, 대학은 무지와 편견을 창조적으로 파괴했다. 대풍요가 일어나려면 우선 부르주아딜이 필요했다. 무엇보다도 우선 "부르주아인 나로 하여금 혁신을 하고 수익성을 검증하게 허하라. 그리하면 사회적 드라마의 제3막에서 당신들을 모두 부자로 만들어 주리라."라고 주장하는 혁신주의적 이념이 필요했다. 그리고 부르주아는 그 약속을 지켰다.

친부르주아적이고 반사회주의적인 미국은 20세기에 그 결실을 보았다. 자유주의자 경제학자 타일러 코웬Tyler Cowen은 최근 이를 입증하는 과학적 증거를 다음과 같이 일목요연하게 설명했다.

> 우리는 경제성장의 긍정적인 효과가 얼마나 컸는지 잊곤 한다. 경제학자 러스 로버츠Russ Roberts는 언론인들을 상대로 1900년 이후로 경제가 얼마나 성장했다고 생각하는지 설문조사를 해 발표했다. 러스에 따르면, 생활수준이 약 50퍼센트 개선되었다는 게 가장 흔한 답변이다. 실제로 미국의 생활수준은 박하게 추산해도 다섯 배에서 일곱 배 성장했고, 아마도 그 이상일 가능성이 높다. …… 예컨대, 1900년에는 미국 전체 가구의 거의 절반이 방 하나를 한

명 이상이 썼고, 거의 4분의 1의 가구가 침실 한 개를 3.5명 이상이 썼다. 전체 가구 가운데 4분의 1 약간 못 미치는 가구가 수돗물(대부분 찬물)을 이용했고, 18퍼센트는 냉장고(아이스박스)가 있었고, 12퍼센트는 가스나 전깃불(오늘날의 기준으로 볼 때 촛불 정도의 밝기)을 썼다. 오늘날, 이 모든 수치들은 99퍼센트 이상이다. 당시에 가구의 5퍼센트만 전화(장거리 전화비는 엄청나게 비쌌다)를 보유했고, 그 가운데 라디오나 TV가 있는 가구는 하나도 없었다. 고졸 비율은 겨우 6퍼센트였으며, 일자리 대부분은 힘든 육체노동이었고, 작업 중 장애를 입거나 사망하는 비율이 높았다. 19세기 중엽에 평균적인 근로자는 한 해에 2,800시간에서 3,300시간을 일했다. 현재 이 수치는 한 해에 1,400시간에서 2,000시간에 가깝다.[4]

지난 몇 십 년에 걸쳐 괄목할 만한 성장을 한 중국과 인도 사례는 17세기 네덜란드부터 20세기 미국에 이르기까지 자유주의를 통해 풍요로워진 역사적인 사례들의 연장선상에 있다. 이념의 변화 ― 규제나 강제가 아니라 부르주아 덕목을 존중하는 태도 ― 덕분에 중국과 인도에서 빈곤층의 생활수준이 폭발적으로 향상됐다. 그러한 폭발적 성장은 더 폭넓다. 누구든 아는 척하고 떠드는, 2008년 대대적인 경기침체도 그 사실을 바꾸지는 못했다. 세계 1인당 소득은 1800년 이전의 그 어느 때보다도, 오래 전 몇몇 나라의 경우를 제외하면, 몇 배나 빠른 속도로 성장하고 있다. 아이슬란드와 노르웨이처럼 한때 찢어지게 가난했던 나라들의 1인당 소득은, 이제 영광스러운 미국의 보통 사람들 소득에 약간 못 미치거나 약간 능가하는 수준이다.

그럼 윤리적으로는 어떤 효과를 낳았냐고 물을지 모르겠다. 온 세상을 얻는다고 해도 영혼을 잃는다면 무슨 소용이 있는가? 지당하신 말씀. 그러나 경제학자이자 인도적 경제학을 실천하는 데 앞장선 앨버트 허시먼Albert Hirschman은, "수익이 쏠쏠한 상업이 인간의 영혼을 가장 타락시키는 원인은 아님"을 일깨운다.[5] 맞다, 벤저민 프랭클린은 성인군자가 아니었다. 예컨대, 그는 놀라울 정도로 늦게까지 노예를 소유했고, 자기 부인을 방치하고 불륜을 저질렀으며, 자기 아들과 의절했다. 그러나 그는 옛날식으로 남의 것을 훔치거나, 요즘식으로 강요를 통해 부를 일구지는 않았다. 그가 살았던 당시에는 많은 귀족과 일부 농부가 그런 식으로 부를 쌓았다. 지금은 국가주의자들이 우리 모두에게 그런 식으로 부를 쌓으라고 부채질한다. 그는 거래를 했다. 사람들은 거래하는 사람들에 대해 분개한다. 그러나 결국 거래하는 사람들이 도둑이나 깡패보다는 낫다고 생각한다.

프린스턴 고등연구소 소속인 허시먼의 동료 정치학자 마이클 왈저Michael Walzer는 "자유시장이 도덕적 품성을 훼손시킬까?"라는 질문에 다음과 같이 답했다. "물론이다." 그러나 그는 모든 사회체제는 이러저러한 방식으로 이러저러한 덕목들을 훼손시킨다고 지적했다. 부르주아 시대가 바보들을 꼬드겨 탐욕은 바람직하다고 발언하게 했다고 해서 "그 자체가 자유시장을 부정하는 근거가 되지는 않는다"라며 왈저는 다음과 같이 덧붙인다. "민주주의 정치가 얼마나 다양한 방식으로 도덕적 품성을 타락시키는지 생각해 보라. 정치권력을 두고 다투는 사람들은 심한 압박에 시달린다. 공공회합에서 거짓말을 부르짖고, 지키지도 못할 공약을 한다."[6]

트럼프와 공화당의 심각한 부패를 보라. 아니면 사회주의가 사람들에게 질투라는 죄악을 범하게 하고, 탐욕을 부추기고, 환경을 마구 훼손하게 압박을 가하는 방식에 대해 생각해 보라. 사회주의 정책은 대부분 시기와 질투, 권력을 쥔 당의 탐욕에서 파생된다. 동유럽에서 사회주의가 몰락한 후 목격했듯이, 환경정책은 자본주의가 야기한 그 어떤 환경 파괴보다도 훨씬 심각한 환경 파괴를 야기했다. 스탈린을 보라. 아니면 19세기 초 이른바 상업혁명이 일어나기 전 영국의 식민지 아메리카에서, 함께 자녀를 두는 관계에서 애정을 품은 동시에 이타적이길 강요했던 때를 생각해 보라. 남편에게 무조건 복종하게 하고, 분란을 일으키는 퀘이커교도들과 재침례교도들을 교수형에 처했던 그 시대 말이다. 소설 《주홍 글씨》에 등장하는 헤스터 프린 같은 이들을 탄압했던 이들을 생각해 보라. 즉, 어떤 사회체제든, 만인에 대한 만인의 투쟁으로 타락하지 않으려면, 그 체제에 참여하는 구성원들이 내면화할 윤리가 필요하다. 다양한 범죄 충동으로부터 구성원들을 다잡을 윤리 말이다. '자본주의'도 마찬가지다.

그렇다면 이와 같이 악명을 얻은 '자본주의'는 앞으로 어떻게 될까? 모든 면에서 세계를 풍요롭게 만들 것이다. 1800년에 어느 지역이든 하루 3달러였던 소득이, 이제 미국에서 130달러로 증가했을 뿐만 아니라 영적으로도 풍요로워졌다. 하루 130달러로 교육과 여가를 즐기게 되었고, 주당 노동시간은 절반으로 줄었으며, 동일한 수준의 소득을 올리기 위해 교육 받고 은퇴할 때까지 필요한 노동 시간은 4분의 1이 줄었다. 게다가 월요일부터 금요일까지 다른 사람들의 삶을 개선할 방식을 생각해내고 이러한 혁신을 공급하려고 노력한다고 해서 영혼이 훼손되지도 않는다. 이 모두를 가능케 한 혁신주의 이념, 부르주아딜, 대풍요, 위계질서를 파괴한 자유주의에 감사할 따름이다.

많이 생산하고 소비하는 행위는
비윤리적이지 않다

《부르주아 덕목》(2006)에서 발췌한 글.

　예술가와 언론인과 대학교수 등 식자층은 자본주의적 소비 자체가 끔찍하다고 생각한다. 1985년 역사학자 대니얼 호로위츠Daniel Horowitz는 1920년대 이후로 미국 식자층이 소비에 대해 '현대판 도덕주의'에 사로잡혔다고 주장했다. 19세기 전통적인 도덕주의하에서 반가톨릭 성향의 개신교도이자 미국에서 출생한 사람들은 아일랜드 출신 이민자들이 술고래에다가 가톨릭 사제들이 시키는 대로 한다고 생각했다. 그래서 미덕을 상실한 행태를 보이는 이들에게 중산층이 경종을 울려야 한다고 생각했다. 미국 최초의 노동 감독관 캐롤 D. 라이트Carroll D. Wright 같은 전통적 도덕주의자들은 시장경제가 바람직하다고 여겼고 중산층의 시각에서 노동자 계층을 내려다보았다. 그들은 자본주의의 가치가 아니라 노동자와 이민자의 가치에 대해 의문을 가졌다.

　호로위츠는 1920년 이후 현대 도덕주의자는, 식자층의 입장에서 중산층을 깔보는 태도를 보여 왔다고 지적한다. 따라서 그는 "현대 도덕주의의 다양한 변종들은 대부분 경제체제에 대한 비판이 그 중심에 있다. 때로는 과격하고 예외 없이 적대적이다"[1]라고 말한다. 호로위츠는 같은 식자층에 속하는 이들에게 그들의 우려는 틀렸다고 점잖게 말하지 않는다. 그는 "다른 사람들을 방탕하고 교양이 없다면서 매도하는 행위는, 자기 자신이 그런 행위를 한다고 시인하는 셈이다"라고 지적한다.[2]

1986년 자유주의자 경제학자인 이탈리아의 세르지오 리코사Sergio Ricossa는 '봉건영주 사고방식'을 가진 식자층은 시장관계를 본질적으로 타락하고 천한 관계라고 간주한다고 말했다. 경제사학자 알베르토 민가르디Alberto Mingardi는 이를 다음과 같이 설명한다.

> 봉건영주 사고방식이란 '삶에서 경제적인 면이 지배하지 않는, 세속에서 흠잡을 데 없는 왕국'을 설파하는 교리의 묶음. 좌익이든 우익이든 완벽주의자가 용인하지 못하는 대상은, 모든 개인이 사용가능한 재화와 용역을 다양하게 생산하는 혁신가 그리고 그런 재화와 용역이 마음에 드는지 직접 자율적으로 평가하는 사람들이다. …… 봉건영주 사고방식은 소비자들이 비이성적이라는 생각이다. …… 한편 '불완전성을 수용하는 이들'은 보통 사람들이 자유롭게 시도하도록 기꺼이 내버려둔다. 그들은 "완벽함은 도달 불가능할 뿐만 아니라 바람직하지도 않으며, 불완전함이란 경제부문에서 우리의 삶을 구성하는 많은 측면들 가운데 하나일 뿐, 퇴치해야 할 악이 아니다"[3]라고 주장한다.

근대 자유주의자 존 멀러가 '자본주의'와 민주주의의 불완전성에 대해 보이는 너그러운 시각과 비교해 보라.

봉건영주이자 완벽주의자인 식자층은 대중의 소비를 매우 못마땅해 한다. 식자층은 대중이 극소수 광고주 집단에게 사로잡혀 있다고 말해왔다. 따라서 코카콜라와 가스그릴과 자동차 소비는 광고 메시지에 숨은 설득의 결과이며, 식자층이 선호하는 용어로 말하면 '조종'당한 결과였다. 특히 미국 식자층은 30초짜리 TV 광고가 막강한 영향력을 발휘한다고 하는데, 이는 경제학자가 보기에 참으로 당혹스럽다.

광고가 미국 식자층 주장대로 막강한 위력을 지녔다면 광고 제작자는 떼돈을 벌어야 한다. 하지만 광고는 국민생산의 2퍼센트에 못 미치고, 대부분은 논쟁거리도 안 된다. 가게 간판과 웹사이트나 극도로 세분화된 구매자들을 겨냥한 잡지에 게재된 광고처럼 말이다. 밴스 패커드는 광고를 비판하는 책《숨은 설득자》(1957)를 출간하면서, 광고사들이 모여 있는 뉴욕 메디슨가에서 일하는 친구들과 의절할 각오를 했다. 그러나 친구 대부분이 환호했다. 한 친구는 그에게 말했다. "밴스, 네 책이 나오기 전에 나는 내 광고가 효과가 있다고 고객들을 설득하느라 애를 먹었어. 그런데 이제 그들은 광고가 마법이라고 생각해."[4]

미국 식자층이 광고에 대해 보이는 적대감은 수사학자가 보기에도 당혹스럽다. 표현의 자유를 그토록 소중히 여기는 나라에서, 그것도 아주 지식 수준이 높은 이들이 상업적인 표현의 자유에 대해 왜 그토록 혐오감을 보이는지 당혹스럽다. 어쩌면 그런 혐오감은 16세기 프랑스 인본주의자이자 논리학자 피에르 들라 라메Pirre de la Ramée와 영국 철학자 프랜시스 베이컨 이후로, 서구진영에서 축적된 반수사적 수사anti-rhetoric rhetoric의 결과인지도 모른다. 그러나 TV 세대와 오늘날의 블로그 세대는 상업적 표현의 자유를 바탕으로 한 수사에 대해 인식 수준이 매우 높고, 면역이 되어서 쉽게 설득당하지 않는다. 여덟 살짜리 어린이도 조종하려는 의도가 담긴 메시지인지 알아챈다. 열여덟 살이면 광고를 조롱거리로 여긴다. 코미디 쇼 〈새터데이 나이트 라이브〉를 보라.

대량소비는 특별한 동기도 없고 아둔하고 멍청하다고 여겨진다. 아무튼 욕지기나게 지나치다. 현대 도덕군자는 소비자를 깔본다. 그 많은 물건을 도대체 왜 사지? 멍청이들. 보통 소비자는 무지카 안티콰 쾰른이 녹음한 17세기 음악 싱글판을 소장하지 않는다. 평범한 소비자는 논픽션 도서, 부르주아딜에 관한 책을 언제 읽었는지 기억이 까마득하다. 집안은 온갖 허접스러운 잡동사니로 발 디딜 틈이 없다. 기타 등등. 1920년경 D. H. 로렌스와 버지니아 울프 같은 현대 문학가들이, 런던으로 출퇴근 하는 성가신 시민들을 향해 보인 경멸감을 떠올리게 한다. 런던의 워털루역과 미국의 대형 쇼핑몰은 천박한 기운이 감돈다.

그러나 인류학자들이 오래전부터 목도했듯이 우리는 소비를 통해 우리가 된다. 메리 더글러스 Mary Douglas와 배런 이셔우드 Baron Isherwood는 다음과 같이 말했다. "신체적 필요를 충족시키는 상품(음식)은 발레나 시 못지않은 의미 전달자이다. 생명과 건강을 유지시키는 상품과 정신과 마음을 풍요롭게 하는 상품을 구분하는 관행이 만연한데, 이런 잘못된 관행은 종식시키자."[5] 더글러스는 영국 노동자 계층의 식습관이 지닌 상징적 의미에 대한 글에서 이를 잘 보여주는데 어찌 보면 이게 인류학의 연구 대상이다.[6] 상품은 성과 속의 경계를 넘나든다. 인류학자 리처드 찰펜 Richard Chalfen은 영화와 스냅사진을 통해 이를 보여준다.[7] 그리고 인류학자 마샬 살린스 Marshall Sahlins는 1972년에 발간한 고전《석기시대 경제학 Stone Age Economics》의 개정판 서문에서 다음과 같이 말했다. "경제활동은 …… 특정한 형태의 삶이 지닌 가치와 관계를 물질적으로 표현하는 행위다."[8]

오늘날 미국인들이 소유하고 소비하는 재화와 용역의 양은 어마어마하다. 미국 캔자스주 토피카에 사는 한 가족과 나이지리아 라고스에 사는 한

PART 2
인도적인 자유주의는 사람들을 풍요롭게 한다

가족이 집안에 있는 물건들을 모두 집 앞 길가에 내다놓고 가족이 함께 찍은 사진 두 장을 비교해 보면, 그 놀라운 차이가 생생하게 느껴진다. 물건은 잔뜩 있는데 집에 둘 공간이 없는 이를 위한 물품 보관 사업이 미국의 마을마다 활기를 띠는 게 놀랍지 않다.

미국 가구마다 이렇게 물건을 쌓아두게 된 데는 소비자의 저주라는 현상도 한몫한다. 미국인의 집과 물품 보관 창고는 구매하고 보니 생각만큼 흡족하지 않은, 잘못 산 물건들로 가득하다. 하이데거의 뒤를 이은 신학자 데이비드 클렘David Klemm이 한 말마따나, "우리는 사물의 잠재력을 보고 그 사물을 파악한다."⁹ 남성 당신, 당신이 갖고 있는 온갖 기계들을 생각해 보라. 여성 당신, 당신 옷장에 빽빽하게 걸린 옷을 생각해 보라. 미국에서 비교적 가난한 이들도 수납공간에 그런 물건들이 가득하다.

그러나 수납공간이 꽉 찬 이유는 우리가 멍청해서도 타락해서도 아니다. 그 까닭은 우리가 엄청나게 많은 물건을 생산하기 때문이다. 전지적인 능력이 없는 우리는 이따금 쓸데없는 물건을 사는 실수를 저지른다. 전자제품 대리점 샤퍼이미지에서 250달러에 정전기 먼지 제거기를 사면서 기쁨을 줄 거라 기대한다. 따라서 이따금 우리는 값어치를 제대로 못하는 물건을 사고 만다. 살 만한 값어치가 있는데 가격이 내려갈 때까지 기다리며 사지 않는 실수를 하기도 한다. 여유 공간이 있으면 물건을 내다버릴 이유가 없으므로 쓸모 있을 만한 물건을 사들이고 그 물건들이 쌓여만 간다. 미국인들은 집에 여유 공간이 있고 다락이 꽉 차면 차 두 대가 들어갈 만한 크기의 차고도 있고, 마지막으로 마을 외곽에 물품 보관 창고도 있다.

일본인들도 역시 사들인 물건을 보관하는 골치 아픈 문제에 시달리지만, 조상보다 훨씬 생산적이다. 그들은 과소비를 색다른 방법으로 해결한다. 작가 스티브 베일리는 오사카에서 교편을 잡았을 때, 자기 집을 어떻게 꾸

몄는지 털어놓는다. 그는 일본인들이 매달 길가에 내놓는 부피가 큰 가구와 폐가전제품을 모아서 전체 가구를 장만했다. 냉장고, 가스렌지, 전신거울, 컬러 TV, VCR, 의자, 책꽂이, 소파, 멋진 탁자 등으로.[10] 창피를 모르는 이 외국인은 일본 폐품 판매상들과 경쟁하듯이 폐품 더미를 뒤지고 다녔다. 그는 "이렇게 물건을 내놓는 이유는 일본 집의 크기가 작고, 남이 쓰던 가구를 갖다 쓰거나 다른 사람에게 주는 걸 금기시하기 때문이다"라고 말했다.

앞서 말했듯이, 미국인과 일본인은 집안에 물건을 첩첩이 쌓아둔다. 엄청나게 많은 물건을 생산하기 때문이다. "접시에 담긴 시금치 다 먹어라. 중국에서 배곯는 아이들을 생각해라"라는 할머니 잔소리와 달리, 풍족한 미국이나 일본에서 소비를 덜 한다고 해서 중국에서 살 수 있는 물건이 늘어나지는 않는다. 나라가 부유하고 가난하고는, 또는 소비를 많이 하고 적게 하고는, 그들에게 하늘이 부여한 것을 외부인이 보태거나 뺏기 때문이 아니라 그들이 일을 제대로 하든가 못하든가와 더 관련이 깊다. 상품은 만나처럼 하늘에서 뚝 떨어지는 게 아니다. 우리가 만든다.

따라서, 물건을 많이 소유한다고 비도덕적이지는 않다. 그저 운이 좋아 미국이나 일본이나 덴마크에서 태어났을 뿐이다. '운'이란 혁신주의라는 근대 자유주의 이념에, 상당히 정직한 사법체계와 상당히 잘 지켜지는 사유재산권과, 착취하지 않는 정부와 상당히 효과적인 교육체계와, 상당히 오랜 세월 동안 상당히 좋은 아이디어들, 특히 혁신적인 아이디어들이 모여 이루어진 결과다.

이 행운을 전 세계로 확산시키자. 근대 자유주의가 대풍요로, 충만한 삶으로 이어진다고 사람들을 설득해서 말이다.

Chapter

22

분수효과도 낙수효과도
경제가 작동하는 방식이 아니다

케인즈 이론에 반박하는 글로,《부르주아 덕목》에서 발췌했다. 나는 1970년부터 이렇게
주장했다. 케인즈 이론으로 경제학을 배운 경제학자들 대부분도 케인즈 이론은 대량실업이
발생한 단기간 동안 효과가 있을 뿐, 그 외에는 타당성이 있는지 의문을 제기하게 되었다.
이와 같이 케인즈 이론에 의구심을 품게 된 이들은 '공급 경제학자'라고 불리는데
나는 그들을 '상식 있는 경제학자'라고 일컫는다.

경제학자가 아닌 사람은 하나같이 소비가 활발히 이루어지면 적어도 '경
제가 굴러간다'라고 생각한다. 소비를 비판하는 이도 소비가 경제에 어떤
식으로든 도움이 된다는 사실은 인정한다. 수많은 사례들 가운데 하나 예
를 든다면, 신학자 엘렌 체리Ellen Charry는 광고 덕분에 경제가 지속적으로
성장한다고 믿는다.[1] 경제학자가 아닌 이들은 신이 세계를 어설프게 설계
했기 때문에, 유감스럽지만 상업이라는 수레바퀴를 굴러가게 하려면, '일
자리를 창출'하거나 '돈을 돌게' 해야 한다고 생각한다. 그들은 사람들이 끊
임없이 구매하지 않으면 자본주의가 붕괴되고 우리 모두가 가난해진다고
생각한다. 그들은 광고는 인간을 타락시키지만, 계속 구매하게 하려면 필
요하다고 생각한다. 그들은 자본주의가 계속 유지되려면 서로 균형을 잡아
주는 사랑이나 정의나 절제라는 덕목이 결여된 상태를 뜻하는 탐욕이 필요
하다고 생각한다.

이는 이른바 검소의 역설이다. 그리스도교뿐만 아니라 대부분의 종교에서 미덕으로 여기는 검소함은 역설적으로 우리를 가난하게 만든다. 우리는 미덕을 실천함으로써 가난해진다. 잘살면 탐욕과 대식大食이라는 죄를 짓고 저주를 받게 된다. 죄인들이여 선택할지어다, 신이냐 부富냐. 경제학자는 아니지만 추리소설가 이상의 재능을 지녔던 도로시 세이어즈는, 1942년 그리스도교도로서 다음과 같은 불만을 토로했다. "지난 3세기 동안 우리는 끔찍한 우리에 갇힌 다람쥐처럼 쳇바퀴를 돌려왔다. 생산을 지속하기 위해 소비를 인위적으로 촉진하는 사회에서 말이다(사치가 마치 새로운 현상인 양 잘못 전제하고 있다)."[2]

이는 경제적 관점에서 볼 때 어불성설이다. 1930년대 대공황 시대에 대부분의 경제학자들, 특히 존 메이너드 케인즈는 경제학자가 아닌 사람이나 지닐 법한 사고방식으로 퇴행했고, 2008년 대침체 때 경제학자들이 다시 과거의 주장을 반복했다. 이 이론은 더 이상 개선의 여지가 없다는 '침체주의stagnationism'로서, 1930년대에 등장했던 오류가 2008년 이후에 부활했다. 경제학의 풍선이론, 즉 사람들이 바람을 계속 불어넣지 않으면 풍선이 쪼그라든다는 이론이다. 사치품을 소비하면 적어도 노동자들이 일자리는 유지한다는 케케묵은 주장이다.

알렉산더 포프Alexander Pope는 1731년 '부의 쓰임에 관하여'라는 부제가 붙은 시에서 다음과 같이 말했다. "가난한 자를 입히고 배고픈 자를 먹이나니/본인에게는 건강한 육신을, 어린 자녀에게는 먹을 것을/노동자는 이렇게 생각하며 견딘다./그(부자)의 차가운 심장이 베풀지 않는 것을/자선이라는 그의 허영이 베푸나니."[3] "신의 섭리는 이런 식으로 부가 탕진되면서 정당화된다. 부는 가난한 이들과 고된 노동을 하는 이들에게로 뿔뿔이 흩어져 버리므로"라고 포프는 이 시에서 주장한다.

1940년대 이후로 우리 같은 부르주아 경제학자들은 대부분 정신을 차렸다.[4] 낡은 풍선이론은 터져서 바람이 빠졌고, '계속 생산하려면' 죄악이 필요하다는 역설도 깨졌으며, 허영이 자선행위를 하게 만든다는 잘못된 역설도 폐기되었다. 이런 주장은 테오도르 아도르노Theodor Adorno-막스 호르크하이머Max Horkheimer 부류의 마르크스주의적 비판에서나 살아 있는 이론으로, 주류 경제학자들은 더 이상 믿지 않으며 진정한 근대 자유주의자들은 당연히 믿지 않는다.

근대 자유주의 경제학자는 우리가 욕망을 어느 정도 자제하고 검소한 생활방식에 낡은 볼보 한 대에 텃밭이 딸린 작은 집에, 농산물조합에서 파는 두부 한 모에 싸게 파는 대용량 와인을 마시면, 장기적으로 볼 때 시장경제가 무너질 리는 없다고 말한다. 풍선이론은 사전 통보도 없이 내일부터 갑자기 우리 모두 검소한 예수를 따라 소비활동을 한다는 생각 실험에 집중한다면, 그럴듯하게 들릴지 모른다. 그런 심경의 변화는 롤스로이스 자동차나 한 벌에 15,000달러나 하는 명품옷 매출에는 충격을 가할 게 틀림없다. 그러나 경제학자가 보기에는, 그리스도교적인 경제체제하에서도, 사람들은 장기적으로 볼 때 다른 일자리를 얻거나 여가를 더 즐기게 된다. 그리고 여가 자체도 소득으로 간주되어야 한다.

생각 실험이 타당하려면 장기적인 효과를 생각해야 한다. 사치품이 사라진 새로운 경제체제에서도 여전히 전구와 포장도로와 그밖에 다른 기업의 결실들을 누리는 것은 바람직하다. 이런 것들만 있어도 삶은 나아진다. 아브라함 계통의 종교들에 있는 '신의 뜻대로'라는 구절과 비슷한 구절이 부르주아 경제학에 있다면, 그것은 '평형상태'다. 사치품이 사라져도 경제는 지금과 마찬가지로 특화를 통해 인간의 욕구를 충족한다. 사람들은 3류 로맨스 소설을 사거나 디즈니월드로 패키지여행을 떠나는 대신, 기원전의 표준 그리스어로 쓰인 성경을 구매하고 요세미티 국립공원으로 영혼을 치유하는 여행을 떠날 것이다. 그래도 사람들은 여전히 초고속으로 책을 인쇄하는 인쇄기와 여행을 가능케 하는 비행기에 가치를 부여할 테고, 기회비용을 따져서 더 많은 책을 사고 더 자주 여행하게 된다.

경제학자가 아닌 이들은 경제학이 '돈을 계속 돌게 하는' 방법에 관한 학문이라고 생각한다. 그래서 그들은 자기 동네에서 세금을 들여 경기장을 건설하면, 그 지역에서 매출이 발생하고 일자리가 창출된다고 스포츠구단주가 주장하면 이에 맞장구를 친다. 경제학자가 아닌 이는 검소하지 않은 행동에서 매출이 발생하고, 일자리가 창출된다는 표현을 신중하고 계량적이라고 강하게 생각한다. 그렇지 않다. 멍청한 표현이다. 제대로 정신이 박힌 경제학자라면 그런 표현은 쓰지 않는다. TV에 나와서 매출 '발생'이니 일자리 '창출'이니 하고 떠드는 이른바 경제학자가 있다면, 그는 필시 가짜라고 생각해도 무방하다.

애덤 스미스도 한때는 사람들이 부가 가져다 줄 쾌락을 생각하면 열심히 일하게 된다고 주장했다. 가장 최근의 구매 행위가 진정한 만족감을 주리라는 희망은 충분히 상식적이다. 공구용품점 브룩스톤을 찾은 남성이나 주방용품점을 찾은 여성처럼 말이다. 스미스는 다음과 같이 지적한다. "사람들이 이런 도구들을 좋아하고 만족스러워하는 이유는 유용한 기능 때문이 아니라, 기계가 그런 기능을 보여주기에 적합하게 만들어졌기 때문이다. 요소요소에 자잘하고 편리한 기능들이 가득 탑재되어 있다."[5] 실제로 우리는 '그런 쓸데없는 기능을 장착한 자질구레한 물건들'을 손에 넣기 위해서 열심히 일해야겠다는 속임수에 넘어간다. 그러나 그런 속임수가 바람직하다고 생각하면 잘못이다. 스미스는 다음과 같이 바람직하다고 말했지만 말이다. "다행히도 자연은 인간에게 이런 성향을 부여했다. 바로 이런 속임수가 인류의 근면성을 일깨우고 지속시킨다."[6] 스미스의 주장은 검소의 역설을 잘 포장하고 있다. 그리스의 위대한 시인인 호메로스도 이따금 허접한 시를 쓴다. 이따금 위인도 실수를 한다.

검소함의 결여 덕분에 우리는 탐나는 특정한 사치품을 만들어내는 데 합당한 '과학과 예술'을 발명하고 개선한다. 이 주장에서 옳은 부분은 데이비드 흄David Hume이 주장한 '찬사를 받으면 느끼는 희열'과 경제학자 프랭크 나이트Frank Knight가 지적한 소유가 '최종적인 이득'은 아니라는 주장이다. 사회적으로 인정받고 싶은 욕구는, 미심쩍은 욕구라고 해도, 우리를 부추겨 발명하고 개선하고 '거친 자연의 숲을 고분고분하고 비옥한 들판으로' 변모시킨다. 따옴표 안의 인용구는 스미스 책 편집자가 루소가 한 말을 인용한 구절인데, 루소는 스미스와는 달리 다음과 같은 결론에 도달한다. "그 고분고분하고 비옥한 들판에 인간이 흘린 땀으로 물을 대고, 비참한 삶을 사는 노예들이 그 들판의 작물을 싹 틔우고 가꾸었다."[7] 스미스는 루소가 내린 이 결론을 반박하는 데 일생을 바쳤다.

그러나 근면함만으로는 아무것도 얻지 못한다. 여기서 다시 풍선이론이 등장한다. 바람직한 방향으로 나아가는 운동과 '지속적인 운동'을 혼동하고 있다. 케인즈 이론의 핵심적인 오류는 "거기 그냥 서 있지만 말고 뭐든 해. 아무거나 좋으니까"라고 말하는 점이다. 경제에 마구잡이로 돈을 쏟아붓는다고 해서 반드시 생산적인 곳으로 돈이 흘러들어가지는 않는다. 고용을 창출하자고 다리를 건설하면 어디로도 연결되지 않는 쓸모없는 다리만 생긴다. 높은 벽을 쌓는 과학과 기술을 발명하고 개선한다 해도, 중국의 만리장성을 쌓아올리는 일 자체는 바람직한 토목사업이 아니다. 집을 짓고 자동차를 만들고 대학과 박물관을 건설해 과학과 예술을 증진시키면 목적 있는 삶을 살 수 있는 데 말이다.

스미스가 범한 실수는 나이 지긋한 경제학자들 사이에서 회자되는 '탱' 오류다. 중국의 당 왕조를 영어식으로 발음한 그 탱이 아니라 가루 형태의 오렌지주스 상품명을 말하는데, 제품 광고에서 탱 가루가 미국 우주개발 프로그램에서 파생된 제품이라고 선전했다. 탱 오류란 달나라에 우주선을 쏘아 올리는 데 돈을 투자하지 않고 평범한 사람들 손에 돈을 쥐어줬다면, 값어치를 따질 수 없을 만큼 중요한 탱 같은 상품은 탄생하지 못했으리라는 사고방식이다.

또다른 가장 중요한 경제적 오류는 마리아나 마추카토가 '기업가적인 국가'를 찬양할 때 범하는 오류다. 이러저러한 수익성 없는 국책사업들을 통해 '일자리를 창출'하는 정책은 시장경제를 작동시키는 최적의 방식이 아니다. 오히려 정반대다. 눈에 띄게 빈곤한 국가들은 흔히 일자리가 차고 넘친다. 고대 그리스의 아티카에서 은을 채굴하는 광부들이나 이탈리아 시라쿠사에서 대리석을 캐는 노예들이 직면한 문제는 실업이 아니었다. 고속철도같이 자유주의 경제에 어긋나는 국책사업을 시행하거나, 적자투성이인 국영기업들을 보유한 중국공산당과 같은 지도자들은 우리 돈으로 권력과 특권을 산다. 그들은 창출되지 말았어야 하는 '일자리를 창출'하고, 이 때문에 우리는 더 부유해지기는커녕 더 가난해진다.

네덜란드계 영국 의사이자 정치풍자가인 버나드 맨더빌은, 이러한 잘못된 생각에 대해 1705년에 다음과 같이 일갈했다. "수많은 벌들이 꿀이 가득한 벌집에 몰려들었다./그런데 그 수많은 벌들을 번성하게 만든 주인공은 바로 그들의 머릿수다./수백만 마리가 십시일반해서/한 마리 한 마리의 욕망과 허영을 충족시켰다. …… /따라서 하나하나는 악으로 충만했다./그러나 전체는 낙원이 되었다."[8] 맨더빌은 악덕, 어리석음, 탐욕, 대식 등이 경제성장이라는 시계를 작동시키는 여러 개의 용수철이라고 주장한다. 사회는 뜻하지 않게 죄악을 동력 삼아 활력 있고 부유해진다.

맨더빌이 꿰뚫어 본 의도치 않은 결과는 중요하다. 그러나 그가 상상해 낸 특정한 결과는 어불성설이다. 그의 경제관은, 낙수효과를 신봉하고 나는 내 몫을 챙겼으니 괜찮다는 정치윤리관을 지닌 사람들에게는 위안이 될지 모르지만, 잘못되었다. 당시 맨더빌 주장에 대해 반박한 이는 조지 블루휫George Blewhitt이라는 사람이다(맨더빌의 1723년도판 책에 대한 반박글을 담은 정치팸플릿의 저자다). 맨더빌은 모든 사람이 정직하다면, 자물쇠 만드는 사람은 생계가 막막해지므로 경제적 번영에 해를 끼친다고 주장했다. 블루휫은 다음과 같이 반박했다. "정직한 삶으로의 변화는 필연적으로 서서히 일어날 수밖에 없다. 그렇게 되면 범죄 예방 서비스를 제공하는 직종들이 쓸모없어져 점점 사라지면서, 뒤이어 새로운 직종들이 등장하리라는 점은 불보듯 뻔하다."[9] 정곡을 찔렀다.

애덤 스미스는 악덕을 포용한 맨더빌의 주장을 역겨워했다. 1759년 스미스는 짜증이 생생히 느껴지는 다음과 같은 글을 썼다. "맨더빌 박사가 주장한 그런 체제는 한때 세상을 떠들썩하게 했으나, 이런 주장 때문에 악덕이 더 만연하게 되었다고 보기는 어렵다. 그러나 적어도 그 악덕이, 다른 원인에서 비롯되었는데도, 실제보다 자신을 더 뻔뻔스러워 보이게 만들고 자신이 아무리 타락한 동기를 지니고 있어도 아주 대담하고 뻔뻔스럽게 떠벌릴 수 있게 만들었다."[10] 트럼프 얘기하는 것 같은데, 동의하는 분? 스미스는 탐욕이 바람직하다고 말한 적이 없다. 탐욕이 바람직하다고 여기는, 맨해튼에서 코네티컷 부촌 웨스트포트로 통근열차를 타고 퇴근하는, 넥타이맨 애덤 스미스 추종자들은 《국부론》과 특히 《도덕감정론》을 좀 읽어보기 바란다. 탐욕을 죄악시하는 그리스도교도를 비롯한 이들은 탐욕이 경제를 돌아가게 한다는 주장을 더 이상 용인하지 말기 바란다. 검소함의 역설이란 없다. 제대로 된 그리스도교적인 세계에도 없고 우리가 사는 통탄스러울 만큼 타락한 세상에도 없다.

이는 윤리적인 사람들에게는 희소식이다. 우리는 탐욕스러운 생산이나 천박한 소비지상주의나 애착 없는 일에 매달릴 필요가 없다. 그리고 사회적으로 바람직한 목적에 부응한다는 구실로, '일자리 창출이라는 미명하에' 정치꾼들이 추진하는 거창한 국책사업을 받아들일 필요도 없다.

집에서 여가시간에 빨래를 하거나 정원을 가꾸는 등 집안일을 하면서 일자리를 구하는 게 가장 중요한 문제라고 생각한 적이 있는가? 그러나 가장 중요한 문제는 정반대의 성격이 아닌가? 빵을 굽거나 자동차를 고치거나 아이들과 놀아주거나 우정을 돈독히 하거나 찬송가를 부를 시간이 너무 부족하다고 생각하지 않았나? 여기에 동의한다면 당신은 경제의 대원칙을 파악한 셈이다. 애덤 스미스 말마따나, "각 가정마다 품행을 삼간다면 위대한 왕국도 품행을 훼손하는 어리석은 행동을 거의 하지 않는다." [11] 그러면 사치품을 소비하고 죽어라 일을 하기 때문에 '우리 모두가 일자리를 유지한다'는 주장이, 경제적 관점에서 분별 없는 생각인 이유를 당신은 파악하게 된다.

Chapter

23

오늘의 세계를 만든 주인공은 자유주의적 개념이다

2016년 〈인디고 시대The Indigo Era〉에 실린 인터뷰 기사.

인디고 시대 | 최근에 출간된 당신의 책《부르주아 평등: 자본이나 제도가 아니라 아이디어가 세계를 풍요롭게 하다Bourgeois Equality: How Ideas, Not Capital or Institutions, Enriched the World》(2016)는 아이디어의 역할, 특히 기술 혁신보다는 사람들에 초점을 맞추어야 한다고 주장하고 있다. 사람을 당신의 주장 중심에 놓는 이유는 무엇인가?

매클로스키 | '기술 혁신보다는'이 아니다. 진정한 새로운 '혁신'을 오래전에 발명된 기계로써 사람을 대체하는 사례와 혼동하는 듯하다. 경제학자가 아닌 사람들(이따금 잘못 알고 있는 경제학자들도 있다)이 흔히 그런 실수를 한다.

처음에는 '자유와 대풍요(Freedom and The Great Enrichment)'라는 제목으로 〈세계적 관점, 제1권: 인디고 시대(Global Perspectives, vol. 1: The Indigo Era)〉에 실렸다. Chapter 23, 'The Liberal idea, in short, made the modern world': Interview with Deirdre McCloskey in Global Perspectives Vol. 1: 'The Indigo Era', September 2016.

오히려 나는 기술혁신을 매우 강조한다. 이를 나는 '상업적으로 검증된 혁신'이라고 부른다. 1800년경에 자유주의라는 새로운 이념에서 비롯된 결과인 '혁신주의'를 뜻한다. 혁신주의란 개선은 없이 그저 한 층 한 층 축적된 결과물, 혹은 영국 관습법처럼 개선되지 않은 '바람직한 제도'와는 다르다. 이런 제도들은 당시에 크게 바뀌지 않았고 종종 혁신의 장애물이 되었다.

건물 같은 자본이나 법체계처럼, 우리가 쉽게 인식할 수 있는 제도는 우리를 오도한다. 따라서 우리는 자본과 제도가 부를 창출한다고 여기는 경향이 있다. 성을 지어라, 새 법원을 열어라, 문제가 해결된다. 그렇게 말한다. 그러나 더 깊이 파고들어, 그 건물을 짓는 데 영감을 준 아이디어는 무엇이고, 어떤 윤리관이 법원을 지탱하는지 물어야 한다. 아이디어는 시계의 용수철이고, 자본과 제도는 톱니바퀴다.

하지만, 사람이 중요하다. 결국 상상력을 발휘해 개선할 방안을 생각해내는 주인공은 사람이다. 1800년 이후 자유주의가 사람들의 상상력에 불을 지폈다. 법 앞에서는 불완전하나마 평등해졌고, 사회에서는 불완전하나마 동등한 존엄성을 누리게 되었다. 상업적으로 검증된 혁신과 그에 따른 대풍요가 대대적으로 이루어지려면, 1600년대와 1700년대 그리고 그 후로도 유럽 북서부 지역의 사람들이 대거 자유로워지고 그들이 전례 없이 혁신의 상상력을 발휘할 필요가 있었다. 그리고 실제로 그렇게 되었다.

인디고 시대 | 세계에서 가장 빈곤한 지역에 사는 사람들이 세계에서 가장 부유한 지역에 사는 사람들 못지않게 곧 부자가 된다는 글을 썼다. 어떻게 그런 일이 일어나게 되는가? 그 원동력은 무엇인가?

매클로스키 | 전 세계를 부자로 만드는 원동력은 절제된 자기 이익과 절제된 통치다. 애덤 스미스가 1755년에 다음과 같이 말했다. "한 국가가 가장 야만스러운 상태에서 최고로 풍요를 누리는 상태가 되려면, 평화와 낮은 세

금과 관용적인 법 집행만 있으면 된다. 나머지는 저절로 해결된다. 이러한 당연한 경로를 가로막고 억지로 방향을 틀어 경로를 바꾸려는 정부, 혹은 특정한 지점에서 사회가 전진하지 못하게 막으려고 버티는 정부는 억압적이고 폭압적인 비정상 정부가 되기 마련이다."[1] 물론 사하라사막이남 아프리카 지역이나 중남미나 중동이 유럽이나 영미권 지역보다 영원히 빈곤하리라고 생각하는, 인종차별적인 주장을 할 이유도 없다.

인디고 시대 | '혁신적인 아이디어'란 무슨 뜻인가? 이 아이디어가 앞으로 세계 경제의 면모를 어떻게 만들어갈까?

매클로스키 | 1681년, 프랑스의 중앙집권주의자 콜베르Colbert가 프랑스 기업가들에게 정부가 어떻게 도와주면 되겠냐고 물었다. 기업가들은 "간섭하지 말아 달라"라고 했다. 우리에게 맡겨 달라. 우리를 그냥 내버려두면 애덤 스미스가 말하는 '만물이 순리대로 나아가는 길'에 도달하게 된다고 대답했다. 바로 이 새로운 개념이 자유주의로 발전했다.

실제로 1800년에 점점 많은 나라에서, 새로운 진정한 자유주의 개념이 시도되었고 이러한 현상을 폭압적인 정책이 막기에는 역부족이었다. 보통 사람들을 대담하게 만드는, 그래서 결과적으로 대단히 창의적으로 만드는 혁신주의 이념이었다. 이 이념으로 인해 기계와 제도에 대한 새로운 아이디어가 봇물처럼 터져 나왔다.

최근에 성장에 대한 비관론이 다시 등장했지만, 이 또한 곧 틀린 것으로 드러나게 된다. 1800년 이후로 아마 여섯 번째로 등장한 비관론이지 싶다. 브라질같이 구유럽과 구영미권 바깥 지역에서 혁신적인 아이디어를 시장에서 검증하려는 이들은 가장 가난한 이들에게 최고 수준의 풍요를 선사하게 된다.

인디고 시대 | 1800년대 이후로 우리의 삶을 풍요롭게 한 '대풍요' 개념은

향후 2세기에 어떻게 적용할 수 있는가?

매클로스키 | 다음 세기에는, 향후 50년 동안 국가주의와 사회주의가 대풍요 개념을 파괴하지 않는다면, 남미, 아프리카 그리고 나머지 지역이 부르주아딜에 합류하게 된다. 내가 쓴 책에서 나는 부르주아딜이라는 새로운 이념은 "내가 상업적으로 검증된 혁신에서 수익을 얻게 내버려두면 즉, 자유주의와 혁신주의에 합류하게 내버려두면 나는 당신을 부자로 만들어 주겠다"라는 뜻이라고 주장했다. 풍요는 문화를 활짝 꽃피게 하고 문화는 다시 풍요를 낳으며, 5세기 아테네 희곡과 중국 당 왕조의 시와 르네상스 시대 명화를 무색하게 하는 업적을 달성하게 된다.

인디고 시대 | 세계적으로 변화가 가속하리라고 보는가? 그렇다면 인류는 가속화된 변화로부터 이득을 보게 된다고 믿는가? 그렇다면 그 이유는 뭔가?

매클로스키 | 그렇다. 성장은 확실히 가속화된다. 물가상승을 감안한 세계 1인당 GDP는 인간이 사용가능한 재화와 용역을 매우 정확하게 측정하는 척도다. 이 수치는 지난 몇 십 년 동안 일취월장했고(경기 침체로 부침을 겪긴 했지만) 세계 역사상 가장 빠른 속도로 성장하고 있다. 소박하지만 안락한 집이 있고, 먹을 게 충분하고, 자녀들을 웬만큼 교육시킬 정도 되는 생활수준 — 한스 로슬링이 분류한 4단계 중 3단계 — 은 1800년이나 1900년, 심지어 1960년의 비참한 생활수준과 비교하면 괄목할 만하게 개선되었다.[2]

GDP가 다는 아니라는 점 순순히 인정한다. 그러나 이를 무시하고 재분배나 환경보호나 반소비주의라는 명목으로 성장을 제약하면, 지구상에서 가장 비참한 삶을 사는 이들을 영원히 비참한 삶에 가두게 된다. 경제학자 라울 프레비시Raul Prebisch가 주도한 경제 국유화로 1950년 이후 중남미가 이런 식으로 고통받고 있다. 이런 정책은 정부에 자문하는 오만한 식자층 이론가들의 자존심을 만족시킬지는 몰라도 비윤리적이다. 이 지역의 빈곤층은 1인당 실질 GDP가 지금보다 30배 증가해야 할 필요성이 절실하다. 이는 과거의 빈곤층이 대풍요를 통해 지금의 부유한 수준으로 올라서게 되었을 때 달성한 수치다.

인디고 시대 | 기술은 다수보다는 소수에게 부를 집중시키거나 적어도 기업가들에게 부를 집중시키는 것으로 보인다. 당신이 말하는 대풍요가 이런 추세를 견뎌낼 수 있는가?

매클로스키 | 당신이 알고 있는 바와는 달리, 부의 집중은 추세가 아니다. 문제가 될 만한 유형의 추세도 아니다. 언론에서 규정하는 '부'는 주식과 증권인데, 이는 공장이나 토지나 기계 같은 물리적 자산에 대한 소유권이다. 그러나 부의 분배는, 언론에서 제시하는 척도로 보아도, 지금보다 1900년대에 훨씬 불평등했고 1800년대에는 그보다 더 불평등했으므로 상관없는 얘기다. 인적 자본은 지난 150년에 걸쳐 훨씬 중요한 소득원이 되었다. 소득은 물리적 자본과 인적 자본의 총합에 대한 수익의 총합이다. 인적 자본은 공장이나 선박의 소유권보다 훨씬 골고루 배분되어 있다. 우리는 우리 자신의 소유다. 증권과 주식을 소유하지 않는다고 해도 말이다. 금융자산에만 집중하면 잘못된 길로 빠지기 십상이다.

그리고 소득으로 소비한다. 소비는 소득보다 훨씬 골고루 배분된다. 금융자산은 말할 것도 없다. 옷장 안에 바지가 60벌 있으면 기분은 좋을지 모르지만, 3벌만 있는 경우보다 크게 나을 게 없다. 왜냐하면 자유로운 기업활동이 가능한 체제에서는 물빨래가 가능한 바지가 발명되고 새로운 세제가 발명되고 세탁기가 발명되고 코인빨래방도 등장하기 때문이다(로슬링은 '빨랫줄Washing Line'이라는 기준을 언급했는데, 여성이 손빨래에서 해방되는 기준이 되는, 하루에 1인당 소득이 50~70달러가 되는 기준선을 뜻한다).

그리고 무엇보다 총소비 가운데 기본소비 — 적당한 주거시설, 식량, 인간다운 삶을 누리는 데 필요한 교육수준—는, 1800년은 물론이고 1960년에 비해서도, 총소비나 소득이나 자본이나 금융자산보다 훨씬 골고루 배분된다. 현재 부유한 나라에서조차도. 즉, 중요한 평등은 감소하지 않고 오히려 증가했다. 심지어 최근에도.

1960년에는 우리가 걱정해야 할 대상인, 비참한 삶을 사는 인구가 세계 인구 50억 명 가운데 40억 명에 달했다. 당시에는 천박한 부자들이 보석이 잔뜩 박힌 시계를 몇 개 소유하는지를 두고 안달하면 어리석은 짓이었을게 틀림없다. 오늘날은 처참한 생활수준에 놓인 인구가 70억 인구 가운데 10억으로 감소했다.[3] 세계는 예전보다 훨씬 평등해졌다. 윤리적으로 평가하기에 타당한 기준으로 보면 말이다. 상위 1퍼센트가 누리는 짜증나는 사치가 아니라 기본소비로 보면 말이다. 보석 박힌 시계는 사라지지 않는다. 하지만 부자들에게서 그 시계를 빼앗아도 밑바닥 10억 인구의 삶을 개선하는 데는 아무런 도움이 되지 않는다. 1960년대에도 마찬가지였을 것이다. 해외원조를 하거나, 금융인들을 가로등에 매달아 처형하거나, 보석 박힌 시계를 소유한 부자에게 재산을 몰수하는 수준의 과세를 한다고 해도, 문제가 해결되지는 않는다. 통계를 보면 강제적인 재분배의 효과는 영원히 지속되지 않는다. 경제성장이야말로 재분배 효과를 낳는다.

금융자산의 집중에 대해 계속 왈가왈부하는데 이는 실제로 큰 문제도 아니다(그리고 바람직하지 않은 방식으로 금융자산이 집중된다고 해도, 이는 유산 상속보다는 주로 잘못된 주택정책이나 무상 고등교육에 대한 대대적인 보조금 지원과 훨씬 관련 깊다). 새로운 기업들이 진입하면 이는 역전되고(예컨대, 우버), 실제로 중요한 종류의 불평등도 아니다. 그저 트럼프나 영국 노동당 당수 제러미 코빈처럼 시기와 분노만 불러일으킨다. 그러한 선동 때문에 지금 전 세계적으로 포퓰리즘이라는 정치적 결과를 낳고 있다.

인디고 시대 | 당신이 주장하는 대풍요의 핵심인 문화적 요인은 다른 국가들에게 손해를 끼치며 제한된 소수 국가들에게 이득을 주는 것으로 보인다. 그들은 더 많은 자유를 누리고 더 나은 교육을 받는다. 선진국들만큼 자유를 누리지 못하고 통치가 엉망이며 교육의 기회가 제한된 개발도상국들은 어떻게 해야 경쟁력을 향상할 수 있을까?

매클로스키 | 빈곤 해결의 핵심은 딱히 '문화적 요인'이 아니라 수사와 이념의 문제다. 대부분의 경제학자들은 문화는 기정사실이고 단기적으로 고정불변이며 심지어 장기적으로도 그러하다고 잘못 생각하고 있다. 그러나 수사, 이념, 정책은 빠르게 변할 수 있다. 계속 잘못된 통치를 받으면 즉, 수사가 변하지 않으면 개발도상국의 여건은 나아지지 않는다. 애덤 스미스가 주장한 정도의 기준으로 제대로 통치가 이루어지면 개발도상국도 급속히 성장하게 되고 필요한 교육도 받게 된다. 혁신주의가 필요하다.

그런데 교육의 기회를 확대하라고 부르짖으면서 이를 직접적이고 신속하게 경제를 자유화하지 않으려는 핑계로 이용한다. 남아공이 그런 사례다. 그곳 흑인들의 생활수준은 열악하다. 1994년 이후 실행된 노동법으로 고용의 기회가 막혀 버렸기 때문이다. 진보주의판 아파르트헤이트다. 좌익은 가난한 사람들을 고용하면 이득이 없거나 심지어 위험해지는 억압적인 노동법의 완화를 요구하지 않고, 교육의 기회를 확대하여 가난한 사람들에게 높은 최저임금을 주고 고용할 만한 수준을 갖추게 해 주라고 요구하고 있다. 이 정책은 본말이 전도된 정책이다. 가난한 사람들이 일을 하면 자녀들을 교육시키려고 한다. 거리에서 음식을 팔거나, 공장에서 안정적인 일자리를 구해 일하면, 기본적인 소비가 가능하다. 싱가포르와 보츠와나와 한국이 그랬다. 남아공도 할 수 있다. 진보주의자들이 양보하면 말이다. 가난한 국민에게 이래라저래라 함으로써 경제를 망치는 중앙정부가 최악의 정부다.

  '경쟁'할 능력 부족은 문제를 정확하게 설명하는 언어가 아니다. 무역은 축구경기가 아니다. 세계는 제로섬이 아니다. 프랑스가 풍요로워진다고 해서 아프리카의 차드공화국에게 피해를 주지는 않는다. 정확한 단어는 '빈곤'이다. 중국과 인도는 한 해에 1인당 7퍼센트 이상 성장한다. 브라질과 남아공은 2퍼센트만 성장해도 다행이다. 왜냐고? 중국과 인도는 자유주의 이론을 토대로 한 경제 정책과 성장을 가능케 하는 혁신주의 이념을 채택했기 때문이다. 적어도 성장을 둔화시킨 과거 정권들과 비교해볼 때 '자유주의적'인 정책을 채택했다. 브라질과 남아공은 비자유주의적 이론에 매달리고 있다. 정부가 주도하는 자본 축적, 정부가 주도하는 성장 정책으로서의 수출, 강제적인 수입 대체 정책 등 말이다. 그러나 그처럼 뒤처지는 나라들도 진정한 자유주의와 혁신주의를 채택하면 빠르게 변할 수 있다. 어떻게 아느냐고? 17세기 네덜란드가 그런 식으로 성공한 이래로 성공한 나라들이 모두 그랬기 때문이다. 단 하나의 예외도 없이.

인디고 시대 | 성장을 견인하고 경제성장을 위해서 탄탄한 사회기반시설을 마련하려면, 법과 정부 등 제도가 중요하다고 강조하는 게 잘못인가? 그렇다면 왜인가?

매클로스키 | 그렇다, 잘못이다. 제도를 풍요의 열쇠라고 생각하는 건 잘못이다. 훌륭한 법과 정직성은 바람직하다. 그러나 그런 것들은 성장의 결과이지 원인이 아니다. 1880년에 시카고는 법을 자의적으로 집행했고 부정부패가 만연했다. 돈만 주면, 판사든 경찰관이든 모조리 매수해 법망을 빠져나갈 수 있었다. 그런데도 당시 시카고는 세계에서 가장 빠르게 성장하는 도시였다. 오늘날 상하이처럼 말이다.

  그리고 '법과 정부'는 대부분 억압적이고 폭압적이다. 스칸디나비아반도 수준의 올바른 통치가 이루어지지 않는 수많은 나라들에서 말이다. 신제도주의 — 요즘 세계은행에서 내세우는 정설이론 — 는 그 이전에 윌리엄 이스털리William Easterly가 '자본 근본주의capital fundamentalism'라고 일컬었던 정설이론 못지않게 처참하게 실패하고 있다.[4] 세계은행이 오늘날 내세우는 성장의 공식인 '새로운 법적 제도를 더해 변화를 꾀한다'는 주장은 과거에 내세운 '댐과 도로를 건설해 변화를 꾀한다'는 주장 못지않게 효과가 없다.

시작부터 완벽한 정부는 불필요하다. 완벽한 정부는 도달 불가능하고, 어쨌든 자유경제체제에는 불필요하다. 감시감독하는 이를 추가할 필요도 없다. 우리에게 필요한 것은 보편적인 자유다. 누구든 자기 나름의 방식으로 자기 이익을 추구할 자유가 있고, 작은 정부는 무력행사와 사기를 방지하며, 그 밖의 사안들은 언론과 사법부와 특히 시장의 경쟁에 맡긴다. 물론 내전 중에는 성장이 계속될 수 없다. 그러나 평화를 구축하고 낮은 세율을 유지하고 관용적인 사법체계를 유지하면, 우리를 보호하거나 우리를 착취할 대대적인 규모의 경찰과 관료는 필요없다.

인디고 시대 | 다음 세기에 걸쳐 도시와 나라가 강하고 활력 있고 변화에 적응할 능력을 갖추려면, 염두에 두어야 할 가장 중요한 요인은 무엇일까?

매클로스키 | 평생 활력 있는 도시들을 연구해온 제인 제이콥스는, 르코르뷔지에 같은 오만한 건축가나 우리 도시를 '계획'하는 로버트 모지즈 같은 고압적인 고위관료는 필요 없다고 주장한다. 1984년 그녀는 "잘못을 제대로 바로잡으려면 해당 도시에서 당대에 발생한 형태 그대로의 창의성을 육성해야 한다. 앞날을 내다보기는 불가능하기 때문이다" 라고 썼다.[5] 마음에 새겨야 할 말이다.

인디고 시대 | 전통적인 경제학이 문화와 아이디어의 중요성을 너무 쉽게 간과한다고 생각하는가? 그렇다면 그 이유는 뭔가?

매클로스키 | 그렇기도 하고 그렇지 않기도 하다. 놀랍게도 경제학자들은 문화를 뒷전으로 밀어낸다. 문화를 이해하는 데 필요한 인문학을 굳이 들여다보고 싶지 않기 때문이다. 그러나 경제학자들은 자유로운 사회의 아이디어, 이념, 수사를 배워야 할 절실한 필요가 있다. 사람들이 변하지 않는다고 간주하는 여건은 사실 대단히 빠르게 변하며, 대대적인 경제적 효과를 낳기 때문이다. 예컨대, 1917년 10월 러시아혁명을 탄생시킨 아이디어로서의 공산주의처럼 말이다. 아니면 훨씬 긍정적인 사례로 1776년 7월 미국 독립의 토대가 된 자유주의처럼 말이다.

경제학자들은 그러한 변화 가능한 아이디어를 '문화'라는 단어와 동일시하고, 그런 아이디어를 불변이라고 치부해버린다. 역사적 증거도 들여다보지 않고. 냉정하게 말하면 경제학자의 그런 이론은 인종차별적이다. 1960년대에 우리는 인도가 절대로 부유해지지 못한다고 생각했다. 인도인들은 대부분 힌두교도라는 이유에서였다. 예컨대, 경제학자 올리버 윌리엄슨 Oliver Williamson은 규범이 바뀌려면 "몇 세기가 걸린다"라고 주장한다.[6] 규범을 무시하는 게 윌리엄슨의 연구 목적에 부합하기 때문이다. 규범은 종종 극적으로 바뀐다. 예컨대, 로마인들이 그리스도교도가 되었고, 북부 게르만족이 프로테스탄트가 되었고, 1945년 이후 영국과 프랑스와 미국령에 있던 독일인들이, 대부분의 영국인과 프랑스인과 미국인들보다 훨씬 더 열렬한 민주주의자가 된 사례가 보여주듯이 말이다.

인디고 시대 | 당신은 자유의 중요성을 강조했고 '자유로운 사람은 창의적'이라고 했다. 미래의 일꾼들을 위해서 무슨 뜻인지 좀 더 구체적으로 말해주겠는가? 오늘날 경제체제와 사람들이 벗어나야 하는 제약은 무엇인가?

매클로스키 | 사람들은 우선 감시자들—관료, 경찰, 정치인—로부터 자유로워져야 한다. 감시자는 누가 감시하나? 나는 인도적인 자유주의자이므로

216

빈곤층을 도와야 할 책임이 있다는 점은 인정한다. 그러나 그들을 돕는 가장 좋은 방법은 당신과 나처럼 다른 사람들에게 이득이 되는 일을 해서 ─ 감시자가 개입해 마음대로 정하지 않고 시장에서 형성된 임금으로 ─ 보상받도록 하면서 자존감을 잃지 않도록 하는 것이다. 감시자들은 사람들이 당연히 누려야 할 자유에 개입해 노조원, 당원, 도시거주 관료에게 특혜를 주고 농부, 노점상, 공장 노동자들에게 피해를 준다. 튀니지에서 과일노점상을 하다가 경찰의 끈질긴 갈취를 견디지 못하고 분신한 모하메드 부아지지를 보라.

인디고 시대 | 당신은 평등의 중요성도 강조했다. 법 앞에 평등과 사회적 존엄성을 누릴 평등이라는 의미에서의 평등 말이다. 그래야 "사람들이 자기 나름의 방식으로 처지를 개선하려고 노력할 용기를 낸다"고도 했다. 유연 근무제, 자유업종, 스스로 판단하고 싶어하는 기업가들이 부상하는 21세기에 그에 상응하는 현상을 목격하게 될까?

매클로스키 | 자유업종은 피고용인들이 제약을 받는 상황에서 비롯된다. 우버 택시가 좋은 사례다. 우버 택시는 전 세계적으로 도시에서 독점적으로 운영되는 택시 서비스 시장을 잠식하고 있다. 비교적 정직성이 높은 투명한 도시인 암스테르담에서도 오랫동안 택시는 그다지 정직하지 않은 소수가 독점했다. 미국 대부분에서, 특히 플로리다주에서는, 소량의 마약을 거래해 유죄선고를 받고 복역한 뒤 출소한 중범죄자는 2018년에 투표권이 주어지기 전까지 급여를 받는 일자리를 구할 수가 없었다. 따라서 자유업종 밖에 선택의 여지가 없었다. 나는 자유업종으로 사람들을 유인하는 사악하고 부패한 규제를 애초에 줄이는 게 낫다고 본다. 그러나 과도한 감시와 보호 체제하에서는 그러한 자유업종 ─ 예컨대 비공식적인 경제 ─ 을 택하는 길 밖에 없다. 모하메드 부아지지나 브라질처럼 말이다.

인디고 시대 | 당신은 경제학자와 역사학자들이 대풍요 현상을 설명하는 데 실패했다고 주장해왔고, '인도적인 경제학'으로 바꿔야 한다고도 주장해왔다. 인도적인 경제학이 어떤 것이고, '단어와 의미를 연구'하면 세계 경제가 나아지는 데 어떻게 기여하는지 설명해 달라.

매클로스키 | 경제체제는 격려하는 말로써 훨씬 잘 작동한다. 명령이 아니라 사람들의 마음을 바꾸고 설득하고 격려하는 게 훨씬 좋은 방법이라는 뜻이다. 다행스럽게도 물건을 제조하고 서비스를 제공하는 일이 비용은 낮아지고 점점 더 자동화되면서 인간은 점점 더 격려하고 설득하고 뭘 어떻게 할지 판단하는 일을 맡게 된다. 고운 말씨로 벌어들이는 소득은 이미 부유한 나라에서는 임금소득의 4분의 1을 차지하고 그 수치는 계속 증가하고 있다. '단어와 의미를 연구'하면 보다 현명하게 설득하는 요령이 생긴다. 그래야만 한다. 그렇지 않으면 포퓰리스트 폭군에게 설득 당하게 된다.

인디고 시대 | 요즘 학생들에게 어떻게 장래를 준비해야 할지 충고해 달라.

매클로스키 | 생각하는 법을 배워라. 〈뉴욕타임스〉에 실린 기존의 사고방식을 담은 글을 읽는 일은 삼가고, 인터넷에서 탈피해 진지한 내용을 담은 책들을 읽어라. 대부분 사람들이 믿는 내용의 절반은 잘못 되었다고 생각하라. 예컨대 〈뉴욕타임스〉에 실린 기사의 절반은 오보로 전제하고 읽어라.

경제학이든, 문학이든, 수학이든, 철학이든, 한 분야를 비판적으로 깊이 파고들라. 그래야 '지식의 깊이'와 '비판'이 뭔지 진정으로 터득할 수 있다. 하지만 폭넓은 독서도 필요하다. 폭을 넓히면 불가피하게 겉핥기가 되긴 하지만. 예컨대, 매트 리들리나 A. N. 윌슨이나 존 호건 같은 저자들이 쓴 대중서적을 엄선해서 읽어라. 명작소설들을 읽어라(요즘 베스트셀러는 대부분 쓰레기다). 윌라 캐더나 제인 오스틴이나 레프 톨스토이같이 세월이 흘러도 여전히 사랑받는 고전을 읽으라는 말이다. 본인이 이해할 수 있는 최고 수준의 역사서를 읽어라. 독서를 할 때는 항상 손에 펜을 쥐고 여백이나 면지에 저자의 주장에 자신이 동의하거나 반박하는 내용을 적어라. 책을 읽을 때 정신은 깨어 있게 된다. 많이 읽고 많이 쓰고 많이 말하고, 그럼으로써 스스로 생각하는 법을 터득해라.[7] 그 어떤 집단의 노선도 추종하는 사람이 되지 말라. 솔깃하겠지만 말이다. 대부분의 집단이 표방하는 노선들도 쓰레기다.

인디고 시대 | 당신은 낙관주의자라고 밝혔다. 이는 지식을 바탕으로 한 입장인가, 아니면 마음가짐인가?

매클로스키 | 대체로 마음가짐이다. 낙관주의자가 아니고서야 1995년에 성전환을 하겠는가? 하지만 그저 마음가짐이라고 해서 지식을 바탕으로 한 입장이 아니라고 하는 건 잘못이다. 낙관주의적인 역사학자이자 에세이스트 매콜리가 1830년에 다음과 같이 말했다. "돌이켜보면 지금까지 쭉 나아지기만 했는데 무슨 근거로 앞으로 계속 나빠진다고 예측하겠는가?"[8] 1800년 이후로 유행처럼 등장한 비관론은 하나같이 잘못으로 판명되었는데, 무슨 근거로 비관적인 태도를 지니겠는가?

TRUE
LIBERALISM

PART
3

불평등에 대한 우려는
이번에도 틀렸다

1

**The New Worry About
Inequality Is Mistaken**

Chapter

24

강제로 추구하는 결과적 평등은
부당하고 비인도적이다

〈파이낸셜타임스〉와 뒤이어 〈뉴욕타임스〉가 불평등에 대한 짤막한 칼럼을 써달라고
요청했다. 이 글은 불평등에 대한 새로운 주장이다. '자본주의'가 야기한다고
알려진 불평등은 대풍요가 불러오는 평등화하는 힘에 비하면 사소한 문제다.
그래서 나는 물러나지 않고 끈질기게 내 주장을 했다. 내가 장하다는 생각이 든다.

앤서니 트롤로프의 정치소설 《피니어스 핀》에 등장하는 자유주의자 글렌코라 팰리서 여사는 위계질서와 특권을 누리는 보수주의자에 맞서 다음과 같이 말한다. "남녀평등이 정치이론의 핵심이다." 그러나 영국의 제조업자이자 급진적인 자유주의자 리처드 코브던Richard Cobden과 영국의 급진적인 자유주의자 존 브라이트John Bright와 존 스튜어트 밀과 같은 부류이며, 이 소설에 등장하는 급진주의자들 가운데 한 인물인 조슈아 몽크Joshua Monk는 이러한 윤리적 문제의 핵심을 더 분명히 간파하고 그녀에게 이렇게 답한다. "평등은 거부감을 불러일으키는 단어이고, 사람들을 겁먹게 한다." 프랑스혁명에서 평등을 외친 후로 미국의 평등주의(앵글로계로서 중년층에 고소득층이자 미국에서 태어났고, 유대인이 아니며 주로 개신교도인 백인 남성을 위한 평등주의)에 충격 받은 영국의 정치적 특권 계층은 오래전부터 평등이란 단어에 두려움을 느껴왔다. 몽크는 진정한 자유주의자가 추구해야 할 바는

평등이 아니라 "정직한 남성이라면 누구든 가져야 할 덕목으로 자기보다 하층민의 삶을 고양하는 것을 돕겠다는 바람"이라고 말했다.[1] 그러한 윤리적 목표는 재분배 같은 직접적인 조치나 규제나 노조가 아니라, 자유무역과 여성의 권리 존중과 세금으로 지원하는 교육을 통해서—무엇보다도 혁신주의라는 자유주의적 이념이 낳는 경제적인 결실을 통해서—달성되어야 한다고 인도적인 자유주의자 몽크는 주장했다.

그리고 달성되었다. 내가 대풍요라고 일컫는 현상은 경제사에서 으뜸가는 과학적 발견이다. 부유한 나라의 가장 가난한 이들과 가난한 나라들에 사는 수십억 명은 자유주의를 토대로 한 경제성장의 최고 수혜자들이다. 부자는 더 부자가 됐다. 사실이다. 그러나 가난한 이들도 자기 집에 난방 시설을 갖추고 자동차를 몰고 천연두 예방접종을 하고, 실내에 화장실을 들이고 저렴한 비용으로 여행을 하고 여성의 권리를 누리게 되었으며, 영유아 사망률이 낮아졌고 적절한 영양을 섭취하게 되었고 신장이 커졌고, 기대수명은 두 배로 증가했고 아이들을 학교에 보낼 수 있게 되었으며, 신문을 읽고 투표를 하고 대학에 입학할 기회가 열렸고 존중받게 되었다. 이와 비슷한 현상은 일어난 적이 없었다. 영광스러운 그리스나 장엄한 로마나 고대 이집트나 중세 중국에서도 없었다.

그런데 지금도 우리는 불평등이 우리가 안고 있는 가장 큰 문제라고 부르짖고, 남녀가 평등해야 한다고 한다. 아니다, 그렇지 않다. 적어도 가난한 이들의 처지를 개선하고 싶다면 그게 문제가 아니다. 윤리적으로 보면, 진정한 자유주의자는 우리 가운데 가장 가난한 이들이 존엄성을 지키며 생활할 만한 여건을 갖추고 민주주의에 참여하는 쪽으로 가까워지고 있는지를 주로 살펴야 한다. 실제로 그런 현상이 일어나고 있다.

영국과 미국처럼 이미 부유한 나라에서도 빈곤층의 실질소득은 최근에 증가했다. 정체되었다고 매일 귀가 따갑게 얘기하지만 말이다. 보다 나은 의료서비스를 받고, 개선된 작업 여건에서 일하고, 더 오래 교육받고 은퇴 후 노년이 더 길어졌고, 무엇보다도 재화와 용역의 질이 전반적으로 향상 되었다는 점 ― 성능이 개선된 자동차와 효능이 개선된 의약품 ― 을 모두 고려해서 제대로 측정하면 소득은 증가했다. 1950년대보다는 증가 속도가 느린 점은 인정한다. 그러나 그 당시는 대공황과 제2차 세계대전의 참화를 겪고 난 직후 원상복구 할 때라, 급속히 성장하던 시기였다는 점을 감안해 야 한다.

물론 부자가 어떤 방법으로 부를 취득했는지 ― 남의 것을 훔쳤는지, 아 니면 부모를 잘 만났는지, 아니면 탁월한 사업수완을 발휘해 지금 일시적 으로 가난한 이들에게 저가에 항공서비스를 제공함으로써 부를 축적했는 지 ― 는 윤리적으로 중요한 문제다.[2] 절도는 처벌하고 재산세는 인상하고 상속세를 다시 도입해야 한다. 하지만 잘 깨지지 않는 판유리와 잘 터지지 않는 자동차 타이어와 성능이 개선된 의료기기를 우리에게 선물한, 황금알 을 낳는 거위를 죽이지 않게 신중을 기해야 한다.

그러나 불평등의 정도를 측정하는 지니계수나 상위 0.01퍼센트가 누리 는 천박한 사치나 3세기 전 베르사유 궁전에서 벌어진 광경이나 30세기 전 에 이집트에서 벌어진 광경같이 늘 일어나는 역사적인 부침은 윤리적인 문 제가 아니다. 부자들에게게 빼앗아서는 그 어떤 목적도 달성하지 못한다. 그 정도로 부자가 많지 않기 때문이다. 오직 질투에 불을 지필 뿐이다.

세계에서 85위 안에 드는 부자들의 자산을 몽땅 몰수해 가장 못사는 절 반의 인구에게 해마다 지원한다고 해도, 지원할 수 있는 액수는 하루에 10센트 밖에 안 된다.[3] 옥스팜oxfam에 따르면 2014년 세계 최고 부자 85명 의 총자산은 1조 7천억 달러에 달한다(그런데 옥스팜이 이 수치를 계산하는 데 오류를 범했다. 세계적으로 이자를 창출하는 자산은 수십조 달러에, 인적 자본 자산까지 합하면, 부자들의 총자산은 수백조 달러에 달한다. 하지만 일단 옥스팜의 수치가 맞는다고 치자). 그 정도 규모의 기금이 한 해에 7퍼센트의 이자가 붙는다고 치면 한 해에 1,190억 달러이고, 하루에 3억 2,600만 달러가 되며, 이를 세계 소득 하위 절반에 해당하는 인구 36억 명에게 나누어 주면 한 사람당 9센트가 된다.

부의 재분배로 크게 달라지는 게 없다는 사실을 보여주는 또 다른 사례는 아프리카나 중남미에 대한 해외원조이다. 유럽이나 미국이 이미 부유한 자국의 농업을 보호하기 위해 부과하는 관세나 다른 보호조치들을 철폐했을 때, 아프리카나 중남미 나라들이 얻을 수 있는 이득에 비하면 해외원조는 새발의 피다.[4] 가난한 이들을 돕는 길은 1800년 이후로 그리고 특히 지난 40년 동안 그랬듯이, 상업적으로 검증된 혁신을 통해서 대풍요를 누리게 하는 길뿐이다. 자선을 베풀거나 부자로부터 갈취하는 방법은 효과가 없다. 특히 해외원조의 형태로 제공하는 자선이나 군사 쿠데타를 통해 몰수한 부자의 재산은, 가난한 이들을 돕는 자금으로 쓰이지 않고 스위스은행 비밀금고로 흘러들어간다. 상업 활동이 절도보다 훨씬 효과가 있다.

지니계수는 크게 중요하지 않다. 대풍요가 중요하다.

경제적 불평등에 대한 분노가 2016년 미국 대통령 선거를 뒤덮고, 트럼프의 공화당이나 좌익 성향의 민주당 정치인들에게 유리하게 작동하고 있다. 이 사안에 대한 논쟁은 정치 성향을 넘어서서 활발하게 진행되었지만, 자선은 크게 주목을 받지 못했다.

예컨대, 1970년에 채택된 일리노이주 헌법을 보자. '빈곤과 불평등의 퇴치'에 힘쓴다고 명시되어 있다.[5] 그럴듯하게 들린다. 누군들 빈곤을 퇴치하고 싶지 않겠는가? 그러나 '불평등'을 퇴치한다고? 빈곤 퇴치는 바람직하며 이미 세계적인 차원에서 일어나고 있다. 세계은행은 인류 역사상 그 어느 시대보다도, 오늘날 가장 빈곤한 이들이 삶에 필요한 기본요건들을 가장 많이 누린다고 발표한다. 그리 멀지 않은 과거에 비참한 곳이었던 상하이는 미국에서 가장 현대화된 지역을 방불케 한다. 미국의 도로와 교량이 훨씬 낫긴 하지만 말이다. 인도의 실질소득은 10년마다 두 배로 증가하고 있다. 사하라사막이남 아프리카 지역도 마침내 성장하고 있다. 이미 부유한 나라들에서도 더 질 좋은 음식과 보건의료와 주거시설로, 빈곤층의 삶은 나아지고 있다.

윤리적으로 중요한 문제는 빈곤층이 투표하고, 글을 읽고, 살 집을 마련할 기회를 얻고, 경찰과 사법부로부터 동등한 대우를 받는 일이다. 투표권 법안을 집행하는 문제는 중요하다. 경찰의 강압을 제한하는 문제도 중요하다. 그러나 누구나 똑같이 롤렉스시계를 차자는 주장은 중요하지 않다. 프린스턴대학교의 철학자 해리 프랭크퍼트Harry Frankfurt는 말한다. "경제적 평등은 그 자체로는 중요한 도덕적 문제가 아니다."[6] 우리는 대풍요를 통해 빈곤층의 삶을 고양시켜야 한다. 급진적 자유주의 소설가 트롤로프가 말한 대로, 프랭크퍼트가 '충분'하다고 규정한 정도의 수준 — 민주사회에서 시민으로서 제 기능을 하고 인간으로서 충만한 삶을 살기에 충분한 수준 — 으로 말이다. 하버드대학교의 철학자 존 롤스는 차등의 원칙Difference Principle을 제시했다. 부자의 기업가 정신 덕분에 가장 가난한 이들의 삶이 나아지면 부자 기업가가 더 높은 소득을 올려도 정당화된다는 원칙이다.[7] 윤리적으로 매우 설득력 있다. 그러나 평등은 그렇지 않다.

부를 과시하는 행태는 천박하고 짜증난다. 그러나 이는 질투를 배제하고 수립해야 하는 공공정책의 원칙에서 인정할 사항은 아니다. 경제적 차이를 비롯해 차이는 그 자체로서 악은 아니다. 차이가 있기 때문에 서로 다른 주끼리, 서로 다른 나라끼리 상품을 교환하고 오프라 윈프리와 엘튼 존 경이 제공하는 서비스를 구매하고 무역을 정치적으로 제한하는 행위를 유치하다고 비판하는 것이다. 우리가 서로 대화하고 오늘날 소설과 회고록이 쏟아져 나오는 이유도 바로 차이 덕분이다. 우리가 다양성을 찬양하는 이유 그리고 찬양해야 하는 이유도 바로 차이 때문이다.

내 친구인 경제학자 로렌스 아이아나코니Laurence Iannaccone는 2018년 내게 보낸 편지에서 재분배가 너무나도 실행하기 쉽고 바람직하다고 어리석게 생각을 하는 이유를 몇 가지 짚었다. 나와 마찬가지로 그도 "부의 불평등이 착취에서 비롯된다는 전제, 그리고 결과의 평등이 자연스럽다고 보는 견해"에 찬성하지 않는다. 재분배 정책은 "하나같이 실제로 부가 어떻게 창출되는지 경험해 보지 못했거나 그런 상황에 놓인 적이 없는 이들이 쉽게 받아들인다. …… 하늘에서 내린 만나가 바로 좌익 대부분이 부와 소득을 보는 시각이다." 아이아나코니는 2000년 크레이그 게이Craig Gay가 쓴 책 《누구를 위한 자유와 정의인가? 자본주의에 대한 복음주의적 논쟁With Liberty and Justice for Whom?: The Recent Evangelical Debate over Capitalism》을 주목한다. 이 책은 좌익 성향의 복음주의적 그리스도교도들은 부를 만나처럼 기정사실로 간주하고 "이에 따라 자신들이 지닌 그리스도교도/성경적 원칙들을 (정적靜的인) 분배의 문제로 보는 반면, 우익 성향의 복음주의자들은 부와 혁신의 끊임없는 창출을 위해서 필요한 유인책을 강조한다"고 말한다.[8]

그러나 소득을 재분배하겠다고 하면 다른 것들은 왜 재분배하지 않느냐는 질문이 따라오게 된다. 아이아나코니는 이에 대해 다음과 같이 말한다.

특정 가구의 역량을 초과하는 가구 생산물을 재분배하자거나, 특정 학생 개인의 성과를 초과하는 점수를 재분배하자거나, 스포츠와 연예오락 부문에서 얻은 수익을 재분배하자는 사람은 거의 없다. '공장'에 들어가는 투입재와 나오는 산출재 간의 관계는 누구든지 이해한다. 그리고 사람들은 이러한 맥락에서의 재분배에는 여전히 저항감을 보인다. 가구의 생산물, 점수, 스포츠 기량은 노력뿐만 아니라 건강, 체력, 지능지수, 사회적인 지원, 성장 배경, 차별, 운 등에 달렸다고 지적해도 말이다. 일단 주어진 생산 과정이 어떻게 작동하는지 제대로 파악하면 결과가 부당하다는 시각이 현저히 줄어든다. 그러한 결과가 분명히 단순한 노력 이상의 요인들에 의해 결정된다고 해도 말이다.

아이아나코니는 위와 같은 윤리적인 성찰에, 소득 재분배가 여전히 바람직하게 간주되는 이유에 대한 역사적인 해석을 곁들인다. "자기 자신이 낸 성과/투입재와 그에 따른 소득/산출재 간의 관계를 파악하기가 그렇게 어려운가. 우선, 어느 시기라도 총인구 가운데 일을 전혀 안 하는 사람들의 비율은 놀라울 정도로 높다. …… 그리고 전성기 동안 정규직으로 일하는 남녀조차도 60대 중반부터는 저축과 노후자금과 사회보장연금으로 살아가는 경향이 있다." 그리고 그는 다음과 같이 말을 잇는다. "그보다 훨씬 중요한 고려사항은 실제로 일을 하는 사람들조차도 자기가 실제로 하는 일과 자기가 벌어들이는 액수 간의 관계를 제대로 파악하지 못한다는 점이다. 19세기 농부들에게는 이 관계가 분명히 보였다. 19세기에 살던 거의 모든 사람들에게 그랬다. 그러나 투입재에서 산출재가 나오기까지의 경로는 가장 단순한 19세기 공장에서조차도 그 이전보다 엄청나게 복잡해졌고, 20세기와 21세기의 지식과 서비스 기반 '공장'에서는 더욱더 그러하다. …… 오늘날 당신이 얻는 것은 대부분 하늘에서 뚝 떨어진 만나처럼 보인다. …… 소득을 벌어들이는 부모나 배우자에게 의존하는 사람이라면 더욱더 그렇게 느낀다."

수렵채집 시대에 살던 먼 옛날 우리 조상들과 마찬가지로 오늘날 경제체제에서 사는 사람들도 결과적 평등으로 기우는 게 놀랍지 않다. 그러나 특화나 다양성을 존중하는 오늘날 경제체제가 얼마나 크게 풍요를 창출하는지 곰곰이 생각해 보고, 질투에서 비롯된 평등주의를 토대로 한 재분배에서 물러서야 한다.

경제적 평등에 집착하는 데 반대하는 현실적인 이유는, 우리가 소속된 거대한 사회에서는 정당하다고 납득할 만한 방법으로 평등을 달성하기가 불가능하기 때문이다. 친구들과 피자를 공평하게 나누기는 쉽다. 우리가 실제로 하는 행위와 먹는 대상 간의 관계가 실제로 보이기 때문이다. 그러나 기본적인 소비와 기본적인 정치적 권리를 넘어서는 평등은, 특화되고 역동적인 경제체제에서는 달성할 수 없다. 우선, 키 큰 양귀비를 잘라내 똑같이 만들려면 강제력이 동원되어야 한다. '분배'라는 수사는 바로 이런 뜻이다. 다음으로, 수긍할 만한 결과를 얻으려면 정확히 어느 양귀비를 잘라야 할지 파악해야 한다. 사익을 추구하는 사람들로 구성된 정부에게 맡기면 재화와 용역을 윤리적으로 수긍할 만한 방식으로 재분배하리라고 생각하는 사람이 있다면 아무리 좋게 해석해도 순진하다. 대부분의 정부는 그런 소리를 들으면 아마 웃음을 참지 못할 것이다. 나이지리아를 보라. 사우디아라비아를 보라.

양귀비를 잘라내면 양귀비 수확량도 줄어든다 ― 우익 복음주의자가 말하는 '부와 혁신을 지속적으로 창출하게 만드는 유인책'이 사라지기 때문이다. 정확히 말하면 보상은 개인에게 신호보내기 기능을 뜻한다. 보상을 얻는 활동을 증가시키라고 경제체제에 신호를 보내는 보상체계이다. 뇌전문 외과의사와 택시운전사가 똑같은 소득을 올린다면, 외과의사가 부족해진다. 전공의는 이렇게 말할 것이다. "의대에 뭣 하러 가? 차라리 우버 운전사를 하지. 노력은 덜 하고 똑같은 액수를 버는데."

전지전능한 계획으로 적합한 인재들을 억지로 적재적소에 배치할 수 있다고 하자. 그러나 그러한 해결책은, 강요된 평등의 사례와 마찬가지로, 폭력적이고 실현불가능하다. 그러한 마법을 이미 시도한 적이 있다. 스탈린의 러시아와 마오쩌둥의 중국에서 말이다. 그들이 폭력을 통해 만든, 신호기능을 하는 시장가격과 시장임금이 없는 경제체제가 어떤 결과를 낳는지 이미 만천하에 드러났다.

인간은 수렵채집의 평등사회에서 수십만 년을 산 우리 조상에게서 물려받은, 평등한 배분을 선호하는 유전자를 여전히 지니고 있다. 게다가 포유류인 우리는 자연히 감성적으로 사회주의에 끌린다. 부모가 중심이 되어 계획을 세우는 가족의 사랑을 받으며 성장하기 때문이다. 애정이 넘치는 전통적인 가정에서는 분배정책이 상당히 잘 작동한다. 가족 구성원들 가운데 성인은 열심히 일을 해 나머지 가족을 부양한다. 그러나 돈을 벌어오는 가장이 아버지라고 해서, 아버지가 피자를 더 많이 먹지는 않는다. 얼굴에 숯 검댕을 시커멓게 묻히며 탄광에서 일하는 아버지라면 몰라도, '20세기와 21세기의 지식과 서비스 기반 공장'에서 일하는 아버지라면 어림없다.

그러나 분배는 자유로운 사회에서 가장 어른스러운 성인들이 원하는 것을 얻는 방법으로는 바람직하지 않다. 자유로운 성인은 현대 경제체제에서 일면식도 없는 낯선 사람들을 위해 쓸모 있는 재화와 용역을 만들고, 이를 서로 자발적으로 교환함으로써 원하는 것을 얻는다. 자유로운 성인은 하늘에서 떨어진 만나를 나의 이득은 곧 너의 손해인 제로섬 세계에서 서로 잘

게 나누어 갖는 방법으로 원하는 것을 얻지 않는다. 애덤 스미스 말마따나, "거지 말고는 아무도 동료 시민의 자비에 주로 의존해 사는 방법을 선택하지 않는다(아이나 심한 장애가 있는 사람은 '선택의 여지'가 없다는 점을 스미스도 인정한다). 거지조차도 남의 자비에 전적으로 의존하지 않는다. …… 자기에게 음식을 사라고 돈을 주는 단 한 사람에게만 의존하지 않는다는 말이다."⁹

정부가 강제로 빌 게이츠 같은 억만장자로부터 수십억 달러를 받아내 노숙자들에게 나누어 주면 소득의 불평등을 조금이나마 개선할 수는 있다. 학점이나 지능지수, 아름다운 외모, 제비뽑기의 경우에는 할 수 없지만 말이다. 완전 몰수가 아니라면 우리 모두 십시일반해서 사회안전망을 구축하는 정책을 지지한다. 이를 위해 강제로 거둬들이는 세금은 최소한으로 하면서 말이다. 예컨대, 근대 자유주의자들은 유치원에서 고등학교까지의 공교육이나 유아원에서 중학교까지의 교육을 우리 모두가 십시일반해서 내는 세금으로 충당하는 데 동의한다. 정부가 직접 운영하는 학교가 교육을 제공하지는 않더라도 말이다. 그러나 우리의 선량한 정부가 제공하거나 비용을 부담해야 하는 것으로 간주하는 대부분은, 민간부문이 제공하고 비용을 부담하는 편이 훨씬 바람직하다.

위에서 마지막 사항에 대한 입장은 어정쩡해지기 쉽고, 현재 정부가 도로 건설을 관장하므로 늘 그래야 한다고 생각하기 쉽다. 이게 바로 내가 말하는 공급사슬 오류다. 예컨대, 도로는 민간이 소유할 수도 있다. 몇 세기 전에는 흔히 그랬고 지금은 전자감시 체제로 민간부문이 쉽게 관리 가능하다. 병원은 독점허가제로부터 자유롭게 될 수 있다. 간호사나 외국인 의사 등이 자국 의사와 경쟁할 수 있게 말이다. 의료서비스가 식품처럼 자유로운 시장을 통해서 제공되면, 미국 의료비는 현재의 절반으로 줄어든다. 그 밖에도 여러 가지 사례가 있다. 이는 인간의 존엄성과 풍요를 누리는 사회로 가는 길이다.

재분배의 효과는 단 한 번뿐이다. 재산을 빼앗긴 부자가 두 번째에도 순순히 내주리라고 기대하면 오산이다. 한 번 빼앗기면 빼앗는 사람 잘못이지만, 또 빼앗기면 빼앗기는 사람 잘못이다. 자유로운 사회에서는 재산을 빼앗긴 이들이 아일랜드나 스위스나 케이맨 제도로 이주할 수 있다. 그리고 올해 소득을 정부에 빼앗긴 백만장자가 내년에 또 다시 수백만 달러를 벌어들이는 경우는 거의 없다. 부자는 우리 모두를 위해서 경제에 투자하고 생산성을 향상시킨다(그들 자신을 위해서이기도 하다. 그러나 이러한 투자는 존 롤스가 제시한 조건을 충족시키는 바람직한 투자다). 당신은 어느 쪽을 원하는가? 딱 한 번(비록 질투와 분노는 삭여 주지만) 부자로부터 소액을 뜯어내겠는가, 아니면 가난한 이들의 생활수준을 팔목할 만큼 성장시키는 자유로운 사회를 만들겠는가?

우리는 합리적으로 생각해서 원하는 바를 찾고 이를 실제로 얻을 방법에 집중하는 게 낫다. 그것이 바로 사회적 존엄성을 평등하게 누리고 법 앞에 평등한 상태이며, 이를 통해 실질적인 결과의 평등을 달성하고 빈곤층이 처한 여건을 대폭 개선하게 된다.

Chapter

25

피케티는 틀렸다

런던에 있는 자유주의 성향의 싱크탱크인 경제문제연구소Institute of Economic Affairs 가
나를 인터뷰한 내용으로, 이 연구소가 고등학교에 배포하는 회보에 실렸다.

연구소 | 토마 피케티의 《21세기 자본Capital in the Twenty-First Century》은 요즘 진
보주의자라면 누구나 한 권 장만해서 거실 탁자에 올려놓는 책이다. 많은
경제학자들은 이 책의 내용을 면밀히 분석했다. 피케티는 불평등이 심해지
고 있다고 주장하는데, 그의 주장에 수긍이 가는가?

매클로스키 | 수긍하지 않는다. 피케티는 실력 있는 경제학자다. 거짓말쟁이
도 아니고 바보도 아니다. 그러나 실력 있고 바보가 아닌 경제학자들도 자
기 분야에서 틀린 주장을 할 수 있다. 예컨대, 피케티는 실제로 불평등이 상
당히 증가한 나라는 영국, 미국, 캐나다뿐이라고 한다. 세 나라에서 불평등
이 증가한 이유는 부자에게 특혜를 주는 어리석은 정부 정책들 때문이라고

2016년 런던에 있는 경제문제연구소가 처음 발표했다.
Chapter 25, 'Pikkety is mistaken': First published by the Institute of Economics Affairs, London, 2016.

설명할 수 있다. 예컨대, 런던에서 새로운 주거용 건물을 짓는 것은 하늘의 별따기라서, 부자들이 소유한 기존의 주거시설 가격이 인상된다. '자본주의'는 런던의 주택난을 야기하지 않았다. 절반은 사회주의 성향인 정책이 야기했다.

　불평등이 심화되지 않은 나라들은 피케티 주장을 미래에 대한 경고로 받아들이면 된다. 그러나 다시 말하지만, 그의 주장은 틀렸다. 그는 상업적으로 검증된 혁신은 늘 빈익빈부익부를 야기한다고 말한다. 그렇다면 어디에서든, 1800년 이후로 어느 시기든, 아닌 말로 기원전 1800년에도 그랬어야 하지 않은가? 그런데 그렇지 않다.

연구소 | 피케티 책에 대해 당신은 오늘날 경제체제에서 인적 자본이 하는 역할을 고려하지 않는다는 점을 비판하고 있다. 앞으로 인적 자본은 불평등 추세에 어떤 영향을 미칠까?

매클로스키 | 오늘날 영국 같은 나라에서 소득 대부분은 피케티가 측정하는 물리적 자본과 그가 우려하는 물리적 자본의 소유권에서 비롯되지 않는다. 인적 자본 — 당신이 지닌 기술과 건강과 교육수준 — 에서 비롯된다. 그 이유와 작동방법이 궁금한가? 바로 혁신주의 때문이다. 상업적으로 검증된 혁신 덕분에, 1800년에 살았던 우리 조상들보다 우리가 20배에서 100배 정도 잘살게 되었다. 여덟 살에 소젖을 짜기 시작한, 당신의 까마득한 조상보다 20배 잘살게 되면 당신은 훨씬 오래 학교에 다니거나 고숙련기술을 배울 수 있다. 1800년에 평균적인 사람은 육체노동을 해서 먹고살았다. 지금은 교육받은 머리로 먹고산다. 옛날에는 상사가 자본을 몽땅 쥐고 있었고, 자본 대부분을 토지와 공장과 기계에 투자했다. 지금은 자본 대부분이 인적 자본이고 이는 근로자가 소유한다. 물리적 자본 일부는 근로자가 연금이나 주택의 형태로 소유한다. 그리고 도로 같은 공공자본은, 개인이 소

유하지는 않지만 개인에게 이익이 된다. 이는 국가가 소유한 자본의 중요한 부분인데, 피케티는 이 또한 무시하고 있다. 그는 준법정신 같은 사회적 자본도 고려하지 않는다. 다시 말해서 그가 말하는 '자본'은 매우 협소하다. 지난 2세기 동안 그랬듯이 진정으로 안락한 생활수준을 누리는 이들은 점점 늘어나게 된다. 실내로 배관시설을 들여왔고, 컬러 TV를 보고, 더 나은 교육을 받고, 휴가로 해외여행을 하고, 기대수명도 늘어났다.

연구소 | 당신은 경제사학자로 명성을 얻었다. 지난 200년을 돌이켜 보면 — 이는 매우 중요하다. 피케티가 과거 추세를 바탕으로 미래를 예측하고 있기 때문이다 — 빈곤층의 생활수준을 향상시키는 데 무엇이 더 중요했는가? 재분배인가 아니면 경제성장인가?

매클로스키 | 대풍요 시대에 경제성장이 훨씬 더 중요했다. 경제성장이 어느 정도였냐고? 경제사학자들이 1800년 이후로 1인당 실질적인 생활수준 정도를 측정했는데, 놀랍게도 20배에서 100배까지 개선되었다. 다시 말해서 아주 가난한 이들을 포함해 평균적인 사람은 1800년의 비참한 생활 여건을 기준으로 할 때, 대풍요 시대에 생활수준이 1,900에서 9,900퍼센트 향상되었다. 아찔하다.

연구소 | 그러면 빈곤층 생활수준에 재분배가 미친 효과와 비교해서 경제성장이 야기한 효과를 계량할 수 있는가?

매클로스키 | 가능하다. 그리고 그 결과는 놀랍다. 재분배는 파이 일부를 떼어내 다른 사람에게 줄 뿐이다. 상사와 근로자가 함께 만든 피자를 나눈다고 치자. 상사가 자기 몫인 50퍼센트를 몽땅 근로자에게 주면 근로자의 몫은 100퍼센트 늘어난다. 상사에게서 강제로 그의 몫을 빼앗아도 개의치 않는다면, 강제로 재분배하는 관행은 전체로 확산되어 우리 모두가 자신의 몫을 내놓으라는 강요를 당하게 된다(역사상 사회주의 정권은 하나같이 그랬

다). 정부가 상사의 몫을 강제로 빼앗을 때 나는 가만히 있었다. 나는 상사가 아니니까. 그 다음에는 유대인의 몫을 빼앗았다. 그 때도 나는 못 본 척했다. 나는 유대인이 아니니까. 뒤이어 정부는 내 몫을 빼앗으러 온다. 물론 상사의 몫을 강제로 빼앗는 짓은 한 번밖에 못 한다. 이미 자기가 번 것을 모두 빼앗긴 사람이 또 피자를 만들 리가 없다. 바보가 아닌 다음에야.

그래도 한 차례 자기 몫이 100퍼센트 늘어난 근로자에게는 이득이다. 신난다. 그러나 상업적으로 검증된 혁신을 통해 지난 2세기 동안 달성한 1,900 혹은 3,000 혹은 1만 퍼센트 성장과 비교해 보면, 그처럼 극단적인 재분배를 통해 얻은 100퍼센트는 새발의 피라는 사실을 깨닫게 된다. 본래 구걸로 피자 10퍼센트를 차지하던 제3자가 있고, 그 사람이 상사의 몫을 전부 차지하면 훨씬 여건이 나아진다. 그러나 그 경우도 여전히 일회성이고 30배 혹은 100배 더 큰 피자를 만드는 대풍요를 통해 얻을 증가량에 비하면 하찮은 값이다. 그리고 재분배하는 주체가 거둬들인 세금을 오로지 빈곤층에게만 주는 정책은 중산층이 절대로 동의하지 않는다. 과거에도 그런 적이 없었다.

진정한 수훈갑은 대풍요다. 피케티와 더불어 부자들에게 분노하는 이들은, 상업적으로 검증된 혁신이 역사적인 기준으로 볼 때 모든 사람을 부자로 만들었다는 사실을 인정하지 않으려 한다. 20배에서 30배나 부유해졌는데 말이다. 피케티는 부자들의 요트나 다이아몬드 같은 사치품 소비만 강조하고, 현재의 안락한 생활수준을 과거보다 — 자유주의와 혁신주의라는 경제 이념이 등장하기 전의 세계와 비교할 때 — 많은 사람들이 골고루 누리고 있다는 점은 무시한다. 자유로운 경제체제는 훨씬 평등하다. 사람들이 자유롭게 협력하고 경쟁하도록 내버려두면 결과적으로 빈곤층의 생활 여건은 엄청나게 개선된다.

연구소 | 인류 역사의 대부분 기간에 걸쳐 대부분 사람들이 가난한 이유는 무엇인가?

매클로스키 | 주된 이유는 상업적으로 검증된 혁신을 위계질서가 방해한 것이다. 예컨대 인구 성장이 중국에서 비롯된 철기를 통한 개선을 압도했고 (기원전 10세기경) 아랍에서 온 풍차(10세기경) 같은 개선을 압도했다는 뜻이다. 경제학자들 말마따나, '수확체감의 법칙'이 작동했다는 뜻이다. 사제이자 위대한 영국의 경제학자 맬서스가 1798년에 최초로 인구 성장이 우리를 빈곤하게 만드는 이유를 설명할 당시에는, 지주와 길드 조합원과 군인과 사제가 장악한 비자유적인 경제체제하에서 여전히 인구 성장에 수확체감의 법칙이 적용되고 있었다.

그러나 지금은 지구상에 존재하는 어느 한 사람이 나머지 사람들의 여건을 악화시키기는커녕 개선한다. (피케티가 무시한 자본인) 자신의 머리에 들어 있는 인적 자본을 활용하기 때문이다. 누군가가 자신의 재능을 이용해 새로운 기기를 발명하면 우리는 그 사람과 거래할 기회가 생긴다(예컨대, 영국으로 유입되는 그 어떤 이민자에게도 똑같이 적용된다. 이민자들이 본래 영국에 살던 인구에게 명명백백하게 이득을 준다는 사실을 노동 한계생산성 다이어그램으로 보여줄 수 있다. 서로 거래할 기회가 많아지면 사람들에게 이득이 된다).

연구소 | 그렇다면 지난 200년 동안 무엇이 생활수준의 개선을 촉진했나?

매클로스키 | 상업적으로 검증된 혁신, 대풍요가 색다른 종류의 평등 덕분에 일어났다. 법 앞에 평등하게 권리를 누리게 되고, 사회적으로 인간의 존엄성을 존중받게 되고, 특히 가게를 개점하거나 공구를 발명하는 일이 사회적으로 인정받게 되면서 평범한 사람들이 개혁의 주체가 되었기 때문이다. 한마디로 혁신주의다. 개혁과 대풍요 바로 전 수세기 동안 유럽 북서부에서 일어난 이례적인 역사적 사건들, 1517년 이후의 종교개혁과 1640년대

의 영국 내전 등과 같은 사건들을 통해 유럽 북서부 지역 사람들은 대담해 졌다. 이러한 혁명을 통해서 우리 모두가 법 앞에 평등하고 존엄하며 자신의 경제적 여건을 개선할 기회를 누려야 한다는 새로운 개념이 점점 설득력을 얻게 되었다.

자유주의적 평등과 더불어 영국 내전에서 평등을 확산시킨 주체들(자유무역의 주체들)이 또 다른 개념을 제시했다. 바로 부르주아딜이다. 제1막에서는 부르주아가 윈도우스크린, 교류 전기, 판지로 만든 상자, 검은색 짧은 드레스처럼 혁신적인 아이디어를 시장에 선보인다. 자유로운 사회에서 창의력이 있는 부르주아는, 약간 짜증 나지만, 제2막에서 자신의 성공을 모방한 경쟁자들이 등장해 자기가 발명한 제품의 가격을 떨어뜨리리라는 사실을 받아들인다(부르주아는 정부의 도움을 빌어 그렇게 못하도록 막지 못하는 한 그 사실을 받아들인다). 2018년 8월 6일 〈뉴욕타임스〉 표제기사는 2018년 10월 31일 〈시카고트리뷴〉에 실린 기사와 비슷했다. "우버와 택시가 합심해 경쟁자들이 추가로 시장에 진입하는 데 반대했다(그럴 줄 알았다)." 부르주아딜 제1막에서 부르주아가 자유롭게 자기 아이디어로 부자가 되면, 제3막에 다다를 무렵 부르주아는 당신들을 모두 부자로 만들어 주겠다고 한다. 그리고 실제로 그렇게 되었다. 통상적인 척도로 측정하면 삶의 여건이 1,900퍼센트 개선되었고, 판유리나 의료 서비스나 경제적 역사적 분석에서 사용되는 척도를 적용하면 9,900퍼센트 이상 개선되었다.

연구소 | 그렇다면 피케티 같은 이들의 저서가 빈곤층에게 기업, 상업, 부의 창출에 훨씬 적대적인 태도를 가지게 만듦으로써, 빈곤층의 입지를 심각하게 훼손할 수 있을까?

매클로스키 | 그렇다. 내가 책을 쓰는 이유가 그 때문이다. 우리는 '가족'이라는 사회주의적 공동체에서 성장하고, 17세 무렵이면 이러한 사회주의 모

델이 6,600만 명의 가족이나 3억 3천만 명의 가족에게 적용될 수 있다고 생각할 가능성이 높다(내가 그랬다). 그 뒤부터 우리는 이 문제에 대해 비판적으로 고민하거나 역사적 증거를 참조하지도 않고, 칠십이 다 되어서도 수염이 덥수룩한 사회주의자가 되어 통조림 콩이나 데워 먹으며, 철도를 다시 국영화하라고 주장하고 사회주의 베네수엘라를 칭송하며 혁신적인 이스라엘에 대한 증오나 쏟아낸다(나는 그러지 않았다). 신세대가 하나같이 부르주아딜이 얼마나 빈곤층에게 도움이 됐고, 그 이전에 등장한 정책들이 얼마나 해악을 끼쳤는지 깨닫지 못하는 게 참으로 위험천만하다. 예컨대, 정부가 철도와 전력회사와 보도기관과 신문과 고용과 그 밖의 모든 것을 장악했던 볼셰비키딜이나, 상업적으로 검증된 혁신이 자유롭게 일어나지 못하게 막는 과도한 규제가 그렇다. 솔직히 말해서 사람에게 말처럼 고삐를 씌우는 게 바람직했던 적이 있나? 피케티 주장은 대부분 사람들에게 고삐를 씌워 일부 사람들이 부자가 되는 걸 막자는 셈이다. 아니다, 틀렸다.

부르주아딜이 지금까지 빈곤층을 돕는 최선의 방법임이 영국, 인도, 아프리카에서 증명되어 왔다. 그리고 그 결과 진정한 평등이 실현되었다.

Chapter

26

유럽은 평등주의적 정책에
저항해야 한다

폴란드 잡지 Wprost(영어로 'Direct'라는 뜻)가 2015년 피케티 책과 관련해
나를 인터뷰했다. 몇 년간 이 책은 모든 사람의 입에 오르내리면서, 부자를 시기하지 않고
가난한 이들을 풍요롭게 하려는 우리의 노력에 대한 세간의 관심을 빼앗아갔다.

WPROST | 토마 피케티의 《21세기의 자본》은 유럽 지식층 엘리트와 불평등
에 관심 많은 사람들에게 새로운 마르크스주의 경전이 되었다. 경제와 정치
에 대한 시각과 상관없이 우리 모두가 불평등을 우려해야 하지 않을까?

매클로스키 | 아니다. 피케티가 제시한 통계치를 보면, 불평등은 사실상 미국,
영국, 캐나다에서만 최근에 눈에 띄게 증가했다. 예컨대, 프랑스는 아니다.
그러나 그는 상업적으로 검증된 혁신이 가능한 경제체제라면 어디서든 언
제나 불평등이 증가하리라고 장담한다. 그는 틀렸다. 평등은 큰 파도처럼
오르내리며 부침을 겪는다. 오르내리지 않고 꿈쩍도 하지 않으면 더 큰 문
제다. 예컨대, 최근 미국에서는 국민소득에서 노동이 차지하는 비율이 줄
었다. 63퍼센트에서 58퍼센트로, 5퍼센트 포인트 줄었다. 호들갑 떨 만한
수준은 아니다. 그리고 그 비율은 다시 상승하고 있다.

더군다나 그가 제시한 통계를 면밀히 살펴보면 불평등의 주요 원인 가운

데 하나는 청년의 낮은 소득이다. 청년층이 실업일 때 그들의 소득은 당연히 0이다. 청년 실업은 전 세계적으로, 특히 유럽에서 걱정해야 할 문제다. 그러나 청년 실업은 '사악한 자본주의자들'과는 아무런 관련이 없다. 포퓰리스트 정부에게 투표하는 '사악한 중년층과 보통 사람들'을 위해, 정부가 그들의 일자리를 노동시장의 규제로써 보호하기 때문이다.

WPROST | 미국과 유럽에서는 금융계 고소득자와 평균적인 근로자 간의 소득 격차를 제한하는 특별 규제가 논의되고 있다. 이를 평등으로 가는 건전한 방향이라고 보는가?

매클로스키 | 나는 기업의 '보상위원회'가 자기와 가까운 친구들에게 그렇게 높은 보상을 해 주는 게 어리석다고 생각한다. 평판만 나빠진다. 아무런 이득도 없이 사람들을 짜증나게 만들 뿐이다. 사람들이 상업적으로 검증된 혁신과 자유로운 혁신주의에 대해 지닌 믿음만 훼손할 뿐이다. 따라서 미국에서 최근에 도입된 바와 같이, 상징적으로나마 이를 꾸짖는 취지에는 공감한다. 예컨대, 기업에게 최고경영자의 소득과 평사원의 소득의 비율을 보고하도록 의무화하는 방법이 있다(그러한 보고에 담긴 내용의 통계적 정확성에 문제가 있는 것은 사실이다). 그러나 거물급 금융가들과 최고경영자들의 고액 연봉이 불평등에 미치는 효과는, 나라 전체로 볼 때는 미미하다. 수가 너무 적어서 평균치에 크게 영향을 미치지 못한다. 그리고 미국에서 그와 같은 고액 연봉자들이 가져가는 돈은 평사원들이 아니라, 주주들로부터 나온다. 이른바 돈방석에 앉아 있는 또 다른 자본주의자들 말이다!

보다 중요한 불평등의 원인은 근로자들 본인 ─ 즉, 봉급 근로자 ─ 에게서 찾아야 한다. 수적으로 엄청나게 많기 때문이다. 고숙련 기술자 수백만 명이 고소득을 올리므로 전국적으로 상당한 수를 차지한다. 그러나 근로자들이 불로소득을 올린다고 주장하는 이는 아무도 없다. 고객들이 자발적으

242

로 높은 보상을 할 뿐인데, 단지 고액연봉을 받는다는 이유로 높은 보상을 받는 사람들의 소득을 제한하는 게 바람직할까? 좀 우스꽝스러운 사례이기는 하나―그러나 정곡을 찌른다―미식축구 스타들의 연봉을 보자. 폴란드 출신의 스타 축구선수 로버트 레완도우스키Robert Lewandowski나 즈비그니에프 보니에크 Zbigniew Boniek의 연봉을 제한하는 게 바람직한 생각일까? 그들의 연봉을 제한한다고 경기 입장료가 싸지지는 않는다. 그저 미식축구팀 부자 구단주나 부자들이 운영하는 클럽의 소득만 늘 뿐이다. 레완도우스키나 보니에크가 경기하는 모습을 보기 위해 당신은 비싼 돈을 내고, 그들이 부자가 된다면 당신이 속는 건가? 그렇지 않다. 당신은 자발적으로 돈을 내고 "골! 골! 골!"하고 신나게 외칠 기회를 얻지 않는가.

WPROST | 기업에서 최고소득층과 최저소득층 간의 임금 격차를 의무적으로 공개하도록 하는 방법은 어떤가?

매클로스키 | 앞서 말했듯이 보상위원회에 있는 바보들에게 망신을 준다고 해로울 일은 없고 약간 도움이 되는 듯 보인다. 그러나 주주들은 이미 그런 정보를 입수했고, 그런데도 여전히 최고경영자에게 높은 보상을 하는 데 대다수가 동의했다. 그게 자기들이 보유한 주식의 가치를 높이는 데 바람직하다고 생각하기 때문이다. 그리고 내가 말한 '그런 차이에 대한 정보를 공개하는 방법과 관련된 문제'에는 예컨대, '평균' 봉급을 어떻게 정하느냐가 관건이다. PKN올렌PKN Orlen 같은 세계적인 기업은 평균 봉급을 계산할 때 체코공화국 근로자 봉급을 포함시켜야 할까, 아니면 폴란드 근로자 봉급만 포함시켜야 할까? 지멘스 같은 회사는 더 골치 아프다.

WPROST | 피케티는 자본에 대해 우려한다. "돈이 돈을 버는 경향이 있다." 고 말한다. 그는 부자는 재산만 갖고도, 일해서 먹고사는 그 어떤 사람보다도 훨씬 잘 산다고 주장한다. 금융 봉건주의 맞나?

매클로스키 | 그런 사람들은 늘 있었다. 지주나 주주나 정부에서 한직을 맡은 관료 같은 사람들 말이다. 그러나 대풍요 이전에는 훨씬 심했다. '자본주의' 덕분에 더 평등해졌다. 왠지 잘 생각해 보라.

첫째, 봉건주의하에서 토지 소유는 훨씬 안정적이었고 총소득에서 매우 큰 몫을 차지했다. 피케티는 '자본주의' 시대에 한정해서 불평등의 부침을 매우 협소하게 바라보고 있고 따라서 내가 방금 말한 이 점을 인정하지 않는다. 1800년 이전에, 사실상 1900년까지 그리고 그 이후에도, 폴란드에서 토지 임대료는 폴란드 국민총소득의 절반이었다. 국민총소득 절반이 정말 부유한 대지주나 그보다 덜 부유한 귀족 슐라흐타szlachta 계급에게 돌아갔다는 뜻이다. 옛 일본도 마찬가지였다. 일본에서 슐라흐타에 해당하는 계급이 사무라이였다. '자본주의' 체제인 폴란드와 일본은 봉건주의하에서보다 훨씬 더 평등한 소득을 달성했다. 그리고 당신들이 발행하는 잡지를 구독하는 나이 지긋한 폴란드인들은 이미 알겠지만, 공산주의 폴란드는 모두가 평등한 천국이 아니었다.

둘째, 1800년 이후로 유럽에서 일어난 상업적으로 검증된 개혁, 혁신주의는 ─ 민족주의와 사회주의를 주장하는 식자층의 실험으로 간헐적으로 중단되기는 했지만 ─ 평등을 추구하는 데 훨씬 도움이 된다. '창조적 파괴'는 기존 부유층의 재산을 잠식하기 때문이다.

피케티는 우리가 우리 조상보다 훨씬 나은 여건에서 살고 있다는 사실을 애써 축소한다. 우리가 잘사는 이유는 분배보다는 사람들로 하여금 스스로 자기 나름의 방식으로 농장이나 공장을 운영하면서 창의력을 발휘하고, 실패할 위험을 감수하고 성공에 따르는 결실을 누리도록 했기 때문이다. 창조적 파괴는 과학과 예술과 언론과 미식축구에서 바람직한 현상이라는 데 우리 모두 동의하지 않는가? 경제라고 다를 게 뭔가?

그리고 셋째, "돈이 돈을 번다"는 피케티 말은 틀렸다. 논리적으로 말이 안 된다. 이렇게 생각해 보자. 그의 주장이 옳다면 국민총소득이 몽땅 임대인들에게 돌아가게 된다. 그런데 그렇지 않다. 피케티의 '논리'에는 논리의 한계가 없다.

WPROST | 당신은 《부르주아 덕목》(2006)에서 우리의 인간성을 풍요롭게 하고 우리에게 풍요를 안겨 준 자유주의적 부르주아 덕목에 대해 논하지만, 피케티는 우리가 위험에 처했다고 한다. 빈부 격차와 이러한 부르주아 마음가짐이 전쟁이라는 재앙으로 이어질지 모른다고 한다.

매클로스키 | 전쟁으로 이어진다고? 그런 일은 일어난 적이 없다. 아직까지는. '자본주의자'나 '제국주의자'가 이윤 때문에 전쟁을 했다는 레닌주의적인 황당한 얘기와는 달리, 프로테스탄트와 가톨릭교도를 학살하거나 상류층의 명예를 유지하기 위해서 전쟁을 치른 이후로 유럽에서는 전쟁이 멈췄다(1600년대에 폴란드에서 일어난 '대홍수 Great Deluge'라 일컫는 전쟁을 떠올려 보라). 실제 전쟁의 원인은 앞서 언급한 바와 같이 유감스럽게도 식자층이 탁상공론으로 만들어낸 이념 때문이었다. 즉, 국가주의와 사회주의 그리고 폴란드에서 지금 되살아나고 있고 2018년 헝가리 선거에서도 등장해 충격을 안겨 준 반유대인 정서 때문이다. 히틀러의 정당은 국가사회주의 독일노동자당이다. 부르주아는 기습공격과 아우슈비츠가 아니라 평화와 맥도널드 햄버거를 원한다. 당신 같은 폴란드 사람들은 어느 쪽을 원하는가?

WPROST | 당신은 피케티 책을 통해 "좌익이 자본주의에 대해 요즘 우려하는 게 무엇인지" 파악할 기회를 얻게 되었다고 했지만, 실은 거의 200년 동안 존재했던 우려 아닌가? 우리 문명에서 사라지지 않는 문제들, 대부분 전쟁이나 혁명을 통해서 해결된 문제들 아닌가?

매클로스키 | 그렇다. 좌익과 우익이라는 사람들의 우려가 바로 전쟁과 혁명

의 원인이고, 대부분 참사로 이어진 비생산적인 규제의 원인이었다. 우리는 자원의 희소성에 대해 우려했고(그런데 그 우려라는 게 정말로 엉터리 경제 이론이다), 따라서 우리(독일인들)는 폴란드를 정복했고, 우리(일본인들)는 만주를 점령했다. 우리(미국인과 유럽인들)는 독점에 대해 우려했고 따라서 모든 기업들을 정부라고 불리는 하나의 거대한 독점 아래 있도록 만들거나, 독점을 규제하는 직책을 만들었지만, 규제하는 주체들은 곧 그들이 규제해야 할 대상인 산업들에게 매수되었다. 우리(미국인들)는 노동자들이 유럽인들처럼 맥주를 무절제하게 소비해서 금주령을 내렸고, 그 결과가 어떠했는지는 잘 알려져 있다. 그러나 아무런 교훈도 얻지 못한 우리(이번에도 앵글로계 미국 백인들)는 흑인과 히스패닉이 마약에 취해 백인 여성을 강간할지 모른다고 우려하고 마약과의 전쟁을 선포했다. 그런 사례를 들자면 끝이 없다.

19세기 사회과학에서 유일하게 제대로 된 발견이 있다면 "보통 사람들로 하여금 자신이 원하는 방식으로 경제적 삶을 꾸려가게 내버려두면 그 결과 모든 사람의 삶이 훨씬 향상된다"는 것이다. 그 밖의 사회적 발견 — 예컨대, 인종차별적인 역사나 우생학이나 통계적 유의미에 대한 판단 — 은 틀린 것으로 판명되었고 보통 참담한 결과를 낳았다.

WPROST | 부유한 부르주아 계층의 영향력이 그렇게 크고 우리 문명을 책임지고 있다면, 그들은 스스로 자제력을 발휘해 자신이 누리는 풍요의 상한은 설정해야 하지 않겠는가?

매클로스키 | 그렇지 않다. 경쟁자의 시장 진입 — 창조적 파괴 — 때문에 부유한 부르주아 계층은 긴장을 늦추지 못한다. 그들이 정치에 영향을 미치기는 한다. 그러나 늘 그랬다. 우리는 요즘 폴란드에서 심각하게 침해 받고 있는 표현의 자유와 언론의 자유를 철저히 옹호해서 부유층의 지배에 맞서

야 한다. 폴란드의 법과 정의당PiS이 푸틴의 러시아가 가는 길을 택하려 한다면, 희망이 없다. 권력층이 정부를 통해서 경쟁을 억누르고 어마무시하게 부자가 된다.

실제로 독점은 상업적으로 검증된 혁신에서 당연히 발생하는 현상이 아니다. 독점은 정부가 막는 게 아니라 정부가 야기한다. 1776년 애덤 스미스가 다음과 같이 말했다. "고객들의 처지를 개선하겠다는 일념으로 위대한 제국을 건설하는 것은 얼핏 보면 상점 주인들로 구성된 나라에 적합한 프로젝트처럼 보인다. 그러나 이는 상점 주인들로 구성된 나라에 적합하지 않은 프로젝트이며, 상점 주인들이 영향을 미치는 정부에 안성맞춤인 프로젝트다."[1]

그러나 나는 자선은 찬성한다. 존 D. 록펠러가 생애 초기와 말년에 그랬듯이 말이다. 나도 엄청난 부자들이 과시하듯이 사치를 부리고 소비하는 모습을 보면 짜증이 난다. 이 부분에 관한 한 나는 피케티 주장에 동의한다. 그는 로레알 상속녀로서 무위도식하는 릴리안 베탕쿠르를 혐오한다. 그녀의 엄청난 재산에서 1.5퍼센트만이 그녀의 자선재단에 투입되었다. 이를 카네기재단과 비교해 보라. 미국 철강 제조업자인 카네기는 재산의 100퍼센트를 기부했다. 카네기 말마따나, '부의 복음'을 전파하는 활동은 미국이나 일본보다 유럽에서 훨씬 부진하다. 미국과 일본을 본받아라.

그러나 이 점도 이해해야 한다. 그런 자선으로는 소득분배구조를 크게 바꾸지 못한다. 통계수치를 보면 나타난다. 미국에서 부자 대부분은 말년에 부의 상당 부분을 교회나 대학교 같은 곳에 기부한다. 그러나 그들이 한 해에 기부하는 액수는, 그들보다 훨씬 가난한 사람들이 기부하는 상당한 액수와 합해도, GDP에서 차지하는 비율로 볼 때 2에서 3퍼센트로 아주 낮다. 자발적인 자선 기부로는 빈곤층의 여건을 크게 바꾸지 못한다. 경제성장은 빈곤층의 처지를 바꿀 수 있고 실제로 수천 퍼센트나 향상시킨다.

정부가 유도하는 비자발적인 자선도 전진적인 방법은 아니다. 부자들이 소유한 것을 몽땅 빼앗아도, 보통 사람들에게는 아주 조금밖에 돌아가지 않는다는 점은 숫자가 증명한다. 반면 당신이나 나 같은 보통 사람들은 창조적 파괴와 부르주아딜로부터 엄청난 이득을 얻는다. 부르주아딜은 바로 다음과 같은 생각이다. "폴란드 안팎에서 자유무역을 통해 내가 제안한 혁신적인 아이디어를 실험하고, 그에 따르는 수익은 (짜증 나는 경쟁자들이 진입해 흥을 깨기 전까지는) 내가 갖게 하라. 그러면 장기적으로 볼 때 — 폴란드의 최근 역사에서 보듯이 그리 머지않아 — 당신들 모두를 부유하게 만들어 주겠다. 귀족 체제, 공산주의 체제, 법과 정의가 관장하는 체제, 각각에서 당신이 얻을 이득을 비교해 보면 세 번째 체제가 가장 낫다."

WPROST | 당신 저술을 보면 부의 원천을 설명하는 데 상당한 지면을 할애한다. 하지만 이게 정말로 평범한 폴란드인에게 중요한 문제인가? 자기 상사가 어떻게 수백만 달러를 벌었는지 아는 게 말이다. 그들은 살아생전 그정도 돈은 구경도 못할 텐데?

매클로스키 | 우리 대부분은 빌 게이츠가 되지 못한다. 그러나 빌 게이츠 같은 사람들이 자기 재능을 마음껏 발휘하도록 해야 한다. 당신 이웃에 사는 소상공인들도 마찬가지다. 그렇지 않으면 우리 모두가 가난하게 된다. 질투가 난다고 키 큰 양귀비를 자르면 우리 모두가 가난을 벗어나지 못한다. 골고루 가난하기는 하겠지만. 체코공화국에서 들은 민속 우화가 하나 있는데 아마 폴란드에도 비슷한 이야기가 있으리라 생각된다. 예수와 성 베드로가 변장하고 여행하다가 농가에 가서 먹을 것을 달라며 하룻밤 재워 달라고 청한다. 여러 농가로부터 거절을 당하고 나서 마침내 인심 좋은 농부 부부가 두 사람을 받아들인다. 다음날 아침 두 여행객은 자기 신분을 밝힌

다. 예수가 말하기를, "자비를 베풀어 주셨으니 소원을 들어드리겠소. 무엇이든 말해 보시오." 농부 부부가 잠시 귓속말로 의논을 하고 나서 남편이 예수에게 말하기를, "우리 이웃이 염소를 기르는데, 그 염소가 그 집 식구들이 마실 염소젖을 생산합니다." 예수가 넘겨짚기를, "그러면 그대도 식구들이 염소젖을 마시도록 염소가 있었으면 좋겠다는 말이오?" 남편이 말하기를, "아닙니다. 우리 이웃의 염소를 죽여 주세요." 질투는 죄악이고 공동체와 영혼을 잠식한다. 게다가 경제적 재앙을 초래해 우리 모두를 염소가 없는 처지로 만든다.

상업적으로 검증된 혁신가들(기업가, 창조적 파괴자)을 영웅으로 간주하는 게 바람직한 모델이다. 그래야 우리도 고무된다. 우리가 영웅시하는 이들이 왕과 정치인과 미식축구 선수뿐이면, 경제 발전에 가장 기여하는 이들을 존중하지 않으면, 우리는 소상공인으로서(일부는 대성공을 할지도 모른다) 자유롭게 시도하는 데 관심을 기울이지 않게 된다.

WPROST | 미국과 유럽의 부르주아 계층을 비교하면 큰 차이가 보인다. 미국은 신기술을 통해 얻은 부이고 유럽은 상속 부자다. 경제나 평등에 이런 차이가 중요한가?

매클로스키 | 그건 올바른 비교가 아니라고 생각한다. 두 지역에 두 종류의 부가 모두 존재한다. 사람들이 큰 차이라고 생각하는 게 사실은 작은 차이다. 스웨덴을 예로 들어 보자. 나는 스웨덴에서 살아본 적도 있고 친구들도 많이 있다. 폴란드에서 온 친구들도 있다. 사람들은 스웨덴이 '사회주의'라고 말한다. 나이 지긋한 폴란드인들은 이게 말도 안 되는 사실이란 걸 알고 있다. 1989년까지 진짜 사회주의를 속속들이 겪어본 분들이니 말이다. 그리고 그 사악하고 빈곤했던 시기에 휴가기간 한 달 동안 스웨덴으로 건너가서 자본주의적인 방식으로 목돈을 벌어 본 경험이 있는 분들이니 말이

다. '사회주의'라는 스웨덴조차도 오늘날 부르주아고 '자본주의'다. 미국보다는 덜하지만 말이다. 스웨덴은 사유재산권과 이윤을 허용한다. 재화 대부분의 가격을 시장이 결정한다. 스웨덴 정부는, 역사적인 기준으로 평가할 때―오늘날 정부 대부분이 그러하듯이―많이 간섭하지만 생산수단을 많이 소유하지는 않는다. 민주당이든 공화당이든 사회주의적 미국인들과는 다르다. 그들은 2007년 이후 시장에 개입해 제너럴모터스와 크라이슬러를 구제했다. 하지만 사브 자동차회사가 파산했을 때(2010년에 제너럴모터스가 팔았다) 스웨덴 정부는 이 회사를 구제하지 않았다. 중국이 파산한 사브와 지급 능력 있는 볼보를 매입했을 때 스웨덴인들은 반대하지 않았다. 이제 '스웨덴제' 자동차는 모두 중국산이다.

스웨덴에는 직업 선택의 자유가 있다. 미국과 폴란드에서는 의사와 전기기술자 같은 전문직을 카르텔이 장악하고 있지만 말이다. 강하게 규제하지만 혁신주의를 존중한다. 미국과 폴란드처럼 말이다. 부정부패는 적다. 미국의 주 대부분과 폴란드보다 훨씬 낮은 수준이다. 이에 상응해 '투명성'을 위해 정부가 사사로운 사안들에 개입하는 수위는 높지만 말이다.

스웨덴에서 상속은, 미국이나 폴란드와 마찬가지로, 사회적 지위를 획득하는 방법으로서 존중받는 방법이 아니다. 대부분의 미국인들과 마찬가지로 대부분의 스웨덴인들은 대도시에 산다. 그리고 긴 여름휴가에는 숲속에 있는 붉게 페인트칠한 오두막을 찾는다. 스웨덴인들은 정직한 부르주아 계층이다. 그리고 그들은, 아주 엄격하게 측정해도, 1800년 당시에 러시아(폴란드를 프로이센과 나누어 먹었던 시기의 러시아)만큼 가난했던 나라에 살던 조상들보다 거의 30배는 부유하다.

WPROST | 폴란드 부르주아 계층, 아니면 그냥 폴란드 부유층이라고 하자. 그들은 대부분 1세대 백만장자인데 모두가 똑같은 문제에 직면하고 있다.

시기와 증오다. 그들은 가진 것을 근로자들과 더 나누고 임금을 더 지급하라는 요구를 받고 있다. 그들의 업적을 인정하는 폴란드인들이 거의 없다. 폴란드인들은 부자들이 자기들을 위해 더 애쓰지 않는다고 걱정한다.

매클로스키 | 폴란드가 부유한 나라들이 속한 최상위급에 진입하려면 이념을 혁신주의로 바꿔야 한다. 창의성을 통한 진보를 우러러보는 자유주의적 이념 말이다. 네덜란드에서 시작되어 영국으로 전파되고, 특히 훗날 미국이 된 지역에 자리 잡은 이념의 변화가 바로 대풍요를 낳았다—1800년 이후로 실질적인 삶의 안락도가 10배나 30배 혹은 100배 증가했다. 처음에는 식자층이(예컨대, 볼테르와 스미스) 뒤이어 보통 사람들이 부르주아 계층을 우러러보기 시작했다. 그 결과 '부르주아딜'이라는 성공을 낳았다. 염소를 죽여 달라고 했던 그 정서를 생각해 보라.

WPROST | 주변을 둘러보고 언론 매체나 대학교에서 이루어지는 지식층의 토론에 귀를 기울여 보면, 피케티 주장이 대중의 정서를 반영한다는 느낌을 받는다. 우리 서구 문명은 사회주의로 전환하고 있는가?

매클로스키 | 우리는 늘 사회주의로 향하고 있고 늘 방향을 전환하려고 애써야 한다. 법과 정의당은 파시스트의 탈을 쓴 사회주의일 뿐이다. 문제는 러시아인들이 황제에 대해 지녔던 태도가 사람들이 정부에 대해 지닌 태도와 같다는 점이다. '성군聖君'은 국가의 아버지 역할을 하고 모든 문제를 해결한다고 간주된다. 중국인들도 비슷한 전통을 지녔다.

사람들은 정부 정책이 사람들을 부자로 만든다고 생각한다. 최저임금법이나 근로자와 해외교역을 '보호'하는 법 말이다. 그렇지 않다. 대부분의 경우 정부가 개입하면 평균적인 국민의 여건은 개선되기는커녕 개악된다. 중년층 보통 사람들이 사실상 청년층이 일자리를 얻지 못하게 되는 정책에 표를 준다는 점을 기억하라. 우리 모두는 자신의 노력 덕분에 그리고 자유롭게 스스로 노력하는 사람들과 거래하는 덕분에 삶이 개선된다. 황제나 차르나 정부가 우리 활동을 재정적으로 지원해서가 아니다(유럽연합이 채택한 공동농업정책이 낳은 처참한 결과를 보라. 미국에도 이에 상응하는 정책이 있었다. 폴란드 농부들에게는 이득이지만 아프리카 농부들은 피해를 입는다). 우리 모두가 가난한 이유는 나쁜 정책에 표를 주었거나, 강도단이 정부를 장악했기 때문이다. 그리고 이 두 가지가 복합적으로 작용하는 경우가 대부분이다.

미국 사회학자 윌리엄 그레이엄 섬너William Graham Sumner는 1881년 다음과 같이 명징하게 말했다. "기업이 이윤을 내지 못하면 큰 해악을 끼친다. 이는 낭비이며 파괴적이다. 규모가 클수록 더 사악한 짓을 한다. 정부에게 보호해 달라고 요구하는 기업은, 보호받지 못하면 이윤이 나지 않는다고 주장할 수밖에 없다. …… 따라서 기업은 입법부에 요청해서 시민들에게 세금을 떠안기고, 그들로부터 자본을 거둬들여 낭비하며, 자기는 높은 소득을 챙기는 한편 사업은 계속한다."[2]

사람들은 세금, 보조금, 쿼타, 최저임금제, 허가제, 도시구획법, 산업정책 그리고 정부가 부르주아딜을 제약하는 다른 모든 방법들이 자신을 부유하게 해 준다고 착각한다. 믿지 마라, 속지 마라.

피케티가 칭찬받을 만한 점도 있다

2015년 〈에라스무스 철학과 경제 학술지Erasmus Journal for Philosophy and Economics〉로부터
피케티 책에 대한 짧은 서평을 요청 받았다. 그런데 너무 심취하는 바람에
50쪽짜리 에세이를 쓰고 말았는데, 이를 소화하기 쉬운 길이로 줄였다.
피케티에 대한 비판은 자유경제체제의 장점을 구체적으로 설명할 수 있는 사례다.

토마 피케티가 2013년에 발간한 두툼한 책은 영어판이 본문만 577쪽에
주석이 76쪽, 표와 그림 등이 115개에 달하는데, 이 책을 보고 전 세계 좌익
이 흥분했다. "내 말이!"라고 좌익은 외쳤다. "문제는 자본주의고 자본주의
는 필연적으로 불평등을 낳는다니까!" 먼저 프랑스어로 출간되었고
2014년 하버드대학교 출판부에서 영어판이 나오면서, 폴 크루그먼 같은 칼
럼니스트들의 찬가가 이어졌고 〈뉴욕타임스〉 베스트셀러에 올랐다. 독일어
판은 2014년 말에 나왔고, 피케티는 자기 주장을 독일 국민들에게 널리 알
리는 데 여념이 없었다. 그는 TV에서 호소력이 없다. 유머감각이 없기 때문
이다. 그래도 그는 꿋꿋하게 계속했고 책 판매 부수는 점점 높아만 갔다.

경제학 전문서적이 이렇게 시장에서 호응을 얻은 게 언젠지 기억이 까마
득하다('그런 적이 한 번도 없다'가 정확하지만). 어떤 경제학자는 그저 신나서
박수만 치겠지만, 어떤 경제사학자는 흥분을 감추려고 애쓸 따름이다. 피

케티가 대단한 각광을 받으면서 경제에 관심이 있는 젊은 학자들이 과거를 연구하는 데 일생을 바치게 만들 게 분명하다. 바람직한 현상이다. 경제사는 경제학에서 과학적으로 계량 가능한 몇 안 되는 분야로 손꼽히기 때문이다. 실험경제학을 비롯한 몇몇 분야와 마찬가지로 경제사에서도 경제학자는 실제 증거를 본다. 오늘날 대부분의 거시경제학이나 산업조직 경제학이나 세계무역 경제학은 그렇지 않다. 이런 분야는 대안적 세계와 결론이 나지 않는 계량경제학econometrics을 다룬다.

생각해 보라. 어떤 과학 분야든 증거는 모두 과거에 있고, 가장 흥미롭고 과학적으로 타당한 증거는 대체로 아주 먼 과거에 존재한다. 영국 경제사학자 존 H. 클래펌John H. Clapham은 1922년에 (본인은 마셜학파 경제학자이지만) 오스트리아학파 경제학자식으로 말했다(두 학파 모두 자유무역주의자다). "경제학자는 이현령비현령인 역사학자다. 그들이 내린 결론이 무르익기도 전에 세계는 이미 미래로 향한다."[1] 경제사학자들은 보통 과거를 다루는 것 자체가 목적이지만(내가 바로 그런 사례다), 과거를 미래에 투사하는 방법으로 삼기도 한다. 피케티가 추구하는 목적이 바로 그것이다. 그의 책은 이제 막 시작된 21세기의 자본에 관한 책 아닌가. 그러나 과학적인 경제학자가 되려면, 혹은 과학적인 지질학자나 천문학자나 진화생물학자가 되려면 과거를 현재로 삼아야 한다.

피케티는 이를 잘 보여주는 사례다. 경제학자 대부분은 대학원에서 배운, 예컨대 다른 사람의 데이터로 한 다중회귀분석(문제는 데이터data가 주어진 것이라는 점이다. 진정한 과학자라면 캅타capta, 즉, 자기가 직접 취득한 것을 다루어야 한다) 같은 경험적 도구에만 매몰되어 있지만, 피케티는 그렇지 않다. 따라서 그는 오늘날 경제학이 범하는 두 가지 죄악 가운데 하나를 범하지 않는다. 즉, 통계적으로 유의미한지를 시험하는 무의미한 짓은 하지 않는다. 피케티는 총자본 통계와 불평등 통계를 이용해 상관관계를 보여주는데, 물리학자들이 실험이나 관측을 할 때 이런 식으로 한다.

그는 또 다른 죄악도 범하지 않는다. 즉, 기존 법칙을 과학적으로 증명하느라 시간을 낭비하지 않는다. 물리학자들도 그리하지 않는다. 경제학자들이 물리학에 대한 질투심을 극복하려면 적어도 물리학자들이 어떻게 하는지는 배우자. 피케티는 사실을 벗어나 길을 잃지 않는다. 예컨대 비협력적 게임이론 같은 무의미한 세계로 빠지지 않는다. 비협력적 게임이론은 오래전에 실험경제학자들에 의해, 혹은 인간들 간의 대대적인 협력을 보여주는 역사적 증거에 의해 파기되었다. 그는 비연산 일반균형non-computable general equilibrium(반 세기 전 경제학계에서 최고의 권위를 자랑하는 이들 가운데 일부도 집착했던 철저히 추상적인 이상한 이론)에 의존하지도 않는다. 철학의 한 지류인이 이론은 계량적인 경제 과학에는 전혀 쓸모가 없었다.

이 두 가지 죄악을 범하지 않았다는 점에서 피케티에게 찬사를 보낸다.

게다가 그의 문체는 명료하고 책은 퉁명스럽다고 할 정도로 가식이 없다. 아마 원래 프랑스어판도 그러하리라 생각한다. 피케티는 오늘날 프랑스인들 사이에서는 그다지 인기 없는 옛 방식, 즉 '명료하지 않으면 프랑스어가 아니다'라는 방식을 따른 점에서 칭찬할 만하다. 영어판을 보면 분명히 그렇다고 장담할 수 있다. 이 책은 아마 사는 사람은 많아도 읽는 사람은 적은 그런 책이 될 가능성이 크다. 특정 연령대인 독자들은 아마 더글러스 호프스태터의 두툼한 책《괴델, 에셔, 바흐: 영원한 황금 노끈》(1979)을 기억하리라. 1980년대에 집집마다 거실 탁자에 놓여 있었지만, 거의 아무도 읽지 않고 신주 단지처럼 모시기만 한 책 말이다. 마찬가지로 그보다 젊은 연령대의 독자들은 스티븐 호킹의《시간의 역사》(1988)를 기억하리라. 아마존 킨들은 당신이 다운로드 한 책에서 당신이 마지막으로 하이라이트로 강조한 부분을 추적한다(그런 줄 몰랐지?). 이 사실을 바탕으로 수학자 조던 엘렌버그Jordan Ellenberg는 본문과 주석 655쪽으로 구성된 《21세기 자본》을 구매한 독자들이 이 책을 평균 26쪽 근처, 서문 끝부분까지만 읽고 더 이상 읽지 않는다고 주장했다. 그는 킨들로 측정하는 호킹 지수라고 불리는(독자 대부분은 《시간의 역사》를 책 분량의 6.6퍼센트 되는 부분에서 더 이상 읽지 않았다), 독자가 책 한 권에서 읽는 분량을 말하는 척도를 피케티 지수(2.4퍼센트)로 바꾸자고 제안했다.[2] 공정을 기하기 위해서 피케티 책을 구매하는 이들은 킨들보다 종이책을 구매하는 훨씬 진지한 독서가이고, 따라서 킨들 독자보다 더 많이 읽는다고 치자. 그래도 〈뉴욕타임스〉의 평균적인 독자가 주의를 집중해서 경제논리로 빽빽한 이 책을 26쪽 이상 읽고 그들의 거실 탁자에 놓아둔다는 영광스러운 사실은, 피케티 화술이 어떤지 입증한다. 존경스럽다. 이 책은 흥미로운 점이 끊임없이 등장한다. 세세한 수치 논쟁을 흥미진진하다고 여긴다면 말이다.

정직하고 철저히 조사해서 쓴 책이다. 좀 편향적이긴 하지만 말이다. 내가 무슨 말을 하든 피케티의 정직성이나 자기 주장을 과학적으로 입증하려는 그의 노력을 매도하려는 의도는 없다. 이 책은 파리 경제학파Paris School of Economics가 협력해 집대성한 학문적 결실이다. 피케티가 창설한 이 학파에는 좌익 성향의 뛰어난 프랑스 경제학자들이 소속되어 있다. 그럼에도 불구하고 안타깝지만, 과학적인 방법론과 사회적 윤리 면에서 피케티는 대단히 큰 오류를 범하고 있다. 그러나 경제학자 대부분도 계산의 오류를 범하고, 이들 가운데는 나와 가까운 친구들도 있다. 가장 먼저 돌을 던지는 자, 그대도 잘못 측정하거나 핵심적인 경제 개념을 오해하거나 윤리적인 논점을 완전히 누락한 죄로부터 완전히 자유롭지는 못하니라.

시장경제 사회에 대한 비관론은
과학적으로 정당화되지 않는다

피케티 책의 서평에서 계속.

피케티 책은 가장 최근에 좌익이 '자본주의'에 대해 우려하는 바가 무엇인지를 파악하고, 그 경제적 철학적 장점이 무엇인지 확인할 좋은 기회를 제공한다. 피케티가 우려하는 부익부 현상은 오래전으로 거슬러 올라가는 맬서스와 리카도와 마르크스의 계보를 잇는 가장 최근의 이론이다. 고전경제학을 창설한 천재들이 등장한 이후로 상업적으로 검증된 혁신(내가 여러 번 반복해서 지적했듯이 자본주의보다 바람직한 용어다. 자본주의는 혁신이 아니라 자본의 축적으로 우리의 여건을 개선한다는 잘못된 인상을 주고, 이러한 오류는 피케티 주장에서 가장 두드러진다)은 인류 대부분의 삶을 매우 풍요롭게 만들었다. 풍요로워진 인류의 규모는 1800년에 비해 일곱 배 이상이 되었다. 앞으로 50년 후면 지구상의 모든 사람이 풍요로워진다고 해도 무리는 아니다. 중국과 인도를 보라. "그 지역에 사는 사람이 모두가 부자가 되지는 않았다"라는 말은 그만하라. 모두 풍요로워진다. 유럽의 역사가 보여주듯이 그렇게 된다. 아무튼 1800년 이전에는 영국과 프랑스에 사는 사람들 대부분이 누리지 못했던, 기본적인 안락한 삶이라는 윤리적으로 타당한 기준으로 보면 그렇게 된다. 아니면 1978년 새로운 체제가 출발하기 이전의 중국과 1991년 이전의 인도와 비교해 보면 그렇게 된다.

부익부 현상에 대해 우려하는 좌익은 농업이 발명된 이후로 가장 중요한 세속적 사건 — 지난 2세기 동안의 대풍요 — 을 툭하면 망각하고 반 세대마다 새롭게 각색한 걱정거리를 들고 나와 걱정하고, 걱정하고 또 걱정한다. TV 여행자보험 광고에 등장하는, 뼈다귀 잃어버릴까봐 걱정하는 강아지마냥.

걱정이 팔자인 비관론 몇 가지를 소개하겠다. 하나하나가 모두 당대에 유행했던 비관론이다. 경제사상 역사학자인 앤서니 워터먼Anthony Waterman는 다음과 같이 말했다. "맬서스의《인구론》(1798)은 토지의 희소성에 집중했다. 그리고 한 세기 동안 이어진 '정치경제'의 변천이 시작되었다. 부의 창출이라는 낙관론적 과학인 '정치경제'에서 희소성이라는 비관론적 과학인 '경제학'으로 변화했다."[1] 경제학자들은 풍요로워진 현상을 설명하려는 낙관적인 입장에서 풍요를 누리기 위해 어마어마한 비용을 치러야하는 이유를 제시하는 비관적인 입장으로 바뀌었다. 그러나 스미스와 세이 같은 고전 경제학자들이 제시한 낙관적인 메시지가 옳았다.

맬서스는 노동자들이 급격히 는다고 걱정했고, 리카도는 지주가 국민총생산을 다 먹어치운다고 걱정했고, 마르크스는 자본가들이 국민총생산을 먹어치우려는 대담한 시도를 한다며 걱정하거나 또는 신바람이 났다. 걱정하느냐 신바람이 나느냐는 유물사관을 어떻게 보느냐에 따라서 달라진다 (고전경제학자들은 피케티 스승이고 피케티는 책 26쪽보다 앞쪽에, 자신의 이론이 리카도와 마르크스의 총합이라고 스스로 밝히고 있다). 고전주의자들 가운데 마지막 인물인 존 스튜어트 밀은 멀미 날 정도로 속도전인 당대의 삶을, 그런 삶을 어떻게 보는지에 따라 다르겠지만, 걱정하거나 또는 찬양하면서 곧 변하지 않는 삶이 도래한다고 했다.

그러더니 1880년부터 오늘날에 이르기까지 연속해서 자유로운 혁신주의가 실질임금을 끝없이 끌어올리게 된 바로 그 시기에, 경제학자들이(대부분이 좌익이지만 일부는 우익이다) 걱정을 늘어놓기 시작했다. 그들이 자본주의에 대한 비관론의 근거로 제시한 몇 가지 사례들을 대자면, 탐욕, 소외, 혼혈, 노동자의 협상력 부재, 일하는 여성, 노동자의 천박한 소비 취향, 열등한 사람들의 이민, 독점, 실업, 금융 대 엔지니어링, 광고산업, 경기순환, 수확체증, 외부효과, 저조한 소비, 독점적 경쟁, 소유권과 통제권의 분리, 계획의 부재, 전후 침체, 투자 파급 효과, 불균형성장, 이중 노동시장, 불충분한 자본, 농부의 비합리성, 자본시장 불완전성, 공공선택, 시장의 부재, 정보비대칭, 제3세계 착취, 규제 포획regulatory capture*, 무임승차, 낮은 개발 수준에서 평형에 도달해 헤어나지 못하는 함정, 중간 개발 수준에서 헤어나지 못하는 함정, 경로 의존성, 경쟁 부재, 소비주의, 소비 외부 효과, 비이성적 성향, 과도한 가치 폄하, 대마불사, 환경 훼손, 노인 요양관리사의 불충분한 급여, 최고경영자에 대한 과도한 급여, 성장 둔화 등이다.

최근에 등장한 사례들도 있고, 이전에 등장한 사례들 가운데 일부는 경제학에서 노벨상을 받으면서 피케티나 크루그먼식으로 되살아났다. 누군지 여기서 이름은 밝히지 않겠지만(모두 남성으로 2009년에 노벨상을 받은 엘리너 오스트롬Elinor Ostrom의 방법론과는 극명하게 대조된다), 그들이 제시한 공식은 밝히겠다.

먼저, 완전경쟁이나 완벽한 세계를 충족시키는 조건을 발견하거나 재발

---

* 이익집단이 정부 로비, 뇌물, 설득 등을 통해 오히려 이익집단에 유리하게 규제를 만드는 것을 말한다.

견한다(예컨대 피케티의 경우 보다 완벽한 소득 평등을 추구하는데, 평등이 완벽하다는 게 윤리적으로 어떤 의미를 지니는지 진지하게 고민하지 않는다). 그러더니 아무 증거(증거 제시에 관한 한 피케티는 평균 이상의 실력을 보인다)도 제시하지 않고 적당한 수학공식만 장식품으로 제시한 채(따라서 2014년 노벨경제학상을 수상한 장 티롤의 전철을 밟는다), 그러한 여건이 불완전하게 실현되든가 세계는 완벽한 방향으로 발전하지 않을지 모른다고 주장한다. 물론 여기서 완벽이 달성될 가능성은 희박하다. 아니 불가능하다. 그러고 나서 경제학자는 화려한 미사여구로(여기서 피케티는 여느 경제학자와 마찬가지로 과학적으로 낮은 기준으로 추락한다) 전문가들이 개입해 정부가 독점하는 강제력을 휘둘러 사악한 거대 부자를 상대로 반독점 정책을 실행하고, 수확체감을 겪는 산업에 보조금을 지원하고, 흠잡을 데 없이 정직한 외국 정부들에 해외원조를 제공하고, 신흥 산업에 자금을 투입해서 키우고, 철없는 소비자들을 위협하고 다독여 잘 인도하고, 불평등을 야기하는 세계 자본에 과세하지 않는 한 '자본주의'는 구제불능이라고 결론 내린다.

이처럼 흠을 들추어내고 이를 국가가 바로잡아야 한다는 주장의 특징은 이런 주장을 하는 경제학자가 자기가 제안한 정부 개입이 자기 말대로 작동함을 보여주는 증거를 제시할 필요를 느끼지 않는다는 점이다. 그리고 정부가 개입하기 전에 완벽에 못 미치는 상태가 총체적으로 경제 성과를 크게 줄일 정도로 심각하다는 점을 입증할 증거를 제시할 필요도 느끼지 않는다(반복한다. 여기서 피케티는 보통 기준을 훌쩍 뛰어넘는다).

1922년 이론가들이 한두 개 다이어그램을 토대로 정부가 이른바 수확체증의 산업들에 보조금을 지급해야 한다고 주장하자, 경제사학자 존 클래팜은 다음과 같이 날카롭게 지적했다. 경제학자들은 어느 산업이 수확체증 현상을 보이는지 파악하는 지식을 어떻게 확보했는지 또는 어떻게 보조금을 확보할지 또는 비계량적인 그들의 조언이 불완전한 정부가 완전한 사회에 가까워지도록 돕는 데 실제로 얼마나 도움이 될지에 대해 아무 대답도 하지 못했다. 그러한 침묵은 "당위가 아니라 현상을 연구하는 학생"의 사기를 꺾는다. 한 세기가 지난 지금도 여전히 그렇다.

클래팸은 케임브리지대학교의 경제학자 A. C. 피구A. C. Pigou도 다음과 같이 질책했다. 《복지경제학The Economics of Welfare》을 보면 1,000쪽에 달하는 분량에서 어떤 산업이 어느 박스에 속하는지(즉, 이론적인 분류 체계)를 보여주는 표가 단 하나도 없는데, 대부분의 주장은 '수확체감의 여건이 조성되면' 혹은 '수확체증의 여건들이 조성되면'이라는 말로 시작된다. 마치 누구든 그런 현상이 언제 일어날지 알고 있다는 듯이 말이다." 그리고 피구는 1000쪽 넘는 분량에서 단 하나의 표나 그래프 같은 계량적인 증거도 제시하지 않고 머릿속으로 전혀 개연성 없는 상상을 하는 이론가의 말을 다음과 같이 따라하며 답변 아닌 답변을 한다고 클래팸은 비판했다. "사실을 아는 사람들이 제대로 반박하지 못하면 우리(경제에서 큰 결함을 찾아내는 이론가들)는 유감을 표하겠다. 그러나 우리의 이론은 여전히 논리적이고 교육적인 가치도 유지한다고 덧붙이고 싶다. 그들은 다만 치졸하게 그래프와 등식을 들먹인다."[2] 즉 클래팸은 이론경제학자들이 자신들이 제시한 이론이 사실인지 증명할 필요가 없다고 생각하는 행태를 조롱했다.

이른바 불완전성이 국가적 차원에서 어떤 효과를 낳는지에 대한 증거를 제시하지 않는 역사는 오래되었는데, 이에 반하는 드문 사례는 1966년 마르크스주의자 폴 배런Paul Baran과 폴 스위지Paul Sweezy가 쓴 《독점 자본 Monopoly Capital》이다. 두 사람은 미국 경제 전체에서 독점의 정도를 측정하는 데 실패했다(그러나 그 노력은 높이 살 만하다).[3] 그 밖에 다른 우려사항 ─ 역사적으로 피구, 새뮤얼슨, 스티글리츠가 계승해 주장했듯이, 외부 효과에는 명백히 정부 개입이 필요하다는 주장 등 — 에 대해 경제학자들은 총체적으로 볼 때 역기능이 크게 중요하다고 증명하는 게 시간 낭비라고 여겼지만, 적어도 피케티는 시도는 한다(노력은 가상하나 증명에 실패한다).

그리고 이론경제학자들이 말하는 '교육적인 가치' 말인데, 일시적으로 잠시 유행하지만 절대로 측정되지 않는 '불완전한' 여건의 숫자만으로도 젊은 경제학자들 — 선배들이 그 화려한 그래프와 등식들 이면에 존재하는 사실을 틀림없이 발견했으리라고 순진하게 믿는 이들 — 이 상업적으로 검증된 혁신은 처참하게 실패했다고 믿기에 충분하다. 모든 계량적인 도구들은 1800년 이후로 또는 1848년 이후로 놀라울 만큼 잘 작동했다는 데 이견이 없는데 말이다.

반면 경제가 상당히 잘 작동한다고 주장하는, 아놀드 하버거Arnold Harberger와 고든 털록 같은 자유주의 경제학자들은 사실 탐구를 했거나 적어도 그 방법론은 제시해왔다.[4] 피구, 새뮤얼슨, 스티글리츠와 그 밖의 좌익 성향의 경제학자들이 보인 성과는 마치 천문학자가 태양의 수소가 곧 소진되므로 은하계 제국이 즉시 개입해서 이를 막아야 한다는 정성적인 추측을 하면서도, 그 처참한 사건이 언제 일어날지 대충이라도 알아보기 위한 진지한 관측과 정량적인 시뮬레이션을 할 생각조차 하지 않는 셈이다. 이론경제학자들은 칠판에 '불완전'이 향하는 방향만 대충 보여주고 10월의 어느 날 아침 스웨덴학술원에서 노벨상 수상자로 선정되었다고 알리는 전화가 오기를 학수고대한다(폴 새뮤얼슨은 '정성적 법칙'을 1947년 그가 쓴 〈경제적 분석의 토대Foundations of Economic Analysis〉라는 겸허한 제목의 박사학위 논문에서 버젓이 권유하고 있다).

전형적인 좌익 — 심각한 우려 대부분은 당연히 좌익진영에서 제기한다. 그러나 자본주의가 노동자 계층에게 큰 이득이 되었다는 사실을 감안한다면 당연하지 않을지도 모른다—은 상업적으로 검증된 혁신에 심각한 결함이 있다는 뿌리 깊은 확신에서 출발한다. 이러한 확신은 열여섯 살에 생긴다. 원시적인 좌익 상태에서 가난을 목격하지만 그 원인을 파악할 지적인 수단이 없을 나이에 말이다. 나도 그런 유형이었고 따라서 한동안 사회주의자였다. 그러다가 그는 평생 자칭 '선한 사회민주주의자'가 되어(나도 한동안 나를 그리 칭했다), 뿌리 깊은 확신을 정당화하기 위해 직업적 경제학자가 된 다음, 주위를 둘러보며 정성적인 지표를 찾아 헤맨다. 현상이 아니라 당위라는 상상의 세계 속에서 그 확신이 사실인 경우가 혹시 있을까 하고 말이다. 그러면서 우리가 사는 실제 세계에서 타당한 수치를 확보하려는 시늉도 하지 않는다(그래도 피케티는 그런 짓은 하지 않았다는 점을 다시 강조한다). 선한 의도를 지닌 좌익 성향의 사람들이 품은 이상주의다. 그들은 "남보다 더 부유하고 더 막강한 사람들이 존재하는 이런 참담한 사회는 크게 개선될 수 있다. 할 수 있는 일이 많고 더 잘 할 수 있다"라고 생각한다. 이러한 이상주의는 단계 이론stage theory의 논리에서 비롯된다. 18세기에 전통에 맞서 싸우는 도구로서 개발되고 《국부론》에 이용된 이론이다. 역사는 분명히 끝나지 않았다. 보다 높은 이상을 추구하라!

물론 우익도 그 나름의 유치한 이상주의를 추구한다. 구모델을 신봉하는 오스트리아학파 경제학자들과 진실을 진지하게 검증하는 취향을 상실한 일부 시카고학파가 그러하듯이, 증거도 제시하지 않고 우리는 더할 나위 없이 최상의 상태인 세상에 살고 있다고 주장하는 것처럼 말이다. 경제학 분야에서 과학을 진지한 정량적인 탐구가 아니라 단순히 철학적인 탐구로 여긴다는 비난으로부터 자유로울 사람은 거의 없지만, 이러한 경향은 체제를 총체적으로 계량화하지 않으려는 좌익진영에서 더욱 만연하며 훨씬 위험하다.

내가 정말 아끼는 매우 지적인 마르크스주의자 친구가 있는데 그는 내게 "난 시장이 증오스러워!"라고 말한다. 내가 "그런데 잭, 너 벼룩시장에서 귀한 골동품 찾아내는 거 좋아하잖아"라고 대꾸하면, 그는 "아 몰라. 난 시장이 증오스러워!"라고 답한다. 마르크스 추종자들은 특히 평균적인 유럽 노동자가 시장에서 비참한 삶을 산다고 우려했지만, 이에 대한 증거는 거의 제시하지 못했고, 노동자가 소외된다고 했지만 그러한 증거도 거의 제시하지 못했으며, 평균적인 제3세계 주변부 지역의 노동자는 착취당한다고 했지만 그렇다는 증거 역시 거의 제시하지 못했다.

최근에 마르크스주의자를 비롯해 좌익은 환경에 대해 우려하기 시작했는데, 이를 역사학자 에릭 홉스봄 Eric Hobsbawm은 구마르크스주의자라면 당연히 보일 만한 혐오감을 드러내면서 "무척 중산층에 기반한" 논리라 일컬었다.[5] 세계 기후 변화는 시급한 문제지만 탄소세 같은 타당한 해결책은 전혀 마르크스주의적이지 않다. 환경에 대해 좌익이 우려하는 폭넓은 문제들은 증거로 뒷받침되지 않는 경우가 흔하고, 마르크스주의자들은 이에 대한 해결책을 내놓지 못한다. 그저 모두 월든호수로 돌아가 1845년 이전처럼 살든가 아니면 대거 자살하는 방법 말고 다른 해결책을 내놓지 못한다.

오래전 나는 악몽을 꾸었다. 악몽에 크게 영향 받는 편은 아닌데 이 꿈은 생생했다. 경제학자의 악몽, 새뮤얼슨류의 꿈이었다. 행동 하나하나가 최적으로 실행되어야 한다면 어떻게 될까? 제약을 받는 효용을 최대화하라. 다시 말해서 커피잔에 손을 뻗을 때마다, 거리에서 한 발자국 떼어놓을 때마다, 제한된 행복의 곡선 위에서 정확히 정점에 도달해야 한다고 생각해보자. 물론 당신은 이러한 임무를 완수하는 데 반복해서 실패한다. 최적상태에서 조금이라도 벗어날까봐 두려워서 옴짝달싹 못한다. 이러한 비합리적인 악몽은 경제학자들이 합리성이라 일컫는 섬뜩한 광경이다.

흠잡을 데 없는 완벽함은 불가능하다는 사실을 인정하는 정서가 몇몇 경제학자들이 실시한 연구의 이면에 있다. 허용 가능한 임계값에 도달할 때까지 사용가능한 대안을 찾는 허버트 사이먼Herbert Simon의 최소한의 만족Satisficing과 로널드 코스Ronald Coase의 거래비용과 야구선수 요기 베라Yogi Berra의 촌철살인 — 예측하기란 정말 힘들다. 특히 미래에 대해서는 — 을 재확인한 조지 섀클George Shackle과 이즈리얼 커즈너Israel Kirzner의 이론 등이 그러한 사례들이다.

1960년대에 젊은 미국 경제학자와 사회공학자들은 아기처럼 순진하게 예측 가능한 기계적인 완벽에 도달할 수 있다고 확신했다. 이를 '미세조정fine-tuning'이라 일컬었다. 그리고 실패했다. 인간에 대해 인간이 세우는 계획은 완벽에 도달하는 데 반드시 실패한다. 부드로는 다음과 같이 말한다. "사회공학을 실행할 자격을 조금이라도 갖춘 사람은 아무도 — 아무리 똑똑하고 고학력이고 고숙련기술을 갖추고 품성이 뛰어나고 의도가 선해도 — 없다. 세상에서 가장 황당한 낭설은 자격을 갖춘 사람들이 사회를 만지작거리면 사회가 기계처럼 기능할 수 있다는 생각이다."[6] 과학이나 예술과 마찬가지로, 경제도 어제 했던 일을 오늘도 내일도 똑같이 반복하는 철강기계보다는 빛을 향해 자라는 유기체와 더 비슷하다.

좌익은 경제란 쉽고 일상적이며 익히 잘 알려져 있어서, 기계적으로 강제할 수 있다고 확신한다. 우익은 군사력으로 강제하는 데 대해 똑같은 확신을 지니고 있다. 그러나 역사상 가장 자세히 기록된 군사적 강제력의 사례, 노르망디 상륙작전은 대단히 빗나갔다.[7] 그리고 작전을 수립한 뒤 지상 최대의 작전이 펼쳐진 당일부터 실수를 거듭하면서 수개월 동안 이어진 그 여파는, 경제에서 계획이 낳을 부작용에 비하면 아무것도 아니었다. 기계적이고 반복적이고 일상적인 완벽함은 경제에서도 전투에서도 정의조차

내릴 수 없다. 그런 기계적인 계획이 정의 가능하다면 ("1월에 주식을 매입하라", "늘 측면을 공격하라") 다른 사람들이 이를 모방하거나 적어도 예측하게 된다. 그리고 무산시킨다. 경제학자나 장군이 그렇게 똑똑하다면 부자여야 하지 않겠는가.[8] 그런데 그들 대부분은 부자가 아니다.

정치학자 존 멀러는 1999년 "그만하면 좋은pretty good"[9] 상태를 추구해야 한다고 주장했다. 멀러는 유럽과 유럽에서 파생된 지역에서 일어난 상업적으로 검증된 혁신과 자유민주주의는 완벽하지는 않으나 그만하면 좋은 편이라고 말했다. 예컨대 의회의 행동이나 영국에서 평등한 소득분배가 완벽에 도달하는 데 실패해도, 그 정치체나 경제체제가 내는 성과에 영향을 미칠 정도로 중요하지는 않으리라고 보았다. 오늘날 프랑스에서 극히 드문 근대 자유주의자인 레이몽 아롱Raymond Aron의 글을 클라이브 제임스Clive James가 번역한 부분을 인용하면, "자유주의자는 인류가 영원히 불완전하다고 믿는다. 자유주의자는 의식적인 선택이 아니라 수많은 행동들이 결과적으로 선을 낳는 체제에 승복한다"[10] 이를 보이지 않는 손이라고 불러도 무방하다. 언어 같은 다른 체제에도 적용된다.

적어도 피케티는 진지한 정량적 과학자로, 통계학의 '유의미'와 '존재'의 법칙과 경제에서 측정되지 않는 불완전성과 불완전한 정부가 도달하기 불가능한 과업이라는 모래밭에서 노는 머슴애들과는 다르다(유감스럽게도 정부가 도달 불가능한 과업을 설정하는 부분에서는 피케티도 다른 머슴애들의 놀이에 합류한다). 피케티는 27쪽(573쪽과 비교해 보라: 쪽수는 《21세기 자본》 영어판 기준, 이하동일)에서 다음과 같이 선언한다. "내 이론에서 (부유층의 소득과 빈곤층의 소득을 비교해 볼 때) 격차가 점점 벌어지는 주요 원인은 시장 불완전성과는 아무 관련이 없다(피케티는 정부가 불완전할 가능성을 전혀 고려하지 않는다는 점을 주목하라). 오히려 정반대다. 자본시장이 (경제학자가 보기에) 완전할수록 격차가 벌어질 가능성은 높아진다." 말하자면, 리카도와 마르크스와 케인즈와 마찬가지로, 피케티도 마르크스주의자들이 '모순'(571쪽)이라 일컫는 것을 발견했다고 생각한다. 바로 자본주의의 완벽함 때문에 불행한 결과가 나온다는 뜻이다.

그러나 맬서스에서부터 피케티에 이르기까지, 1798년부터 오늘날에 이르기까지 제기된 모든 우려 사항의 저변에는 비관론이 깔려 있다는 공통점이 있다. 자본시장의 불완전에서 비롯되든, 소비자 개인의 부적절한 행동에서 비롯되든, 자본주의 경제의 운동의 법칙Laws of motion에서 비롯되든, 하나같이 비관론이다. 그들은 인류 역사상 1인당 가장 풍요를 누리는 현실에 직면하면서도 이런 비관론을 공유한다. 1800년부터 오늘날에 이르기까지 상당히 바람직하게 진행된 역사의 궤적을 보면서도, 좌익진영의 경제적 비관론자들은 끔찍하게 잘못되고 있다는 악몽에 시달려왔다.

그런 비관론에 사람들은 솔깃한다. 사람들은 내가 도저히 이해할 수 없는 어떤 이유 때문에 세계가 지옥을 향하고 있다는 주장에 귀를 기울인다. 어떤 멍청한 낙관주의자가 그들의 관심에 찬물을 끼얹으면 씩씩거리며 멸시한다. 그렇지만 비관론은 오늘의 경제 세계를 안내하는 길잡이로는 형편없음이 끊임없이 증명되었다. 우리는 2세기 전의 우리보다 신체적으로 영적으로 엄청나게 풍요롭다. 앞으로 반 세기면 — 시장과 민주주의는 대단히 결함이 많다는 식자층의 확신을 좇아 1914년부터 1989년까지 그랬듯이, 좌익이 계획과 재분배 정책을 실행하거나 우익이 제국주의와 전쟁으로 혁신을 무산시키지만 않는다면 — 우리는 전 세계가 스웨덴이나 프랑스처럼 되리라고 기대할 수 있다. 라오스와 리우도 뉴욕과 런던처럼 풍요로워진다.

그만하면 좋지 않은가.

Chapter

29

부유층은 나머지 계층에게 손해를 끼치면서 부유해지지 않는다

피케티 책에 대한 서평에서 발췌한 또 다른 글.

피케티 책의 핵심 주제는 상속되는 금융자산에 이자가 붙으면서 부에서 얻은 소득의 불평등이 심화된다는 주장이다. 그는 돈이 돈을 번다고 한다. 아리스토텔레스 이후로 서구 문명에서 끊임없이 되풀이되어 온, 돈과 관련된 불만이다.[1] 철학자 아리스토텔레스는 일부 사람들에 대해 다음과 같이 말했다. "그들은 무제한으로 돈을 늘리든가 아니면 적어도 잃지 않는 게 삶의 전부다. …… (돈을 늘리려는) 가장 증오스러운 부류는 고리대금업자로 그들은 돈으로 돈을 번다."[2] 피케티의 (그리고 아리스토텔레스의) 이론은 자본이 낳는 그놈의 수익이 경제성장률을 초과하므로, 국민소득에서 자본의 수익이 차지하는 비중이 점점 높아진다는 주장이다. 단지 자본수익 — 부유한 자본가만이 창출하고, 움켜쥐고, 재투자할 수 있는 소득 — 이 사회 전체가 얻는 소득보다 빨리 증가한다는 이유만으로, 아리스토텔레스를 비롯해 토마스 아퀴나스, 마르크스, 피케티 같은 아리스토텔레스의 추종자들은 그러한 '무제한' 소득에 반대한다.

이런 주장은 역사가 오래되었고 아주 단순하다. 피케티는 이러한 주장을 자본－산출 비율에 관한 해괴한 회계 수치로 장식해서 불평등에 대한 자신의 핵심적 불평등 논리를 만들어낸다. 즉 $r > g$ (r은 자본수익률, g는 경제성장률)이라면 부유한 자본가들이 얻는 보상은 끝없이 증가하지만 나머지 멍청한 우리는 그들보다 계속 뒤쳐지게 된다.

피케티 주장을 그저 말로 표현만 해도 결론은 나온다. 구체적으로 분석할 필요도 없다. 그 바탕에 깔린 전제가 사실이라면 말이다. 그러나 그 전제는 사실이 아니다. 즉, 오직 부유층만 자본을 소유한다, 인적 자본이나 사회적 자본은 존재하지 않는다, 부유층은 자본수익을 재투자한다, 부유층은 남보다 뒤쳐지거나 누군가의 창조적 파괴 때문에 자본을 잃지 않는다, 자본수익은 나머지 우리에게 이득이 되는 경제성장률을 향상시키는 창의성으로 쓰이지 않고 상속이 된다, 우리가 윤리적인 관심을 가져야 할 대상은 노동자 계층의 삶의 여건이 아니라 지니계수다. 이와 같은 전제들은 사실이 아니다.

피케티 주장에 따르면, 나머지 우리는 게걸스러운 자본가에게 상대적으로 뒤처진다. 피케티 책에는 심각한 문제들이 많이 있지만, 상대적인 부 또는 상대적인 소득 또는 상대적인 소비에 초점을 맞추는 점도 심각한 문제다. 피케티가 '리카도식 종말론'이라고 일컫는 암울한 미래상에는, 나머지 우리들이 아주 풍요로워질 여지가 여전히 남아 있다. 종말론과는 달리 1800년 이후로 우리가 그랬듯이 말이다. 피케티는 부유층이 더 부유해진다고 우려하는데 빈곤층 또한 더 부유해진다는 점을 간과하고 있다. 다시 말하면 그의 우려는 순전히 차이에 대한 우려, 지니계수에 대한 우려, 그리고 막연한 질투심에서 격상된 이론적 윤리적 주장일 뿐이다.

피케티의 기계적인 논리에 내포된 또 다른 심각한 문제는 r은 거의 늘 g

를 능가한다는 점이다. 투자 자본에 대한 대략적인 이자율 수준과 대부분의 경제가 성장하는 비율에 대해 아는 사람이라면 누구든지 아는 사실이다 (예외는 중국이다. 피케티 예측과는 반대로, 그의 회계상의 정의에 따르면 최근 중국은 불평등이 증가했다). 그의 단순한 논리가 사실이라면, 리카도식 종말론이 실현될 가능성은 상존한다. 그러니 인정 많고 오류를 저지르지 않는 전능한 정부—그보다 개연성은 떨어지지만 세계 정부 혹은 은하계 제국—를 끌어들여, '자본에 대한 세계적 차원의 누진세'(27쪽)를 부유층에게 과세하자. 그게 유일한 희망이다.

그러나 결함이 있으나 피케티 스스로 창의적으로 조사해서 취합한 자료는, 비관론은 조금도 누그러뜨리지 않은 채 그가 솔직히 인정하는 바와 같이, 오직 캐나다, 미국, 영국 그리고 아마도 영미권 지역에서만 소득 불평등이 심화되었고 그것도 최근에서야 일어난 현상이라고 암시한다. 이상하다. 불평등은 왜 영미권에서만 심화될까? "유럽 대륙과 일본에서 오늘날 소득 불평등 수준은 20세기 초보다 훨씬 낮고, 사실 1945년 이후로 크게 변하지 않았다."(321쪽 그림 9.6) 예컨대 323쪽 그림 9.7을 보라. 1900~2010년 기간 동안 미국, 영국, 독일, 프랑스, 스웨덴에서 총소득 가운데 상위 10퍼센트의 소득이 차지하는 비율을 나타내는 그림이다. 이 나라들은 하나같이 r > g이다.

최근의 중국처럼 아주 드물게 예외적인 경우를 제외하면 인류 역사 내내 그랬다. 그러나 복지국가의 재분배가 달성된 1970년 무렵 소득의 불평등은 독일, 프랑스, 유럽에서 그리 심화되지 않았다. 다시 말해서 피케티가 두려워하는 현상은 1910년부터 1980년까지 그 어느 시기에도 확인되지 않았고, 1800년 전의 그 어느 시기, 그 어디에서도 발견되지 않으며, 제2차 세계대전 이후로 유럽 대륙과 일본 어디에서도 일어나지 않았으며, 최근에 와서야 미국, 영국, 캐나다를 비롯한 영미권에서 약간 나타났다(그런데 캐나다는 다시 언급되지 않는다).

세계사에서 관측된 바와 같이 r과 g의 비율로 볼 때, 리카도와 마르크스가 주장하는 불평등이 관장하는 일반적인 법칙에 따라, 늘 돈이 더 많은 돈을 번다면 이는 참으로 난제다. 그러나 불평등은 실제로 파도처럼 오르내리고 그 부침의 정도도 그리 크지 않다. 오래전부터 지금까지 이를 보여주는 증거가 있는데 이는 그리 언급되지 않는다(피케티는 경제사학자 피터 린더트 Peter Lindert와 제프리 윌리엄슨 Jeffrey Williamson의 연구는 거의 언급하지 않는다. 이 학자들은 그러한 사실을 자료로 입증하는데 말이다. 그건 피케티 주장에 도움이 되지 않기 때문이다). 피케티 논리에 따르면, 일단 파도가 출렁이기 시작하면 ─ 자본수익율이 경제성장률을 늘 앞지르는, 경제적 조건을 충족시키면 ─ 절대로 멈추지 않는다. 그러한 불굴의 논리가 맞다면 우리는 1800년이나 1000년 혹은 기원전 2000년에 불평등의 쓰나미에 휩쓸려 수장되었어야 한다. 피케티가 바로 그런 말을 하는 대목도 있다. "r>g 는 20세기에 또다시 규범이 된다. **제1차 세계대전 전날까지 인류 역사가 그러했듯이 말이다**"(572쪽이다. 진하게 한 부분은 내가 강조했다. 지금처럼 역사적으로 낮은 이자율이나 1970년대와 1980년대 물가상승 시기에 실질 이자율은 마이너스였다는 사실은 어떻게 해석할지 궁금하다). 그렇다면 고대에 부유층의 몫은 왜 100퍼센트에 이르지 않았을까? 부유층의 몫은 어째서 지주와 토지가 지배한 비생산적인 경제체제였던 중세 유럽에서 50퍼센트에 머물렀을까?

피케티는 이따금 자신이 주장하는 기제를 '폭발 잠재력이 있는 과정'으로 묘사한다(444쪽). 한 가구의 부에 무작위로 충격이 가해진다고 해도 "부의 불평등이 무한정 심화될 가능성은 희박하다. 오히려 부의 분배가 어떤 평형치를 향해 수렴하리라고 본다"라고 인정하는 대목도 있다(451쪽이다.

구체적인 평형치는 제시하지 않는다). 〈포브스〉가 선정한 세계 최고 부자 명단을 토대로 피케티는 다음과 같이 지적한다. "거의 해마다 10억 달러에서 100억 달러 자산가 집단에 새로이 700명이 이름을 올린다(441쪽)." 피케티 교수, 어느 말이 맞는 거요? 당장 종말이 오는 거요, 아니면 부유층에 속하는 이들이 새로 등장하기도 하고 부유층에 속하던 이들이 탈락하기도 하는 거요? 그의 기제는 경각심을 불러일으킬 만한 그 어떤 것도 설명하지 못하는 동시에, 가장 경악할 만한 뭔가를 예측한다.

언론인 매트 리들리는 최근 영국에서 불평등이 약간 증가한 이유를 〈나를 깃털로 쳐서 쓰러뜨려라〉라는 제목의 글에서 다음과 같이 설득력 있게 제시한다.

"지난 30년 동안, 정부가 부동산 가격에서 자산의 거품을 부추기고, 연금수령자에 대한 세금을 낮추고, (영국에 거주하는 러시아와 사우디아라비아 국적의 부자 같은) 부유한 국내 거주 외국인들에게 가벼운 세금을 부과하고, (미국과 특히 영국에서 주로 부유한 지주들이 소유한) 농장에 보조금으로 돈을 쏟아 붓고, 주거용 부지의 공급을 엄격히 제한해서 개발 허가를 받은 이들이 벌어들이는 초과이윤을 올리고, 부유한 자본가들의 부가 상대적으로 약간 인상되는 현상을 말하는가? 1980년 이후로 부의 집중은 대부분 정부 정책이 야기했고, 이 때문에 소득을 올릴 기회가 빈곤층이 아니라 부유층에게 돌아가도록 체계적으로 경로가 변경되었다는 사실을 알고도 하는 소린가."[3]

미국에서는 최고 부유층을 위한 복지수당과 감세 제도가 만연해 있다. 예컨대 성과보수 carried interest 같은 제도는 미트 롬니를 훨씬 더 부자로 만들었는데, 이는 피케티가 주장하는 문제를 해결할 수 있는 정부가 그 원인임을 보여주는 근거도 된다. 최근에 영미권에서 제한적으로 불평등이 심화된 원인은 '자본주의'가 아니고, 지난 2세기 동안 놀라운 성과를 낸 상업적으로 검증된 혁신은 더더욱 아니다. 주범은 영국 의회와 미국 의회였다.

사실 피케티 주장의 모순은 그 주장이 비롯된 원천이 얼마나 취약한지를 보면 예상이 된다. 그의 주장은 위대한 경제학자 리카도의 이론을 채택하는 데서 출발한다. 그 이론은 예측으로서 완전히 실패했는데 말이다. 리카도가 자신 있게 예측한 바와 달리, 지주들은 국민총생산을 다 삼키지 않았다. 실제로 국민(그리고 세계) 총소득에서 토지임대료가 차지하는 비율은, 리카도가 꾸준히 오르리라고 주장한 그 순간부터 급격히 하락했다. 그의 주장은 맬서스의 주장과 비슷한 결과를 맞이했다. 인구 증가가 식량 공급량의 증가를 능가한다는 예측은 맬서스가 주장한 그 순간부터 와해되었다.

좋다. 그럼 리카도 이론과 그보다 약간 덜 위대한 경제학자인 마르크스(다른 모든 중요한 문제에 대해서는 거의 모든 예측이 틀렸지만, 19세기가 낳은 사회과학자로서는 단연 최고라 할 수 있다)의 이론을 결합해 보자. 마르크스는 임금이 하락하지만 이익도 하락하고, 그러면서 기술 개혁도 일어난다고 상정했다. 마르크스주의 경제학자 조안 로빈슨Joan Robinson이 자주 지적했듯이, 그러한 계산은 불가능하다. 기술 진보가 일어난다면 으레 그러하듯이, 적어도 임금이나 이익 둘 중 하나는 상승해야 한다. 파이 자체가 커지면 누군가의 몫은 늘어난다.

그런 일이 발생하면 노동에 대한 임금이 상승하며, 특히 노동자의 인적자본 축적에 대한 임금이 상승한다. 부유한 사람들이 소유한 자본이 아니라. 물리적 자본에 대한 수익은 영국이나 미국 국채처럼 위험을 감수할 필요가 없는 자본에 대한 수익보다 훨씬 높았다. 그 자본을 보유하는 데 따르는 위험에 대해 보상해야 하기 때문이다(혁신으로 인해 무용지물이 될 위험이 바로 그런 위험이다. 4년 정도 쓰면 구식이 되는 컴퓨터를 생각해 보라). 그러나 물리적 자본과 인적 자본에 대한 수익은 점점 늘어나는 자본가들 간의 치열한 경쟁 때문에 대략 5에서 10퍼센트 수준에 머물렀다.

1800년 이후로 노동자들이 인적 자본을 축적하지 않고 그들이 속한 사회도 창의력을 축적하지 않은 결과, 자본 한 단위당 수익이 정체된 현상이 노동자의 소득에서도 일어났다면 우리가 얼마나 궁핍했을지 상상해 보라. 그리 어렵지 않다. 그런 처참한 수준의 노동자 임금은 소말리아나 북한 같은 지역에 지금도 존재하기 때문이다. 그러나 1800년 이후로 노동자 1인당 소득은 평균적인 수준의 부유한 나라에서는 30배로 증가하고(2,900퍼센트라고 해도 무방하다), 여전히 빈곤한 나라들을 포함해서 세계 전체적으로 볼 때도 10배(900퍼센트)로 증가했다. 하지만 물리적 자본에 대한 수익률은 정체되었다.

피케티는 발명가들, 기업가들, 심지어 흔하디 흔한 자본가들이 새로 진입하는 경쟁자에게 그들이 받는 보상을 잠식당한다는 사실을 인정하지 않는데, 그는 이러한 경제적 개념을 파악하지 못하는 듯하다. 19세기 말 르봉마르셰, 마셜필즈 그리고 셀프리지스 같은 백화점에서 비롯된 소득은 기업 활동에서 얻은 소득이었다. 이 모델은 그 뒤 부유한 지역 도처에서 모방되었고, 아이오와주 시더래피즈Cedar Rapids와 미시건주의 밴튼하버Benton Harbor 같은 지역에서 부를 축적하는 토대가 되었다. 그러더니 20세기 말 이러한 모델은 할인점의 도전을 받게 되었고, 할인점은 다시 인터넷의 위협을 받게 되었다.

처음에 축적한 부는 서서히 또는 빠르게 소진된다. 다시 말해서 폭리는 외부에서 공급이 활발해지면 빠르게 잠식된다. 리들리가 최근의 영국 역사에서 지적한 대로 정부가 개입해 독점을 행사하거나 보호하지 않는 한 말이다. 앞서 언급한 노드하우스의 주장을 상기하라. 발명가와 기업가는 오늘날 그들이 발명한 것의 사회적 가치 중 2퍼센트만 소득으로 얻는다는 사실 말이다.[4] 당신이 샘 월튼이라면 슈퍼마켓 진열대에 쌓아두는 물건에 바코드를 도입하기만 해도, 2퍼센트라는 엄청난 소득을 얻는다. 그러나 2퍼센트를 내어 줘도 우리가 98퍼센트를 얻으면, 우리에게는 그만 하면 좋은 거래가 된다. 쇄석공법으로 포장한 도로나 가황처리한 고무, 근대적인 대학교, 구조용 콘크리트 그리고 비행기에서 얻는 이득은 우리 가운데 가장 가난한 이조차도 풍요롭게 한다.

공급이 반응한다는 사실을 믿지 않는 피케티는, 대신 상속한 부로 롤렉스 시계 일곱 개를 소유한 아주 부유한 사람들의 사악함에 집중한다. 그는 툭하면 로레알 화장품 회사 상속녀로서 세계에서 세 번째로 부유한 여성인 릴리안 베탕쿠르를 들먹이면서 "평생 하루도 일한 적이 없지만 그녀 재산은 (그래도 보다 나은 세상을 만드는 데 기여하는) 빌 게이츠의 재산만큼 빠르게 증식한다"라고 한탄한다.[5] 피케티는 여기서 짜증을 내는데, 그의 윤리 철학의 밑천이 다 드러난다.

부유한 나라에서 빈부 간에 점점 벌어지는 임금 불평등에 대해, 피케티는 "주로 임금 체계의 최상위, 특히 대기업의 최고경영자들이 대단히 높은 수준의 연봉을 받게 되면서 야기되었다"라고 인정한다. 이러한 초고액 연봉의 등장은 그가 말하는 r > g와 아무 관련이 없다.

경제학자 제프리 브레넌Geoffrey Brennan, 고든 멘지스Gordon Menzies 그리고 마이클 멍거Michael Munger는 피케티 책이 출간되기 전에 발표한 논문에서 다음과 같은 비슷한 주장을 한다. 즉, 부를 상속하는 생존자 수가 점점 줄어들기 때문에 지니계수는 점점 악화되는데, 그 까닭은 "인류 역사상 처음으로 부유한 부모가 자녀를 덜 낳기 때문이다. …… 부가 계속 증가하는 데 그 부는 점점 더 적은 수의 상속자에게 집중된다."[6] 부자는 프랑스어와 수학 교육을 철저하게 받은 외동아들을 시드니 그래머스쿨을 거쳐 하버드에 진학시킨다. 빈곤층은 얼마 안 되는 재산을 자녀 여럿을 부양하느라 소진해 버린다.

애덤 스미스가 희망했던 "가장 비천한 생활수준의 사람들에게도 보편적으로 확대되는 풍요"는 모두에게 훌륭한 교육을 받도록 해 준다. 이는 사회 정책이 추구해야 할 윤리적으로 타당한 목표이고, 도달 가능하다는 추가적인 장점도 있다.[7] 지니계수를 낮추려는 시도에는 그런 이점이 없다. (대풍요가 확산되어서) 빈곤층이 부유해지면 그들도 자녀를 덜 두게 된다. 이는 이탈리아에서 방글라데시에 이르기까지 세계적으로 증명되었으며, 그 결과 격차가 증가하는 경향은 줄어든다.

경제학자 타일러 코웬은 더 나아가 다음과 같은 사항을 상기시킨다. "저출산율에는 자녀를 두지 않는 경우도 포함되는데, 그러면 가계가 끊긴다. 영양상태가 좋은 왕족에서도 종종 나타나는 현상이다." 1737년 피렌체의 지안 가스토네 대공처럼 자녀가 없으면, 살아서든 죽어서든 유산을 상속할 사람이 없다. 대신 그들의 사촌이나 사촌의 사촌이 유산을 상속받게 되고 그러면 부는 분산된다.

부를 상속받은 자녀들은 흔히 야심이 사라진다. 로데오 드라이브나 어퍼 슬론 스트리트 같은 번화가에서 날마다 목격하듯이 말이다. 나태함─아니면 평균적 능력으로의 퇴보─은 평등을 구현하는 막강한 요인이다. 피케티는 자기 주장을 정면으로 반박하는 다음과 같은 주장을 한다. "탕아가 가문의 부를 탕진할 때가 반드시 온다." 수세기 동안 영국 법에서, 상속 재산과 관련해 찬반 격론이 벌어지는 이유가 바로 이 때문이다(451쪽).

당신이 인성이 완전히 형성되기 전인 18세에 1,000만 달러를 마음대로 쓰게 되었다고 상상해 보라. 당신에게는 윤리적인 재앙이 닥친 셈이다. 최고 부자의 자녀들이 그러하듯이 말이다. 대풍요의 혜택을 누린 부유한 부모는 자녀, 특히 손자손녀들이 경제학 박사학위를 따기 위해 노력하고, 진지하게 기업가 정신을 발휘하고, 자선활동을 하려는 동기를 가지지 않을까 걱정한다. 그러나 다이아몬드 팔찌가 몇 개든 부유한 집 자녀 대부분은— 어쩌면 대풍요가 가장 빈곤한 계층에까지 확대되면서 풍요를 누리게 된 우리 자녀 모두— 경제학 박사학위를 따려고 애쓰지 않을 것이다. 굳이 그럴 필요가 있겠나? 데이비드 록펠러는 그랬지만(1940년 시카고대학교에서 경제학 박사학위를 땄다). 그의 조부는 가난한 사람으로 타고난 가치관을 아들인 존 주니어에게 물려주었고, 존 주니어가 낳은 다섯 명의 손자들에게도 물려주었다(애비라는 손녀가 있는데, 그녀는 평생 하루도 일하지 않았다는 점으로 미루어 볼 때 그녀에게는 그의 세계관을 물려주지 않은 듯 싶다).

피케티는 상속에 집착하기 때문에, 기업가로서 얻는 이득, 빈곤층을 부자로 만든 혁신주의의 기여는 애써 축소한다. 또다시 돈은 풍요를 낳지 못하고 돈에 붙는 이자는 부자연스럽다는 아리스토텔레스의 주장이 등장한다. 이 점에 관한 한 아리스토텔레스는 틀렸다. 반유대인 정서를 지닌 이들이 1,000년 동안 해온 주장이 틀렸듯이 말이다. 피케티 주장과는 달리, 부자가 자신의 부를 투자해 만든 상품은 가격이 하락한다. 그리고 많은 돈을 번 사람들이 더 창의적인 생산성을 발휘함으로써 더 많은 돈을 벌면, 그 결과 우리 모두가 이득을 얻는다.

가수 프랭크 시내트라가 그에게 열광하는 대부분의 팬보다 훨씬 부유해졌다는 사실은 윤리적으로 문제 되지 않는다. 철학자 로버트 노직은 '월트 체임벌린Wilt Chamberlain'을 이용한 가상의 사례를 이용하며, 우리가 영리한 최고경영자나 재능 있는 운동선수로부터 이득을 얻기 위해 자발적으로 보상하면, 더 이상 윤리적으로 논란이 되지 않는다고 알려준다(피케티는 존 롤스는 언급하지만, 롤스의 숙적인 노직은 언급하지 않는다). 프랭크 시내트라와 JP모건 체이스의 최고경영자 제이미 다이먼과 월트 체임벌린이 이례적으로 높은 보상을 받는 까닭은 절도나 상속이 아니라, 세계화 시대에 시장이 훨씬 넓어졌기 때문이다.

회계에서 감가상각을 포함시키는 단순한 문제가 아니다. 경제학자 이몬 버틀러는 다음과 같이 지적한다. "피케티 사례를 뒷받침하는 근본적인 개념은 자본이란 항구적인 자산이며, 이는 운이 좋은 소유주에게 노력하지 않아도 끊임없이 이득을 안겨 준다는 것인데 이 또한 틀렸다. 실제로 자본을 보호하려면 시간과 돈과 노력이 든다. 자본은 관리하고 보호해야 한다. 그리고 끊임없이 변하고 경쟁이 치열한 세계에서 그 가치를 유지하려면, 한결같이 근면해야 하고 집중해야 한다."[8] 노동기술과 장소와 심지어, 농부라면 누구나 알 듯이, 토지도 마찬가지다. 끊임없이 변하는 경제에서 인간은 끊임없이 노력하고 관심을 집중해야 하는데, 이러한 정서는 중앙에서 계획을 세우는 주체가 아니라, 자본, 노동, 토지를 소유한 인간이 만들어낼 가능성이 훨씬 높다.

Chapter

30

피케티 책에는 심각한 기술적 오류가 있다

피케티 책 서평에서 계속.

　　피케티 주장에는 기술적인 결함이 많다. 파면 나온다. 내가 잡아낸 결함을 나열해 보겠다. 다른 경제학자들도 많은 결함을 찾아냈다고 들었다. '피케티'라고 구글에서 검색해 보라. 나는 하지 않았다. 이미 많이 찾아냈는데 더 보태고 싶지 않아서다. 나는 그의 노력을 가상하게 생각하기 때문에, 그는 나의 독자적인 평가를 받을 자격이 있다.

　　예컨대 ─ 이는 큰 결함이고, 옥스팜이 세계적으로 부의 총액에서 최고 억만장자들이 보유한 부의 비율을 산정할 때도 범하는 오류인데 ─ 피케티가 정의하는 부에는 근로자가 소유한 인적 자본이 포함되지 않는다. 인적 자본은 부유한 나라에서는 주요 소득원이 되었다. 1800년 이후로 지식과 사회적 습관이 엄청나게 축적되었고, 이에 접근할 수 있는 사람은 누구든 소유할 수 있다. 또한 피케티는 정부 자본을 무시하는 큰 오류를 범하고 있는데, 이는 사악한 부자가 배타적으로 소유하지 않는 자본이다.

따라서 그가 열심히 모은 (물리적 자본과 민간자본만 따진) 자본/산출 비율을 보여주는 표들은 결함이 있다. 오늘날 세계에서 중요한 형태의 자본들을 다 누락시켰다. 더 정확히 말하자면, 자본을 거의 항상 부자들이 소유한다고 고집함으로써 피케티는 소득원을 잘못 이해하고 있다. 소득원은 축적된 기계나 사유지가 아니라, 주로 인간의 창의성이 구현된 결과인데 말이다.

예컨대, 그는 46쪽에서 "우리가 자본을 정의할 때 인적 자본을 제외하는 여러 가지 이유가 있다"라고 알 수 없는 주장을 하고 나서, 다음과 같이 딱 한 가지 이유만 제시한다. "인적 자본은 다른 사람이 소유할 수 없다."[1] 그러나 인적 자본은 바로 근로자 자신이 소유한다. 피케티는 존 로크식으로 남에게 양도할 수 없는 자신을 자기 스스로 소유하는 게, 소유가 아닌 이유를 설명하지 않는다. 내가 개간지를 소유하고 운영하지만 (일부 전통주의나 집산주의 법이 그러하듯이) 법이 양도를 금지하는 경우, 그 토지가 자본이 아닌 이유는 뭔가? 당연히 인적 자본은 '자본'이다. 소비를 자제하면 축적되고, 감가상각되고, 시장에서 결정되는 수익을 벌어들이고 창조적 파괴로 무용지물이 될 수 있다. 자본이다.

아주 옛날 옛적에 피케티가 생각하는 세상, 인적 자본이나 사회적 자본이나 지적 자본이나 심지어 정부 자본도 그다지 많지 않았던 세상이 있었다. 리카도와 마르크스가 생각한 세상, 노동자는 자기 몸뚱이 말고는 가진 게 없었고, 고용주와 지주가 모든 생산수단을 소유했던 세상 말이다. 그러나 1848년 이후로 세계는 근로자의 뇌 덕분에 변모해 왔다. 피케티가 인적 자본과 사회적 자본을 '자본'에서 제외한 단 한 가지 이유는, 자기가 원하는 결론을 도출하기 위해서인 듯하다. 불평등은 심화되어 왔으며 앞으로도 심화되거나 적어도 두려워해야 할 현상이라는 결론 말이다. 논리적으로 그런 술수는 의문을 낳을 뿐이다.

7장에는 '자본은 항상 노동보다 불평등하게 배분된다'라는 제목도 있다. 그렇지 않다. 인적 자본(평범한 공장 근로자의 문해력, 교육 받은 간호사의 기술, 전문 관리직의 복잡한 시스템 명령어, 경제학자의 공급반응에 대한 이해)을 회계에 포함하면 근로자는 국가의 자본을 대부분 소유하고, 피케티가 1848년부터 막이 올랐다고 주장하는 드라마의 줄거리는 무너진다.

이 책의 문제점에 속하는, 인적 자본의 누락은 더더욱 이상하다. 해결책 부분에서 피케티는 교육과 인적 자본에 대한 투자를 권하기 때문이다. 애초에 정부가 자발적 교환에 개입해 실업을 조장한 정부 프로그램을 바로잡으면서 근로자를 돕기보다는, 정부 프로그램 때문에 실업 상태에 놓인 근로자들의 한계생산성을 교육으로 향상시키는 데 초점을 맞추는데, 이때 그는 좌익진영 대부분, 특히 교육을 공급하는 대학에 소속된 근로자의 편을 든다. 남아공에서 좌익은 높은 최저임금과 숨 막히는 규제를 계속 유지해야 한다면서, 정부가 야기한 실업 문제를 바로 그 무능한 정부가 교육을 통해 실업자들의 한계생산성을 높임으로써 풀어야 한다고 주장하고 있다.

좌우, 자유주의자를 막론하고 누구도 더 나은 교육의 필요성에 대해서는 토를 달지 않는다. 특히 아무런 기회비용도 치를 필요 없이, 하늘에서 뚝 떨어지는 것이라면 말이다. 인정 많은 우리 자유주의자들이 생각하는, 보다 나은 교육을 달성하는 방법은 제 기능을 거의 못하는 무너진 공교육 체제에 돈을 더 쏟아 붓거나, 고등교육 체제에 돈을 쏟아 부어서 빈곤층보다 부유층에게 특혜를 주는 방법이 아니다. 놀랍게도 프랑스를 비롯해 많은 나라들이 이런 방법을 쓰고 있다. 그렇게 해서 진학 준비를 철저히 한 부유한 학생이 학비도 내지 않고 무상으로 지배 계층에 진입하게 만든다. 좌익은 그럴듯하게 들리는 '교육이 중요하다'라는 기치를 내걸고 명백한 실업의 원인을 직시하지 않고 피해간다. 예컨대, 남아공에서는 남아프리카노조회의 지원으로 노동시장은 경직되고, 규제는 극심해진 결과, 비참할 정도로 가난한 남아프리카 흑인이 콰줄루나탈 같은 오지에 지은 오두막에서 쥐꼬리만 한 보조금으로 연명하고 있다.

피케티 책에 훌륭하고 흥미로운 경제학적 논리가 없다는 인상을 주고 싶지는 않다. 예컨대, 그는 14장에서 흥미로운 이론을 제시한다. 오늘날 영국, 특히 미국에서 최고경영자들이 고액의 연봉을 받는 이유는 1930~1970년 동안 매우 높은 수준이었던 한계세율이 하락했기 때문이라는 주장이다. 당시에 경영자들이 자신에게 고액연봉을 지급했다면 멍청한 짓을 한 셈이다. 해마다 정부에서 상당한 몫을 가져갔기 때문이다. 그런데 고율 과세라는 장애물이 제거되자, 경영자들이 끼리끼리 어울려 고위간부 연봉심사위원회를 만들어 본격적으로 해먹었다는 게 피케티의 그럴듯한 주장이다. 따라서 피케티는 예전에 소득에 부과했던 한계세율 80퍼센트로 되돌아가자고 주장한다(513쪽). 그런데 잠깐, 최고경영자의 고액연봉이 그렇게 비윤리적이고 역겹다면 직접 법을 만들면 되지 않은가? 세금이라는 방법으로 경제 체제에 대대적으로 개입하느니, 목표를 보다 정확히 겨냥하는 방법으로 말이다. 아니면 고위간부 연봉심사위원회에게 망신을 주든가. 이에 대해 피케티는 말이 없다.

그러나 그보다 훨씬 심각한 기술적 문제는 피케티가 경제학자면서도 공급반응을 이해하지 못한다는 점이다. 좌익진영에 속한 자신의 입장을 고수하려는 듯 그는 시장이 어떻게 작동하는지, 특히 높은 가격에 공급이 어떻게 반응하는지에 대해 막연하고 혼란스러운 생각을 갖고 있다. 그는 '사유재산을 토대로 한 시장경제를 시장에 맡겨두면' 비관적인 결과를 야기한다고 주장한다(571쪽). 그렇다면 그는, 경제학개론을 공부하고 그 내용을 이

282

해한 사람들이 모두 동의하는 바, 사유재산을 토대로 한 시장경제를 시장에 맡겨놓으면 시장이 어떻게 행동하는지에 대해 경제학개론이 뭐라고 설명하는지 대략이라도 이해하는 게 신상에 좋다. 상당히 잘 돌아간다.

피케티가 교육을 잘못 받았다는 놀라운 증거는 영어판 책을 들추자마자 (6쪽) 나온다. 그는 자신과 대척점에 있는 신고전주의 경제학자들의 주장을 인정하는 듯한 다음과 같은 내용으로 말문을 연다(다시 말하지만 그는 자부심 충만한 고전경제학자로서 리카도에 마르크스를 더한 인물이다. 밀은 그다지 섞이지 않았다). "과정(지주가 모든 것을 소유하는 리카도식 종말론으로 이어지는 도시 땅값의 상승이나 유가 상승의 과정)에서 평형을 회복시키는 단순한 경제적 메커니즘은 원칙적으로 존재한다. 수요와 공급의 원칙이다. 어떤 상품이든 공급이 부족하고 그 가격이 너무 높으면 **그 상품의 수요는 줄어들고, 이는 가격의 하락으로 이어진다.**"

내가 진하게 표시한 부분은 수요곡선 상의 이동과 수요곡선 자체의 이동을 혼동하고 있는 게 분명하다. 대학교 신입생이 첫 학기에 하는 실수다. 정확한 분석은 (1학년 첫 학기 3주차 강의시간에 하는 얘기다) 가격이 '지나치게 높으면' '균형이 회복'되는 까닭은(가격이 비싸면 단기적으로는 소형차로 석유를 아껴 쓰거나 작은 아파트로 옮기면서, 수요곡선은 그대로 있고 수요곡선을 따라 이동한다) 수요곡선이 움직이는 게 아니라 결국 공급곡선의 외연이 확장되기 때문이라고 보는 게 정확한 분석이다. 공급곡선의 외연이 확장되는 까닭은 중장기적으로 볼 때 초과 이윤의 냄새를 맡은 신규 공급자들이 시장에 진입하기 때문이다. 새로운 석유 매장지가 발견되고 새로운 정제시설이 구축되고, 교외에 새로운 주거단지가 생기거나 도시의 토지 이용 효율성을 높이기 위해 고층건물이 건설된다. 단, 정부가 (환경 훼손을 근거로) 석유 탐사를 제한하거나 (부정부패 때문에) 고층건물을 제한하지만 않는다면 말이다.

피케티는 다음과 같이 말을 계속 이어 간다(기억하라. 그는 가격이 오르면 어느 정도 시간이 지난 후에 공급곡선의 외연이 확장된다는 생각이 떠오르지 않는 모양이다. 그는 가격이 오르면 수요곡선이 안으로 움츠러들고 희소해진 품목, 즉 석유나 도시 토지의 가격하락으로 이어진다고 생각한다). "그러한 적응 과정은 불편하고 복잡할지도 모른다." 가격 체계의 평범한 작동 방식을 경멸하듯 그는 우스꽝스럽게도 "이동 수단을 자전거로 바꿔야 한다"라고 상상한다. 공급이 불충분하면 주어진 수요곡선을 따라 이동하며 대체재를 선택하거나 수요곡선이 안으로 위축될 때까지 "수십 년이 걸릴지도 모르며, 그 기간 동안 지주와 유정 소유주들은 나머지 인구를 대상으로 부를 축적하게 된다(여기서는 이제 무슨 이유에서인지 수요곡선이 공급곡선보다 빠르게 바깥으로 외연이 확장된다고 생각한다). 그 범위가 너무나도 크게 확장되어서 그들은 자전거를 포함해서, 마침내 소유가 가능한 것은 무엇이든 (무슨 근거인지 제시하지도 않고) 쉽게 소유하게 될지도 모른다"라고 주장한다.

사실상 세계 경제사를 설명하는, 신규 진입과 대체재 공급이라는 기초적인 분석을 마구 난도질해놓은 그는 심지어 궁극적으로 앞으로 그러한 자전거를 소유할 주인공으로 '카타르 국왕'을 거론한다. 이 구절은 유가가 잠시 급등했을 때 캐나다와 미국에서 석유와 가스 탐사가 엄청나게 확대되기 전에 쓴 게 틀림없는 듯하다. 간단히 말해서, 그는 (경제학개론을 수강한 지 3주째 접어든 영리한 신입생이 부유층에게 우호적인 신고전주의 경제학자의 논리에서 명백한 하자를 발견한 듯한 태도로) 의기양양하게 다음과 같은 결론을 내린다. "수요와 공급이 서로 영향을 미치고 작동해도 어떤 상대적 가격의 급격한 변동에 따라 부의 분배에서 심각한 양극화가 지속될 가능성을 배제할 수는 없다. …… 리카도의 희소성 원칙이다" 6쪽 하단과 7쪽 상단에 걸쳐 있는 단 하나의 단락에 수많은 경제적 오류가 빼곡히 담겨 있다.

나는 이 구절을 읽고 너무 놀라 혹시 오역인가 싶어서 내 허접한 프랑스어 실력에도 불구하고 프랑스어판 원서를 찾아 그 대목을 읽어 보았다. 백번 양보하면 얼핏 보기에 오역이라고 할 수도 있을지 모르겠다. 하지만 피케티가 그 결론에 도달하기에 앞서 했던 말은 여전히 어불성설이다. "뒤이어 그 상품의 수요(수요곡선 전체를 말하는 건가?)는 하락하게 된다" 그러나 피케티의 영어 실력은 내 프랑스어 실력보다 훨씬 낫다. 그는 MIT에서 몇 년 가르쳤고 인터뷰할 때 보면 제대로 배운 영어를 구사한다. 그가 (기술적인 경제학 서적의 번역은 처음이지만, 1979년 이후로 프랑스 책 75권을 번역한 수학 박사학위 소지자인) 아서 골드해머Arthur Goldhammer가 그런 엉터리 번역을 했는데, 더군다나 그렇게 중요한 대목을 오역했는데 그대로 뒀다면, 저자인 그가 경제학적으로 문제없다고 여긴 것이다. 희소성이 증가함에 따라 공급곡선의 외연이 확장된다고 생각하는, 영어나 독어를 모국어로 구사하는 멍청한 경제학자들에 대한 신랄한, 아니 결정적인 비판이라고 생각하면서 말이다(다시 말하지만, 자기가 쓴 저서가 모국어가 아닌 다른 언어로 번역되는 과정에서 오역을 절대로 그냥 내버려둔 적이 없는 사람이 있다면 그 사람부터 먼저 피케티에게 돌을 던질 수 있나니).

프랑스어판에서는, 영어판처럼 너무나도 명백한 오류는 보이지 않는다. "이는 가격의 하락으로 이어진다"라고 오해한, 첫 학기를 수강하는 헷갈린 신입생 같은 인상을 준다. 즉, "어느 정도 가격이 하락해 안정된다"라든가 보다 직역을 하자면 "이는 (이 경우 수요와 공급의) 상호작용을 어느 정도 진정시켜 준다"라고 번역될 소지가 있다. 프랑스어로 된 경제학 서적에서 "상호작용을 진정시킨다"는 때로는 가격 거품이 꺼진다는 뜻으로 사용되지만 말이다. 그리고 이 단락에서 '진정시킨다'는 표현은 경제학 원리와 상식을 완전히 부정하는, 공급반응은 일어나지도 않고 가격이 하락한다는 뜻이라고 해석할 수밖에 없다.

그 단락의 나머지 부분은 오역이라고 너그럽게 봐줄 수가 없다. 나머지 부분은 논란의 여지가 없는 번역이고, 피케티가 공급 반응은 수요와 공급의 상호작용에서 중요하지 않으며, 이는 못마땅하고 복잡하다는 확신을 지니고 있음을 분명히 보여준다. 그리고 그보다 훨씬 덜 못마땅하고 덜 복잡한 방법으로, 비효율적인 정부가 세계적으로 창출되는 소득에서 아주 높은 비율을 세금으로 거둬들이거나, 부정부패할 소지가 크고 이런 체제에 사활을 걸지 않은 정부가 "공영과 민영의 중간쯤 위치한 형태의 공유제나 새로운 형태의 지배구조로 자본 소유 방식을 전환하라"고 권장하고 있다 (573쪽).

피케티는 애덤 스미스(9쪽에 짤막하게 빈정거리듯 한마디 언급한다)나 세이 Say(마찬가지로, 스미스가 낙관적이라는 각주에 언급되어 있다), 발라스 Walras(미언급, 이 세 사람의 책은 프랑스어로 쓰인 책이다), 멩거(언급하지 않았다), 마셜(미언급), 미제스(미언급), 하이에크(다른 문제와 관련해 각주에 한 번 언급했다) 그리고 프리드먼(가격 체계가 아니라 통화 정책과 관련해서만 548~549쪽에 언급했다)을 읽으면서 그가 질색하는 수요와 공급 이론을 이해하지 못한 듯싶다. 간단히 말해서 그는 자율규제 시장에 대해 빈정거릴 자격이 없다(예컨대, 572쪽). 자율규제 시장이 어떻게 작동하는지 모르기 때문이다. 마치 자연선택이나 골턴-왓슨 과정 Galton-Watson process 그리고 현대 유전학도 이해하지 못하면서 진화론을 경멸조로 공격하는 셈이다(그런데 진화론은 경제학자들이 자율규제 시장에서 진입과 철수를 설명할 때 사용하는 이론과 똑같다. 진화론은 다윈이 공급 반응에 대한 초창기 이론에 착안해서 제시한 이론이다).

어찌 보면 이는 피케티의 잘못이 아니다. 그는 프랑스에서 교육을 받았다. 프랑스식 경제 교수법은 추상적이고 연역적이다. 이런 경향에 맞서 프랑스 경제학도들이 자폐적인 경제학에서 벗어나자는 운동을 벌였는데, 프 랑스에서는 1973년에서 오늘날에 이르기까지 석유시장을 파악하는 데 이 용하는 통상적인 가격이론을 절대 가르치지 않는다.[2] 공급 반응 때문에 실 질 유가가 1980년 이후로 하락했는데, 이는 폴 에를리히Paul Ehrlich의《인구 폭탄The Population Bomb》(1968)과 같이 경제학자가 아닌 이들이 쓴 책이나 경 제학 기초도 이해하지 못하는 경제학자들이 쓴 책에는 절대로 등장하지 않 는다.

위대한 자유주의 경제학자 피터 베트키Peter Boettke는 19세기 말 독일학파 의 무목적적인 경험주의에 오염된 한 경제학자를 소개하면서 다음과 같이 말했다. "1848년 이후 등장한 첫 세대는 고전경제학의 분석적 방법을 부정 했지만 이를 배우기는 했다. …… 그러나 2세대는 고전적 방법론으로 학문 을 연마하지 않아서 경제적 현상을 해석하는 데 필요한 정신적 도구가 없 었다."[3] 그러나 어쩌면 그는 1948년 이전 새뮤얼슨 세대를 첫 세대로 보고, 이를 2세대와 비교하는 한편, 피케티는 3세대로 간주하는지도 모른다. 새 뮤얼슨 자신은 1930년대에 시카고대학교 학부에서 경제학을 배웠다. 베트 키에 따르면, 특히 1848년 이후 사회주의자들과 1948년 이후 경제공학자 들 사이에서는 "시장경제가 자체적으로 조직화한다는 원칙은 더 이상 받 아들여지지 않았다. …… 현재 경제정책을 설계하는 일을 위임받은 경제학 자 세대는 시장체제의 기본 특징을 이해할 기회를 놓쳤다."[4] 피케티의 수 많은 기술적 오류들 가운데 아주 중요한 오류가 바로 이것이다.

더욱 심각한 점은 피케티의 '구조적' 사고가 좌익의 특징이며, 물리학자 와 생물학자들이 경제적 사안을 다룰 때 보이는 경제적 사고체계의 특징이 기도 하다는 점이다. 이게 바로 〈사이언티픽 아메리칸Scientific American〉이 반 세기 전 투입-산출 분석(나도 당시에는 이 방법을 좋아했기 때문에 그 이유를 이해한다)을 즐겨 이용했고 여전히 물리학자와 생물학자들이 환경에 대한 논문을 발표할 때 고정계수를 바탕으로 주장하는 이유이다. 경제학자가 아닌 이들은 다음과 같이 말한다. "이러이러한 구조가 존재하는데, 이는 현존하는 최대치이며, 예컨대 현재 알려진 석유매장량이다." 그러고 나서 새로 매장지를 탐색하는 작업이 사실상 경제활동이라는 사실을 무시하거나 자원에 대한 정의도 내리지 않고, (총수요곡선과 수요량을 구분하지도 않고) 수요가 증가하면 어떤 결과가 나올지 계산하는데, 이때 대체재는 없다고 가정하며, 가격에 대해 수요곡선 상의 반응도 일어나지 않고, 가격에 대한 공급반응도 없으며, 희소성 증가에 따른 기업가의 반응과 같이 가시적이든 비가시적이든 제2나 제3의 행위도 없다고 가정한다. 이는 19세기 중엽에 마르크스가 이용한 과학적 절차이기도 했다. 피케티는 아직도 그 절차를 따르고 있다.

Chapter

31

불평등의 윤리적 산정은 틀렸다

피케티가 열정적으로 제기하는 이슈들에 대해 생각할 때, 무엇이 불평등하다는 얘기인지 정확히 짚을 필요가 있다. 물리적 자본과 이에 대한 소유권(주식, 증권, 토지소유대장)은 불평등하게 소유된다. 노조 연기금 등은 어느 정도 정반대 구조를 보이기는 하지만 말이다. 국가의 총자본에서 그러한 몫에 붙는 수익은 부유층의 소득, 특히 재산을 상속받는 부유층의 소득인데, 피케티는 바로 이러한 소득에 대해 가장 큰 우려를 표한다. 그러나 내가 지적한 바와 같이 자본을 보다 폭넓게 보고 공학학위같이 점점 중요해지는 인적 자본과 슈퍼하이웨이와 공영공원과 오늘날의 지식(인터넷을 생각하면 된다)과 같이 점점 중요해지는 공동소유 자본까지 아우른다면, 자본이 창출하는 소득이 불평등하게 분포되는 정도는 서류상의 물리적 자본의 소유권이 불평등하게 분포되는 정도보다 훨씬 낮다.

게다가 소비의 불평등한 정도는 소득의 불평등한 정도보다 훨씬 낮다.

저택이 일곱 채인 부자는 집이 겨우 한 채 있는 사람보다 일곱 배 잘산다고 생각할지 모르지만, 그렇지 않다. 부자도 한 번에 한 채밖에 소비할 수 없고, 한 번에 신발 한 켤레 밖에 신을 수 없기 때문이다. 보석이 가득한 보석함 맨 밑바닥에 들어 있는, 차고 다니지도 않는 다이아몬드 팔찌를 생각하면 열 받는다. 지난 시즌에 칸에서 유행했던 그 보석을 사느라고 쓴 돈 정도면 모잠비크에 있는 천 가구의 자녀들에게 1년 치 학비를 마련해 줄 수 있었을 텐데 말이다. 그런 쓸데없는 소비에 탐닉하다니 창피한 줄 알아야 한다. 이는 공적인 문제는 아니더라도 윤리적으로 매우 중요한 문제다. 그러나 그러한 지출로 그 사람의 실제 사용시점point of use에서의 소비가 늘지는 않는다.

더 나아가서 기본적 역량이나 필수품의 소비는 나머지 소비나 소득이나 자본이나 금융자산보다 훨씬 더 골고루 향유되고, 대풍요가 확산되면서 점점 더 평등해진다. 따라서 경제성장은, 축적된 부나 벌어들이는 소득이 아무리 불평등하다고 해도, 이미 소비면에서 훨씬 평등해졌고, 이제는 필수적인 소비에서 매우 평등해졌다. 미국 경제학자 존 베이츠 클라크John Bates Clark가 1901년 다음과 같이 예언했다. "평균적인 노동자는 임금이 하루 1달러에서 2달러로, 2달러에서 4달러로 그리고 4달러에서 8달러로 증가할 것이다(1인당 실질소득 면에서 오늘날에 이르기까지 정확한 예측이었다. 1901년 이후로 재화와 용역의 품질이 급격히 향상되었다는 점을 계산에 포함시키지는 않았지만 말이다). 그러한 소득 증가는 그 어떤 급격한 자본소득의 증가가 부유층에게 미치는 영향보다 훨씬 더 노동자에게 큰 의미를 지닌다. …… 바로 이런 변화와 더불어 노동자들은 진정으로 안락한 삶을 골고루 누리는 방향으로 지속적으로 나아가게 된다."[1]

2013년 경제학자 도널드 부드로와 마크 페리는 다음과 같이 지적했다.

"연방경제분석국에 따르면, 현대생활에 필요한 수많은 기본 필수품(음식, 자동차, 신발, 가구, 가전제품, 주택과 공과금)에 가구당 소비하는 비율이 1950년 가처분소득의 53퍼센트에서 1970년 44퍼센트로, 오늘날에는 32퍼센트로 하락했다."[2] 2004년, 경제사학자 로버트 포겔Robert Fogel은 그 지점까지 도달하려면 훨씬 오랜 기간이 걸린다고 보았다.[3] 경제학자 스티븐 호위츠Steven Horwitz는 컬러 TV나 자동차를 살 돈을 마련하기 위해서 일해야 하는 노동시간에 관해 사실들을 요약하면서 다음과 같이 지적했다. "이 데이터는 질적인 변화는 놓치고 있다. 1973년의 TV는 기껏해야 25인치 크기에 해상도도 엉망이었고, 리모컨도 없었으며, 음질도 불량했고, 2013년의 TV와는 딴판이었다. …… 1970년대에 자동차가 10만 마일 주행기록을 달성하면 축하할 만한 일이었다. 오늘날에는 자동차가 10만 마일 주행기록을 달성하지 못하면 불량품을 산 게 아닌지 의심해 봐야 한다."[4]

미국에서는 빈곤층이 더욱 빈곤해지지도 않았다. 호위츠는 다음과 같이 지적한다. "인구조사국에서 빈곤층 가구가 보유한 물건의 종류부터 다양한 소비재를 구매하기 위해 몇 시간을 일해야 하는지에 이르기까지 소비에 대해 수집한 다양한 데이터를 보면, 가난한 미국인들이 과거 어느 때보다도 훨씬 잘 살고 있다는 사실이 명백해진다. 사실 오늘날 가난한 미국인들은 이러한 척도로 보면 1970년대의 중산층보다 훨씬 잘산다."[5] 1976년 여름 시카고대학교 경제학과 부교수는 자기 아파트에 에어컨이 없었다. 오늘날 대부분의 가난한 시카고 시민들은 집에 에어컨이 있다.[6] 1995년 7월 시카고에서 끔찍한 혹서로 700명 이상이 목숨을 잃었는데, 대부분 저소득층이었다.[7] 그러나 그보다 앞서 에어컨이 보편화되지 않았을 때인 1936년과 1948년에 혹서가 닥쳤을 때는 더 많은 이들이 목숨을 잃었다.[8]

그럼에도 불구하고 정치학자이자 지식인인 로버트 라이시는 빈곤층의 절대적인 여건을 개선하는 데 온 에너지를 쏟아붓는 대신, 지니계수 유형의 불평등에 대해 경각심을 가져야 한다고 주장한다. 그는 "심화되는 불평등은 평등한 기회라는 우리나라의 핵심적인 이상을 위험에 빠뜨린다"라면서 "심화되는 불평등은 계층 상승을 저해한다. 이제 올라야 할 사다리가 훨씬 더 길어졌기 때문이다. 맨 밑에서부터 맨 위까지의 거리가 길어졌을 뿐만 아니라 그 사이에 놓인 칸과 칸 사이의 간격도 더 벌어졌다. 예전과 똑같은 속도로 올라도 상향이동이 가능한 거리는 더 짧아졌다"고 말한다.[9]

라이시가 틀렸다. 호위츠는 1969~2005년 동안 개인의 계층 이동을 추적한 줄리아 아이잭스 Julia Isaacs의 연구결과를 다음과 같이 요약한다. "1969년 최하위 20퍼센트의 자녀 82퍼센트가 2000년에 올린 실질소득은 1969년 그들의 부모가 올린 소득보다 높았다. 1969년 빈곤층의 자녀가 올린 (실질) 소득 중앙값은 그들 부모 세대의 두 배가 되었다."[10] 조지 오웰은 영국 광부들이 몸을 구부린 채 1마일 이상을 땅 밑으로 이동해야 채탄 막장에 다다랐다고 묘사했다. 1937년에 그런 삶을 산 영국 광부의 자녀와 손자손녀들은 그들의 아버지나 할아버지보다 훨씬 풍족한 생활을 한다.[11] 황진Dust Bowl*으로 난민이 되어 캘리포니아로 이주해온 이들의 자녀와 손자손녀도 마찬가지다. 존 스타인벡은 《분노의 포도》에서 그들이 겪은 끔찍하고 고단한 삶을 그렸다. 황진으로 인한 기근과 경기침체로 오클라호마를 떠나 서부로 향한 이들은 몇 년 후 군수산업체에서 일자리를 얻었고, 그들의 자녀들은 대부분 대학에 진학했다. 그 가운데 일부는 버클리대학의 교수가 되기도 했다.

통상적으로 빈곤에 대한 논의는, 특히 좌익진영에서 그런 성향이 강한

---

* 1930년대에 미국과 캐나다의 대초원 지대에서 발생한 모래폭풍으로, 이 일대의 생태계와 농업에 큰 피해가 발생했다.

데, 상대적 빈곤선poverty line에 시선을 고정하고 소득 분포 백분율만 따진다. 그러나 진보 성향의 오스트레일리아 경제학자 피터 손더스Peter Saunders가 지적하듯이, 빈곤을 그렇게 정의하면 "실질소득이 상승하면서 자동적으로 빈곤선도 상향 이동한다"[12] 따라서 정의를 그렇게 내리면 빈곤층은 늘 존재한다. 레이크 워비곤 효과와 정반대 효과다. 모든 자녀들이 평균 이상이라는 뜻은 아니지만, 어떤 식으로 분포되든 늘 최하위 20퍼센트, 10퍼센트는 존재하기 마련이다. 당연하다.

철학자 해리 프랭크퍼트는 오래전에 다음과 같이 지적했다. "(빈곤선이나 지니계수로 소득을) 균등하게 배분했을 때 그 몫이 얼마나 되는지 계산하기가, 한 사람이 부족함 없이 살려면 얼마나 필요한지를 판단하기보다 훨씬 쉽다." '훨씬 쉽다'는 뜻은 GDP를 인구수로 나누고, 어떤 사람들은 다른 사람들보다 더 벌거나 더 가져간다고 짜증 내면서 발표하는 게 더 쉽다는 뜻이다.[13] 학교 운동장에서, 아니면 피자를 나누어 먹을 때나 통할 법한 단순무지한 윤리다. "불공평하잖아"라고 말이다. 그러나 내가 이미 인용했듯이 프랭크퍼트는 불평등은 윤리와 관계가 없다며 다음과 같이 현명한 발언을 했다. "경제적 평등은 특별히 도덕적으로 중요하지 않다." 빈곤층이 헤지펀드로 성공한 투자자들처럼 다이아몬드 팔찌와 포르쉐 자동차를 소유하고, 프로스포츠 구단주여야 하는지 여부는 윤리적으로 중요하지 않다. 빈곤층이 그들과 똑같이 투표하고, 교육받고, 살 집을 마련할 기회를 누리는지 여부가 진정으로 중요하다.

달성하려는 목적에 직접 초점을 맞추는 게 낫다. 그건 동등하게 생활을 꾸리고 존엄성을 누리고 빈곤을 퇴치하도록 하는 일이다. 혹은 경제학자 아마르티아 센과 철학자 마사 누스바움이 일컫는 적절한 역량adequate capability을 갖추도록 하는 일이다. 지니계수의 크기나 최하 10퍼센트가 차

지하는 몫은 빈곤층의 생활수준을 존엄한 삶이 가능한 수준 그리고 프랑크
퍼트가 말하는 '그만하면 충분한' 수준으로 끌어올리는, 숭고하며 윤리적
으로 타당한 목적과는 아무 상관이 없다.

경제학에서 불평등에 관한 연구 대부분은 이러한 단순한 윤리적 문제 앞
에서 그 논리가 무너져 내린다. 빈곤층의 절대적 복지를 측정하기보다 최
상위 1퍼센트의 몫이나 지니계수 같은 상대적 불평등을 측정하는 데 집중
하기 때문이다. 법철학자 로널드 드워킨Ronald Dworkin이 주장하는 평등주의
에 관해 프랑크퍼트는 다음과 같이 말했다. "드워킨은 실제로는 주로 삶의
절대적 가치에 관심을 두며 이는 윤리적으로 타당하다. 그런데 자신이 경
제적 자산의 상대적인 규모에 주로 관심 있는 것처럼 사람들에게 잘못 인
식시키고 있다."[14] 피케티는 주로 부유층에 대해 분개해야 하는 논리를 장
황하게 늘어놓다가, 마지막 단락 마지막 문장에 도달해서야 빈곤층에 대한
관심을 표한다. 이따금 본문에서도 그 문제를 언급하긴 하지만 가뭄에 콩
나듯 하다.[15] 대체로 릴리안 베탕쿠르에 대한 분노로 가득하다.

다시 말해서, 드워킨과 피케티와 좌익진영에 속한 대부분은 윤리적 본질
을 놓치고 있다. 바로 빈곤층의 삶을 끌어올리는 자유주의적 윤리다. 재분
배로 끌어올린다? 다이아몬드 팔찌를 균등하게 소유함으로써? 틀렸다. 파
이의 크기를 엄청나게 키움으로써 가능하다. 바로 이 방법을 통해 역사적
으로 빈곤층의 90~95퍼센트가 '그만하면 충분한' 상태에 도달했다. 파이
크기를 키우지 않고 재분배만 하면 그저 조금씩밖에 더 돌아가지 않는다.
그러나 좌익은 재분배에 혈안이 되어 있다. 윤리와 무관한 지니계수와 특
히 최고 부유층의 천박한 과소비에 집중하면서 자신의 논리를 정당화하느
라 날밤을 샌다. 이런 면에서 피케티는 정말로 불철주야 과로하면서 두꺼
운 책을 써냈다.

경제사학자 로버트 마고Robert Margo는 1993년에 다음과 같이 지적했다. 1964년에 미국에서 민권법Civil Rights act이 통과되기 전에는 인종차별 때문에 "흑인은 고액연봉의 사무직 일자리를 얻을 수 없었다." 그러나 흑인들은 기회가 주어지면 그런 일자리를 얻어 실력을 입증하게 되리라고 보고, 본인의 힘으로 열심히 노력해서 그 날을 대비했다. "중산층 흑인이 성공한 까닭은 그들 자신의 노력 덕분이다." 그리고 그들이 사는 사회가 점점 학력 수준이 높아지고 생산성이 향상되었기 때문이기도 하다. "인권운동이 일어나기 직전에도, 흑인들이 링컨이 노예를 해방시켰을 당시처럼 그저 문맹에 남부 시골에서 가난하게 살고 있었다면 어떻게 됐을까? 오늘날처럼 상당한 규모의 흑인 중산층이 형성되었을까? 천만의 말씀이다." [16]

근대 자유주의라는 윤리적인 변화가 일어난 나라들의 빈곤층은 대체로 프랭크퍼트가 말한 '그만하면 충분한' 삶의 수준에 도달했다. '대체로' 그 대안적인 체제를 채택한 나라들보다 훨씬 더 성공적이었다. '모조리' 혹은 '정직한 사람이라면 누구나 원하는 만큼' 그런 삶을 누리게 되었다고는 하지 않겠다. 그러나 당당하게 자본주의를 표방하는 미국 노동자 계층과 열렬히 사회민주주의를 표방하는 네덜란드나 스웨덴 같은 나라들의 노동자 계층의 여건을 비교해 보면, 그 차이는 실제로 그리 크지 않다. 실제로 통계 수치를 면밀히 들여다보지 않았거나, 여기 속하는 나라 몇 곳에 살아본 경험이 없는 언론인이나 정치인들은 딴 소리를 하지만 말이다. 그들이 하는 얘기를 듣고 있으면 마치 미국 인구의 절반이 도시에 사는 빈곤한 흑인인 것처럼 생각된다. 실제로 사회안전망은 부유한 나라들 사이에서 상당히 비슷하다.

그러나 사회안전망은, 그 망에 구멍이 뚫렸든 그렇지 않든 상관없이, 미국, 네덜란드, 일본, 스웨덴 등 부유한 나라 빈곤층의 여건을 향상시킨 주된 요인이 아니다. 주된 요인은 대풍요였다. 부드로가 지적했듯이, 지니계수에 관한 경제학 세미나에 참석한 억만장자의 차림새는 바로 그 논문을 발표하는 쪼들린 대학원생의 차림새와 크게 다르지 않다. "삶에서 필요한 기본적인 요소들을 누리는 데 있어서 거의 모든 미국인은 돈다발 신사 양반(해당 억만장자의 별명이다) 못지않게 풍요롭게 산다. 억만장자와 평범한 미국인 간의 부의 격차는 일상생활에서는 거의 눈에 띄지 않는다. 그런데 지니계수에 연연하는 행태는 명백한 현실을 무시하고 허황된 추상적 관념을 현실로 격상시키는 현명치 못한 행동이다."[17] 물론 돈다발 신사 양반은 그 대학원생보다 더 많은 저택과 더 많은 롤스로이스를 소유하고 있다. 이럴 때는 좀 유치하긴 하지만 언제나 타당한 이런 질문을 하고 싶어진다. 그래서 어쩌라고?

Chapter

32

불평등은 자유로운 사회에서 발생하는 한 윤리에 어긋나지 않는다

경제학에서 기술적인 문제들 외에도, 피케티 책에 내재된 근본적인 윤리 문제는 불평등 자체가 바람직하지 않은 이유에 대한 성찰이 없다는 점이다. 빈곤층의 절대적 여건은 재분배보다는 대풍요 덕분에 엄청나게 향상되었다. 2010년 경제사학자 이언 게이즐리Ian Gazeley와 앤드루 뉴웰Andrew Newell은 "1904년부터 1937년까지의 기간 동안 영국 노동자 가구의 절대적 빈곤이 거의 퇴치되는 수준으로 감소했다"라는 자료를 제시했다. 그들은 "노동자 가구들의 혹독한 가난은 복지국가가 출현하기 훨씬 전인 30년대 말 무렵 거의 완전히 퇴치되었다"는 사실을 보여주었다. 그들이 표 2에 제시한, 1886년 가격을 기준으로 한 1886년, 1906년, 1938년, 1960년의 소득분배 추이를 보면 영국 노동자들이 비천한 삶의 기준인 주급 1파운드라는 여건에서 벗어났다는 사실을 알 수 있다.[1]

거부를 상속받은 여성이 4만 달러짜리 시계를 사면 신경에 거슬리기는 한다. 하지만 그런 구매 행위가 윤리에 어긋나지는 않는다. 그 여성은 창피해야 한다. 그녀는 충분히 안락한 생활을 할 수 있는 수준—자동차 20대가 아니라 2대, 저택 7채가 아니라 2채, 요트 5척이 아니라 1척—이상의 소득은 바람직한 일을 하는 자선단체에 기부해야 한다. 앤드루 카네기는 1889년에 "부유한 채로 세상을 떠나는 것은 치욕스럽다"라고 했다.[2] 카네기는 전 재산을 기부했다(생전에 자기 고향인 스코틀랜드에 성을 마련하고 이러저러한 사치품도 누린 후, 임종 때 가서야 재산을 기부하긴 했지만 말이다).

그러나 많은 부자들이 눈살을 찌푸리게 하는 소비 행태를 보인다고 해서 자동적으로 정부가 개입해 막아야 한다는 뜻은 아니다. 사람들은 온갖 망신스러운 짓을 한다. 타락한 세상에서 우리 모두를 온전히 윤리적으로 행동하도록 만드는 임무를 통치자에게 맡기면 정부는 우리 삶 위에 군림한다. 1989년 이전에 동독에서 실현되었고, 지금은 북한과 시진핑하의 중국이 현대 기술을 이용해 실현하고 있는 악몽이다.

피케티는 성장이 자본의 축적에 달렸다고 주장한다. 실제로는 혁신주의를 권장하는 새로운 이념과 삶의 여건을 개선하는 아이디어 그리고 그 이념을 뒷받침하는 윤리가 성장 동력인데 말이다. 미국의 수많은 교만한 자유주의자, 유럽 마르크스주의자, 전 세계 보수주의자들과 마찬가지로, 피케티도 오늘날 최고경영자들이 윤리적인 척한다며 짜증을 낸다. 그는 책 318쪽에서 최고경영자들은 자신이 경제적으로 성공한 이유를 "주로 개인적 자질과 도덕적 품성 덕분이라고 강조하는데, 그들은 이를 가리켜 엄정, 인내, 근면, 노력(뿐만 아니라 관용, 인자 등)과 같은 용어로 표현한다"라고 말한다.[3]

부드로 말마따나, "피케티는 (보수주의자인) 오스틴이나 발자크 소설에 등장하는 엘리트 계층이 자신이 누리는 부에 대해 늘어놓는 변명이 훨씬 더 타당하다고 생각한다. 즉, 그런 부를 소유하는 이유는 안락한 삶을 영위하기 위해서일 뿐이다. 그 이상도 그 이하도 아니다. 19세기 초 대지주와 그의 부인들이 자화자찬을 배제하고 하는 변명이 피케티 같은 다른 사람들이 듣기에 심리적으로 편안하기 때문이다."[4] 따라서 피케티는 보수주의자와 진보주의자가 부자에 대해 보이는 것과 같은 윤리적 우월감의 정상에서 아래를 내려다보면서 529쪽에서 "오스틴과 발자크의 소설에 등장하는 남녀 주인공들은 자신의 개인적 성품을 자기 하인의 성품과 비교할 필요를 느끼지 않았을 것이다"라고 빈정거린다. 이에 대해 부드로는 다음과 같이 되받아친다. "맞다. 부르주아 덕목은 19세기 초에는 아직 널리 확산되지도 인정받지도 않은 상태였고 훗날에 가서야 확산되고 인정받게 되었으니까. 오늘날 (초)고액연봉 근로자들이 자신의 부르주아적 습관과 덕목을 과시하고 그러한 덕목을 체득하고 이를 몸소 실천하는 게 바람직하다는 사실을 마침내 깨달았다는 사실에 우리는 흐뭇해야 한다."

농부와 프롤레타리아 그리고 좌익 성향의 식자층 가운데 자칭 농부와 프롤레타리아를 지지한다는 이들이 생각하는 부란, 운이 좋아서도 남의 것을 빼앗아서도 아니고 그저 천박함일 뿐이다. 귀족과 우익 성향의 식자층 가운데 귀족을 지지하는 이들은 부란 상속이고 그 자체로서 오래전에 따라준 운이나 절도로 정당화된다고 생각한다. 즉, 결속력 강한 우리 귀족 가문 사람들이 심리적으로 위안이 되는 변명으로 부를 합리화할 필요 없이, 그저 부는 물려받아야 하는 것으로 생각한다. 반면 부르주아와 그들을 지지하는 자유주의 경제학자들은 누구의 강요도 받지 않고 사람들이 기꺼이 지불할 의향이 있는 재화와 용역을 윤리적으로 제공하는 덕목을 통해 부가 형성된다고 본다.

부르주아 덕목 역시 과장되기도 한다. 특히 부르주아 계층이, 때로는 그들을 지지하는 이들이 이따금 그러는 경향이 있다. 그러나 그들이 자신의 덕목에 대해 떠벌린 덕분에 우리도 이득을 보았다. 희곡에서 부르주아 삶을 그린 개척자 입센의 후기 작품을 보자.

《인형의 집》(1878)에서 은행 간부로 등장하는 헬머는 문서를 위조하다 걸린 사원에 대해 "도덕성이 무너지고", "도덕을 상실했다"라고 묘사한다.[5] 희곡 전반에서 헬머의 발언은 우리가 흔히 '빅토리아시대적'이라고 일컫는 윤리적 레토릭으로 점철되어 있다. 그러나 헬머의 부인 노라 역시 온통 윤리적인 말만 하지만, 본인도 그 사원이 저지른 범죄와 똑같은 범죄를 저지른다. 부도덕한 이익을 취하기 위함이 아니라, 자기 남편의 목숨을 구하기 위해서 문서를 위조한다. 희곡 끝 무렵 그녀는 헬머 곁을 떠난다. 1878년 노르웨이 부르주아 계층에게는 충격적인 선택이었다. 그녀가 떠난 이유는 그녀 남편이 그녀의 범죄 사실을 알게 되었을 때, 남편에 대한 사랑 때문에 범죄를 저지른 그녀를 사랑으로 감싸고 보호하는 윤리적 행위를 했어야 하는데 그러지 않았음을 그녀가 깨달았기 때문이다. 윤리적인 부르주아 계층 ―1876년 이후에 입센이 쓴 희곡이 한결같이 탐색하는 주제로, 훗날 아서 밀러의 희곡도 그러했다 ― 이 짊어져야 하는 의무는 복잡하다. 부르주아 계층은 끊임없이 덕목을 들먹이고 가끔 이를 실천한다. 부르주아 덕목을 강조한다고 해서 그 자체가 죄는 아니다.

고결한 척하며 부르주아 덕목에 대해 빈정거리는 피케티 주장과는 달리 오늘날 세계를 만들고 이를 지탱하는 명분은 물질적인 게 아니라 윤리적이며, 특히 그러한 덕목을 지지하는 부르주아 계층과 부르주아가 아닌 계층들이 추구하는 자유주의적 이념에서 발견된다. 다음의 단순한 두 가지 아이디어를 확산시키고 채택하는 게 명분이다. 하나는 보통 사람들에게 자유라는 새롭고 자유로운 경제적 개념을 확산시키는 일, 다른 하나는 그런 사람들에게 존엄성이라는 새롭고 민주적인 사회적 개념을 확산시키는 일이다. 그들은 오로지 '동등하게' 존중받고 법 앞에 '평등'하기를 바랐다. 서로 연관된 두 가지 윤리적 개념은 18세기 전만 해도 어불성설로 여겨졌고, 1800년 이후에야 삶의 여건을 폭발적으로 개선하는 결과를 낳았다.

'평등'이라는 단어를 프랑스 계몽주의처럼 물질적인 결과의 평등으로 간주해서는 안 된다는 점을 명심하라. 오늘날 좌우를 막론하고 평등에 대해 논쟁할 때면 아무 생각 없이 프랑스식 평등을 평등이라고 간주한다. "사회적 도움 없이 부를 구축하지 않았다. 그래서 불평등한 소득은 정당화되지 않는다.""빈곤층은 도덕적이지 않으니 소득 평등을 위해 보조금을 받아야 한다는 논리는 성립되지 않는다"라고 좌와 우는 각각 주장한다. 평등에 대한 보다 근본적인 정의는 스코틀랜드식 정의다. 거리의 짐꾼이든 도덕군자든 사람들이 서로를 동등하게 대한다는 뜻이다.[6] 글래스고에서 도덕철학을 가르친 애덤 스미스 교수는 스코틀랜드식 평등 개념을 설파했다는 점에서 선구자였다.[7]

프랑스식으로 결과적 평등을 억지로 강요하고, 앞서 말한 대로 키 큰 양귀비를 잘라내고, 부자들이 누리는 천박한 사치품을 시기하고, 소득을 분배하려는 생각은 이득이 되지 않는다. 피자를 똑같이 나눠 먹듯이 식자층의 전문가들이 마음대로 이래라저래라 하면서 빈곤층을 어린아이 취급하는 것만큼이나 빈곤층을 돕는 데 아무 이득이 되지 못한다. 오히려 그들의 자유를 침해하고 여건의 개선을 방해하는 큰 비용을 치르게 된다. 늘 그렇지는 않지만 대체로 그렇다.

물론 스미스식의 자유주의를 좇아 자유롭고 풍요로워진 사회가 프랑스와 피케티식의 평등을 낳는다면 바람직하다. 그런데 잠깐, 이미 실현되었다. 피케티를 비롯해 일부 사람들에게는 뜻밖일지 모르지만, 유일하게 윤리적으로 타당한 기준으로 평가하면 그렇다. 기본적인 인권과 항생제와 주택과 교육과 같이 안락한 삶을 누리는 데 필요한 기본적인 요건들은 자유주의적인 스코틀랜드식 평등으로 보면 이미 성취되었다. 홍콩과 노르웨이와 프랑스에서처럼 스코틀랜드식 평등을 도입한 결과, 놀라울 정도로 생활여건이 개선되었고 진정한 결과의 평등을 달성했다. 빈곤층이 자동차를 몰고 온수와 냉수가 나오는 수도를 쓰고 있다. 과거에는 부자들도 누리지 못하던 것이다. 그리고 부유한 가문 말고는 누구도 누리지 못했던 정치적 권리와 사회적 존엄성을 누리게 되었다.

최근 수십 년 동안은 심지어 이미 선진화된 나라들에서도 보통 사람들의 실질소득이 완전히 정체되는 현상이 나타나지 않았다. "임금이 요지부동"이라든가 "중산층이 줄어들고 있다"라는 얘기를 들어 봤을 것이다. 하지만 신문에 실린 글이라고 다 믿어서는 안 된다. 소비자 물가지수를 담당한 책임자가 내게 두 차례 개인적으로 인정한 바에 따르면, 질적 개선이 일어나기 때문에 우리가 실질소득을 산정하는 데 사용하는 물가지수는 한 해 실제로 여건이 개선되는 수치와 2퍼센트 정도 차이가 날 수 있다. 의료 혜택과 연금, 메디케어와 사회보장제도와 같이 정부가 제공하는 이전소득 또한 증가했다. 그리고 중산층은 줄지 않고 늘었다.

그렇다고 해서 미국 같은 부유한 나라에는 이렇다 할 기술도 없이, 마약에 중독되고, 제대로 가정교육을 받지 못하고 차별을 받고 그저 억세게 운이 없는 사람이 한 사람도 없다는 뜻은 아니다. 조지 패커George Packer가 최근에 출간한 《미국, 파티는 끝났다The Unwinding: An Inner History of the New America》(2013)와 바버라 에런라이크가 이보다 앞서 출간한 《노동의 배신》(2001)은 빈곤층의 처참한 삶을 부르주아 계층에게 끊임없이 인식시키는 독특하고 오랜 전통을 잇고 있다. 이 전통의 역사는 제임스 에이지James Agee와 워커 에반스Walker Evans의《이제 유명인을 찬양하자Let Us Now Praise Famous Men》(1941), 조지 오웰의《위건 부두로 가는 길》(1937), 잭 런던의《밑바닥 사람들》(1903), 제이콥 리스의《세상의 절반은 어떻게 사는가?》(1890) 그리고 그 원천인 프리드리히 엥겔스의《영국 노동 계급의 상황》(1845)으로 거슬러 올라간다.

위 저자들이 책에 담은 이야기는 허구가 아니다. 위의 책을 읽는 사람은 누구든지 나와 다른 삶을 사는 사람들에 대해 자신이 얼마나 무지한지 깨닫고 비참한 기분이 들게 된다. 또한 허구의 형식으로 존 스타인벡의《분노의 포도》(1939), 제임스 T. 페럴의《스터즈 로니건》, 리처드 라이트의《미국의 아들》을 읽거나, 유럽 쪽에서는 벤저민 디즈레일리의《두 나라》를 읽으면서 영국 노동자 계층의 곤궁한 삶을 목격한 많은 이들이 에밀 졸라의《제르미날》(1885)을 읽으면 같은 느낌을 받는다. 이러한 책들을 읽고 많은 이들이 사회주의자가 되었다. 비참한 느낌은 약이 된다.

귀족 가문의 장손인 윈스턴 처칠은 영국 빈곤층 대부분이 장미꽃으로 덮인 오두막에서 사는 줄 알았다. 그는 잉글랜드섬 북부 그레이터맨체스터주의 셀퍼드에는 집들이 줄지어 서로 맞붙어 있고 그 줄 맨 끝에 옥외 공용화장실이 있다는 사실을 상상조차 하지 못했다. 그러나 절망감을 느끼거나 빈곤층에게 실질적 도움이 되지 않는 정책을 도입한다고 해서 현실에 눈을 떴다는 의미는 아니다. 장기적으로 볼 때 빈곤층을 돕는 체제라면 그 체제를 무너뜨리는 것은 도움이 되지 않는다. 그 체제가 이따금 시도된 다른 체제들보다 빈곤층의 삶의 여건을 개선하는 데 훨씬 도움이 되는 체제라면 말이다.

경제학자 이몬 버틀러는 다음과 같이 말한다.

이 체제는 매우 도덕적인 체제다. 자본주의에서 인간관계는 강요에 의하지 않고 자발적으로 형성된다. 사람들은 무엇에 투자하고 무엇을 창조하고 무엇을 공급하고 무엇을 구매하고 무엇을 판매할지 스스로 선택한다. 정부가 그들에게 어떤 행동을 강제하지 않는다. 결정은 본인이 한다. 국가가 휘두르는 권력이 하는 역할은 개인이 강요당하거나, 강탈당하거나, 사기당하거나 폭행당하지 않도록 하는 역할뿐이다(그러한 바람직한 역할은 정부 개입 없이 달성할 방법이 많이 있다). 자본주의는 명령이 아니라 법치를 기반으로 한다. 법치 내에서 일반적인 규정들(정직한 거래, 계약 준수, 폭력 자제)은 정부 당국을 포함해서 모두에게 적용된다.[8]

좌익진영이나 우익진영의 많은 정책들도 공산당에서 으레 그러듯이 객관적으로 볼 때 빈곤층에게 해롭다. 인종차별주의에 비유해 보자. 트럼프 지지자가 인종차별주의자라는 비난을 받으면, 트럼프는 자신은 개인적으로 흑인이나 유대인에 대해 편견이 없다는 논리를 만들어낸다. 그럴지도 모른다. 트럼프가 애지중지하는 딸이 유대교로 개종했고, 트럼프는 자기 유대인 사위에게 중동 정책을 맡기지 않았는가 말이다. 그러나 트럼프가 그의 지지 기반에게 미치는 호소력은 객관적으로 볼 때 인종차별적이고 반유대인적이다. 좌익이 구조적 인종차별주의라고 일컫는 현상이 지속되도록 부추기기 때문이다. 즉 구매자가 특정한 행위를 하도록 요구하거나 삼가라고 요구하는 합의나, 특정 부류의 주민에게 다양한 서비스 제공을 거부하는 행위나, 모터사이클을 타고 다니는 인종차별주의자 깡패 집단이나, 옛날부터 전해오는 반유대인적인 음모론과 같은 제도나 관행을 부추긴다.

그 결과 트럼프 집권 이후로 미국에서는 반유대인 범죄가 급증했다. 트럼프의 심리적 상태가 실제로 어떻든 상관없이 그의 정치적 술수는 인종차별주의를 영속시키는 결과를 낳았다. 그저 마음속에 인종적인 증오심이 없다고 해서 무조건 인종차별 혐의에서 벗어날 수는 없다. 빈곤을 경감한다면서 오히려 영속시키는 정책들도 마찬가지다. 좌익진영의 친구들과 우익진영의 일부 친구들은 마음속 깊이 자신이 진정으로 빈곤층의 삶이 풍요로워지기를 바란다고 생각한다. 그런데 그들은 최저임금이나 직업 허가제나 보호무역주의 같은 빈곤의 구조를 지속시키는 정책에 투표한다.

자본주의라고 일컬어지는 체제의 희생자라고 알려진 이들에 대해 생존자로서 느끼는 죄책감 때문에 정의를 추구한다고 생각하면서 잘못된 정보를 토대로 값싼 분노를 내뿜거나 부유층의 천박한 소비 행태에 대해 질투 섞인 분노를 보이는 것은 빈곤층의 삶의 여건을 개선하는 데 아무런 도움이 되지 않는다. "아직도 빈곤한 이들이 있다"라든가 "어떤 사람들은 다른 사람들보다 훨씬 많은 권력을 누린다"라고 하면서, 자신이 윤리적으로 우월하다는 인상을 주는 발언은 진중하지도 영리하지도 않다. 그런 발언을 스스로 반복하거나, 그런 발언이 반복될 때마다 현명한 깨시민인 양 고개를 끄덕이거나, 아니면 피케티 책을 사서 거실 탁자에 보란 듯이 진열한다고 해서 당신이 객관적으로 선한 사람이 되지는 않는다. 제임스 볼드윈이 《톰 아저씨의 오두막》을 두고 말했듯이(그는 "아주 형편없는 소설"이라고 했다), "우리는 그런 책을 읽는다는 사실에서 자신이 무척 덕망 있는 사람이라는 희열을 느낀다." 미국의 한 리버럴이 볼드윈에게 그런 얼빠진 정서를 다음과 같이 털어놓은 적이 있다. "그런 책들이 출간되는 한 만사형통이다."⁹ 천만의 말씀.

빈곤을 적나라하게 폭로한 책을 읽거나 그런 글을 쓴다고 해서 선한 사람이 되고 만사가 형통하지는 않는다. 실제로 빈곤층을 도와야 그렇게 된다. 수익이 나는 사업을 하라. 빈곤층이 이용할 수 있는 주택담보 대출 상품을 만들라. 새로운 배터리를 발명하라. 더 나은 학교에 투표하라. 파키스탄의 고아를 입양하라. 토요일 아침 은총교회에서 빈곤층에게 급식 봉사를 하라. 최저소득을 주장하고 최저임금에 반대하라. 구조적으로 고용 기회를 줄이는 정책을 홍보하거나, 주말판 〈뉴욕타임스 매거진〉을 읽고 나서 정의감에 불타 배우자에게 발언을 쏟아내도, 당신은 덕망 있는 사람이 되지 않는다. 그런 행동은 빈곤층에게 아무런 도움이 되지 않기 때문이다.

미국 경제와 사회는 나빠지고 있지 않다. 오히려 미국인들의 여건은 예전보다 조금 나아졌고, 누적해서 따져 보면 여건이 훨씬 나아졌다. 에이지와 에반스가 작품에서 묘사한 앨라배마 헤일 카운티에 사는 작물 재배 농가의 자녀들은, 그 집안의 조상들이 응어리진 한을 품고 살았던 데 비해, 버젓한 직업이 있고 그들의 자녀들도 대부분 대학에 진학한다.[10]

장기적으로 볼 때, 여전히 빈곤한 사람들이 일부 남아 있다고 해도 이는 경제체제가 빈곤층에게 유리하게 제대로 작동하지 않아서가 아니다. 그들이 처한 여건이 지속적으로 개선되는 한 말이다. 그리고 신문이나 비관적 내용을 담은 책들이 주장하는 바와는 달리, 실제로 빈곤층의 여건은 지속적으로 개선되고 있고, 처참하게 가난한 이들의 비율이 0을 향해 가는 한 지속적으로 개선되는 셈이다.[11] 여전히 병원에서 사망하는 사람이 있다고 해서 의사를 돌팔이로 대체할 수는 없다. 사망률이 하락하는 한 말이다. 경제학적으로 말하면, 마오쩌둥의 중국이나 차베스의 베네수엘라에서는 돌팔이가 나라를 맡은 셈이다. 버니 샌더스나 알렉산드리아 오카시오코르테스가 세상에는 공짜가 있다free lunch는 주술을 읊조리게 내버려두지 말자.

빈곤율은 실제로 하락하고 있다. 심지어 최근에도 그리고 부유한 나라에서도 하락하고 있다. 개선된 작업 환경, 늘어난 교육 기간, 개선된 의료, 은퇴 후 삶의 연장, 빈곤 경감 보조금의 확대, 그리고 무엇보다도 (스마트폰, 고

관절 인공관절 수술, 에어컨 등) 더 많은 재화와 용역의 품질 개선 등을 반영하면, 빈곤층의 실질소득은 상승했다. 대공황과 전쟁이라는 참상에 뒤이은 1950년보다는 다소 느린 속도로 상승하기는 했지만 말이다.[12]

경제학자 앵거스 디턴Angus Deaton은 다음과 같이 지적한다. "(1970년대에 그랬듯이) 일단 재건을 마무리한 뒤 일을 하는 새로운 방식을 발명하고 이를 실행하면 성장은 재개된다. 그리고 처녀지를 개간하는 게 개간된 땅을 다시 일구는 일보다 훨씬 힘들다."[13] 세계의 빈곤층이 그러한 경제성장의 대가를 치르는 것도 아니다. 경제학자 자비에 살라이마르틴Xavier Sala-i-Martin과 막심 핀코브스키Maxim Pinkovskiy는 — 국가 대 국가의 소득분배를 비교하는 어설픈 방식이 아니라, 개인의 소득분배를 면밀히 연구한 결과를 바탕으로 — 다음과 같이 말한다. "세계 빈곤율은 하락하고 있다. 1970년부터 2006년까지의 기간 동안 세계 빈곤율(상대적 빈곤이 아니라 절대적 빈곤)은 거의 4분의 3 정도 줄었다. 하루에 1달러 이하로(2000년 달러가치 기준으로 조정한 구매력 평가를 토대로 할 때) 살아가는 세계 인구 비율이 1970년에는 26.8퍼센트였는데 2006년에는 5.4퍼센트로 하락했다.[14]

재분배는 효과가 없다

피케티 책에서 가장 근본적인 윤리적 경제적 문제는 지난 2세기 동안 일어난 대풍요라는 사건에서 피케티는 소득분배의 확산에만 매몰되어 있다는 점이다. 그러나 대풍요에서 중요한 점은 지구상의 평균적인 개인의 삶이 10배 개선되고, 현재 부유한 나라에 사는 평균적인 개인의 삶이 30배 이상 개선되었다는 점이다.

매우 풍요로워진 세계는 자본의 축적으로 설명할 수 없다. 애덤 스미스부터 카를 마르크스를 거쳐 토마 피케티에 이르기까지 경제학자들이 주장하는 바는 틀렸다. '자본주의'라는 용어도 잘못되었다. 건축 자재, 학위, 은행 잔고(자본 축적)는 물론 필요했다. 그러나 노동력도 필요했고 흐르는 물도 필요했다. 불을 피우려면 산소가 필요하다. 그러나 1871년 10월 8~10일 시카고에서 발생한 대화재를, 단순히 대기 중에 존재하는 산소 때문에 일어났다고 설명한다면 바보다. 훨씬 타당한 설명은 다음과 같다. 건기가 오래 지속되었고, 도시에 목재 건물들이 많았으며, 강한 남서풍(바로 여기서 산소가 등장한다)이 불었고, 여기다가 아일랜드 이민자에 대한 편견을 가미하면, 올리어리 여사가 외양간에서 소젖을 짜고 있었는데 소가 등불을 발로 차는 바람에 건초에 불이 붙은 게 대화재의 발단에 한몫했다.

오늘날의 세계는 인도양을 통과하는 무역, 영국의 금융제도, 영국의 저축률, 대서양을 가로지른 노예무역, 인클로저 운동enclosure movement*, 방적 공장에서 일어난 노동자의 착취, 물리적 자본이든 인적 자본이든 본래 유럽 도시에서 일어난 자본 축적 따위의, 벽돌 쌓기 같은 흔한 물리적인 현상으로는 설명할 수 없다.[1] 그런 흔한 현상은 세계 역사에서 너무 흔하게 일어났고, 지난 2세기에 걸쳐 일어난 독특한 현상, 1인당 10배, 30배, 혹은 100배로 부자가 된 현상은 계량적으로 설명하기 어렵다.

벽돌 같은 물리적 자본이 아니라 아이디어가 바로 이러한 현상을 가능케 했다. 아이디어는 새롭게 누리게 된 자유와 존엄성과 새로이 등장한 이념 덕분에 처음으로 샘물처럼 솟아오르게 되었다. 내가 되풀이해서 말한, 유럽인들에게 '자유주의'로 알려져 있는 이념이 '혁신주의'를 야기했기 때문이다. 오늘날의 세계는 '자본주의'가 만들지 않았다. 자본주의는 고대에도 있었고 어디에서든 흔했지만, 자유주의는 그렇지 않다. 자유주의는 1776년에 일어난 혁명에 내재되어 있었다. 1800년부터 오늘날에 이르기까지 역사상 가장 놀라운 세속적 사건인 대풍요는 최초로 평범한 사람들이 자신의 기량을 발휘하도록 한 자유주의와 자유주의에서 샘솟은, 삶의 여건을 개선하는 아이디어가 야기했다.

피케티와 좌익이 제시하는 단골 메뉴 하나, 즉 부자에게 과세해서 빈곤

---

* 18~19세기 영국에서 소규모 소유지들이 통합되어 거대한 농장으로 변하고 그 주위에 울타리가 쳐진 후 공용의 공유지 기능을 상실하고 사용이 엄격히 제한된 사건을 말한다.

층을 돕는 정책을 대풍요에 비추어서 생각해 보자. 얼핏 보기에는 좋은 생각 같다. 인정 많은 청소년이 제안하듯이 사회를 3억 3천만 명으로 구성된 하나의 거대한 가족으로 만들자. 현재 돈 잘 버는 상사들의 소득에서 20~30퍼센트 정도 뜯어내 빈곤층을 도와주면, 그들의 삶이 눈에 띄게 개선되고 빈곤 문제는 해결된다. 노예제도가 있었던 고대 사회에서 노예를 소유한 아이는 그런 죄책감을 느끼지 않았다. 당시 빈곤층은 당신이나 나와는 매우 달랐기 때문이다. 그러나 유럽 북서부에서 18세기 말에 그리고 보다 보편적으로는 19세기에 자유주의가 등장하면서, 당연시 여겨졌던 위계질서에 대해 의문이 제기되자, 인정 많은 청소년은 사회주의를 채택하는 게 당연하다고 여겼다. 1920년대부터 스웨덴에서 유행한 정치 문구는 '가족 같은 나라'였다. 나라를 가족으로 생각하는 발상에서 비롯된 비유였다.

그러나 나라는 가족이 아니다. 거대한 사회에서는―스미스와 하이에크가 제안한 의미의 사회로 소수 무리나 가족과 비교해 규모가 큰 사회를 뜻한다―소득원이 사냥꾼이 잡은 짐승도 아니고 가장이 벌어오는 봉급도 아니다. 소득원은 우리가 날마다 낯선 이들과 주고받는, 종종 겉으로 드러나지 않는 수많은 특화된 재화와 용역이다. 피자 나누듯이 하는 분배의 평등은 그런 사회에서 자연스럽지 못하다. 인구 3억 3천만 명인 미국은 말할 필요도 없고, 인구 900만인 스웨덴에서도 통하지 않는다. 사람들이 자기가 낸 성과에 따라 보상받지 않는 한, 거대한 사회는 제대로 작동하지 않는다. 공산주의 동독처럼 말이다. 분배의 평등은 1세기 말 그리스 북부 테살로니키에 있었던 작은 초기 그리스도교 종파에게도 어울리지 않는 방법이다. 사도바울은 이 종파에 대해 다음과 같이 말했다. "일하지 않는 자 먹지도 말라."(데살로니가 전서 3장 10절) 구성원들끼리 서로 아끼는 작은 집단에서도, 그런 규정이 큰 파이를 얻을 수 있는 유일한 방법이다.

프랑스식 평등도 상업적으로 검증된 혁신이라는 윤리로 개선될 수 있다. 무엇보다도 빈곤층을 풍요롭게 하는 거대한 파이를 만들어낸다는 사실이 중요하다. 그뿐만이 아니다. 시장에 신규 경쟁자가 자유롭게 진입하면 독점을 허물고, 전통사회에서 한 부족은 부유하고 다른 부족은 가난하게 만든 길드 같은 정부 제도들을 무너뜨린다.[2] 노동시장에서는, 예컨대 면섬유 제조업체에서 일하는, 성별과 인종에 관계없이 생산성이 동일한 노동자들 사이에 존재하는 부당한 임금 격차가 사라지게 된다.

소크라테스가 사용한 것과 비슷한 장비[다이어그램을 그릴 공간(그리스 아테네Athens에서는 모래사장, 미국 조지아주 애슨스Athens에서는 칠판)과 수강생들]로 가르치는 교수와 기술 문명의 정수를 이용하는 항공기 조종사 간의 격차도 줄어든다. 조종사는 기원전 400년 그리스에서 노 젓던 뱃사공보다 시간당 수만 배 이상의 가치가 있는 여행 서비스를 제공한다. 교수는 강의 한 시간당 소크라테스가 학생들을 깨닫게 한 정도의 절반만 이루어도 대단한 셈이다. 그러나 자유롭고 서로 교환이 가능하고 직종 전환이 가능한 사회에서는 물리적 생산성의 평등은 중요하지 않다. 장기적으로 볼 때 어떤 교수는 항공기 조종사가 되고, 어떤 조종사는 교수가 된다. 지난 2,500년 동안 생산성이 그리 향상되지 않은 교수 같은 근로자들도 기술의 진수를 공평하게 누릴 기회를 가진다는 사실만으로도 충분하다. 그게 정의의 평등이다. 프랑스식이라고 해도 말이다.

사람들이 버는 소득은 단순히 나머지 우리에게 임의로 부과되는 세금이 아니다. 가정이라는 작은 사회주의 내에서의 불평등이 바로 임의로 부과되는 세금이라고 할 수 있다. 못생긴 언니들보다 먹을 것을 덜 얻는, 구박 받는 신데렐라처럼 말이다. 그러나 대체로 계획되지 않은 자발적이고 매우 복잡한 노동의 분업을 뒷받침하는 게 소득인데, 소득 차이가 그다음 단계를 결정한다. 특정 직종이나 직업의 소득 말이다.

의사가 청소부보다 10배 더 번다면, 그 사회에서 의사와 청소부의 서비스에 자발적으로 지불하는 사람들은 "청소부가 의사가 될 수 있으면, 장기적으로 볼 때, 더 많은 청소부를 의사 직종으로 전환시키라"라고 말하는 셈이다. 파키스탄 출신 청소부의 딸이 세인트 바솔로뮤 병원 의사가 되기도 한다. 거대한 사회를 부자에게 한계치까지 과세하는 가족으로 전락시키면, 신호를 보내는 기능이 파괴된다. 사람들이 서비스에 부여하는 한계 가치에 대한 신호 체계가 없으면, 사람들은 청소와 의술 사이에서 방황하게 된다. 그러면 의료계도 망가지고 청소 직종도 무너진다. 거대한 사회는 특화되지 않은 거대한 하나의 가구家口, 레닌이 꿈꿨던 단일화된 공장처럼 된다. 3억 3천만 명은 골고루 비참해지고 특화에서 비롯되는 엄청난 이익을 잃게 된다. 다시 하루 2달러의 삶으로 돌아가게 된다.

재분배는 부르주아의 죄책감을 덜어 주고 자발적인 재분배는 부르주아를 천국으로 인도할지 모르지만, 빈곤층의 삶을 지탱하는 주요 요인은 아니다. 사회적인 수치를 보면 그 이유가 드러난다. 미국 경제에서 창출되는 수익이 모조리 근로자들에게 돌아간다면 (스포츠계와 음악계 스타들과 대기업 최고경영자들과 같은 고액 연봉자들을 포함해서) 근로자들은 지금 국민소득의 20퍼센트 정도의 소득을 더 올리게 된다. 즉, 20/80 또는 25퍼센트 인상되는 셈이다. 그러나 단 한 차례에서 끝난다. 해마다 25퍼센트를 영원히 몰수할 수 없다. 이번 단 한 차례뿐이다. 해마다 똑같은 사람들의 소득을 몰수하면 그 사람들이 계속해서 꼬박꼬박 똑같은 액수를 납세하리라고 기대하기 어렵다. 지주들에게는 그럴 수 있다(바로 그 때문에 경제학자들은 토지 과세를 바람직하다고 여긴다). 자유로운 근로자나 기업가들은 그렇게 높은 세율을 부과하면 예전처럼 열심히 일하지 않는다.

실제로 재분배의 혜택은 대부분 중산층에게 돌아간다. 중산층은 적극적으로 투표하기 때문이다. 농장 보조금도 마찬가지다. 그러나 부유층으로부터 몰수한 20퍼센트가 소득 최하위 20퍼센트에게 돌아가면, GDP의 5퍼센트를 차지하는 그들의 소득은 무려 300퍼센트 올라 네 배로 뛴다. 그러나 그 이후부터 그들의 소득은 이전 수준으로 되돌아간다. 아니면 기껏해야 (정부가 몰수해도 수익 수준이 하락하지 않고, 성인군자 같은 정부 관료들이 착복하지 않고, 자기와 가까운 이들에게 편파적으로 나누어 주지 않고, 몽땅 나머지 우리에게 배분한다 해도) 현재의 경제성장률을 유지할 뿐이다. 이 모두는 인디애나 주 유토피아 공동체 뉴하모니에서부터 스탈린주의 러시아에 이르기까지 공산주의 실험을 통해 얻은 증거와는 상반되는 억지스러운 전제가 충족되어야 한다. 자본소득을 몰수해도 파이의 성장률은 줄지 않는다는 전제 말이다.

규제로 몰수하면, 즉 앞서 말한 바와 같이 의회가 법안을 통과시켜 하루 8시간 일하고 10시간 일한 만큼 임금을 지급하도록 강제하면, 이 법안의 혜택을 보는 근로자에게 돌아가는 국민소득의 몫이 단 한 차례 25퍼센트 증가한다. 이 또한 파이 크기가 줄어들지 않는다는 억지스러운 전제하에서 단 한 차례 가능하다. 그 후에는 관리직과 기업인들은 이제 수익성이 없어진 경제활동을 포기하게 된다. 재분배는 그럴듯하게 들리지만 그 정도로 소득을 몰수당하는 상사들은 아예 사람을 고용하지 않을 게 뻔하다. 그리고 일자리를 얻지 못한 이들(예컨대, 농장 일꾼)의 실질소득은 오르기는커녕 줄어든다. 마치 사회관습이 확산되듯이 임금도 한 부문에서 올리면 다른 부문에서도 올릴 수 있는 게 아니다. 임금은 근로자의 생산성과 이동성 딱 두 가지 요인에 반응한다.

소득이전의 아이디어가 하나 더 있다. 미국에서 소득 최상위 1퍼센트가 올리는 엄청난 소득(2010년 국민소득의 22퍼센트를 차지)을 빼앗아 나머지 우리에게 나누어 주면 22/78만큼 소득이 증가한다. 78이 하위 99퍼센트가 차지하는 소득이므로 28퍼센트 정도 소득이 인상된다.[3] 딱 한 차례. 그 다음부터는 본래 수준으로 복귀한다. 소득수준이 크게 변하지도 않으며 시장에 맡겨둠으로써 대풍요를 통해 올린 소득에 비하면 조족지혈이다(다시 말하지만 정치적인 기적이 일어나서, 몰수된 소득이 중산층이나 착복하는 관료나 측근에게 돌아가지 않고 빈곤층에게 돌아가면, 빈곤층은 훨씬 이득을 본다).

또 다른 방법이 있다. 사악한 대부호들과 마찬가지로 경제를 주도하는 사람들도, 즉 이웃의 작은 편의점 주인도 수익을 챙길 수 있도록 허용한다고 치자. 그런데 수익을 올린 사람들이 부의 복음을 전파한다며, 또는 가톨릭 신앙의 사회적 가르침을 좇는다며, 검소한 생활을 하기로 하고 이윤을 모두 빈곤층에게 기부한다고 하자. 경제학자 데이비드 콜랜더David Colander는 이에 대해 다음과 같이 말한다. "부자들이 하나같이 죽기 전에 재산 대부분을 기부하는 게 자신의 의무라고 믿는 세상은 우리가 사는 세상과 사뭇 다를 것이다."[4] 그런데 잠깐, 그들이 기부한 22퍼센트의 소득을 배분받은 나머지 우리(이 가운데는 구겐하임 연구비를 지원받는 대학교수들도 있고 맥아더 천재 연구상을 수상하는 인정 많은 좌익진영의 인사들도 포함되어 있다)는 소득이 오르겠지만, 이 역시 오늘날 경제성장을 통해 얻는 결실의 규모에는 한참 못 미친다.

요점은 20퍼센트와 22퍼센트와 25퍼센트는 대풍요에서 얻은 3,000퍼센트와는 그 규모가 상대도 되지 않으며, 대풍요는 자비로운 기부나 재분배와는 아무 상관이 없다는 게 역사적 사실이라는 점이다. 독일 역사학자 위르겐 코카Jürgen Kocka가 내게 지적한 바와 같이, 노동자 투쟁은 개인의 존엄성을 존중하면서 근대 창의성을 뒷받침하는 인간의 존엄성을 널리 확산시키는 데 기여했을지도 모른다. 사실이다. 그러나 통계 수치를 보면 1회성 재분배는 1800년 이후로 생산성 향상에서 비롯된 풍요에 비하면, 빈곤층을 돕는 데 100분의 1 정도밖에 기여하지 못했다. 평사원이나 빈곤층이 상당한 정도로 소득이 개선되기를 바란다면 대풍요가 훨씬 바람직한 방법이다. 3,000퍼센트는 매번 20~25퍼센트씩 오르는 셈이다. 마오쩌둥이 계급투쟁을 강조하면서 중국혁명이 달성한 것을 모조리 까먹었다. 그의 승계자들은 1978년 '사회주의 근대화'로 정책을 전환하고 (부분적으로는 의도적으로) 상업적으로 검증된 혁신과 혁신주의를 채택해 30년 만에 중국인 1인당 실질소득을 20배 향상시켰다(겨우 20퍼센트가 아니라 무려 2,000퍼센트나).[5] 덩샤오핑이 내건 구호는 평등에 반하는 문구로서 "중국인 일부는 먼저 부자가 되게 내버려두자"였다. 이는 부르주아딜이었다.

브릭스BRIICS(브라질, 러시아, 인도, 인도네시아, 중국, 남아공) 가운데 (한동안) 한 해에 10퍼센트 성장한 중국이나 (현재) 7퍼센트 성장하는 인도와는 달리, 나머지 브릭스 국가들은 아르헨티나의 자급자족과 1960년대 영국의 노조운동과 1990년대 독일의 노동법과 사람들이 잘못 알고 있는 한국의 '수출주도' 성장 정책 등과 같은 반-신자유주의 개념에 발목을 잡혔다. '중진국 함정'에 관한 논문은 특히 브라질과 남아공의 사정을 설명하는데, 이는 성장은 수출에 달려 있다는 중상주의적 개념에 의존하며, 수출은 임금이 상승하면 증가하기 어렵다고 말하고 있다[6](기적적으로 프랑스, 덴마크, 네덜란드 같은 국가들은 이 함정에서 빠져 나왔다).

신규 사업체의 진입을 지연시키거나 기존 기업들을 엄격히 규제하는 등 시장의 작동을 부정하는 법을 시행하는 나라들은 1인당 연간 소득성장률이 2퍼센트에서 지지부진하다. 이 성장률에서는 소득이 두 배가 되는 데 3분의 1세기가 걸리고 네 배가 되려면 그 두 배만큼 오래 걸린다. 경제학자 벤저민 프리드먼Benjamin Friedman이 주장한 대로, 성장이 둔화되면 질투를 낳고 질투는 포퓰리즘을 낳고 이는 다시 성장을 둔화시킨다.[7] 바로 이게 진정한 중진국 함정이고 이는 경제적인 덫이 아니라 이념적인 덫이다. 이 함정에서 벗어나려면 부르주아딜을 수용해야 한다. 16세기의 네덜란드와 18세기의 영국과 20세기 말의 중국과 인도처럼 말이다.

좌익과 우익과 좌우축의 상단에 자리한 자유주의가 추구하는 공통적인 목적은 빈곤층을 돕는 일이다. 좌익 지식층이 평등을 실현한다며 제약과 재분배와 규제를 옹호하는 입장은 빈곤층에게 해를 끼치는 것으로 드러났고 기껏해야 사려 깊지 못한 생각에 불과하다. 이제 경제사학자들이 대풍요에 대해 깨닫게 된 바—그러나 좌익 식자층과 우익진영의 많은 이들이 받아들이기를 완강히 거부하는 바—를 생각해 본다면 그들의 그런 주장은 비윤리적이기까지 하다. 토니 저트Tony Judt나 폴 크루그먼이나 토마 피케티 같은 좌익 식자층, 영국 보수당이나 미국 공화당의 사악한 이기심에 맞서 윤리적으로 우월한 노선을 택했다고 생각하는 사람들을 그러한 증거를 토대로 판단해 보면 그들이 진정으로 윤리적인지 의구심이 든다. 그들은 빈곤층에게 크게 도움도 되지 않을 제1막의 변화에만 집착하고 그러다가 종종 빈곤층에게 막대한 피해를 입힌다. 그리고 그들은 자비를 베풀지 않는 부유층의 사치스러운 소비행태에 대해 분노에 찬 질투심에 사로잡혀 있다. 그러는 본인들도 충분히 그런 사례에 해당하면서 말이다. 피케티 교수나 크루그먼 교수에게 책 팔아서 받은 인세로 빈곤층을 돕기 위해 무슨 일을 하냐고 물을 수도 있지 않겠는가?

좌익은 노동자들이 허위의식에 사로잡혀서 모든 고용은 착취라는 강경 좌익의 도그마를 제대로 파악하지 못한다고 해명한다.[8] 부르주아딜이 바람직하다면 노동자들이 아니라 좌익 식자층 본인들이 허위의식에 사로잡힌 것이다. 정치적 역발상이 요구된다. 세계 노동자들이여 단결하라. 사유재산권과 수익 창출의 체제하에서 상업적으로 검증된 개혁을 요구하라. 더 바람직한 방법은 노동자여 부르주아가 되어라. 부유한 나라 대부분의 노동 자 집단은 그들이 부르주아라고 생각한다. 미국의 경우 스스로 '중산층'이 라고 생각하는 비율이 100퍼센트에 육박한다.

그러니 가난한 노동자의 실질소득을 30배로 올린 정신상태를 '허위의 식'이라고 부른다면 어색하지 않겠는가. 노동자들이 속아 넘어가서 부르주 아딜을 받아들였다면, 속았다는 사실에 대해 2.5배 정도 경축할 일이다. 0.5배만큼 깎은 이유는 무엇에든 속아 넘어가는 것 자체가 창피한 일이기 때문이다. 1800년 이후부터 새롭게 세상을 지배한 자유주의 부르주아 이 념과 부르주아딜의 수용이 확산된 사실을 경축하자. 혁신주의는 통한다.

피케티는 자신의 책 마지막에서 두 번째 쪽에서 다음과 같이 말한다. "경 제적인 동시에 정치적이고, 사회적인 동시에 문화적이고, 임금에 관심을 두는 동시에 부에도 관심을 두는 접근 방식은 가능하며 필수적이다."[9] 이 에 동의는 하지만, 그는 그 목적을 달성하지 못했다. 문화적 사안에 대한 그 의 주장은 그가 피상적으로 이해한 소설 몇 구절을 순진하게 인용한 데 지 나지 않는다.[10] 그의 윤리관은 질투에서 비롯된 편협한 윤리관이다. 그의 정 치적 입장은 정부는 원하는 것을 무엇이든 달성할 수 있다고 믿는 입장이 다. 그리고 그의 경제학 지식은 처음부터 끝까지 오류투성이다.

《21세기 자본》은 용감한 책이다. 그러나 심각하게 틀린 내용이 가득하 다. 그리고 이 책의 출간과 더불어 최근에 확산 중인 불평등이라는 구호도 잘못되었다. 우리가 추구해야 할 윤리적인 목표는 평등이 아니라 풍요다.

TRUE
LIBERALISM

PART
4

다른 비자유주의적인 개념도 틀렸다

And the Other Illiberal Ideas
Are Mistaken, too

1755~1848년에 등장한 민족주의와 사회주의는 끔찍했다

2017년 〈이성〉에 실린 글을 토대로 했다.

리스본에서 대지진이 발생한 해(1755년)부터 혁명이 일어난 1848년 사이 유럽의 식자층은 세 가지 거창한 정치적 아이디어가 있었다. 하나는 매우 바람직했고, 나머지 두 가지는 아주 끔찍했다. 그리고 우리는 여전히 그 대가를 치르고, 기도하고 있다.

볼테르, 토머스 페인, 메리 울스턴크래프트 같은 이들 그리고 그 누구보다도 으뜸인 애덤 스미스의 펜 끝에서 흘러나온 바람직한 아이디어는, 1776년에 스미스가 다음과 같이 충격적인 선언을 통해 제시했다. "모든 남성(여성도 넣어야지, 스미스)이 평등, 자유, 정의를 토대로 자유롭게 세운 계획에 따라 자기 나름의 방식으로 자신의 이익을 추구하도록 허하라."

진정한 자유주의는 그 개념이 추구하는 이상에 상당히 근접할 때까지 오랜 세월이 걸렸다. "모든 남성은 동등하게 창조되었다"라는 문구를 쓴 토머스 제퍼슨은 노예 샐리 헤밍스 사이에서 자녀를 5명 두었고, 샐리와 자기 자식들을 오랫동안 노예 상태에 묶어 놓았다. 한층 더 놀라운 사실은 샐리가 제퍼슨의 부인의 배다른 자매였다는 사실이다. 제퍼슨과 더불어 《독립선언문》의 공동저자인 벤저민 프랭클린도 한때 노예주였다. 1774년 너새니얼 나일즈Nathaniel Niles는 다음과 같이 말했다. "우리와 똑같은 인간을 예속시키는 창피한 짓은 그만하자. 아니면 우리를 예속시키는 사람들에 대해 불평불만을 늘어 놓지 말든가."[1] 그 다음 해에 런던에 있던 새뮤얼 존슨은 다음과 같이 일갈했다. "가장 큰 목소리로 자유를 부르짖는 인간들은 어째 하나같이 흑인 노예 감독관들인가?"[2]

이러한 자유의 외침은 널리 울려퍼졌고 힘을 얻었다. 비록 그 후 2세기에 걸쳐 노예, 도제, 여성, 이민자, 무정부주의자, 사회주의자, 공산주의자, 오클라호마 탈주 난민, 이민 2세, 흑인, 유대인, 멕시코계 미국인, 동성애자, 베트남 반전운동가, 범죄 혐의자, 장애인, 성전환자, 전과자, 약물중독자, 난민, 푸에르토리코 그리고 D.C. 시민들에게 평등과 자유와 정의를 허락하지 않은 창피한 역사가 반복되었지만 말이다.

역사학자 앨런 테일러Alan Taylor에 따르면, 1776년 존 애덤스John Adams는 다음과 같이 말하며 판도라의 상자를 열게 될까봐 우려했다. "불평등한 사회에서 평등권을 약속하면 끝도 한도 없다. 새로운 주장이 끊임없이 제기될 것이다. 여성이 투표권을 요구하게 된다. 12살에서 21살 사이의 젊은이들이 자기들 권리에 관심을 기울이는 사람이 없다고 생각할 테고, 자격 없는 사람들이 너도나도 평등한 권리를 요구하게 된다."[3] 그가 옳았다. 그 상자는 다시 닫히지 않았다.

새로이 등장한 자유주의는 두 가지 끔찍한 아이디어와 전통적인 위계질서라는 구태의연한 아이디어에 맞서 놀라운 결실을 거두었다. 역사상 유일무이하게 자유주의는 보통 사람들을 대담하게 만들었다. 상업적인 검증을 통해서 삶을 개선하는 시도를 할 정도로 말이다. 평민들이 대거 자기 나름의 이익과 열정을 대담하게 추구한 덕분에 대풍요를 낳았다. 그리고 이제, 정부와 국제기구들이 이를 망치려고 무진 애를 썼지만 이 추세는 홍콩에서 보츠와나까지, 중국에서 인도까지 전 세계로 확산되고 있다.

1755~1848년에 등장한 끔찍한 두 가지 아이디어는 민족주의*와 사회주의였다. 민족주의와 사회주의를 혼합한 이념이 1922년에 등장했고 여전히 유럽에서 잘 팔리며, 트럼프를 지지하는 상당수에게도 인기가 있는데, 트럼프 본인은 적어도 민족주의 부분을 지지하고 어쨌든 경제체제에서 권위주의를 믿는다.

19세기 초 민족주의 이론이 처음 등장했을 때 이는 낭만주의 운동과 엮였다. 민족주의는 영국에서는 이미 수백 년 전에 등장한 이론이었고 스페인에서도 마찬가지였으며, 프랑스와 스코틀랜드와 포르투갈과 신세계 그리고 아일랜드에서 반동적인 민족주의를 촉발했다. 이탈리아에서는 그보다도 훨씬 앞서 애향심과 자기가 사는 도시에 대한 자부심의 형태로 등장했다. 이탈리아인들은 고향이 어딘지 물어보면, 심지어 외국인이 물어볼 때도, "이탈리아"라고 대답하지 않고 "피렌체" 혹은 "로마" 혹은 "시칠리아"라고 대답한다.

민족주의의 중요한 사악한 측면은—집단적 강요가 내재되어 있고, 오직 고대시대의 '자유' 개념의 연장선상에 있으며, 유대인과 무슬림이나 멕시코인 같은 소수자를 '우리가 아닌 저들'로 규정하는 경향과 더불어—전쟁을 부추긴다는 점이다. 전 세계 800여 개 미군 기지들은 다른 이들에 대해

---

* 'Nationalism'은 '민족주의'로 번역이 그대로 굳어져서 그대로 쓰겠다. '민족주의'는 우리나라에서 혈통이 같은 집단의 의미로 쓰이지만 혈통보다는 역사와 언어와 문화를 공유하는 집단이라고 해석하는 게 적합하다. 그리고 오늘날에는 국민주의로 해석하는 게 적합하다.

끊임없이 전쟁을 수행하면서, 존재하지도 않는 위협으로부터 미국인들을 보호한다며 민간인들에게 폭탄을 투하함으로써 평화를 유지한다. 2016년 7월 영미권 지역에서 우리는 솜Somme 전투 100주년을 경축했다. '경축'이 적합한 단어인지 모르겠지만. 그 전투는 민족주의가 낳은 사건으로 넉 달 반이 지나 전투가 마무리될 무렵 연합군과 동맹국Central Powers* 진영에서 모두 합해 100만 명 이상 사상자가 생겼고, 대부분은 대포에 사지가 잘려 나갔다. 당신의 헌신에 감사한다. 전장에는 영국 전사자들에게 바치는 기념비가 있는데(독일 전사자에게 바치는 기념비는 없다. 영국이 결국 전쟁에서 이겼기 때문이란다. 그러나 어느 쪽도 전투에서 이겼다고 하기 어렵다) 끔찍할 정도로 수많은 사람들의 이름이 기념비에 새겨져 있다.

이 시기에 등장한 또 다른 끔찍한 아이디어는 사회주의다. 이 또한 낭만주의와 세속화된 그리스도교와 관련되어 있는데, 후자에 내재된 자비심은 산상수훈과 역사에 대한 종말론적 시각에 담겨 있다. 사회주의는 단지 동의를 강요로 대체했을 뿐 민족주의와 동일하며, 그 실행 범위는 소련의 중앙정부 계획에서부터 시카고의 건축 허가에까지 이른다. 공산주의자는 성질 급한 사회주의자이고, 사회주의자는 성질 급한 규제주의자이며, 규제주의자는 성질 급하고 부패한 정치인이라는 우스갯소리가 있다.

사회주의는 집단적인 강요 외에도, 민족주의와 마찬가지로, 빈곤으로 이어진다는 끔찍한 특징이 있다. 가장 순수한 형태의 사회주의인 가족 내에서도 사회주의는 무임승차를 부추김으로써 삶의 여건 개선에 찬물을 끼얹는다. 사회주의가 민족주의와 결합하면 더 사악해진다. 북한, 쿠바를 비롯해 노동자의 낙원이 탄생한다. 자본주의하에서 인간은 인간을 착취한다.

---

* 제1차 세계대전에서 연합국에 맞섰던 독일제국, 오스트리아-헝가리제국, 오스만제국, 불가리아 왕국 간의 동맹 관계를 가리키는 용어다.

사회주의하에서는 정반대라는 우스갯소리도 있다.

자유주의를 회생시키는 게 해결책이다. 미국에서는 좌익진영의 친구들로부터 자유주의라는 단어를 되찾아오자. 그들은 '진보주의'라는 단어를 계속 쓰게 내버려두고. 1910년경 등장한 진보주의, 즉 인종차별주의와 여전히 시행되고 있는 강제 불임시술을 열렬히 옹호했고, 지금은 최저임금제로 이민자와 흑인과 여성을 노동시장에서 몰아내고 있는 진보주의와 연관되어도 개의치 않는다면 말이다. 그리고 미국 우익진영의 친구들을 설득해서 컨트리클럽 회원권을 소지한 부자들을 더 이상 '리버럴'이라고 부르지 말도록 하자.

애덤 스미스 책을 좀 읽자. 곱씹어가면서. 그리고 우리의 정신을 1776년으로 되돌리자. '천부적인 자유를 부르짖는 너무나도 자명한 체제' 즉 모든 남녀가 자기 나름의 방식으로 자기 이익을 추구하는 체제를 허하자고 했던 가장 급진적인 아이디어가 제시되었던 시기로 되돌아가자.[4]

당시에는 낯설었지만 아주 바람직한 아이디어였다.

경제라는 하늘은 무너지지 않는다

2016년 영국 시사지 〈프로스펙트Prospect〉에 기고한 글.

이유가 뭔지 아직도 모르겠는데, 사람들은 그저 하늘이 무너진다는 얘기에 솔깃한다. 그러나 그런 일은 거의 일어나지 않는다(사실 절대로 일어나지 않는다). 예컨대, 로렌스 서머스Lawrence Summers, 앤드루 맥피Andrew McFee, 에드먼드 펠프스Edmund Phelps, 제프리 삭스Jeffrey Sachs, 로렌스 코틀리코프Laurence Kotlikoff, 타일러 코웬, 에드워드 E. 고든Edward E. Gordon, 로버트 J. 고든Robert J. Gordon 같은 영국 보수당 계열/미국 리버럴 계열 경제학자들은 최근 유럽과 미국이 혁신의 전선에서 새로운 아이디어 창출이 둔화되고 기술 부족에 직면했다고 시끄럽게 떠들어왔다. 그 결과 기술적 실업이 증가하고 경쟁력이 사라지면서 성장이 둔화되고 있다고 한다.

2016년 3월에 〈프로스펙트〉 잡지에 처음 실렸다.
Chapter 35, 'The economic sky is not falling': First published by Prospect Magazine (March 2016)

그럴 지도 모른다. 그러나 지난 2세기 동안 수많은 학식 있는 경제학자들이 비슷한 예언을 해왔지만 실현된 예언은 하나도 없다. 1930년대 말과 1940년대에 케인즈학파 경제학자들은 현재 비관론자와 똑같은 주장의 연장선에서, 전 세계가 불황에 빠진다는 자신들의 예측이 맞으리라고 확신했다. 그 예측은 곧 대풍요가 계속되면서 깨졌고 역사상 가장 빠른 속도로 세계경제가 성장했다.

마찬가지로, 19세기 첫 75년 동안 마르크스를 포함해 고전주의 경제학자들은 지주들이, 마르크스의 경우 자본가들이 국민생산을 다 먹어치운다고 예상했다. 맬서스 논리를 근거로 그들은 1인당 소득이 동굴생활에서 벗어난 이후로 전형적인 생활수준인 하루 2~3달러(오늘날의 가격을 기준으로 할 때)에 머무르리라고 예상했다. 그런 일은 일어나지 않았다.

게다가 최근 그들이 요란스럽게 울리는 경고음과는 달리 이미 부유한 나라에서도 빈곤층의 소득은 계속 오르고 있다. 30년 전 고관절 인공관절 수술은 실험 단계였지만 이제는 통상적인 수술이 되었다. 예전에 자동차 타이어와 자동차는 쉽게 망가졌지만 이제는 닳지도 고장 나지도 않는다. 예전에는 병적 우울증의 해결책이 전무했지만 이제는 있다. 게다가 실제적인 삶의 안락한 정도(주거지, 난방, 의복, 영양가 있는 음식, 적절한 교육, 효과적인 의약품, 장수)로 보면 소득은 점점 더 골고루 분포되고 있다. 피케티, 좀 따라와라.

그리고 전 세계적으로 가장 빈곤한 사람들이 빠른 속도로 부유해지고 있다. 빈곤한 나라들이 아시아 딜레마에 빠져 절망적으로 보였던 1960년대는 옛날 얘기다.

이탈리아 경제학자 파트리치오 파가노Patrizio Pagano와 마시모 스브라치아 Massimo Sbracia가 말한 (주요 경기침체 후에는 여지없이 등장하는) '불황론'이 빗나간 까닭은, 완전히 새로운 기술의 등장을 예측하는 데 실패했다기보다는 이미 존재하는 기술, 예컨대 오늘날의 컴퓨터에서 추가로 얻는 보상을 제대로 파악하지 못했기 때문이다.[1] 경제사학자 조엘 모키어 Joel Mokyr는 기술의 역사를 심층적으로 파고든 학자인데, 최근에 노스웨스턴대학교의 동료 교수로서 하늘이 무너진다고 부르짖는 비관론자인 로버트 고든을 직접 겨냥해, 불황에 대해 설득력 있는 주장을 제시했다.[2] 모키어 주장에 따르면, 이미 존재하는 생물학, 컴퓨터 과학기술, 재료공학만으로도 앞으로 엄청난 풍요를 달성하게 된다.[3]

1830년 토머스 배빙턴 매콜리는 다음과 같은 의문을 던졌다. "지나온 길을 되짚어 보면 삶의 여건이 오로지 개선일로를 걸었는데, 앞길에는 오로지 쇠퇴만 기다린다고 주장하는 근거는 무엇인가? 1930년도에 우리 시대보다 더 잘 먹고 더 잘 입고 더 좋은 집에서 사는 5천만 명의 인구가 영국의 섬들을 채우고, 서식스와 헌팅던셔 지역이 요크셔의 웨스트라이딩에서 가장 부유한 지역보다도 부유해지고, 원칙적으로 설계는 가능하나 아직은 만들어지지 않은 기계들이 집집마다 쓰이게 된다고 예언하면, 대부분의 사람이 우리더러 미쳤다고 할지 모른다."[4]

매콜리는 휘그당 성향에 부르주아이고 진보적이며 천박할 정도로 혁신을 열렬히 지지하는 인물이었지만, 그의 예언은 1930년 영국 인구 규모까지 정확히 맞아떨어졌다. 최근에 분리된 아일랜드공화국의 인구를 1930년 인구에 포함시키면, 매콜리의 예언은 2퍼센트 미만으로 빗나간다.

그리고 로버트 고든처럼 비관적이고 반 – 휘그 성향의 경제학자(신문 제목을 보면 그런 이들을 '암울한 예언자'라고 일컫는다)조차도 향후 50년에서 100년에 걸쳐, 남아공과 브라질과 아이티와 방글라데시 같은 중위권 나라나 빈곤한 나라들이 놀라울 정도로 성공한 부유한 나라의 평균 실질소득을 따라잡게 된다는 점을 부인하지 않을 것이다.

비관론자인, 노벨상 수상자 에드먼드 펠프스는 부유한 나라 대부분이 역동성을 잃었다고 믿는다.[5] 로버트 고든이 주장하는 '역풍'이 바로 그런 류의 예측이다. 그러한 우려는 지금까지 실현된 적이 없고, 따라서 우리를 역풍으로부터 대피시켜야 한다는 고든의 국가주의적 발상은 바람직한 생각이 아니다. 그러나 유럽과 유럽에서 파생된 지역들이 불황에 빠진다고 가정해 보자. 그래도 세계 인구의 40%를 차지하는 중국과 인도는 1980년 이후로 예전보다 급격히 자유시장 경제체제에 가까워졌고, 빠르게 따라잡고 있다. 중국은 최근에 성장이 둔화되었지만(인도는 그렇지 않다), 두 나라가 계속 자유화를 추진한다면 성장도 계속 이어지리라고 본다.

그러한 성장이 계속되면 향후 50년이나 100년에 걸쳐 어떤 일이 벌어질지 알고 싶다면 '72의 법칙'을 이해하면 된다. (소득과 같이) 한 해에 1퍼센트 성장하면 두 배가 되는 데 72년이 걸린다는 법칙이다(실제로 계산해 보지 않으면 잘 와닿지 않는다. 그런데 사실이다. 의심스러우면 전자계산기를 꺼내서 직접 계산해 보라. 1.01을 72번 곱하면 된다. 아니면 그냥 내 말을 믿든가). 1퍼센트가 아니라 그 두 배인 2퍼센트 속도로 성장하면, 두 배 되는 데 걸리는 시간은 그 절반, 즉 36년이다. 마찬가지로 한 해에 3퍼센트 속도로 성장하면 두배 되는 데 걸리는 시간은, 1퍼센트 속도가 두 배 되는 데 걸리는 시간의 3분의 1 밖에 걸리지 않는다. 따라서 72 나누기 3은 24년이다.

새롭게 터득한 계산법을 경제를 전망하는 데 응용해 보자. 세계은행은 중국이 2030년까지 해마다 1인당 소득이 4퍼센트 성장한다고 개연성 없는 주장을 하는데, 그럼 2030년이 되면 중국인들이 지금의 거의 두 배만큼 부자가 된다. 2008년에 중국 경제 전문가 드와이트 퍼킨스Dwight Perkins와 토머스 로스키Thomas Rawski는 2025년까지 중국이 연 6~8퍼센트 성장하게 되고, 그 때쯤이면 평균적인 중국인은 미국의 1960년대 생활수준에 도달한다고 주장했다.[6] 1950년대부터 1970년대까지 사회주의를 실험하면서 중국과 인도의 경제는 엉망으로 훼손되었기 때문에, 국민들이 그저 정부 당국의 허가 없이 언제 어디서든 원하는 장소와 시기에 가게를 열고 공장을 운영하도록 허락되기만 해도 크게 따라잡을 여지가 많다. 1995년에 퍼킨스가 지적한 바와 같이, "중국이 그러한 활동을 더 이상 억압하지 않자 가게와 식당과 수많은 서비스업종들이 우후죽순 등장했다. …… 중국인들은 여전히 거래하고 장사하는 재능을 잃지 않았다."[7] 큰 사업을 하는 재능도 잃지 않았다. 중국인이나 인도인이나 아프리카인이나 중남미 사람들이 유럽인들보다 영원히 뒤처지리라는 근거로 유전자를 들먹이지는 못하게 되었다.

실제로 1990~2016년의 기간 동안, 심지어 대침체 때조차도, 세계 실질 성장률은 (2011년 달러가치를 기준으로 한 구매력 평가지수에 따르면) 1인당 연 2퍼센트였는데, 이는 미국에서 2세기에 걸쳐 나타난 성장률의 평균치와 같다.[8] 이는 긴 한 세대(72/2 = 36년)나 짧은 두 세대 안에, 세계의 평균적인 물질 복지가 두 배로 증가하게 된다는 뜻이다. 게다가 새로운 발명이 계속 등장하면서 규모의 경제에 힘입어 성장률은 더 올라가게 된다. 두 세대에 해당하는 72년이라는 긴 세월이 지나면 성장률이 네 배가 되고, 그 결과 21세기 말에는 세계 평균 실질소득이 미국의 2016년 평균 실질소득 수준에 이르게 된다. 미국은 노르웨이보다 큰 나라들 가운데 최고의 1인당 소득 수준을 유지했다. 그만하면 좋다. 그리고 영적, 사회적, 환경적으로 많은 문제들을 해결하는 데도 바람직하다. 서구에서 스파르타와 청교도 성향의 특정한 사고방식에 따르면, 풍요는 늘 인간을 타락하게 한다. 그러나 그렇지 않다.

증거를 면밀히 살펴본 경제학자들은 하나같이 동의한다. 세계적으로

1인당 평균 실질소득은 빠르게 성장하고 있고 앞으로도 계속, 다가올 세기에도 그리고 그 이후로도 성장할 전망이라는 데 동의한다. 그 결과 과학자, 디자이너, 작가, 음악가, 엔지니어, 기업가 그리고 평범한 사업가들이 삶의 여건을 개선할 방법을 생각해내고, 이는 현재 부유한 나라 이른바 역동성을 잃고 역풍에 직면한 나라에도 영향을 미치게 된다. 개선되는 세계적 여건에 힘입어 한 나라가 풍요로워지려면 '경쟁력'이 있어야 한다는 중상주의적이며 경영대학원 유형의 시각을 지닌 사람이 아니라면, 펠프스나 고든 부류가 주장하는 '역동성 없는 나라들'의 줄줄 새는 배도 수위가 높아지면서 덩달아 떠오르게 된다.

간단히 말해서, 세계나 미국이나 유럽의 1인당 소득이 빠르게 성장하는 것을 막을 경제적 한계는 현재 없다. 일자리에 대한 위협도, 비관론의 명분도 없다. 당신이 살아 있는 동안에는 없다. 당신의 증손주 대에도 없다. 그러면 2100년도에는 지구상의 모든 사람이 역사적인 기준으로 볼 때, 어마어마하게 부유해지고, 몇 백 배 많은 과학자와 기업가들이 밤낮으로 태양광 발전과 메탄 연소 방법을 개선하기 위해 연구하고, 우리는 하늘이 무너진다는 주장과 성장이 한계에 다다랐다는 주장을 재고할 수 있다.

36

서구는 쇠락하지 않는다

1990년에 쓴 글을 약간 손 본 것인데, 26년이 지난 2016년에 쓴 챕터 35와 주제가 같다.
내가 제자리걸음을 했든가, 제로섬으로 인한 실패와 쇠락을 주장하는
레토릭이 전혀 바뀌지 않았다는 증거다.

수수께끼로 시작하자. 다음 사건이 일어난 때와 장소를 맞춰 보라. 답을
보고 점수를 매기겠다.

셰익스피어의 언어를 구사하는 나라가 세계대전에서 이기고 힘의 균형
자 역할을 하게 된다. 이 나라는 역사상 최대의 경제체제를 구축하고 가장
열성적인 기업가와 가장 창의력이 뛰어난 엔지니어와 가장 똑똑한 과학자
와 더할 나위 없이 현명한 정치인을 보유한 나라로 온 사방에서 칭송을 받
는다. 그러다 모든 게 엉망이 된다. 듣보잡 하나가 이 나라의 경제에 도전장

디드러 낸슨 매클로스키가 편집한 〈재고: 미국 경제사에 담긴 낭설과 교훈(Second Thoughts: Myths and Morals of U.S. Economic History)〉(1993)에 처음 실렸다: 디드러 낸슨 매클로스키의 "경쟁력과 쇠락이라는 반경제학(Competitiveness and the Anti-economics of Decline)," 167~173쪽.
Chapter 36, 'The West is not declining' and 'Failure rhetoric is dangerous': Reproduced with permission of Oxford University Press through PLS Clear. © 1993 by Oxford University Press, Inc.

을 내밀더니 이 나라를 깔아 뭉개버린다. 귀감으로 찬사를 한 몸에 받은 지 10~20년 만에 이 나라에는 가장 게으른 기업가와 가장 어리석은 엔지니어와 가장 멍청한 과학자와 더할 나위 없이 바보 같은 정치인들이 득실거리게 된다. 이 나라는 나라 안팎의 언론인과 정치인과 교수들 보기에 새로운 스페인 또는 새로운 네덜란드가 된다. 몰락한 제국을 조롱하는 표현이다.

시간 다 됐다. 정답은?

"미국, 1917~현재"라고 답했다면 반쯤 맞은 셈이다. 50점이다. 미안하지만 낙제를 면하지 못하는 점수다. 이 이야기는 모든 전쟁을 끝내는 전쟁에 돌입한 때부터 트럼프에 이르기까지, 흔히 사람들 입에 오르내리는 미국 역사에 꼭 들어맞기는 한다. 그러나 미국 말고도 이 이야기가 꼭 맞아떨어지는 곳이 더 있다. "영국, 1815~1956년"이라고 답했다면, 50점에다가 미국 바깥에도 세상이 존재한다는 사실을 인식한 공로로 10점 가산점을 얻는다. 이 이야기는 워털루전투에서 수에즈운하 위기(제2차 중동전쟁)에 이르기까지 영국 역사에도 들어맞는다. 그러나 이 답도 겨우 낙제를 면하는 수준이다.

훨씬 바람직한 대답은 둘 다이다. 당시에 어떤 일이 벌어지고 있었는지를 설명할 때 사람들이 사용한 구체적인 단어에 이르기까지 말이다. 1890년대와 1900년대에 영국에서 여론을 선도하던 이들은《독일산Made In Germany》(1896)이나《미국의 침략The American Invasion》(1902) 같은 제목의 책들을 읽었다.[1] 어디서 본 듯하지 않은가? 1980년대부터 케네디공항에서 호놀룰루공항에 이르기까지 공항에 있는 서점마다 꽂혀 있던, 영국 대신 미국을 조롱의 대상으로 삼은 책들 말이다. 2019년 무렵에는 트럼프 행정부가 그런 관점을 열정적으로 채택한 게 분명하다.

1896년에 출간된 책들이 1989년에 출간되었다면 '독일' 대신 '일본'을,

2019년에 출간되었다면 '중국'을 제목에 넣고 다시 찍어도 될지 모른다. 독일 수입품에 경악한 영국인은 "주변을 주의 깊게 관찰하시오, 독자 당신. 당신의 옷 가운데 일부는 독일에서 짠 천으로 만들었을지 모르오. …… 당신 자녀들이 유치원에서 마구 다루는 장난감과 인형 그리고 동화책도 독일 산이오. …… 온 집안을 구석구석 살펴보시오. 모퉁이를 돌 때마다 '독일산'이라는 불길한 표식과 마주칠 것이오."[2]라고 썼다. 1989년에는 차고, 거실, 침실에서 토요타, 소니, 야마하가 보이고, 2019년에는 중국산 망치와 컴퓨터가 보인다.

그러나 그 답변은 50점 주기에는 아까우니 B⁻정도로 하자. 다음번에는 더 똑똑한 대답을 하도록 하라. "종말이 다가온다"라고 경고하면 쓴소리 하는 현인이라는 평판을 얻고, 그런 글은 신문 판매부수를 올리는 데도 도움이 된다. 〈뉴요커〉 잡지에 실린 만평에서 남녀 한 쌍이 길을 걷다가 "종말이 다가온다"라고 쓰인 표지판을 들고 서 있는, 수염이 덥수룩한 예언자를 지나친다. 남자가 여자에게 말한다. "세이, 저 사람 폴 크루그먼 아냐?" 미국인들이 안다고 자부하는 유일한 유럽국가가 영국인데, 끔찍한 영국 사례보다는 미국이 훨씬 나으며, 따라서 어떻게 개선해야 할지 안다고 미국인들은 생각한다. 긍정적으로 보면 영국과 미국은 차례로 세계의 은행이 되었다. 부정적으로 보면, 두 나라 모두 보어전쟁과 베트남전쟁 같은 끔찍한 식민지 전쟁을 치렀고, 채무국이 되었고, 무역에서 장기간에 걸쳐 적자를 보았다.

그러나 두 이야기 모두 상당히 틀렸다고 해야 A⁺와 대학원 입학 자격을 얻을 수 있다. 미국 식자층은 고급 술집에 둘러앉아서 이런 이야기를 나누며, 이를 돌파하려면 단단히 무장하고 마음을 굳게 먹으라고 부추기면서 희열을 느끼지만, 종말론이 미국에 대해 주장하는 바는 틀렸다. 한 세기 전 영국에 대한 얘기도 틀렸듯이 말이다. 《강대국의 흥망》(폴 케네디, 1987)은 아무런 교훈도 주지 않는 동화다.

두 나라 모두 놀라운 성공을 이루었고 여전히 경제적으로 놀라운 성공을 거두고 있다는 게 정확한 이야기다. 앵거스 매디슨Angus Maddison은 스코틀랜드인인데 프랑스에서 거주하고 네덜란드에서 일했다. 그는 7개국 언어에 능통하고 통계적인 사고가 뛰어났으며, 세계무역과 소득의 역사 부문에서 손꼽히는 권위자였다. 1989년 그는 부유하고 민주적인 국가들의 모임인 경제협력개발기구OECD의 파리 소재 연구소의 후원으로 〈20세기 세계경제The World Economy in the Twentieth Century〉라는 팸플릿을 발간했는데, 이 팸플릿은 거의 주목받지 못했다. 매디슨은 당시 입수 가능한 최고의 소득 통계 자료를 이용해(이 자료는 그 이후로 개선되었고 그가 얻은 결론과 거의 같은 결과가 나왔다), 미국인은 10여 년 동안 '실패'를 겪은 후에도 여전히 가장 부유하다는 사실을 깨달았다. 1987년 미국인 1인당 소득은 (1990년 물가 기준) 13,550달러였는데, 이는 일본인이나 (서)독일인의 소득보다 40퍼센트 높았다. 오늘날의 물가 기준으로 보면 이는 45,000달러가 넘고, 늘 그랬듯이 일본과 통일독일의 1인당 소득보다 여전히 높다.

영국도 1987년에 세계 기준으로 볼 때 부유했고 지금도 부유하다. 한 세기에 걸쳐 '실패'한 끝에, 평균적인 영국인은 평균적인 스웨덴인보다 약간 적지만, 평균적인 벨기에인보다 약간 많이 번다. 영국인의 평균소득은 멕시코인의 3배가 넘고 인도인의 14배가 넘는다. 믿기 어려우면, 뭄바이에 있는 호텔 밖으로 나가 보라. 두 세대면 인도인들이 따라잡겠지만.

따라서 미국은 실패하지 않았다. 영국도 실패하지 않았다. 강의실에서 미국 이야기는 흥미진진하게, 영국 이야기는 비극적으로 되풀이된다. 해괴하다. 그러나 시작부터 잘못된 레토릭일 뿐이다. 19세기 초 영국 관찰자들은, 재즈 시대 미국인들처럼, 자국이 산업 발전을 선도하는 역할을 아무렇지도 않게 맡았다는 사실에 움찔했다. 영국이 먼저 세계를 '지배'하기 시작할 때부터, 영국 식자층 일부는 작은 섬나라가 세계를 지배한다는 낯선 상황에 대해 불안해했다. 1839년 영국이 성공한 초기에, 제임스 디콘 흄James Deacon Hume이라는 사람이 의회의 한 위원회에서 다음과 같이 경고했다. 수입밀에 지금처럼 보호주의 관세를 계속 부과하면, 다른 나라들에게 농업을 포기하고 산업화를 추진하게 부추겨서 세계 제조업을 '지배'하는 영국의 지위를 붕괴시킨다. "우리는 다른 나라들이 제조업에서 우리를 앞서가게 만들 위험을 자초하고 있다. …… 나는 (그런 날이 오면) 이 나라의 풍요는 과거의 전진 속도보다 더 빠른 속도로 후퇴하리라고 믿어 의심치 않는다."3

어불성설이다. '경쟁력'이 없어진다는 레토릭인데, 예전부터 이는 어불성설이었다. 1840년대나 1990년대나 지금이나, 영국은 다른 국가의 산업화 덕분에 삶의 여건이 개선되었지, 악화되지 않았다. 당신이 기술 수준이 높고 건강한 사람들이 사는 지역으로 이주하면, 삶의 여건이 더 나아지는 것과 같은 이치다. 영국은 1840년부터 현재까지 계속 성장했고 영국인들은 점점 부유해졌다.

마찬가지로, 미국인들도 일본이나 중국이 자동차 제조나 TV 조립에서 '우리를 패배시키면', 삶의 여건이 더 나아진다. 그 이유는 '우리'(민족주의자들의 환상 속의 집단주의적 '우리'가 아니라 각자 무엇을 할지 결정을 내리는 개개인을 말한다)는 우리가 상대적으로 잘하는 일을 찾아서 하고―예컨대 은행업이나 콩 재배 말이다―일본인에게, 그 다음은 한국인에게, 그 다음은 중국인에게 가전제품을 만들게 하면 되기 때문이다.

점점 더 부유해진다. 무너지는 하늘은 없다. 비극도 없다. 매디슨에 따르면, 1989년 영국은 한 세기 전보다 1인당 3.5배 부유해졌다. 미국은 5배 부유해졌다. 지금은 더 부유하다. 영국과 미국이 그 기간에 걸쳐 스웨덴이나 일본 같은 다른 나라들보다 훨씬 서서히 성장한 것은 사실이다. 영국과 미국은 다른 나라들보다 훨씬 부유한 상태에서 출발했기 때문이다. 오늘날 기준으로 보면 여전히 가난했지만 말이다. 지난 세기에 걸쳐 성장한 사연은 영국과 미국이 달성한 탁월한 수준으로 수렴하는 사연이었다. 1900년에 독일인은 영국인 소득의 절반을 벌었다. 지금은 두 나라 국민 소득이 비슷하다.

영국이 '진' 것은 '경주'가 아니다. 영국이 세계 시장에서 차지하는 몫이 줄어들었다고 해서, '실패'를 보여주는 지표라고 규정하면 안 된다. 자녀가 성장하면서 상대적으로 아버지 벌이가 줄어든다고 아버지가 '실패'했다고 보면 안 되듯이 말이다. 이는 성숙도를 보여주는 지표다. 미국도 마찬가지다. 다른 나라들이 슈퍼마켓을 경영하고 가전제품을 만드는 능력이 미국 기준에 도달했다는 점은 나쁜 게 아니라 바람직하다.

해외와의 '경쟁'은 쌍수를 들어 환영할 일이다.

Chapter

37

실패라는 화법은 위험하다

앞의 챕터에서 계속.

영국과 미국이 '실패'라고 주장하면 반드시 반박해야 한다. 2등과 1등이 크게 차이나지 않는데도 2등인 처지에 대해 우려하는 태도는 어리석다. 절대적인 수치는 부에서 아주 작은 차이만을 보여줄 뿐인데 말이다. 스포츠에 비유하는 경우보다 더 극악한 비유는 자유로운 교환을 전쟁에 비유하는 경우다. 1902년 영국 내에서 독일과 미국에 대해 '경쟁력'이 떨어진다며 외국인에 대한 혐오 히스테리가 절정에 달했을 때, 영국 경제학자 에드윈 케넌Edwin Cannan은 다음과 같이 말했다. "경제학 이론을 가르치는 선생으로

디드러 낸슨 매클로스키가 편집한 〈재고: 미국 경제사에 담긴 낭설과 교훈(Second Thoughts: Myths and Morals of U.S. Economic History)〉(1993)에 처음 실렸다: 디드러 낸슨 매클로스키의 "경쟁력과 쇠락이라는 반경제학(Competitiveness and the Anti-economics of Decline)," 167~173쪽.
Chapter 37, 'The West is not declining' and 'Failure rhetoric is dangerous': Reproduced with permission of Oxford University Press through PLS Clear. © 1993 by Oxford University Press, Inc.

서 가장 먼저 할 일은, 평화로운 상품 교환 행위에 군사적 비유를 적용하는 잘못된 관행을 발기발기 찢어서 땅바닥에 내동댕이치고 밟아 뭉개는 일이다. 요즘 '영국의 상업적 우월성'이니 다른 나라들이 이에 '도전장을 내밀고' 있다느니, '이러한 공격을 퇴치하는 게' 우리 의무라느니 하는 말들이 사방에서 들린다. 경제학자에게 '상업적 우월성'이 도대체 뭔지 물어보면 아무도 답변을 못 한다." [1]

이제는 미국의 상업적 우월성과 이에 대한 공격을 퇴치하는 게 우리 의무라는 주장이 온 사방에서 들린다. 이런 주장은 경제적으로 멍청하고 정치적으로 위험한 주장이다. 1884~1914년 사이에 이러한 주장은 세계 전쟁으로 이어졌고 그 후 20세기 중반에 유럽에서 참상을 낳았다. 냉정을 되찾고, 일자리 대부분은 더 나은 기술이 등장해서 사라졌고, 매사추세츠와 일리노이에 있는 일자리는 중국과 한국이 아니라 텍사스와 캘리포니아로 갔다는 사실을 인정해야 한다. 그리고 부유한 이웃들은 우리의 재화와 용역을 구매하기 위해 재화와 용역의 형태로 우리에게 더 많이 지불한다는 사실도 인식해야 한다.

하버드대 역사학 교수 데이비드 랜디스 David Landes는 로버트 포겔과의 친분으로 나중에 경제학 교수까지 했는데(데이비드는 경제학 입문서를 들춰 본 적도 없다), 그는 영국의 쇠락이라는 잘못된 주장을 학문적으로 존중할 만한 이론으로 격상시켰다. 학식과 달변을 자랑하지만 심각한 오류가 담긴 책 《해방된 프로메테우스: 1750년에서 현재까지 서유럽에서의 기술 변화와 산업 발전 Unbound Prometheus: Technological Change and Industrial Development in Western Europe from 1750 to the Present》에서 그는 탁월함과 제국을 상실한 세기를 역사학자로서의 관점에서 언론인 같은 필치로 탄식하고 있다. 그는 '경주'에서 앞서간다는 비유를 사용하고 각 장의 제목에서 '격차를 좁히다'와 '짧은 호흡과 제2호흡second wind*'과 같은 표현을 사용하는데, 서로 경쟁하는 경주에서 쓰는 용어나 기마병의 진군에 대한 시에서 쓰인 용어와 같은 전쟁용어로 경제활동을 묘사하는 행태는 바람직하지 않다.[2]

랜디스에 따르면, "19세기 마지막 몇 십 년 동안 산업 주도국 지위가 영국에서 독일로 넘어간 까닭이 무엇인가?"가 중요한 의문이다.[3] 이에 대한 그의 간단한 해답은 "19세기 말 영국이 저물어가는 경제 패권의 낙양落陽에 심취해 안이해졌기 때문이다. …… 풍요를 물려받아, 따분한 무역에 진저리치고 낙향 신사의 목가적인 열망이 가득한 세 번째 세대가 등장했다. …… 그들은 놀면서 일했고 일터에서 놀았다."[4]

수려한 글이지만, 경쟁력에 대한 어처구니없는 주장을 되풀이하는 데 지나지 않는다. 정치적으로도 경제적으로도 다 말도 안 되는 주장이다. 유럽 이야기는 보통 이런 식으로 외교관이나 역사학자들이 제조업자와 증권 브로커 간의 경주나 기마병의 진군에 비유하면서 전달된다. 표트르 대제 이후로 유럽에서 정치 권력의 균형은 산업 주도력이 결정했다고 본다. 워털루와 솜 전투는 조립 라인과 증권거래소에서 판가름났다고 본다. 전쟁에서의 주도권과 경제에서의 주도권 간의 연관성은 제1차 세계대전 이전에 등장했고, 정치 담론에서 흔했으며 역사 문헌에서 사라진 적이 없다. 랜디스는 실제 논거도 제시하지 않고, 이와 달리 생각한다면 순진하다고 말한다.

랜디스가 말한 낭설의 21세기판이 바로 러시아의 푸틴이나 중국의 시진핑이나 터키의 에르도안이나 헝가리의 오르반 그리고 이들보다 약간 덜 폭력적인(그러나 마찬가지로 정적들을 교도소에 보내고 언론을 검열하는) 싱가포르의 리셴룽과 그의 부친 리콴유와 같은 비자유주의적 지도자들을 칭송하

---

* 격렬한 운동을 한 후 정상 상태로 돌아간 호흡을 가리킨다.

PART 4
다른 비자유주의적인 개념도 틀렸다

는 행태다. 경제에 문맹인 이들은 이러한 폭군들이 결국 이긴다고 주장한다. 그들은 "경제적 자유와 결합된 폭정이 새로운 모델일지도 모른다"라고 주장한다. 문맹인들은 늘 새로운 모델을 찾아 헤맨다. 그러면 옛 모델을 이해할 필요가 없기 때문이다. 경제학 책을 들춰 봐야 하는 의무에서 해방되기 때문이다.

그러나 그들의 주장은 틀렸다. 우선, 폭정은 대개 경제를 개선하기는커녕 파괴한 경우가 더 많고, 민주주의는 1776년 이후로 대체로 경제를 자유화하고 보통 사람들을 풍요롭게 만들었다. 무가베는 백인 농부들을 숙청함으로써 짐바브웨 경제를 붕괴시켰는데, 그나마 무가베 사례가 기여한 바를 꼽자면 바로 이웃나라인 남아공이 이를 반면교사 삼아서 같은 실수를 저지르지 않게 했다는 점이다. 무솔리니나 히틀러나 스탈린이 경제적 성공을 거두었다는 이야기들은 거짓인 게 반복해서 드러났다. 백마 탄 기사가 나타나 백성들이 안락한 삶을 살게 해 주리라는 기대는, 이 내기에 돈을 거는 이들로부터 돈을 거둬들이는 마권업자들 주머니만 불릴 뿐이다.

사람들은 조작된 선거나 공격적인 외교정책에서의 '성공'을 평범한 경제적 목적을 추구하는 보통 사람들의 풍요와 혼동하는 경우가 많다. 히틀러가 꿈꾼 '생활권Lebensraum'은 동유럽에서 슬라브족과 유대인을 학살하고 그 지역을 식민지로 만드는 게 목표였다. 어떻게 됐나? 이러한 혼동 때문에 사람들은 백마 탄 기사에게 희망을 건다. 폐광 마을에서 한 달에 400달러 연금으로 욕실도 난로도 없는 단칸방에서 손녀와 근근이 살면서도 모국 러시아의 영광을 꿈꾸는 게 더 마음의 위안이 되기 때문이다. 푸틴이 지방 관리들의 끔찍한 부패상을 알 리가 만무하다. 안다면 해결했겠지라는 식의 성군 황제 논리는 늘 먹힌다. 차르 황제와 농민 대 귀족의 관계, 성군 리처드 왕 대 폭군 존 왕을 받드는 악한 행정관과 귀족의 구도다. 폭군은 중산층

─귀족 혹은 자본가 혹은 지주─으로부터 빈곤층을 보호한다는 미명하에 자신의 권력을 정당화한다.

좌익은 툭하면 부작용을 들먹이고 국민소득이라는 계산법을 공격하면서 논점을 흐린다. 국민소득은 보통 사람들이 재화와 용역에 얼마나 지불할 의향이 있는지를 토대로 경제적 안녕을 집약한 통계치인데 말이다. 이는 자유주의적인 기준이다. 좌익은 집산주의적인 기준을 갈망한다. 우익도 역시 강요와 위협으로 달성하는 국가의 집단적인 영광을 갈망한다.

그러나 그러한 집단주의의 거친 환상에서 벗어나 실제로 시장에서 사람들이 무슨 말을 하는지 제발 귀를 기울여 보라. 그러면 뭐라고 대꾸할지 나는 안다. 시장은 끔찍하게 '불완전'하다고. 1848년 이후로 발간된 100여 권의 경제학 책에 반듯한 모델이 제시되어 있지 않냐고 하겠지. 그러나 그 가운데 그 어떤 모델도 정부가 강요하는 완벽한 지혜를 도입하는 행태가 정당하다고 입증한 적이 없다.[5] 그러나 그런 시장의 수많은 불완전함(독점, 정보 오류, 행동의 실수)이 횡행하는 동안에도, 가장 가난한 계층의 물질적 복지는 놀라울 정도로 개선되었다. 너무나도 명백하고 단순한 자유주의 시장체제에 따라 1인당 GDP가 얼마나 올랐는지를 수치로 보면, 오늘날 교육의 혜택을 누리고 부유해진 인구는 수십억 명에 달한다.

그리고 어쨌든 폭정의 장악력이 약해져야만, 폭군의 명령으로 좌지우지되지 않는 경제부문에서 GDP가 상승한다. 자유주의가 탄생하면서 남북전쟁 전의 미국 같은 지역들은 풍요로워졌고, 1890년대와 1900년대에 러시아 제국은 사람들이 철도를 깔아 돈을 벌도록 내버려두었다. 그러나 일본은 도쿠가와막부의 폭정하에 있던 1868년까지 정체되었고, 중국은 만주에 이어 마오쩌둥의 폭정이 계속된 1978년까지 경제가 침체되었다. 폭군은 시장이 스스로 실험하게 내버려두지 않고 프로젝트를 추진해 국민에게 손해를 입힌다. 러시아, 중국, 아르헨티나 모두 그런 식으로 GDP가 감소했다. 민간부문도 물론 실수를 한다. 그러나 민간부문은 강제력을 독점하지 않으므로 기댈 데가 없다. 민간부문은 집단농장에게 망가진 트랙터를 마냥 강매할 수 없다. 민간부문은 파산하든가 파산하지 않든가 둘 중 하나다. 정치는 사람들의 경제적 여건을 개선하지 못한다. 엄격한 시장경제가 사람들의 여건을 개선한다.

아무튼 경제와 정치가 연관된다는 주장은 낭설이다. 1941년 소비에트 러시아나 1968년 북베트남의 사례는 군사력이 반드시 경제력에서 비롯되지는 않는다는 사실을 보여준다. 미국에서 남북전쟁이 벌어진 1861~1865년 북군은 미국에서 일어난 그 어떤 전쟁보다 많은 전사자를 냈다. 북군에 맞선 남부의 인구는 북부보다 적었고 거의 40퍼센트가 노예였으며, 전쟁 초기에 북부와 남부의 무기생산량 비율은 30대1, 기관차는 24대1, 선철은 13대1이었다. 제1차 세계대전에서는 최첨단 산업의 산물이라고는 결코 말하기 힘든 삽과 철조망이 서부전선을 봉쇄했다. 최첨단 기술로 최첨단 공장에서 생산한 폭탄을 전략적으로 투하한 전략은 제2차 세계대전에서 대체로 실패했고, 한국에서는 완전히 실패했으며, 베트남에서 대대적인 선전과 더불어 다시 등장했지만 역시 처참하게 실패했다. 이 전략은 마침내 군사적으로도 경제적으로도 약체인 이라크와 세르비아에서 통했다. 정말 통했을까? 어떻게 됐지? 지금도 세르비아인들은 NATO의 폭격과 시리아 사태에 책임이 있다고 생각하는 다른 유럽인들을 증오한다.

군사력을 경제력과 등가로 보는 주장은 신문 표제로는 그럴듯할지 모르지만 역사적으로 뒷받침되지도 않고 경제학적으로는 허접한 논리다. 주도적 지위와 경쟁력에 비유하는 얼토당토않은 경제 논리는 수많은 나라들 가운데 2등이나 12등보다는 1등이 월등히 낫다는 암묵적인 전제를 하고 있다. 스포츠에서 1등은 한 명뿐이다. 헨리 러셀 '레드' 샌더스Henry Russell 'Red' Sanders는 UCLA 팀의 모토가 "이기는 게 전부다. 유일한 목표다"라고 말했다. 경제에서는 그렇지 않다. 1등에 매몰된 질병, 패배, 쇠락 같은 비유는 경제 이야기를 풀어가는 데 적합하지 않다. 샌더스가 제시한 모토는 경기를 관장한다. 오직 한 팀만이 대학축구 챔피언십에서 우승한다. 그러나 경제 사안에서는 1등에 집착하면 2등이나 심지어 12등도 매우 선전할 수 있다는 사실을 잊게 된다. 경제성장에서 2등을 한다고 해서 가난하지는 않다. 더 나은 삶과 풍요로움이 부상副賞이다. 다시 말해서, 1750년 이후로 영국은 전면전이나 사회주의 실험을 했던 기간에 멈칫했던 경우를 제외하면 훌륭하게 성장해왔다. 미국은 지난 2세기 동안 36년마다 1인당 실질소득이 두 배가 되었다. 반면, 비관론자들이 온갖 화려한 수식어를 동원해 질병이라고 묘사하는 다음의 논리는 치명적 낭만이다. 스포츠 경기나 전쟁에서의 군사적 패배는 돌이킬 수 없는 끔찍한 완결이다. 예전의 위대함으로부터의 쇠락은 회복 불가능한 참패다.

보다 폭넓고 긴 안목에서 보면, 경주에서 패배한다는 논리는 놀라울 정도로 어처구니없다. 영국이 부상하기 전에는 네덜란드가 '패배'했다. 네덜란드공화국은 탄생한 직후부터 사실상 '쇠락'했다. 결과는 어떤가? 재앙? 빈곤? 경제의 붕괴? 아니다. 네덜란드는 제국을 잃고, 세계 정치무대에서 우쭐거리는 강대국의 지위를 잃고, 유럽 한 귀퉁이를 차지하고 자기들만의 언어를 구사하는 작고 약한 나라가 되었다. 그러나 놀라울 정도로 부자다. 1인당 GDP가 세계 최고이고(18세기에도 마찬가지였다), 1인당 국내생산이 1900년 이후로 4배가 되었으니 어느 기준으로 보나 놀라운 성공을 거둔 셈이다. 암스테르담에 있는 요르단 지역은 19세기 중엽에 처참할 정도로 작은 집과 아파트가 즐비한 노동자 계층의 거주지였다. 15제곱미터 크기의 방에 대가족이 바글대며 살았다. 뉴욕의 로어이스트사이드도 마찬가지였다. 오늘날 구암스테르담과 신암스테르담에 있는 주택과 아파트는 훨씬 널찍한 주거지로 변신해서, 도시 전문직 종사자들이 짝지어 거주한다.[6] 때로는 총각 한 명이 사는 경우도 있다.

훨씬 설득력 있는 이야기는 정상적인 성장이다. 장기적인 안목에서 보면 2세기 동안 일어난 대풍요는 놀라울 정도로 비정상적인 현상이지만 말이다. 영국과 미국과 네덜란드는 일본과 독일과 스웨덴에 비해 일찍 성숙기에 도달했다. 영국이 1870년부터 1914년까지 조선, 보험, 자전거, 소매업 부문에서 매우 선전했다는 점은 누구든지 인정한다. 19세기 말 영국의 '실패'는 세계 기준으로 볼 때 사소했다. 특히 성과가 처참했다고 간주하는 철강과 화학제품 산업에서조차 말이다.[7]

그러나 영국이 선전했든 안 했든 영국의 성장은 1등을 고수하는지에 크게 좌우되지 않았다. 1890년에 영국은 새로운 산업국가들보다 느리게 성장하리라고 예측됐을 수도 있다. 영국이 남들보다 먼저 고지에 도달했기 때문에, 한동안 다른 나라들에게 성장률 면에서 추월당했다. 지긋지긋한 달리기경주 비유를 이어 가면, 이미 결승선을 통과한 사람은 여전히 전력을 다해 결승선을 향해 달려오고 있는 사람보다 당연히 속도가 느린 법이다. 벨기에는 초기에 산업화한 또 다른 나라이고 비슷하게 상대적인 '쇠락'을 겪었지만, 큰 주목을 얻지 못했다. 보다 최근에는 미국이 그런 현상을 겪었지만 별다른 관심을 모으지 못했다. 그래서 뭐가 어떻단 말인가?

전체적으로 볼 때 사소한 변화는, 자세히 들여다보면 사소한 국가 간 차이로 설명된다. 천연자원은 오늘날 경제체제에서 사소한 요소다. 한편 기술은 점점 세계화되고 있다. 기술은 예전의 토지에 해당한다. 한 나라가 아니라 모든 나라에 동시에 존재할 수 있다는 점이 다를 뿐이다. 그리고 실제로 그렇다. 사람들로 하여금 가장 수익성 높은 기술을 자유롭게 채택하도록 하면 홍콩에 살든 드레스덴에 살든 똑같은 소득을 올리게 된다. 국가들의 소득이 수렴하지 않을 가능성을 염두에 둔 멍청한 계량경제 연구 작업이 도처에서 진행 중이다. 그런 연구가 멍청한 이유는 영원히 격차가 벌어질 만한 유전적, 생물학적, 지리적 이유가 없기 때문이다. 단기적으로는 있다. 그러나 50년 후라면 그렇지 않다.

19세기 말 이후 영국에 대한 이야기의 핵심은 미국이 앞으로 겪게 될 현상이라는 점이다. 영국의 소득은 다른 나라들이 영국의 생활수준에 도달하는 동안 세 배가 되었다. 1900~1987년 동안 생산이 228퍼센트 증가했고 이 성장률이 지금까지 계속되었다. 영국은 독일을 모방함으로써 약간의 이득을 볼지도 모른다. 하지만 별 볼 일 없는 이득을 얻는 대신, 정체성을 상실하는 큰 대가를 치르게 된다. 에티오피아나 아르헨티나 관점에서 보면 영국은 당연히 부유한 나라에 손꼽힌다.

지난 세기의 비극은 산업국가 선두그룹에서 주도국 자리를 두고 상대적으로 약소한 나라들이 다투었다는 사실이 아니다. 앞서가는 나라들과 뒤에서 추격하는 나라들 간의 격차가 중요하다. 그리고 경주에 비유하면 앞서가는 나라뿐만 아니라 추격하는 나라에게도, 경주가 벌어지는 운동장이 눈에 띄게 향상되었다. 1900년 이후로 1인당 실질생산량이 3배 이상 늘었다. 생산량이 3배 증가하고 그 이상으로 1인당 소득이 증가한 덕분에 비참한 삶이 많이 경감되었고, 그런 발전이 아니었다면 가난에 빠졌을 수십억 명의 사람들이 인간다운 삶을 누리게 되었다. 당신의 증조부모를 생각해 보라. 오늘날 중국인들의 부모를 생각해 보라.

다시 말해서, 영국과 미국의 '실패'를 논하는 문헌에 담긴 비관론적 이야기가 안고 있는 문제는, 그러한 성장의 흐뭇한 결실을 비극이라고 치부한다는 점이다. 그런 논리는 기껏해야 진정한 비극의 세계에서는 저질 취향의 작품일 뿐이다. 예컨대, 아르헨티나는 한때 부유했지만, 생명력이 끈질긴 페론주의하에서 수십 년 동안 보조금을 대거 지원하고 생산은 거의 하지 않은 결과 쇠락했다. 1991년 이전의 인도도 사회주의자인 전문가의 자문하에서 가난의 덫에 묶여 있었다(그러나 지금은 자본주의자의 자문을 받아들여 온 세상의 감탄을 받고 있다).

최악의 경우 비관주의는 비도덕적이고, 비열한 자기도취이고, '희망과 영광의 조국'이나 '해병대 찬가' 같은 군가를 연주하는 군악대가 수반되는 국가주의 헛소리에 불과하다. 경제학자와 역사학자들은 영국의 1인당 소득이 1990년대에 필리핀의 6배이고 인도의 13배인 이유에 대한 의문을 1987년에 영국인의 소득이 프랑스인보다 3퍼센트 낮거나 벨기에인보다 5퍼센트 높은 이유에 대한 더 미묘하나 덜 중요한 의문과 헷갈린 듯하다.

미국이 영국에 뒤이어 '쇠락' 단계에 들어간다는 이야기는 위험한 망상이다. 이는 그저 상대적인 쇠락일 뿐이며 나머지 세계가 풍요로워지는 바람직한 현상에 의해 야기된 것이다. 그런 발상이 위험한 또 한 가지 이유는 외국인을 탓하게 되기 때문이며, 트럼프 행정부가 보여주듯이 고등학교 교육의 실패나 교각 보수 관리의 실패를 남의 탓으로 돌리게 된다.

그러니 기운 내라. 미국은 영국의 전철을 밟지 않는다. 보다 정확하고 낙관적인 이야기로 풀어가자면 영국처럼 미국도 경제적으로 계속 성공을 거둔다는 뜻이다. 그런 성공이 토요일에 크리켓 경기를 보면서 미지근하나마 맥주를 한 잔 들이키는 삶이라면, 건배를 들 일 아닌가.

자본주의라는 말은 과학적으로
틀린 표현이다

〈이성〉에 기고한 또 다른 칼럼.

아흔 다섯인 내 모친은 당신 딸이 쓴《부르주아 평등》(2016)을 막 다 읽었다. 아니 정확히 말하면, 모친은 오디오북을 들었다. 마게릿 개빈이 겨우 30시간 걸려서 녹음한 뛰어난 오디오북이다. 강추한다.

모친은 이 책을 아주 마음에 들어 했다. 역시 취향이 격조 있는 분이다. 그 이유는 저자가 당신 딸이라는 사실과 무관하다. 어머니들은 자기 자식이 이룬 업적을 평가할 때, 아주 객관적이라는 사실은 널리 알려져 있지 않은가. 모친은 자유주의자이니 지적인 성향상 이 책을 좋아할 수 밖에 없다. 모친은 비즈니스 뉴스를 주로 시청하고 자유경제, 특히 애플, 월마트 그리고 TJ 맥스에 열광한다. 그럼에도 불구하고 모친도 당신 딸과 마찬가지로 인정 많은 자유경제 쪽으로 기우는 경향이 있다.

어쩌면 당신 딸보다 훨씬 더 그런 경향이 클지도 모른다. 몇 년 전 모친과 나는 시카고에 있는 오디토리엄 극장에서 프랭클린 루스벨트 대통령을 기넘하는 행사에 참석한 뒤, 그 근처에 있는 내 아파트로 자리를 옮겨 루스벨트 경제 정책에 대해 열띤 논쟁을 벌였다. 나는 그 정책이 허접했고, 이는 로버트 힉스와 존 월리스 같은 경제학자들과 엘리스 홀리Ellis Hawley 같은 역사학자들이 오래전에 증명했다고 했다. 모친은 분개했다. 1922년에 출생한 모친은 당시 대통령이었던 그가 라디오를 통해 노변정담Fireside Chat으로 들려 준 목소리가 위안이 되었고, 그는 파시즘으로부터 미국을 구했다고 했다. "본인이 직접 파시즘을 시도해서 반면교사가 됐죠"라고 나는 대꾸했고 열띤 논쟁이 이어졌다(내가 왜 아이디어에 관심이 많은지, 열띤 논쟁을 벌여도 마무리는 훈훈하게 하는 내 성향이 어디에서 비롯되었는지 이만하면 알겠지). 지금 모친은 애미티 슐래스의 《잊혀진 사람》(2007)을 오디오북으로 듣고 있다. 애미티가 뉴딜을 우호적으로 바라보는 모친의 시각을 바꿔놓기를 바란다. 모친은 새로운 정보를 얻으면 생각을 바꾼다(당신은 어떤가?).

그런데 시각을 바꾸기 힘든 용어가 있다. 경제학자든 아니든 수많은 사람들과 마찬가지로 모친도 '부르주아 평등'을 '자본주의'라는 단어처럼 자본이 풍요의 열쇠라는 뜻으로 해석한다. 그러나 나는 그 책의 제목과 내용에서 끊임없이 이를 부정한다.

어떻게 된 걸까? '자본주의'는 네덜란드 단어로 '허이셔남geuzennaam'이라는 현상에서 유래된 용어다. 허이셔남은 A가 자신의 적인 B에게 경멸조로 붙여준 명칭을 B가 자랑스럽게 스스로를 일컫는 데 사용하는 현상을 뜻한다. '토리', '휘그', '퀘이커' 모두 그들을 경멸하는 대상이 붙여준 명칭인데, 이를 그들이 스스로를 일컫는 명칭으로 쓰게 되었다. '포브스: 자본주의자의 도구Forbes: Capitalist Tool'라는 구호도 그런 사례다. '자본주의'라는 단어는 물론 마르크스주의자가 만들어낸 용어다. 마르크스 본인은 이 단어를 이용하지 않았지만 꼬치꼬치 따지지 말자. 베르너 좀바르트 같은 마르크스 추종자들이 사용했고, 그들이 모시는 마르크스 본인도 실제로 본래 축적한 자본에 더해 잉여가치도 투자하는 상사들을 '자본주의자'라고 불렀다.

마르크스 전후에 등장한 경제학자 대부분과 마찬가지로, 마르크스 역시 자본 축적은 시계를 작동시키는 용수철처럼 근대화를 작동시키는 용수철이라고 주장했다. 예컨대, 마르크스주의 사회학자 이매뉴얼 월러스틴 Immanuel Wallerstein은 1983년에 다음과 같이 말했다. "자본주의라는 단어는 자본에서 파생되었다. 따라서 자본이 자본주의의 핵심 요소라고 가정하는 게 타당하다."[1] 아니, 그렇지 않다. '자본'이라 불리는 대상에 대해 성찰해야 함을 주장한다고 해서, 자본의 축적이 실제로 근대화에만 독특하게 나타나는 현상이라든가 근대화를 야기했다는 뜻은 아니다.

로마인도, 중국인도, 혈거생활을 할 때부터 모든 인간은 소비를 삼가고 늘 자본을 축적해왔다. 농부가 파종할 씨를 챙겨두었다가 봄에 그 씨를 땅에 뿌리는 경우를 생각해 보라. 아니면 논을 만드는 경우를 생각해 보라. 또는 돌을 열심히 깎아서 도구로 만들고 잘 다듬어서 아름답게 만드는 경우를 생각해 보라. 인간이 풍요로워진 까닭은 아껴둔 것을 투자하는 새로운 아이디어를 생각해낸 덕분이지 투자의 결과가 아니다. 투자가 필요하긴 했지만 아이디어에 대한 투자였다. 시계에 들어가는 톱니바퀴같이 반드시 필요한 것들이 늘 동기를 부여하는 동력은 아니다. 시계의 경우 동력을 부여하는 것은 용수철이다. 홈런을 친 다음 베이스에 몸이 닿아야 득점으로 인정되지만 홈런이 득점의 원인이다. 홈베이스로 들어오는 길에 2루에 몸을 댔다고 해서 그게 '원인'은 아니라는 뜻이다. 대풍요에서는 아이디어가 풍요의 원인이었다. 시계를 움직이는 동력이 용수철이듯이 말이다.

나는 에르난도 데 소토Hernando De Soto의 주장에 동의한다. 그는 중남미의 빈민가에 사는 가난한 사람들이 불법으로 점유하고 있는 땅을 법적으로 소유하게 하고, 이를 매각한 돈으로 자녀들을 교육하거나, 이를 사업 밑천으로 삼아 경제 활동을 하거나, 최소한 지금처럼 거주 이전의 자유와 교육 받을 기회가 있는 근로자 생활을 유지하게 하자고 주장한다.[2] 그는 매우 가난한 사람들을 경제 활동에 참여시켜서 경제성장으로부터 이득을 누리도록 하는 방안에 집중하고 있다. 나와 마찬가지로 그도 가난한 사람들 역시 합법적인 경제 활동에 대한 좋은 아이디어가 많고, 이를 실행하면 본인과 자녀들 삶의 여건을 끌어올릴 수 있다고 생각한다. 1800년 이후로 사람들이 그랬듯이 말이다. 과일 가판대든 신발 수선공이든 뭐든. 그러면 그들의 손자손녀들은 미래에 페루나 브라질의 경제체제에 변호사나 컴퓨터 프로그래머로 참여할 수 있다.

가난한 사람들은 그저 자본만 조금 있으면 된다고 그는 지적한다. 물론이다. 그러나 수익을 낼 좋은 아이디어도 없이 그저 자본만 쌓아둔다고 — 예컨대 농부들에게 과세해서 거둬들인 세금으로 5개년 계획을 채택하거나 산업 계획을 추진해 자본을 비생산적인 프로젝트에 쏟아 붓는다고 — 해결되지 않는다는 내 의견에 그도 동의하리라고 생각한다. 자본은 필요하다 (공기와 노동과 토지와 햇빛과 평화가 필요하듯이). 그러나 풍요로워지려면 아이디어가 필요하다. 과일 가판대나 컨테이너 화물 수송 같은 아이디어 말이다. 아이디어는 필요조건 이상의 의미가 있다. 아이디어는 대부분 충분조건이다. 아주 기발한 아이디어가 있으면 자본은 쉽게 확보할 수 있기 때문이다. 자본은 제약 요인이 아니다. 아이디어와 아이디어를 적용할 때 필요한 법적인 허가가 제약 요인이다. 중남미 정부들은 오만하게도 가난한 사람들은 아이디어가 없다고 넘겨짚는다. 오직 대졸자나 포퓰리스트 정치인들만 아이디어가 있다고 여긴다. 중남미에서 그러한 오만함과 포퓰리즘을 결합하는 게 해결책이 아니라는 사실을 깨달은 이들이 있지만, 유권자들은 자꾸 예전의 습관에 빠져든다. 미국에서도 마찬가지다.

애덤 스미스 이후로 경제학에서는 자본 축적이 풍요의 원인이라는 확신이 너무 강하게 뿌리 내려서, 1956년 심지어 오스트리아의 위대한 경제학자 루드비히 폰 미제스도 틀린 주장을 했다.[3] 미제스는 다음과 같이 말했다. "저축 즉 자본 축적 덕분에 동굴에 살면서 어설픈 방식으로 식량을 구하던 야만인이 차츰차츰 근대화된 방식으로 산업을 일구는 인간으로 변모했다." 그러나 '덕분에'가 시계에서 용수철이 하는 역할을 했다는 뜻이라면 틀렸다. 자본 축적이 필요했다는 주장만 옳다. "이러한 진화의 속도를 조절한 주체는 아이디어고, 아이디어가 제도적인 틀을 조성해 그 틀 안에서 자본 축적이 안전하게 이루어질 수 있었다. 생산수단의 소유권의 원칙이라는 제도적 틀에서 말이다." 맞는 말이다. 사유재산 보호라는 최소한의 자유주의적 아이디어가 필요했다. 그러나 이는 혈거생활을 하던 때부터 인간 사회에 널리 확산되어 온 아이디어다. "풍요를 향해 한 발 한 발 전진하게 된 것은 저축 덕분이다." 얼토당토않다. 저축이 필요한 건 맞지만, 그밖에도 필요한 것은 무수히 많다. 그러더니 미제스는 실제로 용수철 역할을 하는 게 뭔지 생각났는지 다음과 같이 일축해버린다. "가장 창의적인 기술 발명이라도, 저축을 통해 이를 실용화하는 데 필요한 자본 재화가 축적되지 않으면 사실상 무용지물이다." 다시 한번 필요조건을 충분조건이라고 되뇌고 있다. '자본 축적'과 '자본 재화'를 '물'로, '저축'을 '물을 확보함'으로 대체해 보라. 그러면 경제성장에 물이 필요하다는 이론이 된다.

나는 최근에 그 문제와 관련해 내 친구 마크 스카우-젠Mark Skousen과 이메일로 논쟁하게 되었다. 라스베이거스에서 8월마다 열리는 자유축제Freedom Fest에 2017년 처음으로 초청받아 갔을 때 알게 된 친구다. 그다음 해 그와 나는 그 회의에서 바로 그 문제를 두고 논쟁했다.

마크는 '자본주의'라는 용어에 대한 내 주장을 반박했다. 그는 다음과 같이 말했다. "경제를 발전시키려면 자본이 필요하다. 기업가들은 기발한 아이디어와 초보 단계인 기술을 많이 알고 있고 이로써 세상을 바꾼다(마크, 그렇지 않아. 1800년 전에는 그렇지 않았어). 그러나 재원을 마련하지 못하면(정말 기발한 아이디어라면 어떻게든 재원을 마련했다. 철도, 에디슨, 인터넷이 그러한 사례다), 그런 아이디어는 실현되지 않는다."

맞다. 그러나 마크가 재원 확보는 필요조건일 뿐이라고 인정했듯이, 재원 확보만으로는 충분치는 않다(그도 미제스처럼 필요조건과 충분조건을 혼동하고 있다). 반면 1800년 이후 인간의 창의력이 폭발한 현상은 충분조건이 되었다. 아이디어가 정말로 기발해서 재원 확보는 크게('결코'라고 하면 더 마음에 들 텐가?) 문제 되지 않았다. 증기기관을 보라. 와트가 특허 신청을 하는 바람에 그 기술의 응용이 좀 지연되기는 했지만 말이다. 그럼 철근 콘크리트를 보라. 이는 특허출원이 불가능하다. 어쨌든 필요조건은 수없이 많고 대부분은 하나마나 한 얘기다. '상온에서의 물'이나 '노동력의 존재'나 '진행 중인 내전이 없는 상태'처럼 말이다. 그리고 경제사를 보면 적절한 필요조건은 수천 년 전부터 사회 대부분에 공통으로 존재했다. 그러나 그런 사회들은 1800년 이후 유럽 북서부를 찾아온 대풍요와 유사한 그 어떤 현상도 겪지 못했다.

1492년의 중국을 보자. 오래도록 평화를 누렸고 재산권이 보장되었고 법치가 확립되었으며, 자국 내에서 혹독한 관세도 없었다(유럽과는 대조적이었다). 자본도 풍부했으며, 대규모 기간시설 구축 사업을 쉽게 진행할 수도 있었으니, 로마가 추진한 대규모 사업이 무색할 정도였다. 그러나 중국에서는 창의력이 폭발하고 이러한 창의력이 시장에서 검증되는 현상이 일어나지 않았다. 그런 현상은 1492년에는 톡 하면 다투던 처참하고 후미진

지역이던 유럽 북서부 지역에서 특히 1800년 이후 일어났다.

왜 하필 그때였을까? 자본이나 제도나 과학이나 석탄이 아니라, 애덤 스미스의 "평등, 자유, 정의라는 자유주의적 구상," 자유주의 1.0과 뒤이은 자유주의 2.0이 유럽 북서부에서 등장했기 때문이다. 보통 사람들은 해방되자 비범한 아이디어를 창출했고, 이는 자본과 물과 노동력을 끌어들였다. 스카우젠은 "투자 자본의 희소성 때문에 원하는 만큼 빠른 속도로 발전하지 못했다"라고 주장했다. 그렇지 않다. 역사적 경제적 증거가 그런 논리를 반박한다. 그런 논리는 자본 근본주의가 위세를 떨치던 오랜 기간 동안 세계은행에서 유행했다. 가나에 자본을 퍼부었지만 실패했다. 붉은 중국에는 땡전 한 푼 주지 말라고 했지만 중국은 성공하고 있다. 인간의 머리에 내재된 창의력을 해방시키는 게 관건이다. 1978년 개혁개방 이후 중국 경제와 1991년 경제자유화 이후 인도 경제가 그 증거다. 사람들에게 자유를 주면 그들에게 삶을 선사하는 셈이다.

월스트리트 이론가들이 주장하는 자본 근본주의가 옳다면, 그들의 적인 사회주의자들의 주장도 옳은 게 된다. 사회주의자들은 자본주의의 핵심은 자본이고, 따라서 자본 배분이 가장 큰 문제라고 주장한다. 월스트리트 이론가들도 마찬가지다. 양쪽 모두 아이디어를 내거나 기업가정신을 발휘하거나 경영하기는 쉽다고 생각한다. 아이디어는 널려 있다고 그들은 말한다. 바로 이 때문에 월스트리트 이론가들은 〈샤크 탱크〉 같은 TV 프로그램에 사족을 못 쓴다. 이 프로그램에는 투자자들이 나와서 아이디어를 심사하고 쉽게 폐기처분한다. 그리고 바로 그 때문에 사회주의자들은 정부가 투자처를 정해서 투자를 배분하는 게 누워서 떡먹기라고 생각한다. 월스트리트 이론가와 사회주의자는 자신이 미래를 내다보는 혜안이 있다고 확신한다. 자유주의자들은 그렇지 않다.

그러니까 틀렸다. 내 모친, 마크, 스미스, 마르크스, 심지어 미제스조차도 잘못 알고 있다. '자본주의'는 과학적으로 틀린 용어다. 우리의 적이 만든 너무나도 오해의 소지가 큰 하나의 단어에 이러한 과학적인 오류를 압축해 넣었는데, 잘못 알고 있는 아군들도 그 단어를 아직 쓰고 있다.

그들은 차분하게《부르주아 평등》이나《부르주아 덕목》(2006)이나《부르주아 존엄성》(2010)을 읽지 않은 친구들이다.《부르주아 평등》의 오디오판을 30시간 동안 듣지 않았거나. 어이, 친구들, 당장 읽어 보시게.

마르크스주의는 미래로 나아가는 데
적절한 방법이 아니다

'보수주의 성향'(이런 용어를 너무 쉽게 쓴다. 아예 귀를 기울이지 말자!)
미국기업연구소AEI에 기고한 논문이다. 나는 한때 마르크스주의자였고
여전히 마르크스를 놀라운 사상가라고 간주하지만, 그의 경제관과 역사관과 정치관은
지지하지 않으며 특히 그의 추종자들의 경제관과 역사관과 정치관은 인정하지 않는다.

1848년 이후로 카를 마르크스는 식자층의 사회적 상상력을 사로잡았
고, 그의 사상은 이 글에서 다룰 인물 모두를 탄생시켰다.[1] 마르크스는 자신
은 마르크스주의자가 아니라는 유명한 말을 남겼다. 그러나 그의 추종자들
은 여전히 마르크스의 영향을 받고 있다. 역사학과, 영어영문학과, 문화학
그리고 경제 개발부문 연구에서 여전히 그의 영향력은 막강하다. 그를 추
종하는 이들은, 그 가운데 많은 이들이 나와 아주 가까운 친구들인데, 자신

마이클 R. 스트레인(Michael R. Strain)과 스탠 A. 보이저(Stan A. Veuger)가 편집한 〈경제적 자유와
인류 번영: 정치철학적 관점(Economic Freedom and Human Flourishing: Perspectives from Polit-
ical Philosophy)〉에 "인류의 번영에 반하는 경제적 자유: 마르크스와 특히 그 추종자들(Economic
Liberty as Anti-Flourishing: Marx and Especially His Followers)"라는 제목으로 처음 수록되었다.
https://www.aei.org/publication/economic-freedom-and-human-flourishing-perspec-
tives-from-political-philosophy/
Chapter 39, 'Marxism is not the way forward': Reproduced with permission of AEI Press.
© 2016 by AEI Press.

PART 4
다른 비자유주의적인 개념도 틀렸다

이 마르크스주의자Marxist라고 항상 명백히 밝히지 않거나, 그보다 온건한 입장인 '마르크스주의적Marxian'이라는 용어를 쓴다. 마르크스 영향을 받았다는 사실은 기꺼이 인정하지만, 스탈린이나 마오쩌둥에 대해서는 못마땅해 하는 사람들 말이다. 그리고 공개적으로 마르크스주의를 신봉하는 다양한 부류의 사람들 외에도, 1890년부터 1980년까지 유물론의 시대에 암묵적으로 마르크스를 추종한 이들이 있는데, 이들을 '마르크스 유형Marxoid'이라고 할 수 있겠다. 조롱하려는 의도는 없다. 대부분이 사회사상가지만 모두 좌익진영에 속하지는 않는다.

예컨대, 20세기 초엽과 중엽 역사에 대해 진보주의적 시각이나 보수주의적 시각에서 쓴 글을 보면, 겉으로 표명한 정서의 이면에 숨은 계급적 경제학적 동기를 꿰뚫어보려는 레토릭이 만연해 있었다. 찰스 비어드Charles Beard의《헌법의 경제적 해석An Economic Interpretation of the Constitution》(1913)이나 조르쥬 르페브르Georges Lefebvre의《89》(1939)나 크리스토퍼 힐Christopher Hill의《영국혁명 1640 The English Revolution 1640》(1940)이 바로 그런 사례들이다. 역사를 낭만적으로 서술하는 민족주의 전통에 대한 반동이었다. "아하, 이른바 애국자 그리고 자유주의자 같으니라고"라고 낭만주의를 뒤집어놓은, 마르크스 주문에 걸린 강경한 반낭만주의자들은 말했다. "어디 속을 줄 알고. 이른바 아이디어 뒤에 숨긴, 당신들의 역겨운 경제적 이해타산을 누가 모를 줄 알고."

미국 항소법원 판사 러니드 핸드Learned Hand는 1944년 다음과 같이 말했다. "자유의 정신은 옳다는 확신이 아니다. 자유의 정신은 다른 이들의 생각을 헤아리려고 애쓰는 정신이다."[2] 정치 성향의 스펙트럼 어디에 위치하든 자발적으로 다른 이의 생각을 헤아리려 하지 않는 이들이 허다하고, 그 스펙트럼 위에 자리 잡은 자유주의자 일부도 그런 비난을 받아 마땅하나,

1848년 이후로 마르크스 추종자들은 핸드가 제시한 그런 자유주의 원칙을 고수한 적이 거의 없다. 지금은 더 심하다. 예외적인 이들과 친분이 있다는 사실이 흐뭇하긴 하지만(조지, 잭, 스티브, 데이비드, 들어라).[3]

몇 년 전 나는 시카고에 있는 일리노이대학교의 역사학과와 영어영문학과 모임에서 발표한 한 연사에게 한마디 했다. 발표를 막 마친 그는 뉴욕에서 온 패션좌익이었는데, 나는 그가 경제사에 대해 잘못 알고 있다고 했다. 그 연사는 "아, 당신은 신자유주의자neoliberal군요"라고 딱 한마디 하더니 자기 자리에 가서 앉았다. 그게 다였다. 대부분이 마르크스주의적 성향이거나 마르크스 유형이거나, 조심스럽게 그들을 따르는 사상적 동지인 내 동료들 가운데 그 누구도 자기들 동료인 나, 경제학과 역사에 대해서 들은 풍월이 있다고 주장할 자격이 있는 나의 반박에 대해 더 구체적으로 답변하라고 그에게 요구하지 않았다. 나는 그가 너무도 당당하게 무지를 과시하는 모습을 보고 놀랐고, 장내 청중들이 자기 동료들이 하는 질문과 답변을 진정으로 경청하지 않고, 더군다나 자기 편의 적이 하는 말을 경청하지도 않고 자기 편에 암묵적으로 동의하는 모습을 보고 통탄했다.[4]

한 세기 동안 논리적으로 반박하는 대신, '번스타인식 수정주의'나 '경제주의'에서부터 '부르주아'나 '신자유주의자'에 이르기까지 낙인을 찍고 남의 말을 경청하지 않으면 예상가능한 과학적 대가를 치르게 된다. 2014년 8월 〈내셔널리뷰National Review〉 표지에는 토머스 레이즈Thomas Reis가 그린, 한 손에 스타벅스 커피를 들고 귀에는 MP3 플레이어와 연결된 이어폰을 꽂고 머리에는 멋진 작은 모자를 쓰고, "그래도 틀렸다Still Wrong"라는 문구가 쓰인 티셔츠를 입은, 아주 세련된 작은 카를 마르크스가 등장했다.[5]

나는 마르크스가 비교할 대상이 없는, 19세기의 가장 위대한 사회학자였다는 너무나도 뻔한 이야기를 해서 우익진영의 친구들을 열 받게 한다.

그러나 그럼에도 불구하고 그가 경제학과 역사에 대해 한 주장은 하나같이 거의 다 틀렸다고 토를 달아서 또 좌익진영의 친구들을 열 받게 한다. 그래서 나는 친구가 없다.

마르크스 추종자들은 과학적인 오류를 끈질기게 고집한다는 점에서 마르크스 본인보다 훨씬 흥미롭다. 마르크스는 자신의 놀라운 지적 능력으로 당시에 경제학과 역사라고 알려진 대상을 끝까지 파헤쳐 보려고 무진 애를 썼다. 마르크스가 쓴 책 《자본론》의 부제는 '정치경제 비판 A Critique of Political Economy'이었고, 훗날 그의 추종자들과는 달리, 그는 자신이 비판하는 대상인 당대의 과학적 경제학을 이해하려고 무진 애를 썼다. 1867년 출간 당시에 경제학과 역사의 발전 단계를 고려해 볼 때, 예상대로 그는 많은 오류를 범했다. 솔직히 말하자면 거의 대부분 오류다.

예컨대, 그의 이론의 토대가 되는 노동가치론은 틀렸다. 지난 한 세기 반동안 이 문제와 관련해 제대로 고민해 본 학생이라면 누구든지 동의한다. 애덤 스미스도 이 논점을 소개했고, 리카도와 마르크스와 동시대에 살았던 존 스튜어트 밀 같은 뛰어난 인물도 여전히 이 논점을 믿었다. 밀도 마르크스도 1870년대에 일어난 경제사상사에서 신고전주의 혁명의 혜택을 누리지 못했다. 이 혁명 기간에 등장한 레옹 발라스 Léon Walras, 윌리엄 스탠리 제번스 William Stanley Jevons, 카를 멩거 Carl Menger의 연구를 통해 올바른 시각이 형성되었고, 그 시각은 그 이후 수만 건의 과학적 연구를 통해서 확인되었다. 가치는 사람들이 자신의 가용소득을 고려해서 특정 상품을 얼마나 원하는지에 따라 결정된다는 사실 말이다. 가치는 판매자가 물건을 만드는 데 얼마나 노력을 들이는지에 따라 결정되지 않는다. 노력으로 치면 A학점을 받아도 기말시험은 낙제할 수 있다. 노동력은 이동 가능하다는 사실을 고려할 때, 임금은 협상력이 아니라 마지막 노동자가 생산하는 시장 가치가 결정한다는 사실을 곧 깨닫게 되었다. 성과도 중요하다.

그렇다면 마르크스주의가, 어쨌든 1867년에 《자본론》이 나온 이후로 유물론적 역사 해석과 경제학이 여전히 끈질기게 생명력을 이어가는 이유는 무엇일까? 마르크스주의자, 마르크스주의적 성향, 마르크스 유형들은 왜 그들의 동료 학자들의 질문과 반박에 귀 기울이지 않을까? 여기서 예외라고 할 만한 이들, 즉 1867년 이후로 진지하고 학구적인 자세로 경제학 논쟁에 참여한 이들은 손에 꼽을 정도이고 — 두 사람만 예로 들면 미셸 푸코 Michel Foucault(2008)와 테드 A. 버작 Ted A. Burczak(2006, 2018) — 안타깝게도 데이비드 하비 David Harvey, 이매뉴얼 월러스틴, 프레드릭 제임슨 Fredric Jameson 같은 거물급 학자들은 여기에 속하지 않는다.

이유가 뭘까? 우선 마르크스주의를 구성하는 요소들은 상당히 파악하기 쉬우면서도 상당히 신비롭기 때문에 — 이를 혼동되고 모순적이라고 말하는 이들도 있다 — 청년들, 특히 젊은 남성들을 매료시킨다. 수사학을 가르친 아우구스티누스는 성경을 이해하면서 겪는 어려움에 대해 다음과 같이 기록했다. "이런 상황은 신이 만들었다고 믿어 의심치 않는다. 우리 머릿속에 자리 잡은 경멸을 극복하고, 깨닫기 쉬운 대상들은 가치가 없는 경우가 허다하다는 사실을 깨닫게 하려고 말이다."[6] 《자본론》과 특히 마르크스 사후에 출간된 제2권(1885)과 제3권(1894)을 읽고 진지하게 받아들이는 이들은 젊고 열렬한 추종자들뿐이다.

또 한 가지 이유는 좌익이라는 정체성은 일찍 습득되고 나이가 들어도 떨쳐버리기 힘든 듯하다. 물론 20세기 자서전을 보면 사려 깊은 수많은 이들이 좌익에서 벗어나, 사회주의나 규제를 버리고 보수주의나 자유주의로 전향한 사례는 많아도, 그 반대의 경우는 없다. 단 한 명도 없다. 예컨대, 레셰크 코와코프스키 Leszek Kolakowski는 한때 폴란드에서 열렬한 청년 공산주의자였고, 로버트 노직도 한때 사회주의자였다. 나 자신도 사회주의에서 자유주의로 전향한 흔한 사례다.

좌익 정체성을 습득하는 기제는 노예제도가 없는 사회에서 사는 이들이 예민한 청소년기에 자기 식구보다 훨씬 가난한 사람들을 보면서 발동이 걸린다. 아직 근로자가 아닌 청소년은 가장 최선의 해결책이 근로자인 자기 아버지의 지갑을 열게 만드는 방법이라고 결론 내릴 가능성이 높다. 이는 효과적인 방책이 아니고, 강제력을 동원해야 하며, 수혜자들을 타락시키거나, 빈곤층이 돈을 만져 보기도 전에 중간에서 가로채간다. 그러나 바로 이게 미국 민주당과 영국 노동당 같은 좌익 정당들이 파산한 사회주의를 버리지 못하고 끊임없이 만지작거리는 이유다. 2019~2020년 민주당 예비선거를 보라.

예컨대, 역사학자 에릭 홉스봄은 2002년 흡입력 강한 자서전에서, 자신은 14세에 공산주의자가 되고 싶었고 16세에 공산주의자가 되었다며 사연을 털어놓는다. 곰곰이 생각해 보니, 1931년 독일에서 누군들 공산주의자가 되고 싶지 않았겠는가?[7] 심장이 있는 사람이라면 안 될 수가 없다(2002년 무렵에 공산주의자가 되려 한다면 뇌를 진단해 봐야겠지만). 홉스봄은 자서전에서 이따금 숨을 고르면서 스탈린의 범죄와 헝가리 봉기를 소련이 억압한 사건 등을 보고 나서도, 1991년 소련이 붕괴되기 몇 달 전에야 비로소 영국 공산당에 당원 회비를 납부하지 않게 된 이유를 털어놓는다. 그렇게 지적인 인물로서는 참 이상한 해명인데, 매카시즘 추종자들(영국판 매카시즘 추종자들이 홉스봄이 응당 맡을 자격이 있는 여러 교수직을 맡지 못하게 막기는 했다)이 좋아하는 꼴을 보기 싫어서였단다. 사람들은 일단 자신의 정체성이 형성되면 끝까지 변하지 않는데, 그도 마찬가지였고, 성인이 되어서도 자기 신념과 모순되는 사실들을 외면했다. 14세에 무신론을 부르짖던,

두뇌가 명석한 소년소녀들이 평생 자신의 생각을 재고하지 않은 채, 50세가 되어서도 신학을 진지하게 논한 책 한 권 들여다 보지 않고 입에서 쏟아내는 말과 같다. 마찬가지로 대부분의 마르크스주의자와 많은 마르크스주의적인 사람들과 마르크스 유형인 사람들 대부분은 1867년 이후로 출간된, 진지한 경제학 책을 한 권도 제대로 읽지 않았다.

마르크스주의는 또 다른 의미에서 무신론과 같다(물론 마르크스주의는 무신론이다. 중국 공산당이 파룬궁을 대하는 태도를 보면 알 수 있듯이 말이다). 마르크스주의는 마초적이고 반윤리적인 실증주의에 호소한다. 실증주의는 1890년대까지만 해도 식자층에서도 소수 견해였지만, 제1차 세계대전 무렵 윤리를 부정하는 세대에서 널리 각광을 받았다. 그러나 윤리철학자 버나드 윌리엄스 Bernard Williams가 무도덕한 인간 amoralist이 직면하게 되는 유혹에 대해 다음과 같이 말했다. "(윤리학은 허튼소리라고 주장하려면) 그는 자신이 실제로 품성이 뛰어나다고 생각하는 경향을 떨쳐 버려야 한다. 특히 비겁한 대다수와 비교할 때 두드러지게 용감하다는 생각을 떨쳐 버려야 한다." 유약한 부르주아 윤리관에 맞서 홀로 의연하게 서 있다는 생각 말이다.[8] 아니면 보수주의 정치철학자 J. 부지셰프스키 J. Budziszewski가 보수주의적인 미국 성공회 신도가 되기 전, 허무주의에 빠졌던 젊은 시절에 대해 이야기하며 지적한 바와 같이, "니체와 마찬가지로 나도 내가 그런 걸 믿는 소수에 꼽힌다고 상상했다. 공기가 희박하며 차디차고 험준한 산꼭대기를 걸을 수 있는 사람 말이다."[9] 용기 있고 강인하다.

1994년 영국의 한 TV 프로그램에서 홉스봄은 자유주의자 마이클 이그나티에프 Michael Ignatieff로부터 다음 질문을 받았다. "(스탈린하의 소련에서, 적게 잡아도) 1,500만에서 2,000만 명이 학살당했는데 이를 정당화할 수 있는가?" 공산주의 사회의 토대를 마련하는 데 기여한 점에 비추어 볼 때 말이다.[10] 홉스봄은 주저 없이 답했다. "정당화할 수 있다." 피도 눈물도 없다. 아니면 당 노선을 벗어나지 못하든가. 아니면 흉악범 같다. 세상에, 에릭.

마르크스주의적인 사람은 이 모두에 대해 다음과 같이 반박할 것이다. 자기가 역사적 유물론을 신봉하는 이유는 14살에 형성된 좌익 정체성 때문이 아니라(자신은 '선한 사회민주주의자 social democrat'라며, 보수주의자나 자유주의자는 빈곤층을 외면하는 사악한 인간이라고 손가락질할 게 틀림없다), 마르크스가 본질적으로 과학적으로 옳기 때문이며, 과거와 현재와 미래에 대해 정확히 분석했기 때문이라고 하겠지.

그러나 그 주장은 과학적으로 틀렸다. 오래전 미국의 유머작가 조쉬 빌링스는 틀린 것을 너무 많이 알고 있으니 아는 게 적은 편이 차라리 낫다고 말했다. 마르크스 유형의 우격다짐식 주장이 끈질기게 명맥을 이어가는 현실을 보여주는 최근의 또 다른 사례를 들자면, 대런 애쓰모글루와 제임스 로빈슨의 저서《국가는 왜 실패하는가》(2012)이다. 이 책에는 다음과 같은 공감 가는 내용도 많이 담겨 있다. 유럽의 발전은 매우 우발적이었다. 정치적 자유와 경제적 자유는 서로 연관되어 있다. 경제성장은 내전 중에는 지속될 수 없다. 그러나 애쓰모글루와 로빈슨은 대놓고 그것도 약간 자랑스럽게, 산업혁명에 대해 놀라울 정도로 구태의연한 마르크스 유형의 해석에 의존하고 있다. "그 원인에 대한 우리의 주장은 초기 마르크스주의 해석에서 영향을 받은 일단의 학자들에게 크게 영향을 받았다"라고 그들은 강조한다. 1920년대부터 1960년대까지 그러한 해석을 제시한 R. H. 토니R. H. Tawney, 모리스 도브 Maurice Dobb, 크리스토퍼 힐이 바로 그런 이들이다.[11] 그러한 해석의 표준이 된 구절로서, '산업혁명'이라는 문구를 영어로 소개한 주인공은《18세기 영국 산업혁명에 관한 강론Lectures on the Industrial Revolution of the

Eighteenth Century in England》(1884)을 쓴 아놀드 토인비이다. 토인비는 대학 강사이자 열렬한 사회개혁가로 활동했고, 31세로 세상을 떠나기 1년 전인 1882년에《공산당 선언》에 제시된 승리와 비극의 이야기를 바탕으로 위 강연 내용을 마련했다.

예컨대, 토인비(그리고 토니와 홉스봄과 애쓰모글루와 로빈슨)는 다음과 같이 말했다. "사실 경쟁 초기에 자본주의자들은 온 힘을 다해 노동자들을 억압하고, 노동자들이 굶주릴 수준까지 임금을 끌어내렸다. 이런 종류의 경쟁은 지양되어야 한다. 영국에서 두 가지 해결책(조합 결성과 입법)이 모두 실행되고 있다. 전자는 노조를 통해서, 후자는 공장 관련 입법을 통해서." [12] 이 모두 사실무근이다. 이런 주장이 산업화에 대해 대중이 지닌 인식을 그대로 반영하고 있지만 말이다. '경쟁 초기'란 존재하지 않는다. 교역이 이루어지는 그 어떤 사회에도 경쟁은 흔했다. 교역의 적이라고 할 중세 길드 조합원들이 뼈저리게 느꼈듯이 말이다. 경쟁은 신규 진입에서 비롯되고, 이는 고대부터 존재해 왔다. 물론 새로운 석기 도구를 발명하거나 새로운 전자 컴퓨터를 발명해 이미 부자가 된 사람들에게는 짜증 나는 일이었지만 말이다. 우버와 리프트가 택시 독점에 맞서듯이, 한 자본가를 다른 자본가와 경쟁하게 만듦으로써 우리에게 이득이 되는 경쟁은, 제약하기는커녕 오히려 권장해야 한다. '힘'이 아니라 수요와 공급이 임금을 결정한다. 예컨대, 1798년 이전 맬서스가 살았던 시대에, 인구수가 오르내리면서 실질임금도 따라서 오르내리듯이 말이다.

산업혁명 당시의 근로자들은 임금이 하락하지도, 굶지도 않았다. 영국이 마지막으로 기근을 겪은 게 1590년대였다. 산업혁명 당시 근로자들은 앞다퉈 도시로 이주했는데, 이는 인클로저 운동 때문에 밀려난 게 아니다. 맨체스터와 릴과 보스턴 같은 도시들은 토인비가 살았던 시대에도 여전히 수

인성 질병이 창궐하는 죽음의 덫이었다. 토인비가 살아 있던 1882년 실질임금은 사실 급격히 증가하고 있었고, 산업화가 진행되는 동안에는 한 번도 하락하지 않았다. 노조가 완전히 합법화되기 한참 전이다. 영국에서 공장 관련 법안이 제대로 효력을 발휘하기 훨씬 전에 이미 아동들은 공장에서 일하지 못하게 되었고, 어쨌거나 그 이전 농경사회에서도 아동들은 늘 일을 했다. 자본 축적은 대풍요의 핵심적 요건이 아니었다.

이러한 검증 불가능한 이야기가 속속들이 틀렸다는 사실을 지난 20세기 동안 경제사학자들이 낱낱이 과학적으로 밝혀왔다. 다시 말해서 애쓰모글루와 로빈슨은, 역사가 전문적인 학문으로 자리 잡기 전에 뛰어난 아마추어들이 1848년이나 1867년이나 1882년에 주장한, 경제사에서 잘못된 좌익적 관점을 그대로 수용하고 있다. 이러한 관점은 1917년 이후 사회주의 이념이 절정에 달했을 때 페이비언주의자들이 재가공했고 (탁월했다는 사실은 인정하지만) 마르크스주의적 역사학자들이 정교하게 다듬었으며 이를 철저한 사회주의자들이 실제로 시도했지만 처참하게 실패했고, 그러고 나서야 실제 역사에 대한 과학적 연구가 이루어졌다. 그 결과 산업혁명은 이슬람이 지배한 스페인이나 중국 송나라에서도 일어났다는 사실이 드러나게 되었다. 이에 대해 2002년 역사사회학자 잭 골드스톤Jack Goldstone이 다음과 같이 말했다. "면밀히 살펴보면, 근대 이전에 서구 외의 지역에서도 경제성장이 가속되거나 활짝 꽃피었음이 드러난다. 기술적 변화를 토대로 인구와 생활수준이 꾸준히 향상되었다." [13] 간단히 말해서 이제《공산당 선언》은 역사서나 경제학 저서로서의 생명이 끝났다.

좌익진영에도 경청하는 이들이 있다

영어영문학과 교수 윌 스톡튼Will Stockton (클렘슨대학)과 D. 길슨D. Gilson (텍사스테크대학)
과의 인터뷰이다. 나는 두 사람을 아주 공정하게 좌익이라 칭하고, 나는 자유주의자로
칭하겠다. 이 글은 어딘가에 실릴 예정이었는데, 실리지 않았다.

자유주의자 | 나는 좌익진영 친구들의 질문에 답하는 게 늘 즐겁다. 나도 한
때 조안 바에즈였다. 세련된 사회주의자 말이다. 그래서 그들의 심정을 잘
알고 너그럽게 이해한다.

우리 자유주의자들은 좌익진영 사람들이 그저 길을 잘못 들었고 잘 설득
하면 개과천선이 가능하다고 생각한다. 그들이 귀담아듣기만 하면 말이다.
한편 좌익진영에 있는 사람들은 우익진영이라고 생각하는 사람들을 ― 진
정한 자유주의자들도 이 부류로 분류하는데 ― 인간이 아니고, 사악하고,
가난한 이들을 배척하고 '기업 친화적'이라고 생각한다. 가장 극단적인 사
례가 듀크대학교의 역사학자 낸시 매클린이 대단한 자유주의 경제학자 제
임스 뷰캐넌을 학자답지 못한 방식으로 공격한 경우다. 좌익은 자유주의자
들이 돕고자 하는 뜻에서 하는 제안에 귀 기울일 자세가 되어 있지 않다.

경제에 깊은 관심이 있다고 자부하며 16세 때부터 좌익 성향이었다는 문

학 전공 학생들 가운데, 데이비드 하비나 이매뉴얼 월러스틴이나 프레드릭 제임슨을 진지하고 열린 마음으로 읽는 만큼 제임스 뷰캐넌이나 밀턴 프리드먼이나 존 스튜어트 밀이나 애덤 스미스의 책을 읽는 학생은 하나도 없다 (이미 말했지만 흥미롭게도 푸코는 예외다). 제발 당신들, 정신 좀 차려라.

또한 좌익은 그들이 신자유주의자라고 일컫는 사람들의 주장을 반박하는 게 누워서 떡 먹기라고 생각하고 있다. 그러나 좌익은 신자유주의자든 구자유주의자든, 자유주의자가 내놓는 주장을 대부분 이해하지 못한다. 좌익이 그러한 주장을 논리적으로 반박하면서 동의하지 않는다는 뜻이 아니라, 주장의 내용 자체가 무슨 소린지 모른다는 뜻이다. 전혀.

이는 쉽게 증명할 수 있다. 예컨대, 토마 피케티의 《21세기 자본》 영어판 6쪽 맨 밑에서, 피케티는 수익의 냄새를 맡고 신규 경쟁자들이 시장에 진입한다는 내용의 초보적인 분석도 난자해 놓았다. 이는 좌익진영의 경제학자들이 해놓은 짓이다. 로버트 라이시, 토니 주트Tony Judt, 나오미 클라인의 글은 또 다른 사례로서 터무니없기가 점입가경이다.

예컨대, 좌익은 자유주의자/자유지상주의자/보수주의자들이 낙수효과 경제학이라 일컫는 현상에 의존한다고 생각한다. 1800년 이후로 교역을 통해 상업적으로 검증된 혁신으로 빈곤층이 풍요로워진 현상은, 똑똑 떨어지는 낙수라기보다 고압 소방호스로 뿌려댄 물 같았고, 대저택을 짓거나 롤렉스시계를 제조하는 데서 흘러내려온 낙숫물과는 아무 상관이 없었다.

좌익은 또한 '보이지 않는 손'은 도그마에 불과하다고 생각한다. 교역으로 검증된 혁신은 시장에서의 협력과 경쟁의 산물이며, 이는 식료품점에서 산 빵 한 덩어리가 기적적으로 당신 눈앞에 놓인 광경을 볼 때마다 알 수 있다. 보이지 않는 손은 동독 같은 대안적 체제와 비교할 때, 훨씬 급격히 삶의 여건을 개선하는 체제임이 되풀이해서 입증되었다. 그리고 어쨌거나 그런 보이지 않는 손은 인간 사회에서 흔하다. 언어나 예의범절에서도 나타난다. 프랑스학술원이 제시하는 법이나 신문에 예의범절에 대한 상담글을 쓰는 주디스 마틴 같은 이가 관장하는 게 아니다.

나는 스스로 더 이상 마르크스 유형이기를 포기하고, 로버트 노직이나 밀턴 프리드먼이나 이즈리얼 커즈너가 제시한 증거와 주장을 파악하기 시작한 이후로, 좌익진영의 주장을 쉽게 반박하게 되었다. 내가 아주 평범한 19세기 자유주의적 주장을 하면, 나와 대화하는 좌익진영 인사들은 놀라움을 금치 못한다. 그런 주장은 전혀 들어본 적이 없는 이가 허다하다. 예컨대 베네수엘라에서부터 미국 버지니아주에 이르기까지 실제 경제체제에서는, 우유와 자동차와 주택 가격을 수요와 공급 곡선이 관장한다는 주장을 진지하게 제시하는 사람이 있다는 사실에 그들은 아연실색한다.

좌익 | 우선 '신자유주의'라는 용어에 대해 어떻게 생각하는지 묻고 싶다. 정치적 경제적 아이디어와 정책의 묶음으로서 일컬을 때 말이다. 데이비드 하비는 '신자유주의'란 중국의 덩샤오핑뿐만 아니라 미국의 로널드 레이건, 영국의 마거릿 대처 같은 국가 지도자들이 실행한 정책으로서, "인간의 안녕은 강력히 보호되는 사유재산권과 자유시장과 자유무역으로 특징 지어지는 제도적 틀 내에서, 개인이 기업가적 자유와 기술을 마음껏 발휘함으로써 최대한 신장된다"라는 의미라고 주장한다.[1] 신자유주의 정치인과 경제학자들은 산업, 노동, 금융시장의 규제 완화를 추진한다. 그들은 교육이나 교도소같이 예전에 국가가 관장했던 제도들도 민영화를 추진한다.

자유주의자 | 나는 데이비드 하비를 좀 안다. 1990년대 초(내가 도널드Donald였을 때) 그가 존스홉킨스대학교에 나를 초청해서 강연한 적이 있고, 몇 년 전 그가 시카고에 연설하러 왔을 때 잠깐 마주쳤다(당시 그는 성전환한 나를 보고 좀 불편해하는 듯했는데, 이해한다). 그는 경제학원론도 제대로 파악한 적이

없지만 그래도 필요한 개념들은 나름 파악하고 있었다. 나는 논쟁을 할 때 그가 보여 주는 열성과 지력을 높이 산다. 특히 오래전 그가 용감하게 국세청IRS을 상대로 싸운 데 대해 존경한다. 이 국가주의 기관은 닉슨 대통령 때 몇 번이나 그를 세무조사 했다. 베트남 전쟁에 열렬히 반대한 데 대한 처벌이었다. 데이비드 잘 했어.

나는 그가 말한 (신)자유주의 정의에 전적으로 동의한다. 예전에 애덤 스미스와 존 스튜어트 밀이 제시한 고전적 자유주의와 똑같다. 반면 영미권에서 지난 한 세기에 걸쳐 변질된 '리버럴liberal'의 정의는 19세기 말 영국과 20세기 초 미국에서 비롯되었다. 오늘날 '신자유주의'를 제대로 정의하려면 1776년에 애덤 스미스가 내렸던 정의로 거슬러 올라간다. '남자라면 누구든(여자라면 누구든) 평등, 자유, 정의를 토대로 한 자유로운 구상을 바탕으로, 자기 나름의 방식으로 자기 이익을 추구하도록 허하는' 이념이다.

나는 그러한 구상에 전적으로 동감한다. 아무도 평등, 자유, 정의에 반대하지 않는다고 장담한다. 따라서 이제부터 나는 당신이 신자유주의라고 일컫는 것을 그냥 '자유주의'라고 부르려 한다. 내 책《부르주아 존엄성》에서 나는 자유주의가 근대 세계를 낳았다고 주장했다. 이 주장을 나는 제3부인《부르주아 평등》에서 확장하고 정당화했다. 2016년에 나온 책의 부제에 '자유주의적'을 넣어서 '자본이나 제도가 아니라 자유주의적 아이디어가 어떻게 세계를 풍요롭게 만들었는가'라고 할 정도로 기지를 발휘했으면 좋았겠다는 생각이 든다. 언젠가 새 판본을 찍게 되면 '자유주의적'을 반드시 덧붙이겠다.

이렇게 얘기해도 되겠다. 자유주의자로서 나는 당신이 규제에 얽매이지 않고 자유롭게 변호사 사무실을 열거나, 무관세로 일본산이나 한국산 자동차를 구매하거나, 당신이나 가난한 이웃이 자녀들을 원하는 초중고등학교에 보내도록(이 경우 바로 이 목적을 위해 국세청이 과세하는 정책은 열렬히 지지한다. 상대적으로 고소득자인 당신과 나와 데이비드 하비가 가난한 사람의 선택을 재정적으로 뒷받침하는 과세에 찬성한다) 하는 등 원하는 대로 하게 해 주고 싶다. 마지막 경우는 '사회주의' 스웨덴이 1990년대 이후로 도입한 바우처 제도로 도와주면 된다.

반면 신자유주의에 대한 반론으로서, 사회주의자인 데이비드는 그런 일을 실행할 때 경찰력으로 뒷받침되는 법을 동원해 실제로 강제하고 제약하고 고삐를 틀어쥐고 싶어 한다. 그는 사람들이 값비싼 변호사를 구하게 되길 바라고, 미국의 일자리를 유지하기 위해 더 비싼 자동차를 구매하기를 바라고, 오직 이념적으로 이해관계가 있는 주나 주정부 관료와 그 노조를 통해서만 자유로운 교육의 기회를 얻게 되기를 바라며, 이 모두를 정부가 ─ 국세청처럼 ─ 강제력을 동원하겠다는 위협이나 실제적인 강제력으로 뒷받침하기를 바란다.

일리노이주에서 변호사 자격증 없이 변호사 업무를 하면(4년제 대학에 3년제 법학대학원을 졸업하고 주정부에서 주관하는 변호사 시험에 합격해야만 자격증 취득이 가능하다. 에이브러햄 링컨은 초졸 학력에 스티븐 로건의 사무실에서 법전을 읽은 게 전부였지만 그가 끔찍하게 무능한 변호사였나?) 벌금을 부과 받고 수감된다. 일본에서 자동차를 제조 판매하는 이시시 씨와 뉴욕에 거주하면서 이시시 씨의 자동차를 기꺼이 구매할 의향이 있는 스미스 씨 사이에 거래를 주선하려 하거나, 미국 정부가 베트남전쟁이나 제2차 이라크전쟁의 비용을 조달하기 위해 부과하는 관세를 지불하기를 거부하면, 세무조사 당하고 벌금을 부과 받고 교도소에 수감된다. 국가가 교육이나 의료체계를 관장하면, 민간부문에서 보다 나은 교육이나 의료서비스를 제공하지 못하도록 국가가 금지하게 된다. 이런 말을 해서 미안하지만, 이 모두가

1880~1990년 당시 성소수자를 금지한 시대를 떠올리게 한다. 이 또한 정부의 강제력으로 뒷받침되었고, 1990년대에 저렴해진 코카인을 이용하는 흑인들을 상대로 마약과의 전쟁을 벌였던 때와 유사하다. 이에 대해 좌익은 불평 한마디 하지 않았다.

19세기에 등장해 지금에 이르는 유럽식 '자유주의'의 정의는 불간섭주의, 방임주의다. 법원이 일부 재산권을 규정하고, 폭력을 행사하고 사기 치는 일부를 경찰력으로 추적하고, 해양경비대로 하여금 캐나다 같은 사악한 나라가 메인주를 침공하지 못하게 하고, 핵 억지력으로 푸틴 같은 불한당이 늘 자기 멋대로 하지 못하도록 해도 좋다. 독립적인 법원과 당사자주의 adversarial* 재판 절차를 이용해 금융사기와 식중독과 중과실같이 합의하는 데 실패한 사례들을 처리하도록 하자. 국가가 미리 규제하도록 내버려두지는 말자. 이는 약품을 처방할 권한이 있는 의사나 거대한 제약회사 같은 '규제' 대상인 특수이익집단에 장악되기 일쑤기 때문이다. 수정 헌법 제1조 표현의 자유와 투표권리법을 집행하자.

정부의 강제력을 우리 삶에서 걷어내고, 대신 대체로 자발적인 합의에 의존하자. 내가 언급한 소수의 바람직한 정부 기능을 위해서만 정부의 강제력을 유지하자. 이에 반대하는 사람들 입에 가장 흔히 오르내리는 사례는 도로다. 도로는 민영화되어야 한다. 18세기와 19세기 영국과 북미 지역에 있는 수백 개의 유료 고속도로가 그랬듯이 그리고 스웨덴에서 지방 도로들이 여전히 그렇듯이 말이다. 시카고 시장을 지냈던 부패한 정치인 빅빌 톰슨Big Bill Thompson이나, 뉴욕 정치계에서 민주당을 쥐락펴락했던 정치

---

* 형사 소송에서 소송 당사자에게 소송을 주도할 지위를 부여해 당사자 상호 간의 공방을 중심으로 심리가 진행되게 하고, 법원은 제3자의 입장에서 양 당사자의 주장과 입증을 판단하기만 하는 체제로서, 법원의 소송 주도권을 인정하는 직권주의와는 대조된다.

조직 태머니 홀Tammany Hall이나, 경제 회복을 위해 공정한 임금과 가격을 규제한다며 설치한 국립산업복구청NIRA이나 전쟁 자금을 마련하기 위해 어마어마한 세금을 걷어가는 국세청 회계사나, 규제를 만들어내는 부패한 법조인이나, 최고부자들에게 특혜를 주는 프로그램하에서 보조금을 받는 목화농장주 등과 같이 강제력을 집행하는 사람들을 우리 삶에서 제거하고 서로 간에 합의를 통해 사고파는 데 전념하자.

불간섭주의는 18세기 이후로 널리 시도되었다. 그러나 순수한 형태로 시도되었던 적은 없다. 불간섭주의를 대체한 국가 중상주의나, 우익이나 좌익의 반동적인 세력들이 그 대신 도입하려 한 국가 사회주의가 실제로 낸 성과를 보면, 어느 정도나 불순물이 섞여 있었는지 분명치 않다. 불간섭주의는 늘 공격을 받는다. 다른 사람 일에 간섭하는 정책은 권위주의자들에게 솔깃한 정책이다(당신 자신에게 한번 물어 보라. 당신도 권위주의적인가? 그렇다면 그 이유는 뭘까?).

1947년 이후 홍콩은 순수한 불간섭주의에 가까웠다. 성인들은 알아서 하게 내버려두는 게 바람직하다. 그리고 결과적으로 홍콩의 평균 소득─1947년에는 중국 본토의 처참한 소득 수준과 맞먹었다─은 현재 미국의 평균소득을 바싹 추격하고 있다. 홍콩에서 가장 빈곤한 사람들도 세계 기준에 비추어 보면 부유하다. 사회민주주의 국가들은, 그 정책들을 면밀히 계량적으로 살펴보면, 미국을 아우른다. 미국에서 가난하다고 해서 응급실 진입을 거부당하는 사람은 아무도 없다. 그러나 국가가 단일한 의료보험 지급 주체인 나라에서는 응급실 얻기가 힘든 경우가 빈번하다. 사회민주주의는 정부 지출이 차지하는 비중이 작고 규제도 심하지 않지만 빈곤층을 돕는다고 주장한다. 오늘날 점진적인 사회주의자들이 대체로 합의보다 강제를 선호하도록 설득하는 데 유용한 주장이다.

미국과 영국 같은 신자유주의 경제체제에서 안전망의 규모는 프랑스나 스웨덴 같은 사회민주주의 경제체제에서와 거의 같다고 알려져 있다. 우리 모두가 이제 사회민주주의자다. 영국 보수당은 국립 보건 서비스를 지지한다. 현재 부유한 나라들에서 큰 변화가 일어난 시기는 1910년부터 1970년 사이다. 오늘날 그 나라들 간에 차이점은, 상업적으로 검증된 혁신에 기인한 대규모 역사적 변화와 비교할 때, 그리 크지 않다. 그리고 상업적 혁신을 통해 얻은 풍요로 국립 보건 서비스에 드는 비용을 충당한다.

당신이 레이건과 대처가 빈곤층을 증오하고 그들을 비참한 나락에 빠뜨린 괴물이라고 생각한다는 것 안다. 하지만 수치를 봐라. 예컨대, 그토록 사람들이 흠모하는 1950년대 이후로, 가장 가난한 계층의 1인당 실질임금은 급격히 상승했다. 1956년에 냉장고를 사려면 116시간을 일해야 했다. 그 때문에 1950년대 미국 대부분의 가난한 가구는 냉장고가 없었고, 영국에서는 아무도 가지지 못했다. 지금 냉장고는 15시간만 일하면 살 수 있고 전기도 덜 소비한다.

경제 자유주의를 통해 여건이 크게 개선된 가장 대표적인 사례는 중국과 인도다. 그러나 자유주의를 통해 경제적 개선이 이루어진 가장 큰 사례는 역사적으로 볼 때, 내가 '부르주아 평가절상Bourgeois Revaluation'이라고 일컫는 현상이다. 18세기에 탄생해 국가주의자의 전방위적인 공격에도 불구하고, 특히 20세기에 사회주의와 파시즘의 공격에서도 살아 남아, 오늘의 세계를 낳은 자유주의 이념이 뒷받침한 현상이다.

자유주의는 제대로 작동하기 위해서 완벽하게 불간섭주의일 필요가 없다. 자유주의 방향으로만 나아가면, 1991년 이후 인도가 그랬듯이, 1인당 소득 성장률을 한 해에 1퍼센트에서 7퍼센트로 충분히 올릴 수 있다. 인도는 한 해 7퍼센트 비율로 성장하면서 실질소득이 10년마다 두 배가 되고 있다. 한두 세대만 지나면 인도인들은, 계속 자유주의적인 방향을 고수한다면, 미국인의 소득에 맞먹는 소득을 올리게 된다.

좌익 | 신자유주의에 대한 정치경제적 설명이 공정하거나 정확하다고 생각하는가? 지난 50여 년에 걸쳐 시행된 정치경제적 정책을 신자유주의로 묘사하겠는가, 아니면 더 적합한 용어가 있는가?

자유주의자 | 데이비드의 정의에 크게 문제없다고 생각한다. 그 결과와 관련해 사실이라면서 자기 주장들을 슬쩍 끼워 넣지만 않는다면 말이다. 실제로 나타난 결과를 알려면 사실을 알아보는 수밖에 없다. 단어 자체의 정의로는 알 수 없다. 그러나 더 적합한 용어는 그냥 '자유주의자'다. 평등, 자유, 정의라는 명백하고 단순한 개념을 믿는 사람이라는 뜻이다. 서열과 전통을 중요시하는 보수주의적 자부심이나 1848년 이후로 국가나 혁명의 영광을 위해 개인을 억압하고 개인 간의 상호합의를 집단주의적 정부의 강요로 대체한 사회주의자나 파시스트와는 대척점에 있는 이념이다.

좌익 | 하비가 이해하는 신자유주의를 좀 더 따라가면, 국가주의라는 연장선에서 고전적 자유주의의 부활을 뜻하는 의미로 '신'이라는 접두어를 붙였다고 이해하면 되지 않을까.

자유주의자 | 그렇다. 유용한 구분이다. 그러나 '신'을 붙일 만큼 새로운 게 별로 없다. 데이비드는 스웨덴과 자기 모국인 영국에서 일어난 현상, 즉 사회주의로부터의 후퇴가 못마땅했다. 그러나 맞다, 이른바 리버럴은 국가주의 노선을 훨씬 거부감 없이 받아들였다. 국가주의자 힐러리 클린턴, 창피한 줄 알라.

좌익 | 신자유주의자들은 또한 복지, 실업수당, 그 밖에 빈곤층을 돕는 각종 프로그램을 삭감하고 사회안전망을 축소한다.

자유주의자 | 아니다, 그렇지 않다. 몇 가지 증거를 제시하겠다. 우선, '빈곤층

을 돕기 위한 (설계) 프로그램'이라고 해서 '(실제로) 빈곤층을 돕는 프로그램'은 아니다. 진보주의자들이 이 차이를 좀 알았으면 좋겠다. 차이가 있을 가능성이라도 들여다봤으면 좋겠다. 나는 기독교인 자유주의자이고 지구상의 궁핍한 사람들을 돕는 게 내 의무라고 생각한다. "궁핍한 자는 늘 잊히지 않을지어다."(시편 9장 18절) 나는 내가 다니는 미국 성공회 교회에 십일조를 내는데, 이 교회가 하는 자선활동은 효과가 있다. 최근 나는 내 집에 노숙자 두 사람을 4년 반 동안 기거하게 했다.

나는 실제로 빈곤층을 도와주고 싶다. 그저 내 기분이나 좋으려고 베풀고, 카푸치노를 두 잔째 홀짝이면서 〈뉴욕타임스〉 사설이나 훑는 진보주의자가 아니라. 정부 강제력을 동원해 다른 사람들에게 억지로 빈곤층을 돕게 만드는 방법은 솔깃하기 쉽다. 정부 강제력에 대해 진지하게 생각해 보지 않았거나, 정부 강제력에 희생된 적이 없거나, 정부 도움이라는 게 얼마나 어설픈지 잘 생각해 보지 않았거나, 직접 가난한 사람을 도와본 적이 없는 사람에게는 그렇다.

예컨대, 요즘 최저임금은 빈곤층을 돕기 위해 설계되었다고 얘기한다. 그런데 실제로 이 정책은 우리들 가운데 가장 빈곤한 계층이 아예 일자리를 구하지 못하게 만든다. 전과자, 흑인 청년, 멕시코계 고등학교 중퇴자 같은 사람들 말이다. 100년 전 최저임금제도는 말 그대로 진보주의자들이 설계하고 실행했다. 처음에는 호주에서, 뒤이어 미국에서 주마다 차례로 도입했다. 노골적으로 뻔뻔스럽게 대놓고, 이민자, 흑인, 멕시코계 미국인, 장애인, 여성을 급여를 받는 노동시장에서 몰아내고, 기술이 있고 신체 건강한 백인 중년으로서 미국에서 태어난 남성들이 일자리를 모두 차지하기 위해서 도입한 정책이다. 믿기지 않으면 검색해 보라. 트럼프가 부활시키기 전에 등장한 백인민족주의였다.

오늘날 진보주의자들은 그런 역사를 모르고 커피나 홀짝거리고 잡지나 뒤적이면서 최저임금 인상이 빈곤층을 돕는다고 생각한다. 그렇지 않다. 가장 가난한 이들에게 해를 끼치고 대신 노조원들만 돕는다. 최근까지 나는 기꺼이 노조에 가입했다. 최근에 결성된 시카고 소재 일리노이대학교 교원노조 말이다. 나는 팻말을 들고 시위에도 참여했고 젊은 시절 부르던 노동가도 불렀다. 노조는 근로자의 존엄성을 지키고 경영을 개선한다는 점에서 바람직하지만, 노조와 최저임금과 직업 허가제 같은 규제 때문에 우리가 부유한 게 아니다. 우리가 조상보다 부유한 이유는 전깃불과 페니실린과 대학교와 자동차 같은 상업적으로 검증된 혁신 덕분이다.

좌익 | 신자유주의에 대한 또 다른 설명으로 넘어가 보자. 예전에는 경제적이지 않았던 삶의 측면까지 파고드는 경제적 담론이라는 설명이 있다. 예컨대, 웬디 브라운은 신자유주의하에서 "모든 행위는 경제적 행위다. 모든 존재 영역은 경제 용어와 척도로 틀이 짜이고 측정된다. 심지어 직접 금전화되지 않는 영역까지도. 신자유주의 논리와 그 논리가 관장하는 영역에서, 우리는 어디에서든 오로지 호모 에코노미쿠스Homo Economicus일 뿐이다"라고 주장한다.[2]

자유주의자 | 마이클 샌델의 책《돈으로 살 수 없는 것들》서평에서 내가 그 주장을 다루었다.[3] 짧게 대답하자면 그렇지 않다. 브라운의 주장은 그리스도교가 멍청한 이유는 목사 제리 팔웰이 멍청하기 때문(그 대가를 치르러 저 세상으로 갔다. 정확히 어디로 갔는지는 모르겠지만)이라고 말하는 셈이다. '어디서든 오로지 호모 에코노미쿠스'라는 주장은 경제학을 가르치는 내 동료들 가운데 남성적인 성향이 강한 이들에게 적합한 표현이라는 점은 나도 순순히 인정한다. 하지만 앨버트 허시먼, 로버트 포겔, 낸시 폴버Nancy Folbre, 심지어 예전 시카고 동료 교수 밀턴 프리드먼에 대해서도 그렇게 묘사하지

는 않겠다. 푸코처럼 당신도 직접 글을 읽어 보라고 권하고 싶다. 허수아비를 공격함으로써 당신의 주장을 약화시키는 건 현명치 않다. 신학적으로 말하자면, 제리 팔웰을 공격하지 말고 디트리히 본회퍼Dietrich Bonhoeffer나 새라 코클리Sarah Coakley를 공격하라.

좌익 | 당신은 장황하게 부르주아 계층의 덕목을 옹호했다. 그러나 인간이 존재하는 영역 중에는, 경제적 계산으로부터 분리되어야 하는 영역이 있다는 주장에 대해서는 어떻게 생각하는가? 아니면 더 강하게 주장하자면, 브라운 같은 수많은 인문학자들, 인간이 호모 에코노미쿠스로 전락함으로써 정치와 윤리가 황폐해진다고 우려하는 이들에게는 뭐라고 할 텐가?

자유주의자 | 그렇다. 물론 인간이 존재하는 수많은 영역 가운데 경제적 계산과 분리되어야 하는 영역들은 많다. 두툼한 세 권의 책에서 이미 장황하게 설명했다. 이 점을 콕 집어서 제1부《부르주아 덕목》에서 다루었다. 경제학자들을 비롯해 많은 이들이, 국제관계에서 '현실주의자'와 마찬가지로, 인간에게 사랑이나 정의 같은 다른 미덕들은 중요하지 않으며 오직 수익만이 중요하다는 개념, 즉 효용극대화 개념을 강조하는데, 그러면 우리 사고가 피폐해진다. 예컨대 사랑에 대한 생각 말이다.

좌익진영은 자유주의가 실제로 낳은 결과를 제대로 파악하지 못했다

좌익과의 대화 계속, 제발 귀먹지 않은 좌익이기를.

좌익 | 신자유주의는 전체적으로 볼 때 부의 불평등을 심화시켰다. 중산층은 축소되지는 않았을지언정 정체되었다. 학교 중퇴자들이 범죄자가 되어 교도소로 직행하는 경우도 많아졌다.

자유주의자 | 용어의 정의를 뒤로하고, 이른바 결과에 대해 논하는 영역으로 진입했다. 다들 동의하겠지만, 용어의 정의를 세계에 대한 사실과 분리할 필요가 있다. 그렇지 않으면, '의문이 의문을 낳는다'라는 표현에 정확히 맞아떨어지는 상황에 놓이게 된다. 즉, 사실적인 결론과 실용적인 원리를 우리 대화의 출발점인 정의와 금언에 끼워 넣게 된다. X는 X를 의미한다.

　당신이 신자유주의의 결과라고 주장하는 것들은 모두 틀렸다. X가 아니다. 그런 것들이 자유주의와 연결되어 있다고 가정한다면 말이다. 유감스럽게도 학교 중퇴 - 교도소 직행은 가난한 흑인과 멕시코계 미국인들에게 실제로 일어났다. 분개할 일이다. 그러나 학교 중퇴 - 교도소 직행 현상은 새롭게 사업할 자유 때문에 일어난 게 아니라 반자유주의적 정책들 때문에 일어났다. 가장 두드러진 사례가 바로 마약과의 전쟁이다. 그러나 지방정부의 과도한 규제도 한몫했다. 과도한 규제 때문에 도심 빈민가는 가격 경쟁을 하는 식료품점 대신, 총을 난사하는 깡패의 소굴이 되었다. 2016년 1월부터 9월까지 시카고에서 발생한 살인 건수는 2015년 한 해 동안 발생한 살인 건수를 넘었고, 50개 지역 가운데 6개 지역에서 집중적으로 발생했다. 따라서 그런 곳에서는 누구도 신선한 채소를 파는 식료품점을 개점하거나 제조업체를 설립해 사람을 고용하려 하지 않는다. 그리고 도시의 토지 용도 규제는 폐지해야 한다.

그리스도교 자유주의자가 아니라, 공화당 지지자들, 그 가운데 최악인 국가주의적 보호주의자이자 사회적 파시스트들이 마약과의 전쟁을 지지했고 1990년대에 복역 기간을 더 늘렸다. 그러나 민주당 정치인들도 거의 모두 마약과의 전쟁을 옹호했다는 사실을 생각해 보라. 창피한 줄 알아야 한다. 반면 밀턴 프리드먼과 닉 길레스피Nick Gillespie와 나 같은 진정한 자유주의자들은, 50년 동안 온 힘을 다해서 마약과의 전쟁, 군대 징집, 직업 허가제, 장기 복역, 그 밖에 평등, 자유, 정의를 방해하는 모든 정책에 반대했다. 우리는 자유주의적인 구상을 믿는다. 당신도 그렇지 않은가?

또 다른 사례를 들자면, 내 좌익 성향의 친구들 가운데 자기는 우버와 리프트에 반대한다고 하는 이들이 있다. 세상에나, 그렇게 하면 택시운영권을 쥔 억만장자들을 도와주는 셈이라는 사실을 깨닫지 못하는 듯하다. 택시의 독점구조 때문에, 주정부가 진입을 제약하기 전에 이미 택시 시장에 진입해 독점운영권을 확보한 이들에게 택시운영 허가권을 사려면 수십만 달러를 내야 하는데, 이 돈이 고스란히 독점사업자들에게 돌아간다는 사실을 그들은 깨닫지 못한다. 운전사에서 운전사에게로 이득이 이전되는 게 아니다. 운전기술은 흔해 빠졌고 강제로 집행하는 법이 있다고 해서 인위적으로 희소가치가 생기지 않는다(아니면 런던의 택시 '블랙캡' 기사들처럼 25,000개의 거리와 수천 개의 광장을 암기하는 등 자격증 취득 조건을 까다롭게 만들어 독점권을 보호할 수 있다. 암기한 지식은 내비게이션이 흔히 쓰이는 요즘에는 유명무실한데도 말이다). 기존 택시와 경쟁하는 이들이 사회적 약자들이 사는 지역(기존 택시들은 가지 않으려 하는 지역)에서 승객을 태운다는 사실도 그들은 깨닫지 못한다. 그렇게 승객을 물색하면 돈이 된다. 우버와 리프트 운전사들 대부분이 그런 동네 출신이기 때문이다. 적어도 자동차를 소유한 가난한 사람 — 미국에서는 가난해도 자동차를 소유한 사람이 많다 — 이 먹고살 벌이는 할 수 있다.

좌익진영의 내 친구들은 자기들이 진정으로 빈곤층을 위한다고 생각한다. 그러나 본의 아니게 그들은 빈곤층에게 툭하면 심각하게 피해를 준다. 객관적으로 보면 빈곤층의 이익에 반하는 일을 하는 셈이다. 통탄할 일이다, 통탄할 일. 내가 친절하게 제공한 지침을 경청했으니 이제 제발 빈곤층에게 해를 끼치는 짓 좀 그만해라. 베르톨트 브레히트 희곡에서 갈릴레오가 다음과 같이 말한다. "내 그대에게 이르노니. 진실을 알지 못하는 자는 그저 바보일 뿐이네. 그러나 진실인줄 알면서도 그걸 거짓이라고 일컫는 자는 범죄자일세. 당장 꺼지게!"[1]

중산층은 '정체'되지 않았다. 예컨대, 전 세계적으로 중산층은 폭발적으로 증가했다. 중국인이나 인도인에게 물어봐라(나는 진보주의자 친구들에게 왜 미국인만 생각하느냐고 물어보곤 한다. 이해가 가지 않는다. 18세기 이후에 태어난 우리 같은 자유주의자들은 다른 나라 사람들도 생각하고 살아야 하는 거 아닌가?). 심지어 프랑스나 미국 같은 본래 부유한 나라들에서도 중산층은 삶의 여건이 훨씬 나아졌다. 지난 30년 동안에도 말이다.

2016년 8월 조지프 스티글리츠가 국영 라디오방송에 나와서 지난 40년 동안 미국의 실질임금은 오르지 않았다고 말하는 걸 들었다. 이러지 좀 마, 조지프. 임금 외 소득과 휴대전화와 에어컨의 가격 하락을 제대로 반영한 진짜 데이터 좀 봐라. 2006년 그는 베네수엘라의 우고 차베스가 "교육과 의료 혜택을 빈곤층에게 제공하고, 보다 높은 성장률 달성뿐만 아니라 성장의 과실을 보다 널리 공유할" 경제 정책을 실행한다며 찬양했다.[2] 또 틀렸다. 내가 겪어 본 바로는 그는 아주 인정 많은 사람이다. 그러나 그는 이론가일 뿐이며, 탁상공론으로 사회적 진실을 증명할 수 있다고 믿는다. 그는 실험실에서 연구나 하는 나 같은 과학자가 경악을 금치 못하는, 이른바 사실에 기꺼이 매달린다. 조, 당장 꺼지게.

미국과 유럽연합에서는 소득 수준에 관계없이 모든 사람들이 40년 전보다 훨씬 적게 일하고도, 냉장고를 장만하거나 인터넷에 접속할 수 있다. 민간부문의 협력과 경쟁 덕분이다. 정부가 부유한 캘리포니아 주민이나 부유한 독일 농부를 보호하지 않으면, 칠레나 차드에서 수입한 식품과 섬유를 낮은 가격에 구입할 수 있다. 제발 그렇게 하자.

임금 정체나 불평등 심화 같은 통계 수치는 중산층에 속한 개인이나 가구의 생애 전체를 추적하지 않는다. 그들의 생이 어떤 경로를 택했든 상관없이, 그저 조사하는 그 시기에 누가 중산층에 속하는지를 살펴볼 뿐이다. 그들의 생애를 추적하면, 그 악명 높은 중산층 공동화 현상은 그저 중산층에 속했던 많은 이들이 상당히 부유해져서, 더 이상 중산층에 속하지 않게 되었기 때문에 생긴 현상임을 알게 된다.

빈곤층이 중산층에 진입하지 못하게 막는 원인은 불간섭주의하의 활력 넘치는 경제체제가 아니라, 사업장에서 노동조합 가입을 의무화하는 정책과 같이 진보주의자들이 지지하는 정책들 때문이다. 나는 강의 시간에 미시건주에서 전기기술자가 될 수 있는 사람은 이 강의실에서 나 한 사람뿐이라는 사실을 지적하곤 한다. 내 조부 프리츠, 내 삼촌 조 그리고 내 사촌 필이 이미 노조에 가입했기 때문이다. 견습생으로 들어갈 수 있는 길은 그 길뿐이다. 미시건주 전기기술자들이 지구상의 궁핍한 계층 출신인 견습 후보생들을 어떻게 생각하는지 한번 맞춰 보라.

불평등도 심해지지 않았다. 무슨 말인지 알겠다. 불평등이 심해졌다는 소리가 귀가 따갑게 들리는데, 당신더러 그런 미친 소리를 믿다니 멍청하다고 하면 화가 나겠지. 그러나 신문에 실린 주장이라고 다 믿지 말라. 그런 주장이 보편적이라고 해도 말이다. 그런 헛소리를 머릿속에서 말끔히 지워라. 속이려는 의도를 갖고 오류를 되뇌는 트럼프 지지자들의 관행과 속이려는 의도가 없이 〈뉴욕타임스〉가 범하는 오류를 주의하라.

장식용으로 거실 탁자에 놓아둔 피케티 책을 집어 들고 실제로 읽어 보라. 피케티가 인용한 데이터를 보면 그가 살펴본 수많은 나라 가운데 지난 몇 십 년 동안 불평등이 상당히 심화된 나라는 미국, 영국, 캐나다 겨우 세 나라뿐임을 깨닫게 된다. 그럼 또 이러겠지. 봐! 레이건의 나라와 대처의 나라만 그렇잖아!(캐나다인이 유감스럽다는 듯이 "늘 그렇지 뭐"라고 한다면 캐나다는 제쳐 두고) 아니, 틀렸다. 미국과 영국에서 불평등이 심화된 원인은(그런데 최근에는 불평등이 완화됐다) 구유럽과 비교할 때 이 두 나라가 그동안 매우 풍요로웠기 때문이다. 그리고 미국과 영국은 주택 마련에 보조금을 지급해 수요를 늘리는 한편, 도시주택 건설은 비자유적인 정책으로 장기간 동안 제약했다(미국의 경우 건축 허가 규제와 건물 규정이, 영국에서는 계획 허가제가 비자유적인 정책에 해당한다).

런던에서 건축을 제한해 가장 이득을 본 사람은 누굴까? 경기가 활황인 런던에서 더욱더 희소해진 토지를 소유한, 노퍼크와 웨스트민스터에 사는 작위 소지자들이 수혜자다. 내가 런던 국립극장에서 대규모 노동당원을 상대로 강연하고 이를 BBC가 방송했는데, 그 때 이 말을 했더니 흥미롭게도 청중이 수혜자들을 상대로 야유했다. 똑똑하다. 주택 건축을 제한해서 민간부문이 주택을 짓지 못하게 막아 놓고 나서, 런던 집값이 비싸다고 불평하며 공공주택을 더 늘리라고 요구하는 뻘짓은 이제 그만해라.

좌익 | 신자유주의자는, 고전적 자유주의자와는 달리, 정부가 빈곤, 부족한 의료 서비스와 주택, 제한된 교육 기회 등과 같은 문제를 완화하는 데 도움이 되는 경우가 종종 있다고 믿는다.

자유주의자 | '문제'라고 일컫는 게 뭔지 회의적으로 살펴보라고 충고하고 싶다. 정부는 모든 문제를 다 해결하지 못한다. 이따금 비가 내리듯이 가끔 어쩌다가 해결하는 문제가 있긴 하다. 반대로 생각해 보면, 이는 자신이 합리적으로 생각해서 하려는 것은 무엇이든 할 수 있다는 계몽주의 신념이다. 토머스 페인(그는 열렬한 자유무역주의자였다)은 1776년에 "우리는 세계를 처음부터 다시 일굴 힘이 있다"라고 말했다.[3] 이따금 그렇긴 하다(그러나 그는 또한 자신이 한 말이, 자유주의적인 의미에서, 누구나 정부의 감독으로부터 자유로운 상태에서 제철소를 시작하거나 양조장을 열도록 허용되어야 한다는 뜻이라고 했다).

애덤 스미스와 존 스튜어트 밀과 아이제이아 벌린Isaiah Berlin 같은 부류의 자유주의자는 문제를 해결하려고 국가가 취하는 행동이 많은 문제를 야기한다고 지적한다. 여기서 공급사슬 오류에 빠지고 싶지는 않다. 2013년 마리아나 마추카토가 《기업가형 국가The Entrepreneurial State》에서 이를 탁월하게 다루었다. 저자는 어떤 정부든 정부의 행동이 어느 때 어느 정도까지 기술을 탄생시키는 데 이바지한다면, 기술을 탄생시킨 공은 대부분 정부의 현명한 정책 덕분이라고 결론 내린다. 따라서 이에 반하는 사례들을 그저 공급사슬 어딘가에 위치한 사소한 원인이 아니라, 굵직한 원인들에 한해서 살펴보겠다.

예컨대, 빈곤은 국가가 노동시장을 '보호'하기 위해 개입하기 때문에 야기된다. 노동시장을 보호하면 빈곤층은 중산층이나 상류층 근로자들과 경쟁하지 못하게 되기 때문이다. 내가 앞서 지적했듯이, 이게 바로 진보주의가 노동시장을 보호한 본래 목적이었고, 놀랄 만큼 소기의 목적을 달성했다. 예컨대, 1920년대에 일부 주에서는 여성을 초과근무로부터 '보호'하는 법안을 제정했는데, 이 때문에 여성은 관리직에서 자동으로 제외되었다. 몸집 작은 여성 상사도 일찍 출근해서 늦게 퇴근해야 하는데 법이 그걸 막았으니 말이다. 짐 크로 법과 아파르트헤이트는 언급할 필요도 없으리라고 생각한다. 그 밖에도 국가가 야기하는 빈곤의 사례는 수없이 많다.

의료 서비스 부족은 국가가 의사와 의약품과 간호사와 병원이라는 시장에 깊이 간섭하기 때문에 발생한다. 말하자면 길고 복잡한 사연이지만 20세기 초까지만 해도 약사도 질병을 치료할 수 있었으므로(인정한다. 항생제가 등장하기 전까지는 약사의 치료가 가격만 비싸고 그리 효과적이지 않았다. 그건 의사도 마찬가지였다) 의사 시장에 비교적 자유롭게 진입할 수 있었다. 따라서 1930년대까지만 해도 의사는 변호사와 교수만큼 벌었다. 그러나 1950년대부터 의사는 그 세 배를 벌게 되었다. 산파는 미국에서 한때 해산을 도울 수가 있었다. 19세기 초에 산부인과 의사들이 자신들만의 도구를 이용해 해산을 독점화했다. 19세기 막바지까지도 병원 위생은 엉망이었고 병원의 침상은 죽음의 덫이었다. 고용을 기반으로 한 의료보험은 제2차 세계대전 때 임금 규제를 피하기 위해서 등장했고, 미국과 독일에서 독특하게 나타난 현상이다. 정부는 훨씬 저렴한 약품을 캐나다에서 수입하지 못하게 금지한다. 지방정부와 연방정부가 미국 의료 서비스에서 독점사업자들을 보호하기 때문에 의료 비용이 너끈히 두 배가 된다.

주택 부족은 정부가 가장 먼저 해결하겠다고 나선 문제였는데, 빈민가를 말소하는 방식을 취했다. 빈민가가 질병과 빈곤과 특히 성적 학대를 야기한다는 논리였다(빅토리아 시대 사람들은 성에 관심이 아주 많았다). 그래서 정부는 토지 구획 규제법과 건축 규정과 계획 허가제를 도입했고, 시카고의 샌버그빌리지처럼 빈민가를 헐어 부자들을 위해 말끔한 주택을 지었다. 시카고에 있는 로버트테일러홈즈같이 빈곤층을 한곳에 몰아넣는 집단수용소 같은 주거시설도 바로 그런 사례다. 노숙자는 예전보다 지금 더 큰 문제다. 규제 때문에 저렴한 주거시설이 비싸졌기 때문이다.

나는 내 진보주의자 친구들이 영어에서 가장 믿기 어려운 세 문장이라고 거론되는 오랜 우스갯소리를 가슴에 새겼으면 좋겠다. "빚 금방 갚을게."* "날이 밝아도 당연히 난 당신을 존중할 거야."** "정부에서 당신을 도우러 왔다."*** 시카고에서는 경찰이 흑인 청년에게 접근하면 흑인 청년은 경찰이 자기를 도우러 온다고 생각하지 않는다. 중산층 백인이 겪은 경찰은 빈곤층 흑인이 겪은 경찰과 다르다는 사실은 내가 군이 말할 필요도 없으리라 본다.

---

* 영어 원문은 "The Czech is in the male." 인데 발음을 따라 "The Check is in the mail."로 표기하는 우스갯소리다. 채무자가 채권자를 무마하기 위해서 빚을 곧 갚겠다고 달래는 말이다. 한 변호사가 자기 집에 놀러 온 체코인 친구와 숲속에 갔다가 곰 한 쌍과 마주친다. 간발의 차로 변호사는 달아났지만 친구는 수컷에게 잡혀 먹힌다. 변호사는 마을 보안관을 데리고 친구를 구하러 숲속으로 간다. 변호사가 수컷을 가리키며 쏘라고 하자 보안관은 엉뚱하게 암컷을 쏜다. 변호사가 무슨 짓이냐고, "체코인은 수컷 배 속에 있다(The Czech is in the male)"라고 항의하자 보안관은 당신 같으면 변호사 말을 곧이곧대로 믿겠냐고 말한다.
** 하룻밤을 같이 하려고 남자가 여자를 유혹하기 위해 하는 말로서, 금방 만난 사이인데 잠자리를 같이하면 헤프다고 경멸당하지 않을까 우려하는 여자를 달래기 위해 남자가 하는 말이다.
*** 작은 정부를 지향한 대통령 로널드 레이건이 기자회견에서 한 다음과 같은 우스갯소리. "영어에서 가장 끔찍한 단어 9개는 나는 정부에서 나왔는데, 당신을 도우러 왔다(I'm from the government, and I'm here to help you)이다."

좌익 | (훨씬 진보주의적인 단일 지불자 체제와는 달리) 오바마케어라고 불리는 건강보험 개혁법같이 민관 협력 체제가 도우면 된다.

자유주의자 | 오바마케어를 비롯, 수많은 민관 협력 체제가 민간부문만 부자가 되고 관료는 막강해지고 빈곤층은 쭉정이만 얻는 결과를 낳는다고, 내가 경제학자 특유의 냉소적인 반응을 보여도 용서하기 바란다. 나는 1940년대에 어린 시절을 미시건주 밴튼하버에서 살았다. 처음에는 백인 일색인 동네였는데 나중에 주로 흑인이 거주하는 곳으로 바뀌었다. 미시건 호숫가에는 흑인들이 주로 사용하던 공원이 있었다. 이 공원은 2013년에 알짜배기 땅으로 지정되고, 민관 협력 체제를 통해 골프장과 휴양지로 바뀌었다. 추측했겠지만, 지역 흑인들의 용도가 아니었다. 마찬가지로 켈로 대 뉴런던시 Kelo v. City of New London(2005) 사건에서, 대법원은 '포괄적인 재개발 계획'을 위해서 빈곤층과 중산층의 주택들을 철거해도 좋다며 민관 협력체의 손을 들어 주었다.⁴ 이 계획은 진행되지 않았다. 십여 년이 지난 지금 뉴런던에 있는 이 땅은 공터로 남아 있다.

개발업자들이 돈다발을 들고, 공원을 찾는 이들과 주택 소유자들을 찾아가 설득하는 게 더 나은 자유주의적 개발계획이다. 당신 같은 진보주의자들이 '민관 협력'이라고 말하면 우리 같은 자유주의자들에게는 '민관 음모'로 들린다.

386

좌익진영은 자유주의적 대안을
모색하지도 않는다

앞의 인터뷰 결론

좌익 | 신자유주의자와 신자유주의를 비판하는 이들은 당신이 말하는 '정경 분리'라는 구호는 속임수라고 주장할 듯한데.

자유주의자 | 그렇다. 당신 말의 의미가 경제체제 내에서 사악하고 이기적인 인간들이 자신에게 이득이 되도록 국가에 영향력을 미친다는 뜻이라면 말이다(그런데 당신과 마찬가지로 나도 속이려는 의도는 없다. 나도 당신처럼 내게 보이는 대로 진실을 말할 뿐이다. 꼼수는 없다. 잘 들어보라).

나는 당신 독자들이 듣도록 애덤 스미스를 뜨겁게 격찬하고 싶다. 그는 책을 두 권밖에 쓰지 않았다(오늘날 학계에 몸담았으면 성공하지 못했으리라는 뜻이다). 당신 독자들이 자기 의견을 반박하는 주장에 진지하게 귀를 기울일 의향이 있다면 애덤 스미스의 책 두 권 모두 찬찬히 읽어 보아야 한다. 당신 논점은 애덤 스미스가 다음과 같이 정리했다. "오로지 고객인 국민의 여건을 개선하겠다는 일념만으로 대제국을 구축하는 게 얼핏 보기에는 상점 주인들로 구성된 나라에만 적합한 프로젝트 같다. 그러나 이는 상점 주인들로 구성된 나라에도 결코 적합하지 않은 프로젝트이며, 다만 상점 주인들이 정부에 영향력을 행사하는 나라에만 적합한 프로젝트다."[1] 우리 같은 자유주의자도, 당신과 보수주의자 거부 찰스 코크와 마찬가지로, 정실 자본주의에 반대한다.

좌익 | 불간섭주의 시장조차도 국가 지원이 필요하다. 국가는 경찰과 사법 체계를 통해 재산권을 규정하고 보호한다.

자유주의자 | 솔직히 고백하건대, 이런 비유는 하도 들어서 지친다. 버니 샌더스 부류의 진보주의자와 클린턴 부류의 '리버럴'로부터 귀가 따갑도록 듣는다. 그들은 자유주의적 관점에서 하는 주장은 30초만 생각하면 반박할 수 있다고 생각하는 듯하다. 아니, 8초 만에. 여기서 잘 봐라. 어느 정도 정부가 필요하다는 게 진짜 논점인데(우리는 과격한 무정부주의자가 아니다. 물론 그들을 친자매처럼 애정 어린 시선으로 바라보기는 하지만 말이다), 이 논점을 이용해 훨씬 미심적은 내용으로 주장을 바꿔 버린다. 예컨대 정부가 추진하는 프로젝트를 위해 GDP의 35퍼센트를 강제로 정부가 징수하고, 더 나아가서 나머지 GDP의 상당 부분도 정부가 부당하게 규제해야 한다는 식으로 말이다.

카우보이이자 유머작가인 윌 로저스는 1920년대에 지방정부, 주정부, 연방정부가 징수하는 세율이 10~15퍼센트였을 때 정부를 비판하곤 했다. 지금은 세율이 35퍼센트로, 부유한 나라 대부분보다 훨씬 높다. 윌 로저스의 동상이 의사당에 서 있고, 이 동상은 TV에서 의회 관계자들을 인터뷰할 때 배경으로 흔히 쓰인다. 의회 관계자들이 뒤돌아 윌 어르신 말에 귀를 기울였으면 좋겠다.

부유한 나라에서 정부가 거둬가는 35~55퍼센트 세금 가운데 아주 일부분만 빈곤층에게 돌아간다. 재산권을 규정하고 보호하는 데 드는 비용은 GDP의 5퍼센트 정도다. 위험한 외국인, 예컨대 트럼프가 생각하기에 위험한 온두라스에서 북상하는 난민 같은 이들로부터 우리를 보호하는 비용을 보태도 그 정도다. 규제는 대체로 부유층을 부유하게 만든다. 부동산회사를 소유한 트럼프 같은 사람 말이다. 정부가 공용의 목적으로 사유지를 취할 수 있도록 하는 토지수용권은 정부의 명백한 사유재산권 침해다. 이게 무슨 재산권 보호인가. 1971년에 경제이론가는 중세 영주가 농부들을 '보호'했다고 주장했는데, 이에 대해 한 경제사학자가 다음과 같이 말했다. "농부를 보호해야 할 명분을 제공하는 요주의 대상(유일한 대상일지도 모른다)이 바로 영주일 가능성은 언급하지 않는다."[2] 아니면 현대판 영주에게 봉사하는 바로 그 정부로부터 보호받아야 할지도 모른다.

그런데 재산권의 규정과 보호는 사실 민간인 간의 합의에 의해 대체로 해결된다. 국가가 재산권을 규정하고 이를 보호하는 '최후의 수단'이기는 하지만 말이다. 그러나 문제가 생기면 곧바로 최후의 수단인 국가의 도움을 청하기 전에, 그 최후의 수단이 문제 해결에 얼마나 도움이 되는지 살펴보아야 한다. 예컨대, 사업계약서는 '강제력'('강제'는 은유적 표현이다. 그러나 정부의 손을 빌리면 문자 그대로 강제력이 된다)이 있다고 한다. 내가 계약을 위반하면 내 사업 동료들이 그 소식을 듣고 나와의 거래를 피하게 된다는 뜻이다. 50만 달러어치 다이아몬드를 외투 주머니에 넣고 47번가를 활보하는 하시딕 유대인 다이아몬드 상인들은 악수만으로 계약하는데, 그 방법이 어떻게 강제력을 발휘한다고 생각하는가? 경찰에 신고해서? 이교도인 판사에게 호소해서?

좌익 | 당신이 주장하는 정경분리는 불가능하다는 주장에는 뭐라고 답하겠는가?

자유주의자 | 자유주의자가 늘 생각했듯이, 정경분리는 가능하다고 지적함으로써 답하겠다. 실제로 일어났다. 내 대답은 이런 우스갯소리와 같다. 당신은 아기 세례를 믿는가? "믿느냐고? 내 눈으로 봤어!"

예컨대 19세기 미국에서 정경분리를 목격했다. 답답한 봉건주의와 꽉 막힌 규제 사이에 끼어 반짝한 짧은 시기였다는 점은 인정하지만 말이다. 이 시기의 불간섭주의 덕분에 상업적으로 검증된 혁신이 일어났고, 이는 몽상가들과 기득권층이 상명하달 방식으로 법률을 제정해 따라잡을 여유를 허락하지 않았다.

나는 미네소타주에 있는 세인트클라우드 주립대학교를 막 졸업하고 대단히 성공한 젊은 기업가를 만났는데, 그는 첨단기술을 소매업에 이용하고 있었다. 그가 내게 말하기를, 그는 규제보다 한 발 앞서 끊임없이 혁신함으로써 규제 당국자들을 골탕 먹인다고 했다. 속담에도 있듯이, X를 하기 위해 정부로부터 미리 허락을 받기보다 X를 먼저 하고 나서 정부에 사과하는 편이 훨씬 쉽다. 브라질에 있는 새로운 결제회사 간부들도 내게 똑같은 얘기를 했다. 미국과 브라질 소비자들의 삶은 그 덕분에 풍요로워진다.

좌익 쪽에서 분개하며 반박하기를, 운하와 항구같이 정부가 주도해 국내 여건을 개선하는 프로젝트는 경제가 성공하는 토대가 된다고 한다. 이는 아서 슐레신저 주니어Arthur Schlesinger Jr가 오래전에 쓴 책《잭슨 시대The Age of Jackson》(1945)의 주제이고, 전후에 뉴딜정책 지지자들이 점진적인 사회주의를 온건하게 변형시킨 정책을 옹호하는 내용을 담은 수많은 책들, 예컨대 리처드 호프스태터Richard Hofstadter의 초기 저서와 (이미 언급한 바와 같이) 내 부친 로버트 그린 매클로스키가 초기에 쓴 명저가 바로 그런 주제를 다룬다.[3]

뉴딜 계열의 정책에는 공급사슬 오류라는 난관이 내재되어 있다. 미국

인디애나주에서 1830년대에 운하를 건설하는 프로젝트를 국채로 지원했는데, 이 국채는 주로 영국인들에게 팔렸다. 그러나 영국 내에서도 예컨대 1790년대에 건설한 초기 운하는 완전히 민간 주도였다. 인디애나주에 운하를 파서 내륙 교통망을 개선한 프로젝트는 처참한 투자 실패로 드러났다. 곧 철도가 등장했기 때문이다. 주정부는 채무 불이행을 선언했고, 그 후 오랫동안 런던을 방문하는 미국인들은 그다지 환영받지 못했다.

좌익 | 당신 또한 국가가 초중고등학교 교육 서비스를 제공해도 된다고 하지 않았나. 교육과 경제성장은 함께 간다는 이유에서 말이다.

자유주의자 | 애덤 스미스도 그랬다. 그는《국부론》의 여러 장을 그 문제에 할애하고 있다. 스코틀랜드는 열렬한 칼뱅주의하에서 모든 소년들 심지어 소녀들도 글을 깨우치도록 의무화했다는 점에서 잉글랜드보다 유리했다. 나도 (스미스가 그랬듯이) 당신과 내가 세금을 내서, 빈곤층의 교육을 재정적으로 지원해야 한다고 생각한다. 내가 이에 찬성하는 이유는 경제성장 때문이 아니라(내가 얼마나 천박하다고 생각하기에 그런 질문을 하나?), 문해력으로 실현 가능한 인간의 잠재력 때문이다.

그러나 바우처로 재정을 지원하는 방식은, 정부 지시를 받는 공무원이 근무하는 학교를 통해 정부가 직접 제공하는 방식과 다르다. 교육을 생산하는 수단이 사회화되어야 할 그럴듯한 이유는 없다. 우유를 생산하는 수단이나 택시 운송 수단을 사회가 소유해야 할 까닭이 없는 것과 마찬가지다. 애덤 스미스가 살았던 시대에 스코틀랜드 대학교들은 옥스퍼드와 케임브리지보다 교육과 연구 모두에서 훨씬 뛰어났다. 스코틀랜드 학생들은 교수에게 수강료를 직접 지불했다(애덤 스미스는 아주 훌륭한 선생이었고 따라서 돈을 많이 벌었다). 반면 잉글랜드에서는 오래전에 들어온 기부금으로 교직원들에게 봉급을 줬고, 교직원들은 그 돈으로 혀가 축 늘어질 때까지 잘 숙성된 포트와인을 들이켰다. 이 얘기를 들으니 미국 학계에서의 삶에 대해 뭐 떠오르는 것 없는가?

좌익 | (신자유주의가) 고등 공교육을 '결과'에 집착하는 직업 훈련소로 변질시켰다.

자유주의자 | 고등교육에 관해서는 대학의 행정부문이 비대해진 것을 통탄한다는 데 동의한다. 그러나 이는 불간섭주의가 아니라 정반대 방향의 정책이 야기했다. 중앙에서 계획하려는 충동, 프랑스 계몽주의에서 합리주의 측면의 발현이다. 해마다 새롭게 발간되는 8만 쪽에 달하는 연방관보나 대학의 두툼한 교직원 편람에 수록된 수많은 행정 규정으로, 미래를 쉽게 결정할 수 있다는 시각이다. 국가가 명령하는 경제체제의 복사판이다.

대학에서 '실용성'을 학생들에게 강요하는 추세(훌륭한 영문학 책을 읽거나 수학 공식을 깔끔하게 증명하는 공부보다 회계학이 항상 훨씬 실용적이라는 듯이 말이다)는 세계적으로 확산되고, 대학교 행정 담당 직원의 수가 폭증하면서 실용성을 권장하며, 이런 행정 담당자는 두둑한 연봉에 비서와 여러 명의 조수까지 거느리고 있다. 이는 전 세계적인 추세이므로 레이건과 대처를 탓할 수 없다(우연히도 대처는 교육 정책에 관한 한 자유주의적 시각이 아니었다. 예컨대, 대처는 초중등교육을 중앙 집중화했고 대학에 간섭하는 한편, 영국에서 '대학'의 정의 자체를 민주화했다).

좌익 | 당신은 행정이 비대해진 대학이 나타난 이유를 '중앙에서 계획하고픈 충동' 때문이라고 했다. 이에 대해 더 구체적으로 말해 주겠는가? 학자 대부분은 정반대 주장을 할 듯하다. 학비 인상과 부학장 직급의 증가와 더불어 고등교육에 대한 공공지원이 줄어들었다는 이유를 대면서 말이다.

자유주의자 | '중앙에서 계획하고픈 충동'이란 좌우를 막론하고 사람들이 지닌, 일은 계획한 대로 쉽게 풀리고 또 그래야 한다는 확신을 뜻한다. 그들은

예전의 경제는 단순했고 따라서 자체적으로 규제할 수 있었지만, 오늘날처럼 복잡한 경제는 계획을 세워야 한다고 주장한다. 사실은 정반대다. 경제가 복잡하고 특화되고 자율적으로 개선될수록 계획하기 어렵고, 아무리 현명하고 선량한 중앙 계획자라도 수없이 많은 사람들의 취향이나 선호도를 다 파악하고 소비와 생산과 혁신할 계획을 미리 세울 수 없다. 한 가구나 한 사람의 삶은 계획을 세우는 게 가능할지 모르지만, 그런 자신감도 그리 오래 살아 보지 않은 사람이나 가질 수 있다. 거대한 현대 경제는 너무 많은 일들이 동시에 진행되기 때문에 미리 계획하기 어렵다.

오늘날 거대한 대학에서 행정 직책을 맡은 교수들은 직책을 내려놓고 가르치는 일로 돌아가거나 집에 가서 TV나 보고, 나머지 우리가 제대로 일을 하게 놔두는 게 훨씬 바람직하다. 교수들의 전문성에 의존하자. 부학장들은 해고하라. 마지막 한 사람까지. 그리고 교수를 채용하고 대학원생을 돕는 데 돈을 써라. 계획하느니 뭐니 하면서 종이나 낭비하지 말고. 기존의 교수진에게 자신보다 더 훌륭한 신참을 뽑도록 권장하라. 교수진에게 누구를 채용하거나 해고하거나 승진시킬 때, 그들이 쓴 논문이나 좀 읽어 보고 결정하라고 하라. 추천서를 제출하라는 규정은 폐지하자.[4] 그 밖에도 많다.

1980년부터 1999년 사이에 사소하지만 여러 가지 방법으로 아이오와대학교를 개선하려고 노력했다. 아이오와대학은 1930년대와 1940년대에 세계에서 가장 혁신적인 대학으로 손꼽혔다(예컨대, 작가 워크숍 같은 프로그램을 보라). 그러나 소용없었다. 행정 담당자들은 대충대충 하고 싶어 했고, 어렵사리 교수진의 구상을 뭉개버림으로써 그들이 원하는 바를 얻었다. 노터데임대학교 경제학과의 사례는 정말 절망적이다. 미국에서 마르크스주의자가 있고, 손에 꼽히는 경제학과라 할 정도로 한때 흥미롭고 창의적이던 학과였다. 그런데 행정 담당자들이 싹을 잘라버렸다.[5] 내가 재직하는 시카고 소재 일리노이대학교에서는 우리 과 학장이자 지식인이고 밀턴을 연구한 스탠리 피시Stanley Fish가 우리 과를 시카고판 UCLA나 시티칼리지오브 뉴욕CCNY이나 뉴욕대학교NYU의 시카고판으로 만들려고 했다. 그런데 그와 그의 야심을 증오한 상사들이 싹을 잘라버렸다. 그밖에도 무궁무진하다.

이는 전 세계적인 현상이고, 대학에 대한 정부의 지원 삭감과는 아무 관련도 없다. 네덜란드를 보면 교수진과 주로 중상류층인 학생들에게 정부가 대대적인 재정지원을 한다. 똑같은 추세다. 학장과 부학장들을 더 많이 고용하고, 대학을 운영하는 방식은 점점 2류로 전락하고, 그러면 또 학교 당국은 더 많은 계획을 요구하고 교수들은 더 많은 보고서를 제출한다. 프린스턴 총장을 지낸 윌리엄 보원William Bowen과 하버드 총장을 지낸 닐 루덴스틴Neil Rudenstine이 미국 대학 교육을 이렇게 엉망으로 만들어 놓았다.[6]

좌익 | 로버트 노직은 지식인들—특히 '문장가文章家' 지식인들—사이에 자본주의에 대한 반감이 만연한 이유에 대해, 학업성취도에 따라 학생들에게 보상하는 교육 체제 때문이라고 한 적이 있다. 글재주가 있는 학생들은 보상을 교육 자체와 연관 짓는 동시에, 자신을 사회에서 가장 가치 있는 구성원으로 여기게 된다. 그러나 시장은 그런 식으로 작동하지 않는다. 노직의 진단에 동의하는가?

자유주의자 | 그럴지도 모르지. 하지만 내가 전에 말했듯이 그보다 훨씬 개연성 있는 해석이 있다. 우리는 가족 관계에서 태어나는데, 이를 통해 작은 사회주의 공동체를 경험한다. 자기 가족이 농장이나 소규모 사업을 운영하지 않는 한, 가족이 사회주의 공동체 경험의 전부다. 사회주의적인 가족 공동체에서 살다가, 상업적으로 검증된 혁신으로 풍요로워진 세계에서 살게 되고 많은 이들이 대학에 진학하는데, 부유한 가정 출신이라면 대학에서의 경험을 얻기 위한 비용을 누군가가 지불한다. 그중에 똑똑하고 약간 똘끼

가 있는 학생은 경제학이나 영어영문학 대학원에 진학한다. 마치 수도원에서 태어나 30살이 되어서야 수도원을 떠나는 격이다. 그런 사람은 소득이 만나처럼 하늘에서 뚝 떨어지고, 이 만나를 자기 모친이나 대학원 학장이나 대수도원장이 '나누어' 준다고 착각하게 된다. 그리고 당연히 재원 배분은 중앙에서 알아서 해야 한다고 생각하게 된다. 시장을 이질적이고 낯선 대상으로 여기게 된다.

제2차 세계대전 이전에 흔히 그랬듯이(그리고 시인과 소설가가 학계에 진출하기 이전에 그랬듯이) 졸업 후 시장에 바로 뛰어드는 문학도나, 대학에 다니는 동안 학업에 열중한 사람이라면, 그들의 동료보다 사회주의적인 성향이 훨씬 덜하게 된다. 새뮤얼 존슨을 생각해 보자. 그는 "얼간이가 아니고서야, 돈이 아닌 다른 이유로 글을 쓰는 사람은 없다"라고 일갈했다.[7] 이런 말도 했다. "돈을 버는 목적 외에 인간이 순수하게 고용될 수 있는 방법은 거의 없다." 당시에 그와 교류한 스코틀랜드인 인쇄업자로서, 역시 거래로 생계를 꾸렸던 스트라한Strahan은 "그가 한 말은 생각하면 생각할수록 정당해 보인다"라고 했다.[8]

좌익 | 마지막으로 좌익 이념이 인문학계를 지배하는 게 교육적으로 문제인가? 지적인 다양성의 부재라고 해도 좋고. 시정 방법은 뭔가?

자유주의자 | 물론, 이는 문제다. 시카고 소재 일리노이대학교에서 내가 아끼는 역사학과에는 '보수주의자'는 나를 포함해 세 명이고, 그 못지않게 내가 아끼는 영어영문학과에는 나 하나뿐이다. 나는 두 학과 모두 정말 사랑한다. 그러나 놀라울 정도로 지적으로 다양하지 않고, 특히 정치적인 생각이 심각하게 편향되어 있다.

그러나 과거에 그랬듯이 다시 돌아오게 된다. 나는 내 동료들이 진정한 자유주의가 노동자 계층의 풍요로운 삶과 자유로 이어진다는 사실을 깨달게 되리라는 희망을 품고 산다. 그날이 올 때까지는, 당신도 동의하리라고 보지만, 우리 학장 스탠리 피시가 말한 바와 같이 각자 맡은 일에 최선을 다 하고 기꺼이 배우고 기꺼이 가르치자.

Chapter

43

포스트모던 자유주의 페미니즘은
가능하고 바람직하다

1999년 초 미국경제협회 뉴욕 모임에서 경제학자 S. 차루 차루실라 S. Charu Charusheela가 마련한
'시장과 페미니즘'에 토론자로 참석해서, 문학비평가 가야트리 스피박 Gayatri Spivak의
논문에 대해 논의했다. 토론이 끝나고 노벨경제학 수상자 아마르티아 센과 점심을 했다.
가야트리, 차루 모두 화려한 인도 전통의상인 사리로 한껏 치장하고 나왔다.

나는 살면서 할 만한 것은 대부분 다 해 봤다. 과거에는 실증주의적 사회
공학자, 페이비언 사회주의자 그리고 남자였다. 지금은 자유시장주의 페미
니스트, 계량적 포스트모더니스트 그리고 여자다. 나는 이렇게 생각이 바
뀐 데 대해 창피하지 않다. 케인즈가 일부 경제 문제에 관해 생각을 바꾼 데
대해 사람들이 불만을 토로하자, 그는 이렇게 쏘아붙였다. "내가 지닌 정보
가 바뀌면 나는 생각을 바꾼다. 당신이라면 어떻게 하겠나?"[1]

내 말의 요지는 포스트모더니스트이자 친시장주의자이자 페미니스트일
수 있다는 점이다. 가능할 뿐만 아니라 바람직하고 당연하다. 이 세 가지 아
이디어는 서로 어울린다. 함께 어울려 세상에서 바람직한 역할을 한다. 가
야트리 스피박과 나는 대체로 포스트모더니스트와 페미니스트의 목적에
관해 동의한다. 우리가 이견을 보이는 부분은 경제학과 경제사 부분이다.
근대 자유주의적 혁신주의는 마르크스주의보다 포스트모더니즘과 페미니

즘에 훨씬 잘 맞는다. 그러나 스피박은 정반대로 얘기한다.

나의 포스트모더니즘은 과거 모더니스트로서 지닌 포스트모더니즘이다. 이는 1975년 무렵 근대 경제 방법론, 근대 건축, 근대 그림, 근대 학구적인 음악, 근대 사회공학에 대해 불편함을 느끼면서 비롯되었다. 포스트모더니즘은 우리가 아는 방법에 대한 관점이다. 포스트모더니즘에 따르면, 우리는 근대주의가 주장하는 방식으로 알지 못한다. 현실에 대한 교조주의자의 관점에 응용한 단순무지한 형태의 과학, 1968~1980년에 시카고대학교 경제학과의 내 동료들이 믿었던 방법 말이다. 노벨경제학 수상자인 시카고대학교의 조지 스티글러가 특히 단순하고 교조주의적인 사례. 그러나 내가 하버드 다닐 때 배웠던 반시카고학파 교수들도 마찬가지였다. 1960년경 우리는 모두 실증주의자이자 행동주의자이자 근대주의자였다. 당시의 덴마크 가구나 세계적인 유행을 따른 1960년대 건축을 보라.

나 나름의 독특한 유형의 포스트모더니즘은 인문학자라면 누구든 알듯이 가장 오래된 '수사'다. 수사는 기원전 467년으로 거슬러 올라가는데 그리스 시라쿠사에서 새롭게 민주주의가 등장하면서 폭군을 축출한 후, 정치에 대해 성찰하기 위해 사람들을 설득할 때 원칙 있는 이론이 필요한 데서 비롯되었다. 이는 해체deconstruction와 같은 최근 포스트모더니즘과 매우 비슷하다. 폴 드 맨Paul de Man과 자크 데리다Jaques Derrida 같은 해체의 달인은 고등학교에서 배운 그리스어를 이용하여 수사학자로 출발했다. 나는 수사에 제임스, 듀이, 리처드 로티의 미국 실용주의를 가미하고, 아무것도 근거하지 않은 철학적 토대를 부여한다. 헤겔이 가야트리에게 해체할 근거를

이 글은 2000년 겨울 〈마르크스주의를 다시 생각한다 Rethinking Marxism〉에 처음 소개되었는데, 다음 사이트에서도 볼 수 있다.
https://www.tandfonline.com/doi/abs/10.1080/08935690009359022.

PART 4
다른 비자유주의적인 개념도 틀렸다

부여하듯이 말이다.[2]

철학적 토대는 우리가 하는 일에 크게 중요하지 않다고 생각한다. 가야트리와 나는 실증주의적 사실이라고 일컬어지는 텍스트는, 탄생하는 게 아니라 만들어진다는 데 동의한다. '한낱' 단어들이 하는 역할에 주의를 집중할 필요가 있다는 데도 의견을 같이한다. 따라서 포스트모더니즘이다.

그러나 대부분의 포스트모더니스트는 사회주의자다. 그들은 시장의 실패는 눈에 불을 켜고 감시하면서 시장을 망가뜨리는 정부의 실패에는 전혀 관심을 두지 않는다. 그러나 포스트모더니스트가 대부분 사회주의자라는 유감스러운 정치적 사실은, 역사적으로 우발적인 사건이지 필연은 아니다. 포스트모더니즘에서 사회주의를 야기할 만한 것은 아무것도 없다. 오히려 정반대다. 잘 이해하지도 못하면서 포스트모더니즘과 해체와 다른 끔찍한 프랑스 이념을 반대하는 보수주의자들이 깨달았으면 한다. 고전적 마르크스주의는 분명히 실증주의 프로젝트이고, 1960년대 스웨덴부터 오늘날의 환경론에 이르기까지 온건한 형태의 사회주의는 여전히 오귀스트 콩트의 구태의연한 주장, '아는 게 힘이다'라는 사고다. 마르크스와 엥겔스는 자신들이 추진하는 프로젝트를 과학적 사회주의라 일컬었다('과학적'은 근대 영어에서 뜻하는 그런 의미로 쓰이지는 않았지만).

좌익만 구태의연한 실증주의에 관여한다는 뜻은 아니다. 중도 성향의 경제학자 맥스 유Max U도 새뮤얼슨 부류의 '추구하는 인간seeking man'으로서 이 구태의연한 운동에 동참한다. 1960년경 등장했던 과학주의는 좌, 우, 중도를 막론하고 유행했던 이념으로, 포스트모더니즘 프로젝트와는 전혀 딴판이다.

오히려 정반대로 시장경제 체제의 사회는 깨어 있고, 유연하고, 혁신적이고, 활기 있고, 민주적이고, 인위적이지 않고 창의적이다. 중앙에서 계획하는 체제와 정반대이며 개인들이 조금씩 수정하는 수많은 계획의 교차로이다. 사회학자 하워드 S. 베커Howard S. Becker의 접근 방식은 안토니오 그람시 이전의 마르크스주의적 사상이나 경제학자들의 비자유주의적 게임이론과 같이, 목표를 비정하게 추구하는 데 초점을 둔 사회이론이나 피에르 부르디외Pierre Bourdieu의 접근 방식과 대조된다. 베커는 다음과 같이 말한다.

> '세계world'라는 은유는—(부르디외의) '장field'이라는 은유에서는 전혀 사실이 아닌 듯이 보이는—온갖 종류의 사람들이 있고, 이들은 서로에게 관심을 끌 뭔가를 하면서, 다른 사람들의 존재를 의식하고, 다른 사람들이 하는 행동에 비추어서 자신이 할 일을 결정한다. 그런 세계에서 사람들은 서서히 행동 노선을 개발하고, 다른 사람들이 자기가 하는 일에 어떻게 반응하는지 보면서 다른 사람들이 이미 했고 아마도 다음에 할 가능성이 있는 행동과 잘 조화되도록 자신이 다음에 할 행동을 조율한다. …… 그 결과로 나오는 집단적인 행동은 아무도 원하지 않았던 무엇이지만 이러한 상황에서 얻을 수 있는 최선의 결과이고 따라서 그들 모두가 사실상 동의한 결과이다.[3]

이는 애덤 스미스부터 이어온 자유주의 경제학의 혜안이다. 근대주의 전문가들이 미래를 규정하려고 시도했음에도 불구하고 베커와 스미스는 자유로운 사회에서는 한 치 앞을 내다볼 수 없다고 주장하고 있다.

좌익은 '후기 자본주의late capitalism'라는 내 해석에 이의를 제기하리라는 점 잘 알고 있다. 마르크스주의적 성향인 이들은 자본주의의 마지막 단계는 혁명 없는 사회주의라고 믿고, 〈뉴욕타임스〉 독자는 거대한 다국적기업들이 세계를 지배한다고 믿는다. 나는 두 시각 모두 틀렸다고 생각한다.

자유주의 페미니스트이자 문화비평가인 버지니아 포스트렐Virginia Postrel

이《미래와 그 적들The Future and Its Enemies》(1998)에서 말했듯이, 예측하고 통제하려는 근대주의 프로젝트는 '항상주의stasist'다 [4] ('항상주의'는 항상성, 평형을 뜻하는 그리스어 '안정된 상태stasis'에서 유래했다. '국가주의statist'와 혼동하지 말라. 물론 여기서 언급한 근대주의 프로젝트는 국가주의이기도 하지만). 자유롭고 풍요로워지는 사회는 반대로 '역동주의'다.

포스트모더니즘을 마르크스주의와 짝짓는 행태가 내게는 늘 이상하게 보였다. 어떤 형태의 사회주의보다도(어떤 형태든 사회주의는 경제에서 세세한 부분을 사회가 결정한다고 본다. 그게 사회주의의 요지다) 시장이 포스트모더니즘과 가장 어울리는 짝이다. 여기서 내가 말하는 바는 말투와 정신을 뜻한다는 점을 이해하기 바란다. 여기서는 뭐가 뭘를 초래했다는 논리적 연관성을 말하는 게 아니라는 데 동의하리라고 본다. 자유주의적이고 부르주아적인 경제가 논리적으로 포스트모더니즘에 필수조건이라는 주장도 충분조건이라는 주장도 아니다. 타일러 코웬이《상업 문화 예찬In Praise of Commercial Culture》(1998)에서 주장한 것처럼 부르주아 시장 경제가 사실상 포스트모더니즘과 같은 예술과 사상이 발전할 바람직한 장forum을 조성했다는 주장이다. '장forum'은 라틴어로 '시장marketplace'이라는 뜻이다.

더 나아가서 나는 페미니즘이 당연히 세 번째로 따라올 용어라고 주장하고 싶다. 포스트모던 시장 페미니즘이다. 안다, 당신 대부분이 시장은 여성을 대단히 종속시켰다고 믿는다는 사실 말이다. 이해한다. 하지만 내가 당신들과 견해를 달리하는 경제적 역사적 근거가 있다. 차분히 증거를 따져보자. 내가 주장하는 유형의 시장은 여성을 해방시키는 데 큰 역할을 했다 (그리고 노예와 가난한 사람과 소수 종교인과 성소수자도 해방시켰다).

경제적으로 보면, 시장은 딸이나 아내나 배우자를 여읜 어머니에게 출구라는 선택지를 제공했다. 한 가구에서 권력이 바로 문제의 핵심이라는 데 모두가 동의한다. 나는 가야트리가 지적한, 젠더 권력은 계층 권력과 경제 권력과 인종 권력과 상호작용하며, 그런 권력을 하나하나 따로 떼어서 생각하는 방식은 비과학적이라는 주장에도 매우 동의한다.[5] 나도 그 점을 지적한다. 여성이 (아프가니스탄처럼) 법적으로 혹은 (인도나 카스트 제도처럼) 관습에 따라 집 밖에서 일하지 못하도록 금지된 사회에서, 여성은 선택의 여지가 거의 없다.

무엇과 비교해서 선택의 여지가 없냐고? 여기서 자유로운 혁신주의를 비판하는 이들은 여성들이 얻을 수 있는 일자리를 두고 불만 가득한 자기 남편들과 한목소리로 빈정거린다. 자유롭게 다리 밑에서 잠을 청하는 처지, 나이키에서 일자리를 얻을 자유, 결국 미국 시장에서 팔 운동화를 쥐꼬리만 한 임금을 받고 만드는 일이 인간을 소외시키는 노동 아니냐고 그들은 말한다. 나를 고용해서 착취하지 않느냐고 덧붙인다.

그러나 자유주의 민주주의 경제학자는 그 여성에게 물어 보라고 주장한다. 신발 제조사가 그녀에게 일자리를 제공하지 않는 편이 더 나은지 물어 보라. 돈 받고 빨래하는 벌이가 더 나은지 아니면 나이키에서 일하는 벌이가 더 나은지 물어 보라. 나이키가 인도네시아에 새로 공장을 지으면 사람들이 일자리를 얻으려고 그 앞에 길게 줄을 서는 광경을 보라. 그리고 그녀에게 시장에서 일할 기회를 전혀 얻지 못하고, 그저 집에서 자기 아버지나 남편이나 시어머니 처분에 자기 삶을 맡기고 사는 게 더 나은지 한번 물어 보라.

하지만 나는 그러한 논리적 주장이 그 자체로는 그렇게 감흥이 느껴지지 않는다. 경제학에서 대단한 사회적 진실을 칠판 앞에 서서 증명할 수 있다는 근대주의적 탁상공론의 일환이기 때문이다. 리카도와 피구와 새뮤얼슨과 스티글리츠가 주장하듯이 말이다. 나는 경제사학자이고, 이는 경제학에서 서열이 낮은 비천한 분야다. 시장과 상업적으로 검증된 혁신과 부르주아 가치가 실제로 정치나 대중문화 같은 체제와 어떻게 상호작용했는지 터득해야만, 전체적으로 볼 때 그러한 체제들이 여성 해방에 어떤 영향을 미쳤는지 파악할 수 있다.

바람직한 결과가 나오지 못할 수도 있다. 실제로 그런 지역도 있다. 전체적으로 보면 인간에 대해 시장 가치를 매기면서 여성의 성적 매력을 금전화하고, 이는 부유한 나라들에 거주하는 젊은 여성들의 자존감을 훼손하고, 자발적으로 굶어 살을 빼는 사태까지 초래했다고 당신은 주장하겠지. 나는 생각이 다르다. 매춘은 오래된 직업이고 남성의 색욕도 고질적인 습성이다. 상업적으로 검증된 혁신도 부분적으로는 해를 끼칠 수도 있었다. 1848년에는 많은 사람들이 해로우리라고 생각했다. 1848년에서 반 세기가 지나자 많은 이들의 우려가 틀렸다는 게 드러났다. 1855년부터 1913년까지의 기간 동안 영국에서 실질임금은 두 배로 늘었다. 여성의 실질임금도 마찬가지였다.[6] 그 기간 동안 여성은 남성이 받는 임금의 절반을 받았고 남성의 임금보다 항상 낮았지만 같은 속도로 꾸준히 상승했다. 그리고 20세기에는, 여성의 임금이 1914~1945년의 처참한 임금 수준에도 불구하고, 두 배 이상으로 급격히 향상되었다. 존 스튜어트 밀과 마르크스처럼 맬서스 영향을 크게 받은 정통 경제학자들의 예상을 깨고 말이다.

앵거스 매디슨이 자료를 입수할 수 있었던 OECD 회원국 가운데 가중치를 두지 않은(즉, 1국 = 1회 관측치) 1인당 평균 실질 GDP는 1980년대 달러가치로 환산했을 때 1900년에 1,800달러에서 1987년에 10,000달러로 상승했다.[7] 신발, 교육, 빵, 책을 5.6배 더 누리게 되었다는 뜻이다(물론 정부들이 지뢰와 제트전투기 장만하는 데도 돈을 쓰긴 했지만, 이득에 비하면 부정적 결과는 전체에서 아주 작은 몫이고, 그런 부정적인 결과를 야기한 고객은 개인이 아니라 정부다). 1,800달러와 10,000달러의 차이는 겨우 목숨이나 부지하는 처지와 상당히 풍족하게 사는 처지만큼 천양지차다. 그리고 여성은 부엌과 뒷마당에 묶여 있던 상태에서 해방되었다. 오늘날 OECD 회원국 대학생은 절반 이상이 여성이다.

여성 역사에서 가장 중요한 사건은 근대의 풍요다. 여성의 삶을 구체적으로 들여다보면 해방의 역사다. 매사추세츠주에서 살면서 영국 대도시와 경쟁하던 초기 미국 목화 산업 공장에서 일하던 젊은 여성들은, 자기 일자리에 대해 차별받는다고 생각하지 않았다. 1800년 이후로, 특히 1900년 이후, 혁명은 주로 상품의 생산에서 일어났다. 교수법은 플라톤이 아카데미에서 가르치던 방식과 비교할 때 그다지 달라진 게 없다. 그러나 컵과 신발과 쌀과 건축자재 비용은 1848년 당시 가격에 비하면, 노동력으로 환산했을 때 아주 작은 부분을 차지한다.

기존의 통계학 대부분에서 포함시키지 않는 국민소득의 일부분인 가사노동은 크게 변모했다. 음식을 장만하는 활동이 시장에서 이루어지면서 여성의 가사노동 시간은 확연히 줄었다. 1900년 전형적인 미국 중산층 가구는 요리하는 데 주당 44시간을 소비했다.[8] 직접 재료를 장만해 빵을 굽고 저장음식을 만들고 파이를 구웠다. 육아는 이제 점점 더 많은 부분을 시장이 담당하지만, 공장에서 만든 식품과는 달리, 기법이 크게 바뀌지는 않았다. 어린아이 하나, 혹은 둘이나 셋을 돌보려면 여전히 두 눈과 두 손이 있는 성인 한 사람이 필요하다. 엘리자베스 웨일랜드 바버 Elizabeth Wayland Barber 에 따르면, 바로 이 때문에 여성이 직물을 발명했다고 한다. 아이를 돌보면서도 할 수 있는 사업이기 때문에.[9]

여성은 이제 집 밖에서 일하지 않는 쪽을 선택할 자유도 생겼다(끔찍한 일을 마치고 귀가하면 또 다른 일이 기다리고 있다. 가야트리와 내가 '일'이라고 생각하는 관점이 다른 듯하다). 어쨌든 노동시장에 참여하게 되면서 가족 내에서 힘의 균형이 급격히 변했다. 페미니스트 경제학자 바버라 버그먼Barbara Bergmann은 가능한 한 빨리 남자들을 모방하라는 방법을 제시했다. 시장에 나가서 팔고, 팔고, 또 팔아라. 그녀는 시장을 여성 해방의 길이라고 본다.

긍정적으로 말해서, 가야트리 관점에서 그녀 못지않게 용감한 제안을 하자면, 경제에 관한 포스트모던 시장 페미니스트의 관점을 제시하고 싶다. 어떻게 하면 페미니스트인 동시에 자유시장주의자가 될 수 있을까? 남성들은 하나같이 여성해방에 적대적이지 않은가?

그렇긴 하지만 아닐 수도 있다. 월스트리트 경제는 여성에게 우호적이지 않다는 점은 인정한다. 월스트리트 경제는 경제가 작동하는 방식을 남성의 방식으로 보고 오해하기 때문이다. 나는 인간에게 사랑이나 정의 같은 다른 미덕은 중요하지 않으며, 오직 수익만이 중요하다는 '효용 극대화'는 틀렸고 위험하다고 본다. 이사회(더 정확히 말하면 남성들만의 클럽) 회의실에 앉아서 효용 극대화를 들먹이며 빈정거려도 소용없다.

그러나 사회주의자 페미니스트 청중들에게 말하건대, 가두시위 하는 사람들도 똑같이 빈정거린다는 점을 강조하고 싶다. 효용 극대화는 마르크스주의 이윤과 자본주의 이윤 두 이론 모두를 답습하고 있다. 다시 말하지만, 예전에 내 동료였던 스티글러가 좋은 사례다. 좌익과 우익은 동의한다. 개브리얼 콜코Gabriel Kolko는 마르크스주의적인 역사학자로서, 미국의 주 경계를 넘나드는 거래를 관장하는 주간 상공위원회Interstate Commerce Commission가 철도회사들에 볼모로 잡혔다는 점을 증명한 탁월한 학자였다. 철도회사들이 위원회를 이용해 화물요금을 인하하기는커녕 인상했는데, 이는 위원회를 구성하는 위원들이 철도산업계 출신이었기 때문이다. 1970년대에 시카고 경제학과에 속한 우리는 그의 연구가 참신하다고 생각했다.[10] 그러나 일부 멍청한 공화당원들처럼 경제가 그런 식으로 돌아간다고 생각하고 혼동하면 안 된다. 경제에 대한 이론 가운데 틀린 게 있다는 이유로 증거를 제대로 보지 못하면 안 된다.

사랑이 빠져 있다. 벤담부터 시작해 사회이론에서는 하나같이 사랑이 빠져 있다. 여성 대부분은 쉽게 이해하겠지만 그런 이론은 말도 안 된다. 사랑(그리고 용기와 절제와 정의)을 사회적 이론을 형성하는 과정에서 배제하고 효용 극대화에서 비롯된 모델만을 고집한다고 해서 엄밀하고 현실적이지는 않다. 페미니스트 경제 이론은 무엇이 사람들에게 동기를 부여하는지를 고려하고, 나와 몇몇 다른 경제학자들이 '인도적인 경제학humanomics'이라고 일컫는 것에 관심을 기울이는 이론이다. 수도원에 사는 수녀부터 증권거래인에 이르기까지 사람들은 각양각색이고, 같은 직종 내에서도 다양한 차이가 있으며, 이들이 시장에 관여하는 이유는 모두 제각각이라는 뜻이다.

흥미진진할 정도로 첨단 이론이 아니라는 것 잘 안다. 내가 당신 앞에 코르셋을 입고 서서 채찍을 휘두르며 시장은 섹시하다고 외치는 것도 아니다. 시장경제 사회에 대해 제시할 만한 음탕한 혜안도 없다. 그러나 페미니즘은 차이를 인정하고 찬미하는 태도로써, 사회사상에 독특하게 기여했다. 인간에 대한 이론은 남성을 위한 이론이다. 남성은 사회이론이 단순하기를 원한다. 남성들은 인간은 이러이러하고, 여성은 저러저러하다고 말하기 좋아한다. 그래서 남성은 외골수 대리인을 내세운다. 애정이 결여된 대리인.

여성일 수 있는 방식은 여러 가지다. 가야트리가 한 인터뷰에서 "특권을 누리는 여성들이 거울에 비친 자기 얼굴을 보고 여성에 대한 정의는 단 하나밖에 없다는 듯 '여성'을 규정하는 거만한 페미니즘은 질색이다. 그들은 이따금 자기 얼굴을 보고, 이따금 자기 생식기를 보고, 이를 바탕으로 여성은 이러이러하다고 규정해 버린다. 나는 그런 행태를 보면 인내심의 한계를 느낀다"라고 했다.[11] 여기서 나는 일어나 환호성을 질렀다.

욕망과 경제에 대한 페미니스트 이론은 인간은 각양각색이고, 다양한 인간의 사연에 귀 기울여야 한다고 지적한다. 페미니스트 이론은 오늘날 사회 이론이라고 간주되는, 인간은 흠잡을 데 없는 분별력을 지녔다든가, 사랑이 전부라든가, 순수한 용기를 들먹이는 하찮은 논리[이 순서대로 (마르크스주의적이든 신고전주의적이든) 경제학적, 종교적, 보수주의적 이론이라 해도 무방하겠다]와는 극명하게 대조된다. 마르크스주의적인 성향이든 아니든, 모두 포스트모던 페미니스트가 되고 시장을 존중하면서 함께 더욱 나은 세상을 만들 수 있다.

Chapter

44

서구가 풍요로워진 이유는
제국주의 덕분이 아니다

가야트리 스피박과의 대화에서 도달한 결론.

가야트리 스피박과 나는 역사란 인간이 엮어내는 이야기라는 데 전적으로 동의한다. 그렇다고 해서 문헌을 살펴보거나 날짜를 제대로 파악하지 않아도 된다는 뜻은 아니다. 우리 입장은 포스트모더니즘적이라기보다는 그저 상식적이지 않을까 싶다. 생각이 있는 역사학자라면 누구든 자신이 '시대'가 아니라 '문제'를 선정해서 연구한다는 사실을 잘 알고 있다.[1] 역사학자는 문헌자료에 수록된 사건을 그대로 베끼는 사람이 아니다. 일어난 사건은 문헌이 아니다. 뭔가가 쓰여 있는 종이 더미가 문헌자료다. 이야기는 누군가 주워서 전해주기를 기다리며 길거리에 놓여 있지 않다. 이야기는 조약돌처럼 세계 어딘가에 놓여 있는 게 아니다. 이야기는 사람들의 머

이 글은 2000년 겨울 〈마르크스주의를 다시 생각한다 (Rethinking Marxism)〉에 처음 소개되었는데, 다음 사이트에서도 볼 수 있다.
https://www.tandfonline.com/doi/abs/10.1080/08935690009359022.

릿속에서 제조되고 입을 통해 전달되며, 설명이 필요한 문제를 해결하는 데 증거가 될지도 모르는 종이와 조약돌에 의해 제약을 받는다.

그러나 가야트리와 나는 지난 3세기와 앞으로 다가올 세기에 대해서는 견해가 다르다. 나는 그녀가 자유주의적 혁신이 제대로 작동하면서 비롯되는 대단한 풍요를 간과한다고 생각한다. 그 현상을 간과하면 사실과는 다른 비참한 삶을 이야기할 수 있기 때문이다. 중국 역사를 연구한 케네스 포메란츠가 스티븐 토픽과 함께 쓴《설탕, 커피 그리고 폭력》도 마찬가지다. 포메란츠와 토픽은 창조적 파괴가 야기한 부정적인 효과에 대해서 정확하고 흥미진진한 이야기를 들려준다. 그러나 창조적 파괴를 통해서 보통 사람들의 삶이 얼마나 개선되었는지는 단 한마디도 하지 않는다. 좌익진영 사람들의 나쁜 습관이다. 좌익은 진보의 결과로 일부 사람들이 손해를 본 게 '자본주의' 탓이라고 비난한다. 어떤 정치체제에서든, 혁신을 허용한다면 일어났을 진보인데 말이다. 그리고 혁신이 우리를 구원했다.

우리 같은 계량적인 포스트모더니스트는 계량적이지 않은 데서 비롯되는 실수에 대해 참을성이 많다. 나는 진보라는 이야기는 수치로 정당화된다고 생각한다. 앞으로 닥칠 세기에 전 세계는 오늘날 미국 교외 지역 못지 않게 부유해지리라고 믿는다. 자유로운 혁신주의가 제대로 작동하게 된다면 말이다(그렇다고 해서 "컨트리클럽 회원인 공화당원들이 원하는 대로 해 주자"라는 뜻은 아니다. 인권을 보호하자는 뜻이다. 특히 여성도 자기 노동력을 재량껏 활용할 인권 말이다). 따라서 나는 환경주의자들의 맬서스적인 고용을 믿지 않는다. 맬서스주의는 근대 경제사의 길잡이로는 형편없는 지침이었다(고대와 중세 경제사에 대해서는 탁월한 지침서였다. 그런데 맬서스가 이론을 정립한 바로 그 때인 1800년경, 역사의 성격이 급격히 변했다는 것이 문제다).

나는 상업적으로 검증된 혁신, 자유로운 혁신주의가 확산하리라 내다본다. 벵갈 사람이나 에콰도르 사람이라고 해서 혁신하는 데 근본적으로 문제가 있을 이유가 없다. 지금 가난한 나라의 평균적인 여성이 광학 산업에 투신해서 독일 수준에 다다르고, 컴퓨터 프로그래밍 산업에 뛰어들어 인도 수준을 따라잡거나, 소매업에 관여해 미국 수준을 따라잡지 못할 이유가 없다. 뭐든 잘하는 나라는 높은 생활수준에 도달할 수 있다.

어떻게 그런 일이 일어날까? 식료품점이나 쇼핑몰을 미국식으로 구축해 수익이 증가한다면, 영국과 덴마크 소매업자들은 이 방식을 채택하고 싶은 유혹을 느끼게 된다. 실제로 이 방식을 채택했고, 상당히 수익을 내다가 이를 모방하는 기업들이 진입하면서 초과 이윤이 하락했다. 성장은 신비로운 현상이 아니다. 여기서 나는 신성장 New Growth 이론이나 경로 의존Path Dependence 이론을 주장하는 내 동료 경제학자들의 의견에 전혀 동의하지 않는다. 성장은 단순하다. 얼마나 단순하냐고? 최고로 잘하는 사람들이 현재 하는 방식대로 하라. 잘하면 잘할수록 더 부자가 된다. 젊은이들에게 이렇게 가르쳐라. 그리고 새로운 일처리 방식을 발견하라. 총체적으로 볼 때는 단순하지만, 세부적으로 보면 예측 불가능하다. 풍요롭고 창의적이다. 이는 페미니스트적이며, 인도적인 경제학이다.

풍요롭고 창의적인 경제성장을 막는 것은 전쟁과 보호와 조직적인 절도 행위뿐이다. 모두가 거드름 피우고 간섭하기 좋아하는 정부의 특기다. 일본은 농업과 소매업을 보호하고 여성을 복종하는 역할에 묶어 놓은 결과, 미국 수준의 풍요에 못 미쳤다. 일본 소비자와 일본 여성들이 이러한 '보호' 정책을 언제까지나 참지 않기를 바란다.

가야트리 이야기의 또 다른 부분, 식민지 부분에 대해서는 참기가 어렵다. 사미르 아민Samir Amin의 잘못된 주장을 받아들인 듯하다. 지난 50년 동안 성장률이 꾸준히 가속화된 제3세계의 문제를 두고 제국주의 탓을 하는 게 이상하다. 가장 반제국주의이자 반자본주의 성향임을 자신 있게 내세웠던 예전의 식민지 인도는, 한때 아시아에서 성장률이 최저였다. 인도의 성장이 부진한 까닭은 인도가 한때 빅토리아 여왕의 보석이었기 때문이 아니라, 독립 후 수십 년 동안 런던정경대학원 정치이론가 해롤드 래스키Harold Laski의 정책을 좇아 시장이 발 들일 틈을 주지 않았기 때문이다.

생각해 보니, 래스키–네루–간디 사회주의는 일종의 제국주의 결과였던 게 맞다. 지적인 제국주의. 요즘에 와서야 인도에서 미제 시리얼을 구입할 수 있게 되었다. 혁신주의를 받아들인 예전 식민지들 — 홍콩이 선도적인 사례다. 특이한 사례이지만 — 은 괄목할 만한 성과를 냈다. 홍콩에서는 무엇이든 살 수 있다. 과거 어느 때보다도, 지금 인도에서는 무엇이든 살 수 있다. 아프리카 일부 지역도 독립한 이후 사회주의와 깡패 같은 정권들이 자초한 상처로부터 벗어나고 있는 듯하다.

이와 함께 '세계 노동 분업'이라는 구절은 가야트리 글에서 섬뜩한 역할을 한다. 그녀는 가난한 나라들이 부유한 나라들에 영구적으로 종속된다고 생각한다. 나는 정반대로 그녀의 우려에는 역사적 관점이 결여되었다고 생각한다. 미국 남부는 한때 영국 랭카셔 공장에서 수입하는 목화의 주요 생산자였다. 랭카셔는 한때 중세 런던에서 판매된 치즈의 주요 생산자였다. 그러한 관계를 '구조적'이라고 보는 관점은 잘못이다. 지표가 하나 있다. 아시아 전역의 제조 품목 수출 평균치(1차 상품)가 총수출에서 차지하는 비율이, 1953년에 겨우 8퍼센트였는데 1986년에는 64퍼센트로 증가했다.[2] 중남미의 통계치는 4퍼센트에서 24퍼센트로 증가했다. '구조'가 아니라 성장덕분이었다.

아민과 가야트리를 비롯한 여러 사람의 주장과는 달리, 제국주의가 제국들에 미친 영향은 미미했다. 탈제국주의자들이 정반대로 주장하는 까닭을 모르겠다. 가야트리와 그 밖의 탈식민지주의자들은 식민지의 피통치자들, 특히 고학력자들이 식민지 통치를 받으면서 정체성을 형성하게 되었다는 일부 역사학자들의 설득력 있는 주장을 채택해, 고학력이든 아니든 모든 식민지 개척자들에게 전방위로 영향을 미쳤다는 논리로 바꾸어 놓는다.

안다, 알아. 타자the other라느니, 서양 시각으로 동양을 바라본다느니 하는 주장. 그러나 독일인과 미국인의 생각 속에 존재하는 타자들 대부분은 독일과 미국 내에 존재하지 않는가? 여성과 유대인과 이민자와 흑인만으로도, '우리와 구분되는 사람들'이라는 정체성의 색깔을 칠하기에 충분하게 다양한 물감을 제공하지 않는가? 세계 인구의 4분의 1이 제국에 속했을 당시, 영국인 대부분은 자신이 피상적으로 참여했던 제국이 아니라 영국적인 삶에서 자신의 정체성을 얻지 않았을까? 식민지 지배가 유럽인들에게 핵심적인 경험이었다고 정반대로 주장하면 개연성 없는 역사를 낳게 된다.

중요한 사례는 경제학자이자 경제사학자로서 내가 해괴하다고 생각하는 사례인데, 바로 17세기와 18세기의 제국주의 경험을 지나치게 강조한다는 점이다. 제국주의 자체의 문화적 중요성은, 탐험 자체에 반대하는 논리만큼이나 과장하기 쉽다. 그러나 내가 그런 문제에 대해 비판할 정도의 전문가는 아니므로 입 다물고 있겠다. 다만 셰익스피어가 쓴 희곡은《템페스트》말고도 많다는 점은 지적하고 싶다. 나는 경제학과 경제사에 대해서는 말할 자격이 있다. 네덜란드가 누린 부의 일부는 인도네시아 자바섬 사람들로부터 약탈한 데서 비롯되었다고 주장할 수도 있을지 모른다. 그러나 1848년 이후 근대에 네덜란드가 폭발적으로 성장한 원인은 내부에 있었다. 우수한 교육과 엄격한 법치, 무역 권장, 지리적으로 명당자리에 위치했다는 점 등이다.

요점은 나라들이 부유한 이유는 주로 내부적인 요인 덕분이지, 식민지로부터 약탈했기 때문이 아니다. 스페인과 포르투갈 같은 예외적인 사례가 바로 이 원칙을 증명한다. 두 나라는 신세계의 광산에서 채굴할 게 동나자 서유럽에서 가장 가난한 나라로 전락했다. 그렇게 된 까닭은 그들이 동시대의 유럽 북서부 사람들과는 달리, 부르주아 계급을 선망하는 태도를 채택하지 않았기 때문이다.

다시 말해서 주변부는 주변부라고 불리는 이유가 있다. 핵심적인 경제체제로부터 벗어나 주변에 위치한다는 뜻이다. 1650년경 네덜란드가 풍요로워진 데는 폴란드가 결정적인 역할을 했다거나, 1800년경 영국이 풍요를 누리는 데 미국과 아일랜드가 결정적인 역할을 했다거나, 1950년경 남아시아와 중남미가 유럽의 번영에 결정적인 기여를 했다는 주장은 틀렸다. 이러한 논리는 지금도 적용되지 않는다. 부유한 나라들은 주로 부유한 나라들끼리 교역하고 투자한다는 사실은 경제사에서 진부할 정도로 잘 알려져 있다. 유럽의 경제활동을 침략적으로 보는 관점은 주변부에서 보는 관점이고, 유럽인들의 관점에서 보면 주변부는 경제적으로 별 영양가가 없었다. 다시 통계 수치를 예로 들겠다. 앵거스 매디슨의 연구를 지침 삼아서, 1950~1986년 사이에 개발도상국 15개국의 GDP 가운데, 외부에서 유입된 자금이 차지한 비율은 약 2퍼센트였다. 이 나라들이 투자한 총액이 얼마였을까? 약 16퍼센트다.[3] 가난한 나라들의 실제 투자액 중 8분의 7이 이 나라들 스스로 한 투자다.

셰익스피어의 희곡 《율리우스 카이사르》에서 카시우스는 로마의 군주가 되려는 카이사르를 저지하고 공화국을 지켜야 한다며, 브루투스를 다음과 같이 설득한다. 브루투스여, 인간의 흠결은 별자리 탓이 아닐세./우리의 제국도 우리 제국의 주인 탓도 아닐세./흠결은 우리 자신 탓일세. 우리가 신하든/아니면 주군이든 상관없이 말일세.

Chapter

45

자유주의는 성소수자에게도 바람직하다

명석한 고(故) 케빈 반허스트Kevin Barnhurst는 그가 편집해 2007년에 출간한 성소수자 매체 연구 모음집 〈성소수자 매체: 가시성과 불만Media/Queered: Visibility and Its Discontents〉의 서문을 내게 요청했다. 이를 수정 보완해서 여기 소개한다.

　　이 책에 수록된 세 편의 긴 에세이에서 캐서린 센더Katherine Sender와 빈센트 도일Vincent Doyle과 아미트 카마Amit Kama는 성소수자 연구에서 새로운 전환점이 될 흥미진진한 가능성을 제시한다. 그러나 모두가 흡족할 만한 수준은 아니다. 이 책에 수록된 글을 쓴 모든 저자들이 흡족해 할 가능성은 더더욱 없다. 성소수자 연구학자 대부분은 자신을 진보주의자나 사회주의자로 간주하며, 자유시장을 옹호하는 입장은 절대로 아니다. 나도 한때 그 부류였기에 ― 아주 오래전 지금과는 다른 젠더였을 때, 그다지 학구적이지

피터 랭 Inc.(Peter Lang Inc.)의 허락을 받아 케빈 G. 반허스트가 편집한 〈성소수자 매체: 가시성과 불만〉(뉴욕: 피터 랭, 2007)에 수록된 디드러 매클로스키의 "서문: 성소수자 시장(Introduction: Queer Markets)"을 게재한다.

Chapter 45, 'Liberalism is good for queers': First published as: "Introduction: Queer Markets" by Deirdre McCloskey in Kevin G. Barnhurst, ed., Media/Queered: Visibility and its Discontents. New York: Peter Lang, 2007. © 2007 by Peter Lang Inc.

않은 겉멋 든 트로츠키주의자였다 — 진보주의자 시각을 이해할 수 있다. 그 매력을 기억한다. 〈더 네이션〉이나 노엄 촘스키의 최근작을 훑어 보면 자신이 선행을 하고 있다는 인상을 준다. 생각해 보라. 그저 책이나 읽고 고개나 끄덕거려도 선행을 할 수 있다니 말이다.

그리고 좌든 우든 정체성으로서의 정치적 견해가 지닌 매력을 안다. 우리는 정치적 정체성을 낭만적인 청년기에 습득한다. 생후 두 살 정도에 자기 나름의 이론을 갖추게 되는 젠더 정체성과 마찬가지로, 사람들 대부분은 20세 정도에 습득한 자신의 정치적 견해를 그 후에 재고할 생각도 하지 않는다. 솔 벨로Saul Bellow는 트로츠키주의에 심취했던 자신의 청년기에 대해 다음과 같이 말한다. "청년기에 이념에 심취하는 여느 사람과 마찬가지로 나도 이념을 포기할 수 없었다."[1] 사람들은 청년기에 부르주아 계층을 증오하든가, 자본주의를 사랑하든가, 자유시장을 혐오하든가, 복지와 규제를 시행하는 정부를 열렬히 믿게 된다. 이는 자신의 소중한 정체성의 일부가 되고 신념이 된다. 제발 당신의 신념을 재고하기를 호소한다.

어쨌든 일단 다음과 같이 경고하는 게 도리라고 생각한다. 나는 성소수자 매체 연구에서 진정 현대적이고 인도적인 자유주의를 받아들이기를 원한다. 여기 모은 증거들을 보라. 센더, 도일, 카마의 에세이 세 편 모두 시장의 힘이 얼마나 바람직한지 보여준다. 즉, 인간의 자유 특히 성소수자의 자유를 신장시키는 데 시장의 힘이 얼마나 위력이 있는지 보여준다.

초점은 매체다. 우선 조사 대상인 매체는 절대로 정부의 재정적 지원에 의존해서는 안 된다. 솔깃한 유사사회주의식 언론 조합의 형태라고 해도 말이다. 매체는 상업적 언로이고 수익을 창출해야 한다. 센더와 도일의 에세이에서 분명히 밝히듯이 말이다. 그리고 그들은 대중매체다. TV 리모컨을 쥐고 있는 시청자, 아니면 적어도 스위치를 켜고 끄는 주체적인 시청자를 대상으로 한다. 이스라엘 고지대에 사는 카마는, 온갖 전파를 통해 유입되는 담론이 1대1 소통보다 훨씬 높은 존엄성과 진정한 인간적 접촉을 허락한다고 지적한다. 지위, 젠더 정체성, 많은 1대1 대화에서 두꺼비처럼 웅크리고 앉은 위계질서들.

당신이 백악관 집무실에서 트럼프와 '동성애자의 삶의 방식'에 대해 대화를 나누게 되었다고 가정해 보자. TV 카메라 몇 대를 추가하자. 비공개라면 트럼프 견해에 멋지게 반박할 수 있을지 몰라도, 공개적인 자리에서 1대1로 대화하면 당신은 말문이 막히고 트럼프는 학교운동장에서나 일어나는 약자 괴롭히기를 시작할 것이다. 대통령의 정서, 무지에서 비롯되는 자신감, 편 갈라서 목소리 높이는 기술, 1대1 대화에 내재된 모든 불평등이 진가를 발휘한다. 1대1 접촉에 대해 감상에 젖어 매체를 폄하하는 태도는 버려야 한다. 정신 차려라, 소크라테스.

학자들은 두 개인이 정직하고 진지하게 나누는 대화를 이상적이라고 여기는 경향이 있다. 강요되지도 상업화되지도 않은 인간적인 대화 말이다. 나도 그런 대화가 좋다. 하버마스Harbermas가 말하는 이상적인 대화 말이다. 나도 어설프게나마 내가 사랑하는 몇몇 사람들과 이러한 대화를 실천해왔다. 로이드, 데릭, 조앤, 아르요, 스티브, 존, 랄프, 앞으로 나와 봐. 그러나 애정 없는 이른바 사적인 대화는 사회 풍조라는 짐을 떨쳐버리기 어렵고, 당신의 상사와 나누는 대화마다, 당신의 남성 친구와 운동경기에서 나누는 경쟁적인 대화마다, 당신의 정체성이 억눌리게 된다. 두 사람 사이의 대화보다 풍요롭고 상업화된 사회의 매체를 통해서, 성소수자가 대화하고 행동하고 이론을 정립할 때 운신의 폭이 훨씬 넓다.

거대 매체의 상업성이 표현의 자유를 억압한다고 우려하는 이들도 있다. 그러나 16세기에 새로이 인쇄기가 등장했고 17세기에 새로운 우편서비스가 등장했듯이, 새로운 매체를 계속 만들도록 허용되는 한―인터넷이 등장한 뒤 블로그가 폭증하고 낯선 사람과 일정한 거리를 유지한 채 이메일로 대화를 주고받게 된 현실을 보라―그럴 가능성은 적다. 얘기가 나왔으니 말인데, 남한테 돈을 주고 시켜서 당신의 주장을 펴게 한다고 해도 전혀 나쁘지 않다. 시카고에서 〈트리뷴〉을 운영했던 커널 매코믹Colonel McCormick이 1930년대와 40년대에 반동주의 나팔수 역할을 했듯이 말이다. 그가 뉴딜 지지자들의 글을 자기 신문 〈트리뷴〉에 싣지 못하게 한 행위는 '검열'이 아니다. 이따금 이런 행태를 넓게 검열로 정의하기도 하지만 말이다. 사람들과 논쟁하는 행위는 헌법에 어긋나지 않으며, 그 주장을 대신 하도록 돈을 지불하는 행위도 헌법에 어긋나지 않는다. 정부에 의존하지 않는 한 말이다. 즉, 경찰을 개입시키지만 않으면 된다.

수정헌법 제1조에 따르면, 정부는 표현의 자유를 제약하는 그 어떤 법도 제정하지 못한다. 당신이 대도시에 배포되는 신문의 소유주가 아니기 때문에 당신 주장이 50만 독자에게 전달되지 못한다고 해서 표현의 자유가 침해된 것은 아니다. 스스로에게, 또는 당신 배우자에게 이렇게 말하면 된다. "말도 안 되는 소리. 〈트리뷴〉이 또 틀렸어. 계속 저런 소리를 지껄이면 그놈의 구독 취소해 버려야지." 자유시장경제 사회에서 할 만한 주장이다. 바로 그런 일이 〈트리뷴〉에게 닥쳤고, 이제 이 신문은 온건한 좌익-공화당 성향의 신문이다.

다시 말해서 매체 문제는 검열을 당하거나 내 주장을 아무도 인정해 주지 않는 것과 동일하지 않다. 정부가 개입하지 않는 한 말이다. 구글이든 신문이든 어떤 매체든, 혼잡한 실제 시장보다 이상적이고 쉽게 접속할 수 있는 이상적인 표현의 공동체는 존재하지 않는다. 예컨대, 트랜스젠더 공동체는 마이클 베일리Michael Bailey와의 투쟁에서 매체 문제에 직면하고 있다.

그는 《여왕이 되려는 남자The Man Who Would Be Queen》(2003)를 출간한 후 노스 웨스턴대학교 심리학과 학장직에서 물러나야 했다. 베일리는 자신의 저서에서 다음과 같이 말했다. "동성애자 대부분은 여성적이거나, 적어도 어떤 측면에서 여성적이다."[2] 베일리 교수의 동성애자 감별 기능은 길 건너편에서 있는 사람의 어떤 측면만 보고도 동성애자인지 식별할 수 있다는 것이다. 예컨대, 어떤 남자가 'S'를 발음할 때 바람이 새는 소리를 내면 말이다. 영화배우 록 허드슨은 동성애자였지만 그런 식으로 발음하지 않았다.

베일리는 또한 저 멀리 한 블록 정도 떨어져 있는 사람도 '진짜' 트랜스젠더인지 식별할 수 있다고 했다. 예쁘장하게 생겼으면 그렇다는 것이다. 베일리 교수가 잠자리를 같이하고 싶을 정도로 성적으로 '매력적'이면 진짜 성전환자라는 주장이다. 그가 주장하는 이런 원시적인 이론에 따르면, 트랜스젠더는 극단적인 유형의 동성애자다. 그는 진짜 트랜스젠더와 가짜를 구분할 수 있다고 한다. 예전에 남성이었던 트랜스젠더인데 자기가 보기에 매력적으로 느껴지지 않는 이들은 가짜 트랜스젠더라는 뜻이다. 자신이 여성이라는 생각만으로도 '성적으로 흥분되는' 그런 유형은 가짜 트랜스젠더라는 뜻이다.[3]

베일리는 이제 (내가 누군지를 뜻하는) 성정체성과 (내가 누구를 사랑하는지를 뜻하는) 성지향성이 별개의 문제라는, 과학적으로 수용된 관점을 공격하고 있다. 예전에 남성이었다가 성전환한 사람들이 여성 정체성을 느끼거나 바라는 방식은, 당신이 변호사가 되고 싶다거나 플로리다주의 주민이 되고 싶은 느낌이나 바라는 방식과 다르다. (일찍 성전환을 했기 때문에) 외모가 좀 더 여성적인 예쁘장한 이들만 그런 정체성을 지닌 것도 아니다. 베일리는 거기에는 '정체성' 따위는 없다, 두 경우 다 섹스 때문이다, 남성이 흥미 있는 건 섹스니까, 섹스, 섹스, 섹스일 뿐이라고 주장한다.

베일리 주장을 우익진영의 신앙인들이 덥석 문 게 놀라울 일이 아니다. 인쇄물과 온라인으로 〈내셔널리뷰National Review〉에 자주 기고하는 동성애 혐오자 존 더비셔John Derbyshire가 베일리 책을 긍정적으로 평가하는 서평을 썼는데, "남성의 동성애 성향에는 오랜 세월 유지되어온 제도, 특히 남성 지배적인 제도하에서 마음대로 하게 내버려두면 제도를 전복하려는 성향이 본질적으로 내재되어 있다"라는 결론을 내린다.[4] 세상에, 성소수자들이 마음대로 하게 내버려두지 말자는 뜻이다.

이는 동성애자의 문제이나, 동성애자 매체는 이를 포착하지 못했다. 당시에 내가 다니는 교회 목사는 동성애자였는데 그는 베일리의 연구 조사를 위해 인터뷰에 응했다. 동성애자 매체들이 베일리의 정체를 폭로하지 않았기 때문이다. 동성애자 매체의 출세지향주의에 대한 카마의 구조적인 분석은 특히 이러한 논란에 타당하다. 동성애자 매체 구성원들은 다음과 같이 생각한다. "베일리는 트랜스젠더만 다루는데 뭐. 어쨌든 트랜스젠더들이 게이 퍼레이드에 나오면 창피하잖아. 크게 문제 삼지 말자."

그러나 나는 여기서 자본주의 매체에 대해 불만이 전혀 없다. 〈이성〉은 수익을 추구하는 기관이고 미국에서 근대 자유주의의 목소리를 내고 있으며, 장장 7쪽에 걸쳐 내가 베일리의 주장을 반박할 기회를 주었다. 그리고 베일리에 맞서는 인터넷 운동(이 운동을 주도한 린 콘웨이Lynn Conway는 미시건대학교 전기공학과 명예교수이자 미국 전기공학학회 회원이다. 1967년에 남성에서 여성으로 성전환 했다는 이유로 IBM으로부터 해고당한 뒤, 근대 전산학의 발전에 결정적으로 기여한 장치들을 발명했다)이 효과를 거두었다. 〈뉴욕타임스〉과학면은 나와 콘웨이에게 알리지도 않고, 우리 두 사람에 대해 반박하는 칼럼을 게재하면서 통상적인 언론으로서의 기준을 준수하는 모습을 보였지만 말이다.[5] 딱 한 가지 불만이 있다면 ― 그리고 이는 당신의 불만이기도

해야 한다 ─ 정부 기구인 미국 국립 과학 아카데미와 소속 출판사 조지프 헨리 프레스Joseph Henry Press가 베일리 주장을 지지했다는 점이다. 이 조직은 부시 행정부하에서 동성애 혐오자들의 도구로 변했다. 이게 바로 검열이다. 정부가 재정적으로 지원하는 기구가 증오 표현을 조장하고, 증오에서 비롯되는 행동을 부추기는 행위 말이다.

내가 하고 싶은 말은 시장은 성소수자의 적이 아니라는 사실이다. 1960년대에 샌프란시스코에서, 그리고 뒤이어 뉴욕에서 여장 남성의 정치적 행위가 폭발한 장소인 식당과 바는 결국 수익을 창출하는 존재이다. 우리의 적은 정부의 경찰력이지, 커피숍을 운영하는 자본가 소유주가 아니다. 정부는 보수적인 기구, 성소수자에 반대하는 제도, 반자유적인 제도를 이용해 세금을 부과하고 말썽을 일으키지 못하게 한다. 정부는 당신의 친구가 아니다.

좌익진영에서는 시장에서의 강제력에 대해 말이 많다. 그러나 이 세 편의 에세이 모두 시장이라는 제도가 성소수자의 권리를 보호하는 역할을 한다는 사실을 보여준다. 모든 신문과 TV 방송국과 인터넷 사이트와 모든 공적인 담론의 장을 정부가 운영한다고 상상해 보라. 그리 어렵지 않다. 중국이나 이란이나 푸틴의 러시아나 에르도안의 터키가 좋은 사례들이다. 과거에도 시도되었던 방식이다. 성소수자에게 전혀 도움이 되지 않는 방식이다.

내게는 아주 지적인 폴란드인 친구가 하나 있는데, 그녀는 이성애자이지만 내가 아는 사람 중에 가장 멋지고 시원시원하고 말귀를 제대로 알아듣는 사람이다. 그녀는 공산주의가 붕괴하기 전부터 스웨덴에서 경영학 교수로 일했다. 동성애 문제가 폴란드에서 거론되자, 그녀는 "폴란드에는 동성애자가 그리 많지 않아"라고 말했다. 내가 대답했다. "얘, 무슨 소리야? 여느 곳과 마찬가지로 폴란드도 인구의 5퍼센트는 동성애자이고, 남성이나 여성으로 태어난 사람들 가운데 0.25퍼센트는 성전환 해." 그녀는 내 말을 듣고 놀랐다. 그녀는 시장이 존재하지 않는 환경에서 자랐다. 뉴스든 간행물이든 모두를 폴란드 공산당 아니면 폴란드 가톨릭 교회가 직접 제작하는 나라에서 말이다.

나는 20년 묵은 당신의 정치적 신념을 조금 뒤흔들고 싶다. 성정체성과 성지향성에 대해 진보적인 성향을 지닌 사람이라면 당연히 반시장적인 입장을 지녀야 한다고 생각한다면, 마음속으로 당신이 틀렸을지도 모른다는 생각을 한번쯤 해 보기를 간곡히 부탁한다. 폴란드 공산당, 가톨릭 교회, 하원, 트럼프 행정부, 당신이 생각할 수 있는, 정부가 뒷받침하는 그 어떤 비시장기구든지 간에 거기에는 성소수자를 위한 자리는 없다. 앞으로 나아갈 길은 더 많은 간섭을 하는 정부가 아니다. 자유로운 사회가 우리가 지향해야 할 미래다. 이는 사람들의 생각을 바꿈으로써 달성할 수 있다. 매체를 통해.

최저임금제는 빈곤층과
여성에게 해롭게 설계되었다

잡지 〈이성〉에 실렸던, 진보주의자들이 가장 좋아하는 경제 규제의
은밀한 역사를 소개하는 글을 수정했다.

조지를 어쩌면 좋겠나? 최저임금제를 강력하게 옹호하는 당신의 진보주의자 친구 말이다. 한 가지 지적할 점은 최저임금제는 생산성이 낮은 근로자들의 일자리를 빼앗는다는 사실이다(수요독점monopsony이 만연하다고 생각하는 똑똑한 척하는 경제학자에게 말하건대, 그렇다면 최저임금제로 고용을 늘려봐라. 부드로는 조지와 그의 진보주의 경제학자 친구들에게 위의 주장에 따라 무한한 수익을 창출해 보라고 했다. 아무도 그의 제안을 받아들이지 않았다. 아직까지는). 경제학자 토머스 소월Thomas Sowell의 말마따나, 조지에게 이렇게 말하면 된다. "임금을 인상해서 경력이 일천한 젊은 근로자들을 시장에서 몰아냄으로써 일자리 수를 줄이면, 젊은 근로자들에게 아무런 해결책도 되지 않는다. 이런 정책에서 혜택을 입는 이는 오로지 다른 인간들을 대상으로 그러한 자의적인 권력을 행사하며 자신이 중요하고 고결한 사람이라고 느끼는 이들뿐이며, 실제로는 파멸만 야기한다."[1] 대부분의 사람들, 심지어 많은

경제학자들조차도, 그러한 상식을 거부한다. 경제학자들은 잘못된 통계 분석을 통해서, 경제학자가 아닌 사람들은 '자발적으로 제시하는 초보 수준의 임금'을 '정부가 강제하는 법적인 최저임금'과 혼동함으로써 말이다.

또 다른 방법은 밀턴 프리드먼, 제임스 토빈, 폴 새뮤얼슨, 필리프 판 파레이스Philippe Van Parijs, 디드러 매클로스키를 비롯해 정치 성향이 다양한 많은 경제학자들이 주장한 바와 같이, 자발적인 거래에 개입하는 최저임금과 최저소득의 차이를 설명하는 방법이다. 빈곤층의 소득 수준에 불만이 많으면 당신 자신에게 과세해서 세금을 그들에게 주라. 그들의 기술에 합당한 가치만큼 임금을 받겠다고 사업주에게 제안하는 행위를 불법화해서 일자리를 얻기 불가능하게 만들지 말라. 내 경험으로 이 주장은, 전혀 허점이 없지만, 경제학자 대부분과 마찬가지로 임금과 일을 구분하고 임금소득을 비임금 소득원을 포함한 소득원과 구분하는 데 어려움을 겪는 사람들에게 이해시키기가 매우 힘들다.

아마도 이보다 효과적인 세 번째 방법은 조지에게 최저임금의 역사적 유래를 들려 주는 방법이다. 결국 조지는 산업혁명이란 노동자들을 착취했기 때문에 일어났다는 잘못된 역사적 주장을 남발하니까. 그리고 그는 우리가 그러한 착취에 맞서 투쟁했기 때문에 잘살게 되었다고 생각하니까. 잉글랜드 역사를 왜곡한 《1066년과 그 전모1066 and All That》(1931)는 다음과 같이 주장한다. "수많은 놀라운 발견과 발명은 19세기 초에 이루어졌다. 그중 가장 놀라운 발견은 (잉글랜드의 모든 부자들이 동시에 발견했는데) 여성과 아이가 하루에 25시간 일할 수 있다는 사실이었다. 그래도 죽지 않고 과도하게 신체가 변형되지 않는다. 이게 바로 산업혁명으로 알려졌다."[2] 조지는 역사가 현재의 결과를 평가하는 데 타당하다고 분명히 믿고 있다. 본인 자신이 역사학자라면 그는 잭슨 시대부터 내륙 교통망 개량이 미국의 경제성장에 결정적이었다고 주장하면서, 현재 더 큰 정부에 대한 자신의 열렬한 지지를 적극 옹호할 것이다. 이 주장도 틀렸다.

어디 보자. 최저임금은 미국에서 20세기 초에 저임금 근로자들에게 피해를 주기 위해서 설계된 진보주의적 정책으로서 등장했다. 그리고 어떤 결과를 내기 위해서 '설계된' 수많은 다른 법들과는 달리, 최저임금은 소기의 목적을 달성했고, 저임금 근로자들에게 그들을 고용하기 불가능할 정도의 수준까지 해를 끼쳤다. 눈부신 결과다.

최저임금제는 1894년 오스트레일리아의 빅토리아에서 최초로 제도화되고 다른 지역으로 급속히 확산되었다. 프린스턴대학교 경제학자 토머스 레너드Thomas Leonard는 이에 관한 미국 역사를 기술한 저서 《비자유주의적 개혁가들Illiberal Reformers》에서 다음과 같이 말한다. "최저임금제는 미국 진보주의 노동 개혁의 성배였고, 이름만 대면 알 만한 진보주의자 경제학자들과 개혁을 부르짖는 동맹 세력이 최저임금제를 적극 주창했다."[3] 비숙련 노동의 임금보다 50퍼센트 높은 임금을 요구할 만한 능력이 없는 사람들이 걸러지면, 하층민이 노동시장에 진입하지 못하게 된다. "열등한 근로자를 노동시장에서 제거하면, 미국의 임금과 앵글로색슨 인종의 순혈을 보호하게 되므로 사회에 이득이 된다."[4] 1912년 영국 사회주의자 시드니 웹 Sidney Webb은 시카고대학교의 〈정치경제 학술지Journal of Political Economy〉에 기고한 논문에서 다음과 같이 말했다. "이러한 낙오자 기생충들을 다루는 많은 방법들 가운데, 공동체를 파괴할 가장 막강한 위력을 지닌 방법은 그들에게 아무런 제약 없이 임금 근로자와 경쟁하게 허락하는 것이다."[5]

최저임금으로 그들을 고용에서 소외시키면 그들은 어떻게 될까? 1913년 컬럼비아대학교의 진보주의 경제학자 헨리 로저스 시거Henry Rogers Seager는 뻔한 대답을 제시했다. "유능하고 효율적이고 독립적인 개인과 가족집단으로 구성된 인종을 유지하려면, 바람직하지 않다고 판명된 혈통은 고립시키거나 불임시술을 통해서 과감하게 잘라내야 한다."[6] 가난한 사람들에게 해를 끼치겠다는 시거 교수의 대단한 용기가 감탄스러울 따름이다. 영국에서는 시드니 웹과 베아트리스 웹Beatrice Webb의 지지에 힘입어 최저임금이 1907년에 제도화되었고, 미국에서는 1919년 무렵 15개 주에서 최저임금제가 시행되었고 대상은 주로 여성이었다. 레너드가 자신의 저서에서 보여 주듯이, 영국의 불간섭주의 경제학에 반대하는 독일 역사학파의 영향을 받은 미국 경제학자들이 이를 주도했다. 이와 같이 약자의 고용을 제한해야 한다고 주장하는 이들 가운데 놀라울 정도로 높은 비율이 명문대학교에 적을 두고 있었고, 이들은 전미 경제학회 회장에 선출되었다.

E. L. 고드킨E. L. Godkin은 〈더 네이션〉에서 진정한 자유주의자답게 다음과 같은 불만을 토로했다. 최저임금은 근로자의 노동 가치에 개입하는 나쁜 정책이고, 결과적으로 연소득이 (임금과 소득의 차이를 기억하라) 인간으로서 품위를 유지하기에 충분치 않다고 판단되면, 부유한 납세자들이 그 차액을 메워 최저소득으로 만들어야 한다.[7] 조지를 비롯해서 오늘날 〈더 네이션〉을 읽는 독자들은 이에 동의하지 않을 것이다. 1923년 앳킨스 대 아동병원 Adkins v. Children's Hospital 사건의 판결에서 대법원이 이른바 열등한 부류(여성, 흑인, 동유럽과 남유럽 이민자들, 저능아 3세대)에게 일자리를 갖지 못하도록 하는 게 바람직하고 적합한 공공정책의 목적이라는 주장에 짧게 이의를 제기한 적이 있다. 그러나 대법원은 1938년에 텅 빈 법정에서 판결을 번복하고 남성과 여성에 대해 연방 최저임금 적용에 동의했다.

'인종 자살' 이론은 국가사회주의에 의해 낙인이 찍히기 전만 해도, 아주 예외적인 경우를 제외하고 사회과학자 대부분이 채택했는데, 이 이론에 따르면 저임금 기준이 적용되는 열등한 인종은 '색슨'의 임금을 깎아내려 그들의 출산율을 저하시킨다.— 늘 대가족을 이루는, 비루한 흑인과 이민자들과는 달리. 레너드는 다음과 같이 말한다. 여성을 비롯해 저임금 부류들은 동정의 대상인 동시에 공포의 대상이며, 열정과 경멸이 뒤섞인 낯설고 불안정한 대상이다. 그는 '바닥을 향한 경주 race to the bottom'에 대한 주장을 다음과 같이 요약한다. "자기가 고용한 근로자들이 생활 가능한 수준의 임금을 받기를 원하는 선량한 자본가는, 저임금 수준의 여성, 아동, 이민자, 흑인, 정신이 나약한 이들을 고용하면서 물불을 안 가리는 적수와 경쟁할 수 없다."[8]

지금도 전 노동부장관 로버트 라이시와 하버드대 교수 마이클 샌델과 같이 좌익진영에서 선한 의도를 지닌 인정 많은 이들은 여전히 바닥을 향한 경주 논리를 주장하고 있다. 그러나 좌익진영뿐만이 아니다. 유럽 북서부에서 시작된 경제성장은 색슨족의 인종적 우월성 이론으로 둔갑되는 경우가 종종 있다. 중국인과 인도인처럼 색슨족과는 거리가 먼 인종도, 자유시장 경제 정책을 채택한다면, 경제성장을 해낼 수 있는데도 말이다. 유럽 중심적 이론은 여전히 보수주의 진영에서 주장하는데, 유럽이 우월하다는 논리는 역사적으로 뿌리가 깊고 게르만족의 민속 우화에 등장하는 깊은 숲속까지 거슬러 올라간다.

최저임금제는 시장의 결과에 맞서 인종의 순혈을 보존하는 수많은 법들 가운데 단순한 축에 속한다. 미국 진보주의는 19세기 중엽에 예술가, 지식인, 언론인, 전문직, 관료들 사이에 잠시 유행했던 불간섭주의를 거부하는 전 세계적인 추세에 합류했다. 역사학자 위르겐 코카는 "19세기 말 무렵 자본주의는 더 이상 진보를 주도한다고 인식되지 않았다"고 했다.[9] 자본주의에 반대하는 윤리적 논리는 옥스퍼드대학교의 H. H. 윌리엄스 H. H. Williams 목사가 잘 요약했다. 그는 1910년《영국백과사전》11판에서 '윤리'에 대해 다음과 같이 설명한다. "정치에서 불간섭 개인주의가 이를 옹호한 이들이 바라던 공동의 번영과 행복을 낳는 데 실패하면서, 사람들은 그 윤리적 토대가 된 이기주의에 의문을 품게 되었다."[10]

심지어 1910년에도 윌리엄스 목사의 주장은 사실이 아니었다. 상업적으로 검증된 혁신은 그 무렵 이미 공동의 번영과 행복을 낳기 시작했다. 그러나 윌리엄스 같은 식자층은 이미 오래전에 부르주아 계층과 자생적 질서에서 등을 돌렸다. 진보주의자에 따르면, 불간섭주의는 이렇다 할 진전을 낳기까지 너무 오래 걸렸다. 그리고 무도덕했다. 소스타인 베블런Thorstein Veblen 같은 진보주의자들은 혁신에 보상하는 체제가 사회의 효율성을 유도하는 일과 전적으로 무관하다고 여겼다. 진보주의자들은 사회적 진화를 앞당기고 싶었고, 도덕적 평가를 내리고 싶었고, 공학적으로 설계하고 싶었다. 금주령처럼 말이다. 간단히 말해서 그들은 '진정으로 생존에 가장 적합한 이들을 대신해 개입하기를' 바란 셈이다(진보주의 작가 허버트 크롤리Herbert Croly 가 주장했듯이 말이다. 그는 훗날 사회공학에 반대하는 입장으로 돌아섰지만, 때는 너무 늦었다). 그러한 사회공학이 안고 있는 수많은 문제들 가운데 하나는 '진정으로 생존에 가장 적합한 이들'이라는 구절에 내포되어 있다. 당신이 어떻게 아는가? 지금은 결함으로 보이는 게 훗날 장점이 될지도 모른다. 다윈 과학에서는 오직 사후에 뭐가 제대로 작동하는지 알게 된다.

미국에서 진보주의자들은 인종, 계급, 젠더, 지능지수, 전문성, 임금 등과 같이, 전방위적으로 불평등과 위계질서를 선호했다. 진보주의자가 쓴 글을 읽어 본 사람이라면 누구는 그들의 비자유주의적 성향을 파악한다. 레너드 책 몇 쪽만 읽어 보면 진정한 자유주의자는 눈물을 흘리게 된다. 레너드는 다음과 같이 지적한다. "현대 자유주의(편집자 주: 이른바 리버럴)가 경제적 자유를 영원히 강등시켰다는 사실은 잘 알려져 있다." 게다가 진보주의자들은 우생학적인 정책을 지원하면서 "정치적 자유와 시민의 자유를 공격했다."[11] 상점을 열 권리는 도시구획 규제와 건축 규제로 제약했다. 경제적 권리를 제약하는 것만으로는 성에 차지 않았기 때문이다. 뒤이어 임금을 협상하거나 자기 소득을 자기가 처분하거나, 자기 재산을 보유할 권리도 일반의지를 한층 더 강력히 실현하기 위해 제약했다. 전혀 문제없다. 민간이 보유한 명당자리를 국가가 몰수한다니, 한숨만 나온다.

최저임금제의 결과는 끔찍했다. 특히 흑인들이 가장 큰 피해를 입었다. 이에 대해 토머스 소월은 다음과 같이 말한다.

> 1948년에, 그보다 10년 앞서 도입한 최저임금이 물가 상승 때문에 무의미해졌을 당시, 16~17세 흑인 남성들의 실업률은 10퍼센트 이하였다. 그러나 물가 상승을 따라잡기 위해서 최저임금을 계속 올린 결과, 1971년부터 1994년까지 20년 이상 연속해서 같은 연령대의 흑인 남성 실업률이 30퍼센트 이하로 내려가지 않았다. 그 시기 대부분의 기간 동안 같은 연령의 흑인 청년 실업률은 40퍼센트가 넘었고, 두어 해 정도는 50퍼센트를 넘기도 했다. 실제 피해는 통계 수치가 보여주는 것 이상이다. 저임금 일자리 대부분은 경력이 없는 초보 청년들이 얻는 일자리고, 이들이 경력과 좋은 평판을 쌓으면 더 나은 일자리로 옮기게 된다. 그러나 사다리에 접근하지 못하면 사다리에 오르지도 못한다.[12]

주의해. 조지, 정신 차려.

Chapter

47

기술변화로 인한 실업은
두려워할 필요가 없다

2017년 8월 〈이성〉에 실린 글. 2017년 10월 〈허핑턴포스트〉의
자스멩 게네트Jasmin Guénette가 프랑스어로 번역해 블로그에 올렸다. 늘 그랬듯이
프랑스인들은 기술변화로 인한 실업을 매우 두려워하기 때문에
이 글이 프랑스어로 번역되어 기쁘다.

　알 만큼 아는 사람이라면 오하이오주 영스타운에서 제조업 일자리가 사라진 이유는 주로 기술변화 때문이라는 사실을 알고 있다. 그리고 그 일자리는 휴스턴이나 채터누가 같은 미국 내의 다른 도시들로 갔다는 사실도 알고 있다. 애팔래치아산맥 지역의 석탄 탄광 일자리는 다시 돌아오지 않는다는 사실도 알고 있다. 가스를 추출하는 신기술이 개발되고 새로운 가스 유정이 발견되면서 천연가스 가격이 저렴해졌기 때문이다. 트럼프 행정부가 탓하는 외국과의 경쟁이 주요 원인이 아니다. 그리고 설사 그렇다고 해도, 미국인 대부분에게는 오히려 반길 일이다. 경제에서 중요한 것은 일자리가 아니라 물건이다. 기술변화로, 혹은 중국과 멕시코와 무역을 해서 더 많은 물건을 살 수 있다면 바람직하다.
　그러나 여전히 알 만한 사람 대부분이 안달한다. 해외무역에 대한 트럼프주의는 한층 더 단순무지한 주장이다. 트럼프는 시카고에 거주하는 당신

과 토요타시티에 거주하는 타츠로 사이의 자유로운 교환이 전쟁에 준하는 타츠로의 공격적 행위이고, 당신 혹은 영스타운 근로자들을 이러한 공격으로부터 '보호'해야 한다는 고리타분한 생각을 되풀이하고 있다. 트럼프는 미국이 '필적할' 필요가 있다고 한다. 무역이 전쟁이라도 된다는 듯이. 해외든 국내든 교역은 두 사람 사이에 상호이익이 되는 거래다.

무역의 유형은 경제학자들이 말하는 '절대' 우위, 즉 전쟁에서 겨룰 핵무기를 많이 보유한다든가, 야구에서 겨룰 타율 3할의 타자를 많이 보유한다든가, 전쟁터 같은 수출 전선에서 겨룰 기계들을 많이 보유하는 능력이 결정하지 않는다. 경제학에서, 얼핏 봐서는 잘 이해가 가지 않는 진실로 손꼽히는 '비교' 우위가 결정한다. 뭐, 그다지 이해하기 어려울 것도 없다. 우리가 서로 협력하면 가정에서든 회사에서든 전 세계적으로든 더 많은 것을 누리게 된다는 뜻이다. 놀랍겠지만 그게 전부다.[1] 그리 어렵지 않다.

미국은 비행기를 수출하고 방글라데시는 뜨개질한 옷을 수출한다. 그 이유는 미국이 방글라데시로부터 뜨개질한 옷을 확보하기 위해서 희생하는 것이, 미국이 비행기를 방글라데시에 제공한다면, 방글라데시가 직접 비행기를 만들기 위해 포기하는 것보다(여기서 '비교'가 등장한다) 훨씬 작기 때문이다. 두 나라가 협력하면 만사 오케이다. 쉽지 않은가?

경영학 전공자 유형인 사람들은 우리가 치열한 수출 전쟁에서 겨루기 위해서는 완전 무장을 해야 한다고 곡소리를 낸다. 이들의 얘기를 듣고 걱정이 되면 예전의 닳고 닳은 경제학개론 책을 끄집어내서 해외 교역에 관한 장을 다시 찬찬히 읽어 보라. 그러고 나면 경영학을 전공한 유형의 사람들이나, 애초에 그 장을 읽을 생각도 하지 않는 역사학자와 언론인과 트럼프에게 자문하는 사람들 같은 부류가 하는 말을 다시는 믿지 않게 된다.

하지만 알 만한 사람들이 또 이런 얘길 한다. 기술변화로 인한 실업은 큰 문제 아닌가? 인공지능이 발전하고 있다. 경제학자는 아니지만 계량적인 식견이 좀 있는 이들과 유명한 물리학자들까지도 일자리가 모두 사라지면 어떻게 하냐고 묻는다. 그들은 미국에서 350만 명에 달하는 트럭 운전사들이 무인 자율주행 트럭 때문에 일자리를 잃으면, 수많은 사람들이 길거리로 내몰려 길모퉁이를 서성이게 된다고 상상한다.

지식 있는 경제학자 중에도 미래를 암울하게 보는 이들이 있다. 노스웨스턴대학교의 로버트 고든이 바로 그런 이다. 그는 최근 발간된《미국의 성장은 끝났는가》(2016)에 수록된 정책 관련 부분에서 그런 우려를 표한다. 뛰어난 학자인 타일러 코웬도 최근에 발간된《4차 산업혁명 강력한 인간의 시대》(2013)에서 공포를 조장한다. 타일러는 전체 소득에서 차지하는 노동소득의 비율을 표로 제시해 1990년 이후로 급속도로 그 비율이 하락하고 있음을 보인 뒤, "오늘날 경제가 처한 진퇴양난을 그림 한 장으로 요약한다면 바로 이 표"라고 단언한다. 무서운 속도로 급락했다고? 63퍼센트에서 58퍼센트로 하락했다.[2] 5퍼센트 포인트다. 위대한 경제학자이지만 큰 오판을 한 존 메이너드 케인즈는 기술 때문에 일자리를 잃게 된다고 믿었다. 그보다 더 위대한 데이비드 리카도도 비교우위로 우리 경제학자들을 올바른 길로 인도했지만, 그렇게 믿었다. 모두 뛰어나고 위대하기까지 한 학자들이다. 그런데 틀렸다.

상식 있는 사람들이 유독 기술변화에 따른 실업에 대해 두려움을 느끼는 이유는 한 단어로 표현할 수 있다. 로봇이다. 로봇은 체코어로 '지시받은 일 required work'이라는 뜻인데, 로봇에 대한 두려움은 해마다 점점 커진다. 영화 〈2001: 스페이스 오디세이〉에 등장한 반항하는 컴퓨터 할과 특이성을 비롯해 기술 발전이 야기할 악몽을 그린, 형이상학적으로 개연성 없는 공포를 담은 잡지 〈놀라운 공상 과학Astounding Science Fiction〉등이 이를 부추긴다.

그러나 로봇은 바람직하다. 근로자는 디트로이트 근처에 있는 포드 공장이나 스웨덴 예테보리 근처에 있는 볼보 공장에서 부품이나 조립하는 따분한 일에서 벗어나, 더 발달한 기술 덕분에 더 높은 임금을 받고 흰 실험실 가운을 입고 서서 로봇을 감시하는 더 나은 일자리로 옮기게 되니 말이다. 아니면 자동차 산업에서 벗어나 아예 다른 직종으로 일자리를 옮기면 된다. 로봇이 만들어 훨씬 저렴해진 물건을 사람들이 사게 되면서 실제로 더 많은 보상을 얻게 된 그런 직종 말이다.

그리고 새로운 일자리의 급여가 그보다 높지 않다면 그 까닭은 미국의 전미 자동차 노조나 스웨덴의 철강 금속 노조가 회사로부터, 따라서 결국 소비자로부터 독점수익을 뽑아낼 수 있었기 때문일지도 모른다. 바람직하지 않다. 좌익이 범하는 사실에 대한 오류와 윤리적 오류를 모두 담은 백과사전으로 믿고 인용할 수 있는 로버트 라이시는 이런 말을 했다. "(민간 기업에서) 노조 가입률이 하락하는 추세는 중산층에게 돌아가는 소득의 몫이 하락하는 추세와 직접적인 상관관계가 있다."[3] 우선, 그렇지 않다. '중산층의 공동화' 현상이 일어나는 이유는 주로 사람들이 계층을 상향이동했기 때문이다. 그러나 자동차를 조립하는 근로자들이 다른 사람들에게(때로는 자동차를 새 것이나 중고품으로 장만하는, 그들보다 더 가난한 근로자들) 손해를 끼치면서까지 다른 일로 벌 수 있는 급여보다 더 많이 번다면, 근로자 계층 또는 중산층의 삶을 끌어올리는 데 윤리적으로 바람직하지 않다.

오래전 전미 자동차 노조 위원장을 지낸 월터 루더Walter Reuther 는 조립 라인에 로봇이 투입되는 데 대해 신바람이 난, 포드 회사의 젊은 작업 감독에게 "로봇에게 포드 자동차를 구매하게 만들 수 있나?"라고 물었다.[4] 루더와 라이시 주장은 선한 의도이나 틀렸다. 산출을 늘리기보다 일자리를 보호하는 쪽을 선호하기 때문이다. 자동차회사 직원들이 자동차를 구매하는 소비자 집단에서 차지하는 비율은 아주 보잘것없다. 당신 고용주가 만든 물건만 구매해서는 풍요로워질 수 없다. 중이 제 머리 못 깎는 거나 마찬가지다. 증류주 산지로 유명한 한 중국 도시는 자사 직원들에게 자사 제품을 많이 마시라고 강요해서 수익을 증가시키려고 했다. 알다시피 원하는 대로 되지 않았고, 이런 지시를 내린 중국 공산당 간부도 문제가 뭔지 깨달았다.

좌익이 주장하는 분수효과는 우익이 주장하는 낙수효과 못지않게 비논리적이다. 두 논리 다 실질소득을 증가시키는 원인에 주목하지 않는다. 실질소득은 일자리가 늘어나야 증가하는 게 아니라 생산이 늘어나야 증가한다. 우리의 풍요는 케인즈 부류의 정부 지출에서 똑똑 떨어지는 물방울이 아니라, 기술에서 상업적으로 검증된 혁신이 일어나 소방호스로 마구 뿌려대는 물줄기에서 비롯된다.

역사를 보라. 말과 비교하면 자동차와 트럭은 '로봇'이다. 그러나 자동차와 트럭이 등장해도 말의 매매나 마구간 일꾼의 수요가 줄어들어 대량 실업이 발생하지는 않았다. 1800년에 미국인 5명 가운데 4명이 농장에 살았다. 지금은 50~100명 가운데 한 명이 농장에 산다. 기계 수확과 교배종 옥수수로 수확 작업의 효율성이 개선되고 수확량이 늘어났지만, 농장에 거주한 78퍼센트 인구의 일자리가 사라지지는 않았다. 근본적으로 모든 도구 ― 용광로와 다축 방적기 혹은 구석기 아슐 시기Acheulean의 손도끼나 미케네 문명의 전차바퀴 ―는 로봇, 즉 노동의 생산성을 높이는 장치다.

라이시는 최근 미국 임금을 끌어내린다고 통상적으로 알려진 기술변화 악당들을 다음과 같이 열거했다. "자동화, 뒤이어 등장한 컴퓨터, 소프트웨어, 로봇, 컴퓨터로 제어하는 기계 도구, 광범위하게 확산된 디지털화가 일자리와 임금을 더욱더 잠식했다."[5] 아니, 그렇지 않다. 제대로 측정하면 이런 기술변화로 실질임금은 상승했다. 상식적으로 생각해 보라. 더 나은 도구를 이용하는 근로자는 더 많이 생산할 수 있다. 대갈못을 박는 근로자가 대갈못을 박아 넣을 더 나은 도구를 손에 쥐면, 더 높은 임금을 받게 되고, 그러면 그 근로자는 자녀들에게 더 많이 먹일 수 있다. 누구든 더 나은 도구를 쓰게 되면 그들은 기존 일자리를 버리고 새로운 도구를 이용하는 새로운 일자리를 얻어 더 많이 생산함으로써, 모든 사람들에게 이득이 된다. 삽을 더 많이 만들 궁리를 할 게 아니라 경천동지할 장비를 더 많이 만들어야 한다.

결국, 경제의 요체는 소비를 위해 생산하는 행위이지, 낡은 도구를 이용하는 기존 일자리를 보호하는 행위가 아니다. 그 어떤 장치라도 맨손으로 하는 노동을 대체하게 된다. 갈라파고스섬의 멧새가 선인장 가시를 이용해 나무껍질에서 애벌레를 파내듯이 말이다. 멧새가 이용한 선인장 가시는 '로봇'인 셈이다. 그리고 혁신의 제3막에서 대체된 새로운 기술은 전체적으로 볼 때 근로자들에게 해가 아니라 득이 된다.

기술변화로 실업이 발생한다는 악몽이 사실이라면 이미 일어났어야 한다. 되풀이해서 대대적으로. 그런데 기술변화로 인한 실업은 5퍼센트가 채 되지 않으며, 최악의 경우로 봐도 한 해에 10퍼센트다. 자동차 때문에 일자리를 잃은 말발굽 만드는 대장장이나 인쇄된 배선회로 때문에 일자리를 잃은 TV수리공이 새로 일자리를 얻지 못한다면, 두 자릿수인 50퍼센트까지 될지 모르겠다. 1910년 미국 노동인구 20명 중 1명이 철도 사업에 종사했다. 내 부친의 부친과 내 외가의 증조부도 마찬가지였다. 그런데 모터가 달린 트럭이 등장했다. 1940년대 AT&T에서 수동으로 전화를 연결해 주는 전화교환수는 35만 명에 달했다. 1950년대에 엘리베이터에 승객이 직접 누르는 버튼과 각 층마다 몇 층인지를 알려주는 달콤한 목소리로 녹음된 안내방송이 등장하면서, 수십만 명의 엘리베이터 운전자가 일자리를 잃었다.

타자수는 사무실에서 사라졌다. 변호사와 비서들은 직접 사건 기록을 컴퓨터로 작성한다. 역사를 잘 들여다 보면 이런 사례는 끝도 한도 없다.

"역사 얘기는 이제 그만해"라고 암울한 미래를 주장하는 이들은 짜증스럽게 대꾸한다. "앞으로 기술변화로 생길 실업은 과거와는 달리 아주 독특해. 그러니 역사적으로 어땠는지는 중요하지 않아." 좋다, 미래를 생각해 보자. 이게 현재이고 안정적인 사실이며 미래를 예측하는 데 상당히 타당한데, 아마 당신은 모를 가능성이 높다(2015년까지 나도 몰랐다).

1억 6천만 개의 민간부문 일자리가 있는 미국에서 매달 170만 개의 일자리가 사라진다. 그 어떤 사회든지 경제적으로 진보하려면 일상적인 창조적 파괴가 필수적으로 일어나고, 매달 1퍼센트가 넘는 일자리가 1910년의 대장장이나 하녀와 같은 운명을 맞는다. 사람들이 그만두는 게 아니다. 그건 별도로 통계치가 있다. 일자리 자체가 더 이상 존재하지 않는 것이다. 그 일자리를 '제공'하거나 '창출'하는(따옴표 안의 용어 중 전자는 민주당이 쓰는 표현이고 후자는 공화당원이 쓰는 표현이지만, 어느 쪽도 경제적으로 말이 안 된다) 고용주가 다른 사업으로 전환하거나 아예 사업을 접는다. 아니면 다른 회사와 합병하거나 크기를 줄이거나, 아니면 고용주들이 최저임금제나 의무적인 유급휴가 등 인건비를 고려해 볼 때, 상점 매장에 추가로 판매원이 필요하지 않다고 판단할 수도 있다.

저녁 뉴스에서 보도되는 내용은 월별 일자리의 순증가나 순감소로서, 변화폭이 큰 달에 20만 개가 증가하거나 감소한다. 이 통계 수치는 해고하거나 일자리를 아예 없앤 경우를 뺀 순고용이다. 그러나 한 달에 1퍼센트 넘는 총수치가 기술변화로 인한 실업 우려와 관련 있는 수치다. 이는 연간 14퍼센트다. 이러한 비고용인구가 영구적인 실직이고 그런 비율이 몇 년 동안 지속된다면, 노동인구의 3분의 1이나 2분의 1은 길거리로 내몰리고 그 수치는 100퍼센트를 향해 전진한다. 주위를 둘러보면 알 수 있다. 예컨대, 2000년에 비디오대여점에 고용된 사람은 족히 10만 명 이상이었다. 블록버스터 체인점을 생각해 보라. 아니면 타워 레코즈 체인점을 생각해 보라. 거기서 일하던 직원들은 지금 뭘 하고 있을까? 길모퉁이에 서서 구걸하고 있을까?

변화가 생기면 당연히 피해 보는 사람들이 생기기 마련이다. 변화는 고통이 따른다. 하지만 어쩌겠는가? 모든 변화를 단절시킴으로써 일자리를 구할 수는 있다. 다음 해에도 정확히 올해 한 대로만 하면 된다. 노동뿐만 아니라 자본도 같은 방식으로 영구히 사용될 수 있다. 그러나 창조적 파괴를 멈추면 우리는 영원히 똑같은 소득을 올리게 된다. 당신이 지금 벌이가 쏠쏠하다면 흡족하겠지. 그러나 당신이 젊거나 저소득층이라면 그렇게 달갑지 않을 일이다.

나는 현대 그리스도교도이며 인도적이고 자유주의적이며 빈곤층을 간절히 돕고 싶은 사람이다. 창조적 파괴에서 비롯되는 노동시장에서의 은혜로운 교란이, 실제로 빈곤층에게 은혜롭다. 성에 차지 않으면, 세금이나 자선으로 도와주면 충분하다. 강제로 세금을 부과한다면 나는 기꺼이 내서 그들을 돕겠다. 영스타운에 사는 근로자들이 휴스턴이나 채터누가로 이주하는 경우 주택 지분에 대해 보는 손실을 보전하는 데 보탬이 되겠다. 그러나 방금 제시한 바와 같이 노동시장 교란은 사소한 문제가 아니다. 한 달에 170만 명에게 보조금을 지급하기란 불가능하다. 해마다 끊임없이 노동인구의 구성이 바뀌면서 14퍼센트가 새로 추가된다. 나무에 담배가 열리고 시내에 레모네이드가 흐르는 거대한 사탕으로 만들어진 환상의 산이 있다면, 그 누구의 자본이나 노동고용 유형을 교란시키지 않고도 모두가 마음껏 풍요를 누리는 게 가능하겠지만 말이다.

재취업 훈련도 근로자 자신이 아니라 워싱턴이나 콜럼버스에 있는 관료들이 주도한다면 바람직하지 않다. 관료들은 미래를 예측할 수 없고 따라서 존재하지도 않는 일자리에 기계공 직업훈련을 시키고 만다. 근로자 본인이 필연적인 불확실성의 한계 내에서 재취업 직업훈련을 어떻게 해야 하는지 가장 잘 안다. 그리고 잠깐 석유 붐이 일었던 노스다코타주로 이주했던 수십만 명처럼 언제 그 시장에서 벗어나야 하는지 잘 알고 있다. 근로자에게는 자신의 사활이 걸린 문제이다. 노동력은 자본력 못지않게 유연하게 만들어야 한다. 이를 위해 우리에게 필요한 것은 정부 정책이 아니라 자유다.

프랑스 정부는 예전에 르아브르의 조선소 근로자들에게 대대적인 보조금을 지원해 일자리를 유지하게 해 주고, 낮은 수준의 임금을 받으며 술이나 마시고 게임이나 하면서 노닥거리게 해 주었는데, 이런 정책은 자유주의 경제의 부르주아딜을 받아들인 다른 사람들에게 대단히 불공정하다. "위험을 감수하겠다. 내가 수익을 내도록 내버려두라. 그러면 내가 당신을 부자로 만들어 주겠다"라는 부르주아딜 말이다. 이것이 경제를 발전시키는 비결이고, 그런 경제체제에서 우리 모두 게임도 하고 술도 마실 여유가 생기게 된다.

이 사례는 재화와 용역의 자유로운 교역을 옹호하는 철학적 실용적 주장과 비슷하다(경제학자들은 노동의 자유로운 이동이 재화의 자유로운 이동과 똑같은 경제적 효과를 낳는다는 점을 오래전부터 지적했다. 19세기에 모두를 풍요롭게 만든 자유주의 운동으로 되돌아가는 데 동의하는 수많은 주장 가운데 하나다. 자유무역을 옹호한다면 자유로운 이주도 옹호하게 된다). 공리주의자들은 오래전부터 이른바 '힉스 – 칼더 보상 기준Hicks-Kaldor compensation criterion'을 주장했다. 1940년대 초 공리주의 경제학자들이 최초로 제시한 이 기준에 따르면 자유무역에서 이득 보는 사람들이 이론상으로는 손해 보는 사람들에게 늘 보상할 수 있다. 경제에서 다른 모든 게 바람직하다고 가정한다면, 다이어그램으로 증명할 수 있다.[6] 따라서 자유무역은 순이익이다.

이에 대해 좌익은 항상, 손해 보는 이들에게 실제로 보상해야 한다고 주장한다. 예컨대, 밀워키의 비교우위가 바뀌면서 이 도시에 있는 할리-데이비슨 조립공장의 일자리를 잃은 근로자들이나 예전에 철강 산업계에 고용되어 홍보를 담당했던 사람이 상무성 장관이 되면서 철강에 관세를 부과하는 바람에 일자리를 잃은 근로자들 말이다. 그저 이론적으로만 보상을 주장하고 실제로 보상하지 않으면, 승자와 패자를 윤리적으로 비교해야 하는 상황에 직면하게 된다. 이런 비교는 아무리 좋게 말해도 아주 미심쩍다. 승자가 패자에게 금전으로 보상하라. 그러면 윤리적 문제는 해결된다.

해외무역에서 자유주의를 가장 깊이 있고 설득력 있게 옹호하는 학자로 손꼽히는 부드로는, 근로자에게(혹은 지주나 자본가나 할리-데이비슨 모터사이클 회사에게) 보상하는 게 정당하지 않은 이유를 제시한다. 부드로는 공리주의자들에게 다음과 같이 단순화된 논리로 답변한다.

> '승자'가 '패자'에게 (실제로) 보상해야만 무역이 명명백백히 유익한 게 사실이라면, 예컨대 노동력에 유입되는 여성이 명명백백하게 유익하려면 '승자'가 '패자'에게 보상해야만 하며, 마을에서 새로 식당을 여는 게 명명백백하게 유익하려면 오로지 '승자'가 '패자'에게 보상해야만 한다. …… 무역을 포함해 경쟁의 본질적인 역할은 효율성이 떨어지는 생산자들에게 손실을 부과해서 그들이 더 효율적인 생산자가 되든가 다른 직종으로 전환하게 하는 일이다. 따라서 무역의 '승자'가 실제로 '패자'에게 보상한다면, 시장에서 가장 중요한 신호체계의 하나(즉, 손실)와 가장 중요한 유인책의 하나(즉, 손실을 회피하려는 욕구)가 전혀 제 기능을 하지 못하게 된다.[7]

오늘날 또 다른 자유주의자인 경제학자이자 수학자 스티븐 랜스버그 Steven Landsburg도 다음과 같이 똑같은 윤리적인 관점을 제시한다. "당신 동네 약국에서 수년 동안 샴푸를 샀는데, 인터넷으로 똑같은 샴푸를 더 싼 가격에 주문할 수 있다는 사실을 깨달았다고 치자. 당신은 약국 약사에게 보상할 의무가 있나? 당신이 더 싼 아파트로 이사 가면 당신은 본래 살던 집 주인에게 보상해야 하나? 당신이 맥도널드에서 식사할 때 바로 옆에 있는 식당 주인에게 보상해야 하나? 공공정책은 우리가 일상생활에서 거부할 도덕적 본능을 실현하도록 설계되어서는 안 된다."[8]

밀이 이에 대해《자유론》에서 지적했다. "사회는 낙심한 경쟁자들을 이런 종류의 고통으로부터 면제시킬 법적이든 도덕적이든 그 어떤 권리도 인정해서는 안 되고, 성공의 수단이 일반의 이익에 반하는 수단—즉, 사기, 배반, 물리력—일 경우에만 개입해야 한다."[9] 부드로도 다음과 같이 비슷한 주장을 한다. "누구에게도 허용되어서는 안 되는 자유는 다른 사람들로 하여금 자신이 한 선택에 보조금을 지원하도록 의무화하는 일이다. 예컨대, 나는 시인으로 살 자유를 누려야 하지만, 당신에게 강제로 내 시집을 사게 만들거나 당신이 추리소설, 영화 그밖에 내 시와 경쟁하는 다른 품목을 구매하는 데 돈을 쓸 자유를 막아서는 안 된다."[10]

실제 세계에서는 유감스럽게도 빈곤층을 구제하려면 그런 경쟁 말고는 기적적인 대안이 없다. 잘못된 조언을 받아서 없는 돈 끌어모아 애완동물 용품 가게를 열고 주인이 온 정성을 다 쏟아 부었는데 파산한다. 시카고 최대의 병원 체인점 가까이에 작은 의원이 개업하는데, 이 경우도 자발적인 거래라는 시험을 통과하지 못할 공산이 크다. 자발적인 거래를 토대로 사업 아이디어를 시험해 보는 게 빈곤층의 여건을 개선하는 데 반드시 필요하다(예술과 스포츠와 과학과 학문에서도 더 나은지를 판가름하는 비금전적인 시험이 흔히 있듯이 말이다). 그러나 당신이 인간이 도모하는 일 혹은 인간에 대해 일말의 연민이 있다면 실패 사례들을 볼 때 참담한 기분이 든다.

그렇지만 애완동물 용품점과 의원 그리고 포드사가 야심작으로 출시했지만 소비자가 외면한 차종 에젤Edsel, 디지털 카메라의 등장으로 시장에서 사라진 즉석사진 폴라로이드, 계속되는 사고와 테러와 오일쇼크로 파산한 팬암은 거래라는 동일한 민주주의적 시험에 직면한다. 민주주의적 시험은 바로 이런 것이다. 고객들이 자발적으로 계속 거래할까? 그 결과 가장 가난한 이들의 실질소득이 증가할까?

국가가 독점한 강제력으로 의무화하면 우리 모두 조상이 했던 일과 똑같은 일을 하면서 영원히 '보호'받을 수 있다. 대대손손 하루에 3달러밖에 못 벌겠지만. 아니면 추가로 국가가 강제로 징수한 세금으로, 자발적 거래라는 시험없이 새로운 경제활동에 보조금을 지원해 반경제적 레토릭인 이른바 '일자리를 창출'할 수 있다. 그렇게 하지 않았으면 더 높았을 국민소득을 줄이는 직접적인 효과는 차치하고라도, 항상 인기 있는 그런 계획은—그런 보호정책을 집행하거나 보조금을 걷는 데 동원되는 강제력이라는 수단에 반대한다는 점은 차치하고라도—장기적으로 볼 때 빈곤층의 복지에 그리고 나머지 우리의 복지에 전혀 도움이 되지 않는다.

불완전한 사람들로 구성된 정부가 행동하는 방식에 비추어 보면, 일자리 '보호'와 일자리 '창출'은 그들이 추구하는 점잖고 인심 후한 목적을 달성하는 데 거의 늘 실패한다. 보호와 창출은 특혜를 받는 이들에게 돌아간다. 예컨대, 소수자나 여성이 운영하는 사업체가 정부에 납품하도록 강제하는 법은 실제로는 백인 남성이 운영하는 사이비 업체들을 양산하는 경향이 있다. 귀족, 혈족, 공산당 간부가 지배하는 사회, 불편한 시간대에 투표하게 하고 투표할 때 사진이 담긴 신분증을 요구하는 등 사회적 약자의 투표권 행사를 방해하는 규정들이 없어도, 부유한 백인 유권자들이 지배하는 사회에서는 상업적 검증을 회피하는 정책이 낳은 불평등하고 비자발적인 보상이 특권층에게 돌아가게 된다. 특권층은 그런 데 도가 텄다.

진보를 방해하는 교란행위에 보상하지 않는 부르주아딜은 훨씬 깊은 철학적 정당성이 있다. 경제학자 존 하사니John Harsanyi, 제임스 뷰캐넌, 고든 털록 그리고 철학자 존 롤스가 주장한 바와 같이, 우리가 던져야 할 정치적으로 타당한 질문은 당신이 어떤 사회에서 태어나고 싶은가이다. 그 사회에서 당신이 결국 어떻게 될지 알 수 없다면 말이다.[11]

다음 중 선택하라. 모든 일자리가 보호되고, 제한된 특별 보조금을 누가 받을지 관료들이 결정하고, 언론인들이 승자가 아닌 패자에게 관심을 집중하고, 경제가 침체에 빠지고 청년실업이 증가하는 사회에 태어나겠는가? 아니면, 노동법이 유연하고, 근로자들이 자신의 미래를 결정하고, 언론인이 경제학에 대한 지식이 있고, 경제체제가 우리 가운데 가장 가난한 사람들의 삶을 개선하는 사회에서 태어나겠는가? 빈곤하지만 안정적인 경제체제와 풍요로우나 위험을 감수해야 하는 경제체제 가운데 양자택일이다. 일정 정도 절충한 체제(실제 세계에 존재하는 체제)에서 대부분은 부유해지는 쪽을 선택하리라고 본다. 그리고 안정적으로 하루에 3달러를 버는 게 위험을 감수하되 하루에 100달러를 버는 것보다 실제로 훨씬 위험하다.

기술변화에 따른 실업은 심각한 문제가 아니다. 빈곤이 심각한 문제다.

정말로 큰 걱정거리는 청년실업으로
이는 규제에서 비롯된다

학계에 몸담은 경제학자는 정치인과 언론인이 좋아하는 이러이러한 정책이 잘못된 정책일 때 잘못이라고 말할 의무가 있다.

해외무역에서의 트럼프주의가 그렇다. 당신이 동네 커피숍과의 거래에서 국제수지 적자를 보고 있다. 커피숍은 당신에게 카푸치노를 주고 당신은 그들에게 돈을 준다. 국제수지는 적자다. 이게 끔찍한가? 나는 그리 생각하지 않는다. 1776년 이후로 쭉 경제학자들이 누누이 말했듯이 말이다. 정부 통계학자들이 국제수지에 관한 통계 수치를 수집하지 않는다면 당신은 피부로 느끼지도 못한다. 고물가나 대량실업이나 증가하는 실질소득도 마찬가지다. 사실 많은 경제학자가 국가의 국제수지 자료를 수집하는 것 자체가 어리석고 쓸데없는 일이며, 보호주의 같은 바람직하지 않은 경제적 주장만 부추길 뿐이라고 생각한다. 위대한 경제학자 아놀드 하버거는 경제학자들이 보호주의는 해롭다고 끊임없이 되풀이함으로써 얻은 경제적 이득으로, 세계 모든 경제학자들에게 봉급을 주면 몇 배를 주고도 남을 정도라고 지적하곤 한다. 이란과 북한에 대한 금수조치는 그런 사악한 이들에게 피해를 준다고들 한다. 관세는 스스로에게 부과하는 수입금지 조치이고, 이는 미국인들에게 피해를 준다. 어이쿠.

따라서 당신이 좋든 싫든, 나는 당신에게 규제와 최저임금과 기타 여러 강제적인 조치로 일자리를 보호하는 정책은 해로우며, 특히 우리 자손들이 노동시장에 진입하게 될 때 혹은 진입하려 할 때 그들에게 해롭다고 말할 의무가 있다. 오늘날 이는 민주주의의 위기가 되었다.

누구나 아는 '탄광의 카나리아'라는 표현이 있다. 작은 새를 새장에 넣어 탄광으로 데리고 들어가 일산화탄소 같은 유해한 기체가 탄광에 축적되어 있는지 확인하는 방법이다. 새가 죽으면 광부들은 대피한다.

젊은 남성들은 청소년기에 책임 있는 일을 하는 통과의례를 거쳐 사회화하는 게 중요하다는 사실을 알고 있으리라. 코끼리와 사자는 평화를 끊임없이 교란하거나 반항하는 젊은 수컷을 무리에서 축출하는 폭력적인 방법을 쓴다. 우리도 폭력적인 방법을 쓰긴 한다. 시카고 서부 지역을 경찰이 점령하는 사례처럼 말이다. 현장에서 범죄자나 반항아들은 오직 젊은 남성들뿐이고 그들의 우두머리는 물론 그들보다 나이가 많다. 항만노동자이자 현인이었던 에릭 호퍼는 1951년에 출간된 《맹신자들》에서, 청년은 단련된 요원이자 추종자이자 돌격대원이라고 주장했다.[1] 단련된 요원이 없으면 혁명도 일어나지 않는다. 좋든 나쁘든.

이게 바로 청년실업이 주는 위협이다. 그러나 청년실업에 대해 우리가 우려해야 하는 윤리적인 이유는, 일용직 노동자든 대학교수든, 일이 주는 존엄성과 사회적 이득을 누리지 못하는 삶은 비루한 삶이기 때문이다. 청년들은 모두 우리 아이들이고 우리 손자손녀들이다. 오늘날 많은 지역에서 나타나는 높은 청년 실업률과 최근 수십 년에 걸쳐 청년 실업률이 증가한 현상은 경제적으로 불길한 징후다. 탄광에서 빨리 벗어나자.

남녀를 불문하고 학교에 다니지 않는 16세에서 25세 사이의 프랑스 청년 4분의 1이 실업상태다. 세계노동기구ILO는 2016년 "세계적으로 청년실업이 다시 증가하고 있다"라고 발표했다. 세계노동기구 보고서에 따르면, "2016년에 전 세계적으로 실업청년의 수가 50만 명이 늘어나 총 7,100만 명에 이를 것으로 보인다."[2] 삶이 피폐해지고 단련된 혁명요원이 7,100만 명이나 존재하는 셈이다. 세계 인구의 1퍼센트에 불과하지만 심리적으로 매우 불안정하고 삶이 황폐해진 이들이다. 이 보고서에 실린 내용은 다음과 같다. "고용되지도 않고 학교에 다니지도 않으며 직업훈련을 받지도 않는 상태인 젊은이들을 지칭하는 니트족NEET은 실업 상태가 지속되면 그나마 보유한 기술마저 녹슬거나, 불완전고용을 받아들이거나 더이상 구직활동을 하지 않게 될 위험이 있다. 세계 28개국을 상대로 한 설문조사 결과를 보면, 15세에서 29세 사이의 청년 인구 25퍼센트가 니트족으로 분류된다."[3] "남아공에서는 2016년에 활동적인 청년의 절반 이상이 실업상태에 머물러, 사하라사막이남 아프리카 지역에서 가장 높은 청년 실업률을 보일 것으로 예상된다." "남유럽 국가들의 25세부터 29세 사이 청년 가운데 니트족 비율이 가장 높게 나타나고 있으며, 그리스가 41퍼센트로 가장 높다. 그러나 25~29세 청년들 가운데 니트족 비율이 비교적 높은 나라는 남유럽 말고도 있다. 영국(17퍼센트), 미국(19.8퍼센트), 폴란드(21.6퍼센트) 그리고 프랑스(22.5퍼센트) 같은 나라들이다."

OECD 25개 회원국들 가운데 20~29세 청년 실업률이 최고인 5개국의 경우, 청년 실업률이 25~35퍼센트에 달하는데, 비율이 가장 높은 나라부터 나열하면 그리스, 터키, 이탈리아, 스페인, 멕시코다. 청년 실업률이

10~15퍼센트로 가장 낮은 5개국을 낮은 순서대로 나열하면 덴마크, 오스트리아, 독일, 네덜란드, 스웨덴이다. 2016년 OECD 회원국 대부분을 포함한 37개국에서, 15~24세 청년 가운데 구직 활동을 하지만 일자리를 얻지 못하는 비율은 낮게는 일본 5.2퍼센트, 아이슬란드 6.5퍼센트부터 높게는 남아공 53.3퍼센트, 그리스 47.4퍼센트에 이른다. 스페인은 44.5퍼센트, 이탈리아는 37.8퍼센트, 포르투갈은 27.9퍼센트, 프랑스는 24.6퍼센트다.[4]

그런 지역에서 실제로 사업하거나 사업할 생각이 있는 사람들은 젊은 남성들을 채용하지 않는다. 우익진영에서는 흔히 학교가 고용할 가치가 있게끔 청년을 제대로 가르치지 않았다고 설명한다. 이상하다. 그럼 그들이 나이가 들면 학식이 더 늘어나서 중장년층 실업률이 낮아지는가? 교육 탓을 하는 주장은 현재 독일의 낮은 청년 실업률을 예로 들면서, 직업 견습생이나 직업훈련의 부재를 이유로 꼽는다. 그러나 청년에게 교육 기회와 견습 기회를 주지도 않은 예전 체제에서는 다른 연령대에 비해 이렇게 청년 실업률이 높지 않았다. 이 또한 이상하다.

세계노동기구는 총수요의 부족에서 기인한 문제라고 결론 내린다. 물론 수요도 문제겠지만, 나라마다 청년 실업률이 천차만별인 데서 미루어 볼 때, 이는 거시경제적 문제가 아니라 미시경제적 문제다. 총수요가 충분한지가 아니라 구체적으로 시장이 어떻게 작동하는지의 문제라는 뜻이다. 예컨대, 그리스에서 길거리를 배회하는 청년의 수가 아이슬란드의 일곱 배나 되고 그러한 현상은 그리스에서 훨씬 빈번한데, 매번 2008년에 있었던 대대적인 경기침체를 탓할 수는 없다.

몇 년 전 그리스 북부에 있는 테살로니키의 한 호텔에서, 나와 몇몇 근대 자유주의자들이 규제 없는 시장을 옹호하는 공개 강연을 했다. 우리는 300명 정도 참석하리라고 예상했는데, 무려 1,000명이 몰렸고 대부분이 청년이었다. 우리는 맨 꼭대기층에 있는 연회장과 지하에 있는 강연장에 세션을 나누고, 강연자들이 양쪽 강연장을 맞바꿔 가며 강연을 이어갔다. 청년들은 자신이 왜 그런 처지에 놓였는지 답을 찾고 있었다. 정말 마음이 아팠다. 어차피 실업자인 테살로니키의 이 청년남녀들은 행사가 끝난 다음 주에는 공산당이나 신파시스트당인 황금새벽당을 소개하는 회합에 참석할지도 모를 일이었다. 2018년 5월 공개회합에서 민족주의자 폭력집단이 황금새벽당을 비판한 75세의 테살로니키 시장을 두들겨 팼다. 훈련된 요원들이 결집하고 있었다.

그렇다면 왜 사업가들은 청년을 고용하기 꺼릴까? 구직자와 구인자가 유기적으로 연결되는 고용이론을 주장하는 사람이라면, 구직자가 보유한 기술과 구인자가 원하는 기술이 서로 어긋나기 때문이라고 해석할지 모른다. 요즘 자동화나 인공지능이 대량실업을 유발하리라는 주장이 자주 들린다. 그러나 구직 조건에 융통성 있는 청년 구직자들, 윗세대와는 달리 컴퓨터도 어느 정도 쓸 줄 아는 청년들, 적어도 테살로니키에 거주하는 천여 명의 청년들처럼 영어를 할 줄 아는 청년이라면 일자리를 얻을 수 있으리라고 생각할지 모르겠다. 그런데 그렇지가 않다. 어쨌든 프랑스와 그리스와 남아공에서는 그렇지 않다.

아무튼 구직자와 구인자의 유기적 연결 이론은 틀렸다. 경제는 그 체제가 허용하는 한 가용 기술의 묶음에 따라 조율된다. 시장경제에서 일자리는 그저 주어진 일자리에 적당한 사람을 끼워 맞추는 식으로 작동하지 않는다. 그렇게 작동한다면 우리는 모두 여전히 13세기 농부로 살고 있을지 모른다. 현재 책정된 임금에 할 만한 가치가 있는 일자리는 고객의 수요와 가용 노동력이 보유한 기술과 기술의 진전 가능성과 다양한 측면에서 본 상대적 가격에 따라 조율을 거친다. 앞으로 10년 안에 자율주행 자동차가

깜짝 등장한다면, 버스와 트럭 운전사의 일자리 전망은 틀리게 된다.

또 다른 고용이론은 임금 기금설wages-fund theory이다. 이 이론에 따르면, 고용주는 임금으로 지급할 자본을 쌓아두고 있다. 협상력이 근로자가 얼마나 임금을 받을지를 결정한다. 제로섬 이론이다. 당에 합류하든가 가두시위에 합류해 노동자들이 노동의 결실을 더 많이 가져가도록 투쟁하라. 임금 기금설은 임금협상에 점점 더 개입해 고용주들을 계속 쥐어짜면, 고용률을 떨어뜨리거나 GDP를 끌어내리지 않고도 휴가비를 더 받고 작업 여건이 향상되며 고용 안정을 누리게 된다는 주장을 뒷받침하는 이론이다. 일부 경제학자들과 수많은 정치인이 높은 최저임금이 고용률을 떨어뜨리지 않는다는 주장을 할 때 임금 기금설을 근거로 댄다. 2018년에 미국의 수많은 도시와 주에서 이미 실험한 이론이다. 시애틀을 보라.

올바른 고용이론은 19세기 말 오스트리아의 카를 멩거와 영국의 알프레드 마셜Alfred Marshall과 스웨덴의 크누트 빅셀Knut Wicksell과 미국의 존 B. 클라크 같은 신고전주의 경제학자들이 제시한 이론이다. 이를 근대적인 형태로 다듬은 이론이 존 R. 힉스John R. Hicks의 《임금론 The Theory of Wages》(1932)에 수록되어 있다. 이 이론에 따르면, 자발적인 거래를 통해 누군가를 고용할지는 (고용주가 보기에) 어떤 임금 수준에 추가로 고용할 가치가 있는지와 그 근로자가 그러한 상황에서 그 임금을 수용할 의사가 있는지에 따라 결정된다. 당신이 누군가를 고용할지 말지 결정할 때 이런 판단을 내린다. 예컨대 아이를 돌볼 사람이나 집을 수리할 배관공을 고용할 때 말이다. 그 일꾼이 고용할 가치가 있을까? 그러면 그 일꾼은 그 임금을 다른 임금과 비교해 보고 경쟁력이 있는지 판단한다. 아이를 돌보는 사람이나 배관공의 현재 임금은 경제 전반에서 그러한 노동의 수요와 공급에 따라 결정된다. 당국이 개입하거나 당국이 뒷받침하는 독점체제가 개입하지 않는 한. 임금

이론은 상식 중의 상식이다. 구직자와 구인자의 유기적 연결이나 임금 기금설을 주장하는 이들은 격렬하게 부인하지만 말이다. 심지어 일부 경제학자들도 잘못 알고 부인한다. 몇 명뿐이긴 하지만.

어떻게 작동하는가? 법이나 노조나 그 밖에 무엇이든 임금협상에 개입하면 공급되는 노동의 양은 수요의 양을 초과하게 된다. 그 초과분을 실업이라 일컫는다. 이 사례는 임대료 상한제와 마찬가지다. 수요와 공급이 뒤바뀔 뿐이다. 그리고 제2차 세계대전 동안 미국에서 시행되었던 임금 상한제도 마찬가지인데, 이 제도는 결국 미국 경제체제에서(그리고 독일 경제체제에서도) 현재의 고용에 의료보험을 연계시키는 이상한 제도를 낳았다.

그렇다면 청년실업은 왜 일어나는가? 한마디로 윗세대의 고용을 안정적으로 유지하려고 하니까 일어난다. 예컨대, 1990년대를 풍미한 독일 노동법은 그 이후로 완화되었는데, 남아공이 (다행스럽게도) 민주주의를 도입하면서 이 노동법을 채택했다. 남아공에서는 일단 누군가를 고용하면 해고하기가 하늘의 별 따기다. 2004년 남아공을 방문한 적이 있는데 방문 첫날 나는 식사를 한 식당에 그리 값어치 없는 작은 가방을 두고 나왔다. 차를 타고 한 3분쯤 가다가 나를 초대한 사람에게 말했다. "어머, 식당에 가방을 두고 왔네요. 귀중품도 없고 가방도 싸구려이긴 하지만 가지러 돌아갈까요?" 놀랍게도 그는 이렇게 답했다. "소용없어요. 이미 훔쳐갔을 겁니다." 그는 노동법 때문에 식당 종업원들은 고객이 두고 간 것을 아무렇지도 않게 가져간다고 했다. 마찬가지로 종업원이 계산대에서 돈을 훔치고 무단결근해도 그가 유죄판결을 받지 않는 한 해고할 수 없다. 당신 같으면 그런 여건에서 젊은 건 둘째치고 검증되지 않은 사람을 고용하겠는가? 힉스가 제시하는 상식적인 임금이론에 따르면 고용하지 않을 것이다. 그 결과가 남아공의 53퍼센트 청년 실업률이고 어느 연령대든 흑인의 높은 실업률이다.

남아공에서는 최저임금 수준도 높다. 남아공 노조 의회COSATU가 그 수준을 고집한다. 구성원이 대부분 공산주의자인 남아공 노조 의회는 아파르트헤이트 투쟁에서 큰 역할을 했고 따라서 정치인들이 너그럽게 봐 준다. 높은 최저임금 때문에 저임금 근로자들은 노조원들과 경쟁하지 못하게 되었다. 빈곤층은 가족 중에 누군가에게 지급되는 쥐꼬리만 한 보조금에 만족하며 집에서 빈둥거린다. 청년같이 숙련기술이 없는 이들은 기회가 없다.

프랑스에서는 이미 고용된 사람들의 일자리를 철통같이 보호하기 때문에, 기성세대들은 적성에 맞지도 않는 엉뚱한 일자리에 죽어라 매달리고 청년들은 고용이 안정된 여건에서 시도할 기회조차 얻지 못한다. 시카고 서부 지역에서는 마약과의 전쟁과 최저임금제, 사업체를 보호하는 규제와 직업 허가제와 도시구획법과 건축 규제 법규들이 복합적으로 작용해, 크고 작은 상점을 열지 못하게 막고 배관공과 전기 기술자의 노조에 특혜를 주는데다, 사업자에게 세금까지 부과하면서 청년들에게 돌아갈 일자리는 없으며 윗세대들은 꼼짝도 못하고 기존 일자리에 묶여 있다.

다시 말해서, 높은 청년 실업률은 탄광에 있는 카나리아가 위험하다는 강력한 적신호다. 당국이 임금협상과 고용 여건에 지나치게 적극적으로 개입했다는 뜻이다.

시카고 서부 지역은 상업활동으로 벌집처럼 북적거려야 한다. 한 세기 전, 노동시장에 개입하는 정책이 뿌리를 내리기 전에는 그랬다. 탄광 내부를 환기할 때가 되었다.

Chapter

49

환경에 대해 우려는 하되 효용성을 생각하라

2001년 11월 지구헌장*과 관련해 시카고에서 작은 회의가 열렸다.
그곳에 발표자로 초청을 받았는데, 회의 참가자들은 지구헌장에 동의하지 않는
사람이 있다는 사실에 충격을 받았다.

유엔 인권헌장을 토대로 작성된 지구헌장이 환경보호 진영에서 회람되고 있다. 구글로 검색하면 찾을 수 있다. 지구헌장에 포함된 내용 가운데 일부는 바람직하고 사실이다. 그러나 나머지는, 이런 말을 해서 미안하지만, 해로운 거짓말이다.

"빈부 격차가 점점 더 벌어지고 있다."

현재의 북한이나 지난 수십 년 동안 런던정경대학 출신 사회주의자들이 통치했던 인도와 같이, 상업적으로 검증된 혁신을 거부함으로써 계속 빈곤한 상태를 유지한 나라들에 해당하는 말이다. 그러나 한국, 태국, 체코공화국 그리고 1991년 이후 자유화를 실시한 인도에서는 틀린 주장이다.

---

*   지구헌장(Earth charter)은 21세기에 공정하고 지속가능하며 평화로운 인류 사회를 만들기 위해 반드시 필요한 윤리와 규범이 담긴 국제 선언문을 말한다.

"인구가 전례 없이 증가하면서 생태계와 사회체계에 과도한 부담이 되었다."

2세기 전에 처음 제시된, 맬서스 이론에 근거한 공포는 틀린 것으로 드러났다. 1800년부터 2001년 사이에 세계 인구는 6배(2019년까지는 7배: 전례 없는 증가 맞다) 증가했다. 그러나 진지한 인구 통계학자라면 하나같이―예컨대, 한스 로슬링―경제성장이 실제로 인구 증가 속도를 둔화시켰다는 점을 지적한다. 경제성장 덕분에 어린이 예방접종과 가족계획이 가능해진 게 주요 이유다. 모든 인구 통계학자는 앞으로 몇 십 년이면 세계 인구 증가 속도가 둔화되고 인구가 줄어들기 시작한다고 예측한다. 경제학자들 말마따나, 핵가족과 깨끗한 공기는 소득이 상승하면 수요가 증가하는 '정상재 normal goods'다.

인구 증가는 빈곤이 아니라 풍요를 동반했고 세계적으로 1인당 소득은 10배가 증가했고, 수많은 나라에서는 그보다 훨씬 많이 증가했다. 그 결과 사람들은 정상재로서 맑은 공기를 요구하게 되었다. 예컨대, 2002년 1월 중국에서 공해가 가장 심한 도시들에 대해 매연 배출을 규제하기로 했다는 보도가 나오기 시작했다. 서구진영 사람들은 부유해진 지금, 1800년보다 여러 모로 훨씬 나은 환경에서 살고 있다. 1940년대에 시카고와 런던은 석탄 연소로 인해 미세먼지 농도가 지금의 베이징이나 상하이 못지않게 높았다. 그리고 환경에 최악의 생물학적인 해를 끼친 사건은 구소련같이 시장경제가 아닌 체제에서 일어났다.

"기본적 욕구가 충족되면 소유가 아니라 존재가 인류 발전에 훨씬 중요해진다."

인정한다. 미국 같은 수많은 부유한 나라들에서 본질적으로 그렇다. 그러나 아직 소유가 절실한 미국 빈곤층에게는 그런 얘기가 먹히지 않는다. 세계적으로 가장 빈곤한 십억 명은 기본적 욕구도 충족시키지 못하고 있다.

녹색성장 같은 개념이 실행되면 그들의 기본적 욕구는 절대로 충족되지 못한다. 기본적 욕구는 오로지 경제성장을 통해서만 충족될 수 있다. 예컨대, 중국과 인도가 실현했듯이 말이다.

"기본적 가치를 공유하는 미래상이 절실히 필요하다. 앞으로 부상하는 세계 공동체의 윤리적 토대가 될 미래상 말이다."
그렇다. 사랑, 용기, 인내, 정의, 신중함, 믿음, 희망 같은 기본적 가치가 필요하다. 이런 것들은 시장 사회에서 번창한다. 노예제도에 의문을 품으면서 노예제도를 폐지한 이들은, 과거에 노예 무역상이었다가 퀘이커교도가 된 사업가들이었다. 환경보호주의 자체도 혁신주의에서 비롯된 풍요의 산물이다.

"각급 공동체들은 모든 이에게 자기 잠재력을 십분 발휘할 기회를 주어야 한다."
그러면 상업적으로 검증된 개혁이 일어나게 된다. 즉, 자유주의와 법치가 확립되고 잠재력을 자유롭게 추구하게 된다.

"각 세대의 행동의 자유는 미래 세대의 욕구에 제약을 받는다."
사유재산을 교환하는 바람직한 자본시장이 미래를 위해 중요한 관심사를 실현하는 최선의 방법이다. 생산적인 삼림을 소유한 사람은 누구도 미래에 그 숲이 훼손되기를 바라지 않는다. 그렇게 되면 자기 재산이 지닌 현재의 현금 가치가 훼손되기 때문이다. 예컨대, 아마존 열대우림은 사유화되지 않으면 훼손된다.

PART 4
다른 비자유주의적인 개념도 틀렸다

"장기적인 안목을 뒷받침하는 가치, 전통, 제도를 미래 세대에게 물려주라."
아이들에게 자유로운 교환, 사유재산 그리고 다른 사람에 대한 존중을 가르치면 달성된다. 자유주의 말이다.

"지속가능한 삶에 필요한 지식, 가치, 기술을 정규교육과 평생교육에 포함하라."
다시 말해서 환경보호주의 종교 교리를 공립 초중고등학교에서 계속 설파하고, 대학에까지 확대 적용하라. 길모퉁이마다 확성기를 틀어 놓고 지구헌장을 큰소리로 읊어라(←곧이듣지 마라. 빈정거리는 거다).

"모든 발전 구상에 환경보존 계획을 필수로 하고
지속가능한 개발계획과 규제를 각계각층에서 채택하라."
사회주의가 저지른 오류를 되풀이하라는 소리다. '계획'이 전체적으로 볼 때 바람직하며 빈곤층과 환경보호에 큰 도움이 되었다는 뜻이다. 둘 다 틀렸다. 지금 당장은 합리적이라고 생각되는 계획도 미래에 어떤 결과를 낳을지 절대로 알 수 없다.

"하려는 활동이 심각한 해를 끼치지 않는다고 주장하는 이들에게 입증의
책임을 지게 하고, 책임 있는 당사자는 환경을 훼손한 대가를 치르게 하라."
인간의 무지를 고려할 때 이런 부담을 지게 만들면 인간의 모든 경제적 활동과 진보가 중단되고, 세계 빈곤층이 더 높은 생활수준을 누릴 희망이 좌절된다. 그러나 생활수준이 높아지면 환경 개선에 대한 인식이 높아지고 실행 가능해진다.

"환경을 조금도 오염시키지 않도록 하고, 방사능 물질, 독성 물질을
비롯해 해로운 물질의 축적을 허용하지 않는다."

축적을 조금도 허용하지 않는다? 안전하게 처리되어도? 이 문서에서 빈번
하게 등장하는 내용인데, 이런 기준은 경제를 무시한 극단적인 주장으로서
신중치 못하다.

"에너지는 효율적으로 절제해 사용하고 태양광과 풍력 같은
재생에너지 사용을 늘려라."

'효율성'은 경제적 개념인데 여기서 잘못 사용했다. 효율성이 가장 낮은 에
너지를 사용하는 행위가 다른 효율성을 저하시킨다. 마치 다른 효율성은
모두 제쳐놓고 학교 건물을 효율적으로 사용하는 데만 집중한 것과 같다.
학생과 교사 수천 명을 한 건물에 구겨 넣고 하루에 24시간 3교대로 일주
일에 7일 동안 교육하면 일 년 내내 가장 '효율적으로' 건물을 이용하는 셈
이 된다. 모든 투입재들의 기회비용을 고려해서 전체적으로 효율성 높게 사
용하는 게 바람직한 방식이다. 한 가지 효율성에만 집중하는 방법은 어리석
다. 어쨌든, 재생에너지원은 오염을 덜 발생시키기는커녕 더 발생시키는 경
우가 빈번하다. 예컨대, 옥수수에서 추출한 에탄올 연료를 사용해 '에너지
를 절약'한다고 한 경우가 바로 그런 사례. 태양광 패널과 풍력발전기도
에너지를 생산하고 사용할 때 오염이 발생한다. 오염이 전혀 발생하지 않기
란 불가능하다.

"재화와 용역의 판매가격에 환경 비용과 사회적 비용을 포함시키고, 소비자들이
사회적 환경적으로 가장 높은 기준을 충족시키는 상품을 식별하게 하라."

경제적 개념을 잘못 이해한 또 다른 사례다. 비용을 가격에 반영하도록 만

들려면 사유재산으로 만들면 된다. 그러면 아마존 열대우림을 과도하게 벌목하는 행위를 중지하는 데 사람들이 관심을 갖게 된다.

"각 국가 내에서 그리고 국가 간에 부의 고른 배분을 추진하라."
현재의 부를 재분배하자는 개념이라면(실제로 그런 개념이다), 실행 불가능하다. 재분배는 현실적으로도 정치적으로도 지속가능하지 않기 때문이다. 가장 고른 분배는 경제성장을 통해서 가능하다. 경제성장은 빈곤층을 어마어마하게 풍요롭게 하기 때문이다.

"모든 무역이 진보적인 노동 기준을 뒷받침하도록 만전을 기하라."
말하자면, 방글라데시 가난한 근로자들이 뜨개 상품을 만들어서 해외에 내다 파는 일을 하지 못하게 하라는 소리다. 그들은 미국인들보다 싼 가격에 뜨개 상품을 만들어 미국 빈곤층에게 팔아서 번 돈으로 자녀를 학교에 보낸다. 시카고 노동시장에 적용되는 '기준'을 방글라데시의 다카에 적용하면 다카에 사는 사람은 아무도 일자리를 구하지 못한다. 좌익진영에서 보호주의와 국제주의 사이의 고질적인 갈등이다. '진보적인 노동 기준'은 사실상 미국산이 아닌 상품에 관세를 부과하는 셈이다. 우리가 파시스트 정권에 부과하는 총체적인 금수조치와 마찬가지다. 이 경우에는 우리 자신에게 부과하는 셈이고.

**"경제적, 정치적, 사회적, 문화적 삶의 모든 측면에서 동등한 동반자로서,
의사결정의 주체로서, 리더로서, 수혜자로서 여성의 적극적인 참여를 권장하라."**
여성 해방의 수훈갑은 시장이다. 시장에 참여하면 여성은 자신의 아버지, 남편, 아들로부터 이 사람에서 저 사람으로 넘겨주는 소유물 취급을 받지

않아도 된다. 직조공장에서 일하거나 시장에서 장사하는 여성은 자신이 직접 버는 소득이 있고 존엄성을 잃지 않는다. 고대 그리스나 전통적인 중국 사회나 전통적인 이슬람사회 같은 문화권은 여성이 가정 바깥에서 일어나는 경제활동에 참여하지 못하도록 했다. 유럽 북서부 지역에서 여성은 가정 밖에서 일할 수 있었다. 어느 문화가 여성을 해방시키는 데 최선인가?

보다시피 나는 이 선언문에 포함된 제안 사항 대부분이 실패하기를 바란다. 그러나 크게 기대는 하지 않는다. 경제학에 대해서는 전혀 무지한 생물학자와 열성적인 환경론자들이 작성한 문서는 경제적으로 보면 어처구니없는 내용을 당연히 많이 포함하게 된다. 사회공학 프로젝트가 얼마나 인간의 자유를 끔찍하게 훼손했는지 인식하지 못하는 이는 당연히 정치적으로도 어처구니없는 내용을 문서에 많이 포함한다. 빈곤층에 개의치 않는 이는 빈곤층에게 해를 끼치게 된다.

하지만 뜻하지 않게 가난한 사람들에게 해를 끼치거나 어처구니없는 주장을 담은 황당한 내용이라고 해서, 열정을 다해 만든 제안이 성공하는 데 장애가 된 적이 있는가? 좌든 우든 중도든, 공화당이든 민주당이든 녹색당이든 말이다. 아니나 다를까 2018년 미국 대통령 선거운동에서 그린 뉴딜이 등장했다. 예전의 뉴딜에 담긴 정책이 하나같이 바람직했다고 생각하는가? 그렇게 생각한다면 재고하기 바란다.

Chapter

50

비자유주의는 사실을 무시하며
대체로 비윤리적이다

2012년 6월 11일, '인정 넘치는 자유지상주의자'라는 블로그에서 존 토마시의 저서
《자유시장 공정성Free-Market Fairness》에 대한 토론에 참여했다. 댓글이 수없이 달렸고, 나는
성심껏 답변했다. 내 답변에 "척오!"라고 한 사람도 있고, 시카고대학교 법학대학원의
교만한 자유주의자 교수같이 극혐 반응을 보인 사람도 있었다.

1960년대에 운송 경제학을 공부한 경제사학자로서 사실을 무엇보다 중
요시하는 나 같은 여성이 정치철학자들의 토론에 기여할 방법은 하나뿐이
다. 크롬웰이 스코틀랜드 장로회 신도들에게 내린 저주를 약간 수정해서
이렇게 말하고 싶다. "당신이 오해했을지도 모른다고 생각하라."

칸트는 윤리적 성찰을 할 때는 인간이 어떤 존재이고 인류 역사의 실체
는 어떤지 따지지 말아야 한다고 했다. 합리적인 피조물이라면 누구든 고
수할 보편적인 원칙을 모색해야 한다는 뜻이다. 대기권 바깥 우주에 존재
하는 머리 여섯 개 달린 존재든 평균적인 교육과 지적 수준을 지닌 상식적
인 인간이든 상관없이 고수할 원칙 말이다.

경제학자인 나는 인간이 합리적인 존재임을 전제하고, 이를 바탕으로 논
리를 전개하는 방식에 사람들이 왜 솔깃한지 안다. 그리고 심리학자들은
자신들이 최근에 행한 단순한 실험이 윤리의 출발점이라고 생각하는 경향

이 있다. 힌두교 경전 리그베다와 메소포타미아 문명의 신화와 서사시에 영웅 길가메시가 등장한 이후로, 실험은 예술과 문학과 철학에 대한 성찰보다 훨씬 단순했다(심리학에서 인간의 지혜에 대해 냉소적인 태도를 보이지 않는 예외적인 인물이 소장파 심리학자의 경우 조너선 하이트, 내 연령대의 미하이 칙센트미하이, 그 윗세대가 제롬 브루너다).

그러나 홉스와 칸트와 벤담에 이어 괴짜경제학freakonomics과 행동경제학과 쾌락을 행복으로 간주하는 열렬한 근대주의자들이 등장한 후, 현대 인간의 영리함은 인간의 경험을 성찰하는 일보다도 덕목에 대한 글쓰기에 훨씬 쓸모가 있는 듯하다. 우리는 인간이기를 멈출 수도 없고 멈춰서도 안 된다. 인간은 한때 어린아이였고 앞으로 죽게 되며 인간의 방식으로 생각하고 사랑하고 희망한다. 철학자 윌 윌킨슨Will Wilkinson이 지적했듯이, 홉스 이후로 정치철학자들이 제시한 '잘 고안된 생각 실험과 전제 조건을 바탕으로 구축한 모델의 도움을 받아 성찰하는 균형감각을 인간에게 주입'한다고 해도 우리는 자신에 대해 성찰하는 바로 그 규범에서조차도 "대체로 우리 주변 환경의 영향을 받는 피조물(즉 오늘날 인간)이 되고 만다."[1] 칸트가 (사실상 자신이 토요일마다 가르쳤던) 인류학을 논의에서 빼겠다고 한 이유는 《실천이성비판》에서 말한 바와 같이 광대한 우주의 섭리가 아니라 인간의 도덕을 논하겠다는 수사적인 표현에 불과했다.

따라서 경제학과 역사학을 전공한 나는 당신을 도우려 한다. 우선 저변에 깔린 사실부터 짚고 넘어가자. 엘리자베스 앤더슨Elizabeth Anderson과 새뮤얼 프리먼Samuel Freeman이 덧붙인 수려한 논리를 전제로 한 매우 독특한 이야기가 있다.[2] 이는 19세기 말 이후로 존 토마시, 제이슨 브레넌을 비롯해 그들의 동료들이 교만한 자유주의라 일컫는 개념으로 구현되었다. 앤더슨과 프리먼과 드워킨과 누스바움 같은 교만한 자유주의 성향의 정치철학자들은 칸트와는 달리, 자신들은 너무나도 명백해서 방어할 필요도 없는 사실에 의존한다고 주장한다. 매일 밤 MSNBC(이와 상반되는 잘못된 이야기들은 폭스뉴스가 퍼뜨린다. 그러니 둘 다 권하지 않는다)에서 떠들어대는 이야기들이다. 교만한 자유주의자들이 제시하는 거대담론도 인류학적으로, 경제학적으로, 역사학적으로 볼 때 상당히 잘못되었다.

교만한 자유주의자 논리는 1880년대 이후로 유구한 지적 전통을 상징하는 몇 가지 짧은 경구에 존재한다. 오늘날의 삶은 복잡하다. 따라서 우리는 정부의 규제가 필요하다. 정부는 제대로 규제할 역량이 있고 무능하거나 부패하는 경우는 흔치 않다. 큰 정부 없이는 숭고한 일(주와 주 사이의 갈등을 조정하거나, NASA를 지원하거나 빈곤층의 고통을 덜어 주는 일 등)을 하지 못한다. 독점방지법은 작동한다. 총으로 무장한 큰 정부가 아니라 거대기업이 큰 위험이다. 기업들은 사악하고, 고객들을 식중독으로 죽이고, 근로자를 착취하므로, 정부는 규제를 통해 그리고 노조는 계약 협상을 통해 개입해야 한다. 노조 덕분에 노동시간이 일주일에 40시간으로 줄었다. 빈곤층의 삶이 개선되는 이유는 주로 큰 정부와 노조 덕분이다.

인간은 사회적 동물이므로 우리는 사회주의자여야 한다. 기독교도라면 당연히 사회주의자여야 한다. 인간은 무엇이든 될 수 있으므로 우리는 사회주의자가 되어야 한다. 자유주의는 실패했다. 미국은 불간섭주의였던 적이 없다. 내륙 교통망 개선은 바람직했고 이는 애초부터 정부가 할 일이었다. 수익 여부는 바람직한 지침이 아니다. 소비자는 보통 속는다. 광고는 해악이다. 세계화는 가난한 사람들에게 해를 끼친다. 금융위기로 인한 대대적인 경기 침체는 자본주의의 마지막 위기였다.

따라서 앤더슨은 다음과 같이 말한다. "외부 효과, 정보의 불균형 그 밖의 집단행동과 관련된 문제들은 경제적 삶에 만연해 있다. 기업들은 수많은 방법으로 수익을 올리면서 다른 이들에게 부당하게 비용을 전가한다. 카르텔을 형성하고 소시지에 쥐 배설물을 채워 넣는다." 그런데 앤더슨은 식당이 쥐 배설물을 소시지에 채워 넣고 고객을 독살하는 이유를 말하지 않는다. 프리먼도 마찬가지다. "효율적인 시장경제를 통해 (생산성을 향상시키고, 경제적 산출량을 늘리고, 생산적인 자본을 증가시키는 등) 이득을 얻으려면, 사유재산권, 계약 준수, 자유로운 교환이라는 기본적인 규칙들을 정부가 구축해야 효율적인 시장관계가 형성된다는 점은 주지의 사실이다." 그는 그렇게 최소한의 역할을 하는 정부가 어찌하여 GDP의 3분의 1에서 절반을 지출하는지 설명하지 않는다.

웃기지 마라. 교만한 자유주의의 거대담론은 사실관계부터 틀렸다. 외부효과는 정부가 나서면 더 잘 할 수 있다는 뜻이 아니다. 쥐 배설물로 고객을 독살하려는 욕구에 시달린다는 의혹을 받는 사업가들을 정신 차리게 하려면 식당 위생 감독관보다 홍보가 훨씬 효과적이다. 개선이 시장경제의 으뜸가는 장점이다. 시간이 흐르면서 혁신을 통해 달성되는 개선 말이다. 규칙은 정부가 규칙을 강제하기 훨씬 전인 18세기 러시아의 고스티니 드보르(여러 상점들이 입점한 건물)나 퀘이커교도들이 시작한 정가제* 등에서 이미 등장했다. 양도할 수 없는 사유재산권은 인간의 습성이고(그리고 햇빛이 비치는 땅 한 뼘을 차지하려는 나비에 이르기까지 동물과 식물의 습성이기도 하다), 고고학자들이 발굴하는 유적마다 나타날 만큼 오래되었지만, 정부 개입이

---

* 퀘이커는 선서를 하지 않고 대신 여러 질문에 '예, 아니오'로 대답했다. 선서는 겉으로 진실을 말하는 듯이 보이기만 하고 진실을 회피하려는 방법으로 이용된다고 생각해서였다. 많은 퀘이커교도들이 사업에서 성공하자, 그들은 가격을 인상하고 구매자하고 흥정하느니 차라리 정가를 책정하기로 했다. 퀘이커교도들은 애초에 부당한 가격을 책정하는 게 부정직하다고 믿었다. 퀘이커교도들은 공정한 고정가격을 책정함으로써 정직한 사업가라는 평판을 얻었고, 많은 이들이 거래와 금융에서 퀘이커교도 사업가들을 신뢰하게 되었고, 퀘이커라는 명칭은 가격과 품질에서 공정하고 신뢰할 만하다는 상징처럼 쓰인다.

반드시 필요하지도 필연적이지도 않다. 교환행위 또한 인간의 습성이고 오래되었으며 정부 개입이 필연적이지 않다.

이런 얘기를 하면 분개하리라는 것 잘 안다. 그러나 당신이 잘못 알고 있을지 모른다고 생각해 보라. 그리고 역사적 전제나 경제학적 전제가 〈뉴욕 타임스〉 전면에 게재된 기사의 저변에 깔려 있다고 해서, 그 기사가 건전한 사회과학 논리처럼 들리는 것은 아니다. 내가 생각하기에 인간의 본성 혹은 역사적 사건에 대한 허황된 이야기를 토대로 한 정치철학은 단순히 쓸모없는 정도를 넘어 사악하고 해롭다.

내 이야기가 맞는지 어찌 아느냐고? 20세기의 실험이 증명한다. 아주 거대한 정부라는 실험이 본격적으로 시작되기 전인 1914년 8월에는, 프리드리히 하이에크나 밀턴 프리드먼이나 매트 리들리나 디드러 매클로스키나 존 토마시의 지혜를 깨닫기 어려웠을지도 모른다. 그러나 20세기가 지난 지금도 철저한 사회주의, 민족주의, 제국주의, 동원, 중앙계획, 규제, 여권, 이민 제한, 직업 허가제, 도시구획, 건축 규정, 최저임금제, 우생학, 가격 통제, 보호주의, 보조금, 사회기간시설 구축에의 공공지출, 적자지출, 산업정책, 세금정책, 관세, 노조, 공식적인 기업 카르텔, 시장안정화 지침, 수출입 은행, 정부지출, 사생활을 침해하는 단속, 외교정책에서 모험주의, 종교와 정치를 결부시켜야 한다는 믿음과 같이, 정부의 적극적인 행동을 요구하는 19세기적인 주장들이 여전히 우리 삶을 개선할 참신하고 무해한 아이디어라고 생각하는 사람은 지금까지 생각이 딴 데 가 있던 사람이다.

지난 몇 십 년에 걸쳐 실제로 역사적 경제적으로 연구를 통해 밝혀진 몇 가지 사실을 나열해 보겠다. 이는 단순히 내 의견이 아니라(이제는 내 의견이 되기도 했다) 경제학자와 경제사학자들이 과거를 진지하게 과학적으로 들여다 보고 그들이 내놓은 수백 편의 연구결과에서 비롯되었다. 정반대 주장을 하는 이들이 더 많을지도 모른다는 점 순순히 인정한다. 하지만 나는 그들이 틀렸다고 믿는다. 하지만 여기서는 그게 요점이 아니다. 그러한 연구 결과를 열거하면서 그들이 제대로 사실을 살펴보지도 않고 사실이라고 여기는 사항들에 대해 반박함으로써, 그들이 한 연구의 과학적 품질을 개선하거나, 그들로 하여금 자기가 틀렸을지도 모른다는 생각이라도 하게 만들기 위함이다. 분기탱천해서 자기 주장이 맞다고 우기는 식으로 맞대응한다고 해서 문제가 바로잡히지 않는다. 비트겐슈타인 말마따나, "확신은 인간이 마치 진짜로 그렇다는 듯이 있는 그대로의 현상이라고 말할 때 쓰는 어투지만, 그 어투에서 그 사람이 하는 말이 정당화된다고 추론하지는 않는다."[3] 사실을 엄중히 들여다 볼 필요가 있다.

19세기와 20세기에 보통 유럽인들은 그들이 소속된 나라가 구축한 제국에서 이득을 보기는커녕 해를 입었다. 러시아에서는 소비에트의 중앙계획 때문에 경제성장은 둔화되었다. 유럽보다 먼저 미국은 진보주의적 규제를 통해 철도 같은 교통수단의 독점과 번화가의 상점 같은 소매업 독점과 의료업 같은 전문직 서비스의 독점을 보호했다. 소비자를 보호한 게 아니라. 미국에서 시행된 '보호' 입법과 유럽에서 시행된 '가족임금' 입법은 여성을 예속시켰다. 북유럽과 그 영향을 받은 지역들에서는 정부 강제력을 뒷배로 삼아 정신과 의사들이 동성애자를 감금했고, 러시아에서는 민주주의자들을 감금했다. 뉴딜은 미국이 경제 대공황을 극복하도록 돕기는커녕 방해했다.

노조가 결성되면서 배관공과 자동차 제조업체 근로자의 임금은 인상되었으나, 노조원이 아닌 근로자의 실질임금은 하락했다. 최저임금은 노조가 결성된 일자리는 보호했지만, 빈곤층 고용은 어렵게 만들었다. 건축 규정은 건물의 붕괴나 화재를 이따금 예방하는 효과가 있긴 했지만, 대체로 인맥이 좋은 목수와 전기기술자에게 안정적으로 일감을 제공했고 빈곤층은 주거시설을 구하기 훨씬 어렵게 만들었다. 도시구획과 계획 허가제는 빈곤층을 돕기는커녕 부유한 지주들만 보호했다. 임대료 상한제는 빈곤층과 정신질환자들이 주택을 임대하기 불가능하게 만들었다. 법으로 규제해 건축비용이 많이 들게 만들면 아무도 저렴한 주거시설을 짓지 않기 때문이다. 사지 멀쩡한 정상인과 이미 부유한 사람이 임대료를 규제하는 아파트를 얻고 한때 빈곤층이 살던 지역에는 화려한 주거시설이 들어섰다.

전력 규제는 전기료를 인상시켜서 가구들에 피해를 준다. 탄소에너지보다 훨씬 덜 위험한 원자력발전을 규제하는 정책도 마찬가지다. 풍요로워지면 환경도 개선된다. 미국 증권거래위원회SEC는 개미투자자를 돕지 않는다. 연방예금보험은 은행들이 예금주의 돈을 마음대로 쓰게끔 만들었다. 연방정부가 화폐 공급량을 조절하는 재량권을 행사하면서 1970년대와 1980년대에 물가가 폭등했다. 미국 서부 지역에서 일어난 자연보존 운동은 연방정부가 소유한 토지를 방목에 이용한 목장주들과, 연방정부가 소유한 토지를 말끔하게 벌목한 목재회사들을 부자로 만들었다. 미국을 비롯해 여러 나라들이 기분전환용 약물recreational drug 거래를 금지하면서 마약 성분 구성에 기술적인 변화를 초래해 그보다 더 강력한 마약의 소비를 조장했으며, 도심 빈민가를 파괴하고 젊은 남성, 특히 흑인 수백만 명을 쇠창살에 가두었다. 정부는 마약중독자들의 질병 감염을 막기 위해 주삿바늘을 무료로 교환하면 마약 사용이 조장된다는 이유로 이를 금지하고, 콘돔 광고를 불법화하고 AIDS 존재를 부인했다.

독일제국이 추구한 지정학적 목표인 독일의 경제적 생활권은 결국 전쟁이라는 공공의 기술이 아니라, 평화라는 민간의 기술로 달성했다. 일본이 꿈꾼 지속적인 동아시아 공영권은 카미카제 자살특공대가 아니라, 양복을 입은 일본 기업인들이 구축했다. 해외무역에서 보호주의는 수많은 가난한 이들에게 해를 입혔고, 극소수 부유한 사람들에게만 이득이 되었다. 미국의 농장 정책과 유럽연합의 농업 정책처럼, 국내 교역을 보호하는 정책도 마찬가지 결과를 낳았다. 유럽이 2세기에 걸친 내전을 딛고 회복한 이유는 허버트 후버Hebert Hoover 위원회나 마셜 플랜 같은 정부 대 정부의 자선이 아니라 노동과 투자라는 자구책 덕분이었다. 제3세계에 대한 정부 대 정부의 해외원조는 폭군의 배만 불렸을 뿐 빈곤층을 돕지 않았다.

제3세계가 수입한 사회주의는, 심지어 인도국민의회의 페이비언주의-간디주의 같은 비교적 비폭력적인 형태의 사회주의조차도 경제성장을 가로막고, 거대 기업가들만 부자로 만들고, 국민들을 처참한 빈곤에 머무르게 했다. 서구에서 탄생한 맬서스 이론은 인도와 중국에서 실천되었고 그 결과 행방불명되는 소녀들과 불임시술을 받은 여성들이 속출했다. 가난한 나라들에서 출산율은 하락했고 인구대체율 수준으로 하락하고 있는데, 이는 정부가 강제해서가 아니라 여성의 자율권이 신장되고, 피임과 유아 예방접종이 가능해지고 부유해졌기 때문이다. 자본가들이 뒷받침한 녹색혁명으로 땅딸막한 교배작물이 탄생하자 전 세계적으로 환경주의자 정치인들이 결사반대했지만, 수확량이 늘어 인도 같은 나라들이 곡물을 자급자족하게 되었다.

사하라사막이남 아프리카의 대부분 지역에서는, 대통령이 정부 권력을 이용해 농민들에게 과세하고 자신의 친인척과 도시에 거주하는 관료들의 배를 불렸다. 중남미 대부분에서 정부 권력은 농지개혁을 가로막고 국민이 실종되는 사건의 배후가 되었다. 나중에는 멍청한 정부 프로젝트에 투자금을 전용해서 나라를 빈곤에 빠뜨렸다. 나이지리아, 멕시코, 이라크, 베네수엘라에서는 정부가 석유 산업을 소유하고, 집권당에 자금을 지원하는 데 이용했으며, 국민을 위해서는 한 푼도 쓰지 않았다. 아랍 정부는 권력을 이용해 아랍 여성이 교육받거나 운전하지 못하게 금지하고 언론인을 살해했는데, 이는 아랍 남성에게 득이 되기는커녕 빈곤에서 벗어나지 못하게 발목을 잡았다. 사제 집단이 집권하면 종교가 타락하고 경제는 붕괴되었다. 군부가 집권하면 군대가 부패하고 경제가 몰락했다.

일본에서 프랑스에 이르기까지 소규모 소매업 육성 같은 산업 정책은 실제로 성공할 승자를 선별하기는커녕 쇠락해가는 산업을 억지로 유지시키는 결과를 낳았다. 직원을 해고하기 어렵게 규제하면서 실업률이 높아졌다. 이 정책은 독일과 덴마크에서 한때 시행됐고, 지금도 여전히 스페인과 남아공에서 시행되고 있다. 1960년대에 르코르뷔지에의 건축에서 영감을 받아 로마와 파리와 시카고 등 서구 지역에서 우후죽순 솟은 닭장 같은 고층 공영주택시설은 빈곤층을 가난에 묶어 두었다.

1970년대 동유럽에서 실시된 전면적인 사회주의는 환경을 훼손했다. 2000년대에는 사회주의자, 환경주의자, 공동체주의자 등 형형색색의 '밀레니얼 세대 집산주의자들'이 등장해 세계화에 반대한다. 세계화는 빈곤층에게 도움이 되지만 노조간부를 위협하고 정실 자본주의를 위협하고 서구 비정부단체들의 직업꾼을 위협한다.

안다, 알아. 당신은 위와 같이 지적하는 이를 '우익'이거나 '자유지상주의자'라면서, 이 모든 사실을 거부하게 될 거라는 사실을. 제발 당신의 정치 이념에 들어맞지 않은 사실을 그저 또 다른 견해라고 넘겨짚지 말기를 간곡히 당부한다. 진지하게 귀 기울이고 곰곰이 생각해 보기를 바란다.

주

들어가는 말

1 Smith 1776 (1976), IV. ix.3, p. 664.
2 "근대 자유주의(modern liberalism)"라는 개념은 칠레의 탁월한 젊은 지식인, 악셀 카이저(Axel Kaiser)의 말을 인용했다. 를런드 예거(Leland Yeager (2011))는 미국 국가주의자들이 '리버럴'이라는 단어의 의미를 제대로 포착했다고 말한다.
3 예컨대, McCloskey 2012a(마이클 샌델 책의 서평)와 패트릭 드닌(Patrick Deneen)에 관한 Mccloskey 2018a를 참조하라.
4 로티에 따르면, "지속적인 대화를 통해 서로의 주장을 끊임없이 시험하고 숨은 전제를 발굴하고 생각을 바꾸는 능력은 매우 중요하다. 다른 사람들의 주장에 귀를 기울였다는 뜻이기 때문이다. 미치광이도 생각을 바꾸기는 하지만, 그들의 생각은 달이 기우는 주기와 함께 변할 뿐이지 그들이 자기 친구가 던진 의문이나 반박에 진정으로 귀를 기울여서가 아니다"(Rorty 1983, p. 562). 나는 이 말을 적어서 지갑에 넣어 가지고 다니지만, 로티가 제시한 기준에 항상 부응하지는 못하는 점에 대해 사죄한다.
5 작고한 위대한 한스 로슬링(Hans Rosling)은 그의 설문에 응답한 이른바 전문가들 사이에서도 이러한 오류가 나타난다고 기록하고 있다 (Rosling, Rosling, and Rönnlund 2018).
6 Caplan 2007, p. 133. 내 친구 도널드 부드로의 블로그 〈카페 하이에크〉에서 자유주의적 내용의 뉴스를 상당히 많이 도용해 인용했기 때문에 내 책이 참고문헌을 널리 인용했다는 잘못된 인상을 주게 되었다.

Chapter 1

1 여기서 말하는 덕목에 대한 분석은 McCloskey 2006a에서 상세하게 설명되었는데, 17세기 이후로 (그리스어에서 성품을 뜻하는 에토스(ethos)에서 비롯된) 윤리(ethics)를 오로지 중립적인, 타자와 관련된 차원으로 간주하는 경향에 대해 비판적이다.
2 Kibbe 2014.
3 대륙식의 정의와 대조적인 영미식의 정의에 관해서는 Schlesinger 1962를 참조하라.
4 Palmer 2009, p. 13.
5 Klein 2017a.
6 Kling 2018.
7 Smith 1776 (1976), IV. ix.3, p. 664.
8 이 구절은 물론 스미스가 사망한 직후 농사꾼이자 시인인 로버트 번즈(Robert Burns)가 한 말에서 비롯되었다. 그러나 스미스는 일찍이 그보다 수십 년 전부터 자신의 모든 저술에서 자신은 그러한 평등주의자일 뿐임을 보여 왔다.

9 Bernstein 2017.

10 Klein 2017c. 데이비드 보아즈는 Boaz 2015, p. 145에서 이와 유사한 표현을 쓴다.

11 Peart and Levy 2008a.

12 Hayek 1960 (2011), 예컨대 pp. 84–85.

Chapter 2

1 Rumbold 1685 (1961). 워싱턴과는 달리 제퍼슨은 자신이 사망하기 며칠 전에도 자기 노예들을 해방시켜 주지 않았고, 럼볼드가 이용한 말안장이라는 은유적인 표현을 도용했다는 점이 매우 거슬린다.

2 Wilson 1791 (1967), vol. 1, p. 161, article 1, section 8, clause 10. 스티븐 J. 슈와츠버그(Steven J. Schwartzberg) 덕분에 이 구절을 인용하게 되었다.

3 Hughes 1994, p. 191.

4 Glare, ed., 1982, pp. 1023, 1025.

5 Weber 1922, p. 29.

6 Flaubert 1867 (2014), p. 5883.

7 Hale 1990.

8 Kaplan 1974, p. 250에서 인용하였다.

9 Dicey 1919, "Introduction to the Second ed.," part C, p. liii.

Chapter 3

1 Hayek 1960 (2011), p. 523.

2 Leoni 2008.

3 Boudreaux 2017a.

4 Hayek 1960 (2011), p. 522.

5 Smith 2002.

6 Boudreaux 2018d.

7 Schmidtz 2011, pp. 784–785.

8 Melville 1856.

9 Spencer 1891 (1981), p. 14. 도널드 부드로의 블로그 〈카페 하이에크〉(2017년 11월 14일자 포스팅)를 통해 이 구절에 접하게 되었는데, 오래전부터 나는 이 블로그를 통해 온갖 종류의 자유주의적 개념들을 접하게 되었다.

10 Mencken 1922, p. 292. 역시 부드로 블로그에서 인용했다. 이제부터 부드로에게 얼마나 빚을 졌는지 인정하는 행태를 중단하겠다.

11 Epstein 2009, pp. xii–xiii.

12 Boaz 2015, p. 1.

13 Boudreaux 2017a.

14 Brennan 2016; Caplan 2007.

15 Klein 2017b.

16 Prestona and de Waal 2002.

17 Smith 1790 (1976), III.3.4, p. 137.

18 Brennan and Tomasi 2012. '신고전주의적'이라는 용어는 새뮤얼슨(Samuelson) 부류의 정통 경제학 이론이 아니라, 고전주의적 자유주의자, 즉 존 스튜어트 밀 부류의 개념을 말한다.

Chapter 4

1 Follett 1920; 1942, esp. chap. 1.
2 Davies 2018.
3 Lange and Taylor 1938, pp. 57−58.
4 Mises 1951; Boettke 2000.
5 Smith 1762−1766 (1978), p. 352.
6 Tomasi 2012.
7 Whitman 1855 (1980), lines 346−349 and 1327.
8 내 모친이 미시건주 세인트 조지프에 살 때 어릴 적 친구인 잭 D. 스파크스도 그랬다.
9 밥 컨즈(Bob Kearns)는 자동차 앞유리를 닦는 와이퍼를 발명했는데, 발명하자마자 이를 포드(Ford)가 도용했고, 컨즈는 소송을 걸어 승소했다. Seabrook 1993를 참조하라.
10 푸드트럭은 최근 몇 년 사이 미국 전역에서 우후죽순 등장했지만 내가 사는 시카고는 극심한 정부 규제로 기를 펴지 못했다. Thiel 2017를 참조하라.
11 McCloskey 2018d.

Chapter 5

1 Higgs 2012 (2015), p. 285.
2 Barzel 2002, pp. 3, 268 그리고 전체.
3 *Oxford English Dictionary* entry for "police."
4 McCloskey and Klamer 1995.
5 잭슨 폴락의 그림 No. 16이 2013년 11월 12일 크리스티 경매에서 그 가격에 낙찰되었다.
6 Bauer 1957, pp. 113−114.
7 De Rugy 2018.
8 Hayek 1960 (2011), p. 531.
9 Quintilian 1929, 95 CE, 12.1.1 ("Vir bonus dicendi peritus").
10 Aristotle, Rhetoric, 1355b8, Kennedy trans. In Kennedy 1963, p. 19.
11 Booth 1974.
12 Smith 1762−1766 (1978), A.vi.56, p. 352.
13 Taylor 2016, pp. 1−2, 324.
14 Wood 2009.
15 Steinfeld and Engerman 1997.

Chapter 6

1 Tucker 2017. 터커가 데이브 루빈(Dave Rubin)을 상대로 한 뛰어난 인터뷰 동영상도 참조하라: www.youtube.com/watch?v=WZISn5GSV2U.
2 이러한 발언을 뒷받침하는 실제 증거 등이 궁금하다면 다음 자료를 참조하라. McCloskey 2006a, 2010, 2016a.
3 Goldstone 2002.
4 *Economist* 2013. 특히 다음 자료를 참조하라. Rosling, Rosling, and Rönnlund 2018.
5 Reinhart and Rogoff 2011: 2008년 경기침체로부터 전 세계가 어떻게 회복했는지 궁금하다면 다음 자료를 참조하라. McCloskey 2016a, pp. 53−54.
6 Maddison 2010.
7 Boudreaux 2016.

8 그러한 수치를 뒷받침 하는 증거와 자세한 논점에 대해서는 다음 자료를 참조하라. McCloskey 2006a, 2010, 2016a.

9 Schumpeter 1942 (1950), p. 68.

Chapter 7

1 Thus Skidelsky 2018, p. 16. 영미권에서는 이 외에도 이에 상응하는 주장이 수없이 많다.

2 Hayden 2013, p. 60.

3 Mill 1859, p. 1.

4 Dicey 1919, "Introduction to the Second ed.," part C, p. liii.

5 Constant 1819 (1872).

6 Leonard 2016, pp. 11ff.

7 Nelson 1991.

8 Spencer 1853 (1981), pp. 267 – 268.

9 Roosevelt 1941.

10 Long 1934.

11 Boaz 2015, p. 34; Schumpeter 1954, p. 394.

12 Castillo 2013.

13 Catanese 2013.

Chapter 8

1 Mazzucato 2013: 이 개념은 미국에서도 오래전에 제시되었다. 젊은 시절 사회주의자였던 나도 "가서 노조에 가입해야지"라고 노래를 불렀다.

2 O'Siadhail 2018, p. 129.

3 Schlesinger 1945; Robert G. McCloskey 1951.

4 Field 2011.

5 Sen 1985; Sen 1999; Nussbaum and Sen 1993.

6 Smith 1776, I.viii.36, p. 96.

7 2018년 나는 내가 여기서 결론을 내린 방식과 똑같은 방식으로 톰 팔머가 2009년 이전에 논리를 전개한 사실을 발견했다 (Palmer 2009, pp. 32, 35 – 36).

8 다음 자료에서 인용되었다. Lyons 1937.

9 Rousseau 1762.

10 Palmer 2009, pp. 30 – 31.

11 다음 자료에 인용되었다. Palmer 2009, p. 31.

12 이 운전자는 헌법적인 차원에서 연방법원의 항소심에서 승소했다. 뉴햄프셔주는 '자유가 아니면 죽음을'이라는 문구를 지키기 위해서 대법원에 항소했고, 대법원은 이 사건을 심리하기로 결정한 후 6대 3으로 운전자에게 승소판결을 내렸다 (Wooley v. Maynard, 430 U.S. 705 [1977]).

13 Yeager 1976, p. 560.

14 Kant 1781.

15 '어느 정도 따분한'이라는 표현은 P. J. 오루크(P. J. O'Rourke)가 공산주의 폴란드에 있는 스트립클럽을 묘사할 때 썼다. 그는 이 클럽이 마치 미국 우정국이 운영하는 느낌이 들었다고 했다 (O'Rourke 1988).

16 예컨대, 드닌(Deneen)을 다시 참조하라 (McCloskey 2018a).

Chapter 9

1   Higgs 2008; Tanzi and Schuknecht 2000, p. 6.
2   McCloskey 2018d.
3   Tirole 2017, pp. 155 – 156.
4   Brennan and Buchanan 1980 (2000), p. 11
5   톨스토이가 파리에서 기요틴으로 처형하는 광경을 목격한 후 친구에게 보낸 편지다. 다음 자료에서 인용되었다. Wilson 1988, p. 146. 윌슨은 그러한 정서가 (톨스토이의) 정신적 구조를 구성하는 중요한 요소들이 되었다고 말한다. 톨스토이는 서서히 그리스도교도 무정부주의자가 되었다.
6   Rothbard 1982 (1998), p. 174.
7   Spencer 1853 (1981), pp. 294 – 295.
8   Posner and Weyl 2018.
9   Mill 1859, pp. 10 – 11.

Chapter 10

1   Locke 1689 (1983), p. 47.
2   Transparency International 2017.
3   *Economist* 1992.
4   Warden 2007; Meisner and Sweeney 2017.
5   Brooks 2018.
6   이 행사는 경영학연구소(Instituto de Estudos Empresariais)가 주관한 연례행사인 자유포럼(Fórum da Liberdade)이었고 연사는 안토니오 디 피에트로(Antonio Di Pietro) 판사였다. 아래 언급된 교수는 아드리아노 지안투르코(Adriano Gianturco)다.
7   예컨대, 방송에 관해서는 다음 자료를 참조하라. Hazlett 2017.
8   Madison 1788.
9   Pearson 2015.
10 Hirschman 1970.
11 Buchanan 1991 (2001), p. 254.
12 Bain 2018.
13 Das 2001.
14 Macaulay 1830 (1881), p. 183. 당시에는 투자자를 지칭할 때 '자본주의자'라고 불렀다.
15 Lenin 1917 (1964).
16 Shilts 2007을 참조하라.
17 Ingersoll 1897, p. 112.
18 Trilling 1948b, p. 27.

Chapter 11

1   이 이론을 무비판적으로 채택한 사례는 Tirole 2017 이다.
2   Smith 1790 (1976), VI.ii.2.17, pp. 233 – 234.
3   역시 또다시 McCloskey 2018d.
4   Safi 2017.
5   Reid 2017.

Chapter 12

1 Hamburg 2015.
2 Walker and Nardinelli 2016.
3 식약청에 관해서는 다음 자료를. Briggeman 2015 and Bhidé 2017, p. 28, 그리고 초기 암 치료제 개발에 관해서는 다음 자료를 참조하라. Budish, Roin, and Williams 2015. 통계적으로 유의미하지만 실제로는 무의미한 실험에 대해서는 다음 자료를 참조하라. Ziliak and McCloskey 2008. 미국통계협회의 성명서는 다음 자료에 수록되어 있다. Wasserstein and Lazar 2016, pp. 131–133. 식약청 절차의 부패한 난맥상에 대해서는 다음 자료를 참조하라. Piller and You 2018.
4 Locke 1689 (1983), p. 37.
5 Trilling 1948a, p. xlii. 작고한 제임스 시튼(James Seaton (1996, p. 35))이 트릴링이 우려하는 바에 대해 내게 알려주었다.
6 Boaz 2015, pp. 258ff.
7 Paine 1776 (1922), p. 1.
8 Thoreau 1849 (1996), p. 1.
9 다음 자료에서 인용되었다. Mingardi 2017, p. 29.
10 Pettegree 2014, pp. 11, 368.
11 Boudreaux 2017b.
12 Chapman 2019.
13 Peart and Levy 2008b; Persky 1990.
14 Deneen 2018, pp. 30–32.

Chapter 13

1 Posner 2018.
2 Boudreaux 2017c.
3 Smith 1790 (1976), VI.ii.2.17, p. 234.
4 Leighton and López 2011.
5 Tullock 1975: 여기서 나는 다음 자료에 제시된 논리를 따르고 있다. Leighton and López 2011, pp. 104–106.
6 US Government Accountability Office 2005: 다음 자료에 인용되었다. Leighton and López 2011.
7 North, Wallis, and Weingast 2009.
8 *Dilbert, Chicago Tribune*, August 9, 2018.
9 Leighton and López 2011, p. 106, 다음을 참조하라. Winston 1993.
10 North, Wallis, and Weingast 2009, pp. 192–193.
11 Buchanan 1990 (2001), p. 307.
12 North, Wallis, and Weingast 2009, pp. 190–194.
13 Higgs 2001, p. 469.
14 다음 자료에서 인용되었다. Schultz 2015, p. 77.
15 Radford 1945; Berndt and Berndt 1964, pp. 302–305.
16 Higgs 1987.
17 Bell 2018.

Chapter 14

1 1840년대에 영국이 그랬듯이, 특정 국가가 외국 시장에서 가격을 책정할 힘이 있는 아주 드문 경우 예외적

으로 발생한다. 다음 자료를 참조하라. McCloskey 1980.
2 Dvorkin 2017; 다음 자료도 참조하라. Caliendo, Dvorkin, and Parro 2015.
3 다음 자료에서 인용되었다. Mingardi 2017, p. 25.
4 Stossel 2015.
5 Will 2018.
6 Rahn 2018a.
7 Diamond 2019. 노동통계청(Bureau of Labor Statistics)에 따르면 2013~2017년 기간 동안 연간 해고율은 14.0에서 14.8퍼센트에 달했다.
8 Lebergott 1966, 표2.
9 Malkin 2017.
10 Crandall 1984, p. 16에 따르면, 1983년에 "구제받은 일자리 하나당 치른 비용이 1983의 달러 가치로 한 해에 거의 16만 달러에 달했다."
11 Irwin 2017, p. 591.
12 이 책의 챕터 48.
13 Organisation for Economic Co-operation and Development(OECD) 2018.

Chapter 15

1 Rogge 1962 (2010), p. 9.
2 Boudreaux 2019.
3 McCloskey 2018d.
4 Schultze 1983, p. 3.
5 Lavoie 1985, p. 4.
6 Gotakanal.se, n.d.
7 Larson 2001.
8 Fogel 1960.
9 Irwin 2017, p. 158.
10 Swanson and Plumer 2018.

Chapter 16

1 Perry 2018.
2 Sowell 2015, p. 114.
3 Nordhaus 2004.
4 Warren 2001, pp. 129, 351.
5 Lintott 1999; Beard 2015.
6 Twain 1897 (1968), p. 98.
7 Skinner 1969, esp. p. 37, 비트겐슈타인(Wittgenstein)에서 인용되었다.
8 다시 McCloskey 2018d.
9 Mueller 2006.
10 Lavoie 1985, p. 8.

Chapter 17

1 Chamlee-Wright and Storr 2010; Storr, Haeffele-Balch, and Grube 2015.

2   *New Orleans Times-Picayune* 2006; Foster 2006.

3   Stossel and Lott 2018.

4   Scruton 2014, p. 21; pp. 79, 109 – 111과 비교하라.

5   Tyldum 2014.

6   Mencken 1926, p. 153.

7   다음 자료에서 인용되었다. Rimlinger 1968, p. 414.

8   Lippmann1914 (2015), p. 141; p. 138과 비교하라.

9   Mencken 1916, p. 19.

10 Bastiat 1848 ("L'État, c'est la grande fiction a travers laquelle tout le monde s'efforce de vivre aux dépens de tout le monde").

11 Kantor 1976.

12 McCloskey 2018b.

13 Balcerowicz 2017.

14 Smith and Wilson 2018.

Chapter 18

1   다음 자료에서 인용되었다. Le Roy Ladurie 1978 (1980), p. 332.

2   Mokyr 2010, p. 1.

Chapter 19

1   Beckert 2014; Mazzucato 2013 (2014).

2   Dumcius 2017.

Chapter 20

1   Flaubert 1993, p. 318 ("J'appelle bourgeois quiconque pense bassement").

2   Huizinga 1935 (1968), p. 112.

3   Sombart 1906 (1976), sec. 2.

4   Cowen 2018, pp. 33 – 34.

5   Hirschman 1977, pp. 56 – 63.

6   Walzer 2008.

Chapter 21

1   Horowitz 1985, p. 166.

2   Horowitz 1985, p. 168.

3   Mingardi 2017, p. 42.

4   Lipset 1961.

5   Douglas and Isherwood 1979, 다음 자료에서 인용되었다. Staveren 1999, p. 92.

6   Douglas 1975.

7   Chalfen 1987.

8   Sahlins 2003, p. ix.

9 Klemm 2004, p. 232.
10 Bailey 1999, p. 147.

Chapter 22

1 Charry 2004, p. 30.
2 Sayers 2004, p. 119.
3 Pope 1731 (1966), lines 169 – 172.
4 로버트 포겔(Robert Fogel)은 '침체주의' 이론의 흥망성쇠에 대한 증거를 다음 자료에서 제시한다. Fogel 2005.
5 Smith 1790 (1976), IV.1.6, p. 180.
6 Smith 1790 (1976), IV.1.10, p. 183. 다음 자료는 비슷한 이유로 스미스를 비판한다. MacIntyre 1999, p. 2.
7 Rousseau 1755 (2011), part 2, p. 65.
8 Mandeville 1705, 1714 (1988).
9 Blewhitt 1725, pp. 6 – 7.
10 Smith 1790 (1976), VII.ii.4.13, p. 313.
11 Smith 1776 (1976), IV.ii.12, vol. 1, p. 457.

Chapter 23

1 다음 자료에 인용되었다. Stewart 1795 (1980), p. 322.
2 Rosling, Rosling, and Rönnlund 2018.
3 Collier 2007; Rosling, Rosling, and Rönnlund 2018.
4 Easterly 2001.
5 Jacobs 1984, p. 230.
6 Williamson 2017, p. 181.
7 Bacon 1625.
8 Macaulay 1830 (1881), pp. 186 – 187.

Chapter 24

1 Trollope 1867 – 1868 (1982), vol. 1, pp. 126, 128.
2 다음 자료에 인용되었다. Kirkland 1986.
3 Wearden 2014에서 계산에 필요한 데이터를 얻었다.
4 Cline 2004, p. 255.
5 State of Illinois 1970.
6 Frankfurt 1987, p. 21.
7 Rawls 1985.
8 Iannaccone 2018, 저자와 교환한 개인 서신.
9 Smith 1776 (1976), bk. 1, chp. 2.

Chapter 26

1 Smith 1776 (1976), IV.vii.c.63, vol. 2, p. 613.

2   Sumner 1881, p. 256.

Chapter 27

1   Clapham 1922, p. 313.
2   Ellenberg 2014. 그의 계산에는 약간 이상한 점이 있다. 26쪽은 색인을 포함해도 전체 쪽수의 2.4퍼센트가 아니라 3.8퍼센트다. 엘렌버그는 아마 26보다 작은 숫자를 사용한 게 틀림없다. 아마 통계학에서 쓰는 중심 경향(central tendency) 척도를 쓴 듯하다.

Chapter 28

1   Waterman 2012, p. 425. 구두점은 살짝 수정했다.
2   Clapham 1922, pp. 311, 305, 312.
3   Baran and Sweezy 1966.
4   Harberger 1954; Tullock 1967.
5   Hobsbawm 2011, p. 416.
6   Boudreaux 2018b.
7   Gordon and Ramsay 2017. 7,000척 함대의 작전을 계획하고 지휘한 램지 장군은 이 책의 공동저자의 부친이었다. 그는 로버트 번즈(Robert Burns)의 시 〈생쥐에게(To a Mouse)〉의 다음과 같은 구절을 알고 있었던 듯하다. "생쥐와 인간이 짜내는 기발한 계획은 종종 어긋난다 (The best laid schemes o' Mice an' Men / Gang aft agley)."
8   McCloskey 1990.
9   Mueller 1999.
10   아롱의 저서 《지식인의 아편(L'Opium des Intellectuels)》(1955)을 제임스가 번역한 다음 책에서 인용했다. James 2007, p. 32.

Chapter 29

1   Piketty 2014, p. 558.
2   Aristotle 2015, Book I.
3   Ridley 2014.
4   Nordhaus 2004.
5   Piketty 2014, p. 440.
6   Brennan, Menzies, and Munger 2013.
7   Smith 1776 (1976), I.i.10, p. 22; 가족 규모의 급격한 축소에 대해서는 다음 자료를 참조하라. Rosling, Rosling, and Rönnlund 2018.
8   Butler 2018, p. 29.

Chapter 30

1   Piketty 2014.
2   한편 이 운동에 영감을 준 프랑스 경제학자 베르나르 게리엥(Bernard Guerrien)은 그 나름대로 기초적인 경제학을 이해하는 데 있어서 오류를 범했다. 다음 자료를 참조하라. McCloskey 2006b.
3   Boettke 1997, p. 12.

4 Boettke 1997, p. 13.

Chapter 31

1 Clark 1901, p. 1651.
2 Boudreaux and Perry 2013.
3 Fogel 2004.
4 Horwitz 2015, p. 82 – 83.
5 Horwitz 2015, p. 71.
6 Horwitz 2015, p. 84. 표 5는 빈곤층 가구가 다양한 가전제품들을 보유한 비율을 보여준다. 1971년에 그러한 가구들 가운데 32퍼센트가 에어컨이 있었다. 2005년에 그 수치는 86퍼센트였다.
7 Klinenberg 2002. 2003년 유럽에 닥친 혹서로 프랑스에서는 에어컨이 없는 14,800명이 사망했고 유럽 전역에서 7만 명이 사망했다. 다음 자료를 참조하라. Robine and collaborators 2008.
8 Barreca and collaborators 2013는 미국에서 혹서일 때 사망률을 줄이는 데 에어컨이 큰 효과가 있었음을 보여준다.
9 Reich 2014.
10 Isaacs 2007, Horwitz 2015, p. 77에 인용되었다.
11 Orwell 1937.
12 Saunders 2013, p. 214.
13 Frankfurt 1987, pp. 23 – 24.
14 Frankfurt 1987, p. 34.
15 Piketty 2014, pp. 577, 480.
16 Margo 1993, pp. 68, 65, 69.
17 Boudreaux 2004.

Chapter 32

1 Gazeley and Newell 2010, abstract, p. 19, and chart 2 on p. 17.
2 Carnegie 1889 (1901), pp. 19, 21.
3 Piketty 2014.
4 Boudreaux 2014.
5 Ibsen 1878 (1965), p. 132.
6 Peart and Levy 2008a. 베를린에 있는 훔볼트대학교 킴 프리멜(Kim Priemel)은 내게 스코틀랜드식의 개념에는 "공평 equity"이 더 적합하다고 했다. 그러나 프랑스식 평등이라는, 뜨거운 논쟁의 대상인 개념을 그렇게 쉽게 포기하고 싶지 않다. 본래 혁명적인 의미에서의 개념은 내가 '프랑스식'이라고 일컫는 개념보다 스코틀랜드적인 개념에 훨씬 가깝다.
7 Smith 1776 (1976), IV.ix.3, pp. 663 – 664.
8 Butler 2018, p. 15.
9 Baldwin 1949 (1998), pp. 15 – 16.
10 Whitford 2005.
11 여기서도 다음 자료를 참조하라. Rosling, Rosling, and Rönnlund 2018.
12 Boudreaux and Perry 2013.
13 Deaton 2013.
14 Sala-i-Martin and Pinkovskiy 2010; Sala-i-Martin 2006. '구매력평가-조정된'이란 예컨대 미국 가격이 아니라 지역 가격을 반영한 실제구매력을 뜻한다. 이는 (금융시장의 영향을 크게 받는) 환율을 사용하는 방법보다 훨씬 개선된 기준이다.

Chapter 33

1 McCloskey 2010.
2 Ogilvie 2019.
3 초안에서 계산상의 실수를 잡아낸 그레그 맨큐(Greg Mankiw)와 출판본에서 또 다른 계산상의 착오를 포착한 데이비드 위클리엄(David Wiekliem)에게 감사한다. 경제 분석에서 가장 중요한 첫 단계는 정확한 계산이라고 종종 말하곤 한다. 회계사여, 너 자신을 치유하라.
4 Colander 2013, p. xi.
5 On 1978, Coase and Wang 2013, p. 37.
6 McCloskey 2006c.
7 Friedman 2005.
8 Lemert 2012, p. 21.
9 Piketty 2014, p. 752.
10 Skwire and Horwitz 2014.

Chapter 34

1 다음 자료에 인용되었다. Taylor 2016, p. 91.
2 Johnson 1775, p. 89.
3 다음 자료에 인용되었다. Taylor 2016, pp. 437 – 438.
4 Smith 1776 (1976), IV.ix.51, p. 687.

Chapter 35

1 Pagano and Sbracia 2014.
2 Gordon 2012, 2016.
3 Mokyr 2014.
4 Macaulay 1830 (1881), pp. 186 – 187.
5 Phelps 2013.
6 Perkins and Rawski 2008.
7 Perkins 1995, p. 231.
8 World Bank n.d.

Chapter 36

1 Williams 1896; Thwaite 1902.
2 Williams 1896, pp. 10 – 11.
3 다음 자료에서 인용되었다. McCloskey 1980.

Chapter 37

1 Cannan 1902, p. 470.
2 Landes 1969, chaps. 4 and 5; Landes 1965, pp. 553 – 584.

3 Landes 1965, p. 553.
4 Landes 1965, p. 563.
5 McCloskey 2018d.
6 Kennedy 2017, p. 299.
7 McCloskey, ed., 1972; McCloskey 1973.

Chapter 38

1 Wallerstein 1983 (1995), p. 13.
2 de Soto 1989, 2000.
3 Mises 1956 (2006), p. 24.

Chapter 39

1 그러나 여성은 한 사람도—메리도 시몬도 해나도 혹은 그들의 추종자들도 우리 책에서는 다루어지지 않았
   다 (Strain and Veuger, eds., 2016). 창피한 일이다.
2 Hand 1944 (1952), p. 190.
3 예컨대 다음 자료들을 추천한다. DeMartino 2011; Amariglio and McCloskey 2008; and Cullenberg, Ama-
   riglio, and Ruccio, eds., 2001.
4 Rorty 1983.
5 *National Review*, May 19, 2014, 내 뛰어난 제자 그레이엄 피터슨이 크리스마스 선물로 이 표지 그림의 복사
   본을 내게 준 적이 있다.
6 Augustine, *De Doctrina Christiana*, book 2, chap. 6.
7 Hobsbawm 2002. 나는 영국 런던에 있는 버크벡칼리지 역사학과에 객원연구원으로 있었던 1975-1976년
   에 홉스봄을 조금 알고 지냈다.
8 Williams 1972 (1993), p. 6.
9 Budziszewski 2010, p. xiv.
10 Hobsbawm 1994.
11 Acemoglu and Robinson 2012, p. 471.
12 Toynbee 1884 (1887), p. 87.
13 Goldstone 2002, abstract.

Chapter 40

1 Harvey 2005, p. 2.
2 Brown 2015, p. 10.
3 McCloskey 2012a.

Chapter 41

1 Brecht 1960, p. 293.
2 Venezuelanalysis.com 2007.
3 Paine 1776 (1922), p. 57.
4 Kelo v. City of New London 2005.

Chapter 42

1 Smith 1776 (1976), IV.vii.c.63, vol. 2, p. 613.
2 Gerschenkron 1971, p. 655.
3 Schlesinger 1945; Hofstadter 1948; R. McCloskey 1951.
4 McCloskey 2002.
5 McCloskey 2003.
6 McCloskey 1993.
7 다음 자료에서 인용되었다. Boswell 1791 (1833), vol. 2, p. 55.
8 다음 자료에서 인용되었다. Boswell 1791 (1833), vol. 1, p. 509.

Chapter 43

1 다음 자료에 인용되었다. Clark 1978.
2 McCloskey 1994.
3 Becker 2008, p. 375.
4 Postrel 1998.
5 Spivak 1990, pp. 118 – 119.
6 Feinstein 1972, series 21.1 and 21.2 divided by 25.3.
7 Maddison 1989, p. 19; 인구 가중치도 거의 동일한 결과를 낳는다.
8 Lebergott 1993, p. 51, 샬로트 퍼킨스 길먼(Charlotte Perkins Gilman)의 설문조사에서 인용하였다.
9 Barber 1994, p. 29, 인류학자 주디스 브라운(Judith Brown)의 연구를 인용하였다.
10 Kolko 1965.
11 Spivak 1990, p. 119.

Chapter 44

1 Acton 1906, p. 24.
2 Maddison 1989, p. 96.
3 Maddison 1989, pp. 75 – 76.

Chapter 45

1 Bellow 1994, p. 308.
2 Bailey 2003, p. xi.
3 Bailey 2003, p. 164.
4 Derbyshire 2003, p. 52.
5 Carey 2007.

Chapter 46

1 Sowell 2009, pp. 26 – 27.
2 Sellar and Yeatman 1931, pp. 92 – 93.

3 Leonard 2016, p. 159.
4 Leonard 2016, p. 161.
5 Webb 1912, p. 992.
6 Seager 1913, p. 10.
7 Leonard 2016, p. 85.
8 Leonard 2016, pp. 189, 88.
9 Kocka 2014, 저자와 주고받은 개인적 서신.
10 Williams 1910, p. 840.
11 Leonard 2016, p. 191.
12 Sowell 2016.

Chapter 47

1 McCloskey 2018c; 다음 자료와 대조해 보라. Krugman 2002, 크루그먼은 억지를 부리고 있다.
2 Cowen 2013, p. 39.
3 Reich 2014.
4 UAW-CIO 1955, p. 6.
5 Reich 2014.
6 그 사례가 다음 자료에 있다. McCloskey 1985, p. 213, fig. 10.33.
7 Boudreaux 2018a.
8 Landsburg 2008.
9 Mill 1859 (2001), pp. 86 – 87.
10 Boudreaux 2018c.
11 Harsanyi 1955; Buchanan and Tullock 1962; Rawls 1958, 1971.

Chapter 48

1 Hoffer 1951.
2 International Labor Organization (ILO) 2016, pp. 5, vii.
3 International Labor Organization (ILO) 2016, pp. viii, 5, 18.
4 Organisation for Economic Co-operation and Development (OECD) 2018.

Chapter 50

1 Wilkinson 2012.
2 Anderson 2012; Freeman 2012; Arneson 2012.
3 Wittgenstein 1969, p. 6.

Acemoglu, Daron, and James A. Robinson. 2012. Why Nations Fail: The Origins of Power, Prosperity, and Poverty. New York: Crown Business.

Acton, John Edward Emerich, First Baron. 1906. Lectures on Modern History. Edited by John Neville Figgis and Reginald Vere Laurence. London: Macmillan.

Agee, James, and Walker Evans. 1941. Let Us Now Praise Famous Men. Boston: Houghton Mifflin.

Amariglio, Jack, and Deirdre N. McCloskey. 2008. "Fleeing Capitalism: A Slightly Disputatious Conversation/Interview Among Friends." In Sublime Economy: On the Intersection of Art and Economics, edited by Jack Amariglio, Joseph Childers, and Steven Cullenberg, 276 – 319. London:Routledge.

Anderson, Elizabeth. 2012. "Recharting the Map of Social and Political Theory: Where Is Government? Where Is Conservatism?" Bleeding Heart Libertarians (blog), June 12. http://bleedingheartlibertarians.com/2012/06/recharting-the-map-of-social-and-political-theory-where-is-government-where-is-conservatism/.

Aristotle. 1934. Nicomachean Ethics. Translated by H. Rackham. Cambridge: Harvard University Press. Aristotle. 1991. Rhetoric. Translated by George A. Kennedy. New York: Oxford University Press.

Aristotle. 2015. Politics. Translated by Benjamin Jowett. Adelaide: eBooks@Adelaide. https://ebooks.adelaidee-du.au/a/aristotle/a8po/book1.html.

Arneson, Richard. 2012. "Free Market Fairness: John Rawls or J. S. Mill?" Bleeding Heart Libertarians (blog), June 14. http://bleedingheart libertarians.com/2012/06/free-market-fairness-john-rawls-or-j-s-mill/.

Aron, Raymond. 1955. L'Opium des Intellectuels. Paris: Calmann-Lévy.

Bacon, Francis. 1625. "Of Studies." Website of Steve Draper, Department of Psychology,University of Glasgow. Accessed February 17, 2019. www .psy.gla.ac.uk/~steve /best/BaconJohnson.pdf.

Bailey, J. Michael. 2003. The Man Who Would Be Queen: The Science of Gender-Bending and Transsexualism. Washington, DC: Joseph Henry Press.

Bailey, Steve. 1999. "Of Gomi and Gaijin." In Japan: True Stories of Life on the Road, edited by D. W. George and Amy G. Carlson, 147 – 149. San Francisco: Travelers' Tales.

Bain, Ben. 2018. "Jim Beam Faces SEC Hangover After Bribery Allegations in India." BloombergQuint, July 2. www .bloombergquint.com/business/2018/07/02/jim-beam-faces-sec-hangover-after-bribery-allegations-in-india.

Balcerowicz, Leszek. 2017. "Recent Attacks Against Freedom." Future of the Free Society: A Cato 40th Anniversary Online Forum, Cato Institute, Washington, DC, April 25. www .cato.org/publications/cato-online-forum/recent-attacks-against-freedom.

Baldwin, James. 1949. "Everybody's Protest Novel." Partisan Review, June 16. Reprinted in Notes of a Native Son. Boston, Beacon Press, 1955. Reprinted in Collected Essays. New York: Library of America, 1998.

Baran, Paul A., and Paul M. Sweezy. 1966. Monopoly Capital: An Essay on the American Economic and Social

Order. New York: Monthly Review Press.

Barber, Elizabeth Wayland. 1994. Women's Work, the First 20,000 Years: Women, Cloth, and Society in Early Times. New York and London: Norton.

Barnhurst, Kevin G., ed. 2007. Media/Queered: Visibility and Its Discontents. New York: Peter Lang.

Barreca, Alan, Karen Clay, Olivier Deschenes, Michael Greenstone, and Joseph S. Shapiro. 2013. "Adapting to Climate Change: The Remarkable Decline in the U.S. Temperature–Mortality Relationship over the 20th Century." NBER Working Paper No. 18692, National Bureau of Economic Research, Cambridge, MA, January. https://www.nber.org/papers/w18692.

Barry, Brian. 1965. Political Argument. London: Routledge and Kegan Paul.

Barzel, Yoram. 2002. A Theory of the State: Economic Rights, Legal Rights, and the Scope of the State. Cambridge, UK: Cambridge University Press.

Bastiat, Frédéric. 1848. "L'État." Journal des Débats, September 25: p. 1, col. 5. https://gallica.bnf.fr/ark:/12148/bpt6k448145j.item.

Bastiat, Frédéric. 1964. Economic Sophisms. Edited and translated by Arthur Goddard. Princeton, NJ: Van Nostrand. Reprint, Irvington-on-Hudson, NY: Foundation for Economic Education, 1996.

Bauer, Peter T. 1957. Economic Analysis and Policy in Underdeveloped Countries. Durham, NC: Duke University Commonwealth-Studies Center.

Beard, Charles. 1913. An Economic Interpretation of the Constitution of the United States. New York: Macmillan.

Beard, Mary. 2015. SPQR: A History of Ancient Rome. New York: Norton.

Becker, Howard S. 2008. Art Worlds. 25th Anniversary Edition. Berkeley: University of California Press.

Beckert, Sven. 2014. Empire of Cotton: A Global History. New York: Alfred A. Knopf.

Beer, Francis A., and Robert Hariman, eds. 1996. Post-Realism: The Rhetorical Turn in International Relations. East Lansing, MI: Michigan State University Press.

Bell, Tom W. 2018. Your Next Government? From the Nation State to the Stateless Nation. New York: Cambridge University Press.

Bellah, Robert. 2003. Imagining Japan: The Japanese Tradition and Its Modern Interpretation. Berkeley and Los Angeles: University of California Press.

Bellow, Saul. 1994. It All Adds Up: From the Dim Past to an Uncertain Future. New York and London: Penguin.

Benedict, Ruth. 1946. The Chrysanthemum and the Sword: Patterns of Japanese Culture. Reprint, Boston: Houghton Mifflin, 1989.

Berlin, Isaiah. 1958. "Two Concepts of Liberty." From his inaugural lecture. In Four Essays on Liberty, 118–172. New York: Oxford University Press, 1969.

Berlin, Isaiah. 2003. Freedom and Betrayal: Six Enemies of Human Liberty. Princeton, NJ: Princeton University Press.

Berndt, Ronald M., and Catherine H. Berndt. 1964. The World of the First Australians. Sydney: Ure Smith.

Bernstein, Maxine. 2017. "Red Light Camera Critic Says State Board Quashing His Free Speech." Oregonian, April 25. https://www.oregonlive.com/portland/index.ssf/2017/04/beaverton_man_claims_oregon_st.html.

Bhidé, Amar. 2017. "Constraining Knowledge: Traditions and Rules That Limit Medical Innovation." Critical Review 29, no. 1: 1–33.

Blewhitt, George. 1725. An Enquiry Whether a General Practice of Virtue Tends to the Wealth or Poverty, Benefit or Disadvantage of a People. London: R. Wilkin.

Blyth, Mark. 2004. "The Great Transformation in Understanding Polanyi: Reply to Hejeebu and McCloskey." Critical Review 16: 117–133.

Boaz, David. 1997. Libertarianism: A Primer. New York: Free Press.

Boaz, David. 2015. The Libertarian Mind. New York: Simon and Schuster.

Boettke, Peter. 1997. "Where Did Economics Go Wrong? Modern Economics as a Flight from Reality." Critical

482

Review 11, no. 1: 11 –64.

Boettke, Peter. 2000. Socialism and the Market: The Socialist Calculation Debate Revisited. London: Routledge.

Booth, Wayne C. 1974. Modern Dogma and the Rhetoric of Assent. Chicago: University of Chicago Press.

Boswell, James. 1791. The Life of Samuel Johnson, LL.D. 2 vols. Reprint, New York: George Dearborn, 1833.

Boudreaux, Donald J. 2004. "Can You Spot the Billionaire?" The Freeman 54, no. 1 (January/February): 13 – 14. https://fee.org/media/3086/2004_01.pdf.

Boudreaux, Donald J. 2014. Personal correspondence with the author. June 4.

Boudreaux, Donald J. 2016. "Most Ordinary Americans in 2016 Are Richer than Was John D. Rockefeller in 1916." Café Hayek (blog), February 20. https://cafehayek.com/2016/02/40405.html.

Boudreaux, Donald J. 2017a. "Bonus Quotation of the Day. . . ." Café Hayek (blog), November 25. https://cafe-hayek.com/2017/11/bonus-quotation-day-86.html.

Boudreaux, Donald J. 2017b. "Quotation of the Day. . . ." Café Hayek (blog), March 5. https://cafehayek.com/2017/03/quotation-of-the-day-2005.html.

Boudreaux, Donald J. 2017c. "Quotation of the Day. . . ." Café Hayek (blog), April 10. https://cafehayek.com/2017/04/42587.html.

Boudreaux, Donald J. 2018a. "A Losing Perspective." Café Hayek (blog), June 20. https://cafehayek.com/2018/06/a-losing-perspective.html.

Boudreaux, Donald J. 2018b. "Quotation of the Day. . . ." Café Hayek (blog), July 3. https://cafehayek.com/2018/07/quotation-of-the-day-2483.html.

Boudreaux, Donald J. 2018c. "And What About Thoseof Us Who Embrace Freedom?" Café Hayek (blog), August 23. https://cafehayek.com/2018/08/us-embrace-freedom.html.

Boudreaux, Donald J. 2018d. "Quotation of the Day. . . ." Café Hayek (blog), October 13. https://cafehayek.com/2018/10/quotation-of-the-day-2582.html.

Boudreaux, Donald J. 2019. "Bonus Quotation of the Day. . . ." Café Hayek (blog), February 28. https://cafe-hayek.com/2019/02/bonus-quotation-of-the-day-269.html.

Boudreaux, Donald J., and Mark J. Perry. 2013. "The Myth of a Stagnant Middle Class." Wall Street Journal, January 23.

Bourdieu, Pierre. 1984. Distinction: A Social Critique of the Judgment of Taste. Translated by Richard Nice. London: Routledge and Kegan Paul.

Bower, Gordon H. 1992. "How Emotions Affect Learning." In The Handbook of Emotion and Memory: Research and Theory, edited by Sven-Ake Christianson, 3 – 31. Hillsdale, NJ: Erlbaum.

Brecht, Bertolt. 1960. The Life of Galileo. Translated by D. I. Vesey. In Plays, vol. 1. London: Methuen.

Brennan, Geoffrey, and James M. Buchanan. 1980. The Power to Tax. Cambridge, UK: Cambridge University Press. Reprinted as vol. 9 of The Collected Works of James M. Buchanan. Indianapolis, IN: Liberty Fund, 2000.

Brennan, Geoffrey, Gordon Menzies, and Michael Munger. 2013. "A Brief History of Inequality." Unpublished paper, Australian National University, Canberra, and University of Technology, Sydney.

Brennan, Jason. 2016. Against Democracy. Princeton, NJ: Princeton Press.

Brennan, Jason, and John Tomasi. 2012. "Classical Liberalism." In The Oxford Handbook of Political Philosophy, edited by David Estlund, 115 – 132. Oxford, UK: Oxford University Press.

Briggeman, Jason. 2015. "Searching for Justification of the Policy of Pre-Market Approval of Pharmaceuticals." PhD diss., George Mason University. http://mars.gmu.edu/handle/1920/9656.

Brooks, David. 2018. "The Rise of the Amnesty Thugs." New York Times, June 18.

Brown, Gordon S. 2005. Toussaint's Clause: The Founding Fathers and the Haitian Revolution. Jackson, MS: University Press of Mississippi.

Brown, Wendy. 2015. Undoing the Demos: Neoliberalism's Stealth Revolution. Brooklyn, NY: Zone Books.

Buchan an, James M. 1990. "The Potential for Politics after Socialism." In Geschichte end Gesetz, Europäisches Forum Alpbach, 1989, edited by Otto Molden, 240 – 256. Vienna: Österreichisches College. Reprinted in Ideas, Persons, and Events. Vol. 19 of The Collected Works of James M. Buchanan. Indianapolis, IN:

Liberty Fund, 2001.

Buchanan, James M. 1991. "The Minimal Politics of Market Order." Cato Journal 11, no. 2 (Fall): 215–232. Reprinted in Choice, Contract, and Constitutions. Vol. 16 of The Collected Works of James M. Buchanan. Indianapolis, IN: Liberty Fund, 2001.

Buchanan, James M., and Gordon Tullock. 1962. The Calculus of Consent: Logical Foundations of Constitutional Democracy. Ann Arbor: University of Michigan Press.

Budish, Eric, Benjamin N. Roin, and Heidi Williams. 2015. "Do Firms Underinvest in Long-Term Research? Evidence from Cancer Clinical Trials." American Economic Review 105, no. 7: 2044–2085.

Budziszewski, J. 2010. The Revenge of Conscience: Politics and the Fall of Man. Eugene, OR: Wipf and Stock.

Burczak, Theodore A. 2006. Socialism After Hayek. Ann Arbor: University of Michigan Press.

Burczak, Theodore A. 2018. "Catallactic Marxism: Hayek, Marx, and the Market." In Knowledge, Class, and Economics: Marxism Without Guarantees, edited by Theodore A. Burczak, Robert F. Garnett, and Richard P. McIntyre. London: Routledge.

Butler, Eamonn. 2015. Classical Liberalism: A Primer. London: Institute of Economic Affairs.

Butler, Eamonn. 2018. An Introduction to Capitalism. London: Institute of Economic Affairs.

Butler, Joseph. 1736. Fifteen Sermons. Reprinted in The Analogy of Religion and Fifteen Sermons, 335–528. London: The Religious Tract Society, n.d.

Caliendo, Lorenzo, Maximiliano Dvorkin, and Fernando Parro. 2015. "Trade and Labor Market Dynamics." Working Paper 2015-009C, Federal Reserve Bank of St. Louis, August.

Cannan, Edwin. 1902. "The Practical Utility of Economic Science." Economic Journal 12, no. 48: 459–471.

Caplan, Bryan. 2007. The Myth of the Rational Voter: Why Democracies Choose Bad Policies. Princeton, NJ: Princeton University Press.

Carey, Benedict. 2007. "Criticism of a Gender Theory, and a Scientist Under Siege." New York Times, August 21.

Carnegie, Andrew. 1889. "The Gospel of Wealth." In The Gospel of Wealth and Other Timely Essays, 1–46. New York: Century, 1901.

Castillo, Michelle. 2013. "Bloomberg: Medical Marijuana One of 'Great Hoaxes of All Time.'" CBS News, June 3. www.cbsnews.com/news/bloomberg-medical-marijuana-one-of-great-hoaxes-of-all-time/.

Catanese, David. 2013. "Graham's Hawkish Posture Confronts War-Weary Voters in South Carolina." U.S. News and World Report, September 5. www.usnews.com/news/articles/2013/09/05/grahams-hawkish-posture-confronts-war-weary-voters-in-south-carolina.

Cather, Willa. 1913. O Pioneers! Boston: Houghton Mifflin.

Cather, Willa. 1918. My Ántonia. Boston: Houghton Mifflin.

Chalfen, Richard. 1987. Snapshot: Versions of a Life. Bowling Green, OH: Bowling Green University Press.

Chamlee-Wright, Emily, and Virgil Storr. 2010. "The Role of Social Entrepreneurship in Post-Katrina Recovery." International Journal of Innovation and Regional Development 2, nos. 1/2.

Chapman, Steve. 2019. "Paul's Weak Case Against Mandatory Vaccines Hurts Measles Outbreak Effort." Chicago Tribune, March 7.

Charry, Ellen T. 2004. "On Happiness." Anglican Theological Review 86 (Winter): 19–33.

Chaudhuri, Nirad C. 1959. A Passage to England. London: Macmillan.

Cicero, Marcus Tullius. 1938. De Amicitia [Concerning friendship]. Translated by W. A. Falconer. Loeb edition. Cambridge, MA: Harvard University Press.

Clapham, J. H. 1922. "Of Empty Economic Boxes." Economic Journal 32: 305–314.

Clark, John Bates. 1901. "The Society of the Future." The Independent 53, no. 2746 (July 18): 1649–1651.

Clark, Lindley H., Jr. 1978. "U.S. Monetary Troubles." Wall Street Journal, October 13.

Cline, William R. 2004. Trade Policy and Global Poverty. Washington, DC: Peterson Institute for International Economics.

Coase, Ronald, and Ning Wang. 2013. How China Became Capitalist. Basingstoke, UK: Palgrave Macmillan.

Cohen, Edward. 1992. Athenian Economy and Society: A Banking Perspective. Princeton, NJ: Princeton University Press.

Colander, David. 2013. Introduction to *Decline and Economic Ideals in Italy in the Early Modern Era*, by Gino Barbieri. Firenze: Leo R. Olschki Editore.

Collier, Paul. 2007. *The Bottom Billion: Why the Poorest Countries Are Failing and What Can Be Done About It*. Oxford, UK: Oxford University Press.

Constant, Benjamin. 1819. "De la liberté des Anciens comparée à celle des Modernes." In vol. 2 of *Cours de politique constitutionnelle*, 2nd ed., 539 – 560. Paris: Guillaumin, 1872.

Cosgel, Metin M. 1993. "Religious Culture and Economic Performance: Agricultural Productivity of the Amish, 1850 – 80." *Journal of Economic History* 53 (June): 319 – 331.

Cowen, Tyler. 1998. *In Praise of Commercial Culture*. Cambridge and London: Harvard University Press.

Cowen, Tyler. 2013. *Average Is Over*. New York: Dutton.

Cowen, Tyler. 2018. *Stubborn Attachments: A Vision for a Society of Free, Prosperous, and Responsible Individuals*. San Francisco: Stripe Press.

Cox, Harvey. 2016. *The Market as God*. Cambridge, MA: Harvard University Press.

Crandall, Robert W. 1984. "Import Quotas and the Automobile Industry: The Costs of Protectionism." *Brookings Review* 2, no. 4: 8 – 16.

Cullenberg, Stephen, Jack Amariglio, and David F. Ruccio, eds. 2001. *Postmodernism, Economics and Knowledge*. New York and London: Routledge.

Damasio, Antonio. 1994. *Descartes' Error: Emotion, Reason and the Human Brain*. New York: Grosset/Putnam.

Das, Gurcharan. 2001. *India Unbound: The Social and Economic Revolution from Independence to the Global Information Age*. New York: Random House.

Davies, Stephen. 2018. "You Don't Really Want Smart People Running the World." American Institute for Economic Research, Great Barrington, MA, October 23. www.aier.org/article/you-dont-really-want-smart-people-running-world.

Deaton, Angus. 2013. *The Great Escape: Health, Wealth, and the Origins of Inequality*. Princeton, NJ: Princeton University Press.

DeMartino, George. 2011. *The Economist's Oath: On the Need for and Content of Professional Economic Ethics*. New York: Oxford University Press.

Deneen, Patrick J. 2018. *Why Liberalism Failed*. New Haven, CT: Yale University Press.

Derbyshire, John. 2003. "Lost in the Male." *National Review*, June 30: 51 – 52.

de Rugy, Veronique. 2018. "The Tyranny of the Administrative State." *Reason*, May 10. https://reason.com/archives/2018/05/10/the-tyranny-of-the-administrative-state.

de Soto, Hernando. 1989. *The Other Path: The Invisible Revolution in the Third World*. New York: HarperCollins.

de Soto, Hernando. 2000. *The Mystery of Capital: Why Capitalism Triumphs in the West and Fails Everywhere Else*. New York: Basic Books.

Diamond, Arthur M., Jr. 2019. *Openness to Creative Destruction: Sustaining Innovative Dynamism*. New York: Oxford University Press.

Dicey, A. V. 1919. *Lectures on the Relation Between Law and Public Opinion During the 19th Century*. 2nd ed. London: Macmillan. http://oll.libertyfund.org/titles/1683#lf1315.

Douglas, Mary. 1975. "Deciphering a Meal." In *Implicit Meanings*, 249 – 275. London: Routledge and Kegan Paul.

Douglas, Mary, and Baron Isherwood. 1979. *The World of Goods*. New York: Basic Books.

Doyle, Vincent. 2007. "Insiders – Outsiders: Dr. Laura and the Contest for Cultural Authority in LGBT Media Activism." In *Media/Queered: Visibility and Its Discontents*, edited by Kevin G. Barnhurst, 107 – 124. New York: Peter Lang.

Dumcius, Gintautas. 2017. "Sen. Elizabeth Warren Backs High-Speed Rail Connecting Springfield, Worcester and Boston." *MassLive*, March 16. www.masslive.com/news/index.ssf/2017/03/sen_elizabeth_warren_

backs_hig.html.

Dvorkin, Maximiliano. 2017. "What Is the Impact of Chinese Imports on U.S. Jobs?" The Regional Economist, Federal Reserve Bank of St. Louis, May 15.

Dworkin, Ronald. 1980. "Is Wealth a Value?" Journal of Legal Issues 9: 191 –226.

Easterlin, Richard A. 1995. "Industrial Revolution and Mortality Revolution: Two of a Kind?" Journal of Evolutionary Economics 5: 393 –408. Reprinted in Easterlin, The Reluctant Economist, 84 –100.

Easterlin, Richard A., ed. 2002. Happiness in Economics. Cheltenham and Northampton, UK: Edward Elgar.

Easterlin, Richard A. 2003. "Living Standards." In vol. 3 of The Oxford Encyclopedia of Economic History, edited by Joel Mokyr. New York: Oxford University Press.

Easterlin, Richard A. 2004. The Reluctant Economist: Perspectives on Economics, Economic History, and Demography. Cambridge, UK: Cambridge University Press.

Easterly, William. 2001. The Elusive Quest for Growth: Economists' Adventures and Misadventures in the Tropics. Cambridge, MA: MIT Press.

Economist. 1992. "High-Speed Spending." April 25.

Economist. 2013. "Towards the End of Poverty." June 1. www.economist.com/leaders/2013/06/01/towards-the-end-of-poverty.

Ehrenreich, Barbara. 2001. Nickel and Dimed: On (Not) Getting By in America. New York: Henry Holt.

Ehrlich, Paul R. 1968. The Population Bomb. New York: Ballantine Books. Reprint, Jackson Heights, NY: Rivercity Press, 1975.

Ekstrom, Karin, and Kay Glans, eds. 2010. Changing Consumer Roles. London: Routledge.

Ellenberg, Jordan. 2014. "And the Summer's Most Unread Book is. . . ." Wall Street Journal, July 3.

Ellsberg, Robert. 1983. Introduction to Selected Writings, by Dorothy Day. Edited by Robert Ellsberg. Maryknoll, NY: Orbis.

Emerson, Ralph Waldo. 1850. "Napoleon; Or, the Man of the World." In Selected Essays, 337 –359. Edited by L. Ziff. New York: Viking Penguin, 1982.

Engels, Friedrich. 1845. Die Lage der arbeitenden Klasse in England [The condition of the working class in England]. Leipzig: O. Wigand.

Epstein, Richard A. 2009. Foreword to Law, Liberty and the Competitive Market, by Bruno Leoni. Edited by Carlo Lottieri. New Brunswick, NJ: Transaction.

Erasmus, Desiderius, of Rotterdam. 2001. The Adages of Erasmus. Selected by William Barker. Toronto, ON: University of Toronto Press.

Farrell, James T. 1932 –1935. Studs Lonigan. Reprint, New York: Library of America, 2004.

Feinstein, C. H. 1972. National Income, Expenditure and Output of the United Kingdom, 1855 –1965. Cambridge, UK: Cambridge University Press.

Field, Alexander J. 2011. A Great Leap Forward: 1930s Depression and U.S. Economic Growth. New Haven, CT: Yale University Press.

Fish, Stanley. 1994. There's No Such Thing as Free Speech . . . and It's a Good Thing, Too. New York: Oxford University Press.

Flaubert, Gustave. 1867. Oeuvres complètes et Annexes: Correspondance. Reprint, Saint Julien-en-Genevois, France: Arvensa Éditions, 2014.

Flaubert, Gustave. 1993. Gustave Flaubert – Guy de Maupassant Correspondance. Paris: Flammarion.

Fleischacker, Samuel. 2004. A Short History of Distributive Justice. Cambridge, MA: Harvard University Press.

Fodor, Jerry. 1998. "The Trouble with Psychological Darwinism." Review of How the Mind Works, by Steven Pinker, and Evolution in Mind, by Henry Plotkin. London Review of Books 20, no. 2 (January 22): 11 –13.

Fogel, Robert William. 1960. The Union Pacific Railroad: A Case in Premature Enterprise. Baltimore, MD: Johns Hopkins Press.

Fogel, Robert William. 1999. The Fourth Great Awakening and the Future of Egalitarianism. Chicago: University of Chicago Press.

Fogel, Robert William. 2004. The Escape from Hunger and Premature Death 1700 –2100. Cambridge, UK:

Cambridge University Press.

Fogel, Robert William. 2005. "Reconsidering Expectations of Economic Growth After World War II from the Perspective of 2004." NBER Working Paper No. 11125, National Bureau of Economic Research, Cambridge, MA, February. https://www.nber.org/papers/w11125.

Follett, Mary Parker. 1920. The New State: Popular Organization the Solution of Popular Government. London: Longmans, Green.

Follett, Mary Parker. 1942. Dynamic Administration: The Collected Papers of Mary Parker Follett. Edited by Henry C. Metcalf and L. Urwick. New York: Harper and Brothers.

Foster, Mary. 2006. "New Orleans Police Honor Those Who Stayed." Associated Press, February 22.

Foucault, Michel. 2008. The Birth of Biopolitics: Lectures at the Collège de France, 1978 – 1979. Edited by Michel Senellart. Translated by Graham Burchell. New York: Palgrave Macmillan.

Frank, Robert H. 1985. Choosing the Right Pond: Human Behavior and the Quest for Status. New York: Oxford University Press.

Frank, Robert H. 1988. Passions Within Reason: The Strategic Role of the Emotions. New York: W. W. Norton.

Frank, Robert H. 1999. Luxury Fever. New York: Free Press.

Frank, Robert H. 2004. What Price the Moral High Ground? Ethical Dilemmas in Competitive Environments. Princeton, NJ: Princeton University Press.

Frank, Robert H. 2005. "Motives and Self-Interest." In Business Ethics, edited by Patricia Werhane and R. E. Freeman, 369f. Vol. 2 of The Blackwell Encyclopedia of Management. Oxford, UK, and Malden, MA: Blackwell.

Frank, Robert H., and Philip J. Cook. 1995. The Winner-Take-All Society: Why the Few at the Top Get So Much More than the Rest of Us. New York: Penguin Books.

Frankfurt, Harry. 1987. "Equality as a Moral Ideal." Ethics 98, no. 1: 21 – 43.

Frankfurt, Harry. 2004. The Reasons of Love. Princeton, NJ: Princeton University Press.

Freeman, Samuel. 2012. "Can Economic Liberties Be Basic Liberties?" Bleeding Heart Libertarians (blog), June 13. http://bleedingheartlibertarians.com/2012/06/can-economic-liberties-be-basic-liberties/.

Friedman, Benjamin M. 2005. The Moral Consequences of Economic Growth. New York: Knopf.

Friedman, Milton. 1956. "The Relation Between Economic Freedom and Political Freedom." In Capitalism and Freedom, 7 – 21. Chicago: University of Chicago Press, 1962.

Frijda, Nico H. 1994. "Emotions Require Cognitions, Even If Simple Ones." In The Nature of Emotion: Fundamental Questions, edited by Paul Ekman and Richard J. Davidson. New York: Oxford University Press.

Fussell, Paul. 1989. Wartime: Understanding and Behavior in the Second World War. New York: Oxford University Press.

Gazeley, Ian, and Andrew Newell. 2010. "The End of Destitution: Evidence from British Working Households 1904 – 1937." Economics Department Working Paper Series No. 2-2010, University of Sussex. www.sussex.ac.uk/economics/documents/wps-2-2010.pdf.

Gerschenkron, Alexander. 1970. Europe in the Russian Mirror: Four Lectures in Economic History. Cambridge, UK: Cambridge University Press.

Gerschenkron, Alexander. 1971. "Mercator Gloriosus." Economic History Review 24, no. 4: 653 – 666.

Glare, P. G. W., ed. 1982. Oxford Latin Dictionary. Oxford: Oxford University Press.

Goldberg, Jonah. 2018. Suicide of the West: How the Rebirth of Nationalism, Populism, and Identity Politics Is Destroying American Democracy. New York: Crown.

Goldstone, Jack A. 2002. "Efflorescences and Economic Growth in World History: Rethinking the 'Rise of the West' and the Industrial Revolution." Journal of World History 13: 323 – 389.

Gordon, Edward E., and David Ramsay. 2017. Divided on D-Day: How Conflicts and Rivalries Jeopardized the Allied Victory at Normandy. Amherst, NY: Prometheus Books.

Gordon, Robert J. 2012. "Is U.S. Economic Growth Over? Faltering Innovation Confronts the Six Headwinds." NBER Working Paper No. 18315, National Bureau of Economic Research, Cambridge, MA, August. https://www.nber.org/papers/w18315.

Gordon, Robert J. 2016. The Rise and Fall of American Growth: The U.S. Standard of Living Since the Civil War. Princeton, NJ: Princeton University Press.

Gotakanal.se. n.d. "Göta Canal: A Beautiful History." Accessed February 13, 2019. www.gotakanal.se/en/the-gota-canal-history/.

Grace, Francie. 2003. "Salvation Army Shoots Down Donation." CBS News, January 2. www.cbsnews.com/news/salvation-army-shoots-down-donation/.

Gray, John. 1996. Isaiah Berlin. Princeton, NJ: Princeton University Press.

Greenblatt, Stephen J. 2004. Will in the World: How Shakespeare Became Shakespeare. New York: W. W. Norton.

Guthrie, W. K. C. 1971. The Sophists. Cambridge, UK: Cambridge University Press.

Hale, Charles A. 1990. The Transformation of Liberalism in Late 19th-Century Mexico. Princeton, NJ: Princeton University Press.

Hamburg, Margaret. 2015. "Margaret Hamburg Ends Six-Year Run as FDA Commissioner." Interview by Robert Siegel. All Things Considered, National Public Radio, April 1. www.npr.org/2015/04/01/396871346/margaret-hamburg-ends-six-year-run-as-fda-commissioner.

Hammett, Dashiell. 1929. The Maltese Falcon. Vintage edition. New York: Knopf, 1984.

Hand, Learned. 1944. "The Spirit of Liberty." In The Spirit of Liberty: Papers and Addresses of Learned Hand. New York: Alfred A. Knopf, 1952.

Hansen, Alvin H. 1939. "Economic Progress and Declining Population Growth." American Economic Review 29 (March): 1–7.

Hansen, Alvin H. 1941. Fiscal Policy and Business Cycles. New York: W. W. Norton.

Harberger, Arnold C. 1954. "Monopoly and Resource Allocation." American Economic Review 44: 77–87.

Harsanyi, John C. 1955. "Cardinal Welfare, Individualistic Ethics, and Interpersonal Comparisons of Utility." Journal of Political Economy 63: 309–321.

Hart, David Bentley. 2009. Atheist Delusions: The Christian Revolution and Its Fashionable Enemies. New Haven: Yale University Press.

Harvey, David. 2005. A Brief History of Neoliberalism. Oxford, UK: Oxford University Press.

Harvey, David. 2014. Seventeen Contradictions and the End of Capitalism. London: Profile Books.

Hawking, Stephen. 1988. A Brief History of Time. New York: Bantam Books.

Hawley, Ellis W. 2015. The New Deal and the Problem of Monopoly. Princeton, NJ: Princeton University Press.

Hayden, Robert. 2013. "Runagate Runagate." In Collected Poems, 59–61. Edited by Frederick Glaysher. New York: W. W. Norton.

Hayek, Friedrich A. 1960. The Constitution of Liberty. Definitive edition. Vol. 17 of The Collected Works of F. A. Hayek. Edited by Ronald Hamowy. Chicago: University of Chicago Press, 2011.

Hayek, Friedrich A. 1973. Law, Legislation, and Liberty. Vol. 1, Rules and Order. Chicago: University of Chicago Press.

Hayek, Friedrich A. 1979. Law, Legislation, and Liberty. Vol. 3, The Political Order of a Free People. Chicago: University of Chicago Press.

Hazlett, Thomas Winslow. 2017. The Political Spectrum: The Tumultuous Liberation of Wireless Technology, from Herbert Hoover to the Smartphone. New Haven, CT: Yale University Press.

Heilbroner, Robert. 1953. The Worldly Philosophers: The Lives, Times, and Ideas of the Great Economic Thinkers. 7th ed. New York: Simon and Schuster, 1999.

Hicks, John R. 1932. The Theory of Wages. London: Macmillan.

Higgs, Robert. 1987. Crisis and Leviathan: Critical Episodes in the Growth of American Government. New York: Oxford University Press.

Higgs, Robert. 2001. "Unmitigated Mercantilism." Independent Review 5: 469–472.

Higgs, Robert. 2008. "Government Growth." Concise Encyclopedia of Economics, Liberty Fund. www.econlib.org/library/Enc/GovernmentGrowth.html.

Higgs, Robert. 2012. "Freedom: Because It Works or Because It Is Right?" The Beacon (blog), Independent Institute, December 27. http://blog.independent.org/2012/12/27/freedom-because-it-works-or-because-its-right/. Reprinted in Taking a Stand. Oakland, CA: Independent Institute, 2015.

Higgs, Robert. 2018. Facebook post, October 28. www.facebook.com/robert.higgs.568/posts/10156800522539400. In "Bonus Quotation of the Day . . . ," by Donald J. Boudreaux. Café Hayek (blog), October 31, 2018. https://cafehayek.com/2018/10/bonus-quotation-day-200.html.

Hill, Christopher. 1940. The English Revolution 1640: Three Essays. London: Lawrence and Wishart.

Hinze, Christine Firer. 2004. "What Is Enough? Catholic Social Thought, Consumption, and Material Sufficiency." In Having: Property and Possession in Religious and Social Life, edited by William Schweiker and Charles Mathewes, 162–188. Grand Rapids, MI: Eerdmans.

Hirsch, Fred. 1976. Social Limits to Growth. Cambridge, MA: Harvard University Press.

Hirschman, Albert O. 1970. Exit, Voice and Loyalty: Responses to Decline in Firms, Organizations, and States. Cambridge, MA: Harvard University Press.

Hirschman, Albert O. 1977. The Passions and the Interests: Political Arguments for Capitalism Before Its Triumph. Princeton, NJ: Princeton University Press.

Hobsbawm, Eric. 1994. Interview by Michael Ignatieff. The Late Show, BBC, October 24.

Hobsbawm, Eric. 2002. Interesting Times: A Twentieth-Century Life. London: Allen Lane.

Hobsbawm, Eric. 2011. How to Change the World: Tales of Marx and Marxism. New Haven, CT: Yale University Press.

Hobson, John A. 1902. Imperialism: A Study. New York: James Pott and Co.

Hoffer, Eric. 1951. The True Believer: Thoughts on the Nature of Mass Movements. New York: Harper and Brothers.

Hoffman, Elizabeth, and Matthew Spitzer. 1985. "Entitlements, Rights and Fairness: An Experimental Examination of Subjects' Concepts of Distributive Justice." Journal of Legal Studies 14: 259–298.

Hofstadter, Douglas. 1979. Gödel, Escher, Bach: An Eternal Golden Braid. New York: Basic Books.

Hofstadter, Richard. 1948. The American Political Tradition and the Men Who Made It. New York: Knopf.

Hornby, Nick. 2001. How to Be Good. New York: Penguin Putnam.

Horowitz, Daniel. 1985. The Morality of Spending: Attitudes Toward the Consumer Society in America, 1875–1940. Baltimore: Johns Hopkins University Press.

Horwitz, Steven. 2015. "Inequality, Mobility, and Being Poor in America." Social Philosophy and Policy 31, no. 2 (Spring): 70–91.

Hughes, Langston. 1994. "Let America Be America Again." In The Collected Poems of Langston Hughes, edited by Arnold Rampersad, 189–191. New York: Alfred A. Knopf.

Huizinga, Johan H. 1935. "The Spirit of the Netherlands." In Dutch Civilization in the Seventeenth Century and Other Essays, 105–137. Edited by Pieter Geyl and F. W. N. Hugenholtz. Translated by A. J. Pomerans. London: Collins, 1968.

Hume, David. 1741–1742. Essays, Moral, Political and Literary. Edited by Eugene F. Miller. Indianapolis, IN: Liberty Fund, 1987.

Hume, David. 1751. An Enquiry Concerning the Principles of Morals. London: A. Millar.

Hunnicutt, Benjamin Kline. 1996. Kellogg's Six-Hour Day. Philadelphia: Temple University Press.

Iannaccone, Laurence. 2018. Correspondence with the author. September.

Ibsen, Henrik. 1878. A Doll House. In Ibsen: The Complete Major Prose and Plays, 123–196. Edited and translated by R. Fjelde. New York: Penguin, 1965.

Ingersoll, Robert G. 1897. Great Speeches of Col. R.G. Ingersoll: Complete. Chicago: Rhodes and McClure.

International Labor Organization (ILO). 2016. World Employment Social Outlook: Trends for Youth 2016. Geneva: International Labour Office. www.ilo.org/wcmsp5/groups/public/---dgreports/---dcomm/---publ/documents/publication/wcms513739.pdf.

Irwin, Douglas. 2017. Clashing over Commerce: A History of U.S. Trade Policy. Chicago: University of Chicago Press.

Isaacs, Julia B. 2007. "Economic Mobility of Families Across Generations." Brookings Institution, Washington, DC, November 13. www.brookings.edu/research/economic-mobility-of-families-across-generations/.

Jacobs, Jane. 1984. Cities and the Wealth of Nations: Principles of Economic Life. New York: Random House.

Jaeger, Werner. 1939. Paideia: The Ideals of Greek Culture. Vol. 1: Archaic Greece, the Mind of Athens. Translated by Gilbert Highet. Reprint, New York: Oxford University Press, 1965.

James, Clive. 2007. Cultural Amnesia: Necessary Memories from History and the Arts. New York: Norton.

Jameson, Frederic. 2011. Representing 'Capital': A Reading of Volume One. London and New York: Verso.

Johnson, Paul. 2002. Napoleon. New York and London: Lipper/Viking/Penguin.

Johnson, Samuel. 1775. Taxation No Tyranny: An Answer to the Resolutions and Address of the American Congress. 4th ed. London: T. Cadell.

Jones, G. T. 1933. Increasing Returns. Cambridge, UK: Cambridge University Press.

Judt, Tony. 2010. Ill Fares the Land. London: Penguin.

Kama, Amit. 2007. "Israeli Gay Men's Consumption of Lesbigay Media: 'I'm Not Alone . . . in This Business.'" In Media/Queered: Visibility and Its Discontents, edited by Kevin G. Barnhurst, 125–142. New York: Peter Lang.

Kant, Immanuel. 1781. Kritik der reinen Vernunft. 2nd ed. Riga: Hartknoch.

Kantor, Arlene Finger. 1976. "Upton Sinclair and the Pure Food and Drugs Act of 1906." American Journal of Public Health 66, no. 12: 1202–1205.

Kaplan, Justin. 1974. Lincoln Steffens: A Biography. New York: Simon and Schuster.

Kashdan, Andrew, and Daniel B. Klein. 2006. "Assume the Positional: Comment on Robert Frank." Econ Journal Watch 3, no. 3 (September): 412–434.

Kelo v. City of New London. 2005. 545 U.S. 469.

Kennedy, George. 1963. The Art of Persuasion in Greece. Princeton, NJ: Princeton University Press.

Kennedy, James C. 2017. A Concise History of the Netherlands. Cambridge, UK: Cambridge University Press.

Kennedy, Paul. 1987. The Rise and Fall of the Great Powers. New York: Random House.

Kerferd, G. B. 1981. The Sophistic Movement. Cambridge, UK: Cambridge University Press.

Keynes, John Maynard. 1937. "Some Economic Consequences of a Declining Population." Eugenics Review 29, no. 1 (April): 13–17.

Kibbe, Matt. 2014. Don't Hurt People and Don't Take Their Stuff: A Libertarian Manifesto. Now York: William Murrow (HarperCollins).

King, Martin Luther, Jr. 1959. "The Dimensions of a Complete Life." In The Measure of a Man. Philadelphia: Christian Education Press.

Kirkland, Richard I., Jr. 1986. "Should You Leave It All to the Children?" Fortune, September 29.

Kirzner, Israel. 1979. Perception, Opportunity and Profit. Chicago: University of Chicago Press.

Klein, Daniel B. 2017a. "Liberalism 1.0: The Genealogy of Adam Smith's Liberalism." Lecture at Universidad Francisco Marroquín, October 25. https://newmedia.ufm.edu/video/liberalism-1-0-the-genealogy-of-adam-smiths-liberalism/.

Klein, Daniel B. 2017b. "Sentiment, Passive and Active, and Liberalism." Foundation for Economic Education, Atlanta, GA, October 25. https://fee.org/articles/sentiment-passive-and-active-and-liberalism/.

Klein, Daniel B. 2017c. "Beyond Commutative but Not 'Social' Justice." Foundation for Economic Education, Atlanta, GA, June 19. https://fee.org/articles/my-reservations-about-the-concept-of-social-justice/.

Klemm, David. 2004. "Material Grace: The Paradox of Property and Possession." In Having: Property and Possession in Religious and Social Life, edited by William Schweiker and Charles Mathewes, 222–245. Grand Rapids, MI: Eerdmans.

Klinenberg, Eric. 2002. Heat Wave: A Social Autopsy of Disaster in Chicago. Chicago: University of Chicago Press.

Kling, Arnold. 2018. "The Confusion of the Libertarians." October 15. https://medium.com/@arnoldkling/the-confusion-of-the-libertarians-7f060d4ba844.

Knight, Frank H. 1923. "The Ethics of Competition." Quarterly Journal of Economics 37, no. 4 (August):

579 – 624. Reprinted in The Ethics of Competition, 33 – 67. New York: Harper and Brothers, 1935.

Knight, Frank H. 1929. "Freedom as Fact and Criterion." In Freedom and Reform: Essays in Economics and Social Philosophy, 1 – 18. New York: Harper and Row, 1947. Reprint, Port Washington, NY: Kennikat Press, 1969.

Knight, Frank H. 1934. "Economic Theory and Nationalism." In The Ethics of Competition, 268 – 351. New York: Harper and Brothers, 1935. Reprint, New Brunswick, NJ: Transaction Publishers, 1997.

Knight, Frank H. 1936. "Pragmatism and Social Action." In Freedom and Reform: Essays in Economics and Social Philosophy, 35 – 44. New York: Harper and Row, 1947.

Knight, Frank H. 1944. "The Rights of Man and Natural Law." In Freedom and Reform: Essays in Economics and Social Philosophy, 262 – 300. New York: Harper and Row, 1947.

Knight, Frank H., and T. W. Merriam. 1945. The Economic Order and Religion. New York: Harper and Brothers.

Knott, Kim. 1998. Hinduism. Oxford, UK: Oxford University Press.

Kocka, Jürgen. 2014. Personal correspondence with the author. November.

Kołakowski, Leszek. 2004. My Correct Views on Everything. Edited by Z. Janowski. South Bend, IN: St. Augustine's Press.

Kolko, Gabriel. 1965. Railroads and Regulation, 1877 – 1916. Princeton, NJ: Princeton University Press.

Kropotkin, Prince Pyotr A. 1902. Mutual Aid: A Factor of Evolution. London: Heinemann.

Krugman, Paul R. 2002. "Ricardo's Difficult Idea: Why Intellectuals Don't Understand Comparative Advantage." In The Economics and Politics of International Trade vol. 2, Freedom and Trade, edited by Gary Cook, 22 – 36. London: Routledge.

Landes, David S. 1965. "Technological Change and Development in Western Europe, 1750 – 1914." In vol. 6 of The Cambridge Economic History of Europe, edited by H. J. Habakkuk and M. Postan, chap. 5. Cambridge, UK: Cambridge University Press.

Landes, David S. 1969. The Unbound Prometheus: Technological Change and Industrial Development in Western Europe, 1750 to the Present. Cambridge, UK: Cambridge University Press.

Landsburg, Steven E. 2008. "What to Expect When You're Free Trading." New York Times, January 16.

Lange, Oskar, and Fred M. Taylor. 1938. On the Economic Theory of Socialism. Minneapolis: University of Minnesota Press.

Langland, Connie. 2001. "Merit Pay Plan Irked Teachers." Philadelphia Inquirer, September 6.

Lapore, Jill. 2008. "The Creed: What Poor Richard Cost Benjamin Franklin." New Yorker, January 28: 78 – 82.

Larson, John Lauritz. 2001. Internal Improvement: National Public Works and the Promise of Popular Government in the Early United States. Chapel Hill, NC: University of North Carolina Press.

Lavoie, Donald Charles. 1985. Rivalry and Central Planning: A Re-examination of the Debate over Economic Calculation Under Socialism. Cambridge, UK: Cambridge University Press.

Lawrence, D. H. 1923. Studies in Classic American Literature. New York: Thomas Seltzer.

Lebergott, Stanley. 1966. "Labor Force and Employment, 1800 – 1960." In Output, Employment, and Productivity in the United States After 1800, edited by Dorothy S. Brady, 117 – 204. New York: National Bureau of Economic Research.

Lebergott, Stanley. 1993. Pursuing Happiness: American Consumers in the Twentieth Century. Princeton, NJ: Princeton University Press.

Lefebvre, Georges. 1939. Quatre-vingt-neuf [The coming of the French Revolution]. Paris: Maison du Livre Francais.

Leighton, Wayne A., and Edward J. López. 2011. Madmen, Intellectuals, and Academic Scribblers: The Economic Engine of Political Change. Stanford, CA: Stanford University Press.

Lemert, Charles. 2012. Social Things: An Introduction to the Sociological Life. 5th ed. Lanham, MD: Rowman and Littlefield.

Lenin, Vladimir. 1917. Imperialism: The Highest Stage of Capitalism [in Russian]. Petrograd.

Lenin, Vladimir. 1917. "The Higher Phase of Communist Society." In The State and Revolution, chap. 5, sec. 4.

Reprinted in Collected Works vol. 25, edited by Stepan Apresyan and Jim Riordan, 473 – 479. Moscow: Progress Publishers, 1964. www .marxists.org/archive/lenin/works/1917/staterev/ch05.htm#s4.

Leonard, Thomas C. 2016. Illiberal Reformers: Race, Eugenics and American Economics in the Progressive Era. Princeton, NJ: Princeton University Press.

Leoni, Bruno. 2008. Law, Liberty and the Competitive Market. Edited by Carlo Lottieri. New Brunswick, NJ: Transaction.

Le Roy Ladurie, Emmanuel. 1978. Montaillou: Cathars and Catholics in a French Village, 1294 – 1324. Translated by Barbara Bray. London: Scolar. Reprint, London: Penguin, 1980.

Lev, Michael A. 2004. "The Great Migration of China." Chicago Tribune, December 27, 28, 29.

Lewis, C. S. 1952. Mere Christianity. New York: Macmillan.

Lintott, Andrew. 1999. The Constitution of the Roman Republic. Oxford, UK: Oxford University Press.

Lippmann, Walter. 1914. Drift and Mastery: An Attempt to Diagnose the Current Unrest. New York: M. Kennerley. Reprint, Madison: University of Wisconsin Press, 2015.

Lipset, Seymour Martin. 1961. "The Conservatism of Vance Packard." Commentary Magazine, January: 80 – 83.

Little, Lester K. 1978. Religious Poverty and the Profit Economy in Medieval Europe. Ithaca, NY: Cornell University Press.

Locke, John. 1689. A Letter Concerning Toleration. Edited by James H. Tully. Indianapolis, IN: Hackett, 1983.

Lodge, David. 1999. Home Truths: A Novella. London: Secker and Warburg. Reprint, London: Penguin, 2000.

London, Jack. 1903. The People of the Abyss. London: Macmillan.

Long, Huey. 1934. "Share Our Wealth Speech." February 23. https://www.hueylong.com/programs/share–our–wealth–speech.php.

Lyons, Leonard. 1937. "The Post's New Yorker." Washington Post, May 12.

Macaulay, Thomas B. 1830. "Southey's Colloquies." Edinburgh Review 50, no. 100 (January): 528 – 565. Reprinted in Critical, Historical, and Miscellaneous Essays vol. 2, 132 – 187. Boston: Houghton, Mifflin and Co., 1881.

Macfarlane, Alan. 1987. The Culture of Capitalism. Oxford, UK: Basil Blackwell.

MacIntyre, Alasdair. 1981. After Virtue: A Study in Moral Theory. Notre Dame, IN: University of Notre Dame Press.

MacIntyre, Alasdair. 1999. Dependent Rational Animals: Why Human Beings Need the Virtues. London: Duckworth and Co., 1999.

Maddison, Angus. 1989. The World Economy in the Twentieth Century. Paris: Organisation for Economic Co-operation and Development.

Maddison, Angus. 2006. The World Economy. 2 vols. Paris: Organisation for Economic Co-operation and Development.

Maddison, Angus. 2010. "Historical Statistics of the World Economy: 1 – 2008 AD." Website of Groningen Growth and Development Centre, University of Groningen. Accessed February 25, 2019. www.ggdc.net/MADDISON/Historical Statistics/horizontal–file02–2010.xls.

Madison, James. 1788. "The Structure of the Government Must Furnish the Proper Checks and Balances Between the Different Departments." Federalist No. 51. New York Packet, February 8. www .congress.gov/resources/display/content/The+ Federalist+Papers#TheFederalistP apers –51.

Malkin, Elisabeth. 2017. "Mexico Agrees to Sugar Trade Deal, but U.S. Refiners Remain Unhappy." New York Times, June 6.

Mandeville, Bernard. 1705 – 1729. The Fable of the Bees: or, Private Vices, Publick Benefits. 2 vols. Edited by F. B. Kaye. Oxford, UK: Clarendon Press, 1924. Reprint, Indianapolis, IN: Liberty Fund, 1988.

Manzoni, Alessandro. 1827. I Promessi Sposi. Livorno, Italy: Pozzolini.

Margo, Robert A. 1993. "What Is the Key to Black Progress?" In Second Thoughts: Myths and Morals of U.S. Economic History, edited by Deirdre N. McCloskey, 65 – 69. New York and Oxford, UK: Oxford University Press.

Marx, Karl. 1867. Capital: A Critique of Political Economy. Edited by Friedrich Engels. Translated from the 4th

German edition by Ernest Untermann. New York: Modern Library (Random House), 1906.

Marx, Karl. 1885. Capital: A Critique of Political Economy vol. 2, The Process of Circulation of Capital. Edited by Friedrich Engels. Translated from the 2nd German edition by Ernest Untermann. Chicago: Kerr, 1907. Reprint, Moscow: Progress Publishers, 1956. https://www.marxists.org/archive/marx/works/download/pdf/Capital-Volume-II.pdf.

Marx, Karl. 1894. Capital: A Critique of Political Economy vol. 3, The Process of Capitalist Production as a Whole. Edited by Friedrich Engels. Translated by Ernest Untermann. Chicago: Kerr, 1909. Reprint, Moscow: Institute of Marxism-Leninism, 1959. www.marxists.org/archive/marx/works/download/pdf/Capital-Volume-III.pdf.

Mauss, Marcel. 1925. The Gift. Translated by W. D. Halls. London: Routledge, 1990. Reprint, London: Routledge Classics, 2002.

Mazzucato, Mariana. 2013. The Entrepreneurial State: Debunking Public vs. Private Sector Myths. Reprint, London: Anthem Press, 2014.

McClay, Wilfred. 1993. "The Strange Career of 'The Lonely Crowd'; or, The Antinomies of Autonomy." In The Culture of the Market: Historical Essays, edited by T. L. Haskell and R. F. Teichgraeber III, 397–440. Cambridge, UK: Cambridge University Press.

McCloskey, Deirdre N. 1970. "Did Victorian Britain Fail?" Economic History Review 23 (December): 446–459. Reprinted in Twentieth-Century Economic History: Critical Concepts in Economics, edited by Lars Magnusson. London: Routledge, 2010.

McCloskey, Deirdre N., ed. 1972. Essays on a Mature Economy: Britain After 1840. Princeton, NJ: Princeton University Press.

McCloskey, Deirdre N. 1973. "New Perspectives on the Old Poor Law." Explorations in Economic History 10 (Summer): 419–436.

McCloskey, Deirdre N. 1980. "Magnanimous Albion: Free Trade and British National Income, 1841–1881." Explorations in Economic History 17: 303–320.

McCloskey, Deirdre N. 1985. The Applied Theory of Price. New York: Macmillan.

McCloskey, Deirdre N. 1990. If You're So Smart: The Narrative of Economic Expertise. Chicago: University of Chicago Press.

McCloskey, Deirdre N. 1991. "Voodoo Economics." Poetics Today 12, no. 2 (Summer): 287–300.

McCloskey, Deirdre N. 1993. Review of In Pursuit of the Ph.D., by William Bowen and Neil Rudenstine. Economics of Education Review 4: 359–365.

McCloskey, Deirdre N. 1994. Knowledge and Persuasion in Economics. Cambridge, UK: Cambridge University Press.

McCloskey, Deirdre N. 1998. "Bourgeois Virtue and the History of P and S." Journal of Economic History 58, no. 2 (June): 297–317.

McCloskey, Deirdre N. 2000. "Post-Modern Free-Market Feminism: A Conversation with Gayatri Chakravorty Spivak." Rethinking Marxism 12, no. 4 (Winter): 23–37.

McCloskey, Deirdre N. 2001. "Getting It Right, and Left: Marxism and Competition." Eastern Economic Journal 27, no. 4: 515–520.

McCloskey, Deirdre N. 2002. "The Insanity of Letters of Recommendation." Eastern Economic Journal 28, no. 1: 137–140.

McCloskey, Deirdre N. 2003. "Notre Dame Loses." Eastern Economic Journal 29, no. 2: 309–315.

McCloskey, Deirdre N. 2006a. The Bourgeois Virtues: Ethics for an Age of Commerce. Chicago: University of Chicago Press.

McCloskey, Deirdre N. 2006b. "A Solution to the Alleged Inconsistency in the Neoclassical Theory of Markets: Reply to Guerrien's Reply." Post-Autistic Economics Review no. 39 (October). www.paecon.net/PAEReview/issue39/McCloskey39.htm.

McCloskey, Deirdre N. 2006c. "Keukentafel Economics and the History of British Imperialism." South African Economic History Review 21: 171–176.

McCloskey, Deirdre N. 2008. "Adam Smith, the Last of the Former Virtue Ethicists." History of Political Economy 40, no. 1: 43–71.

McCloskey, Deirdre N. 2010. Bourgeois Dignity: Why Economics Can't Explain the Modern World. Chicago: University of Chicago Press.

McCloskey, Deirdre N. 2012a. "What Michael Sandel Can't Buy: Review of Sandel's 'What Money Can't Buy.'" Claremont Review of Books 12 (Fall): 57–59. Revised and reprinted as "The Moral Limits of Communitarianism: What Michael Sandel Can't Buy." ORDO 64 (Spring 2013): 538–543.

McCloskey, Deirdre N. 2012b. "Sliding Into PoMo-ism from Samuelsonianism: Comment on Ruccio and Amariglio, Postmodern Moments in Modern Economics." Rethinking Marxism 24, no. 3: 355–359.

McCloskey, Deirdre N. 2016a. Bourgeois Equality: How Ideas, Not Capital or Institutions, Enriched the World. Chicago: University of Chicago Press.

McCloskey, Deirdre N. 2016b. "Christian Libertarianism Is What Our Politics Needs." In "Libertarianism, Yes! But 'What Kind' of Libertarianism? Virtue vs. Libertinism or, a Reason Debate on Liberty, License, Coercion, and Responsibility." Edited by Nick Gillespie. Reason, June 9. http://reason.com/archives/2016/06/09/libertarianism-yes-but-what-kind-of-libe/2.

McCloskey, Deirdre N. 2018a. "Why Liberalism's Critics Fail." Review of Why Liberalism Failed, by Patrick Deneen. Modern Age 60, no. 3 (Summer). https://home.isi.org/why-liberalism%E2%80%99s-critics-fail.

McCloskey, Deirdre N. 2018b. "The Applied Theory of Bossing People Around:Thaler's Nobel." Reason, March: 8–9.

McCloskey, Deirdre N. 2018c. "A True but Nonobvious Proposition?" Reason, May. https://reason.com/archives/2018/04/03/a-true-but-nonobvious-proposit.

McCloskey, Deirdre N. 2018d. "The Two Movements in Economic Thought, 1700–2000: Empty Economic Boxes Revisited." History of Economic Ideas26, no. 1: 63–95.

McCloskey, Deirdre N. 2019. "Manifesto for a New American Liberalism, or How to Be a Humane Libertarian." In Economic Freedom and Prosperity: The Origins and Maintenance of Liberalization, edited by Benjamin Powell. New York: Routledge.

McCloskey, Deirdre N., and Art Carden. n.d. "Leave Me Alone and I'll Make You Rich and Wise: How the Bourgeois Deal Enriched the World." Unpublished manuscript.

McCloskey, Deirdre N., and Santhi Hejeebu. 1999. "The Reproving of Karl Polanyi." Critical Review 13 (Summer/Fall): 285–314.

McCloskey, Deirdre N., and Santhi Hejeebu. 2004. "Polanyi and the History of Capitalism: Rejoinder to Blyth." Critical Review 16, no. 1: 135–142.

McCloskey, Deirdre N., and Arjo Klamer. 1989. "The Rhetoric of Disagreement," Rethinking Marxism 2 (Fall): 140–161. Reprinted in Why Economists Disagree, edited by D. H. Prychitko. Albany, NY: SUNY Press, 1998.

McCloskey, Deirdre N., and Arjo Klamer. 1995. "One Quarter of GDP is Persuasion." American Economic Review Papers and Proceedings 85, no. 2: 191–195.

McCloskey, Robert Green. 1951. American Conservatism in the Age of Enterprise: A Study of William Graham Sumner, Stephen J. Field, and Andrew Carnegie. Cambridge, MA: Harvard University Press.

McNeill, William H. 1974. Venice, the Hinge of Europe 1081–1797. Chicago: University of Chicago Press.

Megill, Allan. 2002. Karl Marx: The Burden of Reason. Lanham, MD: Rowman and Littlefield.

Meisner, Jason, and Annie Sweeney. 2017. "Landmark Investigation Says Chicago Police Conduct Harms Residents, Endangers Officers." Chicago Tribune, January 14.

Melville, Herman. 1856. "Bartleby." In The Piazza Tales, 31–108. New York: Dix and Edwards.

Mencken, H. L. 1916. A Little Book in C Major. New York: John Lane.

Mencken, H. L. 1922. Prejudices: Third Series. New York: A. A. Knopf.

Mencken, H. L. 1926. Notes on Democracy. New York: A. A. Knopf. Reprint, New York: Dissident Books, 2009.

Mendelson, Cheryl. 1999. Home Comforts: The Art and Science of Keeping House. New York: Scribner.

Midgley, Mary. 1984. Wickedness: A Philosophical Essay. London: Routledge and Kegan Paul.

Mielants, Eric H. 2008. The Origins of Capitalism and the "Rise of the West." Philadelphia: Temple University Press.

Milanovic, Branko, Peter H. Lindert, and Jeffrey G. Williamson. 2011. "Pre-IndustrialInequality." Economic Journal 121: 255 – 272.

Mill, John Stuart. 1836. "On the Definition of Political Economy; and on the Method of Philosophical Investigation in That Science." London and Westminster Review, October: 1 – 16.

Mill, John Stuart. 1859. On Liberty. 2nd ed. London: John W. Parker and Son. Reprint, Kitchener, Ontario: Batoche Books, 2001.

Mill, John Stuart. 1871. Principles of Political Economy, with Some of Their Applications to Social Philosophy. Reprint, London: Longmans, Green, 1909.

Mingardi, Alberto. 2017. "Classical Liberalism in Italian Economic Thought from the Time of Unification." Econ Journal Watch 14, no. 1 (January): 22 – 54.

Mises, Ludwig von. 1949. Human Action: A Treatise on Economics. New Haven, CT: Yale University Press.

Mises, Ludwig von. 1951. Socialism: An Economic and Sociological Analysis. New Haven, CT: Yale University Press.

Mises, Ludwig von. 1956. The Anti-Capitalistic Mentality. Princeton, NJ: Van Nostrand. Reprint, Indianapolis, IN: Liberty Fund, 2006.

Mokyr, Joel. 2010. The Enlightened Economy: An Economic History of Britain 1700 – 1850. New Haven, CT: Yale University Press.

Mokyr, Joel. 2014. "What Today's Economic Gloomsayers Are Missing." Wall Street Journal, August 8.

Mueller, John. 1999. Capitalism, Democracy, and Ralph's Pretty Good Grocery. Princeton, NJ: Princeton University Press.

Mueller, John. 2006. Overblown: How Politicians and the Terrorism Industry Inflate National Security Threats, and Why We Believe Them. New York: Free Press.

Murray, John E., and Metin M. Cosgel. 1999. "Between God and Market: Influences of Economy and Spirit on Shaker Communal Dairying, 1830 – 1875." Social Science History 23 (Spring): 41 – 65.

Nelson, Robert H. 1991. Reaching for Heaven on Earth: The Theological Meaning of Economics. Lanham, MD: Rowman and Littlefield.

New Orleans Times-Picayune. 2006. "Commend Center." February 23.

Nordhaus, William D. 2004. "Schumpeterian in the American Economy: Theory and Measurement." NBER Working Paper No. 10433, National Bureau of Economic Research, Cambridge, MA, April. www.nber.org/papers/w10433.

North, Douglass C., John Joseph Wallis, and Barry R. Weingast. 2009. Violence and Social Orders: A Conceptual Framework for Interpreting Recorded Human History. Cambridge, UK: Cambridge University Press.

Nozick, Robert. 1974. Anarchy, State, and Utopia. New York: Basic Books.

Nozick, Robert. 1981. Philosophical Explanations. Cambridge, MA: Harvard University Press.

Nozick, Robert. 1989. The Examined Life: Philosophical Meditations. New York: Simon and Schuster.

Nozick, Robert. 2001. Invariances: The Structure of the Objective World. Cambridge, MA: Harvard University Press.

Nussbaum, Martha C., and Amartya Sen, eds. 1993. The Quality of Life. Oxford, UK: Clarendon Press.

Nye, John V. C. 1997. "Thinking About the State: Property Rights, Trade, and Changing Contractual Arrangements in a World with Coercion." In The Frontiers of the New Institutional Economics, edited by John Drobak and John V. C. Nye, 121 – 142. New York and London: Academic Press.

O'Rourke, P. J. 1988. "What Do They Do for Fun in Warsaw?" In Holidays in Hell. New York: Vintage Books.

O'Siadhail, Michael. 2018. The Five Quintets. Waco, TX: Baylor University Press.

Ogilvie, Sheilagh. 2019. The European Guilds: An Economic Analysis. Princeton, NJ: Princeton University Press.

Organisation for Economic Co-operation and Development (OECD). 2018. "Youth Unemployment Rate (Indicator)." Accessed January 3, 2018. https://data.oecd.org/unemp/youth-unemployment-rate.htm.

Orwell, George. 1937. The Road to Wigan Pier. London: Gollancz.

Packer, George. 2013. The Unwinding: An Inner History of the New America. New York: Farrar, Straus and Giroux.

Pagano, Patrizio, and Massimo Sbracia. 2014. "The Secular Stagnation Hypothesis: A Review of the Debate and Some Insights." Questioni di Economia e Finanza (Occasional Papers) no. 231, Banca D'Italia.

Paine, Thomas. 1776. Common Sense. Reprint, New York: Peter Eckler, 1922.

Paine, Thomas. 1794, 1795, 1807. The Age of Reason. Reprint, Indianapolis, IN: Bobbs-Merrill, 1975.

Palmer, Tom G. 2009. Realizing Freedom: Libertarian Theory, History, and Practice. Expanded ed. Washington, DC: Cato Institute.

Palmer, Tom G., ed. 2011. The Morality of Capitalism. Ottawa, IL: Jameson Books.

Palmer, Tom G. 2013. "Why Be Libertarian?" In Why Liberty: Your Life, Your Choices, Your Future, edited by Tom G. Palmer, chap. 1. Ottawa, IL: Jameson Books.

Partridge, H. 1967. "Freedom." In The Encyclopedia of Philosophy, edited by Paul Edwards. New York: Macmillan.

Peacock, Alan. 1987. "Economic Freedom." In vol. 2 of The New Palgrave: A Dictionary of Economics, edited by John Eatwell, Murray Milgate, and Peter Newman, 88–93. London: Macmillan.

Pearson, James. 2015. "North Korea's Black Market Becoming the New Normal." Reuters, October 28. www.reuters.com/article/us-northkorea-change-insight/north-koreas-black-market-becoming-the-new-normal-idUSKCN0SN00320151029.

Peart, Sandra J., and David M. Levy, eds. 2008a. The Street Porter and the Philosopher: Conversations in Analytical Egalitarianism. Ann Arbor: University of Michigan Press.

Peart, Sandra J., and David M. Levy. 2008b. "Denying Human Homogeneity: Eugenics and the Making of Postclassical Economics." In The Street Porter and the Philosopher, edited by Peart and Levy, 338–357.

Perkins, Dwight H. 1995. "The Transition from Central Planning: East Asia's Experience." In Social Capability and Long-Term Economic Growth, edited by Bon Ho Koo and Dwight H. Perkins, 221–241. Basingstoke, UK: Macmillan.

Perkins, Dwight H., and Thomas G. Rawski. 2008. "Forecasting China's Economic Growth to 2025." In China's Great Economic Transformation, edited by Loren Brandt and Thomas G. Rawski, 829–886. Cambridge, UK: Cambridge University Press.

Perry, Mark J. 2018. "Census Data Released Today Show Continued Gains for Middle-Class Americans and Little Evidence of Rising Income Inequality." AEIdeas (blog), September 12. www.aei.org/publication/some-charts-from-the-census-data-released-this-week-on-us-incomes-in-2017-showing-impressive-gains-for-americans/.

Persky, Joseph. 1990. "A Dismal Romantic." Journal of Economic Perspectives 4, no. 4: 165–172.

Peterson, Christopher, and Martin E. P. Seligman. 2004. Character Strengths and Virtues: A Handbook and Classification. Oxford, UK: Oxford University Press.

Pettegree, Andrew. 2014. The Invention of News: How the World Came to Know About Itself. New Haven, CT: Yale University Press.

Phelps, Edmund S. 2013. Mass Flourishing: How Grassroots Innovation Created Jobs, Challenge, and Change. Princeton, NJ: Princeton University Press.

Piketty, Thomas. 2014. Capital in the Twenty-First Century. Translated by Arthur Goldhammer. Cambridge, MA: Harvard University Press. Originally published as Le capital au XXIe siècle (Paris: Éditions du Seuil, 2013).

Piller, Charles, and Jia You. 2018. "Hidden Conflicts? An Investigation Finds a Pattern of After-the-Fact Compensation by Pharma to Those Advising the U.S. Government on Drug Approvals." Science 361 (July 6): 17–23.

Plato. 1914. Phaedrus. In Plato I: Euthyphro, Apology, Crito, Phaedo, Phaedrus. Translated by H. N. Fowler.

Cambridge, MA: Harvard University Press.

Plato. 1921. Sophist. In Plato VII: Theaetetus, Sophist. Translated by H. N. Fowler. Cambridge, MA: Harvard University Press.

Plato. 1925. Gorgias. In Plato III: Lysis, Symposium, Gorgias. Translated by W. R. M. Lamb. Cambridge, MA: Harvard University Press.

Polanyi, Michael. 1951. The Logic of Liberty. Chicago: University of Chicago Press.

Pomeranz, Kenneth, and Steven Topik. 2012. The World That Trade Created. 3rd ed. Armonk, NY: M. E. Sharpe.

Pope, Alexander. 1731. "Epistle IV to Richard Boyle, Earl of Burlington." In Pope: Poetical Works, edited by H. Davis, 314–321. Oxford, UK: Oxford University Press, 1966.

Posner, Eric A. 2018. "The Far-Reaching Threats of a Conservative Court." New York Times, October 23.

Posner, Eric A., and E. Glen Weyl. 2018. Radical Markets: Uprooting Capitalism and Democracy for a Just Society. Princeton, NJ: Princeton University Press.

Posner, Richard A. 1979. "Utilitarianism, Economics, and Legal Theory." Journal of Legal Studies 8: 103–140.

Posner, Richard A. 1985. "Wealth Maximization Revisited." Notre Dame Journal of Law, Ethics, and Public Policy 2: 85–105.

Postrel, Virginia. 1998. The Future and Its Enemies: The Growing Conflict over Creativity, Enterprise, and Progress. New York: Free Press.

Powers, Kirsten. 2015. The Silencing: How the Left Is Killing Free Speech. Washington, DC: Regnery.

Prestona, Stephanie D., and Frans B. M. de Waal. 2002. "Empathy: Its Ultimate and Proximate Bases." Behavioral and Brain Sciences 25: 1–72.

Quintilian. 1929. Institutio Oratia. Translated by H. E. Butler. Loeb Classical Library. Cambridge, MA: Harvard University Press.

Radford, R. A. 1945. "The Economics of a POW Camp." Economica (new series) 12: 189–201.

Rahn, Richard W. 2018a. "The Unthinking and the Unobservant." Washington Times, July 2. www.washingtontimes.com/news/2018/jul/2/history-shows-that-socialism-brings-misery-to-nati/.

Rahn, Richard W. 2018b. "Why Some Problems Seem Never to Be Solved." Washington Times, July 9. www.washingtontimes.com/news/2018/jul/9/why-some-problems-seem-never-to-be-solved/.

Rawls, John. 1958. "Justice as Fairness." Philosophical Review 67, no. 2: 164–194.

Rawls, John. 1971. A Theory of Justice. Cambridge, MA: Harvard University Press.

Rawls, John. 1985. "Justice as Fairness: Political Not Metaphysical." Philosophy and Public Affairs 14 (Summer): 223–251.

Reddy, William M. 2001. The Navigation of Feeling: A Framework for the History of Emotions. Cambridge, UK: Cambridge University Press.

Reich, Robert B. 1991. The Work of Nations: Preparing Ourselves for 21st-Century Capitalism. London: Simon and Schuster.

Reich, Robert B. 2014. "How to Shrink Inequality." The Nation, May 6.

Reid, Michael. 2017. Forgotten Continent: The Battle for Latin America's Soul. Revised ed. New Haven, CT: Yale University Press.

Reinhart, Carmen M., and Kenneth S. Rogoff. 2011. "Growth in a Time of Debt." NBER Working Paper No. 15639, National Bureau of Economic Research, Cambridge, MA, December. www.nber.org/papers/w15639.

Ridley, Matt. 2014. "Start Spreading the Good News on Inequality." The Times (London), June 2. www.thetimes.co.uk/article/start-spreading-the-good-news-on-inequality-nx03pwjtv6d.

Riis, Jacob. 1890. How the Other Half Lives: Studies Among the Tenements of New York. New York: Charles Scribner's Sons.

Rimlinger, Gaston V. 1968. "Social Change and Social Security in Germany." Journal of Human Resources 3(4): 409–421.

Robertson, D. H. 1923. The Control of Industry. London: Nisbet and Co.

Robine, Jean-Marie, Siu Lan K. Cheung, Sophie Le Roy, Herman Van Oyen, Clare Griffiths, Jean-Pierre Michel, and François Richard Herrmann. 2008. "Plus de 70 000 décès en Europe au cours de l'été 2003." Comptes Rendus Biologies 331, no. 2: 171–178.

Rogge, Benjamin A. 1962. "The Case for Economic Freedom." In A Maverick's Defense of Freedom: Selected Writings and Speeches of Benjamin A. Rogge, edited by Dwight Lee, 3–9. Indianapolis, IN: Liberty Fund, 2010.

Rönnbäck, Klas. 2009. "Integration of Global Commodity Markets in the Early Modern Era." European Review of Economic History 13: 95–129.

Roosevelt, Franklin Delano. 1941. State of the Union Address to Congress, January 6.

Rorty, Amélie Oksenberg. 1983. "Experiments in Philosophical Genre: Descartes' Meditations." Critical Inquiry 9 (March): 545–565.

Rosling, Hans, Ola Rosling, and Anna Rosling Rönnlund. 2018. Factfulness: Ten Reasons We're Wrong About the World—and Why Things Are Better than You Think. London: Hodder and Stoughton.

Rothbard, Murray N. 1982. The Ethics of Liberty. Atlantic Highlands, NJ: Humanities Press. Reprint, New York: New York University Press, 1998.

Rousseau, Jean-Jacques. 1755. Discourse on the Origin of Inequality. In Rousseau: The Basic Political Writings, edited by Donald A. Cress, 25–109. Indianapolis, IN: Hackett, 2011.

Rousseau, Jean-Jacques. 1762. Du contrat social. Amsterdam: Marc-Michel Rey.

Rowley, Charles, and Alan Peacock. 1975. Welfare Economics: A Liberal ReInterpretation. London: Martin Robertson.

Ruger, William, and Jason Sorens. 2016. "The Case for 'Virtue Libertarianism' Over Libertinism." In "Libertarianism, Yes! But *What Kind* of Libertarianism? Virtue vs. Libertinism or, a Reason Debate on Liberty, License, Coercion, and Responsibility." Edited by Nick Gillespie. Reason, June 9. http://reason.com/archives/2016/06/09/libertarianism-yes-but-what-kind-of-libe/.

Rumbold, Richard. 1685. "Speech from the Scaffold." In The Levellers and the English Revolution, by Henry Noel Brailsford. Stanford, CA: Stanford University Press, 1961.

Ryan, Alan. "Liberty." 1987. In The New Palgrave: A Dictionary of Economics, edited by John Eatwell, Murray Milgate, and Peter Newman. London: Macmillan.

Safi, Michael. 2017. "India Weighs Up the Return on Cash Handouts for the Poorest." Guardian, February 6. www.theguardian.com/global-development/2017/feb/06/india-weighs-return-cash-handouts-poorest-universal-basic-income-arvind-subramanian.

Sahlins, Marshall. 1976. Culture and Practical Reason. Chicago: University of Chicago Press.

Sahlins, Marshall. 2003. "Preface to New Edition." In Stone Age Economics. 2nd ed. London: Routledge.

Sala-i-Martin, Xavier. 2006. "The World's Distribution of Income: Falling Poverty and Convergence." Quarterly Journal of Economics 121, no. 2: 351–397.

Sala-i-Martin, Xavier, and Maxim Pinkovskiy. 2010. "Parametric Estimations of the World Distribution of Income." VoxEU.org, Centre for Economic Policy Research, London, January 22. www.voxeu.org/article/parametric-estimations-world-distribution-income.

Sandel, Michael. 2012. What Money Can't Buy: The Moral Limits of Markets. New York: Farrar, Straus and Giroux.

Saunders, Peter. 2013. "Researching Poverty: Methods, Results, and Impact." Economic and Labour Relations Review 24, no. 2: 205–218.

Sayers, Dorothy L. 2004. "Why Work?" In Letters to a Diminished Church, 118–139. Nashville, TN: Thomas Nelson.

Schjeldahl, Peter. 2004. "Dealership: How Marian Goodman Quietly Changed the Contemporary-Art Market." New Yorker, February 2: 36–41.

Schlesinger, Arthur M., Jr. 1945. The Age of Jackson. Boston: Little, Brown and Company.

Schlesinger, Arthur M., Jr. 1962. The Politics of Hope. Boston: Riverside Press.

Schmidtz, David. 1993. "Reasons for Altruism." In Altruism, edited by Ellen Frankel Paul, Fred D. Miller, and

Jeffrey Paul, 52 – 68. Cambridge, UK: Cambridge University Press. Reprinted in The Gift: An Interdisciplinary Perspective, edited by Aafke E. Komter, 164 – 175. Amsterdam: University of Amsterdam Press, 1996.

Schmidtz, David. 2011. "Nonideal Theory: What It Is and What It Needs to Be." Ethics 121, no. 4: 772 – 796.

Schor, Juliet B. 1993. The Overworked American: The Unexpected Decline of Leisure. New York: Basic Books.

Schor, Juliet B. 1998. The Overspent American: Upscaling, Downshifting, and the New Consumer. New York: Basic Books.

Schor, Juliet B. 2004. Born to Buy: The Commercialized Child and the New Consumer Culture. New York: Scribner.

Schultz, Kevin M. 2015. Buckley and Mailer: The Difficult Friendship That Shaped the Sixties. New York: W. W. Norton.

Schultze, Charles L. 1983. "Industrial Policy: A Dissent." Brookings Review 2 (Fall): 3 – 12.

Schumpeter, Joseph A. 1942. Capitalism, Socialism, and Democracy. 3rd ed. New York: Harper and Row, 1950.

Schumpeter, Joseph A. 1954. History of Economic Analysis. Edited by Elizabeth Boody Schumpeter. London: Routledge.

Schuttner, Scott. 1998. Basic Stairbuilding. Newtown, CT: Taunton Press.

Scitovsky, Tibor. 1976. The Joyless Economy: An Inquiry into Human Satisfaction and Consumer Dissatisfaction. New York: Oxford University Press.

Scruton, Roger. 2014. How to Be a Conservative. London and New York: Bloomsbury.

Seabrook, John. 1993. "The Flash of Genius." New Yorker, January 11.

Seager, Henry R. 1913. "The Minimum Wage as Part of a Program for Social Reform." Annals of the American Academy of Political and Social Science 48 (July): 3 – 12.

Seaton, James. 1996. Cultural Conservatism, Political Liberalism: From Criticism to Cultural Studies. Ann Arbor: University of Michigan Press.

Sellar, Walter Carruthers, and Robert Julian Yeatman. 1931. 1066 and All That: A Memorable History of England. New York: Dutton.

Sen, Amartya. 1985. Commodities and Capabilities. Amsterdam: Elsevier Science.

Sen, Amartya. 1987. On Ethics and Economics. Oxford: Blackwell.

Sen, Amartya. 1999. Development as Freedom. Oxford: Oxford University Press.

Sender, Katherine. 2007. "Professional Homosexuals: The Politics of Sexual Identification in Gay and Lesbian Media and Marketing." In Media/Queered: Visibility and Its Discontents, edited by Kevin G. Barnhurst, 89 – 106. New York: Peter Lang.

Shilts, Wade. 2007. "Making McCloskey's Rhetoric Empirical: Company Law and Tragedies of the Commons in Victorian Britain." In Transdisciplinary Readings: Essays in Rhetoric and Economics, edited by Edward Clift. Lewiston, NY: Mellen Press.

Shlaes, Amity. 2007. The Forgotten Man: A New History of the Great Depression. New York: HarperCollins.

Silver, Allan. 1989. "Friendship and Trust as Moral Ideals: An Historical Approach." European Journal of Sociology 30, no. 2: 274 – 297.

Skidelsky, Robert. 2018. Money and Government: The Past and Future of Economics. New Haven, CT: Yale University Press.

Skinner, Quentin. 1969. "Meaning and Understanding in the History of Ideas." History and Theory 8: 3 – 53.

Skwire, Sarah, and Steven Horwitz. 2014. "Thomas Piketty's Literary Offenses." The Freeman 64 (October): 25.

Smith, Adam. 1762 – 1766. Lectures on Jurisprudence. Edited by R. L. Meek, D. D. Raphael, and P. G. Stein. Oxford, UK: Oxford University Press, 1978.

Smith, Adam. 1776. An Inquiry into the Nature and Causes of the Wealth of Nations. 2 vols. Edited by R. H. Campbell and A. S. Skinner. Oxford, UK: Oxford University Press, 1976.

Smith, Adam. 1790. The Theory of Moral Sentiments, 6th ed. (1st ed. 1759.) Edited by D. D. Raphael and A. L. Macfie. Oxford, UK: Oxford University Press, 1976.

Smith, Vernon L. 2002. "Constructivist and Ecological Rationality in Economics." Nobel Prize Lecture, December 8. In Les Prix Nobel: The Nobel Prizes 2002, edited by Tore Frängsmyr. Stockholm: Nobel Foundation, 2003. www.nobelprize.org/uploads/2018/06/smith-lecture-2.pdf.

Smith, Vernon L., and Bart J. Wilson. 2017. " 'Sentiments,' Conduct, and Trust in the Laboratory." Social Philosophy and Policy 34, no. 1: 25 –55.

Smith, Vernon L., and Bart J. Wilson. 2018. Humanomics: Moral Sentiments and the Wealth of Nations for the Twenty-First Century. Cambridge, UK, and New York: Cambridge University Press.

Snyder, Don J. 1997. "Winter Work." In Survival Stories: Memoirs of Crisis, edited by Kathryn Rhett, 67 – 89. New York: Anchor.

Sombart, Werner. 1906. Why Is There No Socialism in the United States? Edited by C. T. Husbands. Translated by Patricia M. Hocking and C. T. Husbands. White Plains, NY: Sharpe, 1976. Originally published as Warum gibt es in den Vereinigten Staaten keinen Sozialismus? (Tübingen: J. C. B. Mohr).

Sowell, Thomas. 2009. Applied Economics: Thinking Beyond Stage One. Revised ed. New York: Basic Books.

Sowell, Thomas. 2015. Basic Economics. 5th ed. New York: Basic Books.

Sowell, Thomas. 2016. "Socialism for the Uninformed." Creators, May 31. www.creators.com/read/thomas-sowell/05/16/socialism-for-the-uninformed.

Spencer, Herbert. 1853. "Over-Legislation." Westminster Review, July. Reprinted in The Man Versus the State, with Six Essays on Government, Society, and Freedom. Edited by Eric Mack. Indianapolis, IN: Liberty Fund, 1981.

Spencer, Herbert. 1891. Introduction to A Plea for Liberty. 2nd ed. Edited by Thomas Mackay. London: Murray. Reprint, Indianapolis, IN: Liberty Fund, 1981.

Spivak, Gayatri Chakravorty. 1990. The Post-Colonial Critic: Interviews, Strategies, Dialogues. Edited by Sarah Harasym. New York: Routledge.

Stark, Rodney. 2001. One True God: Historical Consequences of Monotheism. Princeton, NJ: Princeton University Press.

State of Illinois. 1970. Constitution of the State of Illinois. Accessed February 17, 2019. www.ilga.gov/commission/lrb/conent.htm.

Staveren, Irene van. 1999. "Caring for Economics: An Aristotelian Perspective." PhD diss., Erasmus Universiteit Rotterdam. Delft: Eburon. Republished as The Values of Economics: An Aristotelian Perspective. London, Routledge, 2001.

Steinbeck, John. 1939. The Grapes of Wrath. New York: Viking Press.

Steinfeld, Robert J., and Stanley L. Engerman. 1997. "Labor—Free or Coerced? An Historical Reassessment of Differences and Similarities." In Free and Unfree Labour: The Debate Continues, edited by T. Brass and M. van der Linden. New York: Peter Lang.

Stewart, Dugald. 1795. Account of the Life and Writings of Adam Smith, LL.D. In Essays on Philosophical Subjects, by Adam Smith, 269 – 351. Edited by Ian Simpson Ross. New York: Oxford University Press, 1980.

Stiglitz, Joseph E. 2006. Making Globalization Work. New York: W. W. Norton.

Stiglitz, Joseph E. 2016. "Is the Euro to Blame for Europe's Problems?" Interview by David Brancaccio. Marketplace, National Public Radio, August 18. www.marketplace.org/2016/08/17/economy/stiglitz-euro-globalization-trade.

Storr, Virgil, Stefanie Haeffele-Balch, and Laura E. Grube. 2015. Community Revival in the Wake of Disaster: Lessons in Local Entrepreneurship. New York and London: Palgrave Macmillan.

Stossel, John. 2015. "Moving Companies: Who Chooses Who Moves Our Stuff?" Stossel in the Classroom, free ed. DVD. Philadelphia: Center for Independent Thought. http://stosselintheclassroom.org/videos/moving_companies/.

Stossel, John, and Maxim Lott. 2018. "Seattle's 'Amazon Tax.' " Reason.com, May 15.

Strain, Michael R., and Stan A. Veuger, eds. 2016. Economic Freedom and Human Flourishing: Perspectives from Political Philosophy. Washington, DC: Rowman and Littlefield.

Sumner, William Graham. 1881. "The Argument Against Protective Taxes." Princeton Review, March: 241 – 259.

Swanson, Ana, and Brad Plumer. 2018. "Trump Slaps Steep Tariffs on Foreign Washing Machines and Solar Products." New York Times, January 22.

Tacitus. 1914. Dialogus. In vol. 1 of Tacitus in Five Volumes. Translated by William Peterson and Michael Winterbottom. Cambridge, MA: Harvard University Press.

Tanzi, Vito, and Ludger Schuknecht. 2000. Public Spending in the 20th Century: A Global Perspective. New York: Cambridge University Press.

Taylor, Alan. 2016. American Revolutions: A Continental History, 1750–1804. New York: W. W. Norton.

Taylor, Charles. 1979. "What's Wrong with Negative Liberty." In The Idea of Freedom: Essays in Honor of Isaiah Berlin, edited by Alan Ryan, 175–193. Oxford, UK: Oxford University Press.

Taylor, Michael. 1982. Community, Anarchy and Liberty. Cambridge, UK: Cambridge University Press.

Thiel, Julia. 2017. "Why Chicago's Once-Promising Food Truck Scene Stalled Out." Chicago Reader, March 29.

Thoreau, Henry David. 1849. "Resistance to Civil Government." In Political Writings, edited by Nancy L. Rosenblum, 1–21. Cambridge, UK: Cambridge University Press, 1996.

Thurow, Lester. 1985. The Zero-Sum Solution: Building a World-Class American Economy. New York: Simon and Schuster.

Thwaite, B. H. 1902. The American Invasion. London: Swan Sonnenschein.

Tillich, Paul, and Carl Richard Wegener. 1919. "Answer to an Inquiry of the Protestant Consistory of Brandenburg." Translated by Mrs. Douglas Stange. Metanoia 3, no. 3 (September 1971).

Tirole, Jean. 2017. Economics for the Common Good. Translated by Steven Rendall. Princeton, NJ: Princeton University Press.

Tocqueville, Alexis de. 1840. Democracy in America. Translated by Phillips Bradley. New York: Vintage Books, 1954.

Todorov, Tzvetan. 2000. Hope and Memory: Lessons from the Twentieth Century. Translated by David Bellos. Princeton, NJ: Princeton University Press, 2003.

Tomasi, John. 2012. Free Market Fairness. Princeton, NJ: Princeton University Press.

Toynbee, Arnold. 1884. Lectures on the Industrial Revolution in England. 2nd ed. London: Rivington's, 1887.

Transparency International. 2017. Corruption Perceptions Index 2016. Berlin: Transparency International. www.transparency.org/whatwedo/publication/corruption_perceptions_index_2016.

Trevor-Roper, Hugh. 1940. Archbishop Laud: 1573–1645. 2nd ed. London: Macmillan, 1962.

Trilling, Lionel. 1948a. "The Princess Casamassima." Introduction to The Princess Casamassima, by Henry James. New York: Macmillan.

Trilling, Lionel. 1948b. "Manners, Morals, and the Novel." Kenyon Review 10, no. 1: 11–27.

Trollope, Anthony. 1867–1868. Phineas Finn: The Irish Member. In The Palliser Novels. 6 vols. Edited by Jacques Bertoud. Oxford, UK: Oxford University Press, 1982.

Tronto, Joan. 1993. Moral Boundaries: A Political Argument for an Ethic of Care. New York and London: Routledge.

Tucker, Jeffrey A. 2017. Right-Wing Collectivism: The Other Threat to Liberty. Atlanta: Foundation for Economic Education.

Tullock, Gordon. 1967. "The Welfare Costs of Tariffs, Monopolies, and Theft." Western Economic Journal 5: 224–232.

Tullock, Gordon. 1975. "The Transitional Gains Trap." Bell Journal of Economics 6, no. 2 (Autumn): 671–678.

Twain, Mark. 1897. Following the Equator, vol. 1. In vol. 5 of The Writings of Mark Twain. Reprint, 1968.

Twain, Mark. 1995. Selected Writings of an American Skeptic. Edited by VictorDoyno. Amherst, NY: Prometheus Books.

Tyldum, Morten, dir. 2014. The Imitation Game. Motion picture. New York: Weinstein Company.

UAW-CIO. 1955. Automation: A Report to the UAW-CIO Economic and Collective Bargaining Conference Held in Detroit, Michigan, the 12th and 13th of November 1954. Detroit: UAW-CIO Education Department.

Ulrich, Laurel Thatcher. 1990. A Midwife's Tale: The Life of Martha Ballard, Basedon Her Diary, 1785 – 1812. New York: Vintage/Random House.

U.S. Government Accountability Office. 2005. Understanding the Tax Reform Debate: Background Criteria and Questions. GAO-05-1009SP. Washington, DC: Government Accountability Office. www.gao.gov/products/GAO-05-1009SP.

Van Doren, Carl. 1938. Benjamin Franklin. New York: Viking Press. Reprint, New York: Crown Publishers, 1987.

Veblen, Thorstein. 1899. The Theory of the Leisure Class. New York: Macmillan.

Velthuis, Olav. 2007. Talking Prices: Symbolic Meanings of Prices on the Market for Contemporary Art. Paperback ed. Princeton, NJ: Princeton University Press.

Venezuelanalysis .com. 2007. "Joseph Stiglitz, in Caracas, Praises Venezuela's Economic Policies." October 11. https://venezuelanalysis.com/news/2719.

Vickers, Brian. 1970. Classical Rhetoric in English Poetry. London: Macmillan. Reprint, Carbondale: Southern Illinois University Press, 1989.

Walker, Sheri, and Clark Nardinelli. 2016. "Consumer Expenditure on FDA Regulated Products: 20 Cents of Every Dollar." FDA Voice (blog), Food and Drug Administration, Silver Spring, MD, November 1. https://blogs.fda.gov/fdavoice/index.php/2016/11/consumer-expenditure-on-fda-regulated-products-20-cents-of-every-dollar/.

Wallerstein, Immanuel. 1974. The Modern World-System vol. 1, Capitalist Agriculture and the Origins of the European World-Economy in the Sixteenth Century. New York/London: Academic Press.

Wallerstein, Immanuel. 1983. Historical Capitalism; with, Capitalist Civilization. London: Verso. Reprint, London: Verso, 1995.

Walzer, Michael. 2008. "Does the Free Market Corrode Moral Character? Of Course It Does." Templeton .org, John Templeton Foundation. Accessed February 25, 2019. https://web.archive.org/web/20091211111449/http://www.templeton.org:80 /market/PDF/Walzer.pdf.

Warden, Rob. 2007. "Ignoring an Injustice." Chicago Tribune, April 29.

Warren, Kenneth. 2001. Big Steel: The First Centuryof the United States SteelCorporation 1901 – 2001. Pittsburgh, PA: University of Pittsburgh Press.

Wasserstein, Ronald L., and Nicole A. Lazar. 2016. "The ASA's Statement onp-Values:Context, Process,and Purpose." American Statistician 70, no. 2:129 – 133.

Waterman, Anthony M. C. 1991. Revolution, Economics and Religion: Christian Political Economy, 1798 – 1833. Cambridge, UK: Cambridge University Press.

Waterman, Anthony M. C. 2012. "Adam Smith and Malthus on High Wages." European Journal of the History of Economic Thought 19: 409 – 429.

Wearden, Graeme. 2014. "Oxfam: 85 Richest People as Wealthy as Poorest Half of the World." Guardian, January 20. www .theguardian.com/business/2014/jan/20/oxfam-85-richest-people-half-of-the-world.

Webb, Sidney. 1912. "The Economic Theory of a Legal Minimum Wage." Journal of Political Economy 20, no. 10: 973 – 998.

Weber, Max. 1922. Wirtschaft und Gesellschaft. Tübingen: Mohr.

Weber, Max. 1927. General Economic History. Translated by Frank H. Knight. New York: Greenberg. Reprint, New Brunswick, New Jersey: Transaction Books, 1981. Originally published as Wirtschaftsgeschichte (Munich and Leipzig: Duncker and Humblot, 1923).

Weber, Max. 1930. The Protestant Ethic and the Spirit of Capitalism. Translated by Talcott Parsons, from the 1920 German edition. London: Allen and Unwin. Reprint, New York: Scribner's, 1958. Originally published as Die protestantische Ethik und der Geist des Kapitalismus (Tübingen: Mohr, 1904).

White, James Boyd. 1984. When Words Lose Their Meaning. Chicago: University of Chicago Press.

White, James Boyd. 1990. Justice as Translation: An Essay in Cultural and Legal Criticism. Chicago: University of Chicago Press.

White, Mark D., ed. 2010. Accepting the Invisible Hand. New York and London: Palgrave Macmillan.

Whitford, David. 2005. "The Most Famous Story We Never Told." Fortune, September 19.

Whitman, Walt. 1855. "Song of Myself." In vol. 1 of Leaves of Grass: A Textual Variorum of the Printed Poems, 1855–1856, edited by Sculley Bradley, Harold W. Blodgett, Arthur Golden, and William White. New York: New York University Press, 1980.

Wilkinson, Will. 2012. "Market Democracy and Dirty Ideal Theory." Bleeding Heart Libertarians (blog), June 15. http://bleedingheartlibertarians.com/2012/06/market-democracy-and-dirty-ideal-theory/.

Will, George F. 2018. "The Sprawling, Intrusive Administrative State Is Keeping You Unwell." Washington Post, August 15.

Williams, Bernard. 1972. Morality: An Introduction to Ethics. Canto ed. Cambridge, UK: Cambridge University Press, 1993.

Williams, Ernest Edwin. 1896. Made in Germany. London: William Heinemann.

Williams, Henry Herbert. 1910. "Ethics." In vol. 9 of The Encyclopædia Britannica, 808–845. 11th ed. New York: Encyclopædia Britannica.

Williamson, Jeffrey G., and Peter H. Lindert. 1980. American Inequality: A Macroeconomic History. New York: Academic Press.

Williamson, Oliver E. 2017. Contract, Governance and Transaction Cost Economics, ed. Gengxuan Chen. Singapore: World Scientific.

Wilson, A. N. 1988. Tolstoy. New York and London: Norton.

Wilson, Edmund. 1940. To the Finland Station: A Study in the Writing and Acting of History. New York: Farrar, Straus and Giroux.

Wilson, James. 1791. "Of the Law of Nations." In The Works of James Wilson, edited by Robert Green McCloskey. Cambridge, MA: Belknap Press of Harvard University Press, 1967. http://press-pubs.uchicago.edu/founders/printdocuments/a1810s5.html.

Winston, Clifford M. 1993. "Economic Deregulation: Days of Reckoning for Microeconomics." Journal of Economic Literature 31, no. 2: 1263–1289.

Winston, Kenneth I., ed. 2001. The Principles of Social Order: Selected Essays of Lon L. Fuller. Revised edition. Oxford, UK, and Portland, OR: Hart Publishing.

Wittgenstein, Ludwig. 1969. On Certainty. Edited by G. E. M. Anscombe and G. H. von Wright. Translated by Denis Paul and G. E. M. Anscombe. Oxford, UK: Basil Blackwell.

Wogaman, J. Philip. 1977. The Great Economic Debate: An Ethical Analysis. Philadelphia: Westminster Press.

Wood, Gordon S. 2009. Empire of Liberty: A History of the Early Republic, 1789–1815. New York and London: Oxford University Press.

Woolf, Virginia. 1931. The Waves. Ware, UK: Wordsworth Editions, 2000.

World Bank. 2013. "Remarkable Decline in Global Poverty, but Major Challenges Remain." Press release. April 17. www .worldbank.org/en/news/press-release/2013/04/17/remarkable-declines-in-global-poverty-but-major-challenges-remain.

World Bank. n.d. "GDP per Capita, PPP (Constant 2011 International $)." Accessed February 19, 2019. https://data.worldbank.org/indicator/NY.GDP.PCAP.PP.KD.

Wright, Richard. 1940. Native Son. New York: Harper.

Yeager, Leland. 1976. "Economics and Principles." Southern Economic Journal 42: 559–571.

Yeager, Leland B. 2011. "Reclaiming the Word 'Liberal.'" Liberty, March 9. http://www.libertyunbound.com/node/496.

Yeats, W. B. 1928. "Among School Children." In The Tower, 55–60. London: Macmillan.

Ziliak, Stephen, and Deirdre N. McCloskey. 2008. The Cult of Statistical Significance: How the Standard Error Costs Us Jobs, Justice and Lives. Ann Arbor: University of Michigan press.

Zola, Emile. 1885. Germinal. Paris: G. Charpenrier.

찾아보기

트루 리버럴리즘
자유주의가 더 정의롭고 더 번영하는 세상을 만드는 이유

초판 1쇄 발행일 2020년 10월 15일
초판 2쇄 발행일 2020년 12월 2일

지은이 디드러 낸슨 매클로스키
옮긴이 홍지수
펴낸이 이민화
펴낸곳 도서출판 7분의언덕
주소 서울시 서초구 방배로14 7-1003
전화 (02)582-8809
팩스 (02)6488-9699
등록 2016년 9월 6일(제2016-000060호)
이메일 7minutes4hill@gmail.com

ISBN 979-11-964121-6-6 (03320)

이 도서의 국립중앙도서관 출판예정도서목록(CIP)은 서지정보유통지원시스템 홈페이지(http://seoji.nl.go.kr)와
국가자료종합목록 구축시스템(http://kolis-net.nl.go.kr)에서 이용하실 수 있습니다.
(CIP제어번호: CIP2020036455)